未名斋存稿

吴忠礼 著

上册

黄河出版传媒集团

宁夏人民出版社

图书在版编目（CIP）数据

未名斋存稿：上、下册／吴忠礼著． -- 银川：宁夏人民出版社，2020.12
ISBN 978-7-227-07454-0

Ⅰ．①未… Ⅱ．①吴… Ⅲ．①史学－中国－文集
Ⅳ．①K207.53

中国版本图书馆 CIP 数据核字（2021）第 014511号

未名斋存稿（上、下册）　　　　　　　　　吴忠礼　著

责任编辑　管世献
责任校对　杨敏媛
特邀审读　吴晓红
封面设计　姚欣迪
责任印制　马　丽

黄河出版传媒集团
宁夏人民出版社　出版发行

出 版 人　薛文斌
地　　址　宁夏银川市北京东路 139 号出版大厦（750001）
网　　址　http://www.yrpubm.com
网上书店　http://www.hh-book.com
电子信箱　nxrmcbs@126.com
邮购电话　0951-5052104　5052106
经　　销　全国新华书店
印刷装订　宁夏凤鸣彩印广告有限公司
印刷委托书号　（宁）0019844

开本　880 mm×1230 mm　1/16
印张　49.5
字数　700 千字
版次　2020 年 12 月第 1 版
印次　2020 年 12 月第 1 次印刷
书号　ISBN 978-7-227-07454-0
定价　160.00 元（全二册）

2004 年 5 月 31 日，《人民日报（海外版）》载文《吴忠礼与宁夏地方志》所配照片

吴忠礼　1941 年出生，安徽省肥东县人，研究员。历任宁夏地方志办公室主任、宁夏社会科学院副院长、宁夏社会科学界联合会常务副主席、宁夏地方志编审委员会常务副主任，兼任《宁夏通志》《宁夏年鉴》《宁夏全史》总纂，现任宁夏社会科学院历史文化重点学科首席专家、宁夏文史研究馆馆员、宁夏政协文史专员。1993 年享受国务院政府特殊津贴。长期从事西北和宁夏地方历史文化研究，先后编著《宁夏近代历史纪年》《宁夏历代方志萃编》《宁夏志笺证》《宁夏历史图经》《朔方集》《西北开发与"西北史地学"研究》等著作，发表论文百余篇。主持多项国家、自治区社科规划项目。曾获"全国方志先进工作者"中"二十一佳"的"特别嘉奖"，蝉联宁夏回族自治区成立 40、50、60 周年"宁夏有突出贡献人物"，中华人民共和国成立六十周年"100 位为宁夏建设作出突出贡献英雄模范"，"宁夏第二届社会科学突出贡献奖"，首届"宁夏离退休专业技术人才突出贡献奖"。

1952 年（小学），作者与
堂兄吴波礼（上）合影

1959 年（高一）

1960 年（高二）

1961 年（高三）

1962 年（大学）

1961 年 8 月 4 日，银川市第二中学第一届高三毕业生合影，
作者（3 排左 4），夫人刘仲芳（3 排右 1）

1988 年 1 月 25 日，全区第一次修志工作会议召开，自治区副主席丁毅民（左3）、自治区人大常委会副主任马腾霭（左4）出席会议。作者（右1）主持会议

1988 年 1 月 27 日，全区第二期方志理论高级讲习班在银川举办，自治区政协副主席吴尚贤（左1）、宁夏社科院院长陈育宁（中）出席会议。作者（右1）主持会议

1987 年，国家民委副主任黄光学（右2）与作者（左2）等人在青海省日月山纪念亭合影

1984 年 8 月，作者（中）与日本京都大学教授西田龙雄（左 1）、中国社科院学部委员史金波（右 1）在银川北塔合影

1985 年 6 月，作者（右 2）与日本岛根大学学者合影

2001 年 6 月 4—5 日，作者赴美国曼哈顿考察，并参观联合国总部

2001 年 7 月 19 日，作者（前排左 3）参加首届香港年鉴研讨会

2003 年 6 月 25 日，作者（右 1）与自治区副主席冯炯华（左 2）、宁夏社科院党组书记张万寿（右 2）、宁夏社科院院长吴海鹰（左 1）出席宁夏年鉴协会成立时合影

2005 年，作者（左 2）与自治区政协副主席任怀祥（左 3）、自治区政协文史委员会主任张怀武（右 2）、宁夏考古专家罗丰（右 1）、宁夏军事专家沈克尼（左 1）在彭阳古城遗址考察

2010 年 12 月 24 日，作者（中）在宁夏电视台录制节目时与学界同仁合影

1998年，作者（左2）在宁夏三级军事志办公室主任、主编会议上作《军事志》编纂辅导报告

2005年9月14日，作者应兰州市志办之邀作学术报告

2017年7月9日，作者（左4）与参加《宁夏全史》（清代卷）评审会的区内外专家在宁夏社会科学院合影

2008 年夏季，作者与著名文史专家贺吉德先生（左）合影于贺兰山贺兰口岩画

2015 年 10 月 22 日，作者在安徽省地方志办公室与方志专家欧阳发先生（右）交流山川志编纂工作

2020 年 8 月 30 日，作者与应邀到宁夏讲学的浙江省志办研究员颜越虎先生（右）在家中合影

2006年4月，作者（右1）获得全国地方志先进工作者和特别嘉奖

2008年11月7日，作者获得自治区党委、人民政府表彰的自治区有突出贡献专业技术优秀人才奖

2014年6月30日，作者（右2）与牛达生先生（左2）、杜建录先生（右1）获宁夏第二届社会科学突出贡献奖，杨怀中先生（左1）获特别荣誉奖

2016年10月，作者（右）与牛达生先生（中）、白述礼先生（左）获得宁夏离退休专业技术人才突出贡献奖

2017 年 5 月 18 日，作者在《宁夏通志》首发式中接受记者采访

2019 年 8 月，作者（右）在南京参加全国地名学会工作会议时与方志专家李明先生（左）合影

2018 年 10 月 31 日，作者在北京参加第五届中央文史研究馆国学论坛

2019 年 12 月，作者接受宁夏新闻广播在线访谈

2008 年 5 月 2 日，作者与老伴刘仲芳在曾经工作过的国营渠口农场场部前合影

2021 年 1 月 30 日，吴忠礼、刘仲芳老两口八秩寿诞合影

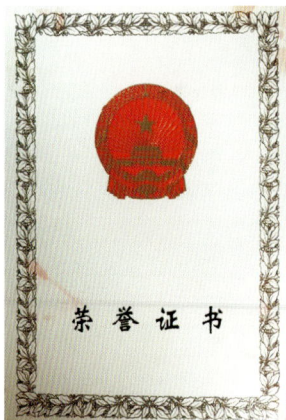

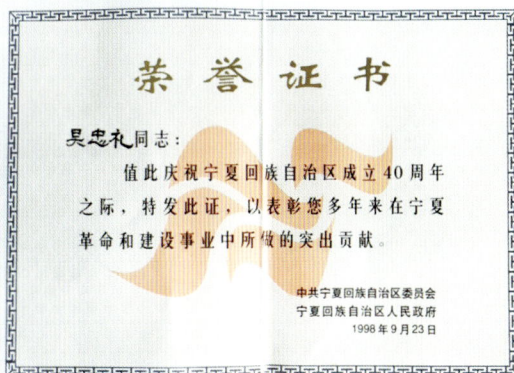

荣誉证书

吴忠礼同志:

值此庆祝宁夏回族自治区成立40周年之际，特发此证，以表彰您多年来在宁夏革命和建设事业中所做的突出贡献。

中共宁夏回族自治区委员会
宁夏回族自治区人民政府
1998年9月23日

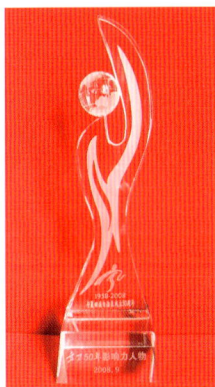

荣誉证书
HONORARY CREDENTIAL

吴忠礼:

在宁夏50年的繁荣发展过程中，您在所属领域作出了突出贡献。经广大群众投票推荐、评审单位及各行业专家认真评选，您被评为"宁夏50年影响力人物"。

特颁此证

评审单位：自治区五十大庆筹备工作委员会办公室
自治区党委宣传部
宁夏日报报业集团
自治区党委党史研究室
宁夏新闻出版局
宁夏社会科学院
宁夏地方志编委会办公室
新消息报社

主办单位：自治区党委宣传部
宁夏日报报业集团
承办单位：新消息报社

二〇〇八年九月

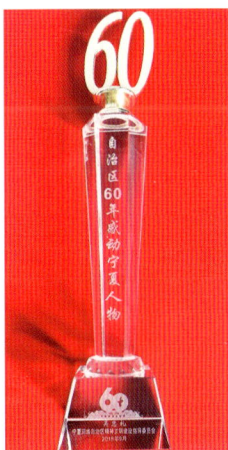

授予：吴忠礼

"自治区60年感动宁夏人物"荣誉称号

荣誉证书

宁夏回族自治区精神文明建设指导委员会
二〇一八年九月

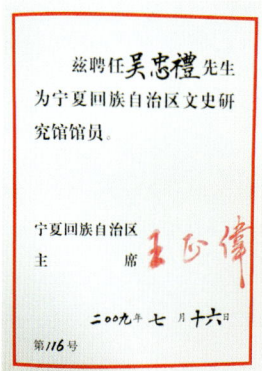

兹聘任吴忠礼先生为宁夏回族自治区文史研究馆馆员。

宁夏回族自治区
主 席 王正伟

二〇〇九年七月十六日
第116号

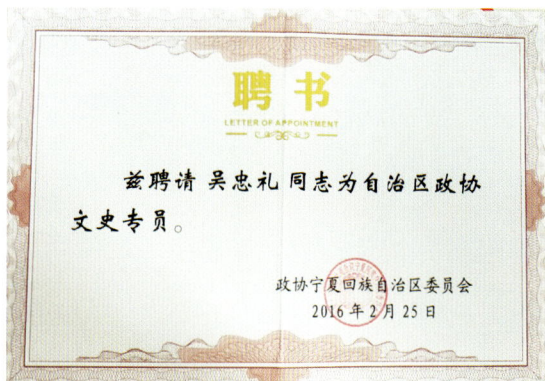

聘 书
LETTER OF APPOINTMENT

兹聘请 吴忠礼 同志为自治区政协文史专员。

政协宁夏回族自治区委员会
2016年2月25日

荣誉证书

吴忠礼：

获得宁夏第二届社会科学突出贡献奖荣誉称号。特此表彰，以资鼓励。

宁夏回族自治区主席 刘慧

2013年12月31日

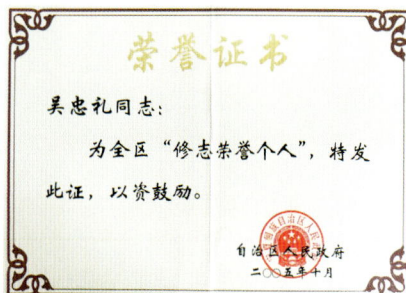

荣誉证书

吴忠礼同志：

为全区"修志荣誉个人"，特发此证，以资鼓励。

自治区人民政府
二〇〇五年十月

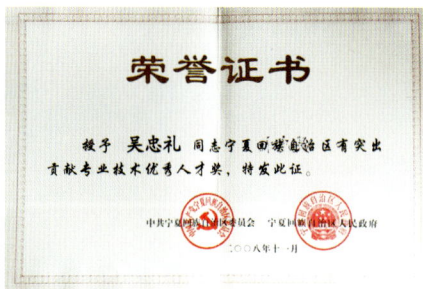

荣誉证书

授予 吴忠礼 同志宁夏回族自治区有突出贡献专业技术优秀人才奖，特发此证。

中共宁夏回族自治区委员会 宁夏回族自治区人民政府

二〇〇八年十一月

荣誉证书

《宁夏志笺证》荣获全区地方志优秀著作一等奖，特发此证，以资鼓励。

自治区人民政府
二〇〇五年十月

荣誉证书
HONORARY CREDENTIAL

授予：吴忠礼 同志

宁夏离退休专业技术人才突出贡献奖

二〇一六年十二月九日

荣誉证书

吴忠礼 同志：

在我区长期从事社会科学工作，特授予荣誉证书，以资鼓励。

一九八四年十二月

012

凡　例

一、《未名斋存稿》所收录文章，少部分在公开报刊、论文集上发表，另有一部分在内部报刊登载过，还有一部分未曾见载。

二、凡在公开报刊发表过的文章，均在文末标明所载报刊、期数及著作出版社和出版时间，内部刊物发表不加注明。

三、《未名斋存稿》分为史志篇、论述篇、人物篇、地名篇、序言篇、碑文篇，后设附载。史志篇至地名篇收录文章基本以内容所反映的历史时间为序，序言篇序言以志书出版时间为序，碑文篇碑文以立碑标识时间为序，附载文章以发表时间为序。

四、《未名斋存稿》所收录文章如无重大原则性讹误者，一般保留原文原貌。原文注释和注释方式基本保留原状，除部分增改外，不再进行统一处理和重新编写注释。

五、《未名斋存稿》所收录文章成稿于20世纪80年代初至今，因时间跨度大，研究水平有限，文章前后有深浅、正讹的差别，此次收录时不做修改，以真实反映个人学术研究成长轨迹。

六、《未名斋存稿》所收录文章的作者原非一人者，均在文末括注原署名和排序。

七、《未名斋存稿》只收录以上所列六篇内容及与宁夏历史文化有关系的文章，余则作割爱处理。

八旬述我

吴忠礼

　　我 70 岁寿诞时，宁夏社会科学院召开了"吴忠礼先生七秩致禧暨治史 50 周年座谈会"，自治区党委常委、宣传部部长致贺信，常务副部长亲临会议祝贺。社科院还资助我出版了一本百万字的文集，取名《朔方集》。典出《诗经·出车》："天子命我，城彼朔方。""朔方"为宁夏古称之涵义。日月如梭，不知不觉又虚度 10 年时光，已至垂垂耄耋之年。为了给岁月留个纪念，宁夏社科院、宁夏文史研究馆又帮助我出版这部取名《未名斋存稿》的 70 万字新文集。

　　按照我国学界不成文的传统习惯，一些著名的文人墨客，为了寄托抱负，凸显文人的雅趣，往往给自己的书房，甚至是居室，取一个古雅、寓意深邃的名字，其名繁多，分别有室、馆、巢、堂、楼、亭、库、轩、斋等。与此同时，所撰文集也自然而然采用了自己书房的名号。这是前辈名家的一种雅嗜，也渐渐形成中国文化的一种特有现象。此风源于何代尚无确考。据《晋书》记载："初，桓玄于南州起斋，悉画盘龙于其上，号为盘龙斋。"可知渊源尚也。大约发展到明清两代，此风大有普及之势，以至于俗而滥。我自觉既非名人，又无显赫的学术地位，不过是拥有一处读书、学习和写作的普通房间而已，本没有资格命什么名、起什么号，但毕竟也是读史为文之人，便想仿效古人的做法，也附庸风雅一回，为自己的工作间起一个名号。思考再三，因人微位卑学浅，于是便想出了"未名斋"三个字。此乃双关语：其一，表明我的书房没有名号，未者，没有也；其二，即使有名号，也只敢以"未名"呼之，以示界乎有与无之间也。

一不留神，已悄悄走进"八〇后"的行列，屈指算来，从 1961 年进入宁夏大学政史系学习，至 1965 年修业期满正式毕业，至今年也算治史满一个甲子了。60 年来，我作为宁夏史志学界一名老兵，始终没有掉队，亲身参与了自治区一系列历史学和地方志的几乎所有大型文化工程，并担任这些重点课题的主要负责人（主编、总纂等）之一。举凡《宁夏历代方志萃编》主编（1988 年）、《宁夏通史》编委兼《近现代卷》主编（1993 年）、《西北五马》主编（1993 年）、《宁夏志笺证》编著（1996 年）、《宁夏百科全书》编委兼分编副主编（1998 年）、《百年宁夏》主编（2001 年）、《宁夏历史图经》主编（2009 年）、《朔方集》自著（2011 年）、《西北开发与"西北史地学"研究》主编（2015 年）、《宁夏通志》副主编兼总纂之一（2014 年）、《宁夏全史》总纂（2020 年）等。其间还发表文章百余篇，并担任宁夏社科院副院长、宁夏社科联常务副主席、自治区地方志编审委员会常务副主任（兼区志办主任）等职务，同时还活跃在各种学术团体中，先后担任中国史学会理事、中国地方志协会常务理事、中国民族志指导小组成员、民革中央孙中山研究会常务理事和宁夏历史学会常务副会长、宁夏地方志协会会长、宁夏出版协会副主席、中共宁夏党史学会副会长、宁夏地名学会会长、宁夏易学研究会名誉会长等社会团体的兼职。

"天道酬勤"，为了表彰我在科研组织管理工作和学术研究中所取得的成绩，我尸享殊荣，诸如：享受国务院"政府特殊津贴"（1993 年），两次荣获自治区直属机关"优秀共产党员"称号（1987 年、1990 年），宁夏社科院授予"荣誉职工奖"（2004 年），自治区人民政府授予"修志荣誉个人"（2005 年），荣获"全国方志先进工作者"（2005 年），被自治区党委、人民政府授予"宁夏回族自治区有突出贡献专业技术优秀人才奖"（2008 年），荣获"100 位为宁夏建设作出突出贡献英雄模范"称号（2009 年），蝉联自治区成立 40 周年（1998 年）、50 周年（2008 年）、60 周年（2018 年）三届大庆表彰，获自治区党委、人民政府"宁夏第二届社会科学突出贡献奖"（2013 年），获"宁夏离退休专业技术人才突出贡献奖"（2016 年）。现在虽然已是八旬愚翁，仍然担任宁夏社科院历史文化重点学科首席专家、宁夏文史研究馆馆员、宁夏政协文史专员和宁夏地名学会会长、宁夏易学研究会名誉会长等，继续发挥余热。我的学术研究成果，多次获得省部级一、二、三等奖，科技进步奖（自然科学）和自治区人民政府奖。还被武汉市华夏地方志研究所聘为"特约研究员"（1990 年），被中共宁夏区委党校（宁夏行政学院）聘为客座教授（2007 年）等。因此，《中国社会科学院院报》曾配发照片专文介绍了我，称我是"宁夏地方志的拓荒者"（2004 年 4 月 27 日），《人民日报》（海外版）亦曾配发照片专文报道，称我是"宁夏的'活字典'"（2004 年 5 月 31日），被英国剑桥传记中心《国际名人录》（1978—1999 年英文第 13版）收录。

我深知自己何德何能，所取得的科研成果学术品味不够高而谬登大雅之堂，但我也问心无愧，尽了自己最大努力，因为我与专职从事科研的专家有所不同，我不仅肩负多项繁重的研究组织任务和大量的行政管理工作，而且长期身患多种疾病。据 2019 年自治区给厅级干部和正高职称人员统一《健康体检报告》中主检医生马翚签发的体检结论，我患有 17 种疾病，其中主要有冠心病（2013 年已放支架）、乙型肝炎（54 年病史）、二型糖尿病（27 年病史）、严重神经衰弱（失眠）、右侧动脉粥样硬化、左肺肺大疱、左肾囊肿等。所以我能坚持管理工作与学术研究两副重担双肩挑，简直就是在玩命。八小时以内交给了"官责"，八小时之外，挤占休息，用健康交换文字，犹如一头奶牛，吃的是草，挤出的是乳汁。

然而，荣誉并非属于我个人所有，它也应该属于我的师友和团队，更属于过去。在这里我要特别感谢我的老伴刘仲芳先生，她与我虽非青梅竹马，但也是高中、大学的同班学友。她是宁夏银川市人，我是安徽合肥市人；她是回族，我是汉族；她出身于名门大家族，我出身于世代农民家庭，因为有同窗七载的机遇，我俩从相识到相互倾慕，最终在月下老人的眷顾下，皖宁千里，姻缘一线牵，有情人终成眷属，组成了相互尊重、回汉团结的幸福家庭，并共同度过了银婚、金婚，正在朝着钻石婚走去。在日常生活中，她总是无微不至地照顾我，让我安心工作，潜心问学。更为重要的是，她对我的学术研究给予了大力帮助，起到了不可替代的作用。由于我不会使用电脑，是一个现代"文盲"，加之我俗务缠身，总是千方百计挤时间不放弃科研任务，所以手写的文稿大多潦草、杂乱，难怪有人戏言我的文字就如同有些大夫的"处方"，甚至还有人称我的草稿简直就是道士画的符咒。但是，这种"吴氏天书"唯我老伴识得，所以她承担了我全部文著四五百万字的整理工作。开始时，她只负责文字誊清。发展到后来，对文著的观点审查、结构调整和字句的推敲，以及资料出处的标注，引文的正误、补佚、纠讹等精细打磨环节，都交由她来完成，即把我的科研成果从"毛坯"加工成合格产品，然后再交给我的两个女儿——吴晓红、吴晓雯进行电脑输入和排版编辑，产品就这样"出厂"了。我经常跟朋友们笑谈：我的学术成果是家庭手工作坊土法生产出来的，属于"手擀面"一类的产品。从这种意义上来说，我的所有文著，老伴应当无愧为第二作者。

现在，我已是日薄西山、夕阳西下的一名老者了，但是生命不息，学习和写作不止，为人民服务的宗旨不忘，一定要老骥伏枥，活到死，学到死，干到死，把最后一点微光和余热奉献给社会，为我的人生画一个圆满的句号。

2020 年元旦

目　录

史志篇

论述篇

人物篇

地名篇

序言篇

碑文篇

附 载

未名斋 存稿

史志篇

"人祖"伏羲发祥地与
"八卦"文化浅议

　　伏羲是我国上古时代传说中的人物，因为他是创造新石器文明的杰出代表，所以后来也被当作那个时代的历史符号。从这种意义上来说，若代表个体（第一代首领）者，或确有其人；若代表群体者，或是时代和后继历史的人格化，并渐渐被神格化，而成为上古的圣人、伟大帝王和人文初祖。我认为这种传说虽非信史，但也非妄说，因为在文字出现之前，人类保存自己部落历史的方式，靠的就是口耳相传。不过这种口碑史在流传的过程中，不断被增加了许多感情色彩和神话成分，但基本的历史元素却被保留下来，这是非常珍贵的文化遗产，不能不加分析地排斥与扬弃。

　　伏羲作为创造中国历史的"三皇"之首，是华夏初民阶段创造文明开端的原始文化的代表人，或仅仅是历史的"符号"。这一文明的代表成果就是"伏羲八卦"。"八卦"的出现，标志着人类理性觉醒时代的到来，使初民混沌时代的思维方式被更高层次的抽象哲学思维所代替。"八卦"之阴阳概念，就是"二元对立"数观念的哲学语言表达。"数"既是自然科学，又是社会科学，即自然规律与社会规律的合一，亦即"天人合一""天道与人道的统一"，这就是中华文明的源泉所在，后来的道、儒等思想无一不受其影响。因为"伏羲八卦"率先概括了天、地、人等自然与社会全部现象的根源和发展变化。"八卦"

的八种符号及其解释，就是伏羲对于当时原始社会人类与自然、社会、自我统一和谐思想，亦即"天人合一"思想的最先表达。

一、伏羲生母与故里

伏羲氏，风姓，以龙为族徽（图腾），亦号太昊（太皡、太皓。太即大，皓为日出貌，即表示崇拜太阳之义），又称伏戏、宓牺、包（庖、炮）牺、瓠牺等。伏羲是传说中人类文明的创始者，于物质文明和精神文明方面有过许多贡献，被历史上尊为"三皇五帝"之首，也被尊为"人皇"。在只知其母而不知其父的原始社会，传说他的母亲是华胥氏。圣母华胥在"雷泽"（湖）的地方，"履大人足""有娠"，生圣子伏羲于成纪。对于此说，诸多文献广有涉及。其一，皇甫谧《帝王世纪》载：" '太昊帝庖牺氏，风姓，有景龙之瑞，故以龙纪官。' 又说 '燧人之世，有巨人迹出于雷泽，华胥以足履之，有娠，生伏羲于成纪。' "[1]其二，据《山海经·大荒西经》之《珂案》介绍，《通志·三皇纪》引《春秋世谱》云："华胥生男子为伏羲，女子为女娲。"[2]其三，《水经注·水》载："瓠河又左径雷泽北。"案曰："昔华胥履大迹处也。"[3]其四，唐《元和郡县图志·陇右道上》载："成纪县，本汉旧县，属天水。伏羲氏母曰华胥，履大人跡，生伏羲于成纪。"其五，唐司马贞《补史记·三皇本纪》载："太昊庖牺氏，风姓，代燧人氏继天而王。母曰华胥，履大人迹于雷泽，而生庖牺于成纪。"其六，宋《太平御览·王部三》引《诗纬·含神雾》曰："大迹出雷泽，华胥履之生宓牺。"[4]其七，《左传·昭公十七年》载："陈，太皡之墟也。"[5]根据以上资料进行综合分析，可以看出"雷泽"应当与成纪相距不远。成纪古有三迁，但都在今六盘山西麓（陇右），所以将雷泽定位在黄河下游的"陈"地（今河南淮阳）是值得商榷的。因为伏羲、女娲部落联盟发祥并活动于黄

---

①④⑤ 转引自何光岳：《炎黄源流史》，江西教育出版社，1992年。

② 袁珂校注：《山海经校注》，上海古籍出版社，1980年。

③ 郦道元著，王先谦校：《水经注》卷二十四，巴蜀书社，1985年。

河上游陇山（今六盘山）一带是没有悬念的，所以他们的出生地也应该在其活动范围内寻找才合乎情理。《水经注》中提到古成纪，并把它列入渭水流域，在文中涉及的地名还有陇水、渭水、泾水、成纪水、瓦亭川和大陇山以及乌氏县等，无一不在今六盘山大文化圈的范围之内。《水经注》的经文中还写道："（水）东径成纪县。"注文为："故帝太皞庖牺所生之处也，汉以为天水郡，县，王莽之阿阳郡治也。"①《后汉书·隗嚣传》云："隗嚣字季孟，天水成纪人也。"又注："成纪，县名，故城在今秦州陇城县西北。"《旧唐书·地理志》曰："成纪，汉县，属天水郡。旧治小坑川。开元二十二年，移治敬亲川，成纪亦徙新城。天宝元年，州复移治上邽县。"《资治通鉴》胡三省注："成纪县自汉以来，属天水郡，治小坑川，唐并显亲县入成纪县，移成纪县治显亲川。"小坑川即治平川。显亲川和秦州（今甘肃天水），地望均在陇山西麓的泾、渭河流域，即今甘肃省天水市境内。正如王嘉《拾遗记》所述，因为伏羲母华胥在此地游玩之时，"有青虹绕神母，久而方灭。即觉有娠，而生庖牺。"②古称地方十里为"一成"，又以十二年算作"一纪"，故以"成纪"名伏羲的出生之地，以表示对圣母育圣子的纪念。也正因为华胥氏部落的活动在古陇山四周的广大范围内，所以今三陇大地留下了许多有关华胥的足迹，如华山（古秦岭）、华岭山（华尖山）、南华山、西华山和华池、华亭、华亭川等一系列带"华"字的地名符号。

那么，"华胥"名号又蕴含着什么历史文化信息呢？在金文中，"华"字与"花"字相通，说明华胥氏是以花为图腾的氏族。从字面上理解，华（花）表示华丽、华美、华彩等美好、光彩的雅义。而实质上却反映出华胥氏所生活的时代，属于原始社会以采集、游猎和原始农业为求生手段的经济状况。因为火已发现，人们的食物已从生食（素食）为主，发展到熟食（肉食）阶段，但受到工具的限制，获取猎物往往较少，

① 郦道元著，王先谦校：《水经注》卷十七，巴蜀书社，1985年。
② 转引自何光岳：《炎黄源流史》，江西教育出版社，1992年。

难以保障部众们充饥，于是陇山一带遍地生长着一种一年生的草本植物，春季出苗，夏季开白色小花，然后在花身上长成一个个大小不等、两头球形、细腰的果实，这种果实的肉质（瓤）也是白色的，当火发明以后，这种原来生食时口感不好的果实，煮熟后便成为原始人充饥以维持生命的重要食物来源之一。后人称这种果实为瓠（又称葫芦），正因为华胥的儿子伏羲和部众们是靠食瓠为生的，所以渐渐产生了"尚白"和"葫芦崇拜"的风俗。还有一种葫芦，体形较大，成熟后剖开可以做舀水的瓢，称瓢葫芦，亦名匏。因此，伏羲又称瓠牺。而瓢可取水，与壶有相似功能，故古壶、瓠、匏皆可通呼。这又与另一位传说中"开天辟地"的先圣盘古（亦作槃瓠）发生了联系。因为盘、槃和匏声通，古与瓠、壶声通，所以认为伏羲与盘古实指一人，或后者是华胥子孙，迁到南方或西南定居的一个支系首领。

华胥孕伏羲的地方是"雷泽"，诞生伏羲的地方是古成纪，两地都在今六盘山大文化圈的范围内，这种看法应该没有太大的分歧。这么看来，在今宁夏南部地区，也有华胥和伏羲部落活动的足迹，也就是说，宁夏也是"人文始祖"的故里。因为六盘山屹立在甘肃、陕西、宁夏三省区的交界地带，但其海拔2931米的主峰米缸山（古称美高山）则完全处于固原市泾源县境内。固原市及所属隆德、西吉、彭阳、泾源四县和原州区，都位于六盘山脉的中心地区，各地的历史文化也属于六盘山文化的范畴。

二、宁夏南部有关伏羲的史影

葫芦河畔创世的故事。当人类进入"采集文明"时代，产生了"食物致生""食物致孕"的图腾观念。初民对于大自然赐予的食物（动植物）产生了崇拜，认为吃了什么，自己的身体就是由什么变化而来的。那时有一种野生的植物果实"葫芦"（瓠、匏），成为人们赖以维生的大宗食物。葫芦便成为"致生"的圣物，于是至今在我国汉族和许多少数民族地区，民间流传着关于葫芦崇拜的古风遗俗，认为是葫芦繁衍了人类，所以把葫芦视为"灵物"，当作先祖的象征，这已成为不少民族一致认同的文化传统，这种文化现象，都不过是人与自然关系深层次联系的象征性说明。实际上有关葫芦创世与伏羲、女娲创世，只不过是一脉相承的一个故事的两种版本而已，因为在神话传说之中，伏羲和女娲就是"葫芦神"。古文献资料中记载，伏羲又称瓠戏、匏戏，他与磐瓠（盘古）是同一时代的部落联盟首领，或是那个时代的一种人格化的杰出人神与标志性符号。闻一多、常任侠先生认为：按照古文字同声相假的原则，伏、风、瓠、葫与磐瓠（双声）等字词，都是声训相通的，属于同一音、词。"两种神话，盖同出于一源也。"换句话说，伏羲、女娲和盘古都是葫芦的化身和人格化。

六盘山地区自古以来就盛产葫芦。更值得注意的是，在六盘山西麓的黄河水系之中，有一条名叫葫芦河的渭河支流穿越在"羲里娲乡"的大地中。潺潺的流水，千万年来一直在向人们唱颂着古老的华夏创世纪的史诗。这条享有华夏文明摇篮特殊地位的葫芦河，正是从六盘山脉北段，固原市西吉县和中卫市海原县的界山月亮山流出的，在西吉县境内流过近一百公里以后，才又流入甘肃省静宁县，再经秦安县、天水市流入渭河，最终汇入黄河。

葫芦创世的故事是这样的情节：在远古一次大洪水的灾害之前，一对好心的兄妹，事先受到神的启示，躲进一个大葫芦而幸免于难，洪水过后，为了不让人类灭绝，兄妹二人忍辱负重，不得不结为夫妻，才繁衍了后代，挽救了世界。这个故事不仅与伏羲、女娲兄妹成婚育人的故事情节基本相同，而发生的地望也都在六盘山脉，这绝非偶然，而是从另一个侧面反映出六盘山地区，特别是作为葫芦河的发源地的西吉县、海原县一带也是华夏先祖们最早生活、劳动、繁衍的地方。如果把位于泾源县境内的六盘山主峰美高山比作太阳（伏羲又称太昊、太皞，太阳神的意思）升起的地方，太阳属阳性，代表男人，指伏羲；而作为六盘山北段西吉县与海源县界山的月亮山，因月亮属阴性，代表女人，指女娲。南北两山日月同辉，最早给华夏大地带来了文明之光，这就是中国祖龙（伏羲、女娲）的故里——龙山（转音陇山）——今六盘山。

朝那湫渊出龙的传说。六盘山是中国龙的故乡，而龙出生的具体地方在哪里呢？对此，不仅六盘山广大地区有许多民间传说，就连国家正史里也有一些直接或间接的记载。司马迁在《史记·封禅书》中写得非常明白。他认为近在湫渊之侧面，滋养着帝都和京畿大地的渭河、泾水等著名水系"皆非大川"，唯独偏远而又小小的湫渊反被列入当时国家级的祭祀点。这不能不令人们深思。《史记·封禅书》载："水曰河，祠临晋；沔，祠汉中；湫渊，祠朝那；江水，祠蜀。"在《史记》的《索隐》中还附录唐朝大史学家司马贞给湫渊作的注释。他认为所谓朝那湫渊，"即龙之所处也"。俗话道："水不在深，有龙则灵。"朝那湫渊之所以能列为中央政权帝王级的祭祀点，就是因为这里是"龙之所处"的圣地。民族学家们认为，"朝那湫渊"也就是"龙山龙池"的意思。因为"朝那"是古羌语的遗音，在羌语中，"朝"发音为"朱"，意思为"龙"；"那"发音为"挪"，意思为"山"。"朝那湫渊"就是"龙山"之"龙池"也。这个"龙池"在什么地方？《史记》的《集解》中附录了南朝宋史学家裴骃的注释，确认"湫渊在安定朝那县"；同时《史记》又在《正义》中附录了唐朝另一位史学家张守节的注释，进一步确指"朝那湫祠在原州平高县东南二十里"的地方。我们从以上所提到地方行政建置（安定郡、平高县、朝那县）和方位（东南）、里程（二十里），当然就很容易找到湫渊位于今固原市原州区和彭阳县交界处，具体地点就是彭阳县川口乡干海村的干海子（亦称东海子）。这是一处四面环山的高山湖泊，湖岸高地有祭祀的祠庙，今已毁，但仍有遗迹。彭阳县文物部门，于2007年曾在东海子（湫渊）东岸，发现了镌刻有"□那之湫"的石碑残片。从相关资料中看出，至少从战国时代，处于西北黄土高原、六盘山东麓的丛山之中的这一处高山湖泊就已被列入国家级的祭祀点了。这是为什么呢？从《史记》所记"龙之所处"四个字来分析，上古能有资格尊为龙的化身，首推伏羲，所以伏羲很有可能就是在朝那湫渊之畔出生的，如果这个推断能成立的话，"湫渊"就是传说中所提到的"雷泽"，圣母华胥就是在这儿驻牧期间生养了圣子伏羲的。由于这层关系，伏羲的后世子孙才把湫渊视为"圣湖"，每年春秋二祭时节都要到这里举行大型纪念活动，以追祭先祖亡灵。然而湫渊在六盘山地区又不止一处，仅固原市六盘山地区就有彭阳县的"东海子"、原州区的"西海子"、隆德县的"北联池"，甘肃省秦安县也有"九龙泉"等，都自认为是古湫渊。当然有史书为证，学术界目前还是将彭阳县的"东海子"公认为正史所指的朝那湫渊。我认为在原始农牧经济时代，古人要生存就得定期迁移。在有固定水源的地方"安营扎寨"定居下来，时间虽然不会太长，但毕竟也会有在一个地方住下来的必要，六盘山地区的多处"湫渊"，是不是伏羲部落选择的几处临时定居点呢？但作为"龙之所处"地点的朝那湫渊，也只能是正史认定的安定郡平高县东南之朝那湫渊，今东海子。至于其它几处"湫渊"也多出现在六盘山脉固原市境，说明固原不仅包括了大部分伏羲部落故里的范围，甚至是他出生的地方，这么说来，中国龙是从固原腾飞起来的也不算妄说吧？无怪乎史书频频记录黄帝和历代圣君大帝们不断"登鸡头""朝空峒"，并把六盘山麓一处小小的高山湖泊朝那湫渊列为中央政府"国祭"名山大川的对象，原来是事出有因的。

三、伏羲"作八卦"

华夏远古文明的代表人物伏羲一生的贡献很大、很多，其中以"作八卦"最为伟大。《周易·系辞下》曰："古者包牺氏之王天下也，仰则观象于天，俯则观法于地，观鸟兽之文与地之宜，近取诸身，远取诸物，于是始作八卦，以通神明之德，以类万物之情。"这里所谓"始作"即首创、发明之意。后世的《史记》《汉书》等国家正史，均持这一观点——伏羲首创八卦。何谓八卦？八卦，就是伏羲选择最简洁的八种符号，以表达思维的最有效方式，具体选用用阳（▬）、阴（▬▬）

两种基本符号，组成八种卦形，以象征天（乾☰）、地（坤☷）、雷（震☳）、风（巽☴）、水（坎☵）、火（离☲）、山（艮☶）、泽（兑☱）八种自然现象。然后再推而演之，引申出象征多种事物及其相互关系与发展变化，并试图从这种变化中发现"规律"，进行预测，以求消灾、避祸、逢凶化吉。实际上，画卦是在"结绳记事"的基础上，发挥先贤已有的"八进位制"思想，将复杂的自然现象与缤纷的社会现象两者之间的内在联系，加以抽象与概括，进行哲学思维，以寻找某种因果关系，进而对客观世界的表象进行解释，所以八卦是对实践的总结与升华。它具有唯物主义与辩证法的成分，并非唯心主义的"算命"。

八卦是中华民族幼年时代思维模式化的产物，是民族智慧的体现。研究八卦学说，称之为易学，《周易》是华夏文化最早的典籍之一，被儒家称为"群经之首"，道家崇为"三玄之一"，对中华文化产生非常深远的影响，凡儒、释、道三教和"大千世界"之众生"九流"，都对经卦有浓厚的兴趣。近代人们，又对易学进行多角度、多方位、多层次的综合研究，取得了不少令人瞩目的成绩。所以我们切不可用唯心主义和形而上学的观点来误解"伏羲八卦"，甚至别有用心地"挂羊头卖狗肉"，宣扬神秘主义，故弄玄虚，鼓吹什么"未卜先知""包医百病"的骗人鬼话，从而大搞封建迷信活动，谋取钱财，毒化社会。

（原载于《宁夏师范学院学报》2010 年第 4 期）

《易》

——中华民族思想文化的源泉

在中国传统文化的伟大宝库之中，有一种称为《易》的文化典籍和思想成果。它历经坎坷、兴衰、考验，仍被古往今来的统治阶级和士民官商普遍尊崇为"天书"，充分显示出它是中华民族聪明智慧的结晶。近现代以来，甚至外国学者也把它视为奇妙的"未来学"著作，赞喻其是"宇宙代数学"和"科学皇冠上的明珠"。

《易》，也称《周易》和《易经》。所谓"经"，就是文字。而在《周易》之中，系指与"传"相对而言的经文部分。我国古代的书籍，一般多以图画与文字合璧的形式出现，其中文字便称为"经"，可见一般意义上的"经"，就是指著作。

自汉代"独尊儒术"以后，儒家学派优选出经过孔子亲自整理过的五部著作——《诗》《书》《礼》《易》《春秋》，作为传播儒家思想的基本教科书和宣扬封建宗法思想的理论根据，所以这五部书就成为学习儒家学术思想的必读书和经典著作，于是它们就分别被尊称为《诗经》、《书经》（即《尚书》）、《礼经》（即《仪礼》或《士礼》）、《易经》、《春秋》（即孔子编撰的鲁国春秋时期的编年史著作）。此时，《易》首次升格为"经"，正式列为儒家经典的"五经"之一。也有学者认为，早在战国时期，就有人将《乐经》列入经典，这样儒家经典又增加了《乐经》，合为"六经"，《易经》仍为"六经"之一。唐朝，实行科举取士，在"明经"科目中，共列出《九经》

作为必考内容。《九经》包括：《三礼》——《周礼》、《仪礼》（即《礼经》）、《礼记》（亦称《小戴礼记》或《大戴礼记》）；《春秋三传》——《春秋左传》（简称《左传》）、《春秋公羊传》（简称《公羊传》）、《春秋穀梁传》（简称《穀梁传》），它们均是研究和阐释孔子《春秋》的著作；再加上原《易经》《书经》《诗经》，计为《九经》。《九经》从此成为官学考试的主体内容，但它们仍属于孔子的学术思想内容。五代时期，又发展为《十一经》，除增添孔子的《论语》外，又把记录战国思想家、教育家孟子思想观点的《孟子》一书也列为经典，合称为《十一经》。宋代，儒家经典发展成为《十三经》，它们的排列顺序为：《周易》《尚书》《诗经》《周礼》《仪礼》《礼记》《春秋左传》《春秋公羊传》《春秋穀梁传》《论语》《孝经》《尔雅》《孟子》。显然，《周易》的地位已上升到《十三经》之前列，号称群经之首，地位显赫，至今没有改变。

《十三经》是儒家思想的核心经典，而儒家思想又在中国两千多年的封建社会中稳定地占据了主导地位，所以《十三经》系列丛书博大精深的内容，对于我国传统文化的影响几乎无所不在，它无可置疑地成为我们全民族国学的灵魂和华夏文化的基础。因此，亘古以来，无论何人，要学习中国五千年的文明史，求解中华文化的精髓，或是具体探索我国古代政治、哲学、宗教、经济、军事、伦理、民俗等各个领域的发展规律及其特点，均离不开对《十三经》的研究。

作为《十三经》之首的《周易》，就其本质观之，它应是中国现存最早的古典哲学著作，正如我国战国时代的伟大哲学家庄子所说："《易》以通阴阳。"阴阳问题是中国古典哲学的基本问题，所以《易》当属于哲学范畴，是人们关于自然界、人类社会和思维（认识）知识的概括和总结，是以抽象概念和逻辑形式反映社会存在的特殊的社会意识形态。因此人们习《易》应透过它的卦爻占筮等表现形式和神秘色彩，着重掌握其深邃的哲理内核与特别的理论思维模式。毛泽东认为，世界上的一切知识都结晶在自然科学和社会科学里面，而"哲学则是关于自然知识和社会知识的概括和总结"①。众所周知，哲学是理论化、系统化的世界观和方法论，是关于自然界、社会和人类思维及其发展的最一般规律的学问，更是所处时代精神的精华和文化的灵魂。《易经》中所蕴涵的朴素唯物主义与自发的辩证法思想以及刚健、自强不息的奋斗精神和充满忧患意识的处世态度，特别是它把握事物本质，预测运行规律的概括性、抽象性、灵活性，堪称是识人、察物、驭政的高级参谋。总之，《周易》成为儒家群经之首、中华民族思想文化的源泉，是当之无愧的。

现在，我们有幸身逢改革开放、社会转型的伟大时代，古老的易学成为一门重放光芒的新兴学科和显学，受到国内外广泛追捧，习《易》热潮在全国方兴未艾。何为易学呢？简单回答，易学就是研究《易经》，阐释"易道"并以《易》的思维模式探求宇宙万物变易规律的学问。但是，易学如海洋，深奥无穷。要进入这座玄宫探宝，基础还是应从"文化入门"探路，因为文化是人类在社会实践过程中所获得的物质、精神的生产能力和创造的物质、精神财富的总和，它包括一切社会意识形态（自然科学、社会科学、技术科学）。作为文化典籍和哲学成果的《易》，当然归属于"文化"这个"总和"之中。

但是，人们往往只看到《周易》的内容包括理、象、数、占，从形式和方法来看，似乎是一种论述阴阳八卦的专著，而忽视了该书的精髓却是运用"一分为二"与"对立统一"的宇宙观，唯物主义与辩证法的方法论，揭示宇宙间事物发展、变化的自然规律和对立统一法则，并用以预测自然界、社会和人身的各种信息，即该书的哲学本质属性。

《易》是研究精神文化范畴的，其哲学属性决定了它是属于意识形态层次文化的内容，是社会科学的学科。在阶级社会中，社会科学和哲学都是具有鲜明的阶级性和实践性的，并要为统治阶级服务的，

---

① 毛泽东：《整顿党的作风》，载《毛泽东选集》第二卷，人民出版社，1953年。

否则它将失去存在的价值。在马克思主义哲学诞生之前即真正科学的哲学形成之前，人类所创造的一切哲学成果，都是有局限性的，《易》也不能例外，我们应遵循"古为今用""批判继承"的原则，继承、弘扬、发展祖先留给我们的这份珍贵的文化遗产。

秦汉移民"河南地"与
"新秦中"崛起

　　宁夏与河套地区的移民开垦，由游牧经济向农业经济转变，大约是从秦始皇统一六国以后开始的。当时河套一带统称为"河南地"，今宁夏北部黄灌区也包括在"河南地"的范围内。秦朝在"河南地"的移民开发是被动的，小规模的，也是为时短暂的。秦始皇的本意并不在于开发"河南地"，而是出于政治、军事的目的。北伐匈奴，是要维护嬴政家族世世代代统治权，所以才于始皇帝三十二年（前215年）派大将蒙恬指挥30万大军北上攻击匈奴。秦军打败匈奴，占领塞上黄河南岸土地以后，因河为塞，筑城驻守。为了解决数十万大军的后勤保障问题，蒙恬在黄河一线积极开办军屯，克服由于长途运输造成补给不及时的困难。朝廷也开始从内地移民到北边实行民屯，军民共同屯戍保卫边疆。但是随着短命秦王朝的倒台，这次移民未能巩固，开发成果也是有限的，但首创之功和深远意义却载入了史册。

　　在秦末汉初战争废墟上建立起来的大汉王朝，开国之初，国家经济面临着十分严峻的困难局面，人口锐减，百业凋敝，国库空虚，财政拮据，窘困到了极点。当时的困难情形是令人难以想象的，"天子不能具钧驷，而将相或乘牛车"（拉皇帝出行的车马都配不齐一种毛色的四匹马，朝廷的高官只能乘牛车上下班），而"民无藏盖""人相食，死者过半"（百姓家中没有一点可食用的食品，饥饿的人们争吃死人尸体，或易子而食，病饿而死的人占到总人口的半数），社会生产力受到极大的破坏。但是，朝廷能采取正确的对策：对外，与敌方（匈奴）"和亲""通互市""结为兄弟"等委曲求全的妥协政策；对内，实行一系列恢复生产、发展以农业为主导的经济政策和让人民休养生息的政策。朝廷发布诏令，实施劝民力农、贱商贵农、约法省禁和入粟拜爵等特别措施。尤其是汉朝确立以农为本的基本国策，具体表现为：奖励农业、减免田税劳役、放宽对土地的限制，就连皇帝都要"躬耕籍田"（每年春耕开始，皇帝象征性地在京郊或皇城内选一块土地亲手推第一犁，以示劝农）。经过年复一年的努力，社会生产力得到逐步恢复和发展。到文景之治和汉武帝的 70 年间，经济繁荣、"人给家足"、"廪庾尽满"、"府库余财"、"京师之钱累百巨万，贯朽而不可校。太仓之粟陈陈相因，充溢露积于外，腐败不可食。众庶街巷有马，仟伯之间成群，乘牸牝者摈而不得会聚。"① （意思说国库存放的钱不计其数，存放的时间很长，连穿钱的绳索都朽烂了；堆放的粮食终年不出库，都腐烂在库里。大街小巷和田间地头到处都有民养的马匹在走动。百姓若骑母马都没有面子参加聚会）当国力强盛之后，汉廷再也不能容忍匈奴的入侵，从元朔二年（前 127 年）开始，汉武帝对匈奴展开主动进攻，因作战对象与秦时蒙恬一样，同为北方匈奴族，所以朔方又成为双方争夺的重点。汉廷一方面派大将卫青、霍去病等人挥军北征，也像蒙恬时那样"取河南地""筑朔方""因河为塞"，加强军事设施，固守塞上疆土；另一方面又按照大臣晁错所上《徙民实边议》的办法，在河南地大办屯田。不过汉代的移民行动远比秦朝要大，一次就从内地移民七十余万人充实到朔方河南地一带，而且移民政策也有大的改变，办法更加完善，主要以招募方式为主，用赦免罪人和赐给爵位的方法，鼓励平民和犯罪的人自愿到边地安家屯种。并由官府供给移民粮食、衣服、耕牛、籽种，让移民安居乐业。由于移民规模大，配套措施完善，

---

① 班固撰，颜师古注：《汉书·食货志》，中华书局，1962 年，第 1135 页。

所以成效也大，既加强了边防，又解决了由内地运粮的被动局面，有力地支持了对匈奴用兵的军事行动。原先在朔北用兵时，"转漕甚远，自山东咸被其劳，费数十百巨万，府库并虚"[1]，而自开办屯田以后，却可"内省转输戍漕"[2]，既减轻了国家和内地人民的负担，又确保了前方的军需，为军事胜利提供了充分的物质保障。

宁夏北部黄河两岸，成为汉代开发河南地的重点地区。随着开发规模的扩大，经济、文化日益繁荣，先后在垦区境内设有富平县（今吴忠市利通区境内）、灵武县（今青铜峡市境内）、灵洲县（今吴忠市利通区境内）和廉县（今贺兰县境内）。除秦时修筑的神泉障、浑怀障两处军事要塞以外，又新建南典农城、上河城、北典农城、吕城，人口发展到 10 万左右。在地方行政方面，以上各县均隶属北地郡，朝廷另派典农都尉专门负责管理农垦事宜。据《史记·匈奴列传》记载：汉武帝时，"汉度河自朔方以西至令居，往往通渠置田"，在黄河东西两岸水位高处，选择进水口，抬高水位，引河水入大渠溉田。现在银川平原东西两大灌区上著名的引黄大灌渠，如秦渠（秦家渠、七级渠）、汉渠（汉伯渠）、汉延渠（汉源渠）、唐徕渠（唐梁渠）等，可能都是在其间开凿或疏浚的。由于生产发展，经济繁荣，人口增加，西汉间又把原北地郡一分为二，析设北地郡和安定郡。北地郡归朔方刺史部管辖，安定郡归凉州刺史部管辖。

秦汉时期，是中国气候历史上的第二个温暖期，气候比较温暖潮湿。北方农业界线开始北移，加有黄河水利之便，使河套新垦区很快成为"饶谷多畜"农牧业发达的新兴经济区，成为国家财政收入新的财赋之源。由于汉朝把匈奴赶至漠北，河南地数世无战乱，处处"冠盖相望"，"人民炽盛，牛马布野"，"畜牧为天下饶"，"新秦中"便成为当时"新富贵"的代名词。意思是说，原来京畿地区"关中"（"秦中"）是

---

[1] 班固撰，颜师古注：《汉书·食货志》，中华书局，1962 年，第 1150 页。
[2] 班固撰，颜师古注：《汉书·严朱吾丘主父徐严终王贾传》，中华书局，1962 年，第 2803 页。

全国的首富地区，故有"得关中者得天下"的说法。现在又在塞上再造了一个"关中"（"秦中"），所以称之为"新秦中"。充分说明，西汉时期由于移民开发，"新秦中"的崛起，河套地区的经济发达程度在当时居全国的首位，有点类似于今天的特区发展水平吧！

秦皇、汉武巡视宁夏

今天的宁夏，给人们的印象似乎自古以来都是一个非常落后的地方，殊不知宁夏在古代还是非常重要的、十分繁荣的地区，这是由它的特殊区位所决定的。因为汉朝和唐朝都将首都定在长安（今西安市），宁夏离京城不远，属于京畿的范围，而且宁夏阻山（贺兰山）面河（黄河），又有长城环卫，实在是北国的藩篱、关中的屏障、京都的门户，不仅军事地位扼要，居西北之首，又是开发历史领先的河套绿洲，独擅鱼盐之利，堪称塞上天府，经济上富甲西北，素有"河套安天下安"之说。历代王朝都把经营河套视为治国的大计，凡有战略眼光的君主，无不在执政期间，采取措施加强对塞上的管理，甚至亲自巡视这个地方。因此，从中华民族的"人文始祖"黄帝，到史称一代圣主的秦皇、汉武、唐宗、清祖与"一代天骄"的成吉思汗，无一不在宁夏地区留下了历史的足迹。

一、秦始皇首次出巡登上鸡头山

始皇帝消灭六国，建立中国历史上第一个强大的中央集权的大秦帝国之后，为了炫耀"武功"，宣扬"皇威"，广颂"秦德"，当然还有"封禅"泰山和寻找长生不老"神药"的目的，他刚戴上中国历史上第一个"皇帝"的桂冠，就迫不及待在短短的十二年里（前221—前210年），兴师动众、长途跋涉，对全国连续进行 5 次大巡视。

秦始皇把首次出巡定在了包括今宁夏在内的北地郡和陇西郡。秦始皇二十七年（前220年），始皇一行从国都咸阳出发，沿着通向洮河河谷的大路，先到渭水的发源地陇西郡，然后再沿着泾水北上后改由茹河东向到达北地郡。秦统一后，分全国为 36 个郡，郡是地方最高行政建置。北地郡是春秋战国时原义渠戎国的中心地带，秦昭襄王三十五年（前 272 年），义渠被灭国，于戎地首建北地郡，正式纳入秦国的统治范围，境地大约包括今甘肃东部、宁夏南部广大地区。秦始皇时期，仍保留北地郡，首脑机关驻今甘肃省宁县，今宁夏全境基本上归此郡管辖，当时境内建有富平县（今吴忠市境内）、朐衍县（今盐池县境内）、乌氏县（今宁夏固原市南和甘肃省平凉市北地区）、朝那县（今固原市境内）和泾阳县（今宁夏泾源县和甘肃平凉市之间，待考）。北地郡境内的陇山山脉（今六盘山山脉）中有一座著名的山峰名叫"鸡头山"（亦称笄头山、开头山），据说在上古时代，华夏的先祖黄帝，曾"西至于空桐，登鸡头"，向在此山隐居修炼的广成子"问道"。广成子，是否真有此人不得而知，他是传说中的道家、气功养生家，说他活到1200 岁时仍然是鹤发童颜，"形未尝衰"，原因就是做到"守一"（没有私心杂意，经常意守丹田）、"处和"（不动怒、无烦恼）、"清静无为"（心志平静，无欲望）。他给登门求教的黄帝教授了"自然之经"，还送他"九品之方"。[1] 秦始皇首次出巡就到鸡头山并登上鸡头峰，然后从回中道返回咸阳。始皇此行可能也与寻觅长生之术有一定的关系，但史书没有透露，不好瞎猜。那么，鸡头山（峰）在哪里呢？唐朝魏王李泰主持、萧德言等人编著的《括地志》中说："笄头山一名崆峒山，在原州平高县西百里，《禹贡》泾水所出。《舆地志》云或即鸡头山也。郦元云盖大陇山异名也。《庄子》云广成子学道崆峒山，黄帝问道于广成子，盖在此。"这里把"空桐"和"鸡头山"的所在地说得清清楚楚。首先，此山的大范围当在大陇山，即今六盘山。其次，山峰的具体方位在唐代平高县西一百里左右的地方。而唐朝的平高县是原州的治所，州县同驻一城。隋唐时期，曾一度将原州改为平凉郡。但治

---

① 陈鼓应：《庄子今注今译·外篇在宥·三》，中华书局，2009 年。

所未变,仍与平高县同驻一城,就是今天的固原市所在地原州区城关镇。平高县的"西百里"处(实际应是其南偏西),又是"泾水所出"的地方,应该是在宁夏的泾源县境内。即使是在今平凉市境内,也还是在宁夏固原市和甘肃平凉市交界的地方,而且也都属于六盘山山脉的范围。

二、汉武巡边六次涉足宁夏

前面所述,秦始皇巡边曾踏进今宁夏的大门,但却具有一种"番客"的形象,而汉武帝到塞上来,则完全是为了军国大事。武帝是在文景之治之后,国家繁荣富强的大好形势中继承皇位的,他凭借雄厚的国力和丰裕的物质储备,决心彻底解决北边之患的匈奴问题。为了亲自取得北边国防线地区的第一手材料,也为了向强敌匈奴人示威、耀武和起到先声夺人的震慑作用,于是在元鼎五年(前112年)十月,武帝开始首巡北边。他从国都长安城(今陕西省西安市境内)到西部五畤祀拜后,就从雍地(今陕西省凤翔县境内)出发,浩浩荡荡向北行,直奔崆峒而来。时陇西郡太守事先未得到通知,一下从天上降下一个大皇帝和大批护驾的御林军、随从官员,措手不及的情况下,又要招待好皇帝和这么多的京官京兵,结果是"天子从官不得食"。这还了得,岂不是犯了欺君大罪吗?吓得这位可怜的地方大员只有自杀了事。武帝一行继续北上,"北出萧关"(今固原市原州区南瓦亭峡一带)。出萧关以后,武帝组织数万骑军人在"新秦中"大地上进行了一场大规模的武装狩猎活动。实际上这是一场有针对性和警告性的军事大演习。但是就在这次大范围的"狩猎"活动中,他亲眼惊讶地看到了"新秦中"的广大地区内"千里无亭徼",战备状况令人十分担忧,麻痹轻敌思想更是普遍,与他决心攻打匈奴的战备思想非常不协调。汉武帝一怒之下,将北地郡太守以下各级主要军事长官一律处死,然后南下经由甘泉宫返回咸阳。

元封元年(前110年)十月,汉武帝第二次巡视来到朔方河套,这一次他有备而来,是跑到匈奴的家门口来警告匈奴大汗的。他派使者郭吉持书告单于道:"'南越王头已县于汉北阙矣。单于能战,天子自将待边；不能，亟来臣服。何但亡匿幕北寒苦之地为！'匈奴警焉。"[①]

元封四年（前107年）十月，武帝第三次巡视北边。此次他又一次通过回中道"北出萧关"，到达河套地区，然后取道山西返京。

太初元年（前104年）、太始四年（前93年）、征和三年（前90年）的15年间，武帝又先后3次"北出萧关"巡视北边来到安定郡和北地郡。安定郡是元鼎三年（前114年）从北地郡析出新设置的一个郡，治城是高平县，即今固原市原州区城关，上隶凉州刺史部，下辖范围相当于今宁夏同心县韦州镇、中宁县以南地区和甘肃省靖远县、会宁县、平凉市境几县。领二十一县（道），在今宁夏境内可考者有高平、朝那、泾阳、乌氏、参䜌、眴卷、三水等县。北地郡仍治马岭（今甘肃省庆阳市境内），上隶朔方刺史部，下辖范围相当于今宁夏北部、甘肃东部庆阳地区和陕西西部部分市县。领十九县（道），在今宁夏境内可考者有灵武、富平、灵州、眴衍、廉等县。

后元元年（前88年），是汉武帝病逝的前一年，近七十高龄的一代大帝，再次抱着病体，最后一次专程巡视了安定郡。前后加在一起，武帝在位期间，虽然内外政务繁忙，日理万机，但他却不辞辛劳，7次北上巡边，其中就有6次"北出萧关"，带千军万马到安定、北地郡和塞上"新秦中"河套地区视察防务，布置战守方略，指导国防建设，这充分说明一个问题，今宁夏地区在西汉时期是朝廷抗击匈奴的战略要地，对于国家社稷的安危具有举足轻重的地位。汉武帝一生关注塞上，六出萧关，为经营河套作了毕生的努力，为宁夏的历史注入了丰厚的内容，推动了宁夏经济社会的快速发展，使原本落后的地区一跃上升为"新秦中"的北国天府，成为一方人杰地灵、钟灵毓秀、俊贤辈出的大好山河。

[①] 班固撰，颜师古注：《汉书·武帝纪》，中华书局，1964年，第189页。

汉匈战争时的宁夏

中国历史上，中原王朝与北方（包括西北地区）游牧民族的军事冲突，几乎成为绝大多数政权的主要边患。这种状况延续了几千年，最早见诸史书是从夏末商初开始的。《竹书纪年》记有商王高祖帝乙（名汤），派兵到北方伐胡、建城的事。《周易》又记录了商朝殷高宗（名武丁）"伐鬼方，三年而克之"的事。《后汉书·西羌传》也有"后桀之乱，畎夷入居邠岐之间"的记录。类似的记载可以说是史不绝书，所不同的是，在不同的历史时代，北方民族有不同的称呼。据正史所载，对北方游牧民族的称呼，先后出现过土方、鬼方、猃狁、戎（西戎、犬戎）、羌、胡、匈奴等名称。大约到了战国时期，北方许多游牧部落经过内部互相兼并、融合，重新组合后形成了一个统一而强大的部落联盟，这就是匈奴汗国。

秦始皇统一六国后，秦将北方各游牧民族统称为"胡"。为了消除"胡患"，始皇帝三十二年（前215年），曾派大将军蒙恬率军30万，用武力把匈奴（北胡）人从黄河两岸的塞上赶到了大漠以北绝远地区。但是，秦朝短命，仅存在14年就被陈胜、吴广领导的农民起义军所掀起的反秦浪潮推翻了。当秦汉之交中原大乱之际，匈奴又乘机返回故地，重新活动于黄河两岸的广大地区，再次构成对新建大汉王朝的巨大威胁。这时，匈奴已完成"东击东胡""西击月氏""南并楼烦、白羊"和"侵燕代"的兼并战争，在汉朝的北方、东北、西北建立起一个包围中原的幅员辽阔、"控弦三十万"的强大汗国。汗国居中设单于庭（相当于中原王朝的中央朝廷，地址在今蒙古国乌兰巴托市），又把全境划分为中、左、右三部。中部由单于庭直辖，左、右两部各委左、右贤王管理。以王庭为中心，左贤王管东方，右贤王管西方，汗国的总首领称为"撑犁孤涂单于"（译意是"伟大的天子"），简称"单于"，单于族姓挛鞮氏。

汉朝初期，为了医治战争的创伤，国家对边疆的事务可谓鞭长莫及，没有力量抗击匈奴的屡屡内犯。当高祖刘邦在七年（前200年）遭遇"平城之围"（被匈奴军围困在今山西省大同，险些全军覆没当了俘虏）以后，不得不采纳大臣娄敬（后赐皇姓，改名刘敬）的建议，对匈奴采取"和亲"的外交政策，将一个又一个假"宗室"女封为假"公主"，送到"兄弟之邦"的单于庭，并加强与北方的通商，把中原的名贵奢侈品源源不断输送给单于及其大小首领，以结好匈奴的奴隶主贵族们，企图换取北方军民生命财产的安全和汉室社稷的稳固。但是，匈奴的奴隶主贵族们表面上同意与汉室"结为兄弟"，实际上既要中原的美女，更要中原的财宝和劳动力，所以匈奴的马蹄并没有停下来，仍然不断南下侵扰。汉文帝前元三年（前177年）五月，匈奴右贤王率部入犯河套以南和北地郡，宁夏屯田受到严重破坏。特别是前元十四年（前166年），匈奴单于亲自率14万骑兵从河套大举入侵，一直打到朝那县，毁长城、破萧关，北地郡太守孙卬战死，皇帝的行宫回中宫也被焚烧，今宁夏固原市和甘肃省的庆阳市大量人口和牲畜被掳掠，引起汉廷朝野的极大震惊。甚至有一次"胡骑"的前锋部队已在甘泉宫和京都近郊的柳棘门、霸上耀武扬威了。

汉室在韬光养晦中一刻也没有忘记做反侵略战争的准备工作，向北边移民屯垦的规模越来越大；在塞上储备军粮的数量年年增加；推行"马复令"后，军马大增；兵器制造、士兵训练等都在加紧进行。汉武帝继承皇位（前140年）后，在文景之治打下的基础上，他励精图治，锐意改革，当西汉政权完成了中央集权建设，出现史无前例的民富国强的繁荣局面之后，这时国库充裕，兵强马壮，反击匈奴的军事物质准备工作已经完成，于是汉武帝下决心让中原的"带甲之士"与塞外的"控弦之士"展开一场大较量，以彻底解决国家的北方边患。武帝元光二年（前133年），"马邑之围"（马邑，今山西省朔县。时武帝派马邑财主聂壹诈降献城，计划诱袭匈军，活捉单于。事被识破，匈奴拒绝和亲，汉匈表面和平被打破）成为汉匈大战的导火索。从元光二年开始打了二三十年的持久战，其中主要战役有3次。

第一次大战：元朔二年（前127年），匈军入侵上谷（时治沮阳，在今河北省怀来县东南）、渔阳（今北京市密云县西南），汉将卫青、李息等从云中（今内蒙古托克托东北）和陇西（今甘肃省临洮县）分头出击。卫青领兵出云中，西巡榆溪塞，绝梓岭，于灵洲境内的黄河上架设桥梁，过河翻越贺兰山直抵高阙（今内蒙古临河西北），把在河套以南的匈奴楼烦、白羊王逐出塞外，俘获数千，牛羊百余万，恢复黄河以南的富庶土地，重新修复秦始皇时在黄河沿岸修筑的城塞，凭黄河天险以为固。为加强对匈奴的防务，汉廷在北方河套地区增设朔方郡（今内蒙古乌拉特旗东南）、五原郡（今内蒙古包头市西），并移民10万到朔方郡屯垦。为了统一北边要地的军政管理，后又在郡级之上增设朔方刺史部，今宁夏北部属北地郡，也划归朔方刺史部管辖。

第二次大战：因匈奴连年南下，北部从代郡（今河北省蔚县西南）到朔方不得安宁。汉将卫青于元朔五年至六年（前124—前123年），两次出塞迎击并重创匈军。元狩二年（前121年）夏，将军霍去病和公孙敖同时从北地出兵攻击匈奴。作战中，公孙敖军迷失道路，失去攻击目标，未能按原计划与霍去病军会合。霍去病独军挺进，过居延（今内蒙古额济纳旗东南）直达祁连山，大败匈奴，斩三万余人，俘匈奴大小首领二千余人，匈奴浑邪王率众四万余人降汉。匈奴经过这次重创之后，再也无力南下，北地、陇西、河西等地免除了匈奴的威胁和骚扰。

第三次大战：元狩四年（前119年），卫青、霍去病再度联合作战，分别从定襄（治成乐县，今内蒙古和林格尔县西北）、代郡出发，展开规模空前的歼灭战。"私负从马凡十四万匹",又有"步兵转者踵军数十万"。北地郡都尉卫山,全力配合,保障后方安全,物质支援也非常有力,战后被封为义阳侯。卫青所领军队与匈奴单于会战于大漠以北,单于不支而向西北遁走。汉兵"捕斩首虏凡万九千级,北至寘颜山赵信城而还"。霍去病所领军"出代二千余里,与左贤王接战,汉兵得胡首虏凡七万余人",至狼居胥山,"临瀚海而还"。经过这次大决战后,匈奴远徙到大漠以北。此次战役,匈军损失八九万人,被俘数千人,汉军还收获牲畜万余头,匈奴元气大伤而远遁,"幕南无王庭",北边战略形势发生了根本性的变化,"边城晏闭,牛马布野,三世无犬吠之警,黎庶无干戈之役",人民得到一定的休养生息。于是从朔方郡、北地郡到武威郡一带,即河套"河南地"广大地区纷纷大兴水利,开渠屯种,掀起一个开发高潮。不几年,就因经济繁荣,人口增加,不得不将此北地郡一分为二,于元鼎三年(前114年)在宁夏南部析置一个安定郡,治所设在高平城(今固原市原州区)。今宁夏南北两地,在败匈之后都赢得了一个大发展的机会,创造了宁夏历史上一个辉煌的时期。

赫连大夏国与宁夏

西晋司马氏王朝，在统治阶级内部斗争和少数民族起义的双重打击下，走向了土崩瓦解的末日。晋惠帝永安元年（304年），刘渊乘机在左国城（今山西省吕梁市）起兵反晋，自称大单于、汉王，建国号为汉。于永嘉五年（311年）攻破洛阳，俘获晋怀帝。又于建兴四年（316年）围攻长安（今陕西省西安市），晋愍帝投降，西晋宣告灭亡。次年，晋宗室司马睿退到江南重建晋国，史称东晋。而刘渊亦称帝，建都平阳（今山西省临汾市境内）。从此，中国北方进入到各少数民族贵族和汉族官僚地主阶级混乱的割据局面之中，史称十六国时期。这一时期，宁夏地区先后被前赵、后赵、前秦、后秦等割据政权所控制。最后统治宁夏全境的是匈奴族铁弗部所建立的大夏国。铁弗部是三国时期并州（今山西省太原市）匈奴左贤王去卑后裔中的男性与鲜卑族部落女性通婚而形成的一个混血匈奴新部落。

一、赫连勃勃家世

大夏政权是由赫连勃勃建立的，故史书往往称这个地方割据政权为赫连夏国。赫连勃勃（？—425年），字屈孑，是南匈奴左贤王去卑的后代，与汉国刘渊同族。因为南匈奴世代与汉朝和亲，首领多从母亲姓刘。去卑的儿子叫刘猛、孙子叫诰升爰，曾孙辈叫刘虎的就是赫连勃勃的曾祖父。他们都世代担任匈奴的北部帅，手握兵权，控制着新兴郡（今山西省忻州市）虑虒县（今山西省五台山境内）以北广大地区。后被拓跋部郁律打败，向西迁移到朔方郡（今内蒙古杭锦旗境内）。刘渊儿子刘聪即位后，史称前赵。因为与赵皇室同族关系，刘虎被封为楼烦公、安北将军、监鲜卑和丁零军事；刘虎的儿子叫刘务桓（亦名豹子），投靠石虎建立的后赵政权，被封为平北将军、左贤王等职；刘务桓死后，弟弟阏陋头一度继掌大权，不久又落到其三弟刘卫辰的手中。刘卫辰又投靠前秦苻坚，被封为西单于、督河西诸部，驻屯于代来城（今内蒙古鄂尔多斯市东部）。苻坚淝水之战大败后，刘卫辰部已养成为北方一支重要军事力量，"控弦之士三万八千"，因此西燕政权慕容永和后秦政权姚苌都拉拢他，封以军政高官。太元十六年（391年），北魏政权拓跋珪打败这支匈奴军队，刘卫辰被部下杀害，代来城被占，儿子直力鞮亦被擒，家族、部族财产、人畜被掳掠一空，集团宣告瓦解。

勃勃是刘卫辰的第三个儿子，在国破家亡的情况下，辗转投奔到后秦镇守高平镇（今宁夏固原市原州区）的高平公没奕于麾下。没奕于是鲜卑人，两族世代有通婚的传统，于是没奕于招勃勃为女婿。后秦国皇帝也非常赏识他，夸奖其有"济世之才，吾方收其艺用，与之共平天下"。他被封为安远将军，协助其岳父镇守高平城。不久后秦皇帝又加封他为安北将军、五原公，并给他一支军队，让他独立镇守朔方，"常参军国大议，宠遇逾于勋旧。"

赫连勃勃是一个桀骜不驯、凶残无情、不甘人下的野心家。在义熙三年（407年），当他得知后秦要与自己有国仇家恨的敌人北魏拓跋珪通好，交换俘虏的消息后，非常愤恨，立即以打猎为名，挥军南下，偷袭高平镇（今固原市原州区），杀死他的恩人和岳父没奕于，叛后秦自立，在高平称大夏天王、大单于，改元龙升，设置文武百官。他称王后认为匈奴族本是夏后氏（因大禹的儿子启建立了中国历史上第一个夏朝，大禹、夏启族系称为夏后氏）的后裔，故定国号大夏。改汉姓刘氏为赫连氏。他说："帝王者，系天为子，是为徽赫，实与天连，今改姓曰赫连氏，庶协皇天之意。"命皇室以外的庶系都姓"铁伐"（铁弗的异译）。

二、赫连夏国的兴亡

赫连勃勃称王后，部下都建议说："陛下将欲经营关中，宜先固根本，使人心所凭系。高平山川险固，土田饶沃，可以定都。"但赫连勃勃毕竟也是一代枭雄，看问题比一般人要高远，所以他另有高见。他对部下们说："卿知其一，未知其二。吾大业草创，士众未多，姚兴亦一时之雄，诸将用命，关中未可图也。我今专固一城，彼必并力于我，众非其敌，亡可立待。不如以骁骑风驰，出其不意，救前则击后，救后则击前，使彼疲于奔命，我则游食自若。不及十年，岭北、河东尽为我有，待兴既死，嗣子暗弱，徐取长安，在吾计中矣。"①于是赫连勃勃指挥他的精锐骑兵，先后屠杀秃发傉檀的南凉国，屡屡大败后秦，成为关中以北地区的实际统治者，迫使岭北（今陕西省礼泉县九嵕山以北地区）各郡和部落首领都纷纷归顺到大夏国的旗下。

义熙九年（413年），赫连勃勃改元凤翔，命令将作大匠叱干阿利带领各族民工10万人，在奢延水（今陕西省红柳河）之北、黑水（今陕西省海流兔河）之南选址建城，命名为"统万城"（今陕西省靖边县北白城子），并定都此城。统万城之名，是勃勃手定，"朕方统一天下，君临万邦，可以统万为名"。对于这座都城的修筑，勃勃也是格外重视，亲自督工、检查，要求筑墙的土都要"蒸土"方可使用，在版筑时若"锥入一寸，即杀作者而并筑之"，所以这座城是用数万人的血汗和生命筑成的，城墙异常坚固。赫连勃勃还给都城的四座城门，各起一个威慑四方、气吞天下的名字。东门曰"招魏"，南门曰"朝宋"，西门曰"服凉"，北门曰"平朔"。

义熙十二年（416年），东晋太尉刘裕率大军占领洛阳，打进关中，把后秦政权消灭了。但是刘裕只留下12岁的儿子刘义真镇守长安，自己却急急忙忙南返去筹办篡晋、自己当皇帝的大事。义熙十四年（418

---

① 司马光编著，胡三省音注：《资治通鉴》，中华书局，1976年，第3602页。

年），勃勃乘机占领长安，将其势力扩大到关中地区。同年赫连勃勃在长安东郊灞上（灞水岸）筑坛祭天，宣誓登皇帝大位，改元昌武。但他并没有把国都改移至长安，而只是留下太子赫连王贵镇守，自己仍然回到统万城。这时大夏政权达到全盛时期，夏国控制的势力范围"南阻秦岭，东成蒲津，西收秦、陇，北薄于河。"然而盛极则衰，勃勃称帝后，诸子在争夺皇位继承权中相互残杀，大大削弱了大夏国的力量。先是勃勃想废长立少，让镇守高平城的酒泉公、少子赫连伦为太子，做自己的接班人，从而引起太子赫连王贵的不满。于是太子王贵采取先发制人的办法，首先率兵攻打高平城，弟伦兵败被杀。接着镇守阴密（今甘肃省灵台县境内）次子赫连昌又领兵攻杀王贵，自己被封为太子。元嘉二年（425 年）赫连勃勃病逝，赫连昌继承帝位，改元承光。第二年，赫连家族的死敌拓跋魏伐夏。北魏太武帝拓跋焘虽未攻下统万城，但大夏死伤、损失惨重，长安重镇也告失守。又次年，北魏再发 10 万大军，一举攻占夏都统万城，赫连昌改都于安定（今甘肃省泾川县境内），魏军仍然穷追不舍，赫连昌再败退到上邽（曾名上封，即今甘肃省天水市）。北魏始光五年（428 年），魏军追至上邽，赫连昌被俘。其弟赫连定率残部退守平凉继承帝位。魏军又将赫连定从平凉追赶至上邽，最终于元嘉八年（431 年），赫连定在走投无路的情况下，想使用鸠占鹊巢的办法，率残部北上，渡过黄河去抢占北凉政权的地盘，不料半路上又杀出一个小鬼，途中被吐谷浑部擒获，送交北魏都城平城（今山西省大同市境内）。赫连昌、赫连定都被拓跋魏处死。赫连夏国传皇位 3 人，历时 25 年灭亡。

三、赫连夏国统治宁夏

赫连夏国建立后，今宁夏全境在其疆域范围之内，南部有高平城，北部有薄骨律城（今吴忠市利通区境内）和饮汗城（今银川市兴庆区），高平城是赫连勃勃自立称王的第一块根据地。但赫连勃勃没有在高平城建立都城，而是派少子赫连伦镇守。高平是大夏国的重要军镇、西部门户，它与都城统万城和长安形成掎角之势，所以赫连勃勃派爱子赫连伦领众兵驻守。北部的黄河两岸，也是夏国在北方的重要军事防御带，因此赫连勃勃不仅将黄河东岸的原灵州县建成为军事要塞，还把它作为游览的"果园城"和繁育军马的场所。他有一匹心爱的白嘴唇骏马就放养在这座果园城中，因为夏军称皇帝的这匹战马为"白口骠"，所以当地人就以"白口骠"来代指马所在的果园城为"白口骠城"，再后来又讹传、转音为"薄骨律城"。另外，在黄河西岸，由于贺兰山东麓大地平衍，到处呈现一派湖光山色的美景，他非常喜欢这块土地，就把原近河的一座名叫饮汗城的地方改名为"丽子园"，在此修建行宫，并逐渐把这座小城改为皇家园林，纳妃储秀，供其享乐。这座饮汗城兼丽子园，到北魏、北周时期改建成为怀远县和怀远郡。唐朝仪凤二年（677 年），城池被洪水冲毁。次年，在其西部比较高爽的地方重新选址建筑一座怀远新县城，就是今天银川市老城的前身。所以银川市与大夏皇帝的行宫、丽子园是有着直接的渊源、承传关系。2008 年，是银川市建城 1330 周年。

今银川市还有一处著名的古建筑物与赫连大夏国有着联系，它就是地处北郊的海宝塔。这是一座造型独特，整体呈"亚"字形的 9 层 11 级楼阁式砖塔，由台基、塔座、塔身组成，通高 53.9 米，其中台基高 5.7 米，边长 19.7 米；塔座高 4.2 米，边长 15 米。东西正中辟一券门，券门前置卷棚歇山顶抱厦 1 间，抱厦起翘很高，突出了塔的入口。入券门迎面的佛龛中供有罗汉像，从南北两侧的暗道可登上塔座顶面。塔身平面呈方形，边长 10 米，塔身内部上下相通的方形空间，每层向内略有收分，各层之间以木板相隔，沿梯可至顶层。每层室内 4 面，均有拱券通道与券门相接，既可采光通风，又能供游人眺望。塔顶置一庞大的桃形绿色琉璃塔刹。该塔早在 1961 年 3 月就被列入国务院公布的全国第一批重点文物保护单位。1983 年又被国务院定为全国重点开发寺院之一。

海宝塔的始建年代，目前还没有找到明确的记载，明朝《万历朔方新志》说此塔是"赫连勃勃重修"。清朝《乾隆宁夏府志》只说它是"汉晋间物"。据民间传说，因为大夏皇帝信佛，才把这座废弃的宝塔重修一新，所以人们就以"赫连勃勃塔"来称呼它，渐渐简化为"赫勃塔""赫宝塔"，又慢慢以本地口音而讹传、转音为"黑宝塔"，再后来，文人和佛教信徒又根据发音，改称较为文雅又有佛门含意的新名——海宝塔。当地群众一直因该塔位于城北，便与城西的另一座古塔——承天寺塔（西塔）相对应，俗呼为"北塔"。海宝塔现在是宁夏一处重要的佛教场所，香火非常旺盛，又是一处有名的旅游景点。

北魏宁夏引黄灌溉开发小高潮

　　南北朝时期，北方被鲜卑族拓跋氏政权统一，拓跋珪在平城建都，国号称魏，史称北魏。北魏太武帝拓跋焘于始光三年（426年），大败赫连夏国，占领宁夏全境。为了拱卫京都平城，北魏政权在北方废州、郡、县，改设军镇，实行军事化管理，于太延二年（436年），在当时宁夏引黄灌区设立薄骨律镇（治今宁夏吴忠市利通区境内）。所谓"薄骨律"之名，来源于赫连夏。据北魏著名地理学家郦道元在他所撰写的《水经注》中所解：因为大夏王赫连勃勃在黄河洲渚之上的牧马苑地方建有果园城，把他的战马"白口骝"放养于此苑之中，土人即以马名代指地名，泛称果园城为"白口骝城"，后因读音传误，"白口骝"讹传为"薄骨律"，这个奇怪的地名就这样出现了，而并非此前人们所传是因为少数民族语言的汉译读音。当然这只是有根有据的解释之一。另一种解释为：赫连勃勃系匈奴人，匈奴语谓"河"为"刚勒"，谓"在"为"白"。故"薄骨律"即"白刚勒"，汉语意即"在河之洲""在河之镇"也。[1]这座果园城，应是后置灵州的前身。

　　薄骨律镇是北魏在北方和西北环绕平城所设九大军镇（沃野、怀朔、武川、抚冥、柔玄、怀荒、御夷、高平和薄骨律镇）之一，太延二年（436年）置。孝昌二年（526年）改为灵州，存在90年时间。太平真君五年（444年），北魏任命豫州（今河南省汝南县）刺史、将军刁雍担任

---

① 内蒙古区志办编纂委员会：《内蒙古史志资料选辑·第一辑》（上册），内蒙古地方志编纂委员会总编室编印，1987年。

薄骨律镇将，这是一个全权负责地方军事和政务的双重职务。刁雍上任后，非常明确自己的任务是两项：第一，守卫疆土，把好西北国门；第二，恢复塞上农牧业生产，为北方军镇供应粮食。自东汉中期以后，由于统治集团贪污腐败，各族人民不断掀起反抗斗争，社会动荡，经济受到严重破坏。在西北和宁夏地区，由于羌汉人民的不断起义，朝廷无力对付，只能把官府和人民内迁以避其锋芒。于是羌胡等游牧民族大量入居，这样就把以农业经济为主的黄灌区倒退为畜牧业为主的农牧经济区，这就是北魏占领宁夏时的基本社会经济状况。

刁雍到任后，首先在境内进行实地察看，足迹遍布山川。他看到黄河两岸广大城乡地方，在两晋十六国的长期战乱中，受到严重破坏，尤其是引黄灌溉的大小水渠，大多崩颓淤废，农田荒芜抛弃，人们流离失所，饥寒交迫，嗷嗷待哺，到处一片破败的景象。刁雍是一位"明敏多智"的儒将，又是一位"笃信佛道""泛施爱士"的长者。当他亲眼看到宁夏社会的破败和人民生活的艰难情景时，"夙夜惟忧，不遑宁处"，决心要尽力设法从根本上解救宁夏人民，力求恢复这片塞上沃土昔日经济繁荣的面貌。

刁雍是太平真君五年（444 年）农历四月末到达任所的，经过调查研究后，立即把自己从整治水利入手，大办农业，以解决兵民温饱为初步目标的计划报告给朝廷。他在上表中首先报告了宁夏当时的实际情况，他说："念彼农夫，虽复布野，官渠乏水，不得广殖。乘前以来，功不充课，兵人口累，率皆饥俭。略加检行，知此土稼穑艰难。"① 接着就把整治水利的计划提了出来。他的计划是："夫欲育民丰国，事须大田。此土乏雨，正以引河为用。观旧渠堰，乃是上古所制，非近代也。富平西南三十里，有艾山，南北二十六里，东西四十五里，凿以通河，似禹旧迹。其两岸作溉田大渠，广十余步，山南引水入此渠中。计昔为之，高于水不过一丈。河水激急，沙土漂流，今日此渠高于河

---

① 魏收撰：《魏书·刁雍》，中华书局，1974 年，第 867 页。

水二丈三尺，又河水浸射，往往崩颓。渠溉高悬，水不得上。虽复诸处案旧引水，水亦难求。今艾山北，河中有洲渚，水分为二。西河小狭，水广百四十步。臣今求入来年正月，于河西高渠之北八里、分河之下五里，平地凿渠，广十五步，深五尺，筑其两岸，令高一丈。北行四十里，还入古高渠，即循高渠而北，复八十里，合百二十里，大有良田。计用四千人，四十日功，渠得成讫。所欲凿新渠口，河下五尺，水不得入。今求从小河东南斜断到西北岸，计长二百七十步，广十步，高二丈，绝断小河。二十日功，计得成毕，合计用功六十日。小河之水，尽入新渠，水则充足，溉官私田四万余顷。"① 一顷为一百亩，四万余顷为四百多万亩，此数字显然夸大，因为今天的河西灌区农田面积也远远没有达到这个数字。征得朝廷同意后，他在艾山北新开了一条渠，这条渠被称为"艾山渠"。更难能可贵的是，刁雍还通过访问当地老农，总结出一套适合本地气候、土壤和水利条件下宁夏旱作农业"十六字"的新灌溉制度，用以指导宁夏引黄灌区的农业生产。这"十六字"就是："一旬之间，则水一遍，水凡四溉，谷得成实。"这就是他运用自己的知识，把农民千百年来的种田实践经验加以总结的"种田经"。实践印证了这个制度是科学的、有效的，推行之后，宁夏"官课常充，民亦丰赡"。皇帝对刁雍的做法非常满意，表扬他"忧国爱民"，授他特权，"宜便兴立，以克就为功"，只要是"便国利民者，动静以闻"，不需要事事上报待批后推行。

刁雍在宁夏黄灌区大兴水利、大办农业的成绩是显著的，仅两年时间，就基本上恢复了宁夏平原农丰畜旺的繁荣面貌，所生产的粮食不仅自给有余，而且还有大量积蓄。刁雍任职的第三年（446 年），朝廷命他征集 5000 辆牛车，把宁夏和周围 4 镇的余粮 50 万斛（3000 万公斤）运送到缺粮的沃野镇（今内蒙古临河市境内），"以供军粮"。刁雍接到这个"牛车运粮"的命令之后，经过细心研究和计算以后感到

---

① 魏收撰：《魏书·刁雍》，中华书局，1974 年，第 867—868 页。

非常不妥：第一，伤农；第二，不现实。所以他经过深思熟虑后给皇帝上了一道奏表，分析情况，提出新建议。他说："臣镇去沃野八百里，道多深沙，轻车来往，犹以为难。设令载谷，不过二十石，每涉深沙，必致滞陷。又谷在河西，转至沃野，越度大河，计车五千乘，运十万斛，百余日乃得一返，大废生民耕垦之业。车牛艰阻，难可全至，一岁不过二运，五十万斛乃经三年。臣前被诏，有可以便国利民者动静以闻。臣闻郑、白之渠，远引淮海之粟，溯流数千，周年乃得一至，犹称国有储粮，民用安乐。今求于牵屯山河水之次，造船二百艘，二船为一舫，一船胜谷二千斛，一舫十人，计须千人。臣镇内之兵，率皆习水。一运二十万斛。方舟顺流，五日而至，自沃野牵上，十日还到，合六十日得一返。从三月至九月三返，运送六十万斛，计用人功，轻于车运十倍有余，不费牛力，又不废田。"①皇帝对他的建议表示非常满意，不仅同意改陆运为水运，而且要以此次水道运粮为开端，今后"永以为式"。就是说，刁雍的建议既完成了往沃野镇运送军粮的具体任务，又开拓了黄河上游水运的历史。刁雍的这份水运计划，是我国历史上所见黄河上游开发航道水运的第一份文字记录，有很重要的价值，对于今天如何开发利用黄河上游航道和水运都有积极的参考价值。

刁雍在宁夏实干了四五年，宁夏黄河两岸发生了翻天覆地的变化，尤其是河西地区，已从孤悬塞外、首当敌冲、人不安居的战场，变为田连阡陌、五谷丰登的米粮川了。河西年年积压的余粮多得运不出去，大量地堆放在露天场地上，令刁雍非常担心。所以在太平真君九年（448年），他又向朝廷上了一道请求建城储粮的表章。表曰："臣闻安不忘乱，先圣之政也。况绥服之外，带接边城，防守不备，无以御敌者也。臣镇所绾河西，爰在边表，常惧不虞。平地积谷，实难守护。兵人散居，无所依恃。脱有妖奸，必致狼狈。虽欲自固，无以得全，今求造城储谷，置兵备守。镇自建立，更不烦官。又于三时之隙，不令废农。一岁、

---

① 魏收撰：《魏书·刁雍》，中华书局，1974 年，第 868 页。

二岁不讫，三岁必成。立城之所，必在水陆之次。大小高下，量力取办。"① 皇帝批准了他的"建仓城"请求。实际上并没有用 3 年的时间，而到次年三月"仓城"就建造成功。皇帝又一次表扬了刁雍，夸他"卿深思远虑，忧勤尽思"，并把新建成的"仓城"赐名为"刁公城"，"以旌尔功也"。刁雍在宁夏只任职短短 11 年，于兴光二年（455 年），被调回京都，加升特进衔。这 11 年里，宁夏地区从乱到治，由穷困变富裕，出现了一个开发的小高潮，这份功绩亦永载史册。宁夏各族人民至今都在纪念他，《魏书》为他立了传，并赞道："刁雍才识恢远，著声立事，礼遇优隆，世有人爵堂构之义也。"刁雍于太和八年（484 年）病逝，享年 95 岁。赠仪同三司、冀州刺史，将军如故，谥曰"简"。刁氏满门兴旺，官运亨通，正应了好人有好报之说。

① 魏收撰：《魏书·刁雍》，中华书局，1974 年，第 869 页。

宁夏庆藩郡王造反与宦官党首伏除

　　明朝自宪宗朱见深皇帝当政以后，国内土地兼并问题日益严重，皇室、勋戚、贵族和宦官等纷纷大量设置庄田，加之宦官专权，朝纲混乱，进而加深了政治腐败和经济危机，引起城乡失业、失地农工起义，使得统治阶级内部的矛盾更加剧烈。

　　明朝中期出现的宦官专权，主要表现在太监们利用司礼监来干预朝政。他们利用代书"批朱"，掌管传宣谕旨和掌印、管理内外章奏及御前勘合等特权，并与一些奸臣勾结起来，凌驾于内阁之上，架空宰辅，进退大臣，操纵官员的任免，还利用厂、卫大搞特务活动。到正德朝时，由于武宗朱厚照荒嬉废政，朝政遂为以刘瑾为首号称"八虎"的太监们所操纵。刘瑾原姓谈，陕西兴平人，因侍太子朱厚照时，用声色犬马投其所好，取乐邀宠。太子继位后，刘变本加厉，日进鹰犬、歌舞、艇角之戏，导诱武宗皇帝微行宿娼，淫狎民女，从而深得武宗信任，而执掌司礼监大权。刘瑾依仗帝宠，设立东厂、西厂和内行厂，迫害文武大臣，威福任性、侵夺民地、结党营私、贿赂公行、变乱朝政，官民敢怒而不敢言。正当刘瑾权倾朝野之时，太监张永等对刘瑾等的嫉恨也在加深，对刘的专权和独霸利益行为十分不满，而刘亦对张等的不满有所察觉，亦想借故赶走他们。

　　宁夏自古称塞北江南，独占黄河水利，明朝屯垦农业发达，"天下屯田积谷宁夏最多"，又有渔、盐之利，富甲西北诸镇。但自从阉党刘瑾把持朝政以后，"既止各边送银例，又禁商人报纳，边储遂大

037

匮乏"，继以"修举屯田，充实边储"之名，行横征暴敛之实，致使边镇军卒"不堪命，逃亡接踵，见存者日益困敝"。正德五年（1510年），刘瑾派大理寺少卿周东赴宁夏丈量屯田，"东希刘瑾意，以五十亩为一顷"勘计，"又亩敛银为瑾贿，敲扑惨酷，戍将卫卒皆愤怨"，而时任宁夏巡抚安惟学又驭下苛严，施法无度，经常"仗辱将士妻，将士衔刺骨"，从而造成宁夏的内部形势紧张到如同干柴烈火，一触即发。时宁夏庆藩安化郡王朱寘鐇者，是藩封宁夏庆靖王朱𣚊四世孙，其祖父秩炵，为庆靖王庶三子，永乐十九年（1421年）册封为安化郡王，弘治四年（1491年）薨。其父邃壒死于成化元年（1465年），在世时父安化郡王秩炵健在，故未能袭封，仅封镇国将军。当寘鐇以长孙身份于弘治五年（1492年）袭封安化郡王后，其父才因子贵追封为郡王，谥恭和。母杨氏亦封为王妃。寘鐇虽身贵为王，但不学无知，既迷信、愚昧，又狂诞而有野心。平时他有心拉拢都指挥何锦、周昂和指挥丁广等将领欲为己用，经常"借银"给他们，日积月累，欠银越来越多。而这些将领当然也深知郡王的用意，就乐得有借无还，并常半真半假对寘鐇说，银子我们一时还不起，但也不会白花王爷的银子，我们不久就会还您一顶比白银还要贵重的"白帽子"。寘鐇不解其意，就找巫师王九儿解谜。这个王九儿也是郡王府的常客，深得寘鐇信赖，实际上他也是以上不轨军官们的朋友，按照串通好的计策，对王说，你在"诸郡王中状貌魁梧"，"当大贵"，又用鹦鹉给王"算了命"，最后告诉他，你现今是郡王，给郡王送一顶"白帽子"，就是"王戴白，皇也"，并进而又推算寘鐇应"有十八年天子分"。这就更加激起这位愚蠢郡王的非分之想。加之又有身边所谓谋士儒生孙景文、孟彬、史连等一帮好事之辈推波助澜，劝他抓住当今皇上重用阉党、把持朝廷、官民积怨和宁夏巡抚失将心、犯众怒，全镇沸腾的大好时机，振臂一呼，定有作为。于是寘鐇密召何锦、孙景文等一伙文武心腹频频策划于密室，认为："今朝政出于刘瑾，援用奸凶，树党中外，此欲何为者？藉令瑾遂移祚，置吾属何地？若推我为主，以诛瑾为名，必成大事。"

不久，适逢宁夏边防有警，副总兵杨英、游击仇钺率主力军队出城备御，城中总兵官姜汉身边只留有60名牙兵，而且还是周昂率领，这给寘鐇之流发难造成机会，于是策划于四月初五，寘鐇以郡王身份设宴"招待"宁夏巡抚安惟学，总兵官姜汉，镇守宁夏太监李增、邓广和钦差周东等军政要员。"酒半，其党何锦等率众入，即座上执汉。汉奋起，怒骂不屈，遂杀之。"李、邓二太监同时被杀。接着何锦、周昂、丁广等率领叛军，分别冲进都察院和使馆，又杀死了巡抚安惟学和朝使周东，夺取镇、抚符印，焚烧案籍，释放重囚，并派兵尽收黄河船只于西岸，封河绝渡。宁夏副总兵杨英，只身逃至灵州，都指挥佥事杨忠、李睿和百户张钦等军官先后被杀，镇城军卒尽皆溃散。寘鐇以为大功即将告成，遂以皇者自居，强行把皇帝赐给庆王府的仪仗取出招摇过市，并逼迫庆王台浤对他行君臣大礼，还封何锦为讨贼大将军，周昂、丁广为左、右副将军，孙景文为军师，大小头目均授伪职。又以"清君侧""讨刘瑾"为名传檄各边，并由其军师孙景文草拟伪令，使用王府印、信、票帖发往各镇，诏告天下诸镇听命于己。但是"镇皆畏瑾，不敢以闻"，只有延绥巡抚黄珂以大局为重，不顾自身安危，"封上其檄"，又提出自己对处理事变的对策"便宜八事"奏闻。同时马上分兵对蒙部和宁夏河东两面一体戒严。朝廷得报以后，大为震惊，因为在刘瑾一伙的黑暗统治下，朝野危惧，人人思变，且"关内回贼四起，倚南山"，准备起事，大有振臂云集之势。又因为朱明家族前有藩封北京的燕王朱棣曾以"清君侧"为由，发动"靖难事变"，从侄儿手中夺取皇位的前例。现在宁夏安化王寘鐇又步其后尘，因此更加引起了当今的格外警惕，立即作出一系列重要部署：令固原总兵官曹雄率部赴灵州，与宁夏副总兵杨英负责河防；令延绥镇总兵官侯勋、参将时源分兵布防宁夏黄河地区；起复神英为征讨宁夏总兵、马炳燕为宁夏巡抚；改派分守独石、马营等处都知监太监张弼和都知监左少监太监马良共同监军宁夏；特任老臣杨一清为总制讨伐军务，为太监张永破例赐金印、金瓜、钢斧并统帅京兵，为总监军；令英武殿大学士杨廷和草拟颁布赦免诏，提升原宁夏副总兵杨英为总兵官，参将仇钺为宁夏副总兵、灵州守备史镛为游击将军，以稳定宁夏军心、将心，并离间之；发太仆寺仓银30万两，赏慰边镇官兵，宁夏兵反正者同样受赏；大赦天下，祇告太庙，宣告革安化王封爵并削其属籍，鼓励悔罪立功量为升赏；等等。

宁夏镇城巨变之时，宁夏游击将军仇钺正率部赴防，驻兵于南路玉泉营，叛军招其回城入伙，他本想逃脱，因妻儿老小尚在镇城，恐为所害，遂将计就计率所部入城。回城后又主动交出兵权，称病卧床，但却暗将所部将士分配到叛军各部，并"阴结壮士"，出城告慰广大官兵，援军将至，以鼓舞士气。何锦等人对这位老上级十分信任，时时问计求教。当仇钺得到密报，固原总兵曹雄已将大坝、小坝两处粮草烧毁，又把封锁在河西的渡船夺回东岸，大有一举渡过黄河或挖大坝水库淹城之举。这时何锦感到恐慌，仇钺即乘机向何锦"献策"，认为河防至关重要，建议他亲率城内主力坚守河坝。何锦果然听计，遂与丁广一起"倾营出"，城中只留周昂一支人马。这时，寘鐇又派人"以祸牙召钺，钺称病亟"。四月二十三日，周昂得知仇钺病重，即到仇钺家中探视。当走进内室，看到仇钺正躺在床上呻吟，时伏兵猝起，杀了周昂。仇钺立刻披挂上马，手提周昂首级，率领亲兵、壮士百余人，直扑安化王府，生擒寘鐇和其子朱台潨等人，尽杀孙景文等主要文、武党伙。并立即假传寘鐇之令，命已赴河防叛军返城，又先后将何锦、丁广等头目一网打尽，顺利收复镇城。在赴宁征讨各路大军基本上尚未到达之时，历时仅18天的宁夏事件即告平定。安化郡王朱寘鐇的"18年"江山美梦亦告破灭。

宁夏事变平定以后，杨一清、张永进驻宁夏镇城，首先将寘鐇宫眷和何锦等犯家属押送京师，并收捕何锦余党申居敬等58名，其余胁从者皆宽宥不咎。杨、张二人在宁夏处理善后事宜时，又共同策划了一桩震惊全国、影响朝野，改变明朝政治走势的大动作，即合作翦除刘瑾的密谋。杨一清深知，张永与刘瑾虽同为把持朝政的阉党集团，但二人矛盾较大，便乘机对张说："赖公力定反侧，然此易除也，如国家内患何？"永曰："何谓也？"杨促席近张旁边，于掌上划"瑾"字。张永见杨一清已把话挑明，也就直说，此事为难，因为刘瑾"晨夕上前，枝附根据，耳目广矣"，不好下手。杨鼓励张道："公亦上信臣，讨贼不付他人而付公，意可知。"接着又给张出主意，要他在班师庆功之日揭发瑾罪。而张还担心如果皇上不信如何，杨说："言出于公必济。万一不信，公顿首据地泣，请死上前，剖心以明不妄，上必为公动。苟得请，即行事，毋须臾缓。"①杨再一次激励张永说，如果事成，公将与吕强、张承业一样"千载三人耳"！张永在杨一清的鼓励下当场表示："嗟乎，老奴何惜余年不以报主哉！"于是就回京相机行事去了。果然，张永由宁夏班师回京时，出乎意料地受到破格的盛大欢迎。八月十五日，武宗皇帝朱厚照身着戎装，亲率满朝文武大员出紫禁城迎候这位张永太监，后又举行了隆重严肃的"献俘仪式"，一时间"金鼓之声彻于大内"。式毕，皇上又于宫内置御宴亲劳张永，时有大太监刘瑾和马永成作陪。饮至半夜，乘刘瑾退出休息之机，张永即依宁夏所定之计，把真镌"讨瑾檄文"先呈上，一直蒙在鼓里的武宗皇帝阅后大怒曰："瑾负我。"张永又乘帝怒，把与杨一清密拟的"刘瑾不法十七事"上奏，更加重了皇帝对刘瑾的怨恨。张永见皇上酒意已浓，便进一步奏道："此不可缓。"马永成也从旁助张。皇帝便乘酒性下旨，当夜查抄了刘瑾内外私第，又抄出伪玺和许多帝王专用的违禁之物，以及大量兵器。朱厚照看到这种情况，更恨骂道"奴果反"，遂连夜处决了刘瑾，从而摘除了明代政治上的一个巨大的毒瘤。

数日后，明武宗又将宁夏事变头目何锦等11名首犯凌迟处死，同时将申居敬等55名党朋和孟继祖等38名亲属处死，其他一般家属和幼男109人俱发配边远地区戍边，准妇女随同前往。对于如何处理真镌，皇帝认为"朕不敢私，其且禁之西内，救天下，诸亲王共议之"。于是，先将其宫眷送至"凤阳高墙"居住，余人送浣衣局为工。而公侯、

---

① 张廷玉等撰：《明史·杨一清传》，中华书局，1974年，第5228页。

驸马、伯、王府、六府、科道等官均一致劾奏道："寘鐇以王室至亲，为国藩屏，乃悖逆天常，交结群党，谋为不轨，戕害重臣，屠戮军士，伪授官号，窥伺神器，法不可赦。"各地藩封诸王亦上奏："宜并其子孙肆诸市朝，以谢祖宗。"至是，皇帝在文华门外亲自提审朱寘鐇。时公侯、驸马、伯、府部大臣及六科十三道御史一起跪奏曰："寘鐇大逆不道，宜如诸王议，割恩正法。"最后皇帝表示："寘鐇图危社稷，得罪祖宗，既天下诸王及群臣皆欲正法，论出于公，朕不敢赦，但念宗支，令自尽，焚弃其尸以示戒。其子孙台潪等五人仍置西内严禁之。"寘鐇阖府，只有其孙鼏材年仅17岁，在一名曰"大千长老"和尚的帮助下，脱逃而生，曾隐于永宁山中寺庙，削发为僧，更名正奉，长老待之甚善。5年后，大千长老圆寂，正奉不堪土僧凌辱，遂下山到官府自首。地方官不敢擅处，即护送至京。当法司对其审讯时，他抗言道："我高皇帝七世孙，义不辱于齐民，归命君上。"于是让在浣衣局做工的原安化王府宫人左宝瓶辨认，左惊呼曰："此鼏材殿下也！""上念鼏材虽然在不宥之例，既束身归命，姑从轻，送凤阳高墙安置，仍以书逾诸王置之"，于是原安化郡王幼子就在故里为祖先守墓而了此一生。

受寘鐇事件牵连的宁夏七世庆亲王台浍，亦受到严厉处分，因太监张永奏告庆王"屈身寘鐇，行君臣礼，负皇上展亲之仁，失诸侯维藩之义"。张永主张不仅要给庆王台浍处分，而且，"其郡王以下及承奉、长史俱宜罪"。后经皇上开恩，认为庆亲王"委身从叛，国典难容"，"本当削爵，姑从轻，革禄米三之一，降敕切责，郡王以下皆免究。承奉，长史等官执赴镇抚司考讯，中护卫革为宁夏中屯卫，隶陕西都司。仍谕各王府今后不许与文武官交结及诱引邪说之人在府出入，违者听镇巡官指实纠举"。①

但是，仅仅18天的"寘鐇反叛事件"虽然官军未经一战，即由宁夏内部自行解决，但在朝廷却大加张扬，似乎创造了不世功业。武宗

①吴忠礼：《造反王爷朱寘鐇》，《宁夏史志研究》1988年第2期，第34—37页。

皇帝也自认为成就了"中兴"大业似的，在事平次日就急急忙忙"自号大庆法王"，命"有司铸印以进"。许多文武官员亦因参与解决18天事件而升官发财。首先是太监张永，对于加俸禄和得到皇上大量奖赏等，张永并不放在心上，他一心只想得到侯爵的头衔和显位，但终因给太监"封侯"系史无前例，无人敢为而不了了之。但是，从此张永又代替刘瑾执掌了宫廷的大权，其势岂公侯王亲可比。甚至趋炎附势大臣还"奏永辑宁中外，两建奇勋"而给他的家兄张富升为泰安伯，舍弟张容升为安定伯。杨一清也官拜户部尚书，加太子少保，赐金印。原宁夏参将仇钺进署部都金事，升任宁夏总兵官，加封咸宁伯，岁禄千石，予世券。其余有功官绅兵民均升赏有差，死难者亦得到表彰和抚恤。但是，宁夏城乡人民在变乱之中所蒙受的生命财产的损失是无法补偿的。

清代宁夏府城孔庙与儒学管窥

一、祭孔由来

孔庙,别称文庙,是祭拜孔子的祠庙。孔子卒于春秋鲁哀公十六年(前479年)。次年,乡人为了纪念他,在其故国曲阜的故宅初立孔庙。自从西汉建元元年(前140年)汉武帝"罢黜百家,独尊儒术",把儒学作为封建统治的正统思想之后,儒家的创始人孔子,被历代统治阶级推崇为文圣人,至东汉永兴元年(153年),孔庙改扩建为国家祭孔的祠庙。唐玄宗开元二十七年(739年),孔子又被加封为"文宣王",从此孔庙亦呼"文宣王庙"。明清二代,全国各地大建关羽、岳飞"武圣人庙",简称"武庙",孔庙则与之相对应简称"文庙",并成为各级儒学的主体建筑。

儒家思想逐渐上升为中国封建社会文化主流以后,儒家学说便成为统治阶级的意志和民族传统文化的主体,从而儒家经典亦同时占领了封建教育的全部阵地,成为最高教条,被尊为教书育人、培养封建统治阶级接班人的正统教科书。

汉代以后的历代官学教育,既然是以儒学思想教化学生为目的,那么儒学鼻祖孔子,也就理所当然成为师生们顶礼膜拜的圣人,他的思想学说也就成了生员的必修功课。中国历史上的教育机构先后有塾、党、庠、序、学等不同名称,到元、明、清三代,基本上均以某某"儒学"呼之,所以封建教育,即传承儒学和以孔子为代表的儒家思想的学府也就统称为儒学，它既是一种学术思想体系的名称，又是传习这种理论体系的教育机构。

作为官办学校的儒学，设于京师的最高学府，名曰太学（或称国子监），设于省、府、县各级者，即呼某某儒学。

各级儒学均以官颁儒家经典作为统一的课本。同样，祭孔也是儒学统一的法定仪式，所以作为官学的儒学机构与作为祭孔殿堂的孔庙，都是其不可或缺的两大组成部分。因为两者的尊孔，养成孔儒思想，做儒家学说的继承人的终极目标是一致的，这就形成了凡儒学必与孔庙同建、共存，缺一即被视为非制的传统规范。

据宁夏地方志记载，有文可考的宁夏儒学始建于明初。由于明季宁夏偏处北方"九边重镇"的国防前线，地方行政建置不设府、州、县而改设镇、卫、所的军事管理机构，故官学亦称卫学，初名曰"宁夏中屯等卫儒学"①，后改"宁夏等卫儒学"②。清代，宁夏重改军卫制为府、州、县制，隶辖于甘肃省，儒学亦改为府、州、县学。前明时期，宁夏儒学和孔庙地址在镇城效忠坊北和副总兵署的西侧。清代改迁坐落在府城中部偏北，时称什字街（今银川鼓楼一带）西北方位的一大片街区内（相当于今银川市文化街、湖滨街和民生街、鼓楼北街片区范围中）。

由于清季甘肃省宁夏府与首县——宁夏县、宁朔县三衙同治一城，所以府县二级儒学和孔庙亦同建于一处。

所谓儒学，实际上是由学宫（教学场所）、孔庙（祭孔殿堂）和其它辅助建筑三大部分组合而成的并以孔庙为中心的一处宏大建筑群。孔庙居中，两侧为儒学（学宫），其右（西）是宁夏府儒学，其左（东）是宁夏、宁朔二县儒学。这所儒学、孔庙建筑群均于乾隆三年（1739年）大地震中震毁，而又于次年重建并不断添建完缮。

---

① 朱栴撰修，吴忠礼笺证：《宁夏志笺证》，宁夏人民出版社，1996年。
② 胡汝砺撰修，管律重修，陈明猷校勘：《嘉靖宁夏新志·宁夏总镇》，宁夏人民出版社，1982年。

二、宁夏孔庙

儒学的中心建筑为孔庙（文庙），它是由主体建筑大成殿等组成的。

（一）大成殿

大成殿为孔庙居中主要建筑，坐北向南，有房五间，大门上方挂奉颁康熙御书"万世师表"匾额。

1. 主位供"至圣"孔子

殿堂内正中上方供"先师至圣"，孔子位，配《赞文并序》，文曰：

盖自三才建而天地不居其功，一中传而圣人代宣其蕴。有行道之圣，得位以绥猷；有明道之圣，立言以垂宪。此正学所以常明，而人心所以不泯也。粤稽往绪，仰溯前徽，尧、舜、禹、汤、文、武，达而在上，兼君师之寄，行道之圣人也；孔子不得位，穷而在下，秉删述之权，明道之圣人也。行道者勋业炳于一朝，明道者教思周于百世。尧、舜、文、武之后，不有孔子则学术纷淆，仁义湮塞，斯道之失传也久矣。后之人欲探二帝三王之心法，以为治国、平天下之准，其奚所取衷焉？然则孔子之为万古一人也审矣！朕巡省东国，谒祀阙里，景企滋深，敬摘笔而为之赞曰：

清浊有气，刚柔有质。圣人参之，人极以立。

行著习察，舍道莫由。惟皇建极，惟后绥猷。

作君作师，垂统万古。曰惟尧舜，禹汤文武。

五百余岁，至圣挺生。声金振玉，集厥大成。

序书删诗，定礼正乐。既穷象系，亦严笔削。

上绍往绪，下示来型。道不终晦，秩然大经。

百家纷纭，殊途异趣。日月无逾，羹墙可晤。

孔子之道，惟中与庸。此心此理，千圣所同。

孔子之德，仁义中正。秉彝之好，根本天性。

庶几夙夜，勖哉令图。溯源洙泗，景躅唐虞。

载历庭除，式观礼器。摘毫仰赞，心焉遐企。

百世而上，以圣为归。百世而下，以圣为师。

非师夫子，惟师于道。统天御世，惟道为宝。

泰山岩岩，东海泱泱。墙高万仞，夫子之堂。

孰窥其藩，孰窥其径？道不远人，克念作圣。①

2. 侧位配供"四圣"

孔子位东侧第一位"复圣"颜子。名颜回、颜渊，字子渊。春秋鲁国人。孔子学生。

《赞词》曰："圣道早闻，天姿独粹。约礼博文，不迁不贰。一善服膺，万德来萃。能化而齐，其乐一致。礼乐四代，治法兼备。用行舍藏，王佐之器。"②

第二位为"述圣"子思子。名伋，字子思。战国人，孔子嫡孙。

《赞词》曰："于穆天命，道之大原。静养动察，庸德庸言。以育万物，以赞乾坤。九经三重，大法是存。笃恭慎独，成德之门。卷之藏密，扩之无垠。"③

孔子位西侧第一位为"宗圣"曾子。名参，字子舆。春秋末鲁国人。孔子得意学生。

《赞词》曰："洙泗之传，鲁以得之。一贯曰惟，圣学在兹。明德新民，止善为期。格致诚正，均平以推。至德要道，百行所基。纂承统绪，修明训辞。"④

第二位为"亚圣"孟子。名柯，字子舆。战国邹（今山东邹县）人，孔门嫡系正传人。

《赞词》曰："哲人既萎，杨墨昌炽。子舆辟之，曰仁曰义。性善独阐，

---

① 张金城修，杨浣雨纂，陈明猷点校：《乾隆宁夏府志·学校》，宁夏人民出版社，1992年，第162—163页。

② 张金城修，杨浣雨纂，陈明猷点校：《乾隆宁夏府志·学校》，宁夏人民出版社，1992年，第163页。

③④ 张金城修，杨浣雨纂，陈明猷点校：《乾隆宁夏府志·学校》，宁夏人民出版社，1992年，第164页。

知言养气。道称尧舜，学屏功利。煌煌七篇，并垂六艺。孔学攸传，禹功作配。"① "至圣"与"四圣"均于大成殿居中、面南享祀。以上五圣的《赞词》勒石放置殿中。

3. 偏位从供"十二哲"

大成殿内东西两面又供从祀孔子弟子"十二哲"，此十二人，分东西向对面列位。

殿左方（东），坐东面西供位六人：

第一位闵子骞，名损，字子骞，鲁国人，孔子学生。

第二位冉雍，字仲弓，春秋末鲁国人，孔子学生。

第三位端沐（木）赐，复性端木氏，名赐，字子贡，卫国人，孔子学生。

第四位仲由，字子路（季路），春秋末鲁国人，孔子的得意门人。

第五位卜商，字子夏，卫国人（亦有晋国人说），孔子学生。

第六位有若，姓有名若，字子有，春秋末鲁国人，孔子学生。

殿右方（西），坐西面东供位六人：

第一位冉耕，字伯牛，鲁国人，孔子学生。

第二位宰予，亦名宰我，字子我，鲁国人，孔子学生。

第三位冉求，名求，字子有，又称冉有，鲁国人，孔子学生。

第四位言偃，字子游，春秋末吴国人（亦有鲁人说），孔子学生。

第五位颛孙师，复姓颛孙，名师，字子张，春秋末陈国人，孔子学生。

第六位朱熹，名熹，字元晦、仲晦，号晦庵，别称紫阳，南宋儒学大师。

（二）庑

庑为大成殿外东西两旁配殿建筑，分为东庑（坐北面南）、西庑（坐北面南），各有房七间。堂内供从祀先贤和先儒各若干名。各代入祀对象不同，员额不一。

1. 东庑

从祀先贤为：

---

① 张金城修，杨浣雨纂，陈明猷点校：《乾隆宁夏府志·学校》，宁夏人民出版社，1992 年，第 164 页。

蘧瑗，姓蘧，名瑗，字伯玉，春秋末卫国人，孔子学生。

澹台灭明，复姓澹台，名灭明，字子羽，鲁国人，孔子学生。

原宪，亦名原思、仲宪，字子思，鲁国人（亦有宋人说），孔子学生。

南宫适，复姓南宫，名适（音扩），字子容。亦有南宫绍说。或说即孟倍子仲孙阅也，鲁国人。

商瞿，字子木，鲁国人，孔子学生。

漆雕开，字子开、子若，鲁国人（亦有蔡国人说），孔子学生。

司马耕，字子牛，宋国人，因其兄桓魋曾任宋国司马，遂以司马姓。

梁鳣，字叔鱼（亦作鲤），齐国人，孔子学生。

冉儒（亦作冉孺），字子鲁（亦作子曾）。

伯虔，字子析（亦作子折、子皙、子哲）。

冉季，字子产，鲁国人，孔子学生。

漆雕徒父，字固，孔子学生。

漆雕哆，字子敛，鲁国人，孔子学生。

公西赤，字子华，鲁国人，孔子学生。

任不齐，字选、子选，楚国人，孔子学生。

公良儒，亦书良儒、公襄儒，字子正，陈国人，孔子学生。

公肩定，字子中，鲁国人（或有晋国人说）。

鄡单，亦书邬单，字子家。

罕父黑，字子索，或索。

荣旗，亦书荣祈，字子祈、子颜，鲁国人。

左人郢，字行，鲁国人。

郑国，字子徒，亦曰姓薛，名邦，字徒。"郑"与"薛"系字误，"邦"改"国"系避汉高祖刘邦讳。[1]此人与战国末为秦国开凿一条引泾入洛的"郑国渠"的韩国人、水利专家的郑国非一人。

原亢，名亢（亦作宂），字籍。

---

[1] 司马迁撰，裴骃集解，司马贞索隐，张守节正义：《史记·仲尼弟子列传》，中华书局，1959年，第2224页。

廉洁，字庸，卫国人。

叔仲会，字子期，晋国人或曰鲁国人。

公西舆如，字子上，余不详。

邦巽，亦作邦选、国选，字子敛。

陈亢（待考）。

琴张（待考）。

步叔乘，字子车，战国学者，齐国人，孟子学生。

秦非，字子之，鲁国人。

颜哙，字子声，鲁国人。

颜何，字冉、称，鲁国人。

县亶，查证《史记·仲尼弟子列传》，无县亶此人，而有县成，字子祺，鲁国人。疑为县成之误。

乐正克，战国初鲁国儒者，以官为姓。

万章，战国学者，孟子学生。

周敦颐，字茂叔，北宋哲学家，宋明理学创始人之一。

程颢，字伯淳，人称明道先生，与其弟程颐同为北宋理学奠基者，世称"二程"。

邵雍，字尧夫，北宋哲学家。

以上计 39 位。

从祀先儒为：

谷梁赤（待考）。

伏胜，亦名伏生，汉代今文《尚书》传播者。

后苍，字近君，西汉经学家。

董仲舒，西汉哲学家、今文经学大师，创立太学，设立庠序。

杜子春，东汉经学家，《周礼》研究权威学者。

范宁，字武子，东晋经学家。

韩愈，字退之，人称韩昌黎，唐朝文学家、哲学家，"唐宋八大家"之首。

范仲淹，字希文，北宋政治家、文学家。代表作《岳阳楼记》中名句"先天下之忧而忧，后天下之乐而乐"传颂千古。

胡瑗，字翼之，北宋初学者、教育家，与孙复、石介提倡"以仁义礼乐为学"，而被称为"宋初三先生"。

杨时，字中立，人称龟山先生，北宋学者，与游酢、吕大临、谢良佐并称"程门四大弟子"，又与罗从彦、李侗并称"南剑三先生"，奉为"程氏正宗"。

罗从彦（参见杨时）。

李侗，字愿中，人称"延平先生"，南宋学者（参见杨时）。

张栻，字敬夫、钦夫、乐斋，号南轩，南宋学者。

黄幹，南宋大儒，朱熹学生，余不详。

真德秀，字景元、希元，世称"西山先生"，南宋学者。

何基，字子恭，号北山，婺州（今浙江金华）人，南宋学者。

赵复，字仁甫，世称"江汉先生"，宋元间理学家。

吴澄，字幼清，人称"草庐先生"，宋元间学者。

许谦，字益之，人称"白云先生"，宋元间学者。

薛瑄，字德温，号敬轩，明代学者。

王守仁，字伯安，世称"阳明先生"，明代哲学家、教育家。

罗钦顺，字允升，号整庵，明代哲学家。

陆龙其（亦书陇其），字稼书，清初学者。

2. 西庑

从祀先贤为：

林放（待考）。

宓不齐，姓宓，名不齐，字子贱，春秋末鲁国人，孔子学生。宓字，亦有虙字不同写法。或言虙字与伏字古来通假。

公冶长，复姓公冶，名长，字子长，鲁国人，孔子学生、女婿。传说懂鸟语。

公皙哀，亦名公皙克，字季次，齐国人，孔子学生。

高柴，字子羔，卫国人或云齐国人，孔子学生。

樊须，亦名迟，字子迟。齐国人，亦云鲁国人，孔子学生。

商泽，字子季，孔子学生。

巫马施，字子旗，亦书子期。鲁国人，亦谓陈国人，孔子学生。

颜辛，疑为颜幸之误，字子柳，亦名颜柳，鲁国人，孔子学生。

曹邱，疑为曹邺之误，字子循。

公孙龙，亦书公孙宠、公孙奢，字子石，楚国人，亦有卫国人、赵国人之说，孔子学生。同时代另有字秉的公孙龙者，为战国间哲学家、名家代表人物。以上二人皆有资格入"先贤"榜，不知此处确指何人？

秦商，字子丕，亦曰丕慈，鲁国人，孔子学生。

颜高，或曰名产，字子骄。

壤驷赤，字子徒，秦国人。

石作蜀，字子明，孔子学生。

公夏首，字乘，鲁国人，孔子学生。

后处，字子里，齐国人，孔子学生。

奚容蒧，亦书奚容箴，字子皙，卫国人，孔子学生。

颜祖，字襄，鲁国人，孔子学生。

句井疆，亦作钩井疆，卫国人，孔子学生。

秦祖，字子南，秦国人。

县成，字子祺，亦作子谋，鲁国人，孔子学生。

公祖句兹，字子之，余不详。

燕伋，字思，余不详。

乐欬，字子声，鲁国人。

狄黑，字皙，余不详。

孔忠，字子蔑。孔子兄长之子。

公西蒧，亦作公西箴，字子上，亦作子尚。鲁国人，孔子学生。

颜之上（古文作止），疑为颜之仆，字叔。

施之常，字子恒，余不详。

申枨，疑与申党、申堂、中缭同为一人。字周，鲁国人，孔子学生。

左丘明，有单姓左，名丘明和复姓左丘，名明不同说。鲁国人，春秋间史学家。

秦冉，字开，余不详。

牧皮，待考。

公都子，待考。

公孙丑，战国间学者，孟轲学生。

张载，史书有二张载，其一字孟阳，为西晋文学家；另一字子厚，为北宋哲学家，不知确指何人。

程颐，字正叔，人称"伊川先生"，北宋哲学家、教育家。

公明仪，待考。

从祀先儒为：

公羊高，战国间齐国人，子夏（孔子学生，名卜商）学生。《春秋公羊传》作者。

孔安国，字子国，西汉经学家。

毛苌，亦作毛长，人称"小毛公"，相传是古文诗学"毛诗学"的传授者。西汉赵郡（今河北邯郸境内）人，子夏学生。

高堂生，字伯，西汉今文礼学的最早传授者。鲁（今山东曲阜境内）人。今本《仪礼》即由他传授。

郑康成，待考。

诸葛亮，字孔明，三国蜀政治家、军事家。

王通，字仲淹，隋代哲学家。

司马光，字君实，北宋大臣、史学家，著有《资治通鉴》传世。

欧阳修，字永叔，号醉翁，晚年号六一居士。北宋文学家、史学家。吉州吉水（今江西）人。北宋古文运动领袖，誉为"唐宋八大家"之一。

胡安国，字康侯，南宋经学家。

尹焞，字彦明、德充，洛阳人。北宋哲学家，北宋理学大师程颐学生。

吕祖谦，字伯恭，人称"东莱先生"。南宋哲学家、文学家。浙江婺州（今金华）人，与朱熹、张栻称"东南三贤"，浙东学派开创者。

蔡沈，字仲默，南宋学者。

陆九渊，字子静，南宋哲学家、教育家。

陈淳，字安卿，南宋哲学家。

魏了翁，字华父，号鹤山，南宋学者。

王柏，字会之，号长啸、鲁斋，南宋经学家。

许衡，字仲平，号鲁斋，宋元间学者。

金履祥，字吉夫，号次农，又称"仁山先生"，元代学者，王柏学生。

陈浩，待考。

陈宪（献）章，字公甫，世称"白沙先生"，明代哲学家、教育家。

胡居仁，字叔心，号敬斋，明代学者。明朝程朱学派主要代表人物之一。

蔡清，待考。

3. 崇圣祠（后改名启圣祠）

位于大成殿正东，有房三间。该祠为专祀孔子上五代先祖的庙堂。五代先祖皆先后敕封为王爵。其供位居中者依次为：肇圣王木金父（中位）、裕圣王祈父（左位）、诒圣王防叔（右位）、昌圣王伯夏（次左位）、启圣王叔梁纥（次右位）。

另外，两侧配祀先贤和先儒若干位。先贤有：颜无由（面西）、孔鲤（面西）、曾氏点（面东）、孟孙氏（面东）。先儒有：周辅成（面西）、程珦（面西）、蔡元定（面西）、张迪（面东）、朱松（面东）。

4. 名宦祠、乡贤祠等配殿

大成殿和东、西庑之南为戟门，有房三间。戟门再南，东院为名宦祠，西院为乡贤祠，各有房三间。二祠之南，又有甬门一道，并分为东、西角门，各有房一间。出角门，东侧为更衣厅，西侧为省牲所，各有房三间。再南向为棂星门，上悬匾额并书"道冠古今"四字。门前有泮池与环墙。再南向经云路、照墙栅门和中（上书"金声玉振"）、东（上书"圣域"）、西（上书"贤关"）三座牌坊，即走出孔庙大门。

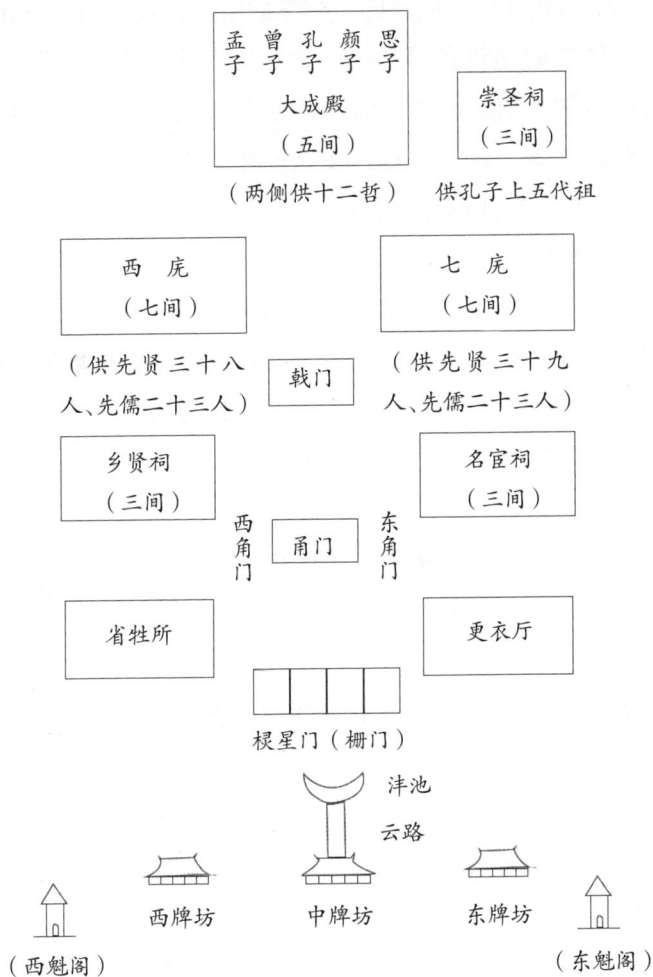

清朝宁夏府城孔庙建筑群平面示意图

三、宁夏儒学

（一）建筑

宁夏儒学，明朝建在镇城效忠坊北、副总兵署西，即在元末明初间弃守的"西半城"内。清代宁夏府与所辖宁夏县、宁朔县，三衙同治一城，故府学和二县县学的学宫亦同建于一处，府学居宁夏孔庙之西侧，二县学居孔庙之东侧，即三儒学的祭孔仪式共用一所孔庙。

两级三儒学的建筑布局基本一致：居中建有讲堂（学宫），讲堂后方建有尊经阁，前方偏西建有明伦堂各一座。讲堂与明伦堂之间两侧为教授和训导署，讲堂与尊经阁之间东有忠孝祠，西有节义祠。儒学与孔庙大门外，东西两侧建有东、西魁星阁各一座。

（二）学制

府学：一年一贡，录取廪生（定额享受膳食补贴）40名，增生（额外增加享受膳食补贴）40名，佾生（亦称佾舞生、乐舞生）64名（均在未正式录取廪、增生之外的童生中选拔，为培养祭孔仪式的乐舞人员）。另外，每年岁考，可再录取文、武生各20名。每逢科考还可再录取文生20名。

县学：二年一贡，录取廪生、增生各20名。每年岁考，二县录取文生17名，武生名额不定。每县录取佾生64名。

（三）经费

各级儒学经费，主要来源是国家预算下拨的官钱。其次，由各地"学田"收入补贴。学田是从部分公田、开荒田和官商等人捐钱所购买的土地收租存放于广裕库，用作儒学的膏火费等项补贴。各学拥有学田不等，补贴标准亦各异。

（四）藏书 ①

宁夏府学藏书如下：计十七种。《御制日讲》《四书解义》六部，每部十二本。《御纂周易折中》六部，每部十本。《钦定春秋传说汇纂》六部，每部二十四本。《御纂性理精义》五部，每部六本。《御纂朱子全书》六部，每部三十二本。《钦定科场条例》三部，十四本。《钦定诗经传说汇纂》六部，每部二十四本。《钦定书经传说汇纂》六部，每部二十四本。《御批资治通鉴纲目》一部，四本。《御制诗初集》四套，二十四本。《御制诗二集》八套，四十六本。《御制文初集》

---

① 张金城修，杨浣雨纂，陈明猷点校：《乾隆宁夏府志·学校》，宁夏人民出版社，1992年，第172—174页。

一套，十六本。《钦定四书文》五部，每部二十二本。《驳吕留良解义》十部，每部八本。《续增科场条例》二本。《磨勘简明则例》二本。《捐款补用例册》一本。

乡宦提督吴进义捐书如下：计二十五种。《御制人臣儆心录》一套，一本。《圣祖仁皇帝集》六套，七十八本。《钦定古文渊鉴》四套，二十四本。《御制避暑山庄诗》一套，二本。《御纂周易折中》二套，十六本。《御制佩文韵府》二十套，二百本。《御纂性理精义》一套，五本。《御定春秋传说汇纂》四套，二十四本。《御纂日讲四书解义》二套，二十本。《御制月令辑要》二套，十二本。《御选唐诗》四套，三十二本。《御制广群芳谱》四套，三十二本。《御制考经衍义》二套，三十本。《钦制朱子全书》三套，二十五本。《圣谕广训》一套，一本。《钦定诗经传说汇纂》四套，二十四本。《钦定书经传说汇纂》四套，二十四本。《钦颁古文约选》一套，十本。《御制大清会典》十四套，一百本。《御制佩文诗韵》一部，四本。《御制性理大全》四套，三十二本。《御制日讲春秋》四套，三十二本。《御制周易义例》一套，一本。《文献通考纪要》一套，二本。《大学衍义》一套，八本。《五子近思录》一套，六本。《周易本义》一套，二本。《绎史》六套，三十六本。

宁夏县学藏书如下：《御纂周易折中》四部，每部十本。《钦定春秋传说汇纂》四部，每部二十四本。《御纂性理精义》四部，每部五本。《御纂朱子全书》四部，每部三十二本。《御制日讲四书解义》四部，每部十二本。《钦定科场条例》二部，共九本。《圣谕广训》一本。《钦定诗经传说汇纂》四部，每部二十四本。《钦定书经传说汇纂》四部，每部二十四本。《御制诗初集》一部四套，共二十四本。《御制诗二集》一部八套，共四十六本。《御制文初集》一部，十六本。《御纂礼记义疏》一部，共八十三本。《御纂春秋直解》一部，共八本。《钦定四书文》四部，每部二十二本。《御纂周易述义》一部，四本。《御纂诗义折中》一部，八本。《文庙祭礼仪节》三本。《文庙乐章》一本。《明史》一部，一百一十二本。《磨勘简明条例》一本。《劝民劝农书》一本。

宁朔县学藏书如下：《御纂周易折中》四部，每部十本。《钦定春秋传说汇纂》四部，每部二十四本。《钦定性理精义》四部，每部五本。《御纂朱子全书》四部，每部三十二本。《御纂日讲四书解义》四部，每部十二本。《钦定礼记》一部，共八十三本。《钦定诗经传说汇纂》四部，每部二十四本。《钦定书经传说汇纂》四部，每部二十四本。《钦定科场条例》二部，共九本。《钦定仪礼义疏》一部，共五十本。《钦定周官义疏》一部，共四十九本。《钦定四书文》四部，每部二十二本。《钦颁磨勘简明条例》一本。《驳吕留良讲义》四部，每部八本。《科场磨勘简明条例》一部，共二本。《续增学政全书》一部，共四本。

（五）祭孔 ①

祭器：帛匣二十、白磁爵四十二、铜爵一百五十、樽十、樽勺十、樽袱十、樽棹二、登一、铏二十三、簠一百六十四、簋一百六十四、笾六百五十八、豆六百五十八、牲俎二十、俎架二十。

乐器：麾幡二、琴八、瑟二、搏拊二、柷一、敔一、龙笛二、凤萧二、洞箫二、笙四、篪二、埙二、金钟十六、玉磬十六、应鼓一。

舞器：节二、羽三十六、龠三十六、干十六、戚十六。

祭孔活动的费用主要由各级官府所收"田赋"中的"样田"项下开支。"样田"是明朝划立屯田时，单列的田亩，每卫大约二十顷，交给劳动力多的屯户耕种，每年收租粮约一千五百担，由药局收储，专供官家小额开支之用。孔庙的祭祀费用也在此项下报销。

四、意义

今天，我们纪念孔子，包括恢复或重建孔庙，究竟有什么现实意义呢？概括来说，至少可以从以下几个方面来认识：

第一，孔庙，自产生以来，就与神庙有着本质的区别，孔庙是尊

---

① 张金城修，杨浣雨纂，陈明猷点校：《乾隆宁夏府志·学校》，宁夏人民出版社，1992年，第174—175页。

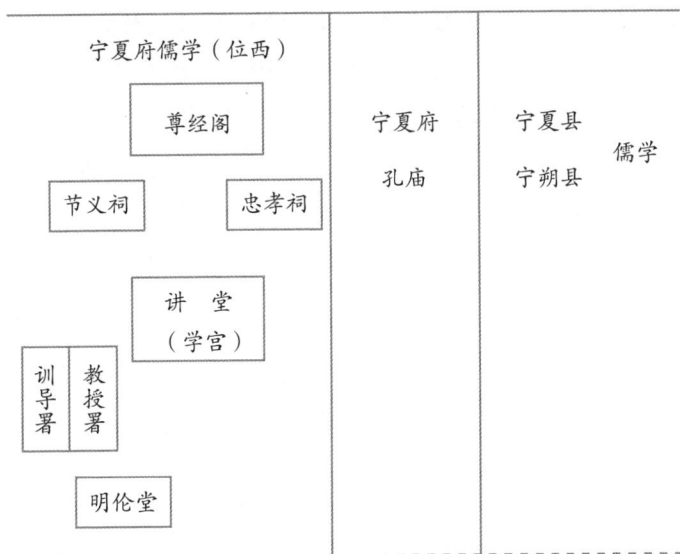

（三家共用孔庙大门）

清朝宁夏府城儒学示意图

师重教的象征，是承传国学、弘扬祖国优秀传统文化的阵地。

第二，孔庙，把几千年以来，对国家、民族、社会，特别是在文化教育事业等方面作出过突出贡献的先贤人物作为陪供对象，给后人树立了学习的榜样，起到"见贤思齐""自强不息"的鼓舞作用。

第三，孔庙，不仅是提倡学习国学的大课堂，也是开展普及科学文化知识，推动全民学习运动的大讲堂，是挖掘、整理地方乡土文化遗产的加工厂。

第四，孔庙，是家乡的一座荣誉殿堂和地方历史的长卷。通过各种形式，如文字、绘画、图照、实物、碑刻和学术讲座、专题论坛、文艺演出等各种载体与形式，对于历代乡贤进行表彰。使孔庙成为科普教育、革命传统教育、爱国主义教育的基地。

今天，当我国迈进习近平新时代中国特色社会主义的伟大时代，全国各族人民正在为实现中华民族伟大复兴的中国梦和决胜全面建成小康社会，奋力夺取新时代中国特色社会主义伟大胜利奋勇前进，我们更需要加强学习。学习中外一切先进的东西，更要学习我们祖先"从孔夫子到孙中山"所留下的智慧，其中孔子的思想、孔子的著作，几千年以来，已被尊为我国各族人民的传统经典，中华文明的主脉，中华特色的文化基因。新时代赋予我们新任务，在实现新任务的国家战略之中，"科教兴国"是基本国策，学习孔子当然就是重视教育、尊重知识的表现。孔子不愧为"千古圣贤"，后人永远学习他，这样的"师道尊严"传统不仅不能去，更应充分发扬光大。

（原载于负有强主编：《宁夏地方历史文化论丛（第四辑）》，甘肃人民出版社，2019年）

宁夏满洲八旗驻防制的兴废

　　宁夏八旗驻防兵首设于康熙三十四年（1695年），而三十六年（1697年）被撤销。当时陕甘尚未分省，宁夏地区上隶陕西行省管理，所以驻宁夏的"八旗兵"最高首长称为"镇守陕西宁夏将军"。雍正二年（1724年），清廷重新设立宁夏八旗驻防兵，旋因陕甘分治，八旗长官改称"镇守宁夏等处将军"，终清之世，没有变化。

　　清初，宁夏与西北地区局势动荡，先后发生顺治间的河西米喇印、丁国栋反清复明斗争，康熙间陕西提督王辅臣叛变行动，宁夏提、镇标兵多次兵变，以及北方噶尔丹势力的南下内犯。加之陕西（时宁夏、甘肃、青海均隶属陕西）系明末农民起义军领袖李自成、张献忠等人的家乡和根据地，所以满洲贵族对于陕西和西北地区格外重视，军事上当然属于重点布防区。在这种背景之下，必然要派出专为满洲贵族看家护院的满洲八旗兵入驻以资震慑。当时清廷在全国只派驻13处八旗驻防兵，仅西北就占3处，即西安、宁夏和后增加的新疆伊犁。

　　宁夏满洲八旗驻防兵与宁夏将军入驻的时间，史志记载不太一致，有最早记为康熙十五年（1676年）的。查这一年正是陕西提督王辅臣响应吴三桂举兵叛据平凉、固原以及宁夏标兵哗变，杀害新任陕西提督（仍兼宁夏总兵）陈福事件之时。但是进一步查找有关满蒙大军进入宁夏征讨叛军的记录，并无设立宁夏八旗驻防的具体史料，更没有见到朝廷任命宁夏八旗兵将军和副都统的文字记录。

　　康熙二十九年（1690年），西蒙古准噶尔部首领噶尔丹与沙俄侵略者相勾结，叛据北方并举兵南犯，康熙决定御驾亲征。宁夏处这场战争的居中地带，既是军事行动的出征前进阵地，又是粮秣供应的后勤基地，形胜十分重要。康熙三十四年（1695年），噶尔丹盘踞昭莫多（今蒙古国乌兰巴托东南土拉河和克鲁伦河之间地方），直逼西北，宁夏地区处于战备的前哨。当年七月，康熙诏谕议政大臣等，"宁夏地方紧要，宜设官兵驻防，可遣官往彼监造营房"。这里所说"官兵"即专指八旗兵；"监造营房"，即修筑供八旗兵驻防的专城满营。8天后，康熙命"升右卫左翼护军统领觉罗舒恕为宁夏将军"。16天后，又"升参领胡什巴为宁夏左翼副都统，以正红旗蒙古副都统沙济为宁夏右翼副都统"。这标志着宁夏八旗驻防兵诞生。满洲正白旗籍觉罗舒恕是宁夏八旗驻防兵首任最高指挥官——将军。但是，宁夏八旗的初创，是以应付北征噶尔丹的军事急需，其建制并不完善。由于战争的原因，营城也并没有开建，仅征用宁夏府城内一些民房维修暂用。全旗在营实有满兵仅1000余人。

康熙三十六年（1697年）三月，康熙第三次亲征噶尔丹，来到宁夏坐镇指挥，并很快讨灭了噶尔丹。闰三月十三日，康熙在离开宁夏返京前指示："先是，以宁夏宜设兵驻防，命建造营房。至是，谕议政大臣等，今贼势困迫已极，宁夏设兵驻防无益，此所造营房，令地方官查明给还原主，令其居住。"随着平定噶尔丹战争的胜利结束，存在不足两年时间和建制尚不完善的宁夏八旗驻防兵被撤销。

康熙末、雍正初，西部形势又趋紧张，蒙古准噶尔部新首领策妄阿拉布坦（噶尔丹侄）和噶尔丹策零父子二人再次先后发难，新疆、青海、西藏和甘肃各地的局势骤然紧张。宁夏地介中原腹地和京畿地区之间，又有河套之利，成为清廷西征的军事基地与后勤补给的总粮台要地，因此负责西部军务的抚远大将军、川陕总督年羹尧于雍正二年（1724年）三月，报告朝廷，提出"宜于宁夏令满洲兵驻防"的建议。经朝廷同意后，当年十月，再次调派满营驻扎宁夏。

满营建制为：将军1员、副都统2员（分左右翼各1员）、左右协领各 3 员、左右佐领各 12 员、左右防御各 14 员、左右骁骑标各 12 员、笔帖式 2 员等。宁夏八旗驻防兵原额 3557 人，除高中级军官外，下级军官和兵丁有：坐甲随丁 31 名、前锋校 16 名、领催 128 名、前锋 184 名、步甲头目 24 名、马甲 1872 名、步甲 576 名、弓匠头目 2 名、养育兵 600 名、箭匠铁匠头目 4 名、匠役 66 名、将军坐甲 8 名、左右副都统坐甲各 3 名、左右副都统食随丁甲各 20 名。后历经裁汰，实额兵 3472 名。原额马 5017 匹、驼 800 峰，后实存马 4596 匹。

与此同时，地方上亦相应增设理事同知一员，该衙门专门负责办理与满营有关的事宜。当年十一月，任命正黄旗蒙古都统、署陕西西安将军苏丹为宁夏将军。同时任命参将苏图（苏丹儿子）为左翼副都统、协办将军事务；升山西太原城守尉阿林为右翼副都统。宁夏八旗驻防再次建立，直至清亡，没有大的变化。

宁夏八旗驻防兵军营（满城）筑成于雍正二年农历十一月二十九日（1725 年 1 月 13 日）。满城城址选在府城（今银川市）东北近郊，所占土地系宁夏卫、宁夏左卫、宁夏右卫民田。原三卫失地农民由官府拨黄河岸边淤地（河滩地）补给进行安置，原耕地所应纳正赋一律免除，其新垦地六年后起科。

宁夏满营兵丁粮饷供应由宁夏府理事同知衙门承办，统在宁夏、宁朔二县仓储内支给。满营每年开支为：支官员俸银 6738 两、兵饷银 72192 两；支官兵本色粮 19850 石，折色粮银 58155 两；马料豆 26304 石、草 222045 束、草料折色银 46877 两。以上除粮草实征外，年支银总计 187243 两，统由藩库（省财政）拨发。另外，满营官兵还公私占有土地约 4000 亩，马场地约 1720 顷。这些额外的土地收入和畜牧收入均不列入预算，由满营自理。

乾隆三年十一月二十四日（1739 年 1 月 3 日）戌时，宁夏府城和宁夏、宁朔二县及北部平罗、新渠、宝丰等县地区发生大地震，满城毁于震灾。次年，清廷命将满城改建在府城西部十五里之平湖桥村东南处，所圈占的民田，按户给价收买。新筑满城实占地 2188 亩，按每亩付价白银

4～5两不等支付，另外原居农民额征银粮、草束一律免征。

宁夏新满城于乾隆五年（1740年）五月兴工，六年六月竣工。后民间称震弃的满城为"旧满城"，俗呼"旧城"；新建满城为"新满城"，俗呼"新城"。新满城东西、南北长度均为3里7分半，基本上为正方形，城周长7里5分。城墙高2丈4尺，墙基厚2丈5尺，顶厚1丈5尺，垛墙高5尺3寸，全城均为砖砌。城门四座，东曰"奉训"，西曰"严武"，南曰"永靖"，北曰"镇朔"，各门有城楼、马道、瓮城和门楼。还有角楼4座、铺房8座、炮台24座和排水沟24道。城外有护城河环绕，河宽3丈、深1丈。新满城一年建成，动用国库银156523两。宁夏道道员阿炳安总负责建城工程。

1912年，中华民国建立。次年，宁夏满营最后一任将军常连被免职，由宁夏护军使马福祥兼署。民国三年（1914年）八月，北洋政府下令裁撤宁夏满营将军缺，八旗驻防军在宁夏存在200余年后不复存在。同时，作为八旗兵专用军营也被废，宁朔县行政公署迁入满城，以原将军府为办公地址。民国六年（1917年），北洋政府提出"化旗为民，筹办生计"，并拨安置专款20万两白银，将满营官兵全部遣散，让自谋生业。1936年，宁夏省主席马鸿逵令世居新城的旗人（满族）迁出，将新城修建成为一座飞机场。但是建成后由于城墙所限，长宽距离均不足飞机的起落长度要求，不得不把新城废为兵营，至此，新满城完成了历史使命。宁夏满族人民流落各地，以各业为生计。

清代宁夏八旗驻防兵将军名表

姓名	族籍	任职时间	备注
觉罗舒恕	满正白旗	康熙三十四年七月命至裁旗	康熙三十六年闰三月宁夏八旗裁撤
苏丹	蒙正黄旗	雍正二年十一月命	雍正二年三月重设
席伯	满正蓝旗	雍正三年二月命	雍正九年卒于任
常赍	满人	雍正八年十二月命	署理

续表

姓名	族籍	任职时间	备注
傅泰	满正红旗	雍正九年二月命	署理
卓萧	满人	雍正九年八月命	未到任，傅泰署理
傅泰	满正红旗	雍正十年七月升调	仍暂代宁夏将军
阿鲁	满镶蓝旗	雍正十二年三月命	乾隆五年卒于任。傅泰署理
都赉	满正蓝旗	乾隆五年二月命	
巴海	满正红旗	乾隆十六年调离	任年不详
和起	满镶蓝旗	乾隆二十年正月命	乾隆二十一年卒
巴尔品		乾隆二十年正月命	兼署
舍图肯	满正红旗	乾隆二十一年十二月命	
达色	满正黄旗	乾隆二十四年正月命	
永泰	满镶黄旗	乾隆三十年十一月命	疑永泰与觉罗永泰同一人，乾隆三十一年七月病故
额僧额	满镶蓝旗	乾隆三十二年命	《实录》无载
穆尔泰		乾隆三十二年三月命	志书不载
伟善	蒙镶蓝旗	乾隆三十三年九月命	
傅良	满镶黄旗	乾隆三十八年命	
三全	满正红旗	乾隆四十年命	《实录》无载
和隆武	满正黄旗	乾隆四十三年命	《实录》无载
扎什扎木素	满正黄旗	乾隆四十四年三月降调	任年不详
莽古赉	满正蓝旗（宗室）	乾隆四十四年三月命	
嵩椿	满镶白旗	乾隆四十九年六月命	
积福		乾隆五十一年八月命	
旺沁班巴尔		乾隆五十二年十二月命	

姓名	族籍	任职时间	备注
图桑阿		乾隆五十五年十二月命	
隆兴		乾隆五十八年四月免	任年不详
永琨		乾隆五十八年四月命	
保成		乾隆五十九年十二月命	卒于任
富楞泰		嘉庆三年五月命	亦书"敷伦泰",卒于任
斌宁		嘉庆四年三月命	
德勒格楞责	满正白旗	嘉庆四年七月命	
苏宁阿		嘉庆五年正月命	
赛冲阿	满正黄旗	嘉庆七年二月命	苏宁阿仍暂署理
兴奎		嘉庆九年正月命	
珠隆阿	蒙镶蓝旗	嘉庆十四年正月命	卒于任
隆福		嘉庆十四年六月命	
富色铿额		嘉庆十五年八月命	
福会		嘉庆十八年二月命	亦书"富惠"
穆克登布		嘉庆十九年闰二月命	旋改
德宁阿		嘉庆十九年闰二月命	
祥保		嘉庆二十二年六月命	
格布舍	满正白旗	嘉庆二十四年九月命	
卓尔珲保		道光二年九月命	署理至道五年十二月
国祥	蒙镶白旗	道光六年七月命	暂护
庆山		道光六年九月命	
英和		道光八年七月命	八月病解
昇寅	满镶黄旗	道光八年八月命	
富尔嵩阿		道光九年二月命	三月病解、次年病故

续表

姓名	族籍	任职时间	备注
格布舍	满正白旗	道光九年三月命	再任
特依顺保	满正白旗	道光十年三月命	
和世泰	满镶黄旗	道光十二年八月命	
特依顺	满镶红旗	道光十八年六月命	
舒伦保		道光二十一年五月命	
成凯		咸丰元年五月命	
双成		咸丰五年十二月命	署理
托云保		咸丰五年十二月命	
倭什珲布		咸丰八年十一月命	
奕樑	满镶黄旗	咸丰十年二月命	
庆昀	满正蓝旗	同治二年二月命	
穆图善	满镶黄旗	同治四年闰五月命	
常升		同治五年二月	暂护
金顺	满人	同治五年六月	暂护
丰绅	满人	同治六年五月	暂护
金顺		同治八年五月	署理
丰绅		同治十年四月	护理
克蒙额	满镶红旗	同治十三年正月命	署任。光绪二年四月实任
善庆	满正蓝旗	光绪四年六月命	
奕榕	满镶黄旗	光绪九年二月命	
维庆	满镶黄旗	光绪十一年正月命	卒于任
钟泰	满正蓝旗	光绪十四年三月命	
常星阿		光绪十四年三月	护理
平福		光绪十五年四月	常星阿故，继任护理

续表

姓名	族籍	任职时间	备注
色普征额	满正蓝旗	光绪二十四年五月	兼署
绰哈布		光绪二十五年五月命	六月调
锡振		光绪二十五年六月命	九月调
色善征额	满正蓝旗	光绪二十六年六月命	
增祺	满镶白旗	光绪三十三年八月命	旋调
台布	满正红旗	光绪三十三年九月命	
志锐	满正红旗	光绪三十三年九月命	兼护
常连	满正红旗	1912年7月	民国政府命
马福祥	甘肃临夏,回族	1913年9月至1914年9月终止	兼署

略谈海原大地震的社会影响

一、海原地震概述

1920 年 12 月 16 日 20 时 05 分 53 秒，即中华民国九年，农历庚申年十一月初七日晚戌刻时分，在中国西北地区的海原县发生了一次强烈地震，震级 8.5 级，震中烈度 12 度，震源深度 17 公里，震中位于北纬 36.7 度、东经 105.7 度。宏观震中位于海原县西安州（乡）大沟门至干盐池之间的石卡关沟、哨马营一带。极震区包括固原、隆德、靖远、景泰和今西吉等县，呈条带状西北向展开，面积 2 万平方公里。地震波及今甘肃、陕西、青海、山西、内蒙古、河南、河北、山东、四川、湖北、安徽、江苏、福建、天津、上海、北京等省（区、市），有感面积达 251 万平方公里，约占全国国土面积的四分之一，甚至连越南和香港等国家与地区都有震感。这次地震余震不断，延续数年，次生地质灾害频繁，山崩、地裂、滑坡、震湖屡见不鲜，城毁、村埋、房倒、人毙，县县如此。据不完全统计，共死亡 23.4 万人，伤者不计其数。牲畜死亡和财产损失无法估量。这次海原大地震，不仅是中国有文字记录以来震中烈度最大的一次地震，也是全球最大的地震之一，被人称之为"环球大震"。

这次地震的中心在海原县，因此该县的灾情最为严重，"几乎全城覆没，居民幸存者仅十之一二。花崖湾山庄一带，山崩地裂，大地变更，村舍化为乌有而不知去向，全县死亡七万余口人，压毙牲畜四万多头，倒塌房屋五万三千多间。"[1]后据有关方面研究确认，全县死亡73027人，占总人口的59%，占震区罹难人数的31.2%，灾情仅次于海原的是固原、隆德二县。固原"霎时全城一片废墟，东、南两乡较轻，西北两乡尤重，九营、三营、杨老庄、七营等处几乎摇为平地，全县死亡三万余人。"[2]隆德县"地大动，若火山爆裂，山走、河移、地陷、墙倒、屋塌，全县八万人死亡达三万余。压毙牲畜五万多头，倒塌房屋近六万间……大震后一月之内，日日有小震；半年之内还几乎每月震动一次；一年以后，仍隔月有震；直至三年方始平静。"[3]邻近海固的通渭县亦死亡18208人。静宁县亦死亡15273人。镇戎县（今同心县）的同心城，也"几乎夷为平地"[4]。就连化平（今泾源县）这样一个小县，也"被难四千余人，压毙牲畜一万二千余头，全县房屋十之七皆倒塌"[5]。

　　这次大地震发生在西北六盘山区的腹地，这里地广人稀，交通闭塞，生态脆弱，十年九旱，苦甲天下，在正常年景下，也只能勉强维计，遇此浩劫，生者也无活路，因为余震频袭，天寒地冻，饥饿瘟疫，灾民们只能在死亡线上挣扎。正如当时《陕甘地震记略》在报道中所写："（灾区民众）无衣、无食、无住，流离惨状，目不忍闻；土人多依火炕取暖，衣被素薄，一旦失所，复值严寒大风，忍冻忍饥，瑟瑟露宿，匍匐扶伤，哭声遍野，不特饿殍，亦将羣比僵毙。牲畜死亡散失，狼狗亦群出吃人。"[6]这种人间惨剧，在散落于民间亲历人的写本中也可以得到证实。一民间写本记，由于人死的太多，没有那么多木板做棺材，只能"席卷尸骸"，"或弃尸暴露"，"幼孩子女之尸，未及掩埋，随手抛弃，狼犬争食，骸骨满地"，"老幼啼饥号寒，目睹惨状，虽铁石人能不酸心泪落？"[7]

①②⑤吴忠礼：《宁夏近代历史纪年》，宁夏人民出版社，1985年，第171页。

③吴忠礼：《宁夏近代历史纪年》，宁夏人民出版社，1985年，第170页。

④吴忠礼：《宁夏近代历史纪年》，宁夏人民出版社，1985年，第172页。

⑥刘伟：《世纪劫难——1920年海原大地震》，载宁夏文史研究馆编《宁夏文史（第十九辑）》。

⑦陈永中：《海原大地震的一份实录》，载宁夏文史馆编《宁夏文史（第十九辑）》。

这就是这场千古奇灾的实录。

二、海原地震前后国家社会状况

要认识海原大地震后的社会影响，就有必要首先了解大地震前后的社会背景。海原大地震发生在 1920 年，当时的中国社会，正处在南北对峙、国家分裂和军阀混战的动荡年代。

北方：全国政权，名义上控制在打着中华民国旗号的北京政府手中，实际上被北洋军阀武人集团所操纵，史称北洋政府。1916 年，当民国大总统袁世凯因称帝失败丧命以后，表面上是由非北洋系的黎元洪接任大总统，而实际大权则由北洋军阀集团大将、任国务总理的段祺瑞掌握。但是北洋集团内部同样四分五裂，又分裂为皖系和直系两大集团，再加上东北的奉系集团，他们有时狼狈为奸，有时又狗咬狗争斗，曾发生过府院之争、直皖战争、直奉战争和张勋复辟与逐张等一系列军事事件，扰得国无宁日，城乡破碎，民不聊生。军阀们为了扩充地盘，扩大武装实力，千方百计加紧对人民的搜刮。据统计，当时北洋政府的年度军费支出，占到财政年度总支出的 70% 左右。地方军阀的军费支出，有的竟达到地方年度财政总支出的 94% 以上。[①] 军阀们来钱的门路，一是靠出卖国家主权，大借外债，充当某个帝国主义国家的代言人和走狗；二是对人民进行疯狂的掠夺，巧立名目，横征暴敛，竭泽而渔，敲骨吸髓，这样的政府哪里还有心思和力量去关心人民、救济灾民呢？

南方：同样是军人们控制的天下，只不过他们是非北洋系的地方军阀，大体上也可划分为两广和西南（云贵川）两大集团。他们虽然在反对北京北洋政权的大目标上是一致的，但是两广与云贵川之间，特别是桂粤之间为争夺盟主地位，也是争斗不断，西南各省的实力派也各怀鬼胎，同床异梦，尔虞我诈，以邻为壑。孙中山为了"护法"，曾依靠这批武人，先后在广州召开"非常国会"，成立护法军政府，称大元帅，或成立"非常政府"，任"非常大总统"等举动，以号召

① 李新等主编：《中国新民主主义革命时期通史》，人民出版社，1962 年。

北伐，打倒北洋政府，但又一次被武人们出卖而宣告失败。

1920 年，北京政府由北洋元老徐世昌任大总统，直皖火并发生；南方粤军陈炯明势力，把桂系力量赶出广东，孙中山回到广州，仍在护法旗帜下成立"非常政府"，就任"非常大总统"。但不久陈又发动政变，逼走孙中山，使护法运动彻底失败。时南北军阀大战尤酣，欧、美、日帝国主义国家各自支持一方，火上加油，推波助澜，中华大地烽火连天，没有一片净土，就连偏远、贫穷、落后的西北地区也不能幸免。

三、海原地震前后甘肃省社会状况

1920 年，甘肃、宁夏和青海尚未分治。当时的宁夏地区，从贺兰山到六盘山的各县均归甘肃省管辖。时甘肃督军兼民政长是北洋集团皖系干将张广建（安徽合肥人）。由于袁世凯死亡，皖系头子段祺瑞在直皖火并中失败，张广建失去了靠山，手下处于树倒猢狲散的境地。加上张广建自 1913 年督甘以来，任用私人，打击异己，贪污敛财，追随北洋集团，支持袁世凯称帝，配合"段合肥"打内战，搞得全省满目疮痍，民不聊生，引起全省人民的痛恨。甘省工商各界，在知识分子带动下，掀起了轰轰烈烈的"自治运动"，主张"甘人治甘"，其实质就是"驱张""倒张"运动。而这一运动，又被地方汉回各实力派所利用，引导为一场"易督风潮"。所谓"易督风潮"，就是地方汉族武装集团与回族武装集团，争夺甘肃督军位置的斗争。这时，张广建已成为孤家寡人，省令不畅，地方实权早已被武人们所分割。在全省八个军镇中，汉回军人各占一半。汉族方面是：陇东镇守使陆洪涛、陇南镇守使孙繁锦、肃州镇守使吴桐仁、河州镇守使裴建准。回族方面是：宁夏护军使马福祥、宁海（青海）镇守使马麒、凉州镇守使马廷勷、甘州镇守使马璘。这帮小军阀们，为了自身的利益，汉族一方推举陆洪涛为头子，回族一边拥马福祥为首，双方为争夺省督大权，剑拔弩张，准备兵戎相见。这就是海原大地震时的甘肃时局。所幸北洋政府已意识到甘肃是民族地区，情况复杂，如果处理不当，可能殃及整个西北大局和全国的局势，便采取了息事宁人的处理方法，即任马福祥为绥远特区都督，并把其子马鸿逵任命为陆军第五混成旅旅长，随父调离宁夏，所遗宁夏护军使改由其侄马鸿宾升任，釜底抽薪，稳定了回族武装集团；另外，任命原绥远督军蔡成勋为甘肃督军兼省长，并让陆洪涛护理甘肃，蔡并不实任，实际也是让陆洪涛变相接管甘肃，汉回双方各有所得，从而化解了甘肃一场政治危机和可能酿成的军事冲突，这是不幸中的万幸。

但是，海原大地震之后的甘肃省，社会诸多矛盾并没有解决，对于救灾一项仍是无能为力。灾民仍然流离失所，自生自灭，苦不堪言。因为甘肃在前清时代，就是国家的协饷省份（相当于今对口扶贫），民国以后，协饷终止，地方财政本身就入不敷出，在武人当道的特殊年代，唯一的所谓"自救"办法是饮鸩止渴，增加赋税，广设捐目，在每一个活人身上做文章。正如坊间戏称"百物皆有税，唯有屁无捐"。甚至不得不开放烟禁，鼓励农民大种罂粟，开征所谓"烟亩罚款"，人民的负担由此可见一斑，财政窘迫也就不言而喻了。

四、海原地震的社会影响

首先，在经济方面，由于海原大地震使甘肃省受灾近60县，几乎无县不灾，从而彻底摧毁了全省的城乡经济。在正常年景下，省财政年收入大约为200万元，而支出一般在240万元，缺口很大。在这种情况下，大批灾民根本得不到及时的救济，灾民大量死亡和流亡，所以谈什么生产自救、以工代赈、恢复生产已成为不可能。甚至海原大地震以后，余震在两三年内仍然不断，其间海原县和灵武、镇戎、金积、平罗、宁朔、高台、平凉、隆德、固原、西宁、华亭等县都先后发生过破坏性地震，人心惶惶，全省城乡笼罩在一片恐怖气氛之中，人民看不到希望，水利无力兴修，土地不能复垦，工商难以振兴，人民在水深火热中备受煎熬。还有更为可怕的事等在后面，即当地震创伤尚未修复之时，连续三年的特大旱灾又接踵而至，受灾地方与前地震受灾县大多重合，约达 60 县之多，其中重灾区仍然是海原、固原、隆德 3 县。全省灾民有四五百万，其中海原、固原、隆德 3 县就有 20 多万，"以海原县最为严重，甚至出现人相食的惨相。"[1]

据当时上海华洋义赈总会观察干事、外籍人安献金实地调查报告称："沿途灾情之惨，出余意料"，"以人为食之事，在该省区司空见惯，不足为奇"，"天灾之重，可谓绝无仅有"。另外，这一时期，也正是在西北军控制甘肃的大背景下，甘肃人民还要为新军阀混战承担繁重的军饷、粮草、车畜夫役和兵源补充的负担，正是天灾加人祸，让甘肃全省的城乡生产力受到彻底破坏，全省经济社会至少倒退 20 年。

其次，在政治方面，由于全省灾民潮一浪高过一浪，饿殍载道，哀鸿遍野，所以以拼命求保命是很多灾民的无奈选择，从而造成各地"民变""兵变"不断发生，旋扑旋起，而更多的则是铤而走险，落草上山，打家劫舍，各地"股匪"如毛，"司令"成堆，善良的百姓，一夕数惊，只能在担惊受怕和饥饿的煎熬中苟且为生。但是这种社会状况，让地方小军阀们又有机可乘，得以养兵自重，可以名正言顺地以"保护地方治安"为借口，苛征重税，在大鱼吃小鱼的争斗中，养成一些较大的地方武装集团，如甘肃各镇头目和"西北五马"，就是在这样的乱局中成长起来的，其中一些人后来在全国的政治舞台上都有一席之地，如马福祥、马鸿逵、马步芳、马仲英等人。还有冯玉祥部西北军，也是利用了甘肃的乱局，把大部队开进来，依仗自身的强势，压制了地方回汉弱势集团，在甘肃养好伤，恢复了元气，再以甘肃为大后方，军费和兵源的基地，与其他各派新军阀逐鹿中原，问鼎中枢。

但是，从另一个角度来看，海原地震的灾难，也用血和生命换来一些积极的收获，从社会科学的视野进行总结还是很有必要和非常有意义的。

其一，西北是中国历史上 13 朝古都所在地，中央王朝开发最早的

---

① 吴忠礼：《宁夏近代历史纪年》，宁夏人民出版社，1985 年。

地区之陕西关中称"天府"，宁夏河套称"新秦中"和"塞上江南"，甘肃河西素有"金张掖、银武威"之誉，六盘山是"羲里娲乡""龙的传人"的大故里。地震可以移山填海，但西北人民的历史、文化和精神埋不掉。顽强的西北人民能在最艰苦的环境下生存，会在黑暗中寻找真理。灾区人民有追求真理的传统，有向往革命的精神，代代相继承，才有后来率先于上世纪就大面积建立中共党组织，开展轰轰烈烈革命活动的行动，这些都不是偶然的。

其二，推动了我国较早进行地震科学研究的实践活动。就在海原大地震发生的第二年（1921年），翁文灏、谢家荣等多位科学家就赴灾区进行实地学术考察，取得大量第一手资料，这是中国对地震进行科考的第一次学术研究，有很高的科学价值。在当时十分困难的条件下，国家地质调查所派员出国学习，建成了我国第一个地震台，拉开了中国地震观测工作的序幕，并完成第一份地震科学考察报告，内含我国科学家绘制的第一张震区烈度等线图，首次在中国大陆东部地区划分了地震危险带。1922年，在比利时首都布鲁塞尔召开的世界万国地质大会上，我国科学家第一次正式向大会宣读了《关于海原大地震和中国地震活动构造带》的论文，引起到会各国专家的重视。所有这些努力，对以后的地震科学研究开了个好头，为我国关于地震研究一直处于领先的地位奠定了基础。与此同时，中国科学家们在坚持地震科学的研究中，还吸收了海原大地震前后，人民群众中总结出的群测、群防的实践经验，如"震兆六端"的总结，丰富地震科学研究内容，扩大了科学家们的视野，探索出一套中国式地震测报和御防的新模式，为人类与地震灾害作斗争提供了新经验，作出了新贡献。

其三，海原大地震，形成许多地震遗迹和地震遗址实况，对于今天科学研究也是不可多得的实物资料，不仅具有科学价值，应当加以保护，也可以进一步作为一种自然遗产和旅游资源进行合理的开发与利用，让它们为科学研究服务，为地方经济建设服务，这也是后人悼念死难亡灵的一件有意义的事情。

海原大地震过去整整 90 年了，近些年我国又先后发生过四川汶川和甘肃玉树等地震，面对同样的灾难，出现两种截然不同的结果，灾民们的处境犹如天壤之别，从而生动地告诉世人，只有在共产党领导的社会主义制度下，才能创造出如此奇迹。这实际上是一本生动的爱国主义教育的教科书，这正是从社会科学角度研究总结海原大地震的意义所在，它与自然科学研究同样有价值，也是不可或缺的重要方面。

宁夏引黄灌区经久不衰的原因探析

宁夏引黄灌区地处宁夏平原，是河套灌区的一部分，古谚有"黄河百害，唯富一套"和"天下黄河富宁夏"之说。所谓"河套"，包括宁夏、内蒙古、陕西三省区的引黄灌区，总称为河套灌区。宁夏灌区称为"西套"或"前套"，内蒙古灌区称为"后套"。河套从宁夏中卫市沙坡头起，至内蒙古清水河喇嘛湾止，总面积大约3.4万平方公里。黄河在这里形成一个马鞍式的"几"字形大弯曲，犹如"套马索"。这里自古灌溉农业发达，沟渠纵横，素称"塞北江南"，是中国重要的商品粮基地。宁夏引黄灌区，沿黄河两岸分布，长达320公里，总面积8000平方公里，其中灌区面积约6000平方公里。地势南高北低，两岸向河床倾斜，海拔高度在1090～1230米，青铜峡屹立于中部，将宁夏引黄灌区分成南北两大块，南称卫宁平原灌区，北称银川平原（又称银吴平原）灌区。银川平原灌区又分为河东、河西灌区。

一、宁夏引黄灌区开发的历史回顾

宁夏引黄灌区在春秋战国时期还是"羌戎所居"的游牧地区。秦朝建立以后，始皇三十二年（前215年），命大将军蒙恬率30万大军北逐匈奴，夺取"河南地"（大体上即河套平原），徙关东贫民"因河为塞，筑四十四县城临河，徙适戍以充之"[1]，至此，河套地区开启

---

[1] 司马迁撰，裴骃集解，司马贞索隐，张守节正义：《史记·匈奴列传》，中华书局，1959年，第2886页。

了大规模农田水利建设和农业开发的序幕。秦末天下大乱，屯垦军民纷纷逃散，农业开发仅昙花一现而已。到汉代武帝刘彻继位后，他对匈奴连续用兵，重新夺回"河南地"，并设朔方、北地、五原等郡，大规模移民到河套地区进行农业开发，于"上郡、朔方、西河、河西开官田，斥塞卒六十万人戍田之"。宁夏地区一些著名的古灌渠，如汉伯渠、汉延渠、唐徕渠等，大多开凿于这一时期。

宁夏引黄灌区是秦汉时期中央政府把农业经济向北边扩展的桥头堡和最早进行农业开发的地区之一。因此，也可以看作中央政府开发西北边疆的先声和试验区。秦时在宁夏引黄灌区设置的第一县——富平县（今吴忠市境内），就位于最早进行引黄灌溉的宁夏河东地区。由于河套地区经济发展迅速，这里又被誉为"新秦中"，意即可与富甲天下的秦朝京畿关中地区相媲美，或曰：再造一个"八百里秦川"的新"关中"地区的意思。

从东汉末期到隋朝统一近 400 年间，宁夏引黄灌区再次成为北方各游牧民族频繁交替和相互融合的基地。入居宁夏的各游牧民族在先进农业文化的影响下，纷纷进行农业开发，使宁夏引黄灌区的农业发展有了进一步发展。特别是北魏时期，薄骨律镇将刁雍曾在宁夏黄灌区大兴水利，重修艾山渠，并且提出了"一旬之间，则水一遍，水凡四溉，谷得成实"的节水灌溉制度，使宁夏成为继秦汉之后，农业发展的又一个高峰期，变缺粮区为余粮区，一次就调出"河西屯谷五十万斛"。北周宣政元年（578 年），又将俘获南朝陈国的三万余"江东"人，迁于灵州屯垦，据《太平寰宇记·灵州》记载："江左之人崇礼好学，习俗相化，因谓之塞北江南。"这是宁夏引黄灌区被称为"塞北江南"的最早记载。

唐时，宁夏引黄灌区是全国 33 处灌溉面积千顷（一顷为一百亩）以上大灌区之一。宁夏在唐代是重要的边镇地区，唐王朝很重视在宁夏河套平原屯田，太宗李世民于贞观二十年（646 年）巡幸灵州，令建廨舍（即"屯田办事机构"）。武则天时，曾因娄师德在灵、夏地区屯田有功，升迁其为宰相。当时不仅全面整修了原有各渠，而且新开了一批渠道，如御史渠、光禄渠、特进渠、七级渠、尚书渠等，总计灌溉面积创历史纪录。

西夏时期，党项族奴隶主贵族依靠富庶的引黄灌区得以立国，并与宋、辽、金鼎立近二百年之久。据史料记载，西夏时期共有干渠12条，大小支渠68条，总计灌溉面积在百万亩以上。《宋史·夏国传》称"其地饶五谷，尤宜稻麦"，"兴、灵则有古渠曰唐来、曰汉源，皆支引黄河，故有灌溉之利，岁无旱涝之虞"。

元时，世祖忽必烈为了恢复宁夏引黄灌区的农业经济，派水利专家郭守敬赴宁夏兴修水利，发展农业。郭守敬在宁夏政绩卓著，"因旧谋新，更立闸堰，役不逾时而渠皆通利，夏人共为立生祠于渠上"[①]。元初宁夏古引黄灌渠得以全部修复，成为全国重要的移民屯垦产粮大区。

明代宁夏平原是九边重镇之一，驻有重兵防守，并实行全民皆兵的军卫制管理体制，凡驻军十分之七屯种，十分之三军事。操种、屯卫兼顾。明代宁夏引黄灌区大小正渠共18条，总长1479公里，共溉田157.34万亩，这是宁夏引黄灌区灌溉史上第一次记载比较全面而确切的数字。形成了"一方之赋，尽出于屯，屯田之利，藉以水利"的富饶景象。

清代是宁夏水利史上继汉、唐之后的第三次水利开发高潮，据嘉庆重修《大清一统志·宁夏府》记载，宁夏全境有引水干渠23条。全长2198里，总计溉田210余万亩，创宁夏水利灌溉史新高。

民国时期，由于外资的经济侵略和国内的军阀混战，宁夏引黄灌区的农业发展有所减退，但同时亦因近代科学技术的引进和应用，在水利技术方面还是有所进步的。民国二十六年（1937年）用先进的小三角测量法，核实可垦耕地面积为195万亩。新中国成立前，共有大

① 苏天爵辑撰：《元朝名臣事略·太史郭公》，中华书局，1996年。

小干渠 39 条，灌溉面积 192 万亩。

历史资料说明，宁夏引黄灌区的历史发展不是时断时续、乍兴乍衰，而是一直在不断向前发展进步。仅从引黄灌区田亩的数据变化就可以鲜明地感受到这一点。根据《弘治宁夏新志》《嘉靖宁夏新志》《乾隆宁夏府志》《大清一统志》和《民国宁夏水利专刊》等史志资料的记载，宁夏引黄灌区从秦汉至元初发展到约 100 万亩，到明嘉靖年间发展到 150 余万亩，清乾隆年间发展到古代的顶峰，达到 255 万余亩，经过清末民初的战乱回落到民国时期的不到 200 万亩。引黄灌区也从秦代自流灌溉条件最好的河东地区，向河西地区甚至盐碱程度最严重的银北地区扩展，都说明宁夏引黄灌区在不断扩大，不断发展。因此，宁夏引黄灌区在古代无论从农业耕作技术、水利设施建设、农业区域范围还是农作物品种都在不断优化、扩大、进步，向着更好的目标发展。

二、宁夏引黄灌区经久不衰探因

1. 中央政府对宁夏农业发展历来都非常重视

自秦、汉在宁夏引黄灌区进行农业开发以来，中央政府就一直采取重农抑商的基本国策。早在战国商鞅变法时，秦国就"内立法度，务耕织，修守战之备"。秦始皇统一六国后，进一步加强"重农"国策，"天下已定，法令出一，百姓当家则力农工"。汉武帝时期，包括宁夏引黄灌区的"河南地"再次得到大开发，宁夏引黄灌区的农业开发成绩尤为突出，当时银川平原沿黄河两岸，已形成河东、河西两大垦区，分设富平县、灵州县、灵武县、廉县以及朐衍县（不属引黄灌区），5 县均上隶于北地郡，人口约 10 万。由于这些移民多来自内地，具有丰富的农耕经验和较高的农业生产技术，加之推行当时先进的"代田法"等，农业产量大大提高，使得宁夏引黄灌区与整个河套新垦区一样，成为"饶谷多畜"、富甲天下的"新秦中"，等于再造了一个新的关中"天府"。以后历朝历代都坚持秦、汉的重农政策，使宁夏引黄灌区的发展得到中央政府的全力支持，这说明中央王朝一贯的重农政策是宁夏引黄灌区得以持续发展的重要保障。

2. 宁夏引黄灌区发展农业生产有着得天独厚的地理条件

宁夏引黄灌区是发展灌溉农业的理想地方，黄河宁夏段地势开阔，水流平缓，河道比降由上而下为 1/1100 ~ 1/6000，河面低于地面 1 ~ 3 米，属于地下河，无决口之患，有灌溉之利，且引水方便，河槽稳定。引黄灌区可灌面积近千万亩，土层深厚，质地均匀，介于沙土与黏土之间的灌淤土，是黄河冲积与贺兰山山洪交错淤积发展而成，深积物厚，熟化程度较高，矿质营养丰富。气温较高，光热资源丰富，年日照时数达 3000 小时，无霜期（140 ~ 162 天）和生长期能满足多种作物生长需要。昼夜温差较大，一般为 12℃ ~ 15℃，更宜于果类生长。引黄灌区年降水量虽只有 200 毫米左右，而蒸发量达 1200 ~ 1500 毫米，虽然有干旱少雨，土壤中盐碱含量较重的缺点，但因黄河有"斗水泥七升"的特点，引含泥沙适度（5% ~ 7%）的黄河水灌溉后，使得这一缺点得以弥补。早在明代，宁夏人民就认识到灌区耕地随地势而呈"上者砂砾、下者斥卤，膏腴之壤，实不及半"的分布特点，"必得河水乃润，必得浊泥乃沃"的灌溉、放淤、洗盐的改良方法，有效地利用黄河多泥沙的特点来防治土壤的盐碱化。

3. 宁夏独特的区位决定中央政府必须在宁夏发展农业生产

宁夏区域地理位置十分重要，古代中原王朝一般建都于关中地区，宁夏位于中央政权京畿地区的北大门，古时北方游牧民族的"轻骑一日一夜可以至秦中"，成为中原王朝的严重威胁。宁夏地区不仅是农牧业的分界线，也是民族交往、融合、冲突的重要地区。所以历朝历代都视宁夏引黄灌区为北边巨防，不仅要派遣重兵驻守，还要进行移民实边的农业开发，以解决兵源问题，同时还使国防经费和物资供应得以就地供给。原先北边的军粮和物资供给主要是从山东"琅琊负海之郡，转输北河，率三十钟而至一石"。自从宁夏引黄灌区农业开发成功后，从内地转运的人力、物力和途中消耗都省去了，给百姓解决了沉重的经济负担和劳役之苦，也给国家财政节省了大量经费。汉武帝时期，大臣主父偃曾称赞蒙恬取河南地"内省转输戍漕，广中国，灭胡之本也"。移民宁夏进行农业开发成为中原王朝的基本国策。移民们在边地也能过上安居乐业的生活。公私两利，官民皆大欢喜。

4. 宁夏引黄灌区人民长期以来积累了丰富的治水经验

宁夏平原引黄灌区人民在长期的农业实践中，不断探索适合宁夏区情的水利开发技术和治黄经验，使宁夏引黄灌区的水利设施不断完善。为适应无坝自流引水，宁夏人民创造了一整套相应的工程设施。比如修筑迎水入渠的"迎水坝"，即用块石镶砌，修筑与河平行的傍河长堤，堤长数百米到数千米不等。堤顶稍高于渠道所需水位，利用黄河比降较陡的有利条件，争取较高水头，使河水小时有足够水量入渠，河水大时也可溢出，防止水溢坏渠。为了能够有效地调节干渠水量，在迎水坝以下渠段临河一面的渠堤上设置退水闸一至数处，水小则关闸，水大则开闸，使得水量为人所控制，灌溉之水得以满足，多余之水泄入河中。为控制渠道所需水量，在退水闸以下渠道上修建进水闸（俗称"正闸"）一座，各支渠口都设有石闸或木闸，从干渠分水，斗渠口亦设闸从支渠分水，宁夏方言称之为"渠口子"。宁夏引黄灌区各干渠都是顺河方向，自上而下，次第开口，并列而行，有因此渠水位低，乘便接引其他高水位渠水，来灌溉本区内高田的，则置木槽跨渠上以通疏，名曰"渡槽"或"飞槽"。为畅利排水，凡入河之排水沟，往往与渠道交叉穿引，沟被渠阻，则于渠下建洞通流，名曰"暗洞"或"芦洞"。为防止山洪对傍山渠道的危害，在山洪沟口处设置排洪闸排泄山洪或做过沟渡槽或做过沟涵洞来通流。这些工程设施相互配合，运用自如，显示出宁夏古代劳动人民的高超智慧。宁夏古代劳动人民除了水利工程设施方面的巨大成就外，还积累了许多治水、用水、管水的先进经验，制定出相应的科学制度，甚至沿用至今，长盛不衰。宁夏治渠管水，历代都设有专管机构和专职人员。历任地方官都视渠务为要务。坚持"民办、公助、官督"的方针，修、管、用相结合，充分发挥农民积极性。黄河水虽带来灌溉之利，但泥沙较多，常淤塞河道。故每年灌溉之后，必须组织人力对渠道进行清淤，以保证当年灌溉之需。因此每年的春分节后立夏节前都要组织农民进行"岁修"。岁修工程及工料的确定，在每年冬灌结束后，冬至节时由官府召集士绅，对下年应浚应修各项工程及所需人工物料进行踏勘估算。岁修工料由本渠受水户民按亩均摊。岁修用工一般是 2 亩田出一个工日，60 亩地为 1 份，出 1 人在渠上做工 30 天。岁修用料，主要是柴草，距渠道近的交纳物料，以折抵水费，距渠道远的交纳现金，以采购材料和开支管理经费。农民视渠道"岁修"为农业灌溉之本，故家家踊跃，户户支持。灌溉用水，实行封俵轮灌制度。即放水后采取"严防实闸，逼水到梢"的办法，将上中游支渠斗口一律封闭，逼水到梢，再由下而上，逆鳞浇灌，称"封水"。在封水的同时，对于上中游灌水需时较长和高田灌水难的支渠，酌情留给一定水量，使其能与下游同时灌完，称"俵水"。所谓封俵，就是有节制、有秩序地开口放水，封俵失宜，水泽难周。干渠长者数百里，短者数十里，必须由水利官员为之封俵，故有头轮水（夏灌）、二轮水（秋灌）与冬水（冬灌）之说。为保证上、中、下游均衡受益，每轮水无论干渠、支渠均需坚持封俵轮灌制度，不得紊乱，违者严究。

三、引黄灌区农业发展的展望

宁夏引黄灌区农业发展有着非常广阔的前景。只要合理开发水利资源，就可以再造一个河套灌区，让"塞上江南，再放异彩"。但是，要实现几代人的美好梦想，其关键是尽快启动黄河大柳树水利枢纽工程。

大柳树水利枢纽工程选址黄河干流黑山峡段。黑山峡河段位于甘、宁两省区交界处，全长 71 千米，是黄河上游最后一个可建高坝水库的峡谷河段。大柳树水利工程最佳选址地点位于黄河干流黑山峡出口以上 2 千米处、宁夏中卫市境内，坝址处控制流域面积 25.2 万平方公里，占黄河流域总面积的 33.6%；多年平均径流量 336 亿立方米，占黄河总径流量的 58%；多年平均输沙量 1.6 亿吨，约为黄河总输沙量的十分之一。水多沙少，水资源开发条件十分优越。大柳树水利枢纽工程拦河大坝采用面板堆石坝，预计建成后最大坝高163.5米，坝顶长674米。水库正常蓄水位1380米，总库容110亿立方米，经水库冲淤平衡，50年后可永久保留调节库容56.08亿立方米。枢纽电站装机容量可达200万千瓦，年发电量预计达78亿千瓦·时。枢纽建筑物由拦河大坝、一条深孔排沙洞、两条深孔泄洪洞、一条表孔溢洪洞、五条引水发电洞和电站厂房组成。

大柳树水利枢纽工程的开发任务是优化配置黄河水资源，灌溉并改善生态环境，发电以及宁蒙河段防洪防凌等。其主要作用有：通过径流调节，在保证内蒙古河口镇以上工农业用水127亿立方米和河口镇下泄流量不小于250立方米/秒的前提下，非汛期拦蓄上游梯级下泄水量，等5—7月灌溉高峰期再集中放水，每年可为下游增供水量30亿~40亿立方米，缓解用水矛盾，减轻下游断流。在中游主要来沙期集中放水，改善水沙条件，减轻河道淤积萎缩。利用枢纽抬高的水位，在不多引黄河水的前提下，发展绿洲生态农业，种草种树，遏制荒漠化，改善生态环境。规划中的大柳树灌区近期开发面积600万亩，其中宁夏300万亩，陕西、甘肃、内蒙古各100万亩。远期可发展灌溉面积2020万亩，相当于再造了一个新的河套灌区。大柳树水利枢纽工程一旦建成，包括宁夏南部山区及中部干旱带的水位较高耕地，都可以实现自流灌溉，不必再进行梯级扬水工程建设，可谓是功在千秋的伟大工程。大柳树水利枢纽工程本级装机200万千瓦，年发电量将达到78亿千瓦·时，并对黄河上游梯级电站起反调节作用，使上游各梯级电站按最优方式运行，为"西电东送"创造条件。遇50年一遇洪水时控制下泄流量不超过5000立方米/秒，将宁蒙河段防洪标准由10年一遇提高到50年一遇，并有效防止冰凌灾害。南水北调西线工程实施后，对引江引黄和本流域水量进行调节，满足黄河上、中游地区灌溉、生态、流域城市和能源基地用水增长的需求。

大柳树水利枢纽工程对西北地区的生态面貌也将产生巨大的作用。

大柳树灌区毗邻腾格里沙漠、乌兰布和沙漠和毛乌素沙地，属干旱、半干旱地区。这一地区降雨稀少、蒸发强烈，气候干旱，风大沙多。由于风沙和人为不合理活动，致使本地区土地沙化，生态失调，自然环境十分恶劣。灌区中的不少地区还是氟中毒重病区，饮水含氟量超标很多，群众长期饮用，会导致氟骨病，对人民群众的身体健康和生产活动都有相当大的影响。而这一地区也是少数民族的聚居区。引黄河水发展这一地区的绿洲生态农业，种草种树，可有效遏制草原退化，使荒漠变成绿洲，控制腾格里沙漠、乌兰布和沙漠向东、南方向的移动及毛乌素沙地的南侵，减轻风沙危害，遏制土地沙化，极大改善宁夏、甘肃、内蒙古、陕西干旱带的生态环境，大大提高本地区的环境容量，同时解决人畜饮水。这对推动西北地区的社会经济发展，促进少数民族地区贫困人口脱贫致富，提高群众健康水平，增强民族团结都将产生重大而深远的影响。

预计大柳树水利枢纽工程建成后，可以惠及宁夏、甘肃、内蒙古、陕西四省区近 2000 万人口，据测算，依靠黄河上游水资源量和陆续增加的西线南水北调水量，通过现代科学技术，完全有可能将本地区现有的大约 3.5 万平方公里粗放式灌溉农业绿洲区，逐步扩展提高为 7 万平方公里高效、节水型现代绿洲区。将现有的以农村居民、小农生产、粗放地面灌溉为主体的绿洲模式，改造提升为以现代城镇和现代化二、三产业为主体，以节水型城镇为核心、节水型农业为基础、节水型生态体系为屏障的新世纪绿洲。黄河大柳树坝址至内蒙古的河口镇，干流长度约 1000 公里，沿河宽度 100 公里左右的区间，是历史上有名的河套平原灌区，总面积约 29 万平方公里，都可视为大柳树生态经济区。这一地区不仅农业发展条件优越，而且蕴藏着国内少有的地下煤海和天然气田，又有多种矿藏相匹配，有人工绿洲和天然草原改善生态，有我国北方少有的光、热、水、土条件匹配良好的巨型农林牧业基地为依托，有不宜垦殖的荒地可建设工厂、发展城镇，将建成长达千里的沿黄煤、气、电力、化工、冶金、建材、生物制药、家畜产品深加工经济带，对 21 世纪中国的经济发展，作出突出贡献。大柳树水利枢纽工程的建设，不仅可与秦皇汉武开发宁夏农业、水利，建设"新秦中"的丰功伟绩相媲美，还可以实现 1991 年时任中共中央总书记江泽民视察宁夏时题写的"塞上江南，再放异彩"的殷切期望和宏伟目标。

（作者：吴忠礼、王晓华、吴晓红。原载于《宁夏社会科学》2013年第 6 期）

宁夏历史文化简介

 宁夏，简称宁，别号朔方，誉塞北江南。地处黄河中上游。古陆地形成于地质年代38亿～17亿年前，属于华北板块的边缘。经过几度海侵和地壳运动的影响，今宁夏大地的地理面貌基本形成，贺兰山（北）、六盘山（南）、罗山（中）先后隆起，古黄河母段之一出现，时间在距今1亿～4亿年。地下宝藏亦基本生成于这个地质年代。这就是宁夏的皇天后土和承载万千年历史文明的大舞台。

 宁夏的面积虽然不大，但是由于区位独特，历史悠久，民族众多，开发领先，文化多元，堪称是华夏主流文化——龙文化和黄河文化的源头，也是多元一体的中华民族大文化的发祥地之一。

一、独特的区位优势

 首先，表现在军事战略上。宋朝以前的中央王朝，多建都于关中地区，主要威胁来自于北方的游牧民族，黄河与贺兰山、阴山，即河套一带，恰是胡汉两种文明的天然分界线，而宁夏又与京畿地区毗邻，地据要害，不仅成为中原王朝的北大门之一，也是京都的第一道藩篱。古人对宁夏的战略地位，是这么描述的："（宁夏）背名山而面洪流，左河津而右重寨，左距丰胜，右带兰会。"[①] 四塞险固，国之巨防也。所以军事将领们认为，"无宁夏则无平、固；无平、固则关中骚动，

---

① 胡汝砺编修，李端澄校正，范宗兴校注：《弘治宁夏新志·形胜》，宁夏人民出版社，2010年，第7页。

渐及于内地，患不可量矣"①。宁夏南部的固原，更是抵近京师，其境内的萧关，可称北门锁钥，若此门洞开，则边塞失控，故古之战略家们有所谓"得关中者得天下"之说，主要系指萧关的存亡。因为京畿居"四关"之中，东有函谷关，南有武关，西有散关，北有萧关。而王朝的危险来自于北方，所以只有萧关才是构成"关中"之险的主要方面，从这种意义上来说，"得关中者得天下"主要仰仗于萧关。

其次，表现在经济地位上。宁夏是历代王朝重要的移民屯垦区。秦始皇时，首开屯垦，拉开移民开发的序幕。汉唐间，出现移民开发高潮。以后代代相因，规模空前。这是因为北边是国家安全的命脉，必须保持驻军的规模。但是军需的供应，却是一大难题，若从内地调运粮秣，千里运到边关，除人畜消耗外，所剩无几，劳民伤财，得不偿失。只有就地供给，才是解决矛盾的有效办法。恰恰宁夏是黄河上游的一片绿洲，"黄河百害，唯富一套"，独擅引黄之便，又有鱼盐之利，粮草、经费和兵源补充等，都可以通过移民开发就近解决，所以古人称宁夏是"新秦中"，即再造个八百里秦川和关中之新天府的意思。

最后，表现在交通枢纽的态势上。陆路丝绸之路的路线取向，无论是北行、西走，取道河西走廊都是正途。而从京都至六盘山是唯一总干线，固原是其集结点，其后程才有南、中、北三线之分。但灵州又是北线的支干线和集结点。交通枢纽，就是战略要地和经济生命线。

二、悠久的历史背景

首先，考古学方面的表现。宁夏全境广泛分布着旧石器文化、中石器文化和新石器文化遗址，证明在 1 万～3 万年前，宁夏的先民就曾在贺兰山、六盘山和黄河两岸劳动、生息、繁衍。水洞沟旧石器遗址的发现"结束了长期以来国外学者认为中国没有旧石器文化的论断"②，

①胡汝砺纂修，管律重修，陈明猷校勘：《嘉靖宁夏新志·关隘》，宁夏人民出版社，1982 年，第 15 页。
②许成、董宏征：《宁夏历史文物》，宁夏人民出版社，2006 年，第 6 页。

水洞沟放射出宁夏历史文化的第一道光芒。

其次，创世传说的存在。宁夏南部的六盘山，古称陇山，陇山乃"龙山"的转音。相传三陇大地是中华始祖伏羲和女娲部落联盟的游猎地区，而这个联盟是以"龙"为族徽（图腾）的，称为"龙部落"，其活动范围就称为"龙地"（陇地）和"龙山"（陇山）。陇山东麓的"朝那湫渊"（今彭阳县东海子），就是圣母华胥孕圣子伏羲和圣女女娲的"龙池"。所以六盘山地区，或是华胥和伏羲、女娲的大故里，称"羲里娲乡"。中华民族大家庭的许多成员，都承认自己是"华人"（华胥之后）和"龙的传人"（伏羲、女娲之后），其根应当就在六盘山文化圈之内。这已得到大地湾考古的佐证和地方文献的支持。专家认为，在文字出现之前，历史是依靠口耳相传继承下来的，只不过后人往往把历史本身人格化并进而神格化，致使真实的口传史被一层神秘的光环所笼罩，只要我们遵照马克思主义科学历史观，脱去这层外衣，是不难发现其中真实的历史元素的。马克思曾在《政治经济学批判·导言》中说过：所谓神话是"用一种不自觉的艺术方式加工过了的自然与社会形态本身"。换句话说，神话从某种意义上说，也是人类反映历史存在的一种方式。当然，传说并不是信史，不可轻信与轻否。

最后，文字的记录。有关宁夏历史的文字材料，最早出现在《诗经》中。《诗经·出车》有"王命南仲，往城于方……天子命我，城彼朔方"和《诗经·六月》中"猃狁匪茹，整居焦获。侵镐及方……薄伐猃狁，至于大原"的诗句。在这两首诗篇中出现了"朔方""方"和"大原"等地理概念，它们都在今宁夏行政区域内。《诗经》所谓"猃狁"，是羌戎在周代的称呼，因其势力范围在周京的北方，故周军要在"朔方"（京都以北）筑城，以防猃狁南犯。戎人居周国的西部，所以史书称其为"西戎"，与其发生的战争，就叫"西征"。据《史记·匈奴列传》载：周武王时，曾"放逐戎夷泾、洛之北"。又说周幽王时，戎人曾"攻杀周幽王于骊山之下，遂取周之焦获，而居于泾渭之间，侵暴中国"。文中所提到的泾、洛、泾渭、大原和焦获都在今六盘山区域范围内。

泾，指泾水，发源于今泾源县，所以泾北当指六盘山以北，可知朔方、大原也都在今宁夏境内。如果说朔方、大原系指今山西，山西在周京之东北，就不能叫"西征"。也正因为周京西近戎狄，才有向东迁都洛阳以避戎的战略大转移。如果戎在晋地，东迁不是更加向敌巢靠拢了吗？可见，宁夏的文字历史是从六盘山地区开篇的。

宁夏地区，在夏、商、周三代之前，是北方各游牧部落大进大出的大舞台。至战国间，居牧在宁夏境内的部落统称为"戎"。秦昭襄王三十五年（前272年），秦国灭戎，在诸戎旧地设立郡县进行管理，南部设乌氏县（今固原市南），北部设朐衍县（今盐池县境内），均上隶北地郡（治今甘肃庆阳境内），至此，宁夏全境正式纳入中原王朝版图。

秦朝，宁夏仍隶属北地郡。秦始皇派大将蒙恬率军把河套地区原住民游牧部落赶走，开始在黄河沿岸筑障、驻军、开设富平县（今吴忠市境内），移民屯戍，把农业经济推进到引黄灌区。

汉朝，建置袭秦。后析北地郡，分出安定郡，郡治曾迁宁夏富平县。汉廷向宁夏大规模移民，进行农田水利大开发，人口兴旺，良田大增，行政建置也相应增加，仅北地郡在今宁夏境内的属县就由朐衍、富平二县，新增灵武（在今青铜峡市邵岗镇境内）、灵州（在今吴忠市利通区境内）、廉（在今平罗、贺兰县之间暖泉村）三县。黄河两岸其他的城塞还有南典农城、北典农城、上河城和神泉障、浑怀障等。显然，宁夏沿黄城市群，在汉代已初具规模。南部安定郡，治高平（今原州区），领高平、朝那、乌氏、朐卷、三水等县。

值得注意的是，汉代在宁夏设置"安定属国"，是件非常有意义的大事。这是汉廷采取自治方法解决民族问题的首次尝试，这个试验区在三水县（今同心县境内）。

东汉末年，因羌人大起义，到三国、两晋、南北朝的四五百年间，国家分裂，群雄割据，烽火不绝，宁夏农业经济大倒退，建置内迁，人口锐减，先后成为强势集团的附庸地。这种乱局一直到北周政权统一北方之后才有转机。北周从南方向宁夏迁移数万人口，这些"江左之人崇礼好学，习俗相化，因谓之'塞北江南'"①，宁夏被誉为"塞北江南"，缘出于此。

隋唐，结束了数百年战乱局面，尤其是盛唐大帝国的出现，带来了领土广阔、国家富裕、军事强盛、文化繁荣。时宁夏在行政上归关内道管辖，属京畿地区，又在灵州设朔方节度使，为北方特大军区。同时还在原州（今固原市原州区），设有国家军马场。唐太宗曾亲赴灵州，主持北方民族团结大会，被少数民族各部落共尊为"天可汗"。"安史之乱"爆发，太子李亨又在灵武即位，指挥朔方军收复京师，完成所谓"肃宗中兴"大业，使灵武成为再造李唐的发祥之地。从而引来众多文人骚客，推动了边塞诗的繁荣，名家们创作有关宁夏的诗作大量涌现，在宁夏历史上留下了光辉的一页。

唐代在宁夏设置了一系列羁縻州，统称为"六胡州"，又是一件非常有意义的大事。时东突厥可汗阿史那社尔与衡阳公主（唐高祖李渊女）、吐谷浑王诺曷钵与弘化公主（淮阳王李道明女）等家族都在羁縻州内生活。羁縻州在灵州东南一带（今同心、盐池等县境内），宁夏再次成为中央处理民族自治的试验区。

宋代，党项族上层头目，在宁夏建立一个地方割据分裂政权，史称西夏。这又是一次历史倒退。但是党项族广大劳动人民，创造了丰富多彩的民族文化，现在仍有许多遗存文化熠熠生辉，可以名为"党项文化"。

蒙元，成吉思汗二十二年（1227年），蒙古军灭西夏。忽必烈中统二年（1261年），以西夏故疆改设行省，名为西夏中兴等路行省，省城设于兴州（今银川），辖地包括宁夏北部、陕西北部、内蒙古西部、甘肃大部、青海东部和新疆邻近甘肃局部。后几经变革，于至元二十五年（1288年），原西夏行省归并入甘肃行省，以兴州为中心，

---

① 乐史著，王文楚校：《太平寰宇记·关西道十二·灵州》，中华书局，2007年。

设立宁夏府路，上隶甘肃省。"宁夏"域名第一次出现。

蒙元时期，宁夏地处大元帝国的腹地，北部设省，南部又建安西王府。王冬居安西（今西安），夏住开成（今原州区开城镇），管辖范围为西北大部（除新疆）和四川全部，并在六盘山建立军事基地。所以，当时的宁夏是大西北的核心地区，也是中西交通的枢纽地带。蒙元大军西征后，带来大批阿拉伯、波斯和中亚各地信奉伊斯兰教的"回回人"。他们率先在西北和交通沿线定居下来，便与当地汉人、蒙古人等结婚组成家庭，生儿育女，渐渐形成一个新的民族——回族。回族这个新的民族共同体形成于元末明初。

明朝，虽然推翻了元朝的统治，但是退到漠北残元势力，并不甘心失败，他们渐渐集结力量，不断南犯，所以明王朝在北边的形势一直非常严峻。而宁夏是蒙古各部南下的主要路径，首当其冲，造成有明一代宁夏地区的特殊地位。宁夏地区在明代，虽然归陕西管辖，但在管理形式上又特事特办，即实行全民皆兵的军屯制和军政合一的军卫建置，在官员配备上既设宁夏镇总兵，又设巡抚，并封藩王镇守，实际上是一个省级的架构。朱元璋封十六子朱栴为庆王，在宁夏建立藩国。同时，又在固原设总督衙门，统一指挥陕北延绥镇、甘肃甘州镇、宁夏镇和固原镇等西北四大军镇，防区之广、兵力之盛为北方"九边"之首。明季，宁夏、固原长城环卫，堡寨林立，烽燧星罗棋布，俨然是一座大军营。

清代，由于满洲贵族与蒙古贵族联合执政，历代中原王朝向北方设防的基本国策不存在必要性，宁夏的综合军事地位下降，北部变为甘肃下属的宁夏府，南部变为甘肃下属的固原州，从战区转变为生产建设的经济区。在康乾盛世的大背景下，宁夏发展很快，再现了"塞北江南"的繁荣局面，并成为全国回族聚居地区。

1929年，宁夏重新设省。1935年，红军长征途经宁夏，在各族人民中撒下了革命的种子。1936年，红军一、二、四方面军在宁夏境内会师和大聚会，并建立了第一个县级回族自治政权——豫海县回民自治政府，与汉、唐间自治试验一样，仍然在今同心县，这是历史的巧合吗？

1949年9月23日，宁夏解放。1954年宁夏撤省，并入甘肃省。1958年10月25日，宁夏回族自治区成立。

三、多元的地域文化

俗话说"一方水土养育一方人"，一方人又创造了一方的历史和文化。可见地域文化是在特定的自然环境与自身历史背景之中滋生的。

宁夏地域文化的特色是多元的、多彩的、层次分明的。

首先，宁夏的根文化——龙文化。

龙文化也是中华民族的象征和灵魂。龙文化代表着自强不息、不怕困难、勇于拼搏、奋发图强的精神。龙文化有着神圣的号召力、巨大的创造力和极强的凝聚力，号召中华儿女、炎黄子孙、龙的传人，和谐团结、振兴中华。

其次，宁夏的干文化，是草原游牧文化与农耕汉儒文化融合而生成的宁夏黄河文化。

中华民族大家庭中各民族与各种文化，基本上同根同脉，只是汉族多生活在内地，主要以农业谋生；少数民族多生活在边地，主要以畜牧谋生。不同的生活方式又形成了不同的习俗。在宁夏境内汉族与少数民族，均以黄河（水）为生命线，衣食之本都是土地。汉族在土地上种粮、植棉麻，解决衣食；少数民族在草原上养畜、饮乳、食肉、寝皮，彼此并无高低贵贱之分。

最后，宁夏的支文化，大体可分为移民文化、回族文化、丝路文化、军旅文化和党项文化等五支。

鸦片毒害宁夏一瞥

1840年英国发动臭名昭著的鸦片战争，用炮舰打开闭关自守的清帝国大门，使中国渐渐沦为半殖民地半封建社会。由于外国资本和商品的侵入，压垮了中国的城市民族工业和以自然经济为主体的农村经济，给中国社会带来了灭顶之灾。其中最为毒辣的是鸦片的闯入，它不仅掠夺了中国的白银，更为险恶的是毒害了中国人民，危及到中华民族的生存。当时以林则徐为代表的一些清醒的政治家们已经认识到：如果任凭鸦片流毒于中华大地，则不出数十年后，中国将无可征之兵，无充饷之银，亡国灭种已不是危言耸听。

事实告诉人们，鸦片之害，如同幽灵和洪水猛兽，它不仅在东南沿海和内地肆行，就连西北边陲地区也不能幸免。宁夏地区受鸦片危害，在西北不仅是首当其冲，而且受害最烈。因为宁夏是西北的东北大门，地近内地，系毒品潜入的必经之地，同时宁夏又系河套地区，独占黄河水利，引黄河之水自流灌溉，土壤肥沃，历史上就被誉为"新秦中"和"塞北江南"。宁夏引黄灌区至少在明朝时期，就以种植名贵中药材和天然染料的"红花"作为特产的"贡品"。鸦片战争之后，在城乡经济破产的背景下，人民为了自救和活命，不得不改种"红花"为"罂粟花"（鸦片），为的是得到比红花更大的经济收入。当然人们也不是不清楚，这是一种饮鸩止渴的自杀行为，但是为了抓住眼前的这根救命稻草，也不得不为之。

一

有清一代，甘肃省（宁夏时属甘肃下辖的宁夏府）是西北种植罂粟时间最早、土地面积最大的首祸地区。道光二十五年（1845年），禁烟名臣林则徐署任陕甘总督时，就曾在甘肃实行禁烟，说明那时烟毒已在甘肃省率先泛滥开来。当时各级官府如临大敌，严查严惩，官员查办不力者"严行参惩"，百姓"首告"者"悬予奖赏"。但是腐败的各级官府，已经病入膏肓，虽然制定了《查禁鸦片章程》，也不过是一纸空文罢了，全省尤其是宁夏的引黄灌区仍然是"成段地亩栽种罂粟"①。史书也有明载，西北种植鸦片"始于甘肃"②，实际指的就是宁夏，因为宁夏有种植鸦片的大片良田沃土，是出产优质"宁土"的理想产区。后来左宗棠调任陕甘总督、主持西北用兵，在需要大量军粮的情况之下，亲眼看到关陇地区"红花遍地"，并大声疾呼道："若不严行禁绝，三十年之后汉人种族其将弱乎"。③可是左公在行动上也没有良法能够有效地禁止"膏腴之地尽种无用之物（罂粟）"④。左公的所谓禁烟良法就是，在农村实行"故违例禁，按亩收费，即着照枉法赃严参治罪。其烟土之来自外省者，并着一律严查，不准入境，以期净绝根株"⑤，在城市"抽收烟厘"，打出"奉旨烟厘"旗号。⑥这当然是自欺欺人的法子，因为收费、抽厘，实际上就是默许、开禁、收钱而了事。结果不仅是宁夏的军政界许多官员都变成"瘾君子"，如身居正二品大员的固原提督雷正绾、甘肃提督李培荣等，甚至就连赫赫有名的甘军，全军上下许多官兵也都沦为"大烟鬼子"，所以《清

---

① 吴忠礼、杨新才主编：《清实录宁夏资料辑录·道光皇帝实录》，宁夏人民出版社，1986年，第509页。

②④ 吴忠礼、杨新才主编：《清实录宁夏资料辑录·同治皇帝实录》，宁夏人民出版社，1986年，第961页。

③⑥ 慕寿祺：《甘宁青史略》卷二十四，兰州俊华印书馆，1936年，第13、28页。

⑤ 吴忠礼、杨新才主编：《清实录宁夏资料辑录·同治皇帝实录》，宁夏人民出版社，1986年，第1126页。

实录光绪皇帝实录》无可奈何地记载："甘营习气已深"（"习气"是当时吸毒的代名词）。①宁夏满洲八旗驻防军当然也不例外，他们别无一用，什么也不会，但是吸食鸦片却不落人后。新任宁夏满营将军台布，一上任就急急忙忙制定《戒烟办法》②，说明宁夏满营烟毒蔓延的严重性到了非治不可的程度。他还在三个月后向朝廷报告："宁夏满城戒烟一律净尽"③，请旨奖励有功人员，这显然是骗赏的假话。因为宁夏当时已是兵无战斗力，官无指挥力，然而朝廷也是心知肚明，所以朝廷在从宁夏调兵时都要特别说明，所调官兵"倘查有吸食鸦片弁兵，尤应严加斥汰，毋令滥竽"④。面对如此黑色灾祸，宁夏的各级地方官员，也是束手无法，甘代其过。总督左宗棠一次就查处了宁夏一大批禁烟不得力的官员，他们是：宁夏府知府李宗宾、灵州知州孙承弼、宁夏县知县胡韵兰、宁朔县知县贺升运、卸任署平罗县事任懋修、卸任署中卫县事邵杜均。与此同时，他也奖励查禁烟毒的所谓有功官员，如署宁夏府知府张宗槐、代理灵州知州德荫、宁灵厅同知俞光容、署中卫县知县刘然亮、署平罗县知县吕恕、代理宁夏县知县李日乾和宁夏镇总兵官冯南斌等。以上一惩一奖所涉官员，包括了宁夏府、州、厅、县的全部官员，它透露出宁夏府、州、厅、县，无一例外都在种植罂粟。⑤面对这种"各属民种罂粟"⑥失控的局面，享有铁腕手段的左宗棠和他的继任者们，也只好是"法不治众"了。正如甘肃籍史学家慕寿祺在

---

① 吴忠礼、杨新才主编：《清实录宁夏资料辑录·光绪皇帝实录》，宁夏人民出版社，1986年，第1234页。

② 吴忠礼、杨新才主编：《清实录宁夏资料辑录·宣统政纪》，宁夏人民出版社，1986年，第1285页。

③ 吴忠礼、杨新才主编：《清实录宁夏资料辑录·宣统政纪》，宁夏人民出版社，1986年，第1289页。

④ 吴忠礼、杨新才主编：《清实录宁夏资料辑录·咸丰皇帝实录》，宁夏人民出版社，1986年，第555页。

⑤⑥ 吴忠礼、杨新才主编：《清实录宁夏资料辑录·光绪皇帝实录》，宁夏人民出版社，1986年，第1154页。

他编著的《甘宁青史略》一书中评述：左公在甘肃的禁烟是"完全消矣"，并引无名氏七律诗一首讽之。诗曰："救国伤心剜肉医，岂无新谷岂无丝。点金果有游仙术，无米能为巧妇炊。塞上量沙学檀唱，关中馈饟仗曹规。芙蓉莫把东风怨，三月莺花会有期。"[①] 说明西北和宁夏，年年在禁烟、禁种，而春天到来，罂粟花则照样迎风烂漫。

到清朝末年，禁烟的结果是："甘肃一省种烟最多，至今尚无禁种消息，官员戒断均已互相出结，兵丁百姓又不过问，家家烟火，彻夜开灯"[②]。为什么甘肃的禁烟会如此之艰难呢？主要原因是全省"饟源奇绌，电请没法接济。甘肃库空如洗，罗掘俱穷，难以应付"[③]。甘肃地贫多灾，驻军又多，财政负担历来依靠各省的"协饟"来支撑。清朝后期，内地事件频发，自顾不暇，"协饟"终断，省府才不得不采取所谓"寓禁于征"的变通办法，开征烟土种植税，老百姓叫"土税"，而农民亦因生活所迫，只顾眼前利益，纷纷以上等田地大种罂粟，于是剜肉补疮，烟毒在甘肃宁夏城乡日益肆虐，贻害无穷。宁夏地区成为西北乃至全国种植罂粟的主产区，其罂粟所炼之大烟膏，被黑市称为"宁土"，是与"云土"（云南）、"广土"（广东）、"晋土"（山西）齐名的"名土"。

二

进入中华民国时期，在北洋军阀的反动统治下，全国出现新旧军阀混战的动荡乱局，各地武装集团纷纷利用枪杆子控制一方政权，并大鱼吃小鱼，相互火并，其庞大的军费开支，只能来源于加大赋税的搜刮，而主要入项就是大开烟禁，广征大烟税。但是为了掩人耳目，官方把"开放烟禁"美其名曰"寓禁于征"，税种则称为"烟亩罚款"。

① 慕寿祺：《甘宁青史略》卷二十四，兰州俊华印书馆，1936 年，第 28—29 页。
② 吴忠礼、杨新才主编：《清实录宁夏资料辑录·宣统政纪》，宁夏人民出版社，1986 年，第 1293 页。
③ 吴忠礼、杨新才主编：《清实录宁夏资料辑录·宣统政纪》，宁夏人民出版社，1986 年，第 1301 页。

烟禁开放以后，烟毒祸害全国城乡人民，烟民遍地，苟且偷生，西方国家称中国人为"东亚病夫"，中国国际地位、中华民族形象一落千丈。

宁夏以水利、土沃和交通区位的优势，早在道光年间就已开西北种植罂粟的先河。民国肇造以后，特别是甘肃地方军阀陆洪涛督甘期间，为了拉拢各地方实力派，借筹备军饷为名，鼓励各地大种鸦片，公开征收"烟花税"，每亩税额高达白银十四两，并逐渐将这一税种正式摊入地亩税之中，种与不种都将随地亩面积一并征收，遂形成了"一亩二税"的不合理现象，这就是所谓"烟亩罚款"的一种变态形式。但是，"宁夏省为产烟著名之区，几乎十分之一的农民都靠种烟维持家庭经济的动力。禁烟是中央的法令，大家所存的烟土是广大农民的生命"①，任何形式的"罚款"也都不得不认领了。

1926年，冯玉祥部国民军在"北京政变"以后，退守大西北，当时大军压境，僧多粥少，困难重重，冯系甘肃督办刘郁芬又将"烟亩罚款"，正式列入《政费预算》之中，并提出所谓"涓滴归公"的口号，不再允许各地区截流，而必须全部上缴省财政，以便统筹安排。具体分配到全省各行政区，都有定额，各地均应按定额开征上缴。②宁夏行政区（朔方道改）分配每年额征为90万元。③1926年9月，国民党元老于右任以国民党中央执委身份，监视在绥远五原冯玉祥部宣誓参加北伐授旗仪式后，经宁夏赴陕西时，对于宁夏的罂粟种植印象颇深。时于老曾写下有关宁夏的诗四首，其中《宁夏南行道中》有两句为："葡萄频熟无美酒，罂粟时丰病贫农。"另一首《咏宁夏属植物》亦有两句为："比屋葡萄容客饱，上田罂粟任儿啼。"④冯玉祥本人在由五原开赴陕西的途中，曾率总部驻防宁夏，也亲身体会到"宁

---

① 秦晋：《宁夏到何处去》，《益世报》，宁夏省印刷局翻印，1947年，第110页。
②③ 赵晋熙：《马鸿逵的"禁烟"》，载《宁夏文史资料（第八辑）》，内部印刷，1981年。
④ 方纯：《于右任宁夏留诗》，载《宁夏文史（第二十八辑）》，2012年。

夏遍地种烟"① 的实况。说明罂粟种植之广，危害之深，已成为宁夏的标志性公害。1929 年，宁夏建省以后，场面扩大了，官员增多了，开支也随之加大。在水涨船高的情形下，省主席门致中"借口兴办地方建设，把原来的 90 万元预算，又加了一番，改为 180 万元，使宁夏人民的负担又增加了一倍"②，改名为"清乡费"，同时又额外加征"短期重销协济等款"③。

1933 年，马鸿逵主政宁夏省时期，继续征收前主席门致中所定的180 万元"烟亩罚款"。但是，不久南京国民政府规定各省废除"烟亩罚款"，改由中央财政予以补助。给宁夏的补助费，初定每月 3 万元，后增加 10 万元，全年计补 156 万元，已接近省方原征收的 180 万元。④但是马鸿逵当局，一方面接受了补助费，另一方面又悄悄将"烟亩罚款"税名改为"地方附加税"，照例如数征收，农民的负担自然又加重了。为了增加全省的土地税，省政府又开展重新丈量土地的工作，到 1937年初，将全省沿黄河 7 县的熟田土地面积，由原来的 80.2 万亩，增加到 195 万亩，较前增加了 114.8 万亩。因为农村的各种赋税都是按地亩数额为依据征收的，土地面积扩大了，全省农村税收从原来的 180 万元猛增加到 540 余万元。⑤ 国民政府的所谓"民生"政策，实际上就变成了"民死"政策。

宁夏省的烟祸，正如省主席马鸿逵所坦言，"本省之有鸦片，为时甚长，受害亦最巨……现在祸害更大了……胜于洪水猛兽。"⑥ 宁夏省政府于 1935 年设立省禁烟委员会，下设 3 个处，具体办理烟民登记、禁运、禁售、禁吸和收购民间烟土等项事务。各县相继成立禁烟分会，

---

① 冯玉祥：《我的生活》，黑龙江人民出版社，1981 年，第 520 页。
②④⑤ 赵晋熙：《马鸿逵的"禁烟"》，载《宁夏文史资料（第八辑）》，内部印刷，1981 年。
③ 傅作霖：《宁夏省考察记》，正中书局，1935 年。
⑥ 宁夏少数民族古籍整理出版规划小组办公室：《十年来宁夏省政述要·民政篇》第十一章《禁烟》，宁夏人民出版社，1987 年。

下设当然委员一人，由县长兼任；由省禁委聘请主任委员、监察委员各一人，并在第二次省政会议上还将禁烟列为"要政"，制定了"禁烟六年计划"和"禁烟实施办法"，规定 1938 年实现全省禁种，1941年完成禁吸，与此同时，严打贩运、销售烟土。[1] 客观上评价，宁夏省对于禁烟一项，抓得还是比较认真的，但是效果却不佳。为什么呢？主要原因是省方在禁烟工作中，打自己的小算盘并挟带"私货"，如利用禁种大收"烟亩罚款"（后改名附加税），利用禁运、禁售，又大收"特货税""烟土过境税"，利用禁吸，还巧立"烟灯税"和"娱乐税"等，总之有意识让烟禁而不绝，这样才能财源滚滚。因此，在马鸿逵主政宁夏时期（1933 年至 1949 年），全省范围内种罂粟、贩鸦片、吸大烟的社会现象是不可能禁绝的。1936 年，当中国工农红军西方野战军在开展西征战役之前，曾派地下工作人员赴宁夏省做过一次情报收集。野战军政治部于 1936 年 6 月 27 日，将情报整理成一份《宁夏省的社会调查》（以下简称《调查》）上报。在这个《调查》中，对于宁夏的烟毒现状作了充分的反映。《调查》中写道：宁夏全省的基本农田（土质好的水浇地）种植"烟苗占十分之二"，"盖种大烟，粮食甚缺，不敷全省食用"，"全省除豫旺、盐池、磴口外，其它各县均种大烟"，所以在商业经营中，"大烟是主要产品"，"布匹与大烟，资本也最大"。[2] 这就是宁夏省城乡烟毒泛滥的真实情况。

实际上宁夏省当局在利用禁烟之中的"渔利"，更有一项大手笔，值得一提，这就是 1937 年宁夏银行利用"禁烟"大发一笔横财的"魔术"。

据说宁夏省当局的禁烟是与"整理金融"密不可分的。宁夏银行的前身是冯玉祥部国民军时代的"西北银行宁夏分行"，马鸿宾主政宁夏时改为宁夏省银行，马鸿逵主政后又改为官商合办的商业银行——宁

---

[1] 宁夏少数民族古籍整理出版规划小组办公室：《十年来宁夏省政述要·民政篇》第十一章《禁烟》，宁夏人民出版社，1987 年。

[2] 中央档案馆藏：《中国人民抗日红军西方野战军政治部：〈宁夏省的社会调查〉》，转引自宁夏档案馆编：《红军长征在宁夏》，内部资料，2016 年。

宁夏省禁烟效果简表（截至 1941 年）

县名	种烟地亩		烟田产量		烟民登记		已戒除烟民（1941 年）
	原地亩数	种烟亩数	原烟亩产量	限种烟亩产量	1936 年数	1939 年数	
省会					21168 人	4528 人	19717 人
宁夏	370562 亩	74112.8 亩	1482 万两	147 万两	33080 人	5003 人	32085 人
宁朔	384442 亩	76888.3 亩	1527 万两	153 万两	13913 人	2802 人	13522 人
平罗	453380 亩	90677 亩	1813 万两	180 万两	15608 人	2599 人	15113 人
金积	113260 亩	22652.1 亩	410 万两	44 万两	3751 人	956 人	3495 人
灵武	124692 亩	24873.9 亩	498 万两	48 万两	10514 人	2237 人	10052 人
中卫	215058 亩	43012.5 亩	860 万两	85 万两	11011 人	2400 人	10749 人
中宁	167347 亩	33468.3 亩	669 万两	66 万两	10878 人	2152 人	10530 人
盐池					675 人	287 人	572 人
同心					1053 人	383 人	870 人
磴口					11188 人	378 人	1025 人
陶乐（陶乐设置局）					451 人	262 人	339 人
定远营					274 人	199 人	165 人
合计	1828741 亩	365684.9 亩	7259 万两	723 万两	133564 人	24186 人	118234 人

说明：根据《十年来宁夏省政述要》载表改制。

夏银行。宁夏银行由马鸿逵任董事长，其家族控股，实际上成为马家"富宁公司"的"大账房"。马鸿逵接任宁夏省政时，前西北银行和宁夏省银行已先后发行没有准备金的所谓"流通券"和省钞总计 360 万元。如果加上省行之前陆续发行过的"钱帖子"，则远大于此数，统统都是"空头票"，而其市面钞值与南京国民政府的"法币"相比，"相差一半，有时低至三四成"①。马鸿逵省方于1937年宣布禁烟之初，就是用这种如同废纸的"省钞"，还要压低价格并标榜为"官价"，大量收购民间和烟农手中的烟土，为了把民间所藏烟土尽量抢到手，马鸿逵当局制定了严刑峻法，凡私藏烟土，"等到被公家发觉，违法送命。"②马鸿逵还亲自上阵，大讲禁烟的决心，并威胁老百姓道："不要违法向死路上跑。"③也威胁官员们说："民众投入法网，各位负责者决不能辞其咎。"④经过这番统购，"当时官方公布数字，共收购262.5万余两（实际远不止此数），费省钞227.2万余元。"⑤支出毫无价值的"省钞"，骗收了民间烟土以后，省方立即宣布严行禁种罂粟，但却不禁运、不禁售、不禁吸。据统计，时"全省烟民有十四万之多"⑥，据调查，"有户即有烟灯，有人即有烟民，甚至襁褓之孩童，亦须喷烟以为活"⑦。那些大烟鬼们可以不吃饭，却不能无烟吸，结果是鸦片有消耗而无生产，于是烟价大涨，每两售价高达十多块银元，相当于可买粮食两石多。⑧这样的商机，别的商家是分享不到的，因为烟土属于"特货"，被"统制""专卖"，只能由宁夏银行独家经营，群众称之为"官膏"，比私土价高许多，其暴利当然也只能是宁夏银行独吞。这时人们才看清楚，马鸿逵的"禁种"，是为了"独售"。"禁运"，是为了保障"独售"。"禁吸"，是为了掩饰"独售"。⑨当烟价大涨以后，宁夏银行马上开始抛售所收购的烟土，并以法币市价售出大烟84.4万余两，不仅干脆利索地回笼毫无价值的省钞348.5万余元，然后将其付之一炬，开始在全省统一通行法币，把冯玉祥部入甘和马家统治宁夏以来，十余年的军政开支即所发行的旧币，利用买空卖空的手段，巧妙地无偿地在一

---

①⑤宁夏参事室撰稿：《马鸿逵家族军阀集团罪恶简述》，载宁夏区政协文史委编《宁夏文史资料选稿》（第5期），内部印刷，1979年。

②③④宁夏少数民族古籍整理出版规划小组办公室：《十年来宁夏省政述要·民政篇》第十一章《禁烟》，宁夏人民出版社，1987年。

⑥⑧⑨赵晋熙：《马鸿逵的"禁烟"》，载《宁夏文史资料（第八辑）》，内部印刷，1981年。

⑦傅作霖：《宁夏省考察记》，正中书局，1935年。

年的时间里，统统"报销"了，也就是转嫁给全省人民了。不仅如此，而且至少还净落大烟 170 余万两[1]，如果按当时的市值价计算，少说也有数百万元之多。这应当是马鸿逵在宁夏发家的第一桶金，也是马氏家族投资经商和扩大再生产的资本。

马鸿逵主政宁夏省 17 年之久，宁夏地区的烟毒之害并没有真正铲除。新中国成立以后，鸦片的种植、贩运、销售和吸食，才全面、彻底根除。

---

① 宁夏参事室撰稿：《马鸿逵家族军阀集团罪恶简述》，载宁夏区政协文史委编《宁夏文史资料选稿》（第 5 期），内部印刷，1979 年。

浅议宁夏"小省区大文化"与龙文化

人们常常夸赞："宁夏小省区有大文化。"那么，宁夏的所谓"大文化"究竟有多么大呢？大文化的内涵又是什么呢？另外，特别令人震惊的是宁夏还是中华龙文化的渊源之一，又有多少根据呢？以下对于这两个问题试作浅议。

一、关于大文化

从广义的视角来观察，就全国而言，所谓中华民族的大文化（主体文化），无非就是由内地、中原地区的农耕文化与边疆、牧区的草原文化两大板块组合而成，称之为华夏文化。它们同根、共祖，只是因为先民们各自所生活地区的自然环境不同，因而为了适应自己的生存空间，采取不同的谋生手段和生活方式，并渐渐在生产劳动、经济活动中形成了不同的民风民俗，即不同形式的地域文化。中华民族大文化之两大板块，是兄弟关系，彼此并无高低贵贱和孰先进孰落后的区别。

纵观宁夏的地理和历史，宁夏全境正是位于农耕民族与游牧民族、农业文化与草原文化的交汇地带之上。境内的黄河、泾河和贺兰山、六盘山以及历代修筑的长城、关隘等天堑要塞，基本上正是中国两大文化板块的分界线与结合部。加之宋代以前，中央政权的京都多设立在今陕西关中地区，从而造就了与关中毗邻的宁夏地区因其区位特殊、形胜扼要，遂成为京畿的屏障、国门的锁钥地位，当然也就成为两大文化和两大民族统治者们经常发生冲突的地方，即兵家必争之地。与此同时，两大文化也在不断碰撞之中，产生交融而互相渗透、互相学习，取长补短，并渐渐形成一种独具地方特色的区域文化——"塞北江南黄河文化"。可见宁夏的地域文化，是由中华民族的主体文化——农耕文化与草原文化融合而生成的，这么高的层次（门第），当然算得上是"大文化"了，所以宁夏的确应该享受"小省区有大文化"之赞誉。

二、关于龙文化

从具体的视角来看，中国的国土幅员辽阔、民族众多，各种土著文化丰富多彩。但是，其中的龙文化应该是各地文化的骨干和源头之一，所以中国人往往以"龙的传人"自诩。这里可以毫不夸张地说，中国龙的故乡在宁夏，在六盘山地区，在六盘山大文化圈的范围内。这不是凭空想象出来的，因为中国历史都承认自己的祖龙（第一龙）是伏羲（包括其妻女娲），所以学术界和民间都认可，"羲里娲乡"当指六盘山及其周边地区——三陇大地。为什么呢？原因是六盘山古称陇山，陇山就是龙山的转音，即龙部落最早的活动范围——古国。国人早已公认，在中国历史上第一个以"龙"作为图腾（族徽）的部落联盟首领唯指伏羲、女娲，无人可以替代，中国的各种权威典籍中虽有不同的看法，但基本观点仍然是一致的。比如晋代皇甫谧所撰《帝王世纪》认为，伏羲和女娲二人都是"蛇身人首"。南北朝梁萧统所编《昭明文选》亦云："伏羲鳞身，女娲蛇躯。"可见伏羲、女娲两个部落原先都是以蛇为图腾。后来两部落结成联盟，势力渐强，吸收了周围许多弱小部落加盟，并把这些小部落的原有图腾的骨干部分添加到联盟蛇图腾的身上，经过不断扩张与"画蛇添足"的演变，结果蛇图腾就变成了一个不伦不类似蛇非蛇的所谓"龙"形了。于是伏羲、女娲就变成了龙的化身，这个大部落联盟所活动的地区就被称为龙乡、龙山了。

"羲里娲乡"在龙山，龙山就是六盘山吗？根据何在呢？

第一，六盘山名的启示。"六盘山"为什么古称龙山？因为远古时代有个部落长期劳动、生息、繁衍在这里，他们是以"龙"为图腾的，所以山脉以居牧的部落而得名，称龙山或龙盘山。以山为部族名，或以部族为山名，是历史上的常见现象。古史、古典公认，伏羲是中国历史上最早以龙为图腾的部落首领，这是没有分歧的，所以伏羲就是中国历史上的祖龙，他们的生活地域就称为龙地、龙乡，其境内的山称为龙山——陇山——六盘山（龙盘山）。对于此山得名的演变，甘肃省一些前辈学者，如黄奋生、任乃强、李鼎超和薛方昱等早有论证。他们认为："陇山，本意龙山，是古羌语朝那山的意译。"[①]而古羌族是今藏族的祖源，在安多藏语中，"朝意为龙，那可以当山讲"[②]。后来史书又将居牧于泾、渭、洛流域和内地的羌人称之为"戎"或"夷"，正如《史记·匈奴列传》所载：周武王时期曾"放逐戎夷泾、洛之北，以时入贡。"所谓"泾、洛之北"，其地望当为今六盘山及其周边地，当然古朝那正在此范围之中。朝那位于陇山东麓，所以古羌、戎人皆称它为"龙山"，朝那山上又有"湫渊"（高山湖），它是"龙之所处"的圣水，亦即以龙为化身的伏羲故里，正因为有此背景，所以这方小小的高山荒湖——朝那湫，才被列为帝王祭祀全国名山大川的显赫地位。伏羲、女娲时代大约相当于新石器时期，从当时的经济条件来分析，原始公社制社会生产力低下，尚处于原始农业和游猎经济时代，先民们不可能过定居的农耕生活，为了生存，部落必须不定期迁徙、大范围游走以获取食物，所以今人在讨论那个时代人们（部落）的"故乡"，即活动范围时，应当是一个广大的区域，即六盘山脉、六盘山地区、三陇大地，都可以认定为"羲里娲乡"。

其实，龙原非谓人，乃谓以"龙"为图腾的一个部落联盟。在新石器时代的漫长历史演化和传承中，历史往往渐渐被人格化，于是便将这个历史阶段中的某位有伟大贡献的首领再加以神格化，让此人（或者并非确指一个具体的人，而仅是这个历史阶段的总符号）演化为"人龙""神龙"的象征性代表——标志性符号。此人就叫作"伏羲"。他

---

① 薛方昱：《陇山源名考》，《敦煌学辑刊》，1993 年第 1 期。
② 任乃强：《羌族源流探索》，重庆出版社，1984 年。

的部落所游猎的山地就称为龙山、陇山、六盘山（龙盘山）了。

第二，"龙出六盘山"有二证：

其一，正史为据。司马迁在《史记·封禅书》中写道："水曰河，祠临晋；沔，祠汉中；湫渊，祠朝那；江水，祠蜀。"在《史记》的《索隐》中还附录唐朝大史学家司马贞给湫渊作的注释。他认为所谓湫渊，"即龙之所处也"[①]。俗话道："水不在深，有龙则灵。"这个位居偏远荒山之中的小小高山湖泊的湫渊之所以能与黄河、长江、汉水一同并列为中央政权帝王级祭祀全国名山大川的重点之一，就是因为这里是"龙之所处"的圣地。这里所说的龙，当然只能是指伏羲了，因为上文已论述，他人无此资格。这处"灵水"又在什么地方呢？《史记》的《集解》中也附录了南朝宋史学家裴骃的注释，他认为"湫渊在安定朝那县"[②]；同时《史记》还在《正义》中附录了唐朝另一位史学家张守节的注释，进一步确指"朝那湫渊祠在原州平高县东南二十里"[③]的地方。我们从文中先后所提到的地方行政建置（安定郡、朝那县和原州、平高县）和方位（东南）、里程（二十里），当然就很容易找到湫渊位于今固原市彭阳县与原州区交界地方，具体地点就是彭阳县古城镇甘海村的干海子（亦称东海子）。上古能有资格尊为龙的化身，当唯指伏羲。由于这层关系，伏羲的后世子孙才把湫渊视为"圣湖"，举行纪念活动。所以它才能列入国家帝王级的祭水之列。这么看来，中国龙——古圣王伏羲不仅以六盘山为故里，而且其出生地也可以说在六盘山东麓的湫渊（古朝那县，今彭阳县）。然而，湫渊在六盘山地区又不止一处，又应如何看待呢？我认为在原始农牧经济时代，古人要生存就得在本部落联盟所控制的地域范围之内定期迁移。从采集、狩猎或原始的"刀耕火种"生产方式看，在有固定水源的地方"安营扎寨"，相对定居下来的时间虽然不会太长，但毕竟也会有在一个地方住下来的必要，这几处"湫渊"是不是伏羲部落选择的几处临时定居点呢？即"龙之

[①][②][③] 司马迁撰，裴骃集解，司马贞索隐，张守节正义：《史记·封禅书》，中华书局，1959 年，第 1373 页。

所处"地点呢？因为这些"湫渊"都出现在六盘山脉固原市境内及周边地区，即六盘山大文化圈之内，这么说来，中国龙是从固原腾飞起来的也不算妄说吧？

其二，民间传说印证。在六盘山地区流传有葫芦河畔创世的故事。我国汉族和一些少数民族地区，民间流传着许多关于葫芦崇拜的古风遗俗，认为是葫芦繁衍了人类，所以把葫芦视为"灵物"，当作先祖的象征，这已成为不少民族一致认同的文化传统。实际上有关葫芦创世与伏羲、女娲创世，只不过是一脉相承的一个故事的两种版本而已。古文献资料中记载，伏羲姓风，又称瓠戏、庖戏，他与磐瓠（盘古）是同一时代的部落联盟首领，或是那个历史时代的一种人格化的杰出"人神"与标志性符号。闻一多、常任侠先生认为：按照古文字同声相假的原则，伏、风、瓠、葫与磐瓠（双声）等字词，都是声训相通的，属于同一音、词。说明这两种神话，同出于一源。换句话说，伏羲、女娲也就是葫芦的化身和人格化。①

六盘山地区自古以来就盛产葫芦，"雕刻葫芦"是这一带的民间传统工艺品，享誉国内外。无独有偶，在六盘山西麓的黄河水系中有一条名叫葫芦河的渭河支流穿越在"羲里娲乡"的大地中，潺潺的流水，千万年来一直在向人们唱颂着古老的华夏创世纪的史诗。这条享有华夏文明摇篮特殊地位的葫芦河，正是从六盘山脉北段，今固原市西吉县与中卫市海原县交界处的月亮山发源的，在西吉县境内流过近一百公里后，才又流入甘肃省静宁县，再经秦安县、天水市流入渭河，最终汇入黄河。

葫芦创世的故事是这样的情节：在远古一次特大洪水灾害前，好心的兄妹，事先受到天神的启示，躲进一个大葫芦而幸免于难。洪水过后，这两个幸存者为了不让人类灭绝，兄妹二人不得不结为夫妻，才繁衍了后代，挽救了世界。这个故事不仅与伏羲、女娲兄妹成婚育

---

① 刘锡诚、游琪主编：《葫芦与象征》，商务印书馆，2001年，第132—134页。

人的故事情节基本相同，而发生的地域也都在六盘山脉，这绝非偶然，而是从另一个侧面反映固原市，特别是作为葫芦河的发源地的西吉县、海原县一带也是华夏先祖们最早生活、劳动、繁衍过的地方。如果把位于泾源县境内的六盘山主峰美高山比作太阳（伏羲又称太昊、太皞，太阳神的意思）升起的地方，那么作为六盘山北段的月亮山就是月亮的家乡，南北两山如日月同辉，最早给华夏大地带来了文明之光，是中国祖龙的故里。太阳代表阳性，指男人，象征伏羲；月亮代表阴性，指女人，象征女娲，他们是六盘山的儿女。

综上所述，中华民族的根文化——龙文化，其总根在宁夏六盘山。换句话说，中国人引以为自豪的"龙的传人"也源于六盘山，所以毫不夸张地说，"宁夏小省区大文化"，龙文化是宁夏多彩文化的根。它也是中华民族的大文化之一，所以，宁夏的根文化与祖国的主流文化同根、同源。可见小省区却有大文化。

略谈宁夏地域文化

　　宁夏回族自治区是我国五个省级民族自治区之一。宁夏深处祖国的西北内陆，地处黄河中上游的黄土高原、蒙古高原和青藏高原的交汇地带，是腾格里沙漠、乌兰布和沙漠和毛乌素沙地包围中的一片绿洲。北部有贺兰山屏障，南部有六盘山雄峙，中华民族母亲河黄河横穿北部。在两山一河之间的宁夏平原、六盘山区和中部旱塬的广袤土地上，发现大批新、中、旧石器时代的文化遗存。同时，六盘山古称陇山，陇山即龙山的转音，亦即最早以龙为图腾的华夏人文始祖、"三皇五帝"之首的伏羲和女娲的大故里（六盘山大文化圈），可见小宁夏有大文化，她不仅是黄河文化和华夏根文化——龙文化的源头之一，也是多元一体中华民族大文化的主要发祥地之一。

一、宁夏地域文化的土壤是其一方水土

　　首先，所谓一方水土，是指地区的自然环境与区位，它是地域文化生成的土壤。人类社会缤纷复杂，但社会存在一般可归纳于经济、政治和文化三大领域之中。其中的文化，既与历史相伴，同时也是地理环境（自然）的产物。俗话说，"一方水土养育一方人"，正是这一方人创造了一方的文化——地域文化。我们的祖先对文化的理解，最早出现在被儒家尊为"群经之首"的《易经》之中。曰："观乎天文，以察时变；观乎人文，以化成天下。"[1] 深刻揭示了文化与天、地、人

---

[1] 吴树平等点校：《十三经·周易》，北京燕山出版社，1991年，第27页。

的密切关系。马克思主义唯物史观也认为，人类无一例外都要生活在一定的地理环境（天、地）之中，人类要生存就得进行生产劳动，而劳动的对象、生产的工具和创造的物质，统统与自然息息相关，即地理条件、自然环境，对人类生存与社会发展的制约性。因此一地的地理条件和自然环境，也就是产生一方区域文化的土壤。

宁夏虽然是一个小省区，但是具有鲜明的地理特点，是古黄河发育的重要地带，区内地势南高北低，平原、山地、丘陵、台地和沙漠等五种地貌形态俱全，从而决定了宁夏文化多样性的特色。总体上来看，宁夏全区又可划分为三个地理单元，即南部山地、黄土丘陵；北部引黄灌区、宁夏平原；中部干旱带台地、山间草原。南部黄土丘陵属黄土高原一部分，境内有号称为黄土高原绿岛的六盘山，这里创造了灿烂的龙文化与传统的畜牧文化；北部宁夏平原，由黄河冲积和贺兰山前冲（洪）积形成，是著名的"河套文化"和塞北江南农耕文化的黄金区，总称为黄河文化。黄河从今中卫市入境，流经中卫、中宁、青铜峡、吴忠、灵武、永宁、银川、贺兰、平罗、石嘴山 10 市县，流程397 公里，这里正是宁夏主流文化——黄河文化以及与之相联系的移民文化、屯垦农业文化的诞生地，自古就有"天下黄河富宁夏""黄河百害，唯富一套"的民谚，并被正史赞为"新秦中"和"塞北江南"。

其次，宁夏地域文化的形成，不仅源于自身的地理环境（自然），同时宁夏地域文化的个性特点，也孕育于宁夏的特殊区位。宋以前的历代中央王朝，往往都将京都定在三秦大地关中一带。宁夏南部六盘山地区，与京畿毗邻，史称"朔方"，境内有古太原城和萧关，是战国、秦汉时期中原王朝的北大门，当时的政治军事战略家们有一个共识，谓"得关中者得天下"。西汉开国功臣娄（刘）敬曾劝刘邦定都关中（亦称"秦中"），他认为关中"搤天下之亢而拊其背也"[1]。汉高祖接受了他的建议，使汉朝享祚 400 多年，成为中国历史上经济、文化繁荣

---

[1] 班固撰，颜师古注：《汉书·郦陆朱列叔孙传》，中华书局，1962 年，第 2120 页。

而强大的伟大王朝。所谓关中，是指秦朝国都所在地的八百里秦川大地，称为天府沃壤之区。在地理形胜方面，东有函谷关，南有武关，西有散关，北有萧关，秦川大地居四关之中，故称之为"关中"。其中萧关在北，是防御北方劲敌匈奴的战略要冲，应列四关之首，所以是当时京都的北门锁钥。而萧关以外宁夏北部，更是孤悬塞外，"左黄河，右贺兰，山川形胜，鱼盐水利，在在有之。人生其间，豪杰挺出，后先相望者济济。……诚今昔胜概之地"①，北国一巨防也。这种特殊的战略区位，正是历代无数英雄建功立业、报效国家的场所，因此宁夏的边塞文化和军旅文化当然就应运而生。

二、宁夏地域文化的载体是其悠久的历史

文化属于上层建筑的范畴，在表现形式上，既是精神的，同时又是物质的，诸如物质文化产品、精神文化产品和非物质文化产品。马克思主义认为，历史是人民群众创造的，一切社会产品也都是人民创造的，只有人民才是历史的主人，作为历史产物的文化，当然也是人民群众创造的。把人民群众创造历史的发展过程（包括生产、科技、军事、文化和生活等，即自然史、社会史和文化史等）记录下来并加以阐释，就是历史。可见，文化与历史是相伴而生的，而且作为精神产品的文化，往往附着于历史之中，即历史是文化的载体。文化既然脱离不了历史，反过来说，一定的历史也就影响了一定的文化，那么地方史影响着区域文化也就显而易见了。

宁夏地区的历史悠久，早在三四万年以前的旧石器时代中晚期，古人类就曾在今贺兰山下、黄河之滨，直到六盘山麓的这片热土上劳动、生息、繁衍。今灵武市水洞沟、青铜峡市鸽子山和彭阳县岭儿、刘河等处发现的旧石器、中石器文化遗址、遗物以及海原县菜园子、隆德县页河子等处发现的大批新石器文化遗存就是证明。其中以水洞沟旧

---

① 王珣：《宁夏新志·序》，见吴忠礼主编：《宁夏历代方志萃编》（影印本）第二函《弘治宁夏新志·王珣序》，天津古籍出版社，1988年。

石器文化遗址为代表，水洞沟是"宁夏人"最早生活、劳动、繁衍的第一家园，水洞沟文化自然成为宁夏区域文化的源头和第一道光芒。

另外，对于有关六盘山大文化圈内的文字史料和考古发掘的实物印证以及民间许多创世传说，进行综合辩证分析研究，同样不难发现，今六盘山及周边地区应该是中国祖龙——最早以龙为图腾的部落首领、华夏人文共同始祖伏羲、女娲等古圣贤们的生活范围和大故里。因此，进一步证明，宁夏甚至可以说是多元一体中华文明的摇篮与主要源头地区。也就是说宁夏的文明史与文化，是从南部六盘山地区的固原市拉开序幕的。

夏、商、周三代，包括宁夏在内的西北地区大部，应该是北方众多游牧部落的天然牧场和活动大舞台，率先对塞上和宁夏进行初步开发。这些游牧部落，在不同的历史时期，又划分为不同的部落，并享有不同的称呼，夏代称荤粥，殷商称鬼方，西周又有猃狁、氏、羌、狄、昆夷等不同的名称。春秋战国间，多以戎、犬戎（西戎）、翟戎和匈奴、胡呼之。到春秋战国后期，北方各游牧民族部落为了集中力量对付中原日趋统一的诸侯大国，也开始形成一些大的部落联盟，其中以与宁夏毗邻的匈奴汗国最为强大。当时宁夏境内，还被一些戎族部落占领着，他们互不统属，择地分建了许多小的城邦方国，其中在今宁夏南部有乌氏戎国、义渠戎国，在北部有胸衍戎国等。大约到战国秦昭襄王三十五年（前272年）时，秦国灭西北诸戎方国，在原戎地分设陇西、北地、上郡，并"筑长城以距胡"[①]。其中北地郡的治所在六盘山之东，今与固原市相邻的甘肃庆阳市宁县，今宁夏南部的乌氏戎国改设乌氏县，北部的胸衍戎国改设胸衍县，均为北地郡的属县，宁夏地区进入中原秦国的版图，当始于公元前272年。从此以后，宁夏地区正式成为中央政府的管辖范围，既与中原王朝同步前进，又形成了具有自身特色的历史和地域文化。

---

① 班固撰，颜师古注：《汉书·匈奴传》，中华书局，1962年，第3747页。

三、宁夏地域文化的层次和类型

（一）宁夏的根文化——龙文化

中国人都以"龙的传人"而自豪。龙是伟大中华民族的象征和灵魂。龙文化代表着自强不息、不畏艰难、勇于拼搏、奋发图强的精神。她有神圣的号召力、巨大的创造力和极强的凝聚力，永远召唤着中华儿女、炎黄子孙，团结奋斗，振兴中华。龙文化应当是中华多元一体文化的源头之一，甚至可以说是主要源头。那么，人文意义上的龙在哪里？龙是什么呢？今六盘山古称陇山。陇山，就是龙山的转音，说明六盘山是"龙的传人"始祖的故乡。龙，原并非谓人，而是指以"龙"为图腾（族徽）的一个部落或具有一定生产力发展阶段的历史符号。后来历史和部落被渐渐人格化，于是"龙"就是对一个圣者和伟大的部落首领的称呼，并且又被不断加以神格化，于是这个具备人龙与神龙双重身份的人、圣人、神人就是特指伏羲（包括女娲）。从古史传说中我们得知，大约在新石器时代，最早以龙（原形为蛇）作为图腾标志的正是以伏羲和女娲为首领的部落联盟。在联盟之前，伏羲与女娲分别是两个有着长期通婚友好关系的双胞血缘集团的男、女酋长，并均以蛇为图腾。后来又有许多部落加入联盟，需在蛇图腾的身上添加新入部落原有图腾的主要特征，于是经过不断地"画蛇添足"后，蛇就演化为不伦不类而且威力无比的神物——"龙"了。又据古史传说，伏羲和女娲都是华胥的子女，所以"龙的子孙"，也往往自称为"华人"。传说华胥曾沐浴于雷泽（圣湖），看到湖边一块大石头上有一个很大的脚印，她好奇地上去踏了一下，于是怀孕十二年之久而生下了伏羲。这个名叫雷泽的高山湖泊应是人文意义上第一龙乡。《山海经》云："雷泽中有雷神，龙身而人头。"[①] 所以伏羲应是雷神（龙）与圣母华胥的儿子，即龙子（圣子）。传说中的雷泽又在何处呢？学术界与民间有着不同的看法和解释，但汉代大史学家司马迁在《史记·封禅书》中指出，

---

① 袁珂校注：《山海经校注》卷八，上海古籍出版社，1980年，第329页。

帝王祭祀全国的名山大川，其中四大名川（水）有黄河、沔水（汉水）、岷江（长江上游）和湫渊，并记曰："湫渊，祠朝那"①，即祭祀湫渊的祠殿建在朝那。为什么一个偏远荒凉的高山湖泊，能与全国著名的黄河、长江、汉水等并列为"四大名川"呢？唐朝史学家司马贞初步回答了这个问题。他在《史记索隐》中说，所谓湫渊"即龙之所处也"②。民族学家们也认为，"朝那湫渊"就是"龙池""龙渊"和"龙山"的意思。因为"朝那"是古羌语的遗音。"朝"，发音"朱"，民族语意为"龙"；"那"，发音为"挪"，语意为"山"，则"朝那湫渊"应理解为"龙山之上的龙渊（池、湖）"③。这不就是《山海经》所说的"雷神"（龙）的家吗？也不就是指圣母华胥孕圣子伏羲的圣水吗？湫渊在何处？南朝宋史学家裴骃在《史记集解》里说："湫渊在安定朝那县"④。唐朝另一位史学家张守节也在《史记正义》中引用《括地志》说："朝那湫祠在原州平高县东南二十里。"⑤即今固原原州区境内。明清以来，各种地方志书的记录，更是屡见不鲜。2007年11月，在东海子湖畔发现一块石碑残片，阴刻有"□那之湫"等文字，当是"朝那湫渊"的最新物证。以上考证，确定了测定湫渊坐标原点应为安定郡、原州、平高县，即今宁夏固原市原州区，然后再按《史记正义》所指明的"东南"方位和"二十里"的距离去寻找，就易如反掌了，很方便发现今固原东南方向，固原与彭阳之间十公里左右地方的"东海子"就是古湫渊。其东侧不远处还有汉代古城遗址一座，专家已考证定为秦汉间朝那县城故址，现在是彭阳县古城镇驻地。真正的湫渊找到了，中华祖龙的家乡也可以定位了，那就是宁夏固原与彭阳之间的高山湖泊东海子——朝那湫渊。

当然，关于六盘山地区是人祖伏羲和女娲的故里，是中国祖龙诞生的地方的传说，还有六盘山西麓甘肃秦安县大地湾考古发现的实物

---

① ② ④ ⑤ 司马迁撰，裴骃集解，司马贞索隐，张守节正义：《史记·封禅书》，中华书局，1959年，第1373页。

③ 参见薛方昱：《陇山源名考》，载《敦煌学辑刊》1993年第1期，第43—44页。

支持和发源于六盘山脉北段宁夏西吉县月亮山葫芦河流域关于女娲"抟土造人"的丰富神话传说与民间故事作为印证。传说虽然不能作为信史，但传说也是古人在文字没有发明以前，通过口耳传承本部落历史的一种方式，今人称为"口碑史"，如果脱去它神话的外衣，里面确实包含着许多古史的珍贵元素和信息，我们不应当轻否、轻信，而要用科学的方法加以研究。正如马克思所说，神话是"用一种不自觉的艺术方式加工过的自然和社会形式本身"[①]。换句话，神话从某种意义上来说，也是人类反映历史存在的一种表达方式。这说明宁夏区域文化的根就扎在六盘山龙文化的土壤之中，与中华民族多元一体的大文化同源、同根，骨肉相连，不可分离。

（二）宁夏的干文化——塞北江南黄河文化

黄河是中华民族的母亲河，宁夏又是古黄河产生的母段之一。早先呼河、河水、大河等名。秦始皇称其为"德水"[②]，"黄河"之名大约在汉代才开始使用。此前，黄河每个段落各自有名，宁夏段黄河曾呼"北河""河上"和"西河"[③]等名。宁夏的历史与文化离不开黄河。从地理角度来看，宁夏大地基本上可划分为南、北两个大的地理单元：南部为黄土高原丘陵区，属于黄河中游；北部为宁夏平原，属于黄河上游。黄河穿行其间，全长397公里。正是黄河之水滋润了宁夏大地，犹如母亲的乳汁哺育了宁夏人。宁夏南北的历史清晰显示，以游牧生产方式为主的少数民族，在建设宁夏中首开头功，而以农耕生产方式为主的汉民族，则后来居上，建立大功。正是草原文化与农业文化在宁夏不断交流、碰撞，最终渐渐融合为一种二元化一的具有宁夏区域特色的干文化——宁夏塞北江南黄河文化。所以宁夏黄河文化是农业文

---

① 马克思：《政治经济学批判导言》，人民出版社，1955年，第160页。

② 司马迁撰，裴骃集解，司马贞索隐，张守节正义：《史记·六国年表》，中华书局，1959年，第757页。

③ 司马迁撰，裴骃集解，司马贞索隐，张守节正义：《史记·秦本纪》，中华书局，1959年，第207页。

化与草原文化的结合体和升华。宁夏黄河文化植根于"龙文化"之中，她与中华民族大文化的多元一体性一样，也与龙文化共根同脉，血肉相连，不可分离。

（三）宁夏的枝文化——移民文化、回族文化、丝路文化、军旅文化和西夏文化等

文化，作为人类在社会发展过程中所创造的物质财富和精神财富的总和，决定了它的内涵是丰富的，外延是广阔的，表现形式必然是多样的。而作为地域文化，顾名思义，就是指某一地方的文化。它是在一方之山水和历史的基础上产生。区域地理的复杂性和地方历史的厚重性，也就相应产生了一个特定区域文化的多元化特点。宁夏地域文化绚丽多姿，丰富多彩，一般来说可以大致归纳为移民文化、回族文化、军旅文化、丝路文化和西夏党项人遗存文化等五个分支。

1. 宁夏的移民文化

宁夏地区的自然条件优越，区位扼要，历来是中原政权的北国巨防，关中（京畿）的藩篱，国都的门户。因此，秦汉以后，一直是中央王朝的主要移民安置区，实行兵民结合开发、守卫边疆，以保证国家的安全。

宁夏地区有文字可考的移民历史始于秦朝，时间大约是秦始皇三十二年（前215年），秦将蒙恬率三十万大军，北击匈奴，占领"河南地"（即今包括宁夏在内的大河套地区），就地屯戍。这次首批移民，既有以"山东"籍为主的军队，也有以原齐鲁和中原等地的民众。因为秦朝短命，这次移民开发为时较短，历时不超过十年，就因秦始皇驾崩，中原大乱，移民逃散，匈奴南返而告结束，农耕文化在"河南地"只是昙花一现。

西汉代秦，中原重新走上统一。为了对付北方匈奴人的威胁，汉廷重新向"河南地"移民。这次移民规模大、时间长、政策优、成绩显。移民主要来自"关东"。西汉从文帝开始向河套移民，到武帝时形成高潮，其中大的移民行动为七次，总计百余万人，分配到宁夏的移民占总数的三分之一左右，约三十万之多。因为人口大量迁入，所以西

汉时期，仅北部引黄灌区的县制就从秦代的一个富平县，新增了灵武、灵州、廉和眴卷等四县。并且在黄河两岸出现了一个沿黄城镇群。因县级政权的增多，又于元鼎三年（前114年），将原北地郡一分为二，析置为北地、安定二郡，宁夏南北地区各县分属二新郡管理。还在宁夏河西灌区的上河城设立农都尉，专门负责管理屯田。从此，农耕文化在宁夏扎下了根，并于历朝历代都有新的发展。如南北朝期间，北魏和北周都曾先后从东部沿海和江南地区迁入数万人到怀远和灵州屯垦，使江南先进的农业文化在宁夏大规模传播。正如宋人乐史所著《太平寰宇记》曰："（灵州）本杂羌戎之俗。后周宣政二年破陈将吴明彻，迁其人于灵州，其江左之人崇礼好学。习俗相化，因谓之'塞北江南'。"[①]进入盛唐时代，宁夏是朔方军节度使驻地，又是北方主要营田区，驻军和营田民有十数万之众。境内还有"六胡州"，安置各少数民族归降部众，农业文化与草原文化都非常繁荣。唐中期以后，国运下降，加之宋朝又改在东部汴梁（今河南开封）建都，全国的政治、经济、文化中心都向东南地区转移了，宁夏在国家的战略地位相应下降，盛唐时代高度繁荣的汉文化地位亦日渐衰落，代之而起是少数民族文化的上升。如宋代，党项部在宁夏建立一个地方割据政权，党项人曾创造了党项文化。元末明初诞生了回族，回族文化在宁夏迅速传播。清代又有满洲八旗军驻防，东北的满族人第一次踏上宁夏的土地，满族文化成为一种新元素。新移民带进了新文化，至此，宁夏地区以黄河文化为主要特色的多元文化基本定型。

2. 回族文化

中国的回族是在特定的历史条件下，逐渐融合而形成的中华民族大家庭中的新成员。回族是在中国土地上产生和成长起来的民族，中国回族文化包含了融入回族之中的各民族文化，和中国历史与社会息息关联，是中华文明的一个组成部分。

---

① 乐史著，王文楚校：《太平寰宇记·关西道十二·灵州》，中华书局，2007年。

宁夏是中国回族诞生地之一，又是回族人民聚居的主要区域，因此回族文化根深叶茂，内容丰富多彩。

3. 军旅文化

军旅文化，与军事和战争有关，包括一切与战争直接、间接有关的事物，即涉及政治、经济、科学和文化等各个领域。如长城和长城文化，烽燧、关隘、堡寨与边塞文化，军事理论的军事学、军事运筹学和兵法文化，反映战争的军事文学和边塞、军旅诗词等，还有军事史、战争史和某军种、某部队的军史等，都可以称之为军事文化或军旅文化。

宁夏军旅文化的内容之所以非常丰富，这是由宁夏的自然地理特征和特殊的区位所决定的。宁夏地处黄河中上游，北部为黄河和贺兰山冲（洪）积平原，宜农；南部为黄土高原、六盘山阴湿丘陵，宜牧；还有交通方便和鱼盐之利，宜商，号称富庶的"新秦中"。宋代以前，中央王朝的京都设在关中一带，宁夏毗邻京畿，是京城的北大门、中原的藩篱、国家的北方巨防。而且宁夏地区自身的战略形胜非常扼要，北有贺兰山屏障，南有六盘山崎立，中有黄河天堑，三面又被旱海（腾格里沙漠、乌兰布和沙漠和毛乌素沙地）所围，其地为塞上绿洲，沃野千里，开发早，农牧业生产水平高，是屯田、养兵，战可攻、退易守的理想之地。因此，宁夏地区必然是诞生丰富的军旅文化、军事文化的沃土。

宁夏地区历代以来涌现出军旅内容的诗文作品蔚为大观，诸如周代《诗经》、汉代的乐府诗和唐人的边塞诗，以及有明一代甚至在宁夏还出现了一个人数众多的"流寓诗派"，他们结成"塞上诗坛"，写出了许多反映宁夏包括军事文化在内的社会各个方面的优秀作品。

4. 丝路文化

丝绸之路，是指古代以中国京都为始发地，向西至中亚、西亚、非洲、欧洲一带，以丝绸为主要商品的商贸交通运输线路的总称。"丝绸之路"这一概念，是19世纪德国地理学家李希霍芬最初使用并受到广泛认可。实际上，所谓"丝路"，并不是只做丝绸交易的运输道路，广义上也是古代东方与西方之间经济与文化交流的代名词。因为它既是一条经济之路，也是一条文化之路，中西文化通过丝路进行交流、聚汇和融合，并在丝路沿线出现许多亚欧文化的遗迹，从而进一步产生了各种具有中西文化相互渗透现象的地域特色文化新表现。

陆地丝路之开凿始于西汉，起点就是长安（今陕西西安），走向必然是沿渭水、泾水向西北达六盘山重镇固原，可见长安至固原是丝路的总干线。由六盘山（以固原为标志）开始，支分为三，南支为主线，由渭水河谷转千河河谷，至六盘山，越山抵陇西（甘肃张家川），再沿祖厉河谷渡黄河至河西走廊（或由兰州渡黄河至武威）；中支从六盘山东麓改沿清水河谷北上至灵州（今宁夏吴忠境内）；另支由泾水河谷转马莲河谷，至北地郡（今甘肃庆阳境内），再改环江北上抵达灵州。最后在灵州会合，再渡黄河，至河西走廊出关西进，是为辅线。一般在正常情况下，丝路正途是以南线为主。但是河西与西番毗邻，当遇到时局不靖之秋，南线首先受阻，则中、北二支即担当主线任务，这时长安至灵州两线就上升为干线了。从灵州西进，又可分左右两道，左道灵州渡黄河，溯河沿腾格里沙漠边缘西进，抵河西；右道亦从灵州渡河，再翻越贺兰山，绕过河西，与北方草原道汇合直抵西域。

显然，宁夏的固原是丝路总干线（主线）上的一处结点，而灵州又是支线（辅线）上的结点。可见无论形势治乱，对于丝路产生什么影响，宁夏大地都是丝路的必经之途和全天候要道。所以，宁夏作为丝路上的要冲之地，既是中外政治交往的枢纽，又是军事冲突的要地，同样也是文化交融的场所。丝路给宁夏留下来许多丰富多彩的文化遗产就是最好的证明。

5. 西夏文化

西夏是北宋间，由党项奴隶主贵族集团的首领元昊建立的一个分裂割据地方政权。所以西夏是党项奴隶主集团的代名词，而西夏文化则是反映上层奴隶主贵族意志的精神产物，它必然具有好战性、分裂性、叛逆性、倒退性，因此它不能代表党项人民精神世界的主流与本质，并必然是短命的。西夏贵族统治下的主体民族是党项族人民，他们在劳动、生活，甚至战争中以及与汉民族的友好交往中，所创造的精神产品，可称之为党项文化。它是一朵民族之花，熠熠生辉，丰富了中华民族大文化的内容。

文化，是人类社会历史实践过程中所创造的物质财富和精神财富的总和，它是一种社会现象，即反映社会发展的一定历史阶段中技术进步、生产经验和人们的劳动技能层面，诸如教育、科学、文学、艺术以及与之相适应的机构方面所达到的水平。从狭隘的意义来讲，这里所谓的文化，也就是在历史上一定的物质资料生产方式的基础上所产生和发展的社会精神生活形式的总和，其前提承认存在决定意识，物质决定精神生产，生产力方式发展的规律乃是精神文化发展的基础。在这种基本理论指导下来探索宁夏的地域文化和它的特征，它应是从宁夏一方山水中生根的，是伴随着宁夏历史发展的，是生活在宁夏土地上的各族劳动人民创造的，因此区域地理与地方历史决定了宁夏的地域文化必然具有自己鲜明的个性和基本特征——历史传承的悠久性、区域分布的差异性、创造主体的多元性、发展传承的互补性等。

"七彩"宁夏

——宁夏历史文化七大亮点述略

宁夏的历史非常悠久，曾经创造过许多辉煌，不仅是黄河文化的源头，甚至是华夏共始祖伏羲（女娲）的大故里和中华祖龙升腾的圣地，堪称多元一体的中华民族大文化的发祥地之一，其历史文化熠熠生辉，亮点凡七，可谓"七彩"的宁夏历史文化。

一、石器历史时代文化光彩

人类历史的第一个社会形态，为原始公社制度，它延续了二三百万年之久，基本上属于石器时代，经历过原始群、氏族社会，直至新石器晚期原始公社制度逐渐解体，进入奴隶制时代。民族人类学家们把人类社会划分为蒙昧时代、野蛮时代、文明时代三个大阶段。蒙昧时代，相当于考古学上的旧石器和中石器时代，经济活动以采集经济和渔猎经济为主；野蛮时代，相当于新石器时代至金属器时代初期，经济活动方面已出现了原始畜牧业和原始农业；文明时代，以文字的发明和使用为起点，大体进入到阶级社会，即奴隶社会。

宁夏石器时代的历史文化有两大特点：

第一，分布广、种类多。所谓分布广，即从贺兰山到六盘山，从黄河两岸到中部黄土丘陵至南部山区，到处都有石器文化遗址发现，总计有六百多处。所谓种类多，即旧石器、中石器、新石器等不同历史时期的石器文化遗存均有发现，其中旧石器以北部的灵武水洞沟和南部的彭阳岭儿、刘河两大遗址为代表；中石器（细石器）以北部的青铜峡鸽子山遗址为代表；新石器遗址在自治区境内各地星罗棋布，仅固原市境内就散布有四百多处，其中以海原的菜园子遗址为代表。

第二，意义深、学术地位高。水洞沟旧石器文化遗址是西方人于1923年初次发现的，经研究为距今三四万年的旧石器晚期。它的发现比北京周口店中国猿人旧石器遗址要早（周口店的发现和首次发掘是1933—1934年）；水洞沟的部分石制品同西方的"莫斯特文化""奥瑞纳文化"有惊人的相似处，据此推断，可能远古时期就存在一条欧洲人东来的中西交通"黄土之路"，并且结束了长期以来外国学者认为中国没有旧石器文化的论断。所以水洞沟遗址是我国最早发现、发掘和进行系统研究的旧石器时代晚期文化遗址，在国际学术界，尤其在东、西方旧石器文化对比研究中占有重要学术地位，也是我国旧石器时代晚期最具代表性的遗址之一。它被列为全国重点文物保护单位，当之无愧被称为"水洞沟文化"（原称河套文化）。

同时，宁夏全境广泛分布众多的新石器文化遗存，其中海原菜园子村新石器遗址表现就很不一般，它所处的时代晚于马家窑文化"石岭下"类型，早于齐家文化，可能是陕甘宁交界地区齐家文化的源头，因此具备新的考古学文化特征——一种新的文化类型——菜园文化，从而解决了长期以来考古界对齐家文化渊源的争论。它也当之无愧被列入全国重点文物保护单位。

二、创世时代六盘山文化的至高无上地位

六盘山，古称陇山。陇山，是龙山的转音，即"龙的传人"老祖先——中华祖龙的故乡。那么，六盘山文化也可以称为陇山文化。大陇山文化圈大体上包括六盘山脉及其周边的地区，史书谓其西部为"陇右"，东部为"陇东"，合称"三陇大地"，即指今宁夏南部各市县、甘肃省东部和陕西省西部的部分市县。

在中国的古史传说中和许多民族的古老记忆里，很多承认本民族

的"人文始祖"是伏羲和女娲。据神话传说，人类是由女娲创造的，或是由伏羲、女娲兄妹婚配而繁衍下来的。所谓神话传说，虽然不能算作信史，但应该是在文字发明以前，各民族以口传方式承传本民族本部落历史文化的一种方式。在神话传说里的英雄人物，也许是对于一个时代历史文化的人格化，之后又在这些人格化了的"圣人"的身上，逐步增加许多神秘的外衣和光环而再一次被神格化，所以才被称之为神话传说。马克思曾说过，神话是"用一种不自觉的艺术方式加工过的自然和社会形式本身"。换句话说，神话也是人类反映历史存在的一种表达形式。但是如果我们脱去其神话的外衣，就可以发现古史的许多信息元素，是非常珍贵的，不应该笼统而弃之。传说中的伏羲、女娲是亲兄妹，所谓"兄妹"，大约是已改变了"男女杂游，不媒不聘"的乱婚制，实行两个不同血缘集团之间的婚姻关系。他们恰巧都以蛇为部落图腾，这两个大的集团组成为部落联盟，并日益强大起来，又不断有新的成员加入进来。因为各个部落都有自己的图腾信仰，所以就在联盟主部落原蛇图腾的身上，把新成员图腾的标志之一部分加到蛇的身上，在不断"画蛇添足"以后，就出现一个以蛇的形体为主要风格特征的抽象形态——龙。我国许多民族既然认为自己是伏羲、女娲后裔，当然大家也都是"龙的传人"了。同时，作为中国的祖龙、第一龙的伏羲和女娲，又是华胥的儿女，所以中国人又自称是"华人"——华胥的子孙。这种传说，也可以说是先人口传历史的一种"诗史"性的创世文化。它具有神圣的民族共同属性和强大的凝聚力，是中华民族重大的历史命题，值得认真研究，而不能轻信与轻否。

那么，作为中国"人文始祖"的伏羲和女娲的老家（发祥地）在哪里呢？学界一般认为，伏羲女娲所生活的时代大约是在新石器时期，当时是处在采集、游猎和原始农业的初级阶段，人们为了生计，需要长年不断大范围流动，才能获取最低的生活保障，所以我们不能按照定居农业时期的社会生产与生活方式来寻找他们的故里，而要在一个大范围内讨论。学术界和民间对于"羲里娲乡"有不同的看法：一种是古陈地（今河南淮阳）说，另一种是古成纪（今甘肃天水一带）说。我认为前者是伏羲部落东迁后，在黄河中下游建国定都的地方，或者是伏羲族系后人在那里建国定都后，为了追念祖先而给伏羲修建了太昊（即太皞、伏羲氏）陵，故称"羲皇故都"。朱镕基同志1997年6月27日在河南考察时，在给太昊陵题词时，写了"羲皇故都"四个字，所表达的可能就是这层意思。古成纪，"就是今秦安县"，"作为伏羲、女娲出生的成纪"，"为羲皇故里"，"是伏羲女娲的故乡"。①后至西汉，又在今甘肃静宁县境内设立成纪县，唐朝移治于秦安县境内，北宋间再移治今天水市。但不论是古成纪也好，新成纪也罢，都仍然在陇山之侧的陇右地区，没有离开过六盘山文化圈的范围，这一点非常重要。

当然神化传说虽然能折射出古史的影子，但仅凭传说也有"捕风捉影"之嫌，还要通过历史文献、考古发掘和实地考察，包括民间传说来进行相互印证，综合辨证分析以求得到一个科学的结论。

第一，古史文献记载。把以伏羲为首的"三皇五帝"作为中国历史的开端。最早提及三皇的史籍是《吕氏春秋·贵公》等篇，各史说法也不尽一致，但是比较一致认为伏羲是推动一个时代文明群体的代表人物，或确有其人。这个部族和他们的领袖人物所活动的地域在今六盘山脉一带。而祖龙伏羲出生的具体地方在哪里呢？司马迁在《史记·封禅书》中写道："水曰河，祠临晋；沔，祠汉中；湫渊，祠朝那；江水，祠蜀。"在《史记》的《索隐》中还附录唐朝大史学家司马贞给湫渊作的注释。他认为所谓湫渊，"即龙之所处也。"俗语道："水不在深，有龙则灵。"这个位居偏远荒山之中的小小高山湖泊的湫渊之所以能与黄河、长江、汉水一同并列为中央政权帝王级的祭祀点，就是因为这里是"龙之所处"的圣地。这个"灵水"、圣湖在什么地方？在《史记》的《集解》中附录了南朝宋史学家裴骃的注释，确认

---

① 秦安县志编纂委员会：《秦安县志·概述》，甘肃人民出版社，2001年。

"湫渊在安定朝那县";同时《史记》又在《正义》中附录了唐朝另一位史学家张守节的注释,进一步确指"朝那湫渊祠在原州平高县东南二十里"的地方。我们从以上所提到地方行政建置(安定郡、朝那县、原州、平高县)和方位(东南)、里程(二十里)来推测,当然就很容易找到湫渊位于今固原市彭阳县与原州区交界地方,具体地点就是彭阳县古城镇甘海村的干海子(亦称东海子)。再者,上古能有资格尊为龙的化身,当首推伏羲,这是古今文献所公认的。由于这层关系,伏羲的后世子孙们才把湫渊视为"圣地",建祠举行纪念活动。然而湫渊在六盘山地区不止一处,又应如何看待呢?我认为在原始农牧经济时代,古人要生存就得在本部落联盟所控制的地域范围之内定期迁移。从采集、狩猎或原始的"刀耕火种"生产方式看,在有固定水源的地方"安营扎寨",相对定居下来的时间虽然不会太长,但毕竟也会有在一个地方住下来的必要,这几处"湫渊"是不是伏羲部落选择的几处临时定居点呢?即"龙之所处"地点呢?这些"湫渊"多出现在六盘山脉固原市境内及周边地区,说明固原不仅是伏羲部落大故里的范围,甚至是他出生的地点,这么说来,中国龙是从固原腾飞起来的也不算妄说吧?

第二,考古支持。大地湾考古发掘,对伏羲故里在陇山又是一个有力的支持。位于六盘山西麓的秦安县五营镇邵店村大地湾古人类文化遗址的发现,把五千年的中国历史向前推进到八千年,证明五千至八千多年前,有一支先民已在这里创造了辉煌的文明。它早于仰韶、庙底沟和半坡村文化时代,而且前后又有类型上的相似性,这可能就是活动于陇山地区伏羲时代的文化遗存。

第三,民间传说印证。在我国汉族和一些少数民族地区,民间流传着许多关于葫芦崇拜的古风遗俗,认为是葫芦繁衍了人类,所以把葫芦视为"灵物",甚至于当作先祖的象征。实际上有关葫芦创世与伏羲、女娲创世,只不过是一脉相承的一个故事的两种版本而已。古文献资料中记载,伏羲姓风,又称瓠戏、匏戏,他与磐瓠(盘古)是同一时代的部落联盟首领，或是那个时代的一种人格化的杰出"人神"与标志性符号。闻一多、常任侠先生认为：按照古文字同声相假的原则，伏、风、瓠、葫与磐瓠（双声）等字词，都是声训相通的，属于同一音、词。"两种神话，盖同出于一源也。"换句话说，伏羲、女娲也就是葫芦的化身和人格化。

六盘山地区自古以来就盛产葫芦，在六盘山西麓的黄河水系中还有一条名叫葫芦河的渭河支流穿越在"羲里娲乡"的大地中，潺潺的流水，千万年来一直在向人们唱颂着古老的华夏创世纪的史诗。这条享有华夏文明摇篮特殊地位的葫芦河，正是从六盘山脉北段、固原市西吉县与中卫市海原县交界处的月亮山流出的，在西吉县境内流过近一百公里后，才又流入甘肃省静宁县，再经秦安县、天水市流入渭河，最终汇入黄河。

葫芦创世的故事是这样的情节：在远古一次大洪水的灾害发生之前，一对好心的兄妹，事先受到天神的启示，躲进一个大葫芦而幸免于难。洪水过后，这两个幸存者为了不让人类灭绝，兄妹二人不得不结为夫妻，才繁衍了后代，挽救了世界。这个故事不仅与伏羲、女娲兄妹成婚育人的故事情节基本相同，发生的地域也都在六盘山脉，这绝非偶然，而是从另一个侧面反映固原市，特别是作为葫芦河的发源地的西吉县、海原县一带也是华夏先祖们最早生活、劳动、繁衍过的地方。如果把位于泾源县境内的六盘山主峰比作太阳（伏羲又称太昊、太皞，太阳神的意思）升起的地方，那么作为六盘山北段的月亮山就是月亮的家乡，南北两山如日月同辉，最早给华夏大地带来了文明之光，是中国祖龙的故里。太阳代表阳性，指男人，象征伏羲，月亮代表阴性，指女人，象征女娲，他们是六盘山的儿女。

三、凿刻在岩石上的史书——贺兰山岩画

岩画是古人类留下的天书和石耕图，是先民对于生产和生活的形象化记录，也可以说是先民们凿刻在石头上的史书。宁夏的岩画分布

面积广，呈大分散小集中的特点，它包括贺兰山岩画、中卫北山大麦地岩画和河东荒漠草原岩画三大类。因为在贺兰山东麓山谷岩壁和山前洪积扇台地发现的岩画最早、最多，也比较集中，内容丰富多彩，所以非专业人员一般就把宁夏岩画笼统称之为"贺兰山岩画"。据初步调查，宁夏岩画的分布地有40多处，计有岩画近4万幅，现已收集记录岩画资料2万余幅，其中仅贺兰山贺兰口的沟内外就分布着2318组、5679幅岩画。

贺兰山岩画的出现，是由贺兰山的自然生态、地理环境和历史人文等诸多条件所决定的。贺兰山山脉所处的地区，当第四纪冰川消退之后，直至石器时代到夏、商、周和秦汉时期，古气候环境总体上仍以温和湿润为主，此时的贺兰山，山上森林茂盛，山外有大片的乔灌木和辽阔的草原。黄河从贺兰山东麓洪积扇与鄂尔多斯台地之间穿流，加上河道的左右迁徙，又形成一连串的湖泊、沼泽和湿地，水生、陆生动植物种类繁多，给古人类生存创造了条件。在贺兰山东麓与黄河岸边所发现的水洞沟、鸽子山和暖泉等处新、旧石器文化遗址就是一个证明。

贺兰山亘古以来就是北方众多游牧民族心目中的圣山。据史载，从先秦到秦汉以后，大约有荤粥、鬼方、猃狁、戎、匈奴、突厥、吐谷浑、吐蕃、鲜卑、党项和蒙古等氏族和部落的游牧民族都在这里生活过，贺兰山岩画与这些民族的游猎、日常生活和历史文化必然有着密切的联系，应该是他们真实生活的写照和原始艺术的杰作。

宁夏首府银川市对于岩画的研究、保护和开发非常重视，于1991年10月首次在银川召开"91国际岩画委员会年会暨宁夏国际岩画研讨会"。宁夏研究人员还出版了《贺兰山岩画拓片》《中卫岩画》《贺兰山岩画》《贺兰山与北山岩画》《贺兰山岩画拓本萃编》等多部专著和拓本。2002年6月，银川市成立贺兰山岩画管理处，加强对岩画的管护工作。2003年，银川市人大发布了《银川市贺兰山岩画保护条例》，这是我国第一部关于岩画保护的地方性法规。2004年，筹建"世界岩画艺术博物馆"。在科研方面，完成了岩画岩体保护及防风化处理的难题，在全国具有开创性，为岩画保护开辟了一条正确的道路。

贺兰山贺兰口岩画区，1996年被国务院公布为第四批全国重点文物保护单位。1997年，又被联合国教科文组织国际岩画委员会列入非正式世界文化遗产名录。2004年，贺兰山贺兰口岩画正式启动申报世界文化遗产工作。2005年，又把贺兰山岩画与西夏陵遗址一起"捆绑打包"，整体申遗。2006年，"宁夏贺兰山—西夏陵风景名胜区"已被建设部列入首批《中国国家自然与文化双遗产预备名录》之中。现在贺兰山贺兰口岩画区已成为宁夏的重要人文和风景名胜旅游景点，吸引大批中外观光游客。

四、悠久的文明历史——最早记录宁夏历史的文字

首先，中国国学、儒学经典，第一部诗歌总集《诗经》中存有关于宁夏历史最早的文字记录。如《小雅·出车》一首，是记载周宣王时，大将南仲讨伐猃狁戎凯旋的一首民间诗。诗句有"王命南仲，往城于方……天子命我，城彼朔方。"诗中的"往城于方"和"城彼朔方"以及最后一句"猃狁于襄"。显然诗句所谓"方"，就是"朔方"。朔方本来没有确指地名的含义，只是泛指北方。如《尚书·尧典》曰："申命和叔，宅朔方。"然而这里的"朔方"则是指广义的北方。问题是站在什么位置上（轴心）看所指的北方？诗中的"方""朔方"即北方，应该是周朝国都的北方。西周时期，国都先后在"岐丰之地"（今陕西省西部），打开地图看看，岐丰的北方地区不正是今陕北到甘肃陇东、平凉再到宁夏固原市这一大片土地吗？从此，宁夏就与"朔方"结下不解之缘。北方最大军镇的朔方节度使设在灵州（今宁夏吴忠市利通区）；唐太宗李世民曾在朔方灵武会见北方少数民族首领，被各民族共尊为"天可汗"；"安史之乱"中，太子李亨凭借朔方的强大实力，在灵武继承皇位，史称唐肃宗，完成收复"两京"、反攻复国的大业，朔方和灵州成为李唐王朝"中兴"的圣地。于是，朔方名扬天下，史

不绝书。朔方便成为宁夏的代名词和别号了，这在唐朝文人墨客的诗文中已是司空见惯的现象。例如张九龄的《奉和圣制送尚书燕国公赴朔方》、高适的《送刘评事充朔方判官，赋得征马嘶》、皇甫冉的《送节度赴朔方》、张蠙的《朔方书事》等。至于各种文献之中以"朔方"喻射、指代宁夏者更是不胜枚举。唐以后的文艺作品更是纷纷效仿，有以朔方指代宁夏全境的，如明朝前七子核心人物、著名文学家李梦阳的《秋望》有"闻道朔方多勇略，只今谁是郭汾阳？"诗句，诗中的朔方就是指今整个宁夏地区。还有兵部尚书、三边总督唐龙的《出塞诗》，诗中有"矻矻朔方城，洸洸灵武兵"。宁夏巡抚杨应聘的《定西捷诗次韵》中有"兵符夜出朔方城"一句。这两诗所谓朔方，均是指代宁夏镇城。近代，宁夏与朔方已经到了不可分割和不易区别的境地。所以民国肇造以后，干脆就把宁夏的行政建制定名为"朔方道"了。自距今约 3000 年的古诗中出现"朔方"起，到 3000 年后的今天，"朔方"一词从仅指方位，到具指地域，再到确指城市名，都与宁夏历史紧紧联系在一起。

《小雅·六月》，也是叙述、赞美周宣王时代另一位名将尹吉甫北伐猃狁得胜班师的诗。与宁夏历史有关联的几句："猃狁匪茹，整居焦获。侵镐及方，至于泾阳。""薄伐猃狁，至于太原。"诗中所提出的"方"和"太原"都是指固原一带黄土高原地区。而此处的"镐"不是指"镐京"，是指宁夏北部的灵武地区。

《诗经》是中国儒家经典之一，形成于周初至战国间。这证明宁夏地区的文字记载即始于此时。

其次，中国第一部国家正史《史记》对宁夏的历史多有记录。如《周本纪》记："后稷卒，子不窋立。不窋末年，夏后氏政衰，去稷不务，不窋失其官而奔戎狄之间。"《匈奴列传》记："（武王）放逐戎夷泾、洛之北。"泾水发源宁夏泾源县，其北当在今宁夏境内，宁夏就是《史记》所说是"戎狄间"地区之内。

《史记·秦本纪》又记：战国间，秦惠文王更元五年（前 320 年），秦王巡视朐衍戎国（王城在今宁夏盐池县境内），"王游至北河"。《史记正义》解："（北河），灵、夏州之黄河也。"这是中原王朝国王第一次抵达宁夏北部，亦可视为朐衍县立于此年，这是宁夏历史上设立的第一个县级政权。

又据《后汉书·西羌传》记：秦昭襄王三十五年（前272年），秦灭义渠戎国，杀戎王，在诸戎故地"始置陇西、北地、上郡"，并筑长城以拒胡。北地郡治在今甘肃省庆阳市宁县，其辖地包括宁夏南北各县，这是宁夏全境第一次纳入中原王朝的版图。

五、中国历史上中央王朝第一块边疆开发经济实验区——"河南地"和"新秦中"

历史上中央政府对于边疆地区的开发，一般是循由近及远和因军事而及经济的路线图展开的。宋朝之前，中央王朝的首都多在关中，宁夏古称朔方，为京都的北国门户，当然需要格外经营。而且，宁夏又是北方游牧民族南下的必经之道，更需要驻军固守。所以从秦汉开始，朝廷就不断向宁夏用兵、移民，进行水利建设和农业开发。秦始皇二十六年（前221年）统一六国之后，于三十二年（前215年）就命令大将蒙恬统率30万大军"北击胡"（匈奴），把在北方黄河一带（包括宁夏平原在内的今河套地区）游牧的匈奴人赶走，史书称这一带为"河南地"。然后，"因河为塞，筑四十四县城临河，徙谪戍以充之。"朝廷在这一新区执行许多惠民、奖励的特殊政策，使内地官民都乐于举家迁往新区，安心生产，并很快致富。移民到来，屯垦兴办，故有秦渠之开凿和富平县之设立，秦朝拉开了"河南地"农业开发的序幕。汉朝继续加大"河南地"开发的力度，前有汉武帝接受大臣主父偃力主开发的倡议，先后在"河南地"设朔方郡（前127年）和朔方刺史部（前106年）之举，再后又有东汉大臣虞诩上《请复三郡疏》（安定、北地、上郡）之开发实践，加之赵过"代田法"的推广，铁制农具和耕牛以及良种的普及，在百万移民大军的辛勤努力下，终于把"河南地"建成为"沃野千里，谷稼殷积，又有龟兹盐池以为民利"的"水草丰美，土宜产牧，牛马衔尾，群羊塞道……因渠以溉，水春河漕的'新秦中'。"所谓"新秦中"，即"河南地"，亦即今大河套灌区。"秦中"当指"八百里秦川"的"关中"京畿天府之区；"新"者，当谓再造一个关中的意思。时人甚至以"新秦中"来作为"新富贵"的代名词。可见开发之成功，其民人之富有，证明"河南地""新秦中"是秦汉政府开边的试验区，也可以说是历史上中央政府办的第一块经济特区。特别是汉代，宁夏全境分属北地郡（治马岭，今地甘肃庆阳北）、安定郡（治今宁夏固原）管辖，北部黄河两岸已有富平县、灵武县（南典农城）、灵州县、廉县和神泉障、浑怀障、北典农城（吕城）、上河城等，实际上宁夏北部的沿黄城市群在汉代已经初步形成。

六、历史上各民族和睦相处的乐园

宁夏地处中原农业民族汉儒文化与边疆游牧民族草原文化的天然交汇地带，所以历史上这里很早就是北方游牧民族各部落大出大进的天然牧场和活动的大舞台。在不同的历史时期，演化为不同的部族，中原王朝对他们也有不同的称呼，如夏代被称为荤粥，殷商又称鬼方，西周称猃狁、氐、羌等，春秋战国以戎、狄呼之。到战国后期，各小部落结成大的部落联盟，称雄大漠南北，统称为匈奴和东胡；而在宁夏境内则存在一些互不统属的小的"邦国"，如南部有义渠、乌氏戎国，北部有朐衍戎国等，后均被秦国兼并而划入秦王朝北地郡范围之内。可见对于宁夏地区的开发，游牧民族当首建其功，宁夏的地域文化应该是草原文化与农耕文化交汇而形成的极具特色的塞上文化。这是有历史为证的。

其一，汉代在宁夏建立民族区域自治性质的"北地属国"（亦称为安定属国、三水属国）。秦汉间，北方游牧民族联合成立强大的匈奴汗国，时常南犯，对汉廷构成极大的威胁。西汉武帝元朔二年（前127年）、元狩二年（前121年），大将卫青、霍去病等部多次大败匈奴，其中右匈奴浑邪王、休屠王受到沉重打击，为了逃避匈奴大单于伊稚斜的问责，二王密谋降汉，后休屠王反悔，被浑邪王所杀，两部四万众内归。汉廷封浑邪王为漯阴侯，并在北方设立五个属国安置其部众，其中在宁夏境内设有北地属国，地在今同心县和红寺堡区境内的大罗山一带。后因其地由北地郡划归新析置的安定郡管辖，故改称安定属国。又因属国与三水县同驻一城，故又被称为三水属国。所谓"属国"者，正如唐代训诂学家颜师古在《汉书注》中所解释的："存其国号而属汉朝，故曰属国。"这是汉廷对归顺少数民族的一种特殊的自治管理形式，即划定一个特殊的行政区，让居住在这一行政区内的少数民族自己管理自己的行政事务，其生产方式、生活方式，文化、语言和民族习俗，以及社会组织、吏治、官号等都保持不变。但是，朝廷要在这一行政区特派一名官员，名为"属国都尉"，进行监管，并且属国在政治上必须服从中央的大政方针，在军事上还须听从中央的统一调遣，担任征战的军事任务。所以，属国的少数民族在建设边疆、保卫边疆方面，同样发挥了积极的作用，同汉族人民一起，作出自己的贡献。属国是秦汉时期民族自治管理的一种尝试，是我国最早实行民族自治的实验，也是祖先解决各民族和睦团结、共同建设家乡的高超智慧，是中华民族的文化遗产。

宁夏考古工作者曾于1985年在同心县的王团乡和河西乡倒墩子等处发掘出20多座古墓，出土了动物纹透雕细带饰、车马饰等物件。经考证被认定是西汉中晚期的墓葬。从葬俗和出土部分物件分析，与蒙古、外贝加尔地区所发掘的汉代匈奴墓葬的面貌基本一致，具有较典型的北方草原文化特征，可能是汉代匈奴三水属国留下的遗物，这也是汉三水县和三水属国的治所的一个佐证。

其二，唐朝曾以灵州为中心，建立一系列具有民族自主管理内部事务的羁縻府州。隋唐间，北方游牧民族突厥部强大起来，不断内侵，给边地人民的生命财产造成极大的损失。唐太宗贞观四年（630年），唐军大败突厥大汗颉利，其部落10万之众降唐。太宗接受中书令温彦博的建议，采取积极的民族政策，善待归附的突厥各部贵族和民众，把他们集中妥善分遣到北方从幽州（今北京）到灵州的广大地区，分别设置顺、祐、化、长四州都督府进行安置，任命原突厥各部酋长为将军、中郎将等官，实行自治管理。其中东突厥著名的大首领阿史那社尔所率领的部族数万人被安置在灵州境内。唐廷授他为左骁卫大将军，并将高祖李渊的女儿衡阳公主下嫁给他为妻，封他为驸马都尉。后来唐廷又在北方特别设立6都督府和7州，对内附的铁勒、回纥等13部进行安置，其中有1府5州地处于灵州境内。他们分别是：都蓝部居燕然都督府，浑部居皋兰州，阿铁部居鸡田州，跌结部居鸡鹿州，俱勃罗部居烛龙州，阿史德特建俟斤部居祁连州。今已知这些府、州大都建在灵州境内，但其具体地望无考。

唐高宗即位以后，仍然坚持推行唐太宗执政时期的民族政策，还于咸亨三年（672年），在灵州境内设置安乐州（今同心和红寺堡境内），把原牧居于青海和河西走廊境内的吐谷浑国部众安排在这里。调露元年（679年），唐廷又在灵州、夏州南境和今内蒙古自治区鄂托克旗南、宁夏盐池县以北一带新置鲁、丽、塞、含、依、契等6个州（具体地望失考），以安置早已内迁的西域"昭武九姓"胡人各部落，史书称这些胡人为粟特人，故而其州就统称为"六胡州"。

唐朝设在边地这种带有自治性质的羁縻府州，不同于内地的府州，一般都是只有州府之名，而无城郭之建和户籍管理，当然也就不承担赋税劳役。唐朝的羁縻州形式，实际上就是汉代的"属国"制的演变。这种让少数民族（一般都是游牧民族）自主管理本民族内部事务的办法，是我国历史上中央政权有效管理边政与少数民族事务的一种比较成功的形式。

唐朝在灵州等地所设立的"六胡州"，主要是安置粟特胡人，他们来自于西域和中亚地区的康国、米国、伊国、史国、曹国、石国、安国和火寻、戊地等9国的部落。

还有吐谷浑国王诺曷钵与弘化公主（唐宗室淮阳王李道明女）部

族也世世代代在灵州境内，"安而且乐"地生活着。

其三，在现代史时期，宁夏再次出现过"陕甘宁省豫海县回民自治政府"。1935年中国工农红军主力到达陕北以后，共产党领导下的陕甘宁革命根据地得到扩大和巩固。1936年5月，中革军委命令以中央红军的红一方面军为主组建西方野战军，由彭德怀担任司令员兼政委，率红军主力部队向宁夏、甘肃挺进，执行西征战役，以迎接红二、四方面军，在宁夏会师北上抗日。6月底，西征红军先后解放了宁夏南部的豫旺县（今同心县）和海原县大部，帮助地方成立各级苏维埃临时政府。10月20日，陕甘宁省豫海县回民自治政府成立大会在半个城（即今同心县豫海镇）清真大寺隆重举行。大会讨论通过了《豫海县回民自治政府条例》等有关决议案。选举产生以贫苦农民马和福（回族）为主席的自治政府领导班子。大会还决定正式起用刻有中国共产党党徽和阿文、汉文两种字样的自治政府印章。自治政府的办公地点设在今同心城南15公里的王家团庄。自治政府管辖8个巩固区：半个城、王家团庄、高崖、马家河湾、窑山、下马关、李旺堡、豫旺堡；4个游击区：喊叫水、韦州、惠安堡、关桥堡。总人口3万多，面积约8200平方公里。成立大会以后，陕甘宁省委决定成立中共豫海县委，由贺恩宽任县委书记。

豫海县回民自治政府的建立，虽然时间短暂，但是，它是中国共产党领导下我国第一个县级回族人民的自治政权，是回族人民争取解放的先声，也是党的民族自治政策的一次伟大实践。

时间跨越两千多年，时代显然大不相同，阶级内涵也完全相异，但是在同一个地区，历史上出现过的三次民族自治的政权形式其意义的不同凡响，这难道不是值得人们深思和认真研究的一种历史文化现象吗？

现在，宁夏又是全国唯一一个省级回族自治区，这是自然而然和顺理成章的事情，更是历史的必然了。

七、高端的红色历史文化

宁夏红色历史和红色文化的渊源，主要来自于中国共产党领导的中国工农红军长征、西征在宁夏的一系列革命活动，以及所创造的物质与非物质的革命遗产。其表现在以下三个方面：

第一，红军长征在宁夏撒下红色革命种子。

"九一八"事变以后，日本帝国主义侵占我国东北三省，国民党政府执行蒋介石的不抵抗政策，中华民族到了灭亡的边缘。关键时刻，中国共产党为了抗日救国，决定进行战略大转移，开展举世闻名的二万五千里长征，北上抗日。担任红军北上抗日先遣队的红二十五军，在程子华、吴焕先、徐海东指挥下，于1935年8月15日，首先到达六盘山地区。同年9月18日，与陕北红军二十六军、二十七军胜利会师，三个军合编为红十五军团。徐海东任军团长，程子华任政委，刘志丹任副军团长兼参谋长，高岗任政治部主任。红军第一次把红色革命种子撒在宁夏南部山区，广大人民初步接受了革命的洗礼。

继红二十五军之后，1935年10月5日，在党中央和毛泽东主席的直接指挥下，中央红军（即红一方面军、陕甘支队）也进入三陇大地。中共党政军主要领导人毛泽东、张闻天、周恩来、王稼祥、博古（秦邦宪）和红军主要军事指挥员彭德怀、叶剑英、左权、聂荣臻、林彪等，都在宁夏大地留下了光辉的足迹。10月19日，中央红军与陕北红军（红十五军团）在陕西省保安县吴起镇（今吴旗县城）胜利会师，重新建立了全国革命大本营的陕甘宁革命根据地。从此，红色文化开始在宁夏大地广为传播。

第二，红军西征将宁夏部分地区纳入陕甘宁革命根据地的红色区域。

1936年5月18日，中共中央和中革军委决定，为了巩固和扩大陕甘宁革命根据地，迎接红二、四方面军北上，团结抗战，命令以中央红军红一军团和红十五军团为主力，组建中国人民抗日红军西方野战军，开展西征战役。野战军由彭德怀统一指挥，下辖左权、聂荣臻带领的左路军和徐海东、陈子华带领的右路军，两军配合，分别解放了宁夏南部与甘肃东部的广大回族聚居区。彭德怀率西征红军总部驻在宁夏豫旺县豫旺堡（今同心县预旺镇）坐镇指挥。10月22日，红军一、二、四三个方面军在今宁夏西吉县将台堡实现会师。11月中旬，三大主力红军又在豫旺县同心城欢聚并召开盛大的"三军团聚军民联欢大会"。这时，红军高级领导人朱德、张国焘、刘伯承、贺龙、任弼时、徐向前、陈昌浩、关向应和西方野战军彭德怀以及邓小平等均居住在宁夏中部地区。中革军委副主席周恩来也来到同心城表示祝贺。

三军胜利会师于宁夏，对于陕甘宁革命根据地的扩大和巩固，对于中国革命新圣地——延安的选择，对于实现中国共产党的抗日救国主张，都具有伟大的意义。从此，宁夏各族人民在中国革命史上的贡献进入到一个崭新的阶段。

第三，红军帮助宁夏各族人民建立起一批红色政权和红色人民武装。

就在红军开展西征战役的同时，中共中央决定成立中共陕甘宁省委和陕甘宁苏维埃政府。李富春任省委书记，马锡武（回族）任主席。办公地址设在与宁夏交界的甘肃环县河连湾村。其后，伴随西征战果的扩大，又先后在今宁夏境内成立过：中共固北县委、县苏维埃政府（驻固原北毛居井董家庄），中共盐池县委、县苏维埃政府（之前成立过盐池县城市革命委员会，驻今花马池镇），中共豫旺县委、县苏维埃政府（驻同心下马关），中共固原县工委（驻固原头营三岔村）以及中共豫海县委和豫海县回民自治政府（驻豫旺王团庄）。与此同时，还先后建立过一批区、乡级自治政府。

为了保卫人民政权的革命胜利果实，凡建立了红色政权的红区，都纷纷组建了群众武装。凡回族聚居区，自治政府主席和地方武装负责人大多由当地回族贫苦农民担任。当时，西征红军总部也抽调民族干部，组建了回民骑兵师，任命回族干部马青年担任师长，这一举措对于推动地方民族武装的建立，起到了帮助、示范和促进的作用。

红色文化全国许多地方皆有之，而宁夏红色文化的特点，"你有我特""你特我独"，主要表现在以下方面。

其一，层次高。红军长征、西征过程中，中国共产党中央委员会、苏维埃中央政府、中革军委和中国工农红军总部以及红军三大主力部队的主要领导人与最高指挥员中的绝大多数人几乎在宁夏山川留下了身影和革命事迹，他们是：

遵义会议所确立的中共中央核心领导人：张闻天、毛泽东、周恩来、王稼祥、秦邦宪（博古）、何克金（凯丰）和中央秘书长邓小平等。

红军方面有：朱德（红军总司令）、张国焘（红军总政委）、刘伯承（红军总参谋长）和红一、二、四方面军首长彭德怀、林彪、聂荣臻、左权、贺龙、任弼时、关向应、徐向前、陈昌浩、叶剑英和李先念等。

赤色职工国际、共产国际代表：张浩（林育英）。

包括后来的中共七大产生的中央委员会主席和书记处书记，时称"五大书记"：毛泽东（主席）、朱德、刘少奇、周恩来、任弼时。

再后来，中共八大产生的中央主席和七常委：毛泽东（主席）、刘少奇、周恩来、朱德、陈云、林彪、邓小平等人，其中只有陈云于长征、西征时未来到宁夏。

中国人民解放军十大元帅：朱德、彭德怀、林彪、刘伯承、贺龙、陈毅、罗荣桓、徐向前、聂荣臻、叶剑英（其中只有陈毅于长征、西征时未到宁夏）。

也就是说，在1935年、1936年红军长征和西征时期，我党、我军的许多领导人都曾在宁夏这块红色土地上"群星荟萃"。毫不夸张，这批红色精英都是党的第一代领导人，共和国和人民军队的缔造者。他们被宁夏各族人民永远怀念、铭记。这种至高无上的红色记忆、革命历史，全国除井冈山、瑞金、延安三大革命圣地之外，在其他地区是极为罕见的。

其二，内涵丰。红军长征、西征，在宁夏地区留下了大量的红色历史，创造了丰富的红色文化，其中特别有意义的大事有四件：

第一件：红军第一、二、四三大主力先后会师、会聚在宁夏。1936 年 10 月 9 日，红一、四方面军在今甘肃会宁会师。10 月 22 日，红一、二方面军又在今宁夏西吉县将台堡会师。至此，红军三个方面军实现了全部会师。11 月中旬，红军各部云集于今宁夏同心、盐池、固原、西吉、海原等地区，积极准备"海（原）打（拉池）战役"和"宁夏战役"，于是红军总部和三军最高领导人一起参加了在同心城召集的"三军团聚军民联欢大会"，这才是在真正意义上标志着红军三大主力的最后胜利会师，从而结束了全部红军的伟大长征，最终实现了战略大转移和北上抗日的伟大目标。从此中国革命新的大本营最后落脚于陕甘宁地区，再造了一个新的中央革命根据地，这在中国革命史上是一个重要的转折点，具有划时代的意义。

第二件：抗日民族统一战线政策在宁夏的早期实践。1935 年 7 月 25 日起，在共产国际举行的第七次代表大会上，总书记季米特洛夫作了《法西斯主义的进攻与共产国际为工人阶级的反法西斯主义的统一而斗争的任务》的报告，向全世界共产主义运动提出反法西斯斗争的统一战线问题。同年 8 月 1 日，中共驻共产国际代表团以中国苏维埃中央政府和中共中央的名义起草了贯彻统一战线精神的《为抗日救国告全国同胞书》（不久公开发表），这就是中共党史上有名的"八一宣言"。红军长征到达陕北以后，同年 12 月 17 日至 25 日，在驻地瓦窑堡，召开了中共中央政治局扩大会议，根据国内外政治形势的新变化和日本军国主义侵略中国，民族矛盾上升的具体国情，也是为了贯彻"八一宣言"精神，形成了《中央关于目前政治形势与党的任务决议》。会后毛泽东在党的活动分子会上也作了《论反对日本帝国主义的策略》的报告，党的抗日民族统一战线政策正式形成。次年 5 月，红军在开展西征战役中，率先在宁夏地区开创性地践行了抗日民族统一战线的政策，摸索到一些行之有效的做法，成功地与东北军、马家军广泛开展统一战线工作。

另外，红军在进入回族聚居地区以前，就颁布了一系列尊重回民宗教信仰和风俗习惯的指示、命令、规定等，如在回族地区不打回民土豪，并主动送还马鸿宾部的被俘官兵与械弹，一再表示"中国人不打中国人"，阐明我党抗日救国和民族统一战线的政策主张，收到了意想不到的效果。后来，统一战线、武装斗争、党的建设，成为取得中国革命胜利的"三大法宝"，其首先在宁夏地区的试行，应该是功不可没的。

第三件：党的民族自治理论在宁夏的大规模试行。红军在西征期间，曾帮助宁夏回族聚居地区人民，在今同心、固原、彭阳、海原一带创建了五个县级和一批区乡级红色政权。特别是陕甘宁省豫海县回民自治政府的创建，是我国第一个县级回民自治政权。它是运用马列主义民族理论成功解决民族自治问题的一次实践，也是统一战线政策的新成果，它既符合回族人民长期以来争取平等和自主管理内部事务等的愿望，又是中国共产党根据无产阶级革命理论，科学解决中国民族问题的一次成功尝试，具有深刻的历史意义和长远的现实意义。

第四件：伟人诗词和名人名著的诞生地。红军长征时，毛泽东在翻越六盘山的过程中，曾口拈《长征谣》一首，即后来举世闻名、气壮山河的《清平乐·六盘山》词一首，从此，名不见经传的六盘山蜚声中外。另外，美国著名记者埃德加·斯诺，也在红军西征时，一度在宁夏地区随军采访，后写成《红星照耀中国》（曾名《西行漫记》《外国记者中国西北部印象记》），并译成中文和许多文本，一时风靡全球，震撼世界。

宁夏红色文化资源档次高、内容丰富，地广时久，而且又地涉民族地区，所以它的精神与物质价值都比较高。对于这些红色旅游景点的开发，必将是向广大人民群众特别是青少年一代进行爱国主义和革命传统教育的理想课堂与永久性基地。毛泽东在《清平乐·六盘山》词中的名句——"不到长城非好汉"的大无畏革命精神，将是这个大课堂和六盘山红色文化的永远主题，它不仅是宁夏各族人民宝贵的精神财富，也是全国各民族人民共同的精神财富，在任何时代我们都需要发扬"不到长城非好汉"的革命英雄主义精神。

梳理宁夏的历史和文化，亮点很多，可以毫不夸张地说，宁夏小省区却有大历史、大文化。概括起来，大体上表现在以上七大方面，故称之为"七彩宁夏"。

试述同心县回汉人民
在红军西征中的贡献

　　1935 年 8 月至 1936 年 5 月，中国共产党领导工农红军在伟大的二万五千里长征和著名的西征战役中，先后三次在宁夏地区留下了中国革命的光辉足迹，为宁夏创造了特色显著、层次高端、影响深远的红色文化丰厚资源。同样，宁夏各族人民也为党重新创建中央革命根据地作出了巨大的贡献。今同心县（时属宁夏省豫旺县）就是突出的代表，曾在中革军委发动的西征战役、红军三大主力会师和巩固陕甘宁革命根据地等方面都有过不可磨灭的历史功绩。具体表现在以下四个方面：

　　第一，在西征红军的帮助和中共陕甘宁省委的领导下，1936 年 10 月 20 日，于豫旺县同心城（又名半个城）建立一个民族自治政权——豫海县回民自治政府。这是红军长征时期中国共产党建立的第一个县级回族自治政权。其意义是巨大的，它是回族人民解放的先声，回族人民谋求民族平等的首次尝试，也是中国共产党以马列主义民族理论为指导，结合中国具体国情，正确解决民族问题的一次伟大的成功的革命实践，为新中国党和人民政府制定民族政策，实现社会主义民族大团结，提供了宝贵的历史经验，从而发展和丰富了马克思主义民族理论的宝库，对于当今世界仍有着不可忽视的现实意义。

　　第二，中国工农红军于 1936 年 10 月 9 日至 22 日，先后在甘肃会宁县和今宁夏西吉县将台堡分别会师，标志红军三大主力的会师。11月7日，红军三大方面军主要指挥员（红一方面军即西方野战军司令员兼政委彭德怀，红二方面军总指挥贺龙、政委任弼时，红四方面军总指挥徐向前、政委陈昌浩）和红军总司令朱德、总政委张国焘、总参谋长刘伯承等全部会聚于同心城，参加万人军民联欢大会。会议也是庆祝红军三大主力胜利会师和纪念苏联十月革命节以及红军誓师抗日等多重意义的重要政治活动。朱总司令、张总政委和彭德怀、贺龙以及豫海县回民自治政府主席马和福等在会上发表了讲话。同心城聚会到场的红军领导成员之全、规格之高，从实质上反映出，这才是真正意义的红军三大主力的大会师。

历史是前人活动的记录，是客观存在的，并不以个人意志为转移的。后人的任务就是要做好承传信史的工作。资料充分显示，红军三个方面军长征真正意义上的会师地在同心城，难道不是历史的客观事实吗？这一点我们要有信心，继续用研究成果去证明。党政部门和学术单位要团结一致去做工作，因为这是好事。为什么不能理直气壮地像争取"将台堡"那样去继续争取"同心城"呢？如果有分歧，完全可以"百家争鸣"进行学术讨论，以摆事实讲道理的方式求得共识，但劲要向一处使，争取工作不可放松。既然是好事，就要责无旁贷，好事多磨。

第三，当日寇发动侵华战争以后，面对民族矛盾上升，阶级矛盾下降的形势变化，中共中央为国家民族计，及时提出了抗日民族统一战线新的战略决策。面对重大政策的变化，红军广大指战员遇到了新问题，首先必须坚决执行，其次则要摸索经验。红军西征时正是统战工作的初期试行阶段，当时于西征前线，在同心清水河一带，红、白两军以河水为界对峙，敌方是东北军和马鸿宾部队，红一方面军政治部主任朱瑞、副主任邓小平在前线做了大量统战工作，取得了很好的效果。其中发生了许多有趣的故事，如白天双方心照不宣地朝天放枪，晚上双方则合唱抗日歌曲，举行小型联谊活动。白军还给红军送子弹，说你们缺子弹，把白天打掉的子弹给补上，甚至双方前线对峙部队还达成某种互不攻击的协议。这些都给党所提出的统战工作做出了示范、积累了经验。这些初步的统战成果，是有重大意义的，从近处说，对不久发生的"西安事变"有着间接的影响，从远处讲，统一战线是党领导中国革命克敌制胜取得抗日战争伟大胜利和夺取全国政权的"三大法宝"之一，西征战役中同心前线的统战方式，正是对党统战"法宝"的初期试验和实践，应该载入中国革命的历史史册。

第四，20 世纪 30 年代，世界人民了解中国共产党和党领导的工农红军是如何完成二万五千里长征的，以及所谓"红色中国"的神秘内幕，正是从豫旺县（今同心县）开始传播到全世界的。

1936 年 7 月 9 日，美国著名记者埃德加·斯诺和美国医生乔治·海德姆二人结伴，"冒死"秘密来到中共中央和中央红军的驻地陕北，对中共高层毛泽东等人分别进行了采访。8 月，他二人又到达红军西征前线宁夏省豫旺县地区，对所谓"真正的红军"指战员作战地采访。先后采访了西征红军司令员彭德怀和"大名鼎鼎""神秘的""红色窑工"和被南京政府"悬赏 10 万元要他的脑袋"的红十五军团军团长徐海东以及其他众多红军官兵。因西征红军要向西进军，迎接红二、四方面军，并执行宁夏战役，斯诺不得不于 9 月 7 日，在海原县（时属甘肃省管辖）结束这次随军采访活动，重回陕北"红都"继续进行采访，最后于 1936 年 10 月 21 日返回西安。海德姆则被共产党和红军以及当地的回族人民所吸引，所以他就将乔治·海德姆，改名为马海德，以与大多数回民同姓，从此留在陕甘宁革命根据地，参加了中国人民的革命事业并成为一名光荣的中国共产党党员、著名的国际主义战士。

斯诺回到他执教的北平燕京大学后，很快就将赴苏区的三千里行程、历时百余日的传奇经历，再现在《红星照耀中国》一书中。该书分别于 1937 年、1938 年先后在英国和美国正式出版。1938 年该书也在中国上海出版中文本——改名为《西行漫记》。书中还收入许多他采访中拍摄的大量珍贵历史照片。这本名著第一次向全世界介绍了一个

"在红墙黄瓦、松山翠柏的北京墙外，还有一个红旗下的中国"，即"红色中国"的真相。斯诺表示，"要把中国红军的斗争事迹"带到全世界去传播。在斯诺的笔下，红军是人民的军队，人民热爱红军，所以红军是不可战胜的。

"不到长城非好汉"

——宁夏人民永恒的精神财富

由于历史的悠久，区位的特殊，战略形胜的扼要和具有"塞上江南"得天独厚的自然条件，所以宁夏地区自古以来就是中央政府京畿地区、十三朝古都西安的北门锁钥、巨防和中原王朝的北国藩篱。因此宁夏理所当然地享有"小省区大文化"赞誉。宁夏不仅传统历史文化内涵丰富，而且革命历史和红色文化也是资源丰、特色显、层次高，影响深远。其中红军长征、西征在宁夏创造的红色文化就是一朵永不凋谢的奇葩，是永放光芒的伟大精神瑰宝。

中国共产党在"九一八"事变以后，面对日本帝国主义侵占我国东北三省并加紧把魔爪进一步伸向华北，而国民党政府则执行蒋介石的"攘外必先安内"的不抵抗政策，使得中华民族到了被灭亡的边缘。在祖国和民族处于生死存亡的历史关头，中共中央和中革军委为了冲破国民党反动派的围剿，抗日救国，决定进行战略大转移，开展举世闻名的二万五千里长征，向日寇侵华战场前线前进，准备全力投入到抗击日本侵略军的战斗中去。

中共鄂豫皖省委领导的红二十五军，在军长程子华、政委吴焕先、副军长徐海东（吴焕先牺牲后改任军长）领导下，遵照党的指示，担任红军北上抗日先锋队，于1934年11月，由鄂豫皖根据地出发，先行长征，1935年8月15日，首先进入宁夏六盘山地区。9月16日，他们与陕北红军会师。18日，红二十五军与陕北红军（红二十六军、红二十七军）合编为红十五军团。徐海东任军团长，程子华任政委，刘志丹任副军团长兼参谋长，高岗任政治部主任。军团成立后，粉碎了国民党反动派对陕甘苏区的第三次"围剿"，并积极配合中央红军北上。

1935 年 10 月 5 日，在中共中央、中革军委和毛泽东的直接指挥下，中央红军（红一方面军、陕甘支队）也相继进入六盘山地区。10 月 19 日，中央红军与红十五军团在陕北保安县吴起镇（今名吴旗）胜利会师，重建了中央苏区、全国革命大本营——陕甘宁革命根据地。

1936 年 5 月，中革军委命令以红一军团和红十五军联合组建红军西方野战军，由彭德怀担任司令员兼政委，开展西征战役，以迎接红二、四方面军北上，集中红军力量，实现团结抗日的战略目标。红军三大主力于 10 月 10 日、10 月 22 日，先后在甘肃会宁县和今宁夏西吉县将台堡分别会师。

红军长征、西征期间，不仅在宁夏做了大量关于抗日救国和党的民族宗教政策方面的宣传工作，并在宁夏回族聚居地区建立基层回族自治政权，其中的杰出代表就是成立了我国历史上第一个县级回族自治政权——陕甘宁省豫海县回民自治政府。所有这些破天荒的革命举措以及红军铁的纪律等模范行为，使宁夏广大人民亲眼看到了红军是老百姓自己的队伍，是一支"仁义之师"，是为抗日救国而来到西北的。红军长征、西征犹如革命的播种机、宣传机，在宁夏大地插上了革命的红旗，在各族群众心中撒下了革命的种子，给宁夏人民及其子孙后代树立了指路明灯，留下了永恒的精神文化遗产，这份遗产的精神实质，概括起来，就是红军长征途中翻越六盘山时，毛泽东所创作一首名词《清平乐·六盘山》中的名句——"不到长城非好汉"的精神。

对于红军长征留给宁夏人民的"长征精神"——"不到长城非好汉"，对我个人来说，在 30 多年的学术研究实践中，一直不断学习，不断提高认识，并一以贯之进行大力宣传。

1986 年，为了纪念红军长征和三大主力会师 50 周年，中共宁夏区委决定在六盘山修建一座"六盘山红军长征纪念碑亭"，时任中共中央总书记胡耀邦为碑亭题写"长征纪念亭"五个大字。亭中的纪念碑，正面镌刻毛泽东《清平乐·六盘山》手迹，背面镌刻中共宁夏回族自治区委员会、宁夏回族自治区人民政府合署的纪念碑文。我有幸担当碑文的起草任务。按照自治区党委宣传部的指示，当时草拟成360字和246字两种式样的文稿，上报宁夏社科院党组并转自治区党委宣传部。稿一：360字，文稿有"红军'不到长城非好汉'的彻底革命精神，将永远激励六盘山儿女"。稿二：246字，文稿亦有"'不到长城非好汉'的彻底革命精神"。我在起草碑文时就认为，红军长征留给宁夏的精神遗产，应该是"不到长城非好汉"，因为它是红军长征精神的精髓和标准性概括。

2005年9月，自治区党委、政府决定在六盘山红军长征纪念亭原址修建"六盘山红军长征纪念馆"，前碑亭拆除。我担心原碑文流失，文稿由来不得真传，并且看到当时人们对于"不到长城非好汉"的"长征精神"宣传，似乎着眼点不统一，力度不够，于是在《新消息报》发表一篇题为《我为"六盘山红军长征纪念亭"起草碑文的回忆》的3000字文，重申"不到长城非好汉"是长征精神的"标志性文字"，在宣传中应该给力。

2006年，我在发表于《宁夏史志》上的《红军长征对宁夏回族人民的深远影响》一文中，再次写道："伟大的长征精神和毛泽东在长征途中所创作的《清平乐·六盘山》一词中'不到长城非好汉'的千古绝句，鼓舞着宁夏回汉各族人民，永远心向共产党，在党的指引下，从民主革命到社会主义革命的伟大征程中，再到当前改革开放和西部大开发的新时期，始终坚持革命方向，坚定革命意志，为党所领导的革命事业而努力奋斗。"

2009年1月，我在新著《宁夏历史图经》中，又写了专门一节——《毛泽东与〈清平乐·六盘山〉词》。本节一开头就写道："多少年来，'不到长城非好汉'，给人民最大的鼓舞和最强的力量。读完它，就使我们精神振奋、斗志昂扬；读了它，就使我们战胜艰险、勇往直前。"

尤其本节的最后一段，更是以激昂文字盛赞道："'不到长城非好汉！'这是何等伟大的气魄，充分地表现了红军战士敢于战胜千难万险的坚定意志和对革命必定胜利的信念。'不到长城非好汉'，就是在今天，仍然是巨大的精神动力，鼓舞中国人民为建设中国特色的社会主义而奋勇前进！"

2010 年，我又将在《新消息报》的回忆文章，加以修改在《宁夏文史》上再次发表，目的只有一个，就是扩大"不到长城非好汉"这一"长征精神"，作为宁夏人民的传家宝的影响，形成共识，加大宣传力度。

2012 年，我再次从宁夏红色旅游角度在《学者》杂志上发表题为《红军长征、西征与宁夏红色文化浅谈》的文章。在文章结尾中，我把"'不到长城非好汉'的大无畏革命精神"定为宁夏爱国主义教育大课堂和六盘山红色文化的"永远主题"，进而结论"不到长城非好汉"，"它不仅是宁夏回汉人民宝贵的精神财富，也是全国各族人民共同的精神财富。"显然，我对于"不到长城非好汉"的长征精神认识随着时间的推移上升到一个新的高度。

马克思主义唯物论认为，物质第一性，精神第二性，物质能够变为精神，精神也同样可以变为物质。长征精神及其"不到长城非好汉"的彻底革命精神，将是宁夏人民的传家宝，永远指引宁夏各族在全面建成小康社会的伟大新长征道路上，不断夺取新的胜利。

抗战前后日本特务
在宁夏的阴谋活动

　　1937 年前，我国抗日战争还未全面爆发时，日本帝国主义就将侵略的触角深入到我国的大江南北，并派出大量特务在全国各地大肆活动，并费尽心机妄图策动时任宁夏省主席的马鸿逵投降日本，日本特务的阴谋活动在宁夏遭到了彻底的粉碎。

　　日本帝国主义妄图侵略中国的阴谋由来已久，其军方情报机关的黑手早已伸到我国的大西北。在 20 世纪初叶，日本军方就利用华人中的败类，策划组建秘密组织"狼头会"。该会在西北地区大肆散发由日本人所办的《顺天时报》代印的一本名为《我为我》的小册子，公开煽动回族群众的仇汉心理，挑动西北地区的民族分裂，为其下一步在我国大西北制造"回回国"的阴谋做准备，以配合军事上对我国西北的侵略。与此同时，日本军方还于民国初年，利用日本青年和浪人，派遣谍报人员深入到我国各地，从事特务活动，其间也窜入宁夏贺兰山一带，进行实地侦察，测绘地图，拍照险隘，搜集地情资料。日本人曾在宁夏不惜重金收购各地各级各类地方志，从中窃取有价值的政治、军事、经济和民族等方面的综合信息。就连在我国明朝末年已宣告失传的《宣德宁夏志》一书，他们都能辗转从福建省搜集到手。更让人惊叹的是，他们还神通广大地把一些地方志书的稿本（如《宁朔县志稿》），甚至是尚未完成的志书的草稿（如《宁灵厅志草》）等一类地情书差不多一网打尽。日本人将在中国收集到的 20 多万页的庞大资料进行加工和研究，于大正七年（1918 年），由日本政府的御用文化团体《东亚同文会》编纂了一部《支那省别全志》的大型志书。这部关于中国的总志，门类齐全，举凡山川城邑、地望道里、社情风俗、民族宗教、物产资源、水陆交通、财政金融、文化教育等等，真是巨细靡遗，无所不及。此志有两大特点：一是内容多为通过实地调查的最新的第一手资料；二是突出社会经济方面的记载。该志书的第六卷为《甘肃省志》，宁夏当时尚未独立设省，属甘肃省宁夏府，宁夏的全部内容编写在第六卷的第七编之中。以第二十章为例，该章的标题是《宁夏府的货币和金融机构》，下分两节，第一节是《流通货币》，第二节是《金融机构》。对宁夏从清末到民国前期的货币、金融情况作了全面细致的记述，即使是宁夏商界的人士也未必能如此精通。

　　"九一八"事变发生，东北沦陷以后，日本军国主义乘蒋介石忙于内战，对日妥协让步之机，在积极准备侵占我国华北的同时，也把侵略的魔爪伸向绥蒙和宁夏。他们一方面鼓吹不伦不类的所谓"民族自治"理论，挑动蒙古、回、藏人民之间以及与汉族人民之间的矛盾，以施其"以华制华"之故伎；另一方面，不断派遣特务打入西北广大地区。后来又不断扩大活动范围，并在宁夏省管辖的阿拉善、额济纳二蒙旗建立据点，设立特务机关，安置电台，组织汽车队、骆驼队运送储备军事物资。1935 年，日本特务机关在阿拉善旗府所在地定远营正式设立机构（驻祥太隆商号），在阿旗公开大肆进行特务活动。在日本人的威逼之下，旗方甚至还组织人力给日方在阿、额两旗各修建了一个简易飞机场，开辟了百灵庙—定远营—东庙（额济纳旗王府所在地）之间的不定期通航。由于国民党中央和蒋介石错误对日方针的影响，无论是宁夏省当局的马鸿逵，还是阿拉善旗王爷达理扎雅和额济纳旗王爷塔旺嘉布，对于日寇的猖獗活动，都是态度暧昧，举棋不定，采取避免同日本人直接接触，保持既不反日也不降日的态度，甚至还在暗地里与日本特务多有联系。时日本特务还在宁夏省城宴请宁夏官员，马鸿逵也应邀参加宴会。是年秋，日本十余人组成所谓经济考察团，由百灵庙出发，乘汽车到宁夏，沿途测量地形、考察经济、拍摄照片。宁夏当局不但不加制止，马鸿逵还在省政府大礼堂举办晚会进行招待，又约请日本人到他私宅密谈。1936年以后，由于傅作义将军在绥远省不断打击日伪军，日本方面更加注重拉拢马鸿逵和阿、额二蒙旗的王爷。次年2月，关东军参谋长板垣征四郎中将亲自飞抵阿拉善定远营进行阴谋活动。宁夏省方派省政府秘书长叶森、蒙藏委员会驻宁调解组组长刘伯石等前往定远营与板垣征四郎谈判。双方对在定远营设立日本特务机关发生了争执。板垣又派4个特务直接到宁夏活动，向马鸿逵施加压力。据说板垣本人也曾潜入宁夏秘密会见了马鸿逵。宁夏当局一面与日本人周旋，一面又将拉日本人到宁夏省城的中国司机枪毙，还暴尸在西门外唐徕渠边，让人们观看，"这就是给日本人服务的下场"，以示警告。

西安事变和平解决以后，抗日民族统一战线初步形成，有力地推动了全国的抗日运动。在国共两党再次合作的新形势下，西北地区也停止了内部的军事行动。中国共产党在边区放手发动群众，迅速壮大了抗日武装力量，强大而巩固了边区的存在，对西北回汉地方实力派都起着有力的制约作用。而且，蒋介石为首的南京政府也表现了抗日的立场，这对回族军阀马鸿逵丢掉幻想，坚定抗日决心，起到重要作用。因此，西安事变后，西北诸马的抗日态度逐步明朗。

当时，内蒙古西套的阿拉善旗、额济纳旗在行政上归隶于宁夏省管辖。所以，1937年春，南京国民政府责成宁夏省政府负责取缔额济纳旗的日本特务机构。马鸿逵奉命派省民政厅厅长李翰园前去执行此项任务。李翰园经兰州到达酒泉，以青海省主席马步芳部马步康旅为军事后盾，率领一排军人于1937年7月7日到达东庙，向额旗扎萨克（旗长）王爷说明来意，要求他们合作。当晚及次日，10个日本特务和5个汉奸被逮捕，缴获一批枪支弹药、2部电台、3辆卡车及军事地图、文件等。数日之后，又截获前往西安的3名日本特务和几个汉奸。

这伙日伪特务被押解到兰州公开枪毙，大快人心，鼓舞了西北人民的抗日斗志。

1938年，宁夏省主席马鸿逵又给国民党中央政府打报告，认为阿拉善旗扎萨克、王爷达理扎雅的妻子爱新觉罗·韫慧（汉名金允诚）是伪满洲国伪皇帝（执政）溥仪的堂妹，又与已投靠日本充当伪蒙疆伪政权头子的蒙古德王（全名德穆楚克栋鲁普）个人关系密切，而且又有日本特务在旗内活动，"为防后患"，建议将达王爷"管制"起来。经批准之后，马鸿逵为了达到调虎离山的目的，采取先礼后兵的办法，派遣省方军政要员叶森、马腾蛟、刘伯石等亲往王府劝说王爷住到省城。在被拒之后，马鸿逵又以部队换防为由（定远营原驻马鸿宾部一个团），派兵包围定远营城，并向王府后花园山上开炮，以致兵戎相见。此时达王提出要见马鸿逵的母亲。后经马母亲自进城，把达王一家接到银川，安置在人称"小庙"的陕西会馆（原银川市公安局后，今公正巷内）居住。因达理扎雅的父王塔旺布里特甲拉，与马鸿逵的父亲马福祥是换帖把兄弟，称为世交，故马母出面才解决了危机。一年之后，达王一家又被第八战区转移到兰州市"安置"，抗战胜利后才返回旗府。

抗日战争全面爆发后，日本人仍然没有放弃对马鸿逵的拉拢计划。日本军队攻陷大同以后，阎锡山为保卫山西老家，将驻守绥远的三十五军傅作义部和陆军第七十师王靖国部全部调回山西。绥远既无守军，又无政府，等于自动放弃。1937年10月17日，日军占领包头，成立了所谓"包头回民支部"和"西北保商督办公署"，任命马福祥旧部旅长、回民蒋文焕为伪督办。日本方面这样的人事安排，明显在暗示回族诸马，日本对他们寄托着"合作"的殷切希望。特别是宁夏的马鸿逵一旦投日，则将改变日本在山西的军事困境并大大加强其在绥远的力量。为此，日本特意从东北找了一个张姓阿訇，派往宁夏游说。但此人未到宁夏即被马家军阻止。不久，日本又向宁夏省城空投伪"满洲国"信件，进行劝降，也未奏效。后日军头子板垣又飞往阿拉善，邀请马鸿逵会谈。马只派国民党宁夏省党部书记周百锽前往。板垣对周说，马家几代人都是清室忠臣，现在清室在满洲复国，马鸿逵应继续为清室效力。周百锽反驳说，八国联军攻打北京时，日本出兵最多。马家亲族很多人在正阳门被日军打死，"如今是家仇未报，国仇未雪，势不两立"。日酋技穷，恼羞成怒，遂出动飞机轰炸宁夏省城。日本人策动马鸿逵投降的阴谋宣告破产。

抗战中日军飞机五次轰炸宁夏

中国的抗日战争中，马鸿逵没有顺应日本侵略者的意愿，成为其傀儡。日本人见拉拢不成，不仅派日伪军从绥远向宁夏进攻，还不断派飞机对宁夏城乡进行狂轰滥炸，从 1937 年 11 月到 1940 年 8 月，日本前后向宁夏出动飞机近 200 架次，进行了大规模的轰炸。一般的资料记载对宁夏大规模的轰炸为 3 次，本文作者却提出了具体的轰炸次数是 5 次的新说法。

中国的抗日战争爆发之后，日本侵略军利用在绥远省扶植的内蒙古苏尼特右旗札萨克郡王德穆楚克栋鲁普（简称德王）和李守信所成立的傀儡伪政权——"蒙古地方自治政务委员会"和"蒙古军政府"，配合日军由北路向大西北进军。在日伪军的西进战略行动中，宁夏省首当其冲。当时日本方面对回族军阀、宁夏省主席马鸿逵的方针是又打又拉，逼马就范，走伪满洲国和伪蒙疆自治政府的老路。但是马家回族军事集团毕竟与满蒙贵族上层有所区别，从大的方面来分析，马氏家族注重学习，跟上形势，并在政治、经济、文化语言和居住地域等方面都与汉族人民联系密切，相互之间比较亲近，将民族利益和前途也与国家的命运统一在一起，民族的向心力历来很强；从小的方面来看，军阀是以枪驭政的政治军事团体，土地是他们的生命线。马家军阀得到"塞上江南"这块风水宝地是来之不易的，从自身小集团的利益计，他不会轻易放弃自己的地盘；再从国内大的形势分析，上有南京国民政府和蒋介石的军令，前有山东省主席、把兄弟韩复榘下场的例子，马鸿逵作为省主席、第七集团军的总司令和第八战区的副长官，于公于私计，理当守土有责。另外，陕甘宁边区革命武装就在身旁，军阀不抗日，人民武装是要抗日的，马鸿逵若是要把宁夏拱手让给日本人，共产党就会就近领导宁夏人民，把宁夏变为抗日敌后游击区和敌后根据地，这是马鸿逵最不愿看到的结果。出于多种原因，马鸿逵没有钻进日本人设计的自取灭亡的圈套，而是选择了抗日守土的这条活路。这样，日本人对马鸿逵集团的态度也随之改变为拉不成则打，于是不仅派日伪军从绥远向宁夏进攻，为了配合陆军的行动，日本侵华军又不断派飞机对宁夏城乡进行狂轰滥炸，用以达到军事上和心理上的作用，动摇宁夏军民的抗战决心，尤其是还希望马鸿逵走回头路。

日本侵略军的飞机对宁夏实施空中打击开始于"七七"事变后的数月，即 1937 年 11 月，延续到 1940 年 8 月，前后向宁夏出动飞机近 200 架次，给宁夏城乡造成巨大的财产损失和重大的人员伤亡。

第一次轰炸

1937 年 11 月 5 日中午左右，日本飞机 7 架，在人们毫无防备的情况下，突然从城东方飞临银川上空，然后由城东向西，沿东西大街一线投弹、扫射。因风力关系，炸弹纷纷落在城偏北一带。一时间全城爆炸声不断，地动山摇，火光冲天，非常恐怖。因为当时省城尚未对空设防，警报系统和防空网络均未建立，加之一直在和平安宁的环境下生活习惯了的市民们从未遭遇过空袭，也没有见到过这种阵势，所以全市男女老幼惊恐万分，夺门逃出家院，在大街小巷中无目的无方向地呼喊奔跑。日本飞机则低空飞行、投弹并向人群扫射，猖狂如入无人之境，给银川人民的生命财产造成巨大的损失。

第二次轰炸

1938 年 2 月 20 日午饭之后，日本飞机 18 架，由北向南飞，对兰州进行轰炸。我方驻兰州空军第 17 航空队立即升空与敌机展开激烈空战，日机数架被击落。由于日机没有达到对兰州进行空中打击的预期作战任务，又造成机毁人亡的重大损失，所以在日机返航途中，当飞临中卫县上空时，为了对中方进行报复，便将剩下的炸弹顺便投到中卫县城。但是因为县城目标小，县城一带农村居住分散，此次日机的空袭没有给中卫县造成大的损失。

第三次轰炸

1939 年 3 月 6 日，日本侵华军航空兵团第一飞行团，集结于山西运城机场，准备对西北战略要地兰州再次实施重点空中打击。为了掩盖这一军事机密，并破坏兰州周边的中国空军基地和机场设施，日本飞机从 3 月 6 日至 9 日，先用少数飞机从不同机场起飞，分别对洛阳、延安、银川和固原等城市进行轰炸。1939 年 3 月 6 日，这一天是农历正月十六日（惊蛰），中午，人们吃过午饭不久，日军飞机 12 架从山西运城机场起飞，突然再次从城东方飞临银川上空。经过上一年的教训之后，当时宁夏已经有了防空警报系统，还在宁夏边境的北部和东部都布设了对空监视哨站，并用电话与省城防空指挥部保持联系。在省城内外也挖了不少防空洞、防空壕。由于宁夏当局平常对市民群众的宣传工作做得不够，对防空疏散的演练和组织工作也没有做好，虽然这次能预先报告敌机袭宁意图，也在城中拉响了警报，但市民们还是不知所措，一起涌到街上，也不知躲避。日机从东向西又从西向东轮番轰炸，市民也从东向西逃跑，当日机调转头从西向东攻击时，人们也纷纷再从西向东奔跑，就如同日本飞机在驱赶羊群一样。这次日本飞机的炸弹又在省城偏南一线落点，不幸的是，在城西南方位的承天寺塔（西塔）院内所修筑的大型防空洞被炸弹击中。这处防空洞是省地政局修建的，共有两条，呈"之"字形连接，每条长约 20 米、高约 2 米、宽约 1.5 米。警报之后，洞内躲藏 60 余人，而日机的两颗炸弹一颗正中防空洞的入口处，另一颗正中防空洞的尾部。洞口立即被炸得封死，所以防空洞内的人很难逃出，造成全部伤亡（死亡 40 余人，重伤 20 余人）。人们有理由怀疑，在银川城内可能有潜伏的日方特务人员，在地面指挥日机投弹，所以炸弹才十分准确地落在西塔防空洞的正上方首尾两处。

其间，在 3 月 6 日另有日机 9 架，于夜间在固原县城投弹 20 余枚，给城中造成伤亡和财产损失。

第四次轰炸

1939 年 9 月 15 日，日本飞机 33 架改从宁夏北部入侵。此时宁夏的防空水平已大大提高，省方根据国民党中央军事委员会防空委员会的指示精神，早就于本年 1 月 1 日，专门成立了宁夏省防空司令部，由马鸿逵的二少爷、省保安处处长马敦静兼任司令，还把该处的高射机枪连布防在城墙上。在东方和北方设置的对空监视站哨一直延伸到陕甘宁边区的盐池县边界和绥远省西部的陕坝。为了统一组织市内居民和近郊农民的防空战备工作，还把银川市的行政管辖范围向城外扩展，东至红花渠西边，西南至南关强家水渠，西至唐徕渠东，西北至小新桥以北的李家寨，北至盈水桥南和教场湖、教场滩，东北至骆驼岭以南和高桥，南至红花渠北边等地区，一律划归市区范围，分区安置疏散人口。以便于城内"跑警报"的群众按预先划定的安置地点有序疏散。又在东教场和小北门偏东的两处城墙上各挖开一个大豁口，方便没有疏散的市民在遇到警报时，能就近转移到城外开阔地方和防空壕隐蔽。城中老弱病幼者，已被劝投亲靠友，限期疏散到农村暂住。城中的小学一律停课，高年级班由学校各自安排迁往近郊继续上课。各类中学被统一组建为一所"联合中学"，撤往远离省城的属县继续办学。全市大约有三分之一的人口被疏散出城。留在市内工作和生活的人们也在各主要街区和人口密集的居民点附近挖了简易防空壕。有条件的机关、商号和大户人家，还自行修建了小型防空洞和避难室，以备紧急时防身之需。与此同时，市政当局还多次组织机关工作人员、学校师生和市民群众进行防空、防毒演习。所以这次日机刚一飞临与宁夏交界的地方，陕坝和石嘴子等地的监哨站就先后给省防空司令部打电话报警,银川市马上先发预警警报,后发紧急警报,这时全城警察一齐出动,手持小黄旗沿街逐户组织全市公政人员和老百姓有条不紊按防空预案组织疏散。所以日机虽然从省城北门开始,一路由北街向南街进行轰炸、扫射,但是并未给银川造成多大的损失。据后来侦知,日本军方这次执行的轰炸行动,是为了检验其进攻苏联的实践能力而实施的空军与海军航空兵联合作战训练。原打算在此次作训行动中对宁夏省城银川和甘肃省城兰州给予沉重打击,但是在银川没有达到预期目标,又获知兰州警备森严,所以日机在银川投弹之后就奉命返航。

第五次轰炸

1940 年 8 月 28 日,日本军方出动飞机 87 架,分别对陕甘宁三省广大地区进行大规模空袭。日机十数架,在执行轰炸兰州任务完成之后,于返航时飞经灵武上空,当时天色已晚,日机飞行员发现地面有火光便投下数枚炸弹,弹着点均在黄河岸边的湖滩地上,未造成人员伤亡和财产损失,给灵武县城乡人民群众带来一场虚惊。

1941 年,为了加强宁夏的防空力量,国民党中央军委会令直属炮兵三团开往银川,高炮部队布防于银川以北的贺兰县立岗堡。这支部队在名义上归马鸿逵任总司令的第 17 集团军统一指挥,实际上在防空的同时,又与驻防在中卫县的中央军杨德亮师一起,从南北两个方向对马鸿逵部队进行督战与监视,以防止马家军在抗日期间有所异动。这一时期,苏联也派遣空军部队驻防在兰州,与国民党空军一起,加强西北的防空作战。苏联红军还经常主动出击,远航到沦陷区,对日本空军基地进行不断打击。其间苏联飞机曾因中弹或燃油耗尽,多次迫降在宁夏灵武县、宁朔县、中宁县、贺兰县和阿拉善旗以及陕西的定边县等地农村荒野上,都被当地人民救助,将飞行员安全护送到兰州,人机均未受到损失。与此同时,八路军和敌后抗日军民,也经常组织突击队袭扰、破坏日军军用机场,炸毁日本军用飞机,给中苏空军控制西北地区的制空权创造了条件。从此以后,日本飞机再也不敢侵犯我西北领空了。

抗战时期的宁夏"战时工业"

　　1937年7月7日，日本侵华军在河北省宛平县卢沟桥对中国驻军发动突然攻击，中国军队奋起反击，揭开了中国人民全民抗战的序幕。中国人民经过艰苦卓绝的斗争，付出了巨大的牺牲，终于赢得了中国近代史以来在反侵略战争中的第一次完全胜利。1945年8月15日，日本昭和天皇裕仁发表"停战诏书"，宣布无条件投降。

　　抗日战争中，祖国的中南部和东南沿海的财富之区相继沦陷，半壁河山被日寇占领，国家与民族处于危亡的关头。时国民党中央政府迁都重庆，决定把陪都之左右两翼的大西南和大西北作为大后方，建设成为牢固的反攻光复基地。为此，国民政府以共赴国难，开发大西北、大西南，建设大后方和"抗战建国"为号召，使得国统区的社会经济得到了快速与畸形的发展。所谓"战时工业"的出现，就是这一特殊时代的特殊产物。因为宁夏在抗战之前，基本上没有现代工业，"抗战建国"给宁夏现代工业的产生带来了一个机会，所以有人将宁夏的"战时工业"称为"自生工业"。天津《益世报》记者秦晋在宁夏采访以后，著有《宁夏到何处去》一书，书中论曰："过去省区地处荒僻，生产除牧畜、农产外，一切日用品，皆仰他省输入。抗战军兴，交通阻塞，自生工业在宁省之萌生，亦时势所趋。"①

　　宁夏省土地面积小、人口少、财力薄、基础差，以前所谓工业，

---

① 秦晋：《宁夏到何处去》，载《益世报》，宁夏省印刷局翻印，1947年，第13页。

大体上仍处于手工业作坊生产和自产自销的小农经济的水平线上，机器生产的现代化工业寥若晨星。

抗战以前，宁夏工农各业所需要的生产资料和人民生活日用百货等，基本上都靠从内地外埠进口，本埠的地方土特产也完全依靠输入内地、沿海诸省，以换取工业产品。当内地沦陷为敌占区以后，进出商品都被阻断，为了巩固大后方，为了救亡图存，宁夏官方和工商各界，也只能面对现实，共赴国难，发奋图强，想尽一切办法，筹集资金，招揽人才，从小到大，从土到洋，自办工厂，生产日常生活必需品，以达到自给自足的需求。

宁夏省与绥远省接壤，处境危艰，北部受到来自华北日军和内蒙古德王所谓"自治政府"伪蒙政权的联合军事威胁；西部的内蒙古阿拉善旗、额济纳旗王爷们，态度又非常暧昧，并允许日本军方在其境内设立特务机关，修筑简易军用机场。日特还时不时从蒙旗公开派遣特务来宁夏活动，大肆兜售在西北策划建立类似于伪满、伪蒙政权的"回回国"阴谋，日本军国主义者对宁夏的狼子野心昭然若揭。他们采用文武两手兼施的办法，或军事进攻，或飞机轰炸，或特务骚扰，或施展种种诱降手段，迫使宁夏当局就范、人民屈从。但是，宁夏军政官方和各界人士都非常明白，日本军国主义是不可相信的，投敌即是死路一条。如果不想当亡国奴，不愿做汉奸，只有死里求生，自己救自己——精诚团结，发展经济，大办工业，走自给自足的路子。于是全省官民立刻行动起来，仅用几年时间，就改变了"自抗战军兴后，以交通梗塞，货物来源断绝"和"一切用品端赖外省输入"的被动局面，初步实现了"利用本省原料，加以制造，必可增加生产，以利抗战"[①]的目标，从而催生了抗战时期的所谓宁夏"战时工业"的新局面，使得宁夏的工业生产从无至有，从大到小，从偏到全，从手工作坊到机器生产的根本性变化，工业化水平上了一个很大台阶，达到了一次飞跃。

---

① 宁夏少数民族古籍整理出版规划领导小组办公室：《十年来宁夏省政述要》，宁夏人民出版社，1987年，第151、222页。

1937—1945年，宁夏与国计民生有关的有代表性的工业企业有12家，它们是：

1. 第十一军磨面厂。军民皆以食为天。为了适应抗战新形势的需要，1940年5月，官方将创办于1935年的商办普利机器面粉公司（厂址在今银川市兴庆区宗睦巷），改制为军工企业，专供军需。1944年8月，再改为官商合办企业，厂名改为利民机器面粉厂。注册资本为27500元，日产面粉200包左右。马鸿逵任董事长，厂址改迁于银川南门外胜利街西侧。生产的面粉除供军需外，也向社会供应，生产效益一直很好。

2. 宁夏光华瓷厂。该厂生产军民皆离不开的生产和生活都需要的粗黑瓷器，如碗、盆、缸等日用器皿。1944年场址由大武口迁至石嘴子。扩大生产规模，提高机械化程度，并开始试生产白细瓷器新产品。企业为官僚资本，董事长马鸿逵，注册资本50万元。生产设备有烧窑2座、手摇磨碎机7台、石碾2盘、陶车5座。职工80多人（还有军工支援），年产日用陶瓷40多万件，基本上能满足本省军民需要。

3. 宁夏毛织厂。该厂1938年前为私营企业，后改为股份制企业，注册资金由5000元增至97000元。1942年又改为私营企业，马鸿逵家族的敦厚堂占全部股金的94%，由马家代理人马继德任经理。厂名改为兴夏毛织公司，主要产品为栽绒地毯、毛毯、毛呢、毛衣、毛袜、毛线等。生产原料充足，产品质量较好，在省内外畅销，供不应求，年年盈余。厂址由玉皇阁南街迁至东教场，再迁至省城东北郊的旧满城（今兴庆区丽景北街）。

4. 宁达棉铁工厂。该厂成立于1939年9月，初为合营企业，注册资金4万元。后由十七集团军接收，马鸿逵等军政官员集资扩建成为官督商营的股份制企业。工厂按产品分为二部：铁工部、纺织部。铁工部于1944年改名为兰鑫机器厂，马鸿逵任董事长。该厂机械仪器度较高，能进行机器设备维修和一般机器设备的制造。大宗产品仍为普通铁锅、铁锹等农用器具和小五金产品，该厂可以说是宁夏现代机械工业和重工业的萌芽，厂址在十七集团军修械所（今银川市民族北街）。1945年抗战胜利后停产。纺织部产品有棉纱、粗毛线、厂呢、粗毛布、方格毛毯等，销路亦旺，广受军民欢迎。但棉织产品的原料（棉纱）主要依赖从西安进货，成本高、供应不及时、生产不正常。

5. 宁夏造纸厂。抗战以前，宁夏造纸业多系手工业作坊生产，主要产品均为草纸、麻纸。1939年春，在宁夏造纸所基础上增资扩建，建成宁夏造纸厂。注册资金由2000元增至20000元。工人由40人增至184人。产品有新闻纸（办公和报刊用纸）、大麻纸、马封纸等。因为需求量大，产品质量比较优良，供不应求。厂址设于城内西塔（今承天寺），后迁至银川北郊八里桥。1941年1月，又于永宁县杨和乡（今永宁县杨和镇）设立分厂一处，专门生产大麻纸，以满足民间需求。

6. 富有被服厂。该厂是1933年附属于十五路军的老军工厂。1940年改属第十七集团军，全厂有70余名员工。以生产各种皮件和军用制服为主业，产品广受军民欢迎。

7. 大夏纺织厂。1941年筹建，1942年投产，生产纱线、布匹，以供军民成衣生产的需要。

8. 光宁火柴厂。该厂由宁夏银行贷款2万银元，于1941年筹建，1942年建成投产，为公营企业。1943年改为私营，由马鸿逵家族成员和军政高级官员集股60万元扩建而成。日产15～20箱火柴（每箱240包，每包10盒，每盒100根），产品有硫化磷火柴、泡泡火柴、安全火柴等3个品种，商标为"骆驼牌"。行销宁夏和周边地区，盈利颇丰。厂址在银川北门外骆驼岭（今银川市兴庆区丽景北街境内）。

9. 宁夏电灯公司（发电厂）。该公司为官商合办股份制企业，1935年10月创办，股金10万元。设备约系购买的旧机器，有110及35马力瓦斯原动机各1部、75及35瓦发电机各1部，发电量只有3千瓦，装电灯三四千盏。全厂有工人、技师51人。一般正常生产时，也只可供马府大公馆和省会大街路灯以及大商号照明用电。收费采用"包灯制"，每 15 瓦灯泡月收国币 6 元。因设备陈旧，故障不断，时常停电，电灯亮度不足，犹如萤火。

10. 利宁甘草膏制造厂。甘草为宁夏特产，抗战军兴，外销困难，于 1940 年 4 月，在原裕宁甘草公司的基础上，创立名为利宁甘草膏厂。该厂由马鸿逵家族控制的宁夏银行内设的富宁公司（商行）投资 40 万元建成，年产 14 万磅精制"双虎"牌甘草纯膏。产品销往兰州、西安和国外，并换取外汇。几经变迁，厂址由平罗县通伏堡迁贺兰县洪广营，最后迁至银川北门外八里桥。

11. 宁夏省印刷局（厂）。宁夏原有恒丰、晋秦等几家小型石印工厂。抗战军兴前后，省政府与十七集团军为大力宣传抗战之需，于 1935 年 3 月，筹办省印刷局（厂）1 家，注册资本 1 万元，属于官办企业，由省财政厅长兼十五路军军需处长赵文府兼任局长。该厂设有铸字、排字两部，排版、制版、印刷、装订和烫金等工艺都可开展。该厂是宁夏印刷行业的垄断性企业，全省各机关、学校、工商各企业和军队所需的公文、表册等，特别是《宁夏民国日报》《贺兰报》《扫荡简报》和省政府公报、行政报告以及各种期刊、书籍的印刷，都由该厂承担，所以业务兴旺，年年盈余。厂址设在《宁夏民国日报》报社内（今银川市中山南街）。

12. 明华玻璃厂。该厂 1943 年创办。宁夏盛产石英矿石，原料不成问题。产品以茶杯、花瓶等日用品为主，尚不能生产平板玻璃。厂址在银川中山公园东南侧。

抗战期间，宁夏的"战时工业"除以上介绍的较大企业之外，还有兴灵纺织厂、中和纺织厂、省立木炭厂、绥宁酒精厂、义兴织染厂、立达精碱厂、炼铁厂、浴宁肥皂厂、鸿丰烟草公司（厂）、宁夏制砚工艺厂、宝兴粉笔厂、甜菜制糖厂等。加之分布于城乡的各种手工业作坊，人民生活所需的各种日用品、小五金产品、农用小工具等，基本上都可以得到自产自供自足。正如叶祖灏在他所著的《宁夏纪要》专著中所论："宁夏原料、燃料均极近便，能善为经营，成本自甚低廉……若再辅以发展交通，俾便利运销，则前途实有无限的希望。"①

宁夏"战时工业"具有以下特点：

第一，在非常困难的大环境下顽强生长。抗战期间，宁夏处境危艰，地处西北抗日前沿，是西北大后方的前沿阵地，正面承担着对日伪（蒙疆）军的军事抵抗。腹背又要对付日本设在阿拉善旗、额济纳旗特务组织的各种诱降与破坏活动，加之日本军机的狂轰滥炸，造成人心惶惶，时局动荡。在这种形势下，既要守土，又要建设，是何等不易，应充分肯定。

第二，走白手起家的创业路子。宁夏历史上以农牧业为主，所谓工业只不过是一些小手工作坊而已。兴办工业的资金、设备、技术和原料之大部，都只能靠省内解决，因为内地已成为敌占区，交通早已断绝，不能指望。宁夏"战时工业"的资金大多是公私、官商和民间集资而来。据不完全统计，抗战前宁夏的工业总资本为220万元左右，而"战时工业"兴起后，十几家主要企业的总资本上升到420万元左右，新增200万元。②在只有七八十万人口的小省，这个增长数字是非常不容易的。至于机器设备和技术力量（包括劳动力），也只能靠自己培训，甚至要动员妇女走出家门，参加到工业生产中去。技术人才和熟练工主要通过开办"各县妇女纺织传习所""省立初级职业传习所""国立宁夏初级实用职业学校"等途径来解决。③当然更主要是靠采用传统的师傅带徒弟的古老办法，来为各厂矿企业解决熟练工和技术骨干。还有不少的生产原料，更是靠农林试验所试种、推广加以解决。如试种棉花、烟叶、甜菜、桑树和进行畜种改良实验等，效果都尚称嘉。

第三，办厂方向以生产社会急需的生产、生活必需品为主。如面粉、

---

① 叶祖灏：《宁夏纪要》，南京正论出版社，1947年，第86页。

② 参考谷苞主编：《西北通史》第五卷《国民政府年鉴·宁夏》，兰州大学出版社，2005年，第635页。

③ 宁夏少数民族古籍整理出版规划领导小组办公室：《十年来宁夏省政述要》，宁夏人民出版社，1987年，第151、222页。

纺织、造纸、火柴、碱精、陶瓷、肥皂、小五金、发电和一般机械制造以及煤炭等。从宁夏"战时工业"的布局和产品的门类来看，大体上形成全省初级工业体系，基本上可以满足全省城乡人民的一般需要，帮助人民渡过时艰。

抗战时期各省的行政体制是：省政府下设民政、财政、建设、教育四大厅办事职能机构。其中的工矿业、农牧业（包括水利）等生产性事业，均统属于省建设厅主管。从1937年至1945年，宁夏省主席是马鸿逵，省建设厅长为李翰园。李翰园在担任宁夏省建设厅长的8年内，为宁夏的"战时工业"作出了重大贡献，也为西北大后方北大门的巩固作出成绩，对全国伟大的抗日战争胜利是有一份功劳的。同时，宁夏的"战时工业"也为宁夏的现代工业打下了初级基础，创下了一条新路。

（作者：吴忠礼、吴晓红）

抗战中宁夏的地位和作用

1931 年，日本帝国主义发动"九一八"事变，占领中国的东三省，接着又把侵略魔爪伸过长城，积极进行全面侵华战争的准备工作。但在蒋介石"攘外必先安内"不抵抗错误政策下，国民党政府的一再妥协退让，促使日本军国主义侵略野心迅速膨胀，导致 1937 年"七七"事变发生，全面侵华战争爆发。日军很快侵占了北平和华北，并企图以中国为基地，用中国的物资、财力和兵源，实现南下、北上称霸全世界的狼子野心。但是，日本毕竟只是一个小小的岛国，土地小、人口少、物资缺、兵源有限，所以要达到灭亡中国和独霸世界的目的，它就应当先做到三条：其一，"速战速决"的侵华军事战略，即所谓"三个月结束对华军事"；其二，组织傀儡伪政权、收买汉奸，给他看家护院、充当走狗，以保证后方安全和前方有足够的兵力投入；其三，打通中国南北通道，以便随时南下发动太平洋战争与美国争雄，北上入犯西伯利亚，侵略苏联。

一、抗战时期西北的战略地位

在国内外的新形势下，中国大西北的战略地位发生了巨大的变化，大西北从大后方变为了抗日前方，成为卧在日本侵略军南下或北上侧后方的一只猛虎，成为日本军国主义的心腹之患，是日军在全面侵华战争中必先解决的对象。

日本人的担心是有充分理由的，因为：

第一，中国共产党领导的陕甘宁边区政府设在西北的延安，这里是中国共产党领导指挥的抗日革命武装八路军、新四军和全国人民抗日救亡运动的指挥中心和总后方，是照亮四万万同胞争取民族解放的灯塔和革命圣地。这是日本军国主义最为害怕、最为致命的关键所在。

第二，西北各省是中国回族等许多少数民族的家园主要聚居区。这些民族对于祖国的向心力极强，对于中华民族、大中华文化的认同感坚定，对于中国共产党的"各民族平等""各民族自治"的民族政策坚决拥护，愿意团结在中国共产党的周围，同心同德，团结御辱，为拯救中华民族而共同奋斗。

第三，西北地域辽阔，资源丰富，地灵人杰，钟灵毓秀，蕴藏着巨大的潜力。当中原大地和东南沿海的半壁河山沦陷之后，大批科技人员和资金，包括一部分官僚资本，纷纷流向大后方，给西北的经济发展创造了条件，培育了市场，带来了生机。尤其是在全国掀起"抗战建国""开发大西北"口号鼓舞下，西北的"战时工业"和地方民族工商业得到迅速发展壮大。所以大西北不仅是中国全民抗战的战略大后方、军事大本营之一，也是支持对日长期作战在人力、物资和兵源上稳定的补给基地。

第四，由于与苏联站在同一条反法西斯战线上，在西北数千里边界线上，与真心支持中国人民抗战的社会主义苏联等地相通，是一条重要的国际大通道，在地缘上具有非常重要的战略意义。

二、抗战中宁夏战略地位的上升

随着西北战略地位的根本性变化，宁夏的地位当然也相应得到放大与凸显，表现在两个方面：

其一，地理形胜扼要。宁夏位居大西北的东北部，依山（贺兰山）阻河（黄河），大漠环抱（乌兰布和、腾格里沙漠、毛乌素沙地），具有锁钥西北北大门的形胜。在军事上易守难攻，自古以来就是兵家必争之地。当时日伪军曾一度乘傅作义驻绥远省的部队撤守山西之机，意欲西犯，妄图一鼓攻占宁夏，打开大西北的大门。这时的宁夏，已由大后方的大西北一下子变成了大西北的抗日前方战场。试想，如果宁夏不保，藩篱不存，则大西北不保；而大西北不保，则国际通道阻断，陕甘宁边区也将受到严重威胁，而且日军可从侧后绕道攻打中国另一片抗日大后方的大西南地区，则国民党政府的陪都重庆就危在旦夕；大西北和大西南都不保，则光复无望，中华民族灭危矣。

其二，政治形势微妙。日本在军事上积极准备进攻宁夏的同时，也在政治上散布其似是而非的所谓"民族自治"的理论，挑动蒙古族、回族人民之间以及少数民族与汉族之间的矛盾，以施"以华制华"的奸计。他所瞄准的重点对象是时任宁夏省主席、第十七集团军总司令、第八战区副长官的回族军阀马鸿逵和阿旗王爷达理札雅，妄图策动马鸿逵作带头羊，仿照伪满洲国或伪蒙疆自治政府的式样，在西北再造一个所谓"回回国"和"阿额青蒙古共和国"的政治阴谋。在行动上，日特机关让当时归属于宁夏省管辖的阿拉善、额济纳二蒙旗的两个王爷——达理札雅和塔旺嘉布率先搞独立，从宁夏分离出去，在政治上给马鸿逵施加压力，并于心理上动摇宁夏军民的抗战信心。日特在两蒙旗设立特务机关，架设电台，修建飞机场，开辟了百灵庙—定远营—东庙之间的航道，等于把刀架到马鸿逵的脖子上，逼其就范。由于蒋介石一再对日妥协，使得马鸿逵和蒙旗的王爷们，为了自保自存，态度暧昧，静观事态的发展变化。宁夏地区这种微妙的政治形势，潜藏着很大的隐患，如果日本人的阴谋得逞，则从东北的伪满洲国起，到华北、绥远的伪蒙疆，再到西北的宁夏省和西蒙二旗，就会连成一片，形成一个大的包围圈，中国抗日战争的形势就更加严峻了。反之，如果宁夏和两蒙旗当局的抗日态度坚定，守土有方，把住国门，将对全国抗日战争作出独特的贡献。

因此，宁夏形势的变化，马鸿逵的政治动向，一时间受到国共双方，甚至受到苏联和国际反法西斯阵线的一致关注。

三、宁夏在抗战中的贡献

抗日战争时期，宁夏的战略地位既然十分重要，那么主政宁夏的军政当局和最高当权者个人的政治态度，就成为问题的关键。时宁夏省政府主席、国民党宁夏省党部主任、驻军最高指挥官均由马鸿逵一人兼任。

日本人对于马鸿逵施用软硬两手，即又拉又打的手段。

拉（诱降）：敌方发动马家旧部给马写信劝降，希望他做伪满清的忠臣，并与把兄弟达王夫妇拥护伪满，因为达王妻子金允诚是伪皇溥仪表妹；派飞机撒传单；成立回教团体，虚位待马；派日特利诱、拉拢。

打（强压）：

一是轰炸。1937 年 11 月 5 日至 1940 年 8 月 28 日，三次炸银川、五次炸宁夏，在心理上打击宁夏人民和"宁马"集团的抗战信心。

二是设特务机构，修机场，向宁派汉奸，进行威胁。

三是军事攻击。1939 年夏秋、1940 年 2 月，日蒙联军西进，矛头直指宁夏。

"宁马"的态度与表现：

"宁马"指马鸿逵与其兄马鸿宾。他们都做到了：一不上政治圈套，二不弃土逃跑，三不向敌伪投降，并坚决出兵，抗战到底。马鸿宾任绥西防守总司令，统一指挥 81 军 35 师两个旅，15 路军 168 师两个半旅，开赴绥西抗日前线，与日伪军进行殊死战斗，保卫了西北的北大门和宁夏的疆土。"宁马"在民族危亡的关键时刻所表现出的民族气节是应当肯定的。（派省府秘书长叶森赴阿旗与日本侵华军大头目板垣征四郎谈判，以表明宁夏省坚决抗日的态度，并枪决送日特来银川的汽车司机。另外，又派省府民政厅厅长李翰园专程赶赴额济纳旗逮捕日特。）

"宁马"为什么有这种表现？

首先，"宁马"从军官到广大士兵，回族将士比较多，回族历来是有光荣革命传统和爱国主义精神的民族。民族意志决定了官兵的政治取向和战斗力。

其次，中国共产党和边区革命根据地对马部的影响并做了大量的统战工作（张子华），起到一定的作用。

最后，马家父子（侄）从辛亥革命后就是宁夏主政者、经营者，这片土地是"宁马"集团的基地，被视为第二故乡，不可以轻易丢失。

在抗战期间，宁夏省没有丢失土地，守住了西北大后方的北大门，堵死了日军和伪蒙军进攻西北、绕攻西南、威胁陕甘宁边区和阻断苏联援华的国际交通线，在战略上具有重要作用，对全国全面抗战作出了自己的贡献。

宁夏"人大"与"政协"
前身同源同宗

中国人民解放军第一野战军第十九兵团在司令员杨得志、政委李志民指挥下，在陕甘宁三边分区和中共宁夏工委领导的地方人民武装大力配合下，于1949年9月23日解放了宁夏省（今固原市各县区隶属甘肃省，早于宁夏省在7月底至8月初已先后解放）。新的宁夏省一经诞生，立即于9月25日成立"中国人民解放军银川市军事管制委员会"，暂时代行全省临时最高权力机关。军管会主任杨得志（第十九兵团司令员）、副主任马鸿宾（国民党起义部队将领，原西北行政长官公署副长官，拟任宁夏省人民政府副主席）、朱敏（陕甘宁边区三边分区区委书记，三边军分区政委，宁夏省委副书记）、曹又参（原三边军分区司令员，拟任宁夏省军区副司令员）。26日，军管会发布"解字第一号"布告，宣布人民政权的政策、纪律，起到"安民告示"的作用。军管会当时抓了三项工作：第一，接管旧政权、建立新政权；第二，恢复生产，帮助灾民自救；第三，维护社会治安、剿匪肃特。其间，全省各市县的党委、人民政府纷纷被委任成立。在建立人民政权的工作中，军管会和省委遵照中央人民政府通过的《省各界人民代表会通则》和《省人民政府组织通则》，在各市县党委组织的指导下，首先召开了"各界人民代表会议"，在省人民代表大会尚未召开期间，暂由省各族各界人民代表会议代行政权职责。这时代行全国人民代表大会的中国人民政治协商会议（简称"全国政协"）虽然已在北京成立了，但全国各省市的人民政协尚未诞生。为了填补新中国成立初期实现人民当家作主的权力机构的空缺，党中央和中央人民政府采取一种过渡性的方法，即首先由人民推选各族各界人民代表参加召开的代表会议，即召开省、市、县三级"各族各界人民代表会议"，代行各级人民政权的最高权力机构——人民代表大会，对国计民生的各种重大问题进行民主讨论、共同协商，并选举产生各级人民政府领导班子，可见各族各界人民代表会议的意义重大，它有力地推进了全省民主政治建设，也显示了人民民主专政政治制度的优越性，为创造性的中国人民政权结构——人民代表大会制度进行了准备和示范，奠定了基础。与此同时，各族各界人民代表会议，也是中国共产党领导下的统一战线组织这一取得革命胜利"法宝"——人民政协，产生的前身。因此，解放初期诞生的各族各界人民代表会议，既是人民代表大会最高政权制度的前身，也是统一战线政治协商制度的前身，具有双重身份，担负着执政与参政议政的两大使命。

各族各界人民代表会议的产生并不是从天而降，而是有着深厚的群众基础和广泛的代表性。这个基础就是在召开各族各界人民代表会议之前，各地都从下到上先后召开了工农学商等各种群众组织的代表大会，分别成立了省农协（朱敏兼主任）、省工会（主席吴瑞旺）、省青年团（团省委书记李子奇）、省工商联（主任何义江）、省妇联（主任白烈飞）、省文联（主席吴坚）、省学联（主任朱瑜）、省青年联合会（梁大均兼主任）等各行各业社会团体的群众组织。

宁夏省各族各界人民代表会议也是在全省绝大多数市、县、旗各族各界人民代表会议至少先后召开过三次会议的前提下才正式召开、隆重举行的。

在全省各行各业群众团体普遍成立和各市、县各族各界人民代表会议参政议政，并大多先后召开过三届代表会议的基础上，宁夏省各族各界人民代表会议的召开已水到渠成了。宁夏省委根据中国人民政

宁夏省各市、县、旗第一届至第三届各族各界人民代表会议简表

行政区	第一届会议	第二届会议	第三届会议	主席
银川市	1949 年 12 月 1 日	1950 年 3 月 25 日	1950 年 8 月 28 日	孙璞
永宁县	1949 年 10 月 30 日	1950 年 4 月	1950 年 8 月 22 日	刘俊谦 何广宽
贺兰县	1949 年 11 月 25 日	待补	1950 年 9 月 10 日	周幼文
平罗县	1949 年 10 月 28 日	1950 年 3 月 12 日	1950 年 9 月 13 日	马俊杰 刘润田 贺锦季
惠农县	1949 年 12 月 1 日	1950 年 3 月 16 日	1950 年 9 月 1 日	信宁
陶乐县	1950 年 1 月 25 日	1950 年 8 月 28 日	1951 年 6 月 28 日	张文厚
磴口县	1950 年 2 月 1 日	1950 年 5 月 15 日	1950 年 9 月 1 日	待补
吴忠（堡）市	1949 年 9 月	1950 年 1 月 1 日	待补	冯茂 李波峰
宁朔县	1949 年 12 月 10 日	1950 年 3 月 27 日	1950 年 8 月 18 日	郑治华
金积县	1949 年 12 月	待补	待补	待补
中卫县	1949 年 12 月 20 日	1950 年 3 月	1951 年 4 月 26 日	杨正喜
中宁县	1949 年 12 月 16 日	1950 年 4 月 19 日	1950 年 9 月 5 日	霍怡民
同心县	1949 年 12 月 24 日	1950 年 4 月 6 日	1951 年 4 月 26 日	韩效忠
灵武县	1949 年 10 月 29 日	1950 年 5 月 5 日	1950 年 9 月 1 日	李健 丁子齐
盐池县	1949 年 10 月 25 日	1950 年 4 月 12 日	1950 年 9 月 6 日	李克忠
阿拉善旗	1951 年 11 月	1952 年 12 月	待补	李健 达理札雅
额济纳旗	1952 年 10 月 20 日	待补	待补	塔旺嘉布
固原县	1949 年 10 月 28 日	1950 年 2 月 6 日	1950 年 5 月 10 日	常学智 罗明道
海原县	1949 年 10 月	1950 年 3 月 23 日	1950 年 8 月 8 日	武占斌
西吉县	1949 年 11 月 7 日	1950 年 3 月 25 日	1951 年 9 月 24 日	白长富
隆德县	1949 年 12 月 25 日	1950 年 9 月 16 日	1951 年 9 月	贾庆礼
化平县	1949 年 11 月 10 日	1950 年 2 月 25 日	1951 年 11 月 7 日	李世俊

说明：固原、海原、西吉、隆德、化平（今泾源县）5 县时属甘肃省。

治协商会议制定的《共同纲领》第二章第十四条中"凡人民解放军初解放的地方……在条件许可时召集人民代表会议"的精神和中共中央西北局对中共宁夏省委书记潘自力、副书记朱敏作的第一次综合报告的批示中"由各族各界代表会议代行人民代表大会职权，选举人民政府主席及协商委员会主席"的指示①，积极筹备召开宁夏省第一届各族各界人民代表会议。

为了开好这次具有划时代历史意义和里程碑的重要会议，1950 年 9 月 5 日，省人民政府第二十九次行政会议决定成立宁夏省首届各族各界人民代表会议筹备委员会。筹委会由党政军农工商学和社会各方面有代表性的 25 人组成。邢肇棠为主任，李景林、孙殿才、陈宜贵、黄执中、徐宗孺、袁金章、雷启霖、马腾霭、王金璋、赵文献、达理札雅、石子珍、葛士英、吴友文、贾怀济、吴瑞旺、李子奇、海涛、张源、吴坚、孙璞、雷恩均、金三寿、李坤润为委员，葛士英为秘书长，袁金章为副秘书长。②

9 月 7 日，筹委会第一次会议召开，通过了《宁夏省第一届各族各界人民代表会议筹备委员会组织规则》，对会议的组织、职权、分工等作出规定。会议还决定于宁夏解放一周年纪念日（1950 年 9 月 23 日）正式召开宁夏省第一届各族各界人民代表会议第一次大会，并于 9 月 22 日，召开成立大会的预备会议。会上筹委会主任邢肇棠作《关于筹备经过的报告》，还对筹委会的《组织规则》做一些修改补充，又制定了《议事规则》和《提案审查委员会组织规则》以及《选举办法草案》，最后通过了《大会议程》。会议决定大会主席团由主席潘自力，副主席邢肇棠、孙殿才担任，委员计 31 人组成。秘书长葛士英、副秘书长袁金章。孙殿才兼资格审查委员会主任，李景林兼提案审查委员会主任。

① 冯炳华主编：《当代宁夏日史·第一卷（1949.7~1958.12）·1950 年 4 月 2 日》，宁夏人民出版社，2006 年。
② 冯炳华主编：《当代宁夏日史·第一卷（1949.7~1958.12）·1950 年 9 月 5 日》，宁夏人民出版社，2006 年。

　　宁夏省第一届各族各界人民代表会议第一次会议于 9 月 23 日至 10 月 5 日在省会银川市举行。出席会议代表 275 人，邀请列席人员 80 人。其中各族各界人民代表名单、界别如下：

　　中共 5 名：朱敏、陈宜贵、王志强、苏晓蒙、贾怀济。

　　民盟 2 名：黄执中、刘汉翘。

　　青年团 3 名：李子奇、何汀轩、朱瑜。

　　工会 7 名：王风岐、刘君建、李士如、王俭、杨润、杨润东、吴瑞旺。

　　妇联 4 名：海涛、程士杰、朱仲止、白烈飞。

　　文联 2 名：丁光明、赵暾。

　　学联 1 名：耿天才。

　　青联 1 名：徐梦麟。

　　工商界 2 名：郭德旺、董贻富。

　　企业公司 4 名：苗建基、李承绪、严文、刘裕凯。

　　自然科学研究会 1 名：李芳春。

　　医学界 2 名：王某某、董柳坡。

　　中苏友协 1 名：梁大均。

　　农协 3 名：马忠求、金三寿、宋友田。

　　教育工作者 3 名：樊应福、张凤舞、谢瑞祥。

　　新闻界 2 名：张源、冯森林。

　　省级机关 25 名：其中省委 2 名（李和春、薛池云）、民政厅 2 名（白玉光、王宪之）、财政厅 3 名（高益、王守法、王辅卿）、建设厅 4 名（郝玉山、沈秉良、李萍、张兴）、工商厅 3 名（宋安、王维山、冯凯）、文教厅 2 名（吴友文、苏树铭）、公安厅 2 名（何述田、白文章）、法院 1 名（田大润）、银行 2 名（李青萍、史思成）、卫生处 2 名（张程、冯尚德）、秘书处（包括民委、财委、监委）2 名（葛士英、马全良）。

　　部队 15 名：王道邦、肖应棠、曹又参、黄罗斌、马惇靖、张建纲、肖剑平、刘宗泽、李文林、王俊海、王胤智、杨树林、刘志德、李聚贤、杨凌崐。

英模 6 名：郭宏运、刘开义、王路七、徐忠义、陈尚文、李振林。

聘请 14 名：袁金章、温怀三、景伯衡、张尊贤、乔岳卿、陈宪明、刘兴汉、马赐恩、苏长龄、刘廷栋、白桂钦、马崑山、马生岐、陈爱尔德尼巴图。

区域 162 名：

银川市 10 名：孙璞、纳长麒、马俊杰、雷启霖、陈振纲、余西铭、刘克武、张世秀、韩魁斋、艾玉梅。

贺兰县 11 名：周幼文、孙占祥、张泽、赵荣、张润、李国喜、季庆、杨宏道、杨玉玺、李应荣、刘割非。

永宁县 13 名：刘俊谦、何广宽、贾秀民、李国栋、李春云、李浩烈、陈志显、杨茂林、马汉章、雷忠田、吴文弟、纳云清、马宝山。

宁朔县 11 名：郑治华、陈玉田、穆登殿、王天龙、胡兴廷、史新三、张茂林、何遂心、陈正、崔俊峰、韩胡清。

平罗县 12 名：王静悟、杨生恒、董振声、谈尚光、冒良臣、秦致堂、高光耀、段金魁、高尚信、王师民、白国民、冯佩兰。

惠农县 13 名：马进、李冲和、徐怀玉、鲍玉梅、张景瑞、孙长清、刘堂深、冯丽生、杨希民、王保山、刘志远、马英龙、田峰玉。

灵武县 10 名：胡玉仪、王焕然、杨正考、马守仁、金为林、张祺、朱泽、陈风兰、龙作霖、李健。

金积县 10 名：娄可忠、马有春、丁宝琛、陈马氏、陈玉莲、赵沛、强忠民、雷应龙、何文彩、马腾霭。

中卫县 14 名：金常昭、路思温、杨正喜、雍珍、郝万才、李光琢、戴通孝、张发兴、何光亮、张晰东、李盛春、刘风岐、何其正、马惇信。

中宁县 13 名：焦显明、胡焕祥、李伯祥、胡凤林、武胜、李俊臣、杨伯棠、万玉英、刘廷基、霍怡民、郑万寿、董通儒、陈森。

同心县 7 名：韩效忠、王楫让、马秉骧、张生德、马生海、吴忠耀、王凤春。

磴口县 5 名：李尔直、唐九鼎、张文选、辛学亮、马凤龙。

陶乐县 3 名：丁玉、阎广仁、高荣。

盐池县 8 名：郭文举、陈守彝、左祥麟、赵子厚、阎立人、穆易兰、李克忠、刘介生。

吴忠市 8 名：刘怀富、马美英、阎永钦、马文消、徐秉彝、买尚文、王凤阁、何学广。

阿拉善旗 12 名：达理札雅、云样生、罗巴图孟柯、胡巴图巴雅尔、玛希毕勒格、陶乐明、达鎏、张仁、邸发堂、满得利、金占样、王亨泰。

额济纳旗 2 名：塔旺札布、罗虎。

以上代表按界别划分为：工人 14 名、雇农 3 名、贫农 55 名、中农 75 名、富农 19 名、开明士绅 9 名、职员 16 名、自由职业者 20 名、工商界 11 名、学生 39 名、军人 14 名；按民族分为：汉族 213 名、回族 50 名、蒙古族 10 名、满族 2 名。①

大会选举产生了宁夏省人民政府领导班子及其省直属办事机构，名单如下：

主席：潘自力（中共宁夏省委书记，解放军 19 兵团副政委兼政治部主任）

副主席：邢肇棠（原华北人民政府委员兼水利委员会主任）、李景林（原陕北行政公署副主任）、孙殿才（原中共宁夏工委书记）

省政府委员 17 人（按姓氏笔画为序）：

王道邦（19 兵团 65 军政委兼宁夏军区司令员）

王金璋（原陕甘宁边区三边地委组织部部长）

石子珍（原陕甘宁边区政府税务总局局长）

朱敏（原陕甘宁边区三边地委书记，现任中共宁夏省委副书记兼组织部部长）

李冲和（教育界）

金三寿（原回汉支队副支队长、回族）

---

① 《宁夏日报》1950 年 9 月 24 日。

郝怀仁（原陕甘宁边区三边分区贸易公司经理）

徐宗孺（教育界）

马全良（起义将领、回族）

梁大均（原回汉支队政委，现任中共宁夏省委宣传部副部长）

曹又参（原陕甘宁边区三边军分区司令员，现任宁夏军区副司令员）

黄执中（民盟、教育界）

黄罗斌（原解放军师长，现任宁夏军区副司令员）

云祥生（中共阿拉善旗工委书记、蒙古族）

达理札雅（阿拉善旗旗长、前亲王、蒙古族）

赵文献（原陕甘宁边区咸阳分区保安处处长）

刘汉鼎（司法界）①

葛士英（省政府副秘书长）

宁夏省政府办事机构主要负责人有：

省建设厅厅长：李景林（兼）（郝玉山副厅长）

省民政厅厅长：王金璋

省财政厅厅长：石子珍

省教育厅厅长：徐宗儒（吴友文副厅长）

省工商厅厅长：郝怀仁

省公安厅厅长：赵文献

省高级法院院长：刘汉鼎

省卫生处处长：张程②

会上省人民政府主席潘自力致开幕词，副主席邢肇棠作《关于宁夏省人民政府一年来的工作报告》，副主席李景林作《关于财政经济工作的报告》，委员兼财政厅厅长石子珍作《关于宁夏省1950年财政收支报告》，省主席潘自力最后作《关于今后一年的工作方针与任务的报告》。大会还通过了《关于安置复员军人优待烈军属及贫苦工属》

① 《宁夏政报》1950年3月。

② 《宁夏日报》1949年12月6日。

《加强地方财政收入、办好地方工业》《贺兰山封山育林与合理采伐》《加强水利行政组织、统一管理水渠，避免本位主义》等4个关系全省人民生计的重点提案，交政府执行。大会10月5日胜利闭幕。

大会于10月5日选举产生了宁夏省协商委员会主席、副主席、委员。名单如下：

主席：潘自力（兼）

副主席：朱敏（兼）、达理札雅（蒙古族）、马腾霭（回族）

委员45人，他们是：

丁玉（回）、王志强（回）、王凤阁、王焕然、白桂钦、朱仲止（女）、李芳春、李盛春、李子奇、李青萍、辛学亮、吴瑞旺、胡兴、胡凤林、胡巴图巴雅尔（蒙古）、孙殿才、海涛（女、回）、马崑山（回）、马宝山（回）、马惇信（回）、马忠孝（回）、纳长麒（回）、黄执中、陈宜贵、陈振纲、陈爱尔德尼巴图（蒙古）、陈宽明、陈凤兰（女）、张生德（回）、张源、张程、张尚信、崔俊峰（女）、温魁三、景伯衡（满）、雷启霖、雷应龙、杨茂林、杨玉玺、刘棠琛、刘兴汉（回）、刘介生、韩奎斋、罗一虎（蒙古）、苏长龄。

秘书长：雷启霖[1]

根据《省各族各界人民代表会议组织通则》中有关省各族各界人民代表会议协商委员会职权的规定，协商委员会既是各族各界人民代表会议休会期间的工作机构，代行省人民代表大会的职权，也是地方政协性质的机构，所以解放初期的各族各界人民代表会议，既是人民代表大会的前身，同时也是政治协商会议的前身，因此"人大"与"政协"的前身同源。[2]

为了祝贺省各族各界人民代表会议的召开，《宁夏日报》于23日发表了题为《宁夏人民民主专政的新阶段》的社论。社论指出：在宁夏解放一周年时间里，全省人民正确执行党中央和中央人民政府的各

[1] 宁夏政协文史资料委员会：《宁夏政协史料》，宁夏人民出版社，1991年。
[2] 宁夏通志编纂委员会：《宁夏通志·政权政协卷》，方志出版社，2012年。

项政策法令，尤其是正确执行《共同纲领》所规定的民族政策，团结各族人民，维护了社会治安，建立了各族人民政权，各市县先后召开了二至三届各族各界人民代表会议，提高了人民的政治觉悟，恢复了经济，人民生活得到初步改善。今后一定会进一步加强各族人民大团结，发展生产，巩固人民民主专政，取得更大的成绩。[①]

---

① 冯炯华主编：《当代宁夏日史·第一卷（1949.7~1958.12）·1950 年 9 月 23 日》，宁夏人民出版社，2006 年。

解放初期宁夏军民的剿匪肃特斗争

新中国成立初期，国际国内形势错综复杂，一方面，新生的人民共和国得到以苏联为首的东欧与亚洲的社会主义国家、人民民主国家，以及一些民族独立国家的承认；另一方面，以美国为首的帝国主义侵略势力不甘心在中国的失败，坚持敌视新中国的立场，并支持国民党残余势力进行破坏和捣乱，妄图把新生的人民政权扼杀在摇篮里。

宁夏解放初期的形势同全国一样，亦相当严峻，由于数万名马家军突然哗溃，形成大批散兵游勇到处骚扰滋事，股匪、敌特勾结破坏，一时间人心惶惶，社会治安混乱，给新政权带来很大的挑战。对此，新生的人民政权，在全省广大人民的支持下，在驻宁人民解放军、公安、武警干部等的努力下，与匪特展开了英勇顽强的斗争，最终粉碎了敌人的进攻，保护了人民生命财产的安全，维护了城乡治安和社会秩序，巩固了人民民主专政。

1949年9月23日晚，中国人民解放军一野第十九兵团先遣分队冒雨进驻宁夏省城银川市，随后，十九兵团全军立即在向全省各市县进军的同时，于9月26日成立了由司令员杨得志兼任主任，马鸿宾（宁夏起义将领）、朱敏（中共宁夏工委负责人）、曹又参（三边军分区司令员）任副主任的银川市军事管制委员会，作为过渡性的最高权力机构，统一领导银川市和全省的接管、支前及安定社会秩序的工作。同日，军管会连续发布了第一号、第二号布告。第一号布告的九条规定，阐明了中国共产党和中国人民解放军对新解放区的方针政策，对各阶层人士普遍关心的问题作出了明确的回答，消除了各族各界人民的顾虑，澄清了社会上流传的谣言，起到了"安民告示"的作用。同时，对于敌人也是一个严正警告。如布告第七条规定："严禁暗藏敌特，不法之徒，进行军事破坏，偷盗抢劫，放火等罪恶行为，如遇上述情形，居民一律均有权扭送和迅速报告军警治安机关处置。"第八条又规定："蒋马散兵游勇，限布告日起，自动向本会投诚报到，缴出武器弹药及军用品等，本会当根据自愿，分别收容或遣送回籍。如有违抗不报到或隐藏武器者，即予逮捕查究，窝藏不报者，也应受到处分。"第二号布告，则对报到登记地点和具体办法作了详细规定。紧接着又于9月29日，成立了中国人民解放军银川警备司令部，在落实市军管会第一、二号布告和维护省会地区的治安方面起到了重要作用，给全省大局的稳定做了示范。在广大人民群众的积极协助之下，仅在市军管会登记的马鸿逵部军政人员和散兵游勇就达二万余人，其中将级和上校军官六十六人。收缴各种枪支近六千件，对于维护城乡治安与社会安定起到了积极的作用。

当时，宁夏地区除了散兵游勇祸害之外，更为严重的则是匪患，全省境内外土匪如毛，主要有郭永胜（郭栓子）、马绍武、张海禄、李富成等股匪和德（内蒙古王爷德穆楚克栋鲁普）、李（守信）残部等三大匪患，以及三边地区毗邻宁夏一带的张廷芝等惯匪。他们勾结地主恶霸、敌伪军官、兵痞流氓和帮会头子，有的还在美蒋特务组织的指挥下，到处张贴反动标语，造谣惑众，煽动民心，甚至组织反革命武装暴动，公然袭击我旗、县和基层区、乡人民政府以及人民解放军生产、运输部队，杀害我基层干部、积极分子和人民解放军指战员，武装抢劫贸易公司，破坏工矿企业生产，阻断公路干线交通，烧杀奸淫，无恶不作，罪行累累，反革命气焰十分嚣张。

活动于宁夏北部和阿拉善旗境内的匪众为德王和李守信匪众。这是一支政治土匪，早在抗日战争时期，他们就投靠日本侵略者，建立过所谓蒙疆伪政权，是有名的蒙奸卖国贼。后来他们又投靠蒋介石反动集团，继续与人民为敌。解放军进军大西北之后，他们不甘心失败，企图在阿左旗巴彦浩特导演成立"蒙古自治政府"，阴谋失败后，仓皇逃往阿左旗北部沙尔扎庙、拐子湖一带，汇聚流窜此地的少数反动王公、贵族、惯匪以及伪蒙古骑兵新编第一旅的残兵败将千余人，在宁夏与内蒙古交界磴口县一带到处杀人抢劫，无所不为。

活动于宁夏南部一带的马绍武等股匪，是一批十恶不赦、罪行累累的惯匪。宁夏解放初期，该股曾率众向我军假投降，随后又全部叛变，并与张海禄、李成富等匪合股，盘踞于同心县西南山区，骚扰宁南和固原大片地区，抢劫行人，打家劫舍，伏击过往人民解放军，危害极大，政治影响十分恶劣。

活动于银川平原和贺兰山地区的是郭永胜股匪。郭为宁夏巨匪，早在马鸿逵统治宁夏时期就曾占贺兰山为王，人称"贺兰王"。马鸿逵久剿无功，便招安他下山，任命他为贺兰山警备司令。解放初期，慑于我大军之威，曾一度投诚，被改编为贺兰山保安队，任队长。1950年3月，郭永胜率旧部复叛，重上贺兰山为匪，并积极与台湾特务组织联系，被任命为"中国国民党西北反苏讨共救国军宁夏军区司令官"。他纵匪众在银川平原各县大肆进行破坏活动，干尽了坏事，人民群众切齿痛恨。除此之外，还有张廷芝、阎廷芳、田福祥、杨沙虎、李大瓜子、王敬武、索少义、李正富、马生财、杨伯义等二十余股土匪。有些匪首还扬言"打到银川去"，"举行全宁夏总暴动"，反革命气焰甚嚣尘上。一时间，阴风阵阵，乌云滚滚，谣言四起，人民群众恐惧，部分地方干部不安心工作，基层政权建设严重受阻。

面对严重的匪患，中共宁夏省委于10月9日发出关于《对目前几个中心工作的指示》，肃清土匪特务，收集散失在民间的武器，安定社会秩序作为当前压倒一切的四大中心任务之一。11月15日，省委根据形势的变化，再次发出《今冬中心工作的指示》，明确了"以肃清土匪为中心工作，配合进行征粮、建政、反特"。省委书记、省主席潘自力在12月26日召开的首届省政府委员会议上的报告亦明确指出："我们今年冬季的工作是以肃清土匪为中心。"宁夏军区和驻宁部队为落实省委的指示，及时召开剿匪工作会议，成立全省剿匪指挥部，由军区司令员和驻军首长王道邦亲任总指挥，并制定了剿匪方针：（1）以军事清剿、政治瓦解和发动群众相结合，统一指挥，加强通信联络，确实掌握匪情；（2）在战术上要灵活机动，采取连续追剿的办法；（3）加强部队的政治思想教育，反对麻痹太平观念，保持旺盛的战斗情绪，并了解匪特性质，树立为民除害、保护地方治安的思想。宁夏军区还向各剿匪部队及各县区发出《关于当前剿匪工作的意见》。省委亦发出《关于建立地方武装的指示》，要求各县建立警卫队、保安大队，保卫新生的人民政权。对剿匪部队重新作了分工，由19兵团65军负责宁北和贺兰山的清剿；由独一师负责宁南和固原地区的清剿。独一师师长黄罗斌任总指挥，参谋长牛化东任副指挥。与此同时，中共平凉地委也发出《关于清匪肃特反恶霸的指示》，时隶属于甘肃省的固原地区各县，与宁夏省密切配合，同时开始了清匪肃特反恶霸斗争。在宁甘两省军民联合强有力的军事打击下，在党的政策的感召下，匪众很快就分崩离析，内部分化瓦解，顽固分子日益孤立。1950年3月，活动在宁夏北部和阿左旗的德李匪部，除德王、李守信、包贵廷等极少数核心头目逃亡蒙古人民共和国（后被引渡回国判刑）外，其余全部向我军缴械投诚。

活动在宁夏南部地区的土匪股系众多，计有500余名，其中以马绍武和张海禄两股势力最大。马绍武是回族，同心县大沟沿人，是恶迹昭著的惯匪。在1936年我红军西征路过海固地区时就伏击过红军队伍。后曾被马鸿逵部收编，任游击队长，这次再叛，又组织海原、同心、固原3县反共游击队，拥有步骑200余人，轻重武器俱全，占据同心县西南庙山、王家坪、巴墩坪一带，自称此地为"小台湾"，自己是"仁义军"，还公开张贴告示，表示效忠蒋介石，反共到底，疯狂进行反革命破坏活动，致使各级政权不能开展工作，翻身农民再度纷纷逃亡。1950年1月底开始，我军组织步骑军在地方游击队配合下，从灵武秘密出发，远程奔袭，以迅雷不及掩耳之势，进行连续追剿，终于在 2 月 11 日生擒马绍武、李成福、王昌彦等多名匪首。1951 年 3 月 11 日，马绍武被押往银川公审后执行枪决，豫、海、固匪势得到有效抑制。但不久李成福（被宽大释放）又勾结张海禄重新作乱。他们到处散布谣言，甚至打出"青天白日旗"，自称"仁义军"，在回族聚居地区喊出"保教保命"的口号，进行反革命政治土匪破坏活动。但人民政府和剿匪部队在总结经验教训之后，坚决执行党的民族政策，继续做政治工作，宣传"剿匪不剿家"，"首恶必办，胁从不问，立功受奖"，从而发动了群众，瓦解了敌人，孤立了土匪。在同心县地方政府、民兵武装的有力配合下，剿匪部队消灭了各股土匪的有生力量，于 1950 年 6 月 23 日，再次擒获匪首李成福，于 7 月 8 日在同心县高崖子召开群众大会，将作恶多端、死不悔改的匪首李成福、王昌彦执行枪决，为民清除了一大公害，各族人民拍手称快。大会也当场释放了一些愿意悔过的人回家。会后许多土匪携械来降。7 月 4 日，又在县城南部瓦窑河村将匪首张海禄捕获。1951 年 2 月 18 日，万人公审大会在中宁县城西操场召开，判处张海禄死刑，立即执行。张匪自绝于人民，落到可耻的下场。至此，宁夏南部匪患基本肃清。

宁夏解放初期的土匪，剩下最大的一股就是活动于银川平原，贺兰山一带的郭永胜。郭匪是宁夏北部罪恶彰著的大惯匪，惠农县米家村人，贫困家庭出生，为了发财，24 岁上贺兰山为匪。由于自幼凶狠，及长更加阴险狡诈。他体型粗壮高黑，满脸横肉，加之一手好枪法，很快便夺取首领地位，成为"贺兰山王"，是宁夏川区的杀人魔王。官商士农均深受其害，马家军屡剿不靖，对其奈何不得，只好设计收编了郭部。马鸿逵曾任命郭为平罗县保安大队队长、独立营营长。但郭还是一边当官，一边为匪，干起了官匪一家的"合法"勾当。解放军进军宁夏之际，在我党地下组织的帮助教育下，他曾主动收缴过马家军携带物资北逃的汽车队和散兵游勇的枪械，携资械向解放军投诚，故郭部亦被宽大改编为贺兰山保安队，郭任队长。1950 年 3 月 5 日，郭以搞生产为名，率四五十名骨干分子逃进贺兰山重新为匪。郭对跟他上山的匪众说："现在美国和蒋介石已经在东北登陆，马鸿逵已到了四川，第三次世界大战就要爆发，共产党在宁夏待不长了，这几百里的贺兰山以后还是咱们的。"郭竟然胆大包天，连连袭击我驻军生产部队，几个月之内我军就伤亡140多人。先后还有地方干部、企业领导、小学校长、商人和农民等多人被杀害，给部队和人民的生命财产造成很大的损失，对新生的人民政权带来极大的威胁。郭匪还蒙蔽了一些不明真相的群众，使匪众势力得到扩大，很快就发展到100多人。郭先将匪部命名为"贺兰山黑虎军"，自任司令，命张绪绪（张怀中）为副司令，下编两个大队：张绪绪兼第一大队队长，谢占魁为第二大队队长。不久通过原马鸿逵部168师参谋长、美蒋特务梁明（梁文祖）的联系，与美蒋特务组织挂上钩，接受美蒋特务组织的任命，改匪部为"中国国民党西北反苏讨共救国军"，下设两个旅，分别由杨格娃、谢占魁任旅长，郭任司令官，张绪绪任副司令官。于是郭栓子一股走了反革命政治土匪的道路。为了剿灭郭匪，解放军65军的3个师都先后多次派出部队对贺兰山一带进行围剿。但由于郭匪熟悉地形，行动诡秘，加之沿山一带人民群众慑于郭匪的凶残和淫威，一时不敢与我军进行配合，使郭匪得以屡屡制造流血事件。7月30日夜，郭匪公然向阿左旗政府所在地巴彦浩特城发动袭击，被旗保安队和旗机关干部打退，损失很大。31日，郭匪又命令一支股匪在贺兰山樊家营子伏击了前来银川参加中共宁夏省委第一届党代会返回的阿左旗工委书记曹动之。曹书记和警卫员3人均壮烈牺牲。这使得匪势日炽，气焰更加嚣张。面对郭匪的挑战，我党政军领导机关即时总结了经验教训，三方密切配合，采取解放军主力部队、地方部队和基层民兵联合行动，并对贺兰山进行分段负责搜剿，以集中兵力进剿搜山和大部队与山下驻剿相结合的方法，持续保持对匪围剿的高压态势，不让一个匪徒逃脱。这次对贺兰山郭匪的大规模清剿行动于9月12日打响，10月6日就活捉了匪首郭栓子，以下大小头目也在不到一个月的时间内先后被抓或投降自首，为害宁夏 20 多年的郭匪毒瘤被铲除。1950 年 11 月 19 日，宁夏省人民法院在省城东教场召开万人公审大会，对罪大恶极的匪首郭永胜进行公开审判，判处郭等死刑，立即执行。郭永胜等匪首恶贯满盈，在一声枪响中结束了罪恶的一生。

1950 年，宁夏在开展镇压反革命运动中，全省军民集中力量继续清剿余匪，搜捕散匪、侦捕特务分子。先后有宁夏 5 个系统的蒋马特务 26 个单位 147 人进行了登记，交出电台 14 部，密码 21 种，手枪 145 支，步枪 72 支。打掉国民党政府国防部保密局潜伏在宁夏的特务分子卢博儒和他掌握的"宁夏独立电台"。在剿匪中又挖出匪特勾结案数起，破获几起特务组织，平定了特务分子马晓东、贾国俊等煽动而发生在固原地区的一场叛乱。在剿匪肃特斗争中，建立了自上而下有效的治安组织，县有公安局，区有公安助理员，乡有公安主任，村有治安员。他们与解放军野战部队、地方部队、公安部队和基层民兵相配合，有效地维护了全省的治安。人民群众等揭发批斗了匪特反革命分子 2046 名。同时，还取缔了一贯道为代表的一批反动会道门组织。宁夏全省基本上消除了匪特的祸害，社会秩序日趋安定，人民民主专政得到进一步巩固。

宁夏历代烽燧大起底

  烽燧，一般而言，凡与长城连为一体者称敌台，而单独修筑者称烽燧（烽火墩），又呼墩堠、烽火台、狼烟台，也称为"亭"。它是我国古代各个诸侯国边界线上和国防防御区域范围内与长城、堡寨、关隘等组成军事战守体系的最基层军事单位与军事设施。主要起瞭望、报警作用。白天以燔烟（称燧）、夜间以举火（称烽）等方式传递军情。在军事要区或长城线上每三五里修筑一墩。凡遇敌情，首墩先施放信号（烟火），以下各墩如法联动，将情报传达至前线军事指挥所，以通报有警区域加强战备。这种古代通报联络办法，可以说是现代打电话和发电报的原始形态。

  烽燧的渊源久远，但始于何代？何人发明？目前尚无准确答案。从现有史料来看，至少在商周时期已有烽燧传告军情的实体和制度。在民间流传着一个《烽火戏诸侯》的故事，这个故事在司马迁《史记·周本纪》中也有记载。《史记》曰："褒姒不好笑，幽王欲其笑万方，故不笑。幽王为烽燧大鼓，有寇至则举烽火。诸侯悉至，至而无寇，褒姒乃大笑。幽王说之，为数举烽火，其后不信，诸侯益亦不至。"[1]后来当真发生军情时，"幽王举烽火征兵，兵莫至。遂杀幽王骊山下"[2]。

---

[1] 司马迁撰，裴骃集解，司马贞索隐，张守节正义：《史记·周本纪》，中华书局，1959年，第148页。

[2] 司马迁撰，裴骃集解，司马贞索隐，张守节正义：《史记·周本纪》，中华书局，1959年，第149页。

西周告灭。故事内容为：西周间有一个昏君周幽王名宫涅（前781—前771年在位），他专宠爱妃褒姒，但她终年不给周王一个笑脸，周王为了逗她一笑，竟把烽燧当儿戏，骗得各路诸侯闻"警"，齐聚京师城下勤王，从而逗得美人大笑。后来真正遇到大敌来临之时，周王再用烽燧调兵，诸侯们已不再相信了，于是周幽王被杀于骊山之下，西周灭亡。他拿自己的生命开了一个大玩笑。《史记》在记载这段历史时，所提"为烽燧""举烽火""举烽火征兵"，就是最早见到用烽燧传递军事信息的正史文字记载。

宁夏在西周时期，尚属北方各游牧部落的居牧地区，当然不可能也不需要修筑烽燧。直至东周战国秦昭襄王三十五年（前272年），秦国灭西北义渠等诸戎国，在戎人故疆地区设立郡、县，并"筑长城以拒胡"[①]。当时今宁夏全境于北部设立朐衍县（治今盐池县境内），南部设立乌氏县（治地确址待考）。这条史称战国秦长城，西起今甘肃临洮（今甘肃岷县境内），中经今宁夏固原市174公里，东至今内蒙古托克托而止于黄河。这标志着今宁夏全境第一次纳入中原王朝的版图，其长城就是国界线，长城一线和长城至京师咸阳一带当修筑有多条烽火墩报警线路，以护卫国门和京畿重地。

一、烽燧制式

烽燧的设置，一般近山（口）、傍水（渡口）或平川无险之地的交通大道两旁。布局有三角形、五点式、十字排列，或一字长蛇阵。烽墩的形状、大小、高低、间距，也因地制宜，异地异代而不同，没有统一的规定。

宁夏地区现今所存留的烽墩绝大部分为明代所筑，其建造制式遵朝廷所颁制式。大多为方锥形，也有少量圆锥形和长方形。由台基、台顶、墩院、坞墙和环壕5部分组成。查阅《明实录宁夏资料辑录》得知，

[①] 司马迁撰，裴骃集解，司马贞索隐，张守节正义：《史记·匈奴列传》，中华书局，1959年，第2885页。

成化九年（1473 年），规定宁夏东边墙一线所修筑的烽火台，"每墩下方十丈（约 33 米）、上方六丈（约 20 米）、高一丈五尺（约 5 米），上盖土房一间，四角用枝遮护，剜为箭眼。墩中空处，仿嵩之法，设为陷阱。筑墙浚壕……内凡系平旷川原，俱为里半一墩。"① 至明万历间，由于形势越来越紧张，守墩士兵大量逃跑，又改在一些重要防区的部分烽火台实行由军户的家庭进行"承包"，因此"每墩置墩院，令墩军随带妻小，不但守边，兼亦自防其家，杜脱逃旷离之弊"②。这些守墩军户，还可以开荒种植一小片荒地和养一些羊只，以改善生活。如今石嘴山市惠农区原有一个燕子墩乡，就是因境内有一个"墩院"，烽火墩得名"院子墩"，后改名燕子墩。在宁夏的有关史料之中，凡见到有"坞城（墙）""壕堑"的烽火台，均属此类军户值守的烽墩。③后来对于烽火台的构造进行了改进，在敌军进犯必经之路的花马池和中卫等前线，普遍增加了烽火台的高度并改建为"空心砖台"，守军值班瞭望，皆由内部攀绳索上下，登顶后将绳索收回。经过这些改进，每座烽火台，类似一处微型的城堡，大大提高了防卫效能。但是，一般情况下，烽火墩的绝大多数为土筑，也有个别地方实行就地取材，如沿贺兰山一带山区，有石墩和沙石、土石，或石砌沙灌、中间夹有木质框架。如明代贺兰山东麓防区（今青铜峡市和大武口区一线）的灵武口两侧的大小柳木高山顶上的两座烽火墩，就因为建在山上，因无土、缺水而改用石砌。其中大柳木高山上的石砌烽火台，"存留比较完整，墩台高 12.5 米，底部东西长 19 米，南北宽 16 米。顶端四周

---

① 杨新才、吴忠礼主编：《明实录宁夏资料辑录·宪宗纯皇帝实录》卷一百一十三，宁夏人民出版社，1988 年。

② 杨新才、吴忠礼主编：《明实录宁夏资料辑录·神宗显皇帝实录》卷十六，宁夏人民出版社，1988 年。

③ 惠农县志编纂委员会：《惠农县志》（第一编），宁夏人民出版社，1999 年。

砌以矮墙，高 2.3 米，四面开垛口，顶部长 8 米，宽 6 米"①。石嘴山境内的烽火墩也多石砌或土、石夯筑，石砌沙灌，沙、石夯筑，土、沙、碎石混合夯筑，石砌，土填缝隙等多种多样构造。②

所谓"敌台"，一般是指长城线上的突出墙体建筑形式，犹如城池墙体上的"马面"，大约每三里设一处，可以观察到墙脚下的动静，起到有效打击藏于墙下的敌人，以防敌人爬墙或挖地道。另一个功能，是在敌台上搭建一个简易的暖棚，供巡守长城的官兵有一处轮休和遮蔽风雨之所，称之为"暖铺"。敌台的平面一般与长城等高，在个别要区险段，则又高出长城，以登高远望，观察敌情。上有女墙，便于射击。据《明嘉靖实录》记载：正德初年，杨一清在任固原总督时，曾在宁夏修筑一段长城，"有敌台以备守御，有暖铺以便巡警，有小堡以相协助，有墩台以便瞭望"③。这段记载说明敌台是长城本体工事的一部分，烽燧是长城体外的军事工事。

二、烽燧的军事功能

烽燧的出现要比长城早，烽燧是"点"，长城是"线"，众多烽燧的点连接形成了长城一线。烽燧设置面宽，选择性大，防御面广，而长城则是线与带状固定的防御工事。烽燧是边防线战区中最基层的军事单位，其职责为 9 个字——谨候望、通烽火、备盗贼。一般情况下是每墩守兵 3 至 5 人，每年分 2 班或 4 班轮流值守，称为"班兵"。宁夏的"班兵"兵源大多由陕西西安、汉中和宁羌等地军户担任。按照宁夏明朝有五六百座墩台计，每墩平均二三人值守，每轮班班兵约 1800 名，每年 2 轮约 3600 名，4 轮约 7200 名。他们的防御武器为传统

---

① 青铜峡军事志编纂委员会编：《青铜峡军事志·第一篇》，宁夏人民出版社，2003 年。

② 大武口军事志编纂委员会编：《大武口军事志·第一篇》，宁夏人民出版社，2005 年。

③ 杨新才、吴忠礼主编：《明实录宁夏资料辑录·世宗肃皇帝实录》卷八十五，宁夏人民出版社，1988 年。

的大刀、长矛，攻击性武器则是弓箭、火器、石木、钩刀等。

明嘉靖年间，守墩的军事装备有所改进，每个烽墩都增添一个小型的佛郎机铳。这种小铳每个重二十斤以下，射程远达六百步。"每墩一铳，以三人守之。"[1]这种新武器比弓箭的威力大得多，弓箭的射程一般不超过一百步（八九十米），佛郎机铳的射程六百步（五六百米）。

墩兵军纪明、细、严，轮值墩兵必须昼夜在岗，有敢擅下墩台者，将受到严厉惩罚，"无贼至，捆打一百，割耳；有警，军法示众。""应备什物军器，欠缺一件者，墩军捆打一百，割耳，仍罚月粮置办。""应备什物军器，虽不欠缺而不如法者，墩军捆打四十，扣月粮改置。"[2]如此残酷的惩罚制度，加上长官克扣粮饷，迫使班军逃跑的现象经常出现。烽燧不仅有抗阻北方游牧民族部落入犯的作用，实际上还应当有防范中原人民和边防军外逃的作用，其防御功能应该是双向的。

三、烽燧的传讯方式

烽燧传递讯息的方式方法，由朝廷统一制定颁布，并允许各大防区自行作出补充规定，在全国和战区内执行，属于国家重大军事机密。烽燧的基本手段乃是光、烟和声，即夜间举火，日间放烟和日夜都以击鼓传声（包括后来的炮声、吹号、敲锣等声响）数点传息。在此基础之上，又有不同朝代，各个战区结合实际情况增加了一些地方性的特殊信号，以达到更加快捷、精准地进行前后方敌情联络。历代使用的方式大体上有积薪、苣火、烟、烽、表、鼓等不同种类，分别进行组合，类似于当代的"电报密码"，传告来犯敌方的具体信息。所谓"积薪"，即就地取材，捡拾、储备大量柴草和粪类，分堆放置在烽台上

---

① 杨新才、吴忠礼主编：《明实录宁夏资料辑录·世宗肃皇帝实录》卷八十五，宁夏人民出版社，1988年。
② 韩霖：《慎守要录·申令篇上·设烟墩》，中华书局，1991年。

和近周以备施烟与点火之用；所谓苣，即火把（炬），夜间传警以火炬的数量或所绘画形状来表示特定的内容；所谓表，即以布帛制成旗帜（或用烛、灯笼等），使用数量增减和规定动作，传达军情。其中烽、烟、鼓，即为全天候通用的基本传讯手段。由于烽燧分布密集，前方消息不仅能很快就通过"接力"的方式传送到后方，是一种非常有效、可靠的报警方法。而且还可以起到一定的阻截、震慑来犯敌军的作用，所以这种通讯兼防卫设施一直使用到清朝末年。

烽燧传告军情的规定，不同的朝代有不同的内容，有时在同一朝代的各个战区也有自己的内部约定。一般情况下大体是：

第一，报警。夜间举火，白日施烟。

第二，报敌情。来犯之敌数人至百人者，举（施）一烽、一燧放一炮；凡敌人五百人左右，施二烽（燧）、二炮；凡千人以上者则增为三烽（燧）、三炮；三千人以上则四烽（燧）、四炮；若万人以上，即视为特别重大军情，施放最大数五烽（燧）、五炮；如遇来敌不撤离，则每隔一个时辰，照前法重复举放一遍；若敌撤离，夜间"举空火"，即举燧不放炮，白日"举空烟"，即施烟不放炮；如果边关无敌情，也应早晚各放一声炮，名曰"平安炮"。

还有地区性规定，在举施烽燧的同时，配以旗帜、灯笼报告来犯敌人具体人数。例如白天有敌情，可在墩台悬黄旗一面，夜间悬二只灯笼，代表百人以下；白天悬青号带一面，并炬烽，夜间悬灯器，代表入境敌人上千人。[1] 另据《明火炮号令》规定："见零贼十骑或五六骑，白日即烧烟柴一小堆，放炮一个，夜即举火一把，放炮一个，仍沿塘传火票一张；见贼二三十骑，白日即烧烟柴二堆，放炮两个，夜即举火两把，放炮两个，仍传火票一张；见贼一百骑以上，白日烧烟柴三堆，放炮三个，夜即举火三把，放炮三个，仍传火票一张；见贼千骑以上，

---

① 大武口军事志编纂委员会：《大武口军事志·第一篇》，宁夏人民出版社，2005 年。

烟柴、火炮相连不绝，仍传火票一张。"①另外，在一些形胜特别的地区，除了按朝廷统一规定的报警规范方式外，还可根据地方特产，另行规定个别特殊信号（相当于暗语）。例如出产滩羊的明代宁夏后卫花马池（今盐池县）防区，就规定"六七百骑至千骑以上，日则悬皮袄一，夜则悬灯笼三"②，真有点"方言"报警的味道。

四、宁夏烽燧知多少

烽燧，应该是长城的配套军事设施，它应早于长城，而大量兴修于长城出现之后。今宁夏境内的第一条长城修筑于战国秦昭襄王三十五年（前272年），在此前后宁夏就应该有了烽燧，现分记如下：

（一）东周战国间（前475—前221年）共计16座

今固原市原州区2座。名曰：叠叠沟墩（中河乡境内）、水泉墩（清河镇境内）。

今固原市彭阳县4座。名曰：小河口墩（白阳镇境内）、白岔墩（白阳镇境内）、姚湾墩（白阳镇境内）、党岔墩（白阳镇境内）。

今西吉县10座。名曰：东山墩（兴隆镇境内）、王少台山墩（兴隆镇境内）、西山墩（兴隆镇境内）、疙瘩梁墩（兴隆镇境内）、东坡山墩（将台乡境内）、西坪山墩（将台乡境内）、北山墩（什字乡境内）、南山墩（什字乡境内）、硝河墩（硝河乡境内）、夏寨墩（吉强镇境内）。③

（二）宋代（960—1279年）共计71座

今中卫市海原县13座。名曰：北山墩（西安镇境内）、堆堆山墩（西安镇境内）、南山墩（西安镇境内）、红线子梁墩（西安镇境内）、

---

① 青铜峡军事志编纂委员会：《青铜峡军事志·第一篇》，宁夏人民出版社，2003年。

② 范宗兴笺证：《盐池旧志笺证·盐池县志·兵防志》，黑龙江人民出版社，2004年。

③ 国家文物局主编：《中国文物地图集·宁夏回族自治区分册》，文物出版社，2010年。

田拐墩（史店乡境内）、土堆梁墩（史店乡境内）、苍湾墩（史店乡境内）、黄坪墩（贾塘乡境内）、北倘墩（贾塘乡境内）、套湾墩（史店乡境内）、大塬上墩（海城镇境内）、下庙儿沟墩（海城镇境内）、高台墩（海城镇境内）。

今固原市原州区5座。名曰：北十里墩（清河镇境内）、三里墩（开城镇境内）、二十里铺墩（开城镇境内）、开城墩（开城镇境内）、青石嘴墩（开城镇境内）。

彭阳县28座。名曰：姚河墩（白阳镇境内）、马掌墩（王洼镇境内）、阳洼墩（白阳镇境内）、丰台南墩（白阳镇境内）、榆树墩（小岔乡境内）、弋家沟墩（古城镇境内）、任湾墩（白阳镇境内）、施坪墩（孟源乡境内）、里沟墩（城阳乡境内）、黄沟墩（城阳乡境内）、虎湾墩（城阳乡境内）、杨坪墩（城阳乡境内）、白马庙墩（城阳乡境内）、沟圈墩（城阳乡境内）、东湾墩（新集乡境内）、白草洼墩（新集乡境内）、神壑墩（新集乡境内）、墩墩梁墩（新集乡境内）、白庄湾墩（新集乡境内）、黑牛沟墩（红河乡境内）、秦沟墩（红河乡境内）、夏塬墩（红河乡境内）、红花沟墩（红河乡境内）、郑庄墩（古城镇境内）、上王墩（红河乡境内）、高家湾墩（古城镇境内）、张家山墩（小岔乡境内）、丰台墩（向阳镇境内）。

隆德县9座。名曰：单家湾墩（好水乡境内）、喇嘛堆墩（陈靳乡境内）、朝龙山墩（奠安乡境内）、阳屲山墩（沙塘镇境内）、北山墩（联财镇境内）、烽台嘴墩（神林乡境内）、小岔嘴墩（城关镇境内）、金联墩（城关镇境内）、陡山洼墩（观堡乡境内）。

泾源县16座。名曰：双疙瘩梁墩（新民乡境内）、东台梁墩（新民乡境内）、燕家山墩（新民乡境内）、高峰墩（白面镇境内）、双秦墩（白面镇境内）、红土墩（黄花乡境内）、下桥墩（香水镇境内）、永丰墩（香水镇境内）、胭脂墩（香水镇境内）、庙湾墩（黄花乡境内）、中庄墩（黄花乡境内）、大滩墩（黄花乡境内）、牛营子墩（大湾乡境内）、大湾墩（大湾乡境内）、杨家磨墩（大湾乡境内）、瓦亭墩（什字乡境内）。[1]

（三）明朝（1368—1644 年）

明前期（弘治以前）有烽燧 152 座。[2]其中镇城四围、贺兰山前后旧筑 114 座、河东新筑 16 座、沿靖虏渠（贺兰山东麓）新筑 22 座。[3]

明中期（嘉靖间）有烽燧 485 座。

其中宁夏卫 42 座：镇宁墩、柳门儿墩、瓦窑墩、双谷堆墩、硝池儿墩、望远墩、沿河七墩、高台寺头墩、二墩、上三墩、下三墩、上四墩、下四墩、五墩、上六墩、下六墩、平羌墩、虎尾渠墩、韩信营墩、定远墩、白沙岗墩、乾州墩、卞家岗墩、振武墩、常信墩、四十里店墩、保安墩、空塔儿墩、张政堡墩、李祥堡墩、沿河双庙儿墩、沿河沙嘴墩、五道渠墩、新渠墩、上头墩、退水渠墩、上五墩、王八当步口墩、乾围墩、仇家步口墩、明沙儿墩、新七墩。[4]

宁夏左屯卫 53 座：宁朔墩、常胜墩、武定墩、打硇外口墩，打硇里口墩、小枣儿沟墩、镇北墩、威远墩、韭菜沟墩、归德外口墩、归德中口墩、归德里口墩、大风外口墩、大风里口墩、小风口墩、宁靖墩、西番口墩、塔硖口墩、贺兰口墩、卢沟子墩、官音湖墩、淮安墩、独树儿墩、新兴墩、新筑墩、沙塈子墩、高渠稍墩、平湖墩、罗哥渠墩、雷家岗墩、白滩墩、沙井墩、镇平墩、德胜墩、汝箕外口墩、汝箕中墩、桃柴口墩、安定墩、大水口墩、小水口墩、暖泉儿墩、李家渠墩、窑湾墩、擒胡墩、镇夷墩、永兴墩、宁武墩、平虏墩、靖夷墩、黑滩墩、沙湖墩、尖塔儿墩、蒋达沙窝墩。[5]

---

① 国家文物局主编：《中国文物地图集·宁夏回族自治区分册》，文物出版社，2010 年。

② 不含今固原市各县区，但包括今海原县而不包括今同心县。

③ 吴忠礼主编：《弘治宁夏新志·斥堠》，《宁夏历代方志萃编》，天津古籍出版社，1988 年。

④ 胡汝砺纂修，管律重修，陈明猷校勘：《嘉靖宁夏新志·宁夏五卫》，宁夏人民出版社，1982 年，第 63 页。

⑤ 胡汝砺纂修，管律重修，陈明猷校勘：《嘉靖宁夏新志·宁夏五卫》，宁夏人民出版社，1982 年，第 68—69 页。

宁夏前卫45座：双山北旧墩、双山南旧墩、茶泉墩、张通庄墩、平山墩、平夷墩、独树儿墩、三其营墩、马圈儿墩、五塔儿墩、沙沟墩、三岔儿墩、罗家洼墩、赤木里口墩、赤木中口墩、赤木新墩、红井儿墩、新柳泉墩、红山儿墩、旧柳泉墩、怀远墩、磨石北口墩、磨石中墩、上红井儿墩、双山北岔墩、双山北新墩、永宁墩、双山南新墩、威武墩、三塔儿墩、大冲子墩、沙沟墩、安定墩、临武口墩、临泉墩、镇山墩、哈喇木墩、大沙沟墩、庙山墩、沙山儿墩、分水岭墩、硖口墩、崀宁墩、骆家庄墩、张六闸墩。①

宁夏右屯卫41座：石关儿墩、宿崀里口墩、马房墩、夏古墩、平地新立墩、卢花桥墩、乾渠儿墩、高渠儿墩、拜寺口墩、镇北关墩、镇靖墩、水吉口墩、黄峡外口墩、黄峡里口墩、镇北堡墩、甜水井墩、北沙城墩、平胡堡墩、滚钟口墩、青羊沟墩、石沟墩、平地高家闸墩、山口高家闸墩、山嘴外口墩、山嘴里口墩、金塔口中墩、金塔里口墩、镇西墩、大方墩、板井墩、南沙城墩、威远墩、张义湖墩、郑家桥墩、靖虏堡墩、羊房桥墩、淘荣堡墩、石灰窑墩、黑埂墩、郭羊儿桥墩、三岔渠墩。②

宁夏中屯卫7座：大沟墩、红井墩、北石沟墩、井沟墩、南石槽墩、北城墩、苦兴条沟墩。③

宁夏中卫75座：镇关墩、镇永台墩、永安墩、暖泉儿墩、靖远墩、拒房墩、靖洛台墩、洛阳川墩、安塞墩、宁安墩、镇北墩、黑山嘴墩、镇夷墩、马槽胡墩、挂旗墩、旧伍唐墩、接瞭墩、西沙嘴墩、古房墩、永宁墩、定西墩、破胡墩、破口子墩、宁朔墩、安固墩、分水岭墩、

---

① 胡汝砺纂修，管律重修，陈明猷校勘：《嘉靖宁夏新志·宁夏五卫》，宁夏人民出版社，1982年，第71—72页。

② 胡汝砺纂修，管律重修，陈明猷校勘：《嘉靖宁夏新志·宁夏五卫》，宁夏人民出版社，1982年，第75—76页。

③ 胡汝砺纂修，管律重修，陈明猷校勘：《嘉靖宁夏新志·宁夏五卫》，宁夏人民出版社，1982年，第78页。

永凉墩、瓦庙儿墩、广宁墩、定边墩、镇虏墩、沙沟墩、大寺墩、靖烟墩、镇戎墩、石空寺墩、镇羌墩、平烟墩、黄沙外墩、双峰儿墩、平虏墩、观音口墩、新立墩、新筑墩、中泉台墩、瓷窑口墩、李春口墩、广视墩、柳条渠墩、炭窑儿墩、沙嘴儿墩、三岔口墩、杩〔权〕山墩、定羌墩、镇朔墩、岔口墩、芦泉儿墩、寺塔儿南墩、寺塔儿北墩、高崖南墩、高崖北墩、芦自沟墩、红寺儿墩、黄沙漩墩、绵柳沟墩、大柳树墩、冰沟墩、红柳沟墩、凉水泉墩、喇嘛寺墩、米钵寺墩、何通圈墩、皂礬沟墩、灵灵墩、曹莽子墩。①

宁夏后卫30座②：永安墩、安朔墩、伏羌梁墩、石臼儿墩、柳杨墩、镇边墩、架炮梁墩、德胜墩、红山儿墩、芦沟儿墩、哈只儿墩、野狐井墩、狼把井墩、癞马房墩、盐场墩、平湖墩、镇北墩、靖虏墩、平夷墩、镇羌墩、镇靖墩、镇朔墩、常乐墩、镇安墩、镇远墩、圆山儿墩、水口墩、石井儿墩。③

北路平虏城13座：镇宁墩、柳门儿墩、瓦窑墩、双谷堆墩、望远墩、宁朔墩、打碉外口墩、打碉里口墩、韭菜沟墩、归德里口墩、归德中墩、归德外口墩、枣儿沟墩。④

灵州守御千户所38座：方塔墩、殷腰山墩、甜水河墩、红崖站墩、石灰口墩、一个井墩、虎刺都墩、保保沟墩、月台墩、木厂墩、护门墩、鱼湖墩、夏家堡墩、新接墩、古城墩、坝口墩、党千户井墩、峰台墩、滚泉墩、茨烟墩、下十里墩、小岗儿墩、尖山儿墩、五里坡墩、高石崖墩、小沙沟墩、沙沟墩、项寺塔墩、长流水墩、许直墩、上十里墩、小沙井墩、

① 胡汝砺纂修，管律重修，陈明猷校勘：《嘉靖宁夏新志·所属各地》，宁夏人民出版社，1982年，第219—220页。

② 贠有强、李习文主编：《嘉靖宁夏新志》卷三，《宁夏旧方志集成》中为三十墩、二十一墩。

③ 胡汝砺纂修，管律重修，陈明猷校勘：《嘉靖宁夏新志·所属各地》，宁夏人民出版社，1982年，第246页。

④ 胡汝砺纂修，管律重修，陈明猷校勘：《嘉靖宁夏新志·宁夏总镇》，宁夏人民出版社，1982年，第89页。

白土岗儿墩、旧石沟墩、马鞍山墩、柴山儿墩、大沙沟墩、白塔儿墩。[①]

盐池城 35 座：钮家窑墩、刘和尚滩墩、杏树墩、二道元墩、金家山墩、早次台墩、马子赤墩、欢喜梁墩、硝池铺墩、五里岗墩、大头山墩、界牌墩、坍头铺墩、双山儿墩、平山铺墩、倒水湾墩、小蜂堆墩、大蜂堆墩、唐家山墩、烟堆山墩、耀武墩、刮金岭墩、红山儿墩、靖朔墩、下五墩、宁边墩、陶胡子墩、王伏山墩、杨威墩、平戎墩、镇远墩、破城子墩、暖泉堡墩、石羊山墩、石硖儿墩。[②]

清水营 14 座：双沟墩、苦水墩、柔远墩、镇北墩、古寺墩、靖边墩、斩贼墩、木井墩、清字墩、定远墩、旧定远墩、宁靖墩、塔儿墩、庙儿墩。[③]

横城堡 7 座：马头墩、小平山墩、大平山墩、清平墩、界牌墩、石嘴墩、平湖墩。[④]

红山堡 8 座：窑儿墩、永隆墩、镇虏墩、红山儿墩、安边墩、马安山墩、出水墩、大弯墩。[⑤]

红寺堡 15 座：黑山儿墩、小蠡山墩、阎王扁墩、四十里坡墩、石板泉墩、水泉儿墩、黄草岭墩、韩麻子墩、红寺儿墩、梁家泉墩、红泉墩、沙葱沟墩、苦水井墩、察家崖墩、白疙疸墩。[⑥]

韦州 2 座：北烟墩、石峡儿墩。[⑦]

鸣沙州城 13 座：干河子墩、杨柳泉墩、红山口墩、红柳沟墩、海

① 胡汝砺纂修，管律重修，陈明猷校勘：《嘉靖宁夏新志·所属各地》，宁夏人民出版社，1982 年，第 185—186 页。

② 胡汝砺纂修，管律重修，陈明猷校勘：《嘉靖宁夏新志·所属各地》，宁夏人民出版社，1982 年，第 198 页。

③ 胡汝砺纂修，管律重修，陈明猷校勘：《嘉靖宁夏新志·所属各地》，宁夏人民出版社，1982 年，第 202 页。

④⑤ 胡汝砺纂修，管律重修，陈明猷校勘：《嘉靖宁夏新志·所属各地》，宁夏人民出版社，1982 年，第 203 页。

⑥ 胡汝砺纂修，管律重修，陈明猷校勘：《嘉靖宁夏新志·所属各地》，宁夏人民出版社，1982 年，第 204 页。

⑦ 胡汝砺纂修，管律重修，陈明猷校勘：《嘉靖宁夏新志·所属各地》，宁夏人民出版社，1982 年，第 214 页。

塔十墩、平山墩、石碛儿墩、枣山墩、匾坡岭墩、白坡岭墩、李安子渡口墩、小山儿墩、石碛口墩。①

西路广武营26座：大关小墩、大关墩、石嘴儿墩、大佛寺南墩、大佛寺小墩、水泉儿墩、大佛寺里口墩、尖峰山里口墩、北城儿墩、南石槽墩、井沟小墩、井沟墩、北石漕墩、红井小墩、红井墩、大沟墩、渠口墩、红山儿墩、三塘墩、四塘墩、头塘墩、二塘墩、五塘墩、界首墩、木头井墩、苦腥条墩。②

东路兴武营守御千户所21座③：伴个城墩、暗门墩、硝池墩、碱滩墩、中沙墩、西沙墩、平湖墩、沙沟墩、平羌墩、毛卜刺墩、西碱滩墩、外口广宁墩、平安墩、干沟墩、长岭墩、碗者都墩、深沟墩、平滩墩、羊房墩、平房墩、东界墩、红寺儿墩、大川墩、圆山儿墩、干井墩。④

明后期（万历间）有烽燧596座。

其中，中卫营104座：镇关墩、镇永墩、永安墩、灭虏墩、暖泉墩、杀胡墩、靖远墩、拒虏墩、靖洛台墩、镇武墩、洛阳川墩、伏胡墩、安塞墩、镇威墩、宁安墩、崇安墩、镇北墩、崇寿墩、黑山嘴墩、崇山墩、镇夷墩、破虏墩、西井儿墩、红崖子墩、扁担沟墩、燕子窝墩、马槽湖墩、平房墩、宁朔墩、崇义墩、安固墩、靖胡墩、分水岭墩、威靖台墩、瓦庙儿墩、永凉墩、广宁墩、定边墩、镇房墩、沙沟墩、大寺墩、枒楂山墩、靖烟墩、镇戎墩、崇幸墩、石空寺墩、镇羌墩、平烟墩、崇庆墩、岔口墩、喜鹊沟墩、芦泉儿墩、寺塔儿南墩、榆树儿南墩、寺塔儿北墩、高崖墩、黄沙漩墩、绵柳沟墩、大柳树墩、高崖南墩、冰沟墩、芦自

---

① 胡汝砺纂修，管律重修，陈明猷校勘：《嘉靖宁夏新志·所属各地》，宁夏人民出版社，1982年，第236页。

② 胡汝砺纂修，管律重修，陈明猷校勘：《嘉靖宁夏新志·所属各地》，宁夏人民出版社，1982年，第238页。

③ 负有强、李习文主编：《嘉靖宁夏新志》卷三，《宁夏旧方志集成》中为三十墩、二十一墩。

④ 胡汝砺纂修，管律重修，陈明猷校勘：《嘉靖宁夏新志·所属各地》，宁夏人民出版社，1982年，第256页。

沟墩、红寺沟墩、匾树沟墩、高泉墩、臭泥井墩、马马定墩、剪剪山墩、米钵寺墩、何通圈墩、曹蟒子墩、灵灵墩、旧五塘墩、四塘墩、三塘墩、皂矾沟墩、古房墩、柔远墩、镇靖墩、拒险墩、扼要墩、广视墩、常乐墩、永康墩、宣和墩、宁安新墩、广武墩、陈麻子墩、石峡儿墩、小山儿墩、枣山墩、李安子墩、红都沟墩、红柳沟墩、白坡儿墩、海塔池墩、冰沟墩、红山儿墩、干河子墩、石峡口墩、杨柳泉墩、剌麻寺墩、凉水泉墩、平山墩。①

广武营 59 座：黄沙外墩、双峰墩、三岔口墩、镇口墩、定羌墩、平虏墩、镇边墩、观音口墩、镇贼墩、大关小墩、大关墩、红疙疸墩、红疙疸小墩、石嘴儿墩、石砌界墩、大佛寺南墩、寺儿井墩、大佛寺小墩、大佛里口墩、枣沟儿墩、水泉儿墩、木头井墩、尖峰里口墩、马路沟墩、北城儿墩、苦腥条墩、南石槽儿墩、井沟墩、北石槽儿墩、红井小墩、红井墩、沙沟墩、北岔墩、大佛外口墩、尖峰外口墩、渠口墩、头塘墩、破山儿墩、二塘墩、三塘墩、口口塘墩、长山儿墩、红山儿墩、界首墩、五墩、广武墩、大桥墩、疃庄墩、沙梁墩、枣园墩、李春口墩、石窑口墩、中泉台墩、新立墩、新筑墩、新添墩、柳条渠墩、炭窑儿墩、张恩墩。②

玉泉营 101 座：大沙沟旧墩、新沙沟墩、哈剌木墩、林泉墩、杨柳泉墩、双山南旧墩、双山南新墩、安定墩、永宁墩、大壑子墩、双山北旧墩、石壑子墩、上红井墩、磨石里口墩、旧新泉墩、怀远墩、红山儿墩、新柳泉墩、高山墩、红井儿墩、赤木中墩、哨马营墩、减井墩、营后墩、刘亮高墩、大山根墩、峡口墩、灵武高墩、分水岭墩、沙山儿墩、嵬宁墩、骆马庄墩、张六闸墩、张通庄墩、庙山墩、茶泉墩、北新墩、白龙庙墩、正闸墩、磨石中墩、九条沟墩、高山墩、北口墩、威武墩、三塔儿墩、大冲子墩、长山儿墩、羊房墩、红崖子墩、平山墩、平夷墩、双山北岔墩、沙嘴墩、三岔渠墩、沙沟墩、镇西墩、罗家洼墩、出水渠墩、韭菜沟墩、赤水新墩、赤水里墩、大高崖墩、马路沟墩、大方墩、

①② 吴忠礼主编：《万历朔方新志·烽燧》，《宁夏历代方志萃编》，天津古籍出版社，1988 年。

金塔中墩、黑龙泉墩、板井墩、石灰窑墩、山嘴外墩、高家闸墩、大沟檐墩、无名高墩、独树外口墩、青草沟墩、独树里口墩、山嘴里口墩、驼峰岭墩、红关墩、黑埂墩、古房墩、郭杨桥墩、张仪湖墩、威远墩、陶荣墩、羊房桥墩、南沙城墩、靖房墩、盐池渠墩、海子湖墩、独树儿墩、平地墩、三旗营墩、五塔儿墩、马圈儿墩、吉家庄墩、七里墩、新渠墩、果园墩、李祥墩、小园湖墩、过寨儿墩。^①

平房营84座：镇宁墩、瓦窑墩、敌门墩、曹玘口墩、双谷堆墩、长胜墩、黑滩墩、靖夷墩、武定墩、柳门儿墩、新七墩、下六墩、大干围墩、小干围墩、平羌墩、虎尾渠墩、明沙儿墩、下五墩、上六墩、白沙岗墩、定远墩、旧七墩、硝池儿墩、打硇外口墩、武定墩、平房墩、望远墩、头铺楼墩、独树儿墩、宁朔墩、永兴墩、威镇墩、新高山墩。乾州墩、窟驼渠墩、四十里店墩、保安墩、德胜墩、仇家步口墩、上五墩、中五墩、四棵树墩、方纯庄墩、上四墩、下四墩、新四墩、闸渠稍墩、俞家庙墩、出水渠墩、榆树步口墩、下三墩、刘遇春墩、王八当步口墩、潘昶桥墩、上三墩、郭家步口墩、保宽滩墩、杨家步口墩、龙王墩、双庙儿墩、沿河二墩、曹家步口墩、皮家步口墩、沙嘴墩、石荣墩、下头墩、上头墩、曹湖滩墩、显圣庙墩、新渠墩、减水闸墩、空塔儿墩、杨顺桥墩、王奉闸渠墩、双渠墩、古城墩、大路墩、新界牌墩、瓦子冈墩、小盐池湾墩、小新渠硬墩、大庙墩。^②

洪广营79座：滚钟里口墩、黄峡里口墩、水吉口墩、白寺口墩、宿嵬里口墩、贺兰口墩、新开口墩、小塔峡口墩、大塔峡口墩、西番口墩、大水口墩、小水口墩、汝箕口墩、宁靖墩、安定墩、桃柴口墩、小风口墩、大风口墩、归德口墩、韭菜沟墩、威远墩、镇北口墩、小枣儿墩、打硇里口墩、长沙窝墩、高渠稍墩、李家渠墩、马兰井墩、归德外口墩、归德口中墩、大风外口墩、宁靖外口墩、汝箕外口墩、小水外口墩、大水外口墩、大水口中墩、怀安墩、观

---

①② 参见吴忠礼主编：《万历朔方新志·烽燧》，《宁夏历代方志萃编》，天津古籍出版社，1988年。

音湖墩、窑湾墩、芦沟子墩、暖泉儿墩、擒胡墩、沙井墩、柳沟儿墩、罗哥渠墩、平湖墩、尖塔儿墩、雷家岗墩、新兴墩、石沟墩、白滩墩、杨信墩、高家闸墩、甜水井墩、北沙城墩、芦花桥墩、三岔渠墩、马鞍桥墩、新立墩、黄峡外口墩、黄峡敌台墩、宿崽口庙儿墩、石关儿墩、高渠儿墩、宿崽墩、敌台墩、干渠儿墩、镇靖墩、下古墩、马房墩、坞谷堆墩、振武墩、驼峰岭墩、双塔湖墩、靖夷湖墩、岔渠墩、宁远墩、黑硬墩、麻黄硬墩。[①]

灵州营113座：横城马头墩、旧平山墩、新平山墩、清平墩、界牌墩、石嘴墩、马鞍山墩、出水墩、大莺墩、虎剌都墩、红山儿墩、安定墩、斩贼墩、木井墩、靖边墩、镇北墩、柔远墩、断腰山墩、方塘墩、旧定远墩、高梁墩、古寺墩、永〔隆〕墩、镇房墩、窑儿墩、庙山墩、塔儿墩、宁靖墩、定远墩、清字墩、晏湖墩、马站湖墩、夏家堡墩、河东关墩、鱼湖墩、宁河墩、一个井墩、石灰口墩、甜水河墩、红崖子墩、茨烟墩、海子墩、长流水墩、保保沟墩、古城墩、坝口墩、峡口墩、滚泉墩、烽台墩、募子口墩、党千户墩、滴水儿墩、小岗墩、白土岗墩、尖山儿墩、小沙井墩、五里城墩、乱山儿墩、白塔儿墩、项寺塔墩、大沙沟墩、小沙沟墩、柴山儿墩、沙沟墩、旧石沟墩、高石崖墩、白烟墩、石峡儿墩、梁家泉墩、沙葱沟墩、虎扒坡墩、红泉墩、二沟墩、苦水儿墩、匾坡儿墩、清水河墩、小螺山墩、黑山儿墩、四十里坡墩、石板泉墩、水头儿墩、黄草岭墩、红寺儿墩、义家洼墩、白疙疸墩、阎王匾墩、土岗庙儿墩、沙塔赤墩、锦鸡墩、红尖山墩、钮家洼墩、刘和尚墩、俞家山墩、破城子墩、暖泉儿墩、镇远墩、平戎墩、红山儿墩、烟堆墩、杏树墩、下五里墩、石羊山墩、月台墩、许直墩、枣岗墩、五里岗墩、欢喜岭墩、平山墩、坦途铺墩、大头墩、

---

① 吴忠礼主编：《万历朔方新志·烽燧》，《宁夏历代方志萃编》，天津古籍出版社，1988年。

纪沟墩、大峰墩、倒水湾墩。①

兴武营16座：清字墩、半个城墩、暗门墩、硝池墩、碱滩墩、中沙墩、西沙墩、平湖墩、干沟墩、长岭墩、碗者都墩、沙沟墩、平安墩、碱滩墩、双沟墩、苦水墩。②

花马池营40座：石井墩、德胜墩、架砲梁墩、哈只儿墩、红山儿墩、野狐井墩、狼把井墩、芦沟子墩、薛家台墩、懒马墩、陶胡子墩、失纳井墩、花沙子墩、火山墩、枸子山墩、麦垛山墩、深井墩、威远墩、高岗墩、宁靖墩、施铁井墩、永宁墩、千户墩、威武墩、高平墩、凤凰墩、平川墩、靖烟墩、靖边墩、甜水墩、沙泉墩、杀胡墩、宁靖墩、沙井墩、胜景墩、镇朔墩、圪塔墩、瞭马山墩、红墩墩、苦水墩。③

明代固原（包括今同心县）烽燧无资料记载，但根据《固原地区邮电志·烽燧邮驿》记载："（明代）以固原镇为中心的墩堠有127个。"④

（四）清朝（1644—1911年）

中国历史上，以汉族为代表的中原农业文化和农耕民族，与北方（包括西北地区）的草原文化和游牧民族，虽然其民族关系的主流是交往、交流、交融，但是相互之间的碰撞、冲突，甚至兵戎相见，也是一种常态，屡见不鲜。几乎历代中央政府都将对自己统治的主要威胁基本上视为来自于北方的游牧民族。因此，各个朝代的统治集团都奉行向北边防御的国防政策，从而形成北国的长城、烽燧、关隘、堡寨、军镇，层出不穷，星罗密布，戒备森严，兵燹频仍，给双方广大人民的生命财产带来很大损失。但是，当中国历史上最后一个封建帝国清朝建立以后，满洲贵族执行一条满蒙联姻一家亲的基本国策，甚至从某种意义上可以认为，清王朝实际上是满洲贵族与蒙古贵族联合执政的统治集团。

---

①②③ 吴忠礼主编：《万历朔方新志·烽燧》，《宁夏历代方志萃编》，天津古籍出版社，1988年。

④ 固原地区邮电志编纂委员会：《固原地区邮电志·烽燧邮驿》，宁夏人民出版社，2003年。

在这种大的政治背景下，中国传统的军事格局发生了根本性的变化，向北方设防的方针已没有存在的必要，从而导致长城、烽燧等军事工程，也失去了意义。特别是随着清朝统治的巩固，上述一系列军事工程已成为一种历史的陈迹，处于自生自灭，不断减少、倾颓的结局。

五、当代残存烽燧的家底

中华民国推翻清朝的统治以后，执行"五族共和"的国策。中华人民共和国更是建立了56个兄弟民族平等和睦的友好大家庭。历史上各民族统治集团争权夺利的非正义战争已成为过去，于是历史上用劳动人民血汗乃至生命构建起来的长城、烽燧等军事工程，也曾一度因为认识上的错误，被视为封建的实物和所谓的"四旧"而受到人为的破坏，或在大搞农田基本建设的平田整地中被平毁，或被黄土搬家，当作肥料，抛撒于农田中，或因工业建设而遭毁灭，以致烽燧日渐减少和被严重破坏。直至进入改革开放新的历史时期，人们才日渐认识到其历史文化价值，加以保护，并赋予新的生命——旅游景点。现在，据宁夏文物单位统计，全自治区范围内，尚存各种完好、残破程度不同的烽燧448座。

宁夏旧方志佚存探考

　　中国是有五千年悠久历史的文明古国，同样也是具有治史传统的大国。成书于两千多年的儒家经典之一的《周礼》（亦称《周官》《周官经》）已记载周王朝在中央政府设专管史志的官吏，其中有小史、外史和诵训等史官。因此，历代以来国有史，郡有志，家有谱，贤者有传，代代相续，蔚然成风，举世罕见，不失为中国独特的文化风景线。宁夏虽然地处边陲之区，但形胜扼要，御河外、屏关陕，为三边巨防。这样的要区，若无图志，古今文献缺典，山川地理迷茫，则经理失据，锁钥自开，国门岂能安堵？所以凡历来主政宁夏者，皆视修志为治边要务、大事。正如明代陕西按察司佥事孟霦在《嘉靖宁夏新志·后序》中所言："宁镇为边塞要地，所以御外而安内，振威而壮国体也。军机百务，既重且难；而疆域荒远，物情迥异。兹志在览，莅政握兵者，得以远考而周知……不待指山画谷而自见焉。"就是说，正因为宁夏孤悬塞外，为国门锁钥，乃兵家必争之地，兵燹频仍，烽火连天，特别是成化戊子（1468 年满俊暴乱）、正德庚午（1510 年安化王造反）和万历壬辰（1592 年哱拜叛乱）三大事件先后在宁夏发生①，造成文献烫然，典册毁没，方志之书也在劫难逃，散佚严重。

　　本文对宁夏历代方志的存佚情况试作一番考索。

---

① 指成化四年（1468 年）蒙古贵族满俊暴动事件（史称土达造反），正德五年（1510 年）庆藩安化郡王寘鐇谋反事件，万历二十年（1592 年）驻军哱拜、刘东旸兵变事件。

一、佚志寻踪

（一）明代以前失传志书钩沉

宁夏南北地区的古方志，据《固原市志》载，明朝以前最早失传的古方志有：（宋）《安定郡图经》、（金）《德顺州志》、（元）《开成府志》。[①]

1.（宋）《安定郡图经》

据陈明猷先生在点校《宣统固原州志》后所撰论文——《清末固原轮廓——评介〈宣统固原直隶州志〉》中所引近代学者张国淦（1876—1962年）在他的《中国古方志考》一书中写道"宋代以前已有《安定图经》（见宋《太平御览》卷三十六所引）。"[②] 这里的《安定图经》当是《安定郡图经》的省称。安定郡是西汉武帝元鼎三年（前114年）析北地郡而设，治高平城（今宁夏固原原州区）。北魏先改置高平镇，后改原州，宋改镇戎州，元废隶开成府，明改固原州（镇）。从张文"宋代以前已有《安定图经》"的记载来看，《安定图经》可能修于东汉至唐朝间，因为地志之书，在东汉虽然已有"图经"命名之滥觞，但十分稀见。到南北朝至隋间，仍然寥若晨星，且当时宁夏地区时局动荡，"城头频换大王旗"，不具备修志的基本条件。而到了唐朝时期，社会安定，经济文化繁荣，编修方志已成为一种制度，并且多以"图经"命名，各种"图经"相继问世，现在存目者仍有十六种之多，可惜皆佚。但其中敦煌鸣沙石室发掘出的西北地区"图经"就有《沙州图经》和《西州图经》的残卷幸存。今人虽然不见《安定图经》的全貌，至少说明宁夏因为区位特殊，其修志的历史绝不后于内地，"宋代以前"的《安定图经》，可能修于唐朝。

---

① 固原市地方志编审委员会：《固原市志·地方史志》（中卷），宁夏人民出版社，2009年，第1429页。

② 见固原地区地方志办公室整理：《宣统固原州志》附：陈明猷《清末固原轮廓——评介〈宣统固原直隶州志〉》，陕西人民出版社，1992年。

2.（元）《德顺州志》

佘贵孝在《固原地区方志考录》一文中首次提到该书名称，并认为是金代所修。[1]1998年1月出版的《隆德县志》[2]和2009年7月出版的《固原市志》[3]皆采用此说，但未注明出处，令人置疑。许容监修、李迪等撰的《乾隆甘肃通志》，在卷四《疆域》文中，记录了静宁州的基本情况。文中以小字注明资料出自（元）《德顺州志》。[4]德顺州，即北宋庆历三年（1043年）所置的德顺军，治笼竿城（一作陇干城，今宁夏隆德县城）。领陇干县（与军城同治）。建炎四年（1130年）入金，改德顺州，所辖陇干县迁往外底堡（今甘肃静宁县附近）。元省陇干县，改静宁州。[5]所以元代修成的《德顺州志》，其内容应当包括宁夏隆德县和甘肃静宁县在内。乾隆间在编修《甘肃通志》时，作为元代参考书引用，属于作者目验，应该不会有误，所以《德顺州志》应当断为元志而非金志。

3.（元）《开成府志》

该志为元代编修，没有什么分歧，《固原县志》[6]《固原市志》[7]等新修的家乡志书都有记录，当无疑问。但是，明朝天顺间修成的《大明一统志》和《乾隆甘肃通志》中都记为（元）《开城志》，并无"府"

---

① 佘贵孝：《固原地区方志考录》（内部印刷）。

② 隆德县志编纂委员会：《隆德县志·第十四编》，宁夏人民出版社，1998年，第555页。

③ 固原市地方志编审委员会：《固原市志·地方史志》（中卷），宁夏人民出版社，2009年，第1429页。

④ 许容监修、李迪等撰：《乾隆甘肃通志》卷四，江苏广陵古籍刻印社，1989年。

⑤ 鲁人勇、吴忠礼、徐庄：《宁夏历史地理考》，宁夏人民出版社，1993年，第212页。

⑥ 固原县志编审委员会：《固原县志》，宁夏人民出版社，1993年。

⑦ 固原市地方志编审委员会：《固原市志》，宁夏人民出版社，2009年。

字。^①这里有无"府"字关系并不大，而"城"字之误，却事关重大，元人修自己的家乡志断不会搞错乡名的。因为元朝至元十年（1273 年），元世祖忽必烈封皇子忙哥剌为安西王，分治秦（含甘肃、宁夏、青海）、蜀。安西王在长安（今西安）设王府，坐镇西北，与此同时，将历史上曾经的重镇原州废弃，改在其南六盘山腹地开远堡地方另筑王相府，视为行都，与长安并存，于是升开元堡为开成府（后降为州），地以人贵，号"上路"，下辖开成县（治开元堡）和广安州（治东山寨）。"开成"得名涵义为来自"开远"和开府成功的意思。明朝改"开成县"为"开城县"，后迁入"故（古）原州城"，依谐音改称"固原城"。清升为固原州。可见，"城""成"二字是朝代区分的标志，地方志是地方文人所修，不应当有差错，唯一解释得通的，可能是刀误。另一误为，新修《固原县志》在《文化体育志》中记录，"民国时慕少堂编修《甘宁青史略》，参考书目中曾记有《开成府志》残本"。笔者查阅该书的《征引书目》，计开列征引书名 565 种（其中有少量重录），属于今宁夏的志书 18 种（重复 1 种），而并无《开成府志》之名，当属误引。^②

（二）明藩庆王朱㮵修撰《宣德宁夏志》三失三得的曲折

有明一代，宁夏地处三边要冲，驻有陕西三边总督、宁夏巡抚、宁夏总兵、固原总兵等封疆大吏和高级军政大员。不少官员在任职期间，为了军政经营的需要，编修了一批地方志书，成为宁夏历史上编修方志的繁盛时代。明朝宁夏地区修成的首部志书是《宣德宁夏志》。该志书的作者是藩封于宁夏为庆王的朱㮵（1378—1438 年）。他是明太祖朱元璋第十六皇子。该王身历洪武、建文、永乐、洪熙、宣德、正统六朝，享藩凡四十八年，他不仅足迹遍布宁夏山川，是宁夏的"活

---

① 固原市地方志编审委员会：《固原市志·地方史志》（中卷），宁夏人民出版社，2009 年，第 1429 页。

② 慕寿祺：《甘宁青史略·征引书目》，兰州俊华印书馆，1936 年。

字典"，而且"好学有文"①，"天性英敏，问学博洽，长于诗文"②，个人著述颇丰，堪称一代才子王爷。正是他"初封弘化（指庆阳），已而移宁夏。睹兹胜概，乃旁稽博采，凡典籍中事隶宁夏者，编集为志"③。大约七十年后，时任宁夏巡抚的王珣，又于弘治十四年（1501年）主持重修《宁夏志》，延请在籍丁忧户部郎中胡汝砺主笔编撰，修成明代宁夏第二部志书，因前有朱栴的《宣德宁夏志》，所以属于续修，为了与前志相区别，故称"旧志"，全名为《弘治宁夏新志》。王珣在为弘治志所写的《序言》中说："宣德中，藩府庆靖王问学宏深，好古博雅，创编宁夏一志。"④主笔胡汝砺也在志书《后序》中写道："比观宁夏旧志，乃庆先靖王所作，固无容议。"⑤该志的《凡例》第一条第一句就写道："《宁夏志》板行已久，然作于宣德初。"⑥还于《引用书目》中列出了《宁夏志》，并在《经籍》内说明"《宁夏志》一册、《集句闺情》一册。有板，俱在庆府内"⑦。以上证明朱栴所修《宁夏志》纂于"宣德中"，是"创编"的明代第一部方志，并且已经刊刻行世，雕板存放于"庆府内"。

1. 一失

既然《弘治宁夏新志》证明《宣德宁夏志》为明朝宁夏第一部方志，又有雕板和原刻本存放于庆王府中，是什么原因将此雕板和刻本统统丢失了呢？

大约《弘治宁夏新志》修成后又过了四十年左右，至嘉靖十九年（1540年），杨守礼出任宁夏巡抚时，再次主持重新编修宁夏方志，

①张廷玉等撰：《明史·诸王二》，中华书局，1974年，第3588页。

②胡汝砺纂修，管律重修，陈明猷校勘：《嘉靖宁夏新志·宗室文学》，宁夏人民出版社，1982年，第133页。

③朱永斋：《重刻宁夏志序》，载朱栴撰修，吴忠礼笺证：《宁夏志笺证》，宁夏人民出版社，1996年。

④⑤⑥⑦吴忠礼主编：《弘治宁夏新志》卷一，《宁夏历代方志萃编》，天津古籍出版社，1988年。

并仿照弘治志的办法，"礼请刑科给事中、致仕郡人管公律主编"①，取名《嘉靖宁夏新志》。按惯例主修的地方最高主官，要为志书作序一篇。杨守礼序文开门见山的第一句话就写道："宁夏镇志成于弘治辛酉岁，作之者郡人郎中胡公汝砺，实大中丞曹南王公珣之意也。"②这里提到"辛酉"年即弘治十四年（1501 年）。当然主笔管律也写了一篇《后序》入志，用以说明修志始末。《后序》曰："宁夏志，当弘治庚申冬，巡抚御史中丞曹南王公德润礼恳竹山胡先生良弼编辑之者。"这里的"庚申"年，即弘治十三年（1500 年）。读者可以在嘉靖志的前后序中看出，在嘉靖间宁夏地方最高长官和著名学人已经见不到朱栴首修的《宣德宁夏志》了，即以告佚。所以均误以弘治间王、胡二公完成的《弘治宁夏新志》视为宁夏的首部志书。岂不知，正因为前有朱栴的《宣德宁夏志》作为旧志，才有后修的新志《弘治宁夏新志》之命名。证明《宣德宁夏志》在弘治十四年至嘉靖十九年期间，已经佚失了。此为一失。

朱栴撰修的《宣德宁夏志》为什么到嘉靖间（1522—1566 年）已在官民的记忆中消失了呢？又是何时因何而丢失了呢？经查史书，宁夏于正德五年（1510 年），发生了一件惊天大事，庆藩安化郡王朱置镭（庆王朱栴重孙）于当年四月，在宁夏镇城勾结驻军头目何锦、周昂、丁广等人，据城叛乱。自制印章、旗牌，自称"老天子"，大封伪官，引起朝野、中外的极大震惊。叛王还擅自传檄沿边各镇令"率三军以诛党恶""听候调用"。③安化王还擅杀朝廷封疆大吏宁夏巡抚安惟学和总兵官姜汉、镇守太监李增等高级军政大员，并"焚毁案籍，释五卫重囚"④。在此次事变中，六世庆王台浤也"委身从叛"，"屈身置镭，行君臣礼"⑤。一世庆王朱栴修纂、刊刻的《宣德宁夏志》及其雕板可能在事变中随其他"案籍"一起毁于王府内部叛乱的兵灾之中。

---

①②胡汝砺纂修，管律重修，陈明猷校勘：《嘉靖宁夏新志·重修宁夏新志序》，宁夏人民出版社，1982 年，第 1 页。
③④⑤杨新才、吴忠礼主编：《明实录宁夏资料辑录·武宗敬皇帝实录》，宁夏人民出版社，1988 年。

2. 二失

朱栴的《宁夏志》于正德置镨事变中失传，大约到隆庆至万历中（1567—1596年），又于民间陆续收集到《宣德宁夏志》的残卷。但是万历二十年（1592年）宁夏再次爆发了镇城驻军暴动的恶性事件。叛军首领哱拜、刘东旸等人，杀害宁夏巡抚党馨、副使石继芳，总兵官张维忠自缢死。叛军还勾结边外蒙古部落，并招集亡命徒，"挟庆府"，"毁公署"，"放狱囚，毁文卷"，[①]城乡官民均遭前所未有的大劫难。叛军占据镇城半年之久（万历二十年三月至九月）[②]，烧杀抢劫，加之双方在攻守战中，采用火攻、水灌兼施，造成全城重创，"库藏俱空"[③]，就连庆府也未能幸免，在劫难逃。我们读一下十世庆王朱永斋的《重刻宁夏志序》就可以知道。他在序文中回溯庆祖朱栴编修《宁夏志》之后写道："顷者壬辰，予方茕茕在疚。逆贼残劫，帑藏书椠荡然无余。"这里所谓"帑藏书椠荡然无余"，显然是指朱栴所修的《宣德宁夏志》等书籍都在内吧？此当算作二失。

3. 三失

万历二十年宁夏"哱刘事变"后，庆藩王位十传至朱帅锌手中，时间为万历二十三年（1595年）四月。[④]新王继位后，非常重视收集府中在"壬辰事变"中散失的"宗器"。[⑤]此时王府长史曾某"以旧志请于予"[⑥]，所谓"旧志"应为《宣德宁夏志》的残本。朱帅锌正为府中所藏一世庆王朱栴修成的《宁夏志》佚失而痛心，真是"踏破铁鞋无觅处，得来全不费工夫"。于是，新王朱帅锌在万历二十九年（1601年），将这部二失二得的《宣德宁夏志》重新雕刻再版行世，并亲自为新版

①②③④ 杨新才、吴忠礼主编：《明实录宁夏资料辑录·神宗显皇帝实录》，宁夏人民出版社，1988年。
⑤⑥ 朱永斋：《重刻宁夏志序》，载朱栴撰修，吴忠礼笺证：《宁夏志笺证》，宁夏人民出版社，1996年。

写了序言。① 序文的落款称自己是"八世孙永斋"，而永斋实际上是九世孙、第十代庆王。为什么自称是"八世孙"呢？这是因为庆藩五世孙、六代庆王台浤在"庚午事变"安化王造反时受株连，革为庶人，本支被开除族籍，后世各王当然就依次递升一辈了，于是"九世"变"八世"。不过这个重刻版本，并不是原志的全貌，而只是一个残本，因为它违背志体常规，无舆图、无前后序跋、无凡例，并在宣德之后还补充若干内容和文字，所以可以断定，这个"三无产品"并不是朱栴所修《宣德宁夏志》的原完整版本。

但是，万历二十九年（1601年），朱帅锌重刻面世的朱栴《宣德宁夏志》又于明末第三次失踪。在《文渊阁书目》《万历内阁书目》《千顷堂书目》《中国边疆图籍录》等权威馆藏目录中，均查不到朱栴修《宣德宁夏志》的影子。这也是违背常理的，因为《宁夏志》作者显贵，是明朝开国皇帝朱元璋的皇子，又是当时西北地区率先修成的名志，目录家们是没有理由不收录的。那么只有一个解释，就是这部志书在明朝后期又奇怪地失传了。1934年，西北名儒张维先生在《陇右方志录》中收录有明庆王朱栴著《永乐宁夏志》，将宣德志写成永乐志，说明作者并未见到志书，所以误记。万历二十九年《重刻宁夏志》再度失传的时间，可以断为万历后期，因为万历四十五年（1617年），宁夏巡抚杨应聘在为新修成的《朔方新志》所作序文中明确说："以朔方名志，凡四修矣。"② 同一志书又在《纂修朔方新志檄文》中曰："本镇旧志，自万历七年重修以来，时经三纪。"③ 一纪为十二年，三纪为三十六年，加七年，计四十三年，正与《万历朔方新志》纂修时间相符合。所以杨序所谓"凡四修"，当指万历朝的志书，对于万历前的志书已是茫然了。证明在杨应聘主修《朔方新志》的万历四十五年期间，

① 朱永斋：《重刻宁夏志序》，载朱栴撰修，吴忠礼笺证：《宁夏志笺证》，宁夏人民出版社，1996年。
②③ 吴忠礼主编：《万历朔方新志·杨应聘序》，《宁夏历代方志萃编》，天津古籍出版社，1988年。

朱永斋《重刻宁夏志》又第三次失传了。到了清代乾隆四十五年（1780年）纂修《乾隆宁夏府志》时，作者已经不知道宁夏明代首部志书为何名了，而谬称"明藩庆靖王始为《朔方志》"①。《府志》还云："今考朔方旧志，断自万历中年。"清人对于朱永斋的《重刻宁夏志》失踪的时间记录大概也是有根据的。经查《万历朝明实录》，在万历三十七年正月庚子下记道："庆王府灾，寝宫库藏毁。"②六月丁巳又记："庆王帅锌以本府灾奏闻。"③这应该就是明后期《宁夏志》三失的真正原因。明万历七年，巡抚罗凤翔修成的《朔方志》可能也在这场大火中同时付之一炬了。

值得庆幸的是，万历《重刻宁夏志》在民间仍有流传，从藏书印可以看出，福建人徐惟起曾收藏到一部，但又不知何时何故，于光绪二年（1876 年）、日本明治九年，"徐藏本"又流到日本，被帝国图书馆收藏（今日本国会图书馆），以后东京图书馆、东洋文库均有影印本和微缩胶片馆藏。但孤本仍藏于日本国会图书馆。

对于明万历二十九年朱永斋的《重刻宁夏志》是如何从日本回归的，作者有一段亲身经历，简述于下。

1981 年 7 月，中国地方志协会（初称地方史志协会）在山西太原召开成立大会，我与宁夏大学教授陈明猷先生代表宁夏参加大会。会间偶遇我国老一辈著名方志学家朱士嘉先生，他告诉我，宁夏有一部明代方志流落在日本国会图书馆。后经与日方有关部门联系，希望引回该志，但没有结果。1984 年 8 月，日本京都大学文学部教授西田龙雄先生来宁夏社科院作学术交流，我当时在历史所工作，院里决定派余振贵和我全程陪同。相互认识之后，我告诉他，宁夏有一部明朝方志流传在日本，请他帮忙全书复印寄给我们，西田教授办到了。就这

---

① 张金城修，杨浣雨纂，陈明猷点校：《乾隆宁夏府志·王宋云后序》，宁夏人民出版社，1992 年。

②③ 杨新才、吴忠礼主编：《明实录宁夏资料辑录·神宗显皇帝实录》，宁夏人民出版社，1988 年。

样我们才得以见到明万历二十九年朱永斋的《重刻宁夏志》。该志正文和《艺文》各一卷，分为上下卷，计三万二千字。我经过五年的研究，于1996年出版了三十万字的《宁夏志笺证》，至此宁夏明代首部方志的万历重刻本（复印本），也是宁夏存世的第一部方志得以"回家"并经研究出版。一时间中央和宁夏的许多媒体纷纷报道、介绍这一文化成果。

（三）扑朔迷离的万历朝《朔方志》考证

宁夏地区于明代中前期所修志书，均名"宁夏志""宁夏新志"，而从万历朝始，所修志书均以"朔方志"命名。明神宗朱翊钧在位的万历朝享祚48年（1573—1620年），其间宁夏一地四次修志，并均以"朔方"冠名，是为宁夏修志的黄金时代。正如宁夏巡抚杨应聘在他主修万历四十五年《朔方新志》亲笔所撰《序言》中第一句话就写道："宁夏古朔方地，故其志以朔方名志，凡四修矣。"① 也就是说明代万历朝，宁夏修纂了四部以"朔方"为名的志书，但查索有关宁夏旧志的资料，似乎并非如此。

现将明代万历朝宁夏志书编纂情况梳理如下：

1. 第一部：《重修宁夏志》

该志修于万历初，志稿已不复存在，但《万历朔方新志》卷首保留了石茂华给这部志书所写的《序言》，序文称此志为《重修宁夏志》，并无"朔方"之名。

石茂华，字居采。山东益都县（今山东寿光境内）人，进士出身。万历二年至五年（1574—1577年），首任陕西三边总督。万历十一年（1583年），复任。② 总督开府固原，节制延绥、甘州、宁夏、固原四大军镇兵马，相当于今西北大军区司令员。石茂华于万历五年（1577年）

---

① 吴忠礼主编：《万历朔方新志·杨应聘序》，《宁夏历代方志萃编》，天津古籍出版社，1988年。

② 杨新才、吴忠礼主编：《明实录宁夏资料辑录·神宗显皇帝实录》，宁夏人民出版社，1988年。

十一月十五日（"仲冬之望"），在《重修宁夏志·序》中写道："（宁夏）旧志，弘治辛酉，中丞王公珣，延胡公汝砺纂修者；嘉靖庚子，中丞杨公守礼，又延管君律重修之，今凡四十年矣。"①就是说，从石茂华作序的万历五年（1577年）向前推四十年左右，至嘉靖十八、十九年，正与《嘉靖宁夏新志》纂修和刻行的时间大体相吻合，相隔三十八九年，故称"凡四十年"。石序还道："余惧将来之无所考也，因檄兵粮道金事解君学礼重修之。解君则礼延长史孙汝汇相与考索订正，逾年告成。"即万历四年（1576年）开修，五年（1577年）修成。石茂华所请的两位主笔之一的解学礼，据《万历朔方新志》载：万历二年（1574年）至八年（1580年），任宁夏督储河西道。进士出身，"才识卓越，备守绩伟"②。万历七年（1579年），因功升陕西副使、任整饬固原兵备道。③孙汝汇则是万历三年（1575年）至八年（1580年）任宁夏庆王府长史（类今秘书长），也是进士出身。④二人同为宁夏地方官，故受石茂华之邀，在万历四年、五年间纂修了宁夏志书，证明石言为是。按惯例这部《重修宁夏志》应当署名石茂华主修，解学礼、孙汝汇主笔。万历四十五年，宁夏又修成《朔方宁夏新志》，在该志的《陕西三边总督》项下记曰："石茂华益都人，万历二年任，修《宁夏镇志》。"⑤另外，石茂华在序言中还写道，他所主修的《重修宁夏志》的编撰原则是："旧志可因者因之，未备者增之，繁芜者则芟夷之。"⑥《重修宁夏志》全书"为卷者四，为目者四十有二，大都以有关于政体、边事为准，外

①⑥ 吴忠礼主编：《万历朔方新志·石茂华序》，《宁夏历代方志萃编》，天津古籍出版社，1988年。

②④⑤ 吴忠礼主编：《万历朔方新志·内治》，《宁夏历代方志萃编》，天津古籍出版社，1988年。

③ 杨新才、吴忠礼主编：《明实录宁夏资料辑录·神宗显皇帝实录》，宁夏人民出版社，1988年。

此弗录也"①。为志书作序者一般均为地方最高长官，石茂华时任总督，是宁夏巡抚的顶头上司，当时的宁夏巡抚罗凤翔可能出于礼貌，敬请总督赐序，也是在常礼之中的事。如果是这样的话，志书的主修人应是罗凤翔，而非石茂华。作为上级石茂华可以写序，但是不能越俎代庖，直接指令地方官（解学礼、孙汝汇）的修志，这应当视为不正常的事，加上该志稿无人见到，是为一迷。

另外，还有一些疑问，既然为《万历朔方新志》作序的时任宁夏巡抚杨应聘，在序文明确写道，宁夏于万历朝所修的四部志书，均以"朔方"为名，石志又为何取名为"宁夏志"呢？而《万历朔方新志》自身也在介绍石茂华中，说他主修过《宁夏镇志》呢？难道所谓石茂华修《宁夏志》之事只是一个计划中的事和传说吗？但他委派的修志人又有名有姓，而且是一部四卷本、四十二门类的大部头志书，确乎难予否定。不过今人只能看到石序文，无法得窥志书的全貌，至于刊刻情况更是茫然了。

2. 第二部：《朔方志》

该志应当是明万历朝宁夏地区的第二部志书，并且是以"朔方"为志名的第一部志书。为时任宁夏巡抚罗凤翔主修。《万历朔方新志》保存了罗凤翔为志书所写的序文，序文的开头文字付缺。从这篇无头的序文中仍然可以看到，文中第一次以"朔方"代指宁夏，故该志书名当以"朔方志"冠之。序文还说："余承乏是方凡六稔，方事略晓㟮。戊寅冬余乃按旧志，整齐其故实，拾遗、约繁、矫俚为文，作志十篇：曰志地、志边、志□、志祀、志赋、志兵、志宦、志人、志举、志杂，析为四卷。"②他告诉人们，《万历朔方志》是他一个人于万历戊寅年至己卯年（1578—1579 年）独自修成的，全书分四卷、十大门类。看

① 吴忠礼主编：《万历朔方新志·石茂华序》，《宁夏历代方志萃编》，天津古籍出版社，1988 年。
② 吴忠礼主编：《万历朔方新志·内治》，《宁夏历代方志萃编》，天津古籍出版社，1988 年。

来可能是对石茂华前所主修的"旧志"(《宁夏镇志》)的四卷本、四十二门类,进行考定增减而成的一部志书。①罗凤翔撰修的《朔方志》与石茂华主修的《重修宁夏志》均已散佚,但罗志的存在也是有根据的。因为《万历朔方新志》在志前的《纂修朔方新志檄文》提供了证据,文曰:"本镇旧志,自万历七年(乙卯)重修以来,时经三纪。"②《檄文》告知人们四点意思:其一,本志名为"朔方新志",则前志应名"朔方志",因为前有"朔方志"之名,后才有"朔方新志"之名;其二,石茂华修《宁夏镇志》在万历四年、五年,重修《朔方新志》时已告散佚,而罗凤翔撰修的《朔方志》当时可能还可见到,所以人们只知有"万历七年"罗凤翔的《万历朔方志》并称为"旧志"。在卷二《兵马》目中记道:宁夏明朝万历的"旧志纂于乙卯"。乙卯是万历七年,正是罗凤翔修成《朔方志》之年。③其三,杨应聘主修《朔方新志》距罗修《朔方志》时隔"三纪",即三十六年(一纪为十二年)。而罗修《朔方志》始于万历戊寅年(万历六年),至万历丁巳年(万历四十五年),前后历四十二年,约"经三纪"矣,证明《檄文》所言不妄。④其四,从《万历朔方新志》的内容来看,录有大量罗凤翔主政的内容,这是旧志一大陋习,谁主修则偏重书录谁的政绩。如卷一:城池、坊市、屯田、水田、盐法、兵马等门类,皆大量记述罗凤翔政绩,并基本上引自万历七年罗独自修成的《朔方志》中的内容。甚至在卷二《兵马》目中,还引用了罗凤翔一段论"兵贵精、不贵多"的论述,并前冠:"《朔方志》曰",这就清楚看出罗修的志书确实名为《朔方志》。

---

① 吴忠礼主编:《万历朔方新志·内治》,《宁夏历代方志萃编》,天津古籍出版社,1988年。
②④ 吴忠礼主编:《万历朔方新志·檄文》,《宁夏历代方志萃编》,天津古籍出版社,1988年。
③ 吴忠礼主编:《万历朔方新志·兵马》,《宁夏历代方志萃编》,天津古籍出版社,1988年。

同时在《朔方新志·赵可教后跋》中，也写道："考其志，与闻万历己卯载修，所谓《朔方志》者。"①

罗凤翔，字念山。山西蒲州（今山西永济境内）人。举人出身。万历元年至八年（1573—1580年），任宁夏巡抚。卒于宁夏任所。《万历朔方新志》罗凤翔作"罗凤翱"，而《明实录》等均作"罗凤翔"，今从罗凤翔。②

3. 第三部：《万历朔方新志》

这部志书情况较为复杂，要说清楚必须从头细述。编修此志的经过大约是：自明万历初石茂华主修《宁夏镇志》和罗凤翔撰修《朔方志》三四十年以后，至万历三十八年（1610年），崔景荣任宁夏巡抚，他认为"旧章不可以遂湮，近事不可以缺载"③，宁夏志书应该续修了，于是就着手筹办相关续修事宜。但是，万历四十一年（1613年）底，朝廷升调他任兵部右侍郎。在还没有交代离开宁夏任所时，恰宁夏籍名儒杨寿考取癸丑科（万历四十一年）进士，回籍后选时，于是崔景荣请他出山主笔续修宁夏志书。杨寿以熟悉乡情、文笔卓越的优势，于万历四十一年至四十二年（1613—1614年）完成了志稿。新任宁夏巡抚杨应聘到任后，从宁夏儒官黄机手中拿到了杨寿续修志稿，正好此时杨寿也在改任司农使新职后因公"过里门"④，又抽空再次对志稿亲加"参续"，并请杨应聘补写一篇序文。抚宪杨大人在序言中对"崔公橄修之意，而杨君文字"⑤大加赞扬，肯定该志"为帙有五"⑥，即续修的五卷本《朔方新志》"足以昭炯鉴而垂典则矣"⑦。杨序的落款时间为万历四十五年（1617年）正月初一日。按照通例，长官所作的

---

① 吴忠礼主编：《万历朔方新志·赵可教后跋》，《宁夏历代方志萃编》，天津古籍出版社，1988年。

② 杨新才、吴忠礼主编：《明实录宁夏资料辑录·神宗显皇帝实录》，宁夏人民出版社，1988年。

③④⑤⑥⑦ 吴忠礼主编：《万历朔方新志·杨应聘序》，《宁夏历代方志萃编》，天津古籍出版社，1988年。

序言时间即为志书的修成时间，所以《朔方新志》成书时间应当是万历四十五年正月。

从该志的《修志姓氏》和《修志檄文》中得知，《朔方新志》的主修人应该是前后两任巡抚崔景荣（万历三十八年至四十一年任）、杨应聘（万历四十一年至四十五年任），主笔为乡儒杨寿，实际操办人（相当于今编委会常务副主任）当是进士出身的陕西按察使、督储河西兵粮道龚文选（四川人，万历四十一年任），进士出身的陕西布政司右布政使兼宁夏河西兵粮道和儒学赵可教（四川人，万历四十三年任），进士出身的陕西按察使、督储河东道张崇礼（山西人，万历四十二年任），在三位地方长官的共同努力下，完成了万历朝最后一部宁夏志书。因万历朝初罗凤翔修成的志书命名为《朔方志》，故后续志书与之对应，名之曰《朔方新志》。

再从《朔方新志·赵可教后跋》文中"逾年始成，爰锓诸梓"句来看，崔景荣和杨应聘主修、杨寿主笔修成的《朔方新志》在万历四十五年付梓，是有刻本的。而且这个刻本还有可能仍然藏之于民间。因为我见到1944年1月出版的《旅行杂志》中，刊载时任云南省昭通中学教师张希鲁先生的文章《跋明版〈朔方新志〉》。文中他叙述了自己手中有一部明刻本《朔方新志》，其来历是"吾于乡中故家得之，盖其先世宦游西北，携归藏之箧中"。他介绍该志为明朝宁夏第四次修的志书。全书五卷，为杨寿、黄机二人撰修，杨应聘主修完成。志前载有明嘉靖十九年（1540年）杨守礼序文、万历五年（1577年）石茂华序文、万历七年（1579年）罗凤翔序文和万历四十五年（1617年）杨应聘序文。跋文并未提到志文中有清初增加的内容，说明张先生手中的《朔方新志》确系明原刻本。他还写道：当前处于抗战时期，"开发西北""宁夏繁荣""研究边疆史地""欲识西北各情，此志又可少乎？"他的跋文写于1943年8月15日。[1] 目的似为推介《朔方新志》，

---

① 张希鲁：《跋明版〈朔方新志〉》，载《旅游杂志》1944年第1期。

而非重刻《朔方新志》，故以跋的文体似有不当。但是，我们今天见到的《朔方新志》，实际上并非原刻本，而应是清朝康熙年间的重刻增补本，因为在志书的内容中多处突破了万历四十五年（1617年）的下限。比如卷二《内治》的《督储河东道》目中：张九德为泰昌元年（1620年）任，张维枢为天启五年（1625年）任，周汝玑为天启六年（1626年）任，葛汝麟为崇祯元年（1628年）任；《理刑同知》目中：路尚论为天启四年（1624年）任，牟脉新为天启六年（1626年）任，王标为崇祯元年（1628年）任；《监牧同知》目中：卢自立为天启元年（1621年）任，张继孔为天启六年（1626年）任，李鲁士和赵守成为崇祯元年（1628年）任；等等。类似此类越出《朔方新志》万历四十五年下限者，不仅不胜枚举，甚至还有记录到崇祯十三年（1640年）的内容，如卷二《内治》的《分协副总兵》目下曰："崇祯十三年，巡抚樊一蘅、总兵官抚民题设、始此。"查《明史》樊一蘅，字君带，四川宜宾人。崇祯十二年至十三年（1639—1640年）任宁夏巡抚。[1]官抚民，崇祯末年宁夏倒数第二任总兵官，具体任职年代不详，其父官秉忠，历任宁夏副总兵、延绥总兵等职，万历四十六年（1618年）"辞疾归，久之卒"，其殁时间至少当在崇祯中后期，其子任宁夏总兵官更当在其卒后。[2]《朔方新志》卷二，在《钱粮》目下，还收录了宁夏总兵官抚民关于兵饷问题的奏折全文，文中两处提到"崇祯十二和十三年"。又在《俘捷》目中，记录了宁夏巡抚李虞夔（崇祯十三年至十六年任，为宁夏明代最后一任巡抚）和总兵官抚民，在崇祯十三年（1640年）冬，与入犯蒙古部黄台吉大战的"洪广老鼠嘴之捷"一事。[3]此类记入崇祯末期的内容，在志书中并非一两处。

最为明显的还是《朔方新志》不仅在卷首的《总镇图说》中，特

---

① 张廷玉等撰：《明史·樊一蘅传》，中华书局，1974年，第7146页。

② 张廷玉等撰：《明史·官秉忠传》，中华书局，1974年，第6226页。

③ 吴忠礼主编：《万历朔方新志·内治·俘捷》，《宁夏历代方志萃编》，天津古籍出版社，1988年。

意把志文中的明朝"弘治"改为"弘正"，显然这是在避清世祖福临"顺治"皇帝的讳。另外，还于卷五《词翰·逸事》，即全志书正文结束之后，又续增了清代顺治朝的一些内容。其中有清初宁夏巡抚黄图安关于军事、兵饷、军粮、驿递、茶市、水利、屯田、建义仓等政务的奏折八件，另有一件关于请免征宁夏原河东道地方"玖厘银两"附加（即所谓"辽饷"）的奏折和调查报告。以上诸事所涉时间从顺治十二年（1655年）正月至十五年（1658年）四月六日。查《顺治皇帝实录》，黄图安是顺治十一年二月壬午（1654年4月8日）任宁夏巡抚，顺治十六年四月丁巳，因被保举人犯事连坐而降职调用。① 《朔方新志》中增续的清顺治和康熙朝内容是怎么回事呢？据《乾隆宁夏府志·王宋云后序》云："国朝顺治初，唐采臣先生以户部主事督饷来此，得遗文数首，因与中丞黄公奏议附刻于后。"② 但是，实际情况何止增刻入顺治初的内容，在其后者还列入了宁夏清初最后一任巡抚刘秉政的《去思碑记》。刘是顺治十七年（1660年）接替黄图安任宁夏巡抚，至康熙五年（1666年）宁夏撤销巡抚止。③ 《去思碑记》的落款是康熙五年（1666年）。④ 可见，现在见到的明朝万历四十五年所修的《朔方新志》，并非它的原刻本，而是经过黄图安、唐采臣、刘秉政修改过的增刻本。时间大约也是黄图安任宁夏巡抚间付梓行世的，即顺治十一年（1654年）至康熙六年（1667年）之间。那么，明代宁夏镇（宁夏北部）所修成的方志计为三部，今已无一部原刻本传世了。

（四）其余失传明志初寻

明代的宁夏和固原是"九边重镇"之二，而且统一指挥西部"四镇"的总督府（全称陕西三边总督）也设在固原，是兵家所称"三边据险，

---

① ③ 吴忠礼主编：《清实录宁夏资料辑录·顺治皇帝实录》，宁夏人民出版社，1986年。

② 张金城修，杨浣雨纂，陈明猷点校：《乾隆宁夏府志·王宋云后序》，宁夏人民出版社，1992年，第943页。

④ 吴忠礼主编：《万历朔方新志·词翰》，《宁夏历代方志萃编》，天津古籍出版社，1988年。

固原居中，左顾则赴援绥、灵，右顾则迎应甘、凉，是谓四塞之接也。"古有"中华襟带"之论。① 对于经营边务的大员来说，这样的要区、形胜之地，当然要定期编修方志，以考舆地、载沿革、记建置、录赋税、赞乡贤、传风教，以备后世治边者之参考矣。但是，正因为是兵家必争之地，加之地震频频，所存文献十不及一，明修方志，也不能幸免，现从相关资料中得知，明代散佚的志书有：

1. 张治道（号太微山人）撰：《固原州志》

据《万历固原州志·刘敏宽序》曰："固原州志二种：一乃太微山人张氏治道所撰"。同一志书的《董国光后序》亦曰：《固原州志》"一志于张太微山人。多旁稽，无当事实。"② 据牛达生、牛春生合撰的《明代固原州志及其史料价值》文中说："张本曾著录于《万历内阁书目》和《千顷堂书目》，至今未见传本。"但是，刘敏宽和董国光在前后序中都提到张志。董还在《后序》文中有"多旁稽，无当事实"的话来分析，刘、董二人在编修《万历固原州志》时是参阅了张志的。所以1993年6月出版的新修《固原县志》也将张志写进《文化体育志》中。

2. 杨宁撰：《嘉靖固原州志》（二卷）

此志在《明史·艺文二》中有目③，按理必为编修《明史》之人所经眼，一般不会有误。但是存世的唐龙、杨经所编修的《嘉靖固原州志》和刘敏宽、董国光编修的《万历固原州志》乃乡官修乡志，了解乡情，熟悉文脉，为什么均未提到此人此志呢？实与情理不合，仍需考证。

3. 邵陆修：《嘉靖固原州志》（二卷）

此志仅见邓衍林编：《中国边疆图籍录》载目④，未见志稿和目录

---

① 杨经纂辑，刘敏宽纂次，牛达生、牛春生校勘：《嘉靖万历固原州志·唐龙序》，宁夏人民出版社，1985年。

② 杨经纂辑，刘敏宽纂次，牛达生、牛春生校勘：《嘉靖万历固原州志·董国光后序》，宁夏人民出版社，1985年。

③ 张廷玉等撰：《明史·艺文二》，中华书局，1974年，第2410页。

④ 邓衍林：《中国边疆图籍录》，商务印书馆，1958年。

书有收。

据此，固原地区于明代嘉靖间出现三部志书，即唐龙、杨经嘉靖十一年（1532年）修成的二卷本，邵陆嘉靖十一年修成的二卷本和杨宁于嘉靖间（不知何年）修成的二卷本。三志在时间上属同年，规模上同为二卷本，显然有误，亦待详考。

4. 毕如松、李若素撰：《万历隆德县志》

隆德县原为平凉府静宁州属县。嘉靖三十八年（1559年）十月，改为平凉府直属县。万历修成的志书应称"县志"。清朝康熙二年（1663年），隆德县令常星景在修成的《隆德县志序》中写道："隆故有志属前，此毕、李二令君厘定。"① 乡邑学人董炜勋在本志《跋》中也说："邑乘创自明神宗年间，历时既久，事殊势更。且鼎革后，版籍灰烬。"② 《跋》文明确了两点：一该志修于明朝万历间（1573—1620年）；二该志书已散佚。加上序文提到"毕、李二君"，作者、成志时间、版籍三要素俱全。另外，《道光续修隆德县志·黄璟序》文中也写道："隆志创自有明神宗年间，历时辽远，迭遭兵燹，版籍渐归灰烬。"可见隆德县在明朝曾修成县志，并不是孤证。同时还在志书的《官师》内容中，记录了历代隆德县知县的情况，其中就有毕、李二君的简介："毕如松，山东莱芜县人，举人。万历三十二年任，升宁羌知州，寻升西安府同知，修县志。""李若素，河南南阳县人。选贡。万历三十七年任。改建学宫，重修县志。"③ 上述三方面综合辩证，可以断定此志确实编修过。但从"重修"二字来看，毕如松手里的《隆德县志》可能没有完成，所以只记录他"修县志"的事实，而该志也许在继任者李若素手中完成。如果认为毕、李各修成一部县志，因为相隔时间太短，又是一个山区小县，没有必要，也没有那么多内容可书。

---

①②③ 隆德县志办公室点校：《隆德县志》，内部资料，1987年。

（五）清朝、民国散佚志书

1.《应理志草》（一册）

经初步研究，有清一代，宁夏失传的志书，大约有九部，第一部当属《应理志草》（一册）。中卫县地方建置较晚，沿革如下：西夏时设应吉里寨（相当县级基层政权），元代升为应理州，明设中卫（宁夏镇七卫之一），清雍正二年（1724 年）改设宁夏府属中卫县。[①] 乾隆二十七年（1762 年），时任陕甘督学钟兰枝在给付梓的《中卫县志》所作的序文中写道："（中卫）至雍正三年始为县。向所传《应理》一册，粗具梗概。"[②] 另外，在《乾隆中卫县志·凡例》的第一条开门见山第一句话就说："应理旧有《志草》一册，第抄据《朔方志》所分载而增其粗略，残缺殊多。"最后一条又云："志属草创……出一人之手，越三月而成其稿……取而名之曰《应理志草》。"可见中卫设县前，即雍正三年前，编撰过一本简志，名为《应理志草》，简称《应理》。因为成书时尚未建中卫县，故以古建置名冠之曰"应理"。主修《乾隆中卫县志》的知县黄恩锡也在乾隆二十五年（1760 年）所作《序文》中叙述了自己编修县志的目的："若今之志，应理则尤难矣。旧抄半册，本之《朔方新志》，所载者仅城堡、贡表、官师、学校数条，其他山川、祭祀、建置、沿革、渠道、土田缺略无征。又广武前隶乎宁郡，香山为庆藩牧场，今皆宜汇入之，是不得不创为编辑矣。"从字里行间不难发现，《应理草志》，其中一半内容乃"旧抄半册"，实际上是抄录自前明杨应聘、杨寿所修的《万历朔方新志》内容。现在早已改朝换代，由卫变县，时隔久远，所以必须创修一部新的《中卫县志》。这部名为《应理》的简志应该编成于康熙辛卯（康熙五十年，1711 年），

---

① 鲁人勇、吴忠礼、徐庄：《宁夏历史地理考》，宁夏人民出版社，1993 年，第 205、305 页。

② 黄恩锡纂修，中卫县志办公室整理，范学灵主编：《乾隆中卫县志·钟兰枝序》，宁夏人民出版社，1998 年。

理由是，在乾隆二十五年修成的《中卫县志·修志姓氏》中，将《乾隆中卫县志》修成之前 50 多年的宁夏西路中卫儒学教授刘追俭列为清代中卫修志的第一人，并说他"起草"了《中卫县志》。其实这位刘教授与 50 年后的《乾隆中卫县志》如果硬说要有何种关系的话，只能是追认他为清代《中卫县志》的创先者（起草者），故名列于《修志姓氏》的位首①，以示尊敬。经查《乾隆中卫县志·官师考》，刘追俭系泾阳县举人出身，康熙四十六年至五十四年（1707—1715 年）任宁夏府中卫县儒学教授，并在任间"修学创志"。可以看出，《应理》简志草成于康熙末年，作者为刘追俭。修《乾隆中卫县志》时，参考引用过该志的内容。如《凡例》第二条就记录："星野、建置、疆域仍旧《志草》，而其中舛讹者亦多，皆为改正补缺。"《应理志草》失传当在《乾隆中卫县志》修成、付梓之后，但它毕竟是清代宁夏中卫的首部志书。知县黄恩锡之所以能一个人在三个月之内将《乾隆中卫县志》修成，即"出一人之手，越三月而成其稿"，与得到《应理志草》提供资料是不无关系的。

2. 周克开修：《朔邑志稿》②

这是清代宁夏地区散失的一部带有总志性质的大部头志书。因为宁朔县是当时宁夏北部引黄灌区宁夏府的首县，与府同治一城，这部志书所记内容犹如《银川小志》，往往包涵全府的内容。本文作者在没有见到《宁朔县志》文稿的情况下，得此结论也是有根据的，因为在参修乾隆《宁夏府志》的作者之一王宋云给《乾隆宁夏府志》所写的《后序》中说得非常明白，文曰："乾隆癸酉［十八年］，宁夏道定州杨公［杨灏］有志欲新之，未成而罢。其后太守新安王公［王从廉］甫议修举，以调任去。又其后，朔邑令长沙周公为朔县志……今太守公［永龄］

---

① 黄恩锡纂修，中卫县志办公室整理，范学灵主编：《乾隆中卫县志·修志姓氏》，宁夏人民出版社，1998 年。
② 张金城修，杨浣雨纂，陈明猷点校：《乾隆宁夏府志·地理一》，宁夏人民出版社，1992 年，第 79 页。

任事之三年"① 完成了《宁夏府志》。文中显然把《宁朔县志》和《宁夏府志》予以同等地位。从各种资料上来看，该志已佚，其志名有《宁朔县志》②《朔邑志稿》③《朔县志》④ 等不同记录，而志书作者为周克开却是一致的。《乾隆宁夏府志·地理一》中记录："前朔邑令周君有《朔县志稿》。"⑤《乾隆宁夏府志·王宋云后序》亦记朔邑令长沙周公为《朔县志》。⑥ 这位"周公""周令"实际上就是乾隆二十三年（1758 年）至二十九年（1764 年）任宁夏府宁朔县知县，举人出身的湖南长沙籍人周克开。⑦ 这部志书的价值是不一般的，因为它是从明至清改朝换代承上启下的区域志书，也可算作清朝宁夏地区的第一部总志。只可惜"稿就未刊"。但周公所修的《朔邑志稿》抄本，当时在民间有传，就连编修《乾隆宁夏府志》时，书中都大段引用了志稿的原文。经初步查考，仅在府志的《地理卷》中，注明引用《朔邑志稿》文达 500 字之多。⑧《朔邑志稿》大约迟至民国初年，即告散佚。这个判断是从宁夏护军使、宁夏镇守使马福祥和马鸿宾相继主持修成于民国十三年（1924 年）前后的《朔方道志》已将《朔邑志》列为"失传"之列得出。如该志的《王之臣序》写道："宁夏边塞之区，藏书既寡，兵燹之后，档卷尽亡，各属志乘如朔邑之《朔方志稿》（《朔方志稿》应为《朔县志稿》之笔误）、灵州之续修志稿，非缺即遗。"⑨

---

① ④ ⑥ 张金城修，杨浣雨纂，陈明猷点校：《乾隆宁夏府志·王宋云后序》，宁夏人民出版社，1992 年，第 943 页。

② 慕寿祺：《甘宁青史略·征引书目》卷 32，兰州俊华印书馆，1936 年。

③ ⑤ 张金城修，杨浣雨纂，陈明猷点校：《乾隆宁夏府志·地理一》，宁夏人民出版社，1992 年，第 79 页。

⑦ 张金城修，杨浣雨纂，陈明猷点校：《乾隆宁夏府志·职官一》，宁夏人民出版社，1992 年，第 331 页。

⑧ 张金城修，杨浣雨纂，陈明猷点校：《乾隆宁夏府志·地理一》，宁夏人民出版社，1992 年，第 80 页。

⑨ 马福祥、马鸿宾、陈必淮主修，吴复安、王之臣主笔：《朔方道志·王之臣序》，天津华泰印书馆，1927 年。

该志还在《凡例》的第一条写明："（宁夏）相继续修书皆失传。清乾隆四十五年，知府张金城修《宁夏府志》，兵燹之余，亦鲜完帙。"[1]此时的当政者和文人连宁朔县知县周克开于乾隆间所修成的《朔邑志稿》的名字都已经说不清了。

关于对《朔邑志稿》的寻找，本文作者还有一段亲身经历需要略作交代。1985年成立宁夏地方志编审委员会，抽调我担任区方志办主任，随及我就在区内寻找周克开编修的《乾隆宁朔县志》。有一次吴忠市志办主任高广俊告诉我，吴忠市人大一位领导去东北开会，在长春地质学院参观时，无意中于图书馆的一处书库中发现一本（部？）《宁朔县志》，因为是家乡的志书，他还好奇地翻了翻，因为职业的关系也没有太加注意，现在吴忠市开始修志工作了，他又想起此事。得知此情后，我很激动。后乘1990年4月在黑龙江省参加全国地方志工作会议之机，让高广俊作为列席代表赴会，乘便去长春查找《宁朔县志》，但没有发现。后来吴忠市志办、青铜峡市志办和我，都先后通过公私关系协查，至今无果。我们查找的目标是长春地质学院图书馆、长春市图书馆、吉林省图书馆和伪满洲国傀儡皇帝溥仪的伪皇宫资料室，也是无一处有收获。

3. 慕暲修：《宁灵厅新志》[2]

清代同治、光绪年间，西北地区爆发大规模回族人民反清抗暴斗争，其精神领袖是宁夏的回族大阿訇马化龙。马化龙世居灵州金积堡，事平后，为了对马化龙家乡的回族人民进行高压震慑，遂改宁夏府水利同知为宁灵厅抚民同知，厅衙驻金积堡，上隶宁夏府、下辖七堡。将一个大村堡破格升置与县衙同级的散厅级别，其政治目的是为了强

---

① 马福祥、马鸿宾、陈必淮主修，吴复安、王之臣主笔：《朔方道志·凡例》，天津华泰印书馆，1927年。

② 慕寿祺：《甘宁青史略·征引书目》卷32，兰州俊华印书馆，1936年。

化镇压。① 据《光绪甘肃新通志·人物志》载，慕暲其人于同治年间"升宁灵厅教授，卒于任"②。证之《宁灵厅志草·职官志》所载："慕（璋）［暲］：甘肃泾州直隶州镇（番）［原］县人，光绪十一年（1885年）任。"《宁灵厅志草》还载，下一任教授王仪乾是光绪二十七年（1901年）接任。③《甘肃新通志》还说慕暲是"卒于任"。则慕暲在宁灵厅的时间是光绪十一年（1885年）至光绪二十六年（1900年），这个时间段也就是他给宁灵厅编修志书的时间。这应当是宁灵厅设置以来的第二部厅志。因为此志名为《宁灵厅新志》，新志是相对前志而名，前无旧志，何谓新志呢？这是一种约定俗成的惯例，一般人都能理解。也许因为慕先生在编修此志时，半途身亡，并没有完成，所以我认为后来出现的《宁灵厅志草》，实际上就是对他留下志稿的增删、修改。可惜也是半途夭折。

慕暲是镇原县举人，为西北著名学人慕寿祺的父亲。儿子在自己的著作中，记录父亲的学术成果——编修《宁灵厅新志》，当属亲闻、亲见，甚至是亲自参与过，慕寿祺将这部志书录入《甘宁青史略·参考书目》之中，不属于道听途说，是不会有出入的，完全可以认定。

4.《新渠、宝丰县志》

这是一部合志，编纂者不详。志书收录上限为明朝崇祯间（1628—1644年），下限为民国六年（1917年）。据新修《石嘴山市志·文化艺术篇》载："国家地震局地球物理研究所编《甘肃省志书地震资料》中收有该志书'杂录''灾异'所载四条地震史料。"④

---

① 鲁人勇、吴忠礼、徐庄：《宁夏历史地理考》，宁夏人民出版社，1993年，第205、305页。

② 开允、长庚主修，安维峻等纂：《宣统甘肃新通志·人物志》，江苏广陵古籍刻印社，1989年。

③ 佚名编撰，胡建东校注：《光绪宁灵厅志·职官志》，宁夏人民出版社，2008年。

④ 石嘴山市志编纂委员会：《石嘴山市志》，宁夏人民出版社，2001年，第1559页。

新渠、宝丰二县是清朝雍正四年（1726年）和六年（1728年）在原平罗县境内析设的两个新县。新渠县治姚伏堡（今宁夏平罗县姚伏镇），宝丰县治宝丰堡（今宁夏平罗县宝丰镇）。乾隆三年十一月二十四日（1739年1月3日），因大地震城毁撤销建置，仅存在十年左右时间。《甘肃省志书地震资料》中所引此志，出自何处？仍不清楚，待查。但是，在乾隆元年（1736年）修成的《甘肃新通志·风俗》中，所引资料小字注有《惠农渠记》和《新渠、宝丰》①，这可能就是《新渠、宝丰记》或《新渠、宝丰县志》的省文吧？但是，《甘肃省志书地震资料》所引用的《新渠、宝丰县志》，下限到了民国间，而《甘肃通志》修于清乾隆年间，说明前后《新渠、宝丰县志》只有渊源关系，而并非同一本志书。

5.《宝丰县记》

清乾隆四十五年（1780年），宁夏府知府张金城修成《宁夏府志》，在该志《地理一·平罗形势》中，以小字注明引用资料为《宝丰县记》。②五十年后，平罗县知县、浙江归安（今浙江吴兴县）人徐保字（字阮邻），于道光四年至六年（1824—1826年）和道光八年至九年（1828—1829年）二任平罗县知县，其间于道光八年修纂成《平罗记略》（实际上就是《平罗县志》）。在志书的卷一《形势》、卷四《水利》等处提到资料来自于《宝丰县记》。《府志》《县志》先后都引用了这本《县记》，应该是不会有问题的，应当是一部关于宝丰县的简志。从《县记》内容来看，出现过"乾隆十一年，陕甘总督黄廷桂"的字样，说明该简志的修成不会迟于乾隆十一年（1746年），先于《平罗记略》。但是，修纂者、篇目、版本等具体情况都一概不详。

6.《县册》《学册》《营册》，合称《三册》

在道光九年（1829年）知县徐保字修成的《平罗记略》和道光

---

① 许容监修，李迪等撰：《乾隆甘肃通志·风俗》，江苏广陵古籍刻印社，1989年。
② 张金城修，杨浣雨纂，陈明猷点校：《乾隆宁夏府志·地理一》，宁夏人民出版社，1992年，第65页。

二十四年（1844年）知县张梯编修的《续增平罗记略》中，都大量引用《三册》的资料。以《平罗记略》为例，该志铅印本全书计292页，仅引用《县册》一种就有122处资料，占66页。加上《学册》《营册》，所录《三册》资料占全志书（《平罗记略》《续增平罗记略》）文字量的几乎一半。《平罗记略》八卷的所有门类中只有第八卷《艺文·志异》没有注明引用《三册》的资料，其余七卷都大量引用了《三册》的资料。可见，如果说《平罗记略》就是《平罗县志》的话，而编修该志书的资料显然基本出自《三册》，那么《三册》也可以当之无愧视之为《平罗县简志》吧？至于《三册》出自何人之手，收录内容的上下限，形成册子的时间段，门类结构等，都一无所知。

7.《化平厅志略》

从志名分析，当为清代后期修成。化平直隶厅是清同治十年（1871年），割平凉、固原、隆德、华亭四州县的部分土地而析建的新建置，直隶平庆泾固化道。目的是为了安置近万名招抚的陕西反清回族军民。民国二年（1913年）改名化平县。所谓《化平厅志略》当于同治至宣统年间（1871—1911年）修成。

《化平厅志略》只在慕寿祺所著《甘宁青史略·征引书目》中见到，而民国年间，在编修《化平县志》间（1929—1939年），据盖世儒《序一》记载，当地官民都认定本县"向无县志""县志既无"；民国二十六年（1937年）乡儒张逢泰修撰的《化平县志》，张建勋在《序二》中称之为"可谓化平县继往开来之创作"；县政府民政科科长谢国选在给新县志所作的《序三》中更写得具体，"自清同治设厅后，迄今六十余年，惜无县志，文献淹没，有识之士，引为遗憾"；《化平县志》主修人张逢泰也在《序言》中云："惟自置厅迄于民国六十余年，县志付之阙如。"① 以上所引《化平县志》的《序文》是1936年至1940年前后四任县长、县府第一科（民政科）科长盖世儒、

---

① 张逢泰纂，李志杰等标点注释，宁夏泾源县地方志编纂委员会办公室整理：《化平县志·序文》，宁夏人民出版社，1992年。

张建勋、郝遇林、原佑仁和谢国选（科长）以及新修县志主编张逢泰诸位先生作文。乡官、乡贤，记乡事，当不会有大的错误。然而现代西北大史学家慕寿祺，更是乡儒名人，其著作时参考过的什么古籍亦当不太可能有误。此案当然有待考证。

8.《同治隆德县志》

据《隆德县志》载："《同治隆德县志》（见《西北文史资料目录》），此志收藏不详，尚待征考"[①]。不知《西北文史资料目录》编者收录这部名为《同治隆德县志》的根据出自何处。

9.《镇戎县志》

关于《镇戎县志》的问题，情况比较复杂，得从镇戎县的沿革说起。清廷镇压西北回族人民的反清运动以后，于同治十三年（1874年），选择在回族聚居区的宁夏北部灵州地区增设宁灵厅，同时改升南部固原州为直隶州，并将安置在六盘山区深处的陕西回族区设立化平直隶厅，还在灵州至固原一线的居中地带增设平远县，县治下马关（今宁夏同心县下马关镇），以加强震慑。平远县首任知县陈日新于光绪五年（1879年）编撰了一部《平远县志》，对此各界没有疑义。历史进入民国以后，于民国三年(1914年)改平远县为镇戎县，民国十七年（1928年）改镇戎县为豫旺县，民国二十七年（1938年）再改名同心县。据有关资料记录，其间出现过两部《镇戎县志》，详情若何呢？查1936年12月出版的慕寿祺编著《甘宁青史略·征引书目》，收录有《镇戎县志》，并小字注明"旧名平远县，今豫（皇）［旺］县"，"知县韩城王棣修"。[②] 有志名、有作者、有时间，又是乡人名著所引，是不可轻否的，应当进行一番考察。首先要查镇戎县有无这位县长，即作者。据新修《同心县志》记，王棣于民国七年（1918年）任镇戎县县长约一年时间，即确有此人、此县长；[③] 其次，再查王县长任职时县名是否

① 宁夏隆德县地方志编纂委员会：《隆德县志》，宁夏人民出版社，1998年。
② 慕寿祺：《甘宁青史略·征引书目》卷32，兰州俊华印书馆，1936年。
③ 同心县地方志编纂委员会：《同心县志》，宁夏人民出版社，1995年。

为镇戎县呢？经查平远县改名镇戎县是民国三年（1914年），王棣任县长时也的确改名镇戎县；再次当查民国七年（1918年）以后的有关文献有无此志的记载？经查民国十六年（1927年）《朔方道志》出版，志中多次出现《镇戎新通志》和"镇志新采访"的志书名称和文字。[①]显然《镇戎旧志》系指陈日新首次撰修的《平远县志》，而《镇戎新通志》，是相对于"旧志"（《平远县志》）故以"新"字命名。这个《镇戎新通志》是出现在光绪五年（1879年）首部《平远县志》之后和《朔方道志》之中，并被《朔方道志》作为参考资料引用，所以民国七年（1918年）王棣修纂过一部继《平远县志》之后的新志书，是不能轻易否定的，只不过王棣的任期短，可能并未完成，也没有最后定名，所以才有《镇戎县志》或《镇戎新通志》两名的临时代用。综合分析，这部《镇戎县志》应该是编修过而散佚了。[②]

至于民国间另一部《镇戎县志》又是怎么回事呢？查1967—1969年间台湾学生书局和成文出版社编辑出版一套《中国方志丛书》，其影印出版有宁夏三部手抄本旧书书，即《万历宁夏新志》《嘉靖平罗县志》《民国豫旺县志》。经我考证后于1986年发表了《台湾明刊本〈宁夏新志〉伪作考》，指出该志系伪造本。[③]其余《平罗县志》《豫旺县志》虽未作详考，不敢贸然结论。但是所谓民国十四年（1925年）朱恩昭纂修并序的《民国豫旺县志》其书名就觉得不妥，因为朱恩昭在该县任县长（只任一年）时，县名为镇戎县，他离任二年后的民国十七年（1928年）才改名豫旺县，朱县长民国十四年编修县志时，为何使用尚未出现的县名呢？可以初步推断所谓《民国豫旺县志》是并不存在的县志。

---

① 马福祥、马鸿宾、陈必淮主修，吴复安、王之臣主笔：《朔方道志·舆地志·风俗》，天津华泰印书馆，1927年。

② 陈日新纂修，同心县地方志编纂委员会办公室整理：《平远县志》，宁夏人民出版社，1993年。

③ 吴忠礼：《台湾明刊本〈宁夏新志〉伪作考》，《宁夏社会科学》1986年第4期。

或者正如 1991 年 10 月，同心县志办在校点、注释《平远县志》的《整理说明》文中所说："1967 年和 1968 年，台湾省学生书局和台湾省成文出版社影印的所谓《豫旺县志》手抄本，诡称民国十四年（1925 年）知县朱恩昭纂修。其实豫旺县是民国十七年（1928 年）由镇戎县更名的。该书是抄袭《朔方道志》而成的赝品。"① 严格来讲该"志"是不能算作散佚旧方志之列的。

宁夏佚世历代旧志简表

成书时间	志名	卷数	修纂者	出处	备注
宋代	安定郡图经	不详	不详	（宋）李昉等辑《太平御览》卷三十六	亦名《安定图志》
元代	德顺州志	不详	不详	（清）《乾隆甘肃通志》	亦有金代所修之说
元代	开成府志	不详	不详	《大明一统志》	《开成府志》误为《开城府志》
明代（宣德间）	宁夏志	上下卷	朱栴	《弘治宁夏新志》王珣《序》、《凡例》；朱永斋《重刻宁夏志序》明万历二十九年）	参见《宁夏志笺证·附录一》中吴忠礼：《日本藏明刊孤本〈宁夏志〉考评》
明代（万历五年）	重修宁夏志	4	石茂华解学礼孙汝汇	《万历朔方新志》，石茂华《重修宁夏志序》	亦名《宁夏镇志》
明代（万历七年）	朔方志	4	罗凤翱	《万历朔方新志》卷一、二和罗凤翱序（残）	《明史》作罗凤翔
明代（万历三十八至四十五年）	朔方新志	5	崔景荣杨应聘杨寿	《万历朔方新志》卷二、五；杨应聘序、赵可教后跋、《修志姓氏》；《乾隆宁夏府志·王宋云后序》	

① 陈日新纂修，同心县地方志编纂委员会办公室整理：《平远县志》，宁夏人民出版社，1993 年。

成书时间	志名	卷数	修纂者	出处	备注
明代	固原州志	不详	张治道	《万历固原州志》刘敏宽序、董国光后序；《万历内阁书目》《千顷堂书目》	
明代（嘉靖间）	固原州志	2	杨宁	《明史·艺文二》	
明代（嘉靖间）	固原州志	两卷	邵陆	邓衍林《中国边疆图籍录》	
明代（万历间）	隆德县志	不详	毕如松李若素	《康熙隆德县志·常星景序》《道光续修隆德县志·黄璟序》	
清代（康熙间）	应理志草	一册	刘追佺	《乾隆中卫县志》之《凡例》《修志姓氏》《钟兰枝序》《黄恩锡序》	亦名《应理》（一册）
清代（乾隆间）	朔县志稿	不详	周克开	《乾隆宁夏府志·王宋云后序》；《朔方道志·王之臣序》	亦名《朔县志》《宁朔县志》《朔邑志稿》
清代（光绪间）	宁灵厅新志	不详	慕暲	民国《甘宁青史略·征引书目》卷三十二	疑即《宁灵厅志草》母本
清代	新渠、宝丰县志	不详	不详	《甘肃省志书地震资料》、《乾隆甘肃通志·风俗》卷二十一	
清代（乾隆间）	宝丰县记	不详	不详	《乾隆宁夏府志·地理一》卷二、（清）《平罗记略》卷一、四	
清代	三册（《县册》《学册》《营册》）	不详	不详	《道光平罗记略》《道光续增平罗记略》	
清代	化平厅志略	不详	不详	《甘宁青史略·征引书目》	

续表

成书时间	志名	卷数	修纂者	出处	备注
民国七年	镇戎县志	不详	王楝	《甘宁青史略·征引书目》	亦名《镇戎新通志》。另一部于民国十年由朱恩昭修成的所谓《豫旺县志》系台湾学生书局的作伪产物

二、存志简介

（一）明志

1. 朱栴撰修：《宣德宁夏志》

该志为宁夏现存第一部明志，也是宁夏历史上存世的首部方志。此志是藩封宁夏藩府一世庆王朱栴撰修，但是，原刻本大约于明正德（1506—1521年）至嘉靖十九年（1540年）之间告佚。现存世的《宁夏志》系万历二十九年（1601年）由庆府九世孙、十代王朱帅锌主持的重刻本。明末该重刻本再次失传，至今又有四百多年。重刻志大约于明末被福建人徐惟起得到，再于清光绪二年、日本明治九年（1876年）流入日本国，被帝国图书馆（今日本国会图书馆）收藏，为孤本。1984年经过本文作者联系，并得到日本京都大学教授西田龙雄先生的帮助，将重刻本的复印件寄给作者。该志分上下卷、装订四册（卷上分两册、卷下分两册）。卷上为志书正文，包括沿革、分野、风俗、疆域、城垣、街坊、山川、土产、土贡、坛壝、属城、古迹、寺观、祠庙、学校、举贡、人物、孝行、名宦、名僧、死王事、津渡、陵墓、桥、园、坝、河渠、盐池、屯田、职官、驿传、牧马监苑、公宇、祥异、杂志等三十五大类；卷下为艺文，包括文、题咏、词等三大类。全志书计三万二千字。作者得到《宁夏志》复印件后，将复印本收入自己于1988年6月主编的《宁夏历代方志萃编》（天津古籍出版社出版）中。此后又用数年时间对志稿进行深入的研究，于 1996 年出版了三十万字的《宁夏志笺证》（宁夏人民出版社 1996 年出版）研究成果。除"笺证"外，增加了《附录》内容，包括：一、日本藏孤本明刊《宁夏志》考评；二、明代宁夏历代朱氏亲王简表；三、明代宁夏庆藩郡王简表。从此万历重刻《宁夏志》开始在国内面世。①

　　2. 王珣、胡汝砺纂修：《弘治宁夏新志》

　　该志为宁夏明代存世第二部志书。志稿修成于弘治十四年（1501年），未刊刻，稿本藏浙江宁波天一阁。志稿卷首有《宁夏城图》《国朝混一宁夏境土之图》和王珣序言。正文分八卷。卷一：宁夏总镇；卷二：人物、宦迹、朝使、俘捷、祥异、仙释、乡饮、祭祀、经籍；卷三：灵州守御千户所、韦州、宁夏后卫、兴武营守御千户所、宁夏中卫、广武营、平虏城；卷四：沿革考证；卷五：赫连夏考证；卷六：拓跋夏考证；卷七：文章（缺）；卷八：杂咏类、词、祭文；后载胡汝砺后序。全志约十五万字。该志虽然称修成于弘治十四年（1501年），但正德七年（1512 年）宁夏巡抚冯清（字濯庵、号汝扬）和嘉靖七年（1528 年）宁夏巡抚翟鹏（字志南、号联峰）曾先后两次对志稿进行修正，故一直没有付梓。但是，该志稿还是保存了有明一代中前期百余年间宁夏地方的大量第一手资料，并对明代宁夏地方志的编修起到了承上启下的作用。

　　《弘治宁夏新志》是否刊刻，存在分歧。主张已刊刻的意见来自两处：其一是中国科学院北京天文台主编的《中国地方志联合目录》，该书有"明弘治十四年（1501 年）刻本"之说。② 其二是高树榆等先生在其编著的《宁夏方志述略》中云："《弘治宁夏新志》是第二部宁夏地方志书，也是现存最早的一部。该书'原刻本'存宁波天一阁，

---

① 朱栴撰修，吴忠礼笺证：《宁夏志笺证》，宁夏人民出版社，1996 年。
② 中国科学院北京天文台主编：《中国地方志联合目录·宁夏回族自治区》，中华书局，1985 年，第 227 页。

宁夏图书馆和博物馆均有抄本。"①而范宗兴先生在签注《弘治宁夏新志·签注说明》中则认为："由宁夏巡抚王珣主持、户部郎中胡汝砺编纂，成稿于弘治十四年（1501年），但未刊印。"②"本志稿藏于浙江宁波天一阁。"③范先生在"签注本"书后的《〈弘治宁夏新志〉的史料价值及版本辨证》论文中还写道："冯清主持补修和王珣主持首修的《弘治宁夏新志》都没有刊刻。"④"《弘治宁夏新志》稿应有三种，均未刊刻。"⑤文中范先生还引用了主修《嘉靖宁夏新志》的管律在为该志所写的《后序》中说：弘治辛酉（1501年），"稿成而未寿梓"⑥。

为什么《弘治宁夏新志》一直没有正式刊行呢？有必要先回顾一下《弘治志》的纂修过程：弘治十一年至十五年（1498—1502年），王珣任宁夏巡抚。他看到庆王朱栴撰修的《宁夏志》已经时隔七十多年没有续修了，于是请回籍丁外艰（为父守丧）进士出身的户部郎中胡汝砺主持续修乡志。胡是弘治十三年（1500年）接到这个任务的，"不逾年而成书"⑦，次年完成了志稿的编纂，又特邀请宁夏督储道、陕西按察司佥事李端澄帮助校正全稿。王珣看到志稿后表示满意，并指示"可以板行矣！"⑧但是，"可以板行"并不等于"已经板行"了。对此请看主笔管律在《嘉靖宁夏新志·管律后序》中是如何交代的，他说：弘治十四年，胡汝砺修成的弘治志"稿成而未寿梓"，原因是胡汝砺有新的任命匆匆离宁，"及将镂之役，欠掌正，乃人出己见，竞加点窜，

---

① 高树榆等编著：《宁夏方志述略》，内部印刷，1995年。

②③ 范宗兴签注：《弘治宁夏新志·签注说明》，宁夏人民出版社，2010年。

④⑤ 范宗兴签注：《弘治宁夏新志·〈弘治宁夏新志〉的史料价值及版本辨证》，宁夏人民出版社，2010年。

⑥ 胡汝砺纂修，管律重修，陈明猷校勘：《嘉靖宁夏新志·管律后序》，宁夏人民出版社，1982年，第457页。

⑦ 范宗兴签注：《弘治宁夏新志·王珣序》，宁夏人民出版社，2010年。

⑧ 范宗兴签注：《弘治宁夏新志·胡汝砺后序》，宁夏人民出版社，2010年。

遂失其真"①，于是束之高阁。这部《弘治志稿》后又经正德八年（1513年）继任宁夏巡抚冯清和嘉靖七年（1528年）宁夏巡抚翟鹏两次修改，而且越改越乱，无法定稿，"而竟未就"。②时间推移至嘉靖十八年（1539年），杨守礼继任宁夏巡抚，又邀请在籍乡儒进士出身的管律，对前《弘治志稿》进行"订正"。管律也邀请陕西按察使司、宁夏督储孟霮对全稿进行校阅，最终完成任务，重新给志稿定名为《嘉靖宁夏新志》。管律是《弘治志》主笔胡汝砺的门生，前亦参加过《弘治志》的编辑工作，对志稿充分肯定，只作"少加订正"，"复竹山之故"，"律欲终竹山（胡汝砺号）之志。"③至此，《弘治志稿》为什么一直没有刊行——"稿成而未寿梓"，原因已十分清楚了。从管律在《后序》的叙述中不难发现，《弘治志稿》即《嘉靖宁夏新志》的母本，它们在结构上是一致的，都为篇八卷，各卷所收内容也大体上差不多。所以《嘉靖宁夏新志》在刊刻时，赫然将《弘治志稿》的主笔胡汝砺和校阅志稿的李端澄大名均列于《嘉靖宁夏新志》主笔管律和校阅人孟霮的前面，这同样证明，《弘治志稿》与《嘉靖宁夏新志》的渊源关系，当然也反映出管律先生的高尚文品和志德。

1988 年 6 月，天津古籍出版社影印由吴忠礼主编的《宁夏历代方志萃编》收印该志。2010 年 12 月，宁夏人民出版社出版了由范宗兴签注的《弘治宁夏新志》。

3. 王琼、唐龙、杨经纂修：《嘉靖固原州志》

该志为宁夏地区明代存世第三本志书，固原地区明代存世的首部志书。由王琼、唐龙主修，杨经主笔完成。志稿修成于嘉靖十一年（1532年），同年刊刻。版藏中国国家图书馆。

王琼，字德华，号晋溪。山西太原人。进士出身。嘉靖七年至

---

①② 胡汝砺纂修，管律重修，陈明猷校勘：《嘉靖宁夏新志·管律后序》，宁夏人民出版社，1982 年，第 457 页。

③ 胡汝砺纂修，管律重修，陈明猷校勘：《嘉靖宁夏新志·管律后序》，宁夏人民出版社，1982 年，第 458 页。

十一年（1528—1532 年）任陕西三边总制（督），驻节固原镇（今宁夏固原市）。在任间他邀请暂居固原的宁夏籍进士杨经修成《固原州志》并亲自审定了志稿。然而没有完成刊刻，他即调离固原。

唐龙，字虞佐，号渔石，兰溪（今浙江兰溪）人。进士出身。嘉靖十一年接替王琼任固原总督，主持刊刻由王琼主修、杨经编撰的《固原州志》。所以有人认为唐龙才是《嘉靖固原州志》的主修者，似不全面和公正。《嘉靖固原州志》成书时间大约是嘉靖八年（1529 年），刊刻时间是嘉靖十一年（1532 年），时陕西三边总制（督）王琼已调离，由唐龙接任。按惯例，作为地方最高官员的唐龙，必须在新修的志书中作序，这就标志着州志的主序人即志书的主修人。但是唐龙做事明智，他在序文开头第一句就写道："《固原州志》乃进士杨经所辑，而裁正于前总制尚书晋溪先生。"① 所以，按照约定俗成的规矩，现将《嘉靖固原州志》纂修人定为王琼、唐龙、杨经三人比较规范和合理。

杨经，宁夏前卫（今宁夏平罗县）人。嘉靖五年（1526 年）进士，曾任大名府推官。② 后移居西安，又迁河南，病故于浚县。

《嘉靖固原州志》分为二卷。卷之一：城池、疆界、山川、古迹、土产、风俗、文武衙门、人物、节妇；卷之二：前代原州人物、前代名宦（此二目理应归入《人物》），诗、记、序、奏议（卷之二移出部分人物后，应为《艺文卷》）。全志约四万五千字，保存固原地区大量珍贵的历史资料，学术地位极高。

1985 年 12 月，宁夏人民出版社出版由牛达生、牛春生校勘的《嘉靖万历固原州志》整理研究成果。

4. 杨守礼、管律纂修：《嘉靖宁夏新志》

该志修成于嘉靖十九年（1540 年），当年刊行，为宁夏地区明代

---

① 杨经纂辑，刘敏宽纂次，牛达生、牛春生校勘：《嘉靖万历固原州志·唐龙序》宁夏人民出版社，1985 年。
② 胡汝砺纂修，管律重修，陈明猷校勘：《嘉靖宁夏新志·选举》，宁夏人民出版社，1982 年，第 133 页。

存世第四本志书。《嘉靖宁夏新志》是在距它四十年前，弘治间乡儒胡汝砺编修的《弘治宁夏志稿》的基础上，由乡贤管律捉刀重新纂修而成的。管律自称对胡志"少加订正"，"剪蔓抟繁，而复竹山之故矣"（竹山，胡汝砺号）。[1] 实际上这只是管律的谦词，因为《嘉靖宁夏新志》与《弘治宁夏新志》除都以"八卷"框架统领全书外，在其它方面则差别极大。首先，《弘治宁夏新志》是于三个月时间内仓促修成，在尚未定稿的时候主笔胡君突然离宁履新，稿中不少错误来不及纠正，就连第七卷文章的内容也未选定而暂时阙如，这些在《嘉靖宁夏新志》都得到了一一解决。另外，在内容方面《嘉靖宁夏新志》则补充了大量材料。特别值得一提的是，旧志书往往不关心经济内容的载录，而《嘉靖宁夏新志》对于明代的军屯经济的记述尤为详尽，保留了大量屯垦开边的历史资料。所以《弘治宁夏新志》于《嘉靖宁夏新志》，不仅是内容的多与寡，且在质与量方面也存在着差距。参与编纂《嘉靖宁夏新志》的宁夏督储、陕西按察使司孟霦在他给《嘉靖宁夏新志》所作《后序》中写道：在嘉靖十八年"芸庄（管律，字芸庄）不负所托也，志凡八卷，乃命诸梓以传。"[2] 可见，《嘉靖宁夏新志》在完稿后就及时刊刻行世。孤本存浙江宁波天一阁。

杨守礼，字秉节，山西蒲州（今山西永济）人。进士出身。嘉靖十八年（1539年）任宁夏巡抚。次年十一月升任固原总督。

管律，字芸庄，宁夏镇（今宁夏银川市）人。进士出身，官至刑科给事中。嘉靖间致仕回籍，授业于宁夏养正书院。弘治间曾参与胡汝砺编修《弘治宁夏新志》，嘉靖间又主笔编修《嘉靖宁夏新志》，嘉靖十九年（1540年），完成任务，刊行于世。

《嘉靖宁夏新志》全书计八卷。卷之一：宁夏总镇等十九目；卷

---

[1] 胡汝砺纂修，管律重修，陈明猷校勘：《嘉靖宁夏新志·管律后序》，宁夏人民出版社，1982年，第457页。

[2] 胡汝砺纂修，管律重修，陈明猷校勘：《嘉靖宁夏新志·孟霦后序》，宁夏人民出版社，1982年，第456页。

之二：人物等十五目；卷之三：灵州等九目；卷之四：沿革考证；卷之五：赫连夏考证；卷之六：拓跋夏考证；卷之七：艺文志（诗）；卷之八：艺文志（文）。全志约二十五万字。

1982年12月，宁夏人民出版社出版了由陈明猷校勘的《嘉靖宁夏新志》整理研究成果。

5. 刘敏宽主修、编撰，董国光校正，李永芳、刘汝桂刊行：《万历固原州志》

该志修成于万历四十四年（1616年）[①]，当年"刻成"[②]。版藏中国国家图书馆。这是固原地区存世明代第二本志书。

刘敏宽，山西安邑（今山西夏县）人。进士出身。万历四十三年至四十五年（1615—1617年），任陕西三边固原总督。任间主持续修《固原州志》，并邀请固原兵备道董国光主笔修撰。刘公身为总帅，军务繁忙，仍"手自笔削，芟讹撷菁，首起地里，迄艺文止，删定凡八篇……披沙得宝，点铁成金。"[③]

董国光，山东滕县（今山东滕县）人，进士出身。万历四十一年至天启中（1613—1623年）任固原兵备道，"与总督刘敏宽分辑州志"[④]。他不仅"咨询参考"，还亲自"订旧增新"[⑤]，终于修成州志，并刊行于世。

刘汝桂，北直昌黎（今河北昌黎县）人。举人出身。万历四十四年（1616年）任固原州知州，"刊修州志上、下二卷"[⑥]。李永芳，山东人，举人出身。时任固原州监牧同知。二人负责刊行《万历固原州志》行世。

《万历固原州志》分上、下二卷。上卷：地理、建置、祠祀、田赋、兵制、官师；下卷：人物、文艺。前载刘敏宽《固原州志叙》，后附

①⑤ 杨经纂辑，刘敏宽纂次，牛达生、牛春生校勘：《嘉靖万历固原州志·杨敏宽序》，宁夏人民出版社，1985年。

②③ 杨经纂辑，刘敏宽纂次，牛达生、牛春生校勘：《嘉靖万历固原州志·董国光后序》，宁夏人民出版社，1985年。

④⑥ 固原地区地方志办公室编，陈明猷点校：《宣统新修固原直隶州志·官师志》，陕西人民出版社，1992年，第108、112页。

董国光《固原州志后序》，全志约四万四千字。该志具有非常可贵的史料价值，诸如西北边疆史地、西北治边名人、有关西北艺文和固原地名由来以及民族迁徙等方面，都收载颇丰。

1985年12月，宁夏人民出版社出版由牛达生、牛春生校勘的《嘉靖万历固原州志》整理研究成果。

6.崔景荣、杨应聘主修，杨寿主笔：《万历朔方新志》

该志修成并刊刻于万历四十五年（1617年），是宁夏明代最后一部志书，原刻本尚未发现。

崔景荣，字自强。北直长垣（今河南长垣县）人，进士出身。万历三十八年至四十一年（1610—1613年）任宁夏巡抚。

杨应聘，南直怀远（今安徽怀远县）人。进士出身。万历四十一年至四十五年（1613—1617年）任宁夏巡抚，以功升任固原总督。

杨寿，宁夏人。万历三十四年（1606年）举人，四十一年（1613年）进士，曾任户部主事。

《万历朔方新志》玉成于崔、杨、杨三君之手。然而，今天人们所见到的这部志书，实际上是清康熙五年（1666年）的增补本。作为明志，《万历朔方新志》应当列入散佚志书名单。如果作为清志，该志内文主体乃系明人所撰之明代史事，增补内容只及百一，显然亦非当。至于《中国地方志联合目录》变通地写道："（该志书）清顺治十六年（1659年）增补明万历本"，并注明"故宫"有藏本，"卷五后增补二十七页"①。但实际情况也有所出入。因为所谓增补清代内容中，显然指原五卷《遗事》后增录的清代内容，即清代宁夏巡抚黄图安的奏章。②但是若要细阅，在卷四《词翰》之后，也增补有黄图安的继任巡抚刘秉政的《去思碑记》。③

① 中国科学院北京天文台主编：《中国地方志联合目录·宁夏回族自治区》，中华书局，1985年，第227页。

② 吴忠礼主编：《万历朔方新志·遗事》，《宁夏历代方志萃编》，天津古籍出版社，1988年。

③ 吴忠礼主编：《万历朔方新志·词翰》，《宁夏历代方志萃编》，天津古籍出版社，1988年。

刘秉政是顺治十六年至康熙五年（1659—1666年）任宁夏巡抚，也是清代最后一任宁夏巡抚，因为清廷在康熙四年（1665年）五月，已宣布裁撤宁夏巡抚。刘秉政办完撤抚善后事宜，于康熙五年十一月，作了交代，调履福建巡抚新任。[①] 给刘秉政建立的《去思碑》，肯定是纪念他在宁夏任职八年，有所建树，也兼记宁夏撤销巡抚建置的重大政事。碑文中多次写道："公抚宁夏八年"，"八年之久"，"烽堠不兴者八年"。碑文落款是"康熙五年九月之吉"。查证《朔方道志》，该志在《职官·宦迹·客官附》中，收录有刘秉政，夸他"抚宁八年，公清宽惠、吏肃民安。后因巡抚裁并去任，士民为建祠勒碑。"[②] 从以上资料看，后人见到的所谓《万历朔方新志》，实为清初康熙间的本子，明万历末刻本已佚。

（增补）《朔方新志》与《万历朔方新志》相比，只是在相关门类中续增一点清代的内容，大的框架结构并没有改变，仍是全志书分为五卷。卷一：图考（含总镇图、镇城图、河西总图、河东总图、东路图、中路图、南路图、西路图、北路图），建置沿革，天文（含星野），地理（含疆域、城池、卫寨、坊市、风俗），山川（形胜附），食货（含户口、屯田、赋役、水利、盐法、物产、土贡、税课）；卷二：内治（含帝幸、藩封、官制、宦迹、兵马、钱谷、公署、学校、仓库、驿递），外威（含边防、关隘、烽燧、俘捷、款贡）；卷三：文学（含科贡、乡献、流寓），武阶（武科附），忠孝节义，窃据叛乱，坛祠，寺观（仙释附），陵墓，古迹，祥异，方技；卷四：词翰（上）；卷五：词翰（下），遗事。前载杨应聘等序，后附赵可教后跋。最后增补清朝宁夏巡抚黄图安奏文若干篇。全书约十六万字。从《嘉靖宁夏新志》修纂以后，时隔七十年有余，才续修成《万历朔方新志》。明朝后期宁夏的社会状况在志书中得到充分的反映，本志补史之缺的价值非同一般。

---

① 吴忠礼、杨新才主编：《清实录宁夏资料辑录·康熙皇帝实录》，宁夏人民出版社，1986年，第29、31页。

② 马福祥、马鸿宾、陈必淮主修，吴复安、王之臣主笔：《朔方道志·职官》，天津华泰印书馆，1927年。

1988 年 6 月，天津古籍出版社影印由吴忠礼主编的《宁夏历代方志萃编》收印该志。2015 年 10 月，宁夏人民出版社出版由范宗兴校注的《万历朔方新志》整理研究成果。

（二）清志

1. 常星景撰修：《康熙隆德县志》

此为清代今宁夏地区存世第一部志书，修成于康熙二年（1663 年）七月。当年石印行世，石印本藏甘肃省图书馆。全志分二卷。卷一：沿革、山川、户口、田赋、物产、坛祠（公署附）、河渠（堡、墩、铺、古迹附）、风俗、官师；卷二：学校、人物、灾异。前载刘澜安、常星景、叶正蓁三人序文各一篇，后附董炜勋跋文，全志约四万字。

刘澜安：益津县（今河北霸县）人。时任陕西按察司佥事、固原兵备道。

常星景：晋宁（今山西临汾境内）人。举人出身。顺治十三年至康熙元年（1656—1662 年）任平凉府推官（管刑狱）。离任前后编撰成（重修）《隆德县志》。他亲自"于薄书余昝，咨故老，捃流失，粗易此稿，付剞劂焉"[1]并刊刻行世。因该县明代曾纂修过县志，故亦称续修志。

叶正蓁：古谯（今安徽亳县）人。荫生学历。顺治十三年至康熙元年（1656—1662 年）任隆德县知县。离任前后完成《隆德县志》的续修编撰和刊行任务。

董炜勋：乡绅。荫监生资格，顺治十一年（1654 年）拔贡。时任平凉府推官。

1987 年 12 月，隆德县志办公室为了配合新县志编修工作，初步点校并内部印刷了《康熙隆德县志》。1988 年 6 月，天津古籍出版社影印由吴忠礼主编的《宁夏历代方志萃编》收印该志。

2. 俞益谟、俞汝钦主修，高嶷撰纂：（新修）《朔方广武志》

---

[1] 隆德县地方志编委会点校：《隆德县志·常星景序》，内部印刷，1987 年。

　　此志为宁夏北部存世清代首部志书，修成于康熙五十六年（1717年），同年刊刻。原刻孤本藏甘肃省图书馆。

　　广武，为明朝驻军营城，正统九年（1444年）筑城。清属中卫县。民国间中卫县析置中卫、中宁二县而改属中宁县。原广武城今已淹没于青铜峡水利枢纽工程库区，地属吴忠市青铜峡市。

　　俞益谟（1653—1713年）系清初名将，字嘉言，号澹庵，别号青铜。广武人，武进士出身。官至湖广提督。康熙皇帝曾亲笔书"焜耀虎符"匾额颁赠。康熙四十九年（1710年），休致回籍。康熙五十二年（1713年），奉诏出席"康熙六十大寿庆典"，喜极生悲，猝卒于京师宾馆。

　　俞汝钦，字念兹，俞益谟子。武贡生出身。承父遗志，完成《朔方广武志》编修、刊行。

　　高巍，乡贤。举人出身，拣选知县。任《康熙朔方广武志》主笔，完成志稿撰纂任务。

　　《朔方广武志》分上、下二卷。卷之上：图二（城池边墩图、天文星宿分野图）和分志三十六，分别为：地理疆域志、城池志、建置沿革志、坊表志、风俗志、山川志、形胜志、户口志、屯田志、赋役志、水利志、宦迹志、兵马志、官俸志、粮饷志、边墩志、塘墩志、隘口志、边外水头志、公署行署志、演武教场志、广武仓廒志、学校志、文武科贡监志、乡贤志、武阶志、忠志、孝志、节志、义志、古迹志、祥异志、庙宇寺观志、桥闸志、茔墓志、物产志；卷之下：艺文（含诗、颂、传、记、赋、铭等内容）。

　　1988年6月，天津古籍出版社影印由吴忠礼主编的《宁夏历代方志萃编》收印该志。1993年10月，宁夏人民出版社出版吴怀章校注的《康熙朔方广武志》。

　　3. 朱亨衍撰修：《乾隆盐茶厅志备遗》

　　此志首载时任陕西甘肃平凉府事、分守海喇都事，即盐茶厅同知朱亨衍的序文一篇。文曰："公余之暇日，与老成俊髦搜讨咨诹，两载之间，十得三四……药饵之余，参以亲历，稍为次叙，分为二十三卷……虽不敢拟于志乘，而后有作者亦得披阅，以备遗亡，此予之志也。故表其端曰：《厅志备遗》云。"①大概是因志稿简略，不敢称志，而以"备遗"命名。志稿虽有乡贤举人刘统等人协助，但全志基本上是朱亨衍个人撰成，完稿时间当为乾隆十七年四月初八日（1752年5月21日）。②

盐茶厅地方，元代为豫王阿剌忒纳细失里屯地和牧场。蒙古人称之为海剌都和海都源。"海剌"之蒙古语意为"美丽的高原"。明代赐为藩王牧场，地分属平房（远）和西安州二守御千户所。洪武二十三年（1390年）置海剌都营，天顺三年（1459年）筑营城，名曰海剌都城。清初辟为牧场，后招民开垦。乾隆十三年（1748年），平庆道由平凉移驻固原州，同时将驻固原州城之平凉府盐茶厅同知移驻海剌都，改为厅城，名海城。同治十三年（1874年）改设海城县。民国三年（1914年）改名海原县。

朱亨衍所撰《盐茶厅志备遗》是海原第一部志书。该志平行分列为二十三卷（实际上是以目代卷），依次为：图记、星野、疆域、形胜、建置沿革、城堡、山川、水利、古迹、田赋（附盐税）、户口徭役、风俗、官制、名宦乡贤、学校（附生徒科贡）、署（厅）廨、积储、仓廪、坛庙、寺观、节孝、物产、艺文。全志约三万六千字。西北名儒张维先生在《甘宁青方志考》中记曰："乾隆十三年盐茶厅同知、临桂朱亨衍著《盐茶厅志备遗》一卷，佚。"③结论似较笼统，对于修纂、板行情况的交代亦较模糊。直至乡贤史廷珍于咸丰九年（1859年）写成《厅地兴衰记略》后，人们才得知，该志在乾隆十七年修成后，仅存手稿，并未刊刻。史廷珍于100年之后为该志写跋文时④，也是为手抄本而作，即《乾隆盐茶厅志备遗》没有刻本，只有抄本传世。西北大学图书馆和甘肃省图书馆有藏，原抄本"据传藏于台湾"。但不知据何传，有待查证。

朱亨衍，广西临桂县人。举人出身。乾隆九年（1744年），任平

---

① ② 朱亨衍修，刘统纂，刘华点校：《乾隆盐茶厅志备遗·朱亨衍序》（内部印刷）。
③ 民国《新西北月刊》3卷4期。
④ 史廷珍：《盐茶厅备览》，载《乾隆盐茶厅志备遗》。

凉府盐茶厅同知。十三年（1748年），随厅署由固原移驻海剌都（今宁夏海原县），并主持完成筑城、建置、设学等开创性建设。特别值得记载的是于乾隆十七年（1752年）修成海城历史上的第一部志书。

1988年6月，天津古籍出版社影印由吴忠礼主编的《宁夏历代方志萃编》收印该志。2002年5月，海原县志办公室邀刘华先生标点、校注《乾隆盐茶厅志备遗》，并改名为《乾隆盐茶厅志》，作为内部资料交流。

4. 汪绎辰撰修：《乾隆银川小志》

该志是清代宁夏改隶甘肃省、设立宁夏府之后修成并存世的第一部志书，修成于乾隆二十年（1755年）。本志虽然志文简略，但意义重大，主要表现在三个方面：其一，"银川"地名首次出现并使用；其二，志因稿修成于乾隆二十年（1755年），距宁夏府于乾隆三年（1739年）发生的特大地震仅时隔十余年，记录保存了大量有关这次特大地震一些极为珍贵的第一手资料，成为后人研究地震的重要文献；其三，既是清代宁夏府的第一部志书，也是以"银川"命名的唯一一部志书，具有不可替代的地位。

今宁夏北部地方，明代设镇，为"九边重镇"军事要区。清雍正二年（1724年）改设宁夏府，上隶甘肃省，下辖宁夏、宁朔、平罗、中卫和灵州四县一州。宁夏府与宁夏、宁朔二县同治宁夏城（今银川市）。可见所谓"小志"实际上就是"府志"，而府又与二首县（宁夏、宁朔二县）同城，所以本志所记录的内容，则包括今宁夏北部引黄灌区各县的半壁河山。

宁夏府治地，俗呼宁夏城。宁夏之名始于元朝，本志以"银川"呼之，实属首次与创新。[①] 这是文人墨客怀古雅趣的产物，即以党项人发祥地的夏州（今陕西靖边县东北白城子）射其以后建国的宁夏，又以党项

---

① 清乾隆十八年（1753年），赵本植出任宁夏知府，在任间由他筹建一所书院，命名为银川书院。其间他的家庭教师汪绎辰也撰修了一部简志，命名为《银川小志》，或许以"银川"代指府城乃出自知府的这位门客的主意。

人根据地银州比建立政权后的都城兴庆府，今银川。[①]

　　《银川小志》不分卷[②]，平行列目二十二，依次为：疆域、星野、山川、水利、城池、学校、风俗、古迹、祠宇、寺观、临幸、藩封、窃据、叛乱、宦迹、乡贤（忠、孝、节、义附，并流寓）、官署、物产（附坊市）、榷税、边防、关隘、灾异。前载撰修者汪绎辰序文，后无跋文，并无舆图、凡例等，当为一部尚未定稿的草本。全志约五万字。未刊刻，原稿本（孤本）藏南京市图书馆。甘肃、宁夏等地图书馆均有抄本。

　　《银川小志》是一部私人修志成果。作者汪绎辰，字陈也，号代笠亭客。原籍钱塘（今浙江杭州市），后迁居休宁（今安徽休宁县境内）。生员出身。乾隆十九年（1754年），宁夏府知府赵本植（字竹堂）聘汪绎辰为家庭教师，为其子授课。汪绎辰利用课余时间"删摘旧志，旁搜他帙，文人野老之传闻，残碣断碑之记载，以及尘封案牍，糜不广询博稽。寒灯永夜，藉此消磨……粗成小志，殊惭。"[③]但其作为清代宁夏首部总志性质的地位是应该得到肯定的。

　　1988年6月，天津古籍出版社影印由吴忠礼先生主编的《宁夏历代方志萃编》收印该志。2000年3月，宁夏人民出版社出版由银川市志办主持，张钟和、许怀然校注的《银川小志》。

　　5. 黄恩锡撰修：《乾隆中卫县志》（亦名《中卫志草》[④]或《应理志草》[⑤]）

　　该志为中卫县知县黄恩锡自己撰修成书。他在《自序》中写道："今

---

① 关于银川得名由来，参见吴忠礼《"银川"得名与"凤凰城"的来历》，载《共产党人》2006年第7期。

② "不分卷"，本文归为"一卷本"。

③ 汪绎辰编修，张钟和、许怀然校注：《银川小志·汪绎辰序》，宁夏人民出版社，2000年。

④ 黄恩锡纂修，中卫县志办公室整理，范学灵主编：《乾隆中卫县志·黄恩锡序》，宁夏人民出版社，1998年。

⑤ 黄恩锡纂修，中卫县志办公室整理，范学灵主编：《乾隆中卫县志·凡例》，宁夏人民出版社，1998年。

庚辰（乾隆二十五年）仲夏，阳湖蒋大方伯巡视河防，往来中邑，索邑志不获，乃责余曰：'子以科第儒生，久宰边邑，于其山川、古迹、民生、吏治，独不为加稽考、著述乎？'"①这里所提到的"阳湖蒋大方伯"，正是时任甘肃省布政使的蒋炳。布政使是一省仅次于巡抚的行政长官，专称"方伯"。查1989年6月江苏广陵古籍刻印社出版的《宣统甘肃新通志·职官志·职官表》："蒋炳，江南阳湖举人。乾隆二十三年任。"黄知县受到上级长官的批评后，就立即行动起来，亲自动手撰修邑志。他在《自序》中接着写道："（本人）虽逊谢不敏，而责无可贷，兼以邑之绅士，闻此言而交相属焉……因妄不自揣，于是秋七月操笔，至十月而脱稿。"②为什么他能在短短的三个月内就完成了志稿呢？正是因为他上任以来早就在做修志的资料准备。正如他在《自序》中所言："虽成似无多日月，而原之以四年来之心眼所历，精神所到，殚志竭虑，搜考编排，亦几经营之惨淡矣。第事事详核，固不敢以易心处之……订为总志十卷，分目三十有六。撰次搜讨，咸出余一人。参校访录，则邑之耆彦分厥事焉。"③另外，该志在《凡例》中也道："仅以吏事余力，行馆署灯，出一人之手，越三月而成其稿……第取而名之曰：《应理志草》。"④罗元琦在《跋》中也说"公莅鸣沙五载……公余复捃摭遗佚，手创是书"。志稿修成于乾隆二十五年（1760年）农历十一月。⑤二十七年（1762）农历六月上旬刊刻。⑥全志分为十卷、三十六目，约十万字。依次为：卷之一《地理考》，含星野、沿革、疆域（附形胜）、山川、水利、河防（附）、风俗、物产、蚕桑考（附）；卷之二《建置考》，含城池、堡寨（附各滩、湖、山、庄）、官署（附养济院、公馆）、

---

①②③⑤黄恩锡纂修，中卫县志办公室整理，范学灵主编：《乾隆中卫县志·黄恩锡序》，宁夏人民出版社，1998年。

④黄恩锡纂修，中卫县志办公室整理，范学灵主编：《乾隆中卫县志·凡例》，宁夏人民出版社，1998年。

⑥黄恩锡纂修，中卫县志办公室整理，范学灵主编：《乾隆中卫县志·钟兰枝序》，宁夏人民出版社，1998年。

仓廪（附社粮）、学校、祠祀（附寺庙）、祥异（附）；卷之三《贡赋考》，含额征、户口、蠲恤（附）、税课（附市集）、盐法、茶法（附）；卷之四《边防考》，含塞垣、营制、边界、驿递、关梁；卷之五《官师考》，含官制、职官、名宦（附俸薪、养廉并夫役工食）；卷之六《献征考》，含人物、忠节、孝义、列女、烈妇、节孝、流寓、方技；卷之七《选举考》，含举人、进士、武举、进士、乡贡、诰赠、仕宦（附）、武阶、乡饮耆年；卷之八《古迹考》，含古迹、重修廨用碑记（补录）、中卫各景考（并序）、杂记（附）；卷之九《艺文编》上，含御制、奏议、论、记、序、书；卷之十《艺文编》下，含传、赋、铭诗。前载陕甘督学使钟兰枝，翰林院侍读图镕布、翰林院庶吉士、署宁夏府理事同知隆甫国栋和撰修者本人的序文；后附署宁朔县知县罗元琦跋文。原刻本藏中国国家图书馆等馆。

黄恩锡，字素庵。云南赕北（今云南省永胜县）人。进士出身。乾隆二十一年至二十六年（1756—1761 年）任中卫县知县。

1988 年 6 月，天津古籍出版社影印由吴忠礼主编的《宁夏历代方志萃编》收印该志。1998 年 6 月，宁夏人民出版社出版由中卫县志办整理，范学灵主编，范学灵、冯万和、谭学荣校注的《乾隆中卫县志》。

6. 张金城主修，杨浣雨、王宋云等纂修：《乾隆宁夏府志》

该志修成于清乾隆四十五年（1780 年），是自明朝万历四十五年（1617 年）《朔方新志》问世时隔一百六十余年后宁夏地区又一部综合性的大型志书，也是宁夏建置史上唯一一部府志。志书产生于所谓"康乾盛世"，呈现了清代前期宁夏由历代边关变为腹里，改重兵屯守为化兵兴农的新垦区，从而看出地区经济社会大发展的实况。诸如原宁夏镇城，已从前明一座大兵营，发展成为"人烟辐辏，商贾并集，四衢分列，阛阓南北，蕃夷诸货并有，久称西北一都会矣"①。

清代宁夏北部设府，属甘肃省辖，系改前明宁夏镇、卫建置，于

---

① 张金城修，杨浣雨纂，陈明猷点校：《乾隆宁夏府志·建置二》，宁夏人民出版社，1992 年，第 202 页。

雍正二年（1724年）而设立，下辖宁夏、宁朔、平罗、中卫和灵州四县一州，地域相当于今宁夏北部引黄灌区之全境。

《乾隆宁夏府志》的主修人是宁夏府知府张金城，但志稿出自众人之手。正如张金城在《序言》中自述："与其邦人士相接"，"与同官诸君共谋编辑。又得郡之文学士若而人伙助"，"（金城）不揣鄙陋，偕我同志，勒成此书。"① 尤其是大量编务工作，如"采访、编辑，则郡中文学诸君，共为襄赞"②，最后由张金城"手订"、总纂，完成志稿。

张金城，北直隶渤海（今河北沧州市境内）人，乾隆四十一年（1776年）任宁夏知府。任间于四十三年（1778年）秋，设局开修《宁夏府志》，"阅岁时得脱稿"③。然后又组织"捐赀"，"鸠工剞劂，又八月而书成"④，即于四十五年完成了志稿的刊刻工作。张金城在刊刻前为志书所写的《序文》落款是乾隆四十五年（1780年），"岁次庚子，孟秋之吉"。按惯例，主修人的序文落款时间即可认定为志书的最后完成时间，即乾隆四十五年农历七月初一日。

《乾隆宁夏府志》，全书二十二卷，加卷首一卷，计二十三卷。依次为：卷首，含序文、凡例、修志姓氏、总目、图考；卷一《恩纶纪》；卷二《地理一》，含疆域（形势附）、边界（关隘附）、形势总论、沿革（沿革表附）、星野；卷三《地理二》，含山川、名胜；卷四《地理三》，含风俗、物产、古迹（陵墓附）；卷五《建置一》，含城池、堡寨（桥梁、津渡）、公署；卷六《建置二》，含学校、坛庙、坊市；卷七《田赋》，含丁税、赋额、盐法、茶法、杂税；卷八《［水利］》，含源流、河西渠道、［工程］、［制度］、灵州渠道、中卫县渠道、上抚军言渠务书、浚渠条款；卷九《职官一》，含历代官制、

---

①③④ 张金城修，杨浣雨纂，陈明猷点校：《乾隆宁夏府志·张金城序》，宁夏人民出版社，1992年，第5页。

② 张金城修，杨浣雨纂，陈明猷点校：《乾隆宁夏府志·凡例》，宁夏人民出版社，1992年，第16页。

历代职官姓氏、明代职官姓氏、皇清文职官制、各官俸薪养廉并夫役工食、皇清文职官姓氏;卷十《职官二》,含皇清武职官制、历任姓氏、宁夏各官裁缺;卷十一《职官三》,含兵防、营汛、塘拔、明代兵制、驿递;卷十二《职官四》,含周、秦、汉、北魏、北周、隋、唐、五代、宋、元、明、清;卷十三《人物一》,含乡献;卷十四《人物二》,含科贡;卷十五《人物三》,含武进士、武举、皇清文阶、明武阶、皇清武阶;卷十六《人物四》,含忠、孝、义、隐逸、流寓、耆寿、仙释、方枝;卷十七《人物五》,含列女;卷十八《艺文一》,含疏奏、赋、议、颂、铭、赞、序、说、传、书;卷十九《艺文二》,含记;卷二十《艺文三》,含记(清)、补遗;卷二十一《艺文四》,含诗、赋、宁夏八景诗;卷二十二《杂记》,含纪事、祥异、轶事、后序。全书约六十万字。原刻本在中国国家图书馆、甘肃省图书馆、宁夏回族自治区图书馆均有收藏。

1988 年 6 月,天津古籍出版社影印由吴忠礼主编的《宁夏历代方志萃编》收印该志。1992 年 11 月,宁夏人民出版社出版由陈明猷点校的整理本《乾隆宁夏府志》。

7. 杨芳灿、丰延泰主修,郭楷纂修:《嘉庆灵州志迹》

灵州是汉设古县,地控黄河、贺兰,北国巨防。十六国间作为大夏国王赫连勃勃养马城。北魏置薄骨律镇。北周迁南朝陈国人屯垦,因其"江左之人崇礼好学,习俗相化,因谓之塞北江南"[1]。唐置都督府,设朔方节度使。西夏党项政权在此设西平府。明属"九边重镇"防区。清雍正二年(1724 年),重设灵州,隶宁夏府,下辖花马池分州(今宁夏盐池县)和堡寨三十六。但灵州于历史上都没有编修过志书,实为憾事。

《嘉庆灵州志迹》为杨芳灿创修。杨芳灿,字蓉裳。江南金匮(今江苏无锡市)人。拔贡出身。乾隆五十二年至嘉庆三年(1787—1798 年)任灵州知州长达十二年之久。他下车伊始,动手纂修州志,往往

---

[1] 乐史著,王文楚校:《太平寰宇记·关西道十二·灵州》,中华书局,2007 年。

于"案牍余暇，网罗史籍，搜采方志。每苦记载繁多，见闻互异，五阅寒暑，未能卒业"①。乾隆六十年（1795年），他聘请武威县进士出身的候选知县郭楷，担任灵州奎文书院山长。杨知州请郭于课余间帮助州志的编纂。郭授命敬业，忠于人托，参阅《大清一统志》和《万历朔方新志》，考证历史沿革，"粗立条理，抄撮成编"②。然而"未及成书，而杨公去任，是事旋废。"③杨知州离任后，丰延泰接任知州，亦以修州志为己任，仍请郭楷继续编纂。郭楷也不孚众望，"凡两阅月而勒成一书"④。丰延泰大公无私，乃"捐俸付梓"⑤，并为《灵州志迹》撰写跋文，让灵州首部志书于嘉庆三年（1798年）冬得以刊刻行世。按照惯例，杨芳灿和丰延泰都应视为州志的主修者，而郭楷则是志书的主笔人。

丰延泰，字岐东，长白（今吉林省）满洲正白旗人。廪膳生员出身。嘉庆三年（1798年），接任灵州知州。当时前任知州杨芳灿倡导和主修、郭楷主笔纂修的《灵州志迹》已经成稿。"丰公能以儒术饰吏治"⑥，"乃捐俸付梓，使有成绩"⑦，即时板行于世。

郭楷，字雪庄，甘肃武威人。进士出身，候铨知县。乾隆六十年（1795）应杨芳灿之邀，担任灵州奎文书院山长。任间又受杨之请，纂修完成灵州志稿，刊本名为《嘉庆灵州志迹》。

《嘉庆灵州志迹》结构为十八门，三十三目，分四卷。全书约四万字。依次为：卷一，含历代沿革表第一、星野志第二、地理山川志第三、城池堡寨志第四、公署学校志第五、坛庙坊市桥梁津渡名胜

---

① 杨芳灿监修，郭楷纂修，灵武县志办公室整理，苏闻主编：《嘉庆灵州志迹》，宁夏人民出版社，1996年。

②④⑥ 杨芳灿监修，郭楷纂修，灵武县志办公室整理，苏闻主编：《嘉庆灵州志迹·杨芳灿序》，宁夏人民出版社，1996年。

③ 杨芳灿监修，郭楷纂修，灵武县志办公室整理，苏闻主编：《嘉庆灵州志迹·郭楷序》，宁夏人民出版社，1996年。

⑤⑦ 杨芳灿监修，郭楷纂修，灵武县志办公室整理，苏闻主编：《嘉庆灵州志迹·丰延泰跋》，宁夏人民出版社，1996年。

志第六、风俗物产志第七、古迹志第八；卷二，含丁税赋额志第九、水利源流志第十、职官姓氏志第十一、兵额营汛驿递志第十二、历朝宦迹志第十三；卷三，人物乡献志第十四、忠孝义列志第十五；卷四，艺文志第十六（上）、艺文志第十六（下）[①]、历代边防事迹志第十七、历代祥异志第十八。前载郭楷、杨芳灿序文；后附丰延泰跋文。该志刊刻于嘉庆四年（1799 年）。[②]原刻本藏于中国国家图书馆和甘肃省图书馆等馆。

1988 年 6 月，天津古籍出版社影印由吴忠礼主编的《宁夏历代方志萃编》收印该志。1996 年 3 月，宁夏人民出版社出版由苏闻主编，苏昀、张建华校注的《嘉庆灵州志迹》整理本。

8. 国兴编纂：《嘉庆平罗县志》

该志系清嘉庆十四至十六年（1809—1811 年），时任平罗县知县国兴编纂。主要内容摘录于乾隆四十五年（1780 年）刊刻的《宁夏府志》中有关平罗县的内容。但也不完全是"辑本"，因为不仅志稿重新编列了篇目，而且在部分卷目中，如卷末《选举》一门中，又将内容增补至他上任前一年，即嘉庆十三年（1808 年），所以该志稿亦可称为《嘉庆增补平罗县志》[③]。

国兴，满洲人。清嘉庆十四至十六年（1809—1811 年）担任宁夏府平罗县知县。第二年就着手从《乾隆宁夏府志》中摘编有关平罗县的资料。看来大有创修县志的准备工作。

---

① 原版将《艺文志》（上）排在卷三《人物志》后，《艺文志》（下）排在卷四，应予纠正。

② 苏昀：《灵州旧志版本介绍与评介》一文指出，在《灵州志迹》卷二《水利源流》、卷三《忠孝义烈》中，两次出现"嘉庆四年"的时间、内容，证明该志成于嘉庆三年，刊刻则在次年。见苏昀、张建华校注，苏闻主编：《嘉庆灵州志迹》，宁夏人民出版社，1996 年。

③ 石嘴山市志编纂委员会：《石嘴山史志·地方志》卷九，宁夏人民出版社，2001 年。

该志稿不分卷，平行列目，依次为疆域、形势、山川、古迹、城池、堡寨、桥梁、公署、学校、坛庙、坊表、市集、田赋、杂赋、水利、官制、驿道、宦绩、乡献、科贡等二十大类。全书一万余字。

本志稿，未刊刻，抄本藏北京故宫博物院图书馆、中国国家图书馆等馆。据张维《陇右方志录》记：故宫藏的国兴《平罗县志》是"嘉庆十五年（1810年）"的抄本。① 亦可认为该志编纂于嘉庆十五年。

9.黄璟撰修：《道光隆德县续志》

该志为时任隆德县知县黄璟撰修。据他本人在给《隆德县续志》所写《序言》中叙述：他是道光三年（1823年），"余宰斯邑"②，即接任隆德县知县。而"斯年岁歉"，"次年大祲"，"三年岁丰稔……余于秋成之余"③，开始着手编纂县志。读上文，可以得知他上任第一年、第二年都因自然灾害，忙于救灾，第三年大丰收，在"与吾民庆康乐"④之际，开始着手续修县志。这第三年应当是道光五年（1825年）。他编修本县续志的做法是：亲自"稽其断碣残简，遗风故旧……远征博访，勤于采辑，收其散帙，编为一集，名曰《续志》"⑤。本县乡贤董效思在给《道光隆德县续志》所写的《跋》中也证实："乙酉秋，岁际丰稔，舆情既安贴，而公晋接绅士，延访采撮，续修县志。"⑥另外，从志文中涉及黄璟一人的内容，约占全志书之半来分析，正符合编修旧志的一大毛病——谁修突出谁，从而证明道光五年修成的《道光隆德县续志》，基本上出自知县黄璟一人之手。

黄璟（1755—1835年），字有春，号梅村。山西平定州（今山西平定县）人。举人出身。清道光三年至六年（1823—1826年）任隆德县知县。先后任过镇番（民勤）、泾州、山丹等县知县和安定直隶州知州。曾主修过《山丹县续志》。其他著作有《兰山堂诗集》《周礼集解》等。

---

① 张维：《陇右方志录》，北平大北印书局，1934年铅印。

②③④⑤ 张欣毅、张京生校注：《道光隆德县续志·黄璟序》，阳光出版社，2010年。

⑥ 张欣毅、张京生校注：《道光隆德县续志·董效思跋》，阳光出版社，2010年。

《道光隆德县续志》不分卷，平行设门类有六，依次为：一、户口续志；二、地亩续志；三、灾异续志；四、职官续志，含知县、训导、典史；五、人物续志，含举人、武举、贡生、乡饮、义士、节妇；六、艺文续志。前载序文、续图，后补跋文。全志约二万字，刻板占页仅五十五页，其中载图七面，加上序、跋，黄璟一人的序文一篇、记文三篇、题文一篇、诗文九首和他人赞颂黄璟的诗文一篇，几乎占全书之半，志义实际内容十分空泛，充其量可勉强称为简志。志书原刻本称黄璟是"纂辑"的身份，倒也符合实际情况。该志系"道光丙戌镌""本衙藏版"①，即刊刻于道光六年（1826 年），原版藏隆德县衙。但是不知何故，《道光隆德县续志》，如今在宁夏和国内均无只字片纸收藏，现孤本被美国国会图书馆收藏。宁夏图书馆经过学术交流活动，从美国得到原刻本复制品（微缩胶片）。2010 年，阳光出版社出版张欣毅、张京生校注的《道光隆德县续志》整理本。

10. 徐保字撰修：《道光平罗纪略》（亦书《平罗纪略》）

平罗位于宁夏最北部，自古以来与北方各游牧部落毗邻，战事频仍，建置较晚，汉代境内有廉县（治今贺兰县与平罗县交界处的国营暖泉农场境内）。唐、宋、元有定远县（治今平罗县姚伏镇）。明代为宁夏前卫平虏守御千户所。清雍正二年（1724 年），始设县，改平虏所为平罗县，曾一度析置三县：平罗县、宝丰县、新渠县。平罗县历史上没有编修过志书，所谓《平罗记略》实际上也就是《平罗县志》的谦称。这在徐保字的《序言》中说得很明白。《序》曰："第缺漏尚多，非竟可谓《平罗县志》也，聊记其略云。"② 同时，在该纪略的项廷绶《后跋》文中也有同样的交代。跋文曰（阮邻先生）："暇乃网罗散佚，

---

① 张京生：《写作一副齫风图——孤本方志〈道光隆德县续志〉的学术价值探讨》，《图书馆理论与实践》2009 年第 12 期。
② 王亚勇校注：《徐保字序》，载《平罗记略·续增平罗记略》宁夏人民教育出版社，2003 年。

创为县志……书成……不曰志而曰《纪略》，谦之。"①

徐保字，字阮邻。浙江归安（今浙江吴兴）人。清道光四年至六年（1824—1826年）和八年至九年（1828—1829年），两任平罗县知县，为时五年。他在任间对于编修县志十分热心，"下车即引为己任，无如掌故残缺，文献寂寥，盖以地当新辟……其迹得而探也……三年中，采风问俗，随所见而笔之，兼证《明一统志》《朔方志》《甘肃统志》等书，撰为八卷"②。序文中这段话告诉读者三个意思。其一，《平罗纪略》是他一人、一支笔撰修而成；其二，《平罗纪略》的撰写时间是第一个任期的"三年中"，即道光四年至六年（1824—1826年）；其三，《平罗纪略》为八卷本。

《平罗纪略》全书八卷，依次为：卷首，含序言、凡例、采访姓氏、总目、图目、县舆地全图、县治图、唐惠昌三渠图、贺兰山图；卷一，含象纬、舆地；卷二，含古迹、建置；卷三，含风俗、物产；卷四，水利；卷五，赋役、祠祭；卷六，职官、武卫、选举；卷七，人物；卷八，艺文、志异；附录，载项廷绶、邵煜跋文。全书约八万字。因经费无着，延至道光十三年（1833年）秋，由时任平罗县知县邵煜个人和他人捐款，才最后完成刊刻，并"先拓百本，散之四境"③。原刻本在北京大学图书馆、甘肃省图书馆等馆有藏。

1988年6月，天津古籍出版社影印由吴忠礼主编的《宁夏历代方志萃编》收印此志。2003年12月，宁夏人民教育出版社出版王亚勇《平罗记略·续增平罗记略》校注本。

11. 郑元吉撰修：《道光续修中卫县志》

该志是宁夏全区现存旧志中，资料比较丰富、学术水平比较高的

---

① 王亚勇校注：《项廷绶跋》，载《平罗记略·续增平罗记略》，宁夏人民教育出版社，2003年。

② 王亚勇校注：《徐保字序》，载《平罗记略·续增平罗记略》宁夏人民教育出版社，2003年。

③ 王亚勇校注：《邵煜跋》，载《平罗记略·续增平罗记略》，宁夏人民教育出版社，2003年。

一部良志。主要原因是在编修中既参考了前明《万历朔方新志》和本朝本县《乾隆中卫县志》，又做了大量调查研究工作，主修人能做到"商共寅僚，议集绅耆，下及里长、党正，皆充采访……各举见闻以陈。乡里山川古迹，悉因仍于旧志"，又能大胆"补遗正讹""博观而约取之"。[①] 最后由知县郑元吉本人撰稿。稿成后又请高人统稿，所以能打造成为一部上乘佳作。

关于这部志书的撰稿人（作者），有专家按惯例将地方主官列为主修者，意思是主持修志工作并不亲自撰稿，而真正撰稿人、主笔（今称主编或总纂）才是志书的撰修者。所以许多资料大多认为《道光续修中卫县志》的主修人是知县郑元吉、纂修人是聘请赋闲前州判余懋官。[②] 然而，我并不同意这种看法，因为实际情况并非如此。查该志的首序，是时任甘肃省布政使程德润所作。序文中写道：（郑元吉于）"道光辛丑春，因公来省，携所茸邑志，就正于予……元吉公余之暇，取旧志，网罗散失，始于庚子仲夏，成于辛丑仲春。"[③] 说明知县郑元吉从道光二十年农历五月开始至二十一年农历二月止，用九个月时间，完成"茸邑志"的工作，并请甘肃省布政使程大人为之作序，标志最终完成县志编修的任务。但是有些资料书却仅认为郑元吉只是志书的主修者，而真正的撰稿人、主笔是余懋官。请看这位余大人在编修《道光续修中卫县志》中又做了什么事、充当什么角色呢？郑元吉在该志序言里是如何交代的？《郑序》曰：他当时已完成了志稿的撰写工作，为了慎重，又特请在兰州赋闲的江西老乡余懋官（字子佩）到中卫县来，与自己"公暇往复商榷"，"按篇目而加以辨核"，以要求做到

---

① 黄恩锡编纂，郑元吉修纂，宁夏中卫县地方志编纂委员会点注：《道光续修中卫县志·郑元吉序》，载《中卫县志》，宁夏人民出版社，1990年。

② 参见《中国地方志联合目录》宁夏部分第228页，中华书局，1985年。另外参见《宁夏史话·明清时代宁夏地区的文教事业》，宁夏人民出版社，1988年，第249页。

③ 黄恩锡编纂，郑元吉修纂，宁夏中卫县地方志编纂委员会点注：《道光续修中卫县志·程德润序》，《中卫县志》，宁夏人民出版社，1990年。

"地理有稽，建置有准，田赋有凭，官师有定，人物有详，献征有据，杂记有条，各得其体要，以备采择"。① 总之，从以上叙述可以看明白，余懋官仅仅是作最后的清稿工作而已，著作权仍然是属于郑元吉的。所以在县志刊行的正式刻本中，余懋官姓名也是恰如其分的以"编辑"名义出现在"修志姓氏"之中的，故郑元吉是《道光续修中卫县志》的主修者，也是撰修者。

郑元吉，字考堂。江西金溪县（今江西金溪县）人。附监生出身。道光十九年至二十二年（1839—1842年）和道光二十四年至二十六年（1844—1846年），二度出任中卫县知县。任间于道光二十一年（1841年）撰修成《续修中卫县志》，同年刊刻行世。

《道光续修中卫县志》类分十卷，依次为：地理考卷之一，含星野、沿革、疆域（附形胜）、山川、水利、古迹、风俗；建置考卷之二，含城池、堡寨（附各滩、湖、山、庄）、公（官）署（附养济院、公馆）、仓廪、学校、祠祀（附寺庙）；贡赋考卷之三，含额征、户口（附蠲恤）、税课（附市集）、盐法（附茶法）、物产；边防考卷之四，含塞垣、营制、边界、驿递、关梁；官师考卷之五，含官制、职官、名宦（附俸薪、养廉）；献征表卷之六，含人物、忠节、孝义、节女、流寓；选举表卷之七，含科甲、乡贡、武阶（附诰赠、仕宦、乡饮、耆年）；杂记卷之八，含各景考、祥异、轶事；艺文编卷之九，含上谕、议、论、书、记、序；艺文编卷之十，含传、赋、铭、诗。全书约十二万字。中国国家图书馆等馆藏有原刻本。

1988年6月，天津古籍出版社影印由吴忠礼主编的《宁夏历代方志萃编》收印该志。1990年12月，宁夏人民出版社出版由中卫县志办整理的《中卫县志》标点、注释本。

12. 张梯撰修：《道光续增平罗纪略》

本志是道光九年（1829年），知县徐保字撰修的《平罗纪略》的

---

① 黄恩锡编纂，郑元吉修纂，宁夏中卫县地方志编纂委员会点注：《道光续修中卫县志·郑元吉序》，载《中卫县志》，宁夏人民出版社，1990年。

增补本。增补了道光六年（1826年）至道光二十四年（1844年）的内容。距前志时隔18年。修纂人为知县张梯。

张梯，字颐园。河南鹿邑（今河南鹿邑县）人。举孝廉出身。清道光二十一年至二十四年（1841—1844年）任平罗县知县。在任三年间，利用业余时间，"与二三同仁广为考订，以成斯编"①，指撰修成《道光续增平罗纪略》，并留有刻本行世。

《道光续增平罗纪略》全书分为五卷，依次为：卷一建置；卷二赋役；卷三职官、选举；卷四人物；卷五艺文。前载张梯、郭鸿熙序文，后附志瑞。全书一万二千字。中科院图书馆、甘肃省图书馆等馆藏有刻本。

1988年6月，天津古籍出版社影印由吴忠礼主编的《宁夏历代方志萃编》收印该志。2003年12月，宁夏人民教育出版社出版由王亚勇校注的《平罗记略·续增平罗记略》。

13. 陈日新撰纂：《光绪平远县志》

所谓平远县，是清同治、光绪年间，清廷为加强在回族聚居区政治统治的产物。新县系划固原州与宁夏府、灵州所辖部分土地而设。"县号平远，寓平治垂远之意。"②平远县历史上先后属秦（战国秦国和秦朝）朐衍县、汉三水县、唐原州、宋（夏）灵州、明固原州辖地。同治十三年（1874年）新设平远县。民国初改名镇戎县，后再改豫旺县，三改同心县。

《光绪平远县志》是该县首部志书，为平远县首任知县陈日新撰编。陈日新，字焕斋，湖北蕲水县（今湖北浠水县）人。监生出身。同治十三年至光绪五年（1874—1879年）首任平远知县。陈日新在任间，亲自撰编了《平远县志》稿，并报送顶头上司平庆泾固化道道员魏光焘审阅。魏道台大人给这部"创始""创修"志稿作了序，序文肯定

---

① 王亚勇校注：《郭鸿熙序》，载《平罗记略·续增平罗记略》，宁夏人民教育出版社，2003年。

② 陈日新纂修，同心县地方志编纂委员会办公室整理：《平远县志·官师》，宁夏人民出版社，1993年。

了"手撰县志稿本"，"陈君之用心良苦矣，陈君之尽职可知矣！"①
另外，该志在《凡例》中也写道：（本县）"人烟寥落，既不能延名
流为总纂、分纂，又无绅士召集以备采访，皆予一人搜求，一手编辑，
难期体裁允当。"②因此，可以认定志稿出自陈日新一人之手。

《光绪平远县志》全书分为十卷，依次为：卷一图考；卷二岁
时；卷三建置；卷四山川；卷五古迹；卷六田赋；卷七学校；卷八官师；
卷九人物；卷十艺文。前载魏光焘、陈日新序，后无跋文。全书约三万字。
该志光绪五年（1879 年）修成，同年刻板行世。中国国家图书馆、甘
肃省图书馆等馆有藏。

1988 年 6 月，天津古籍出版社影印由吴忠礼主编的《宁夏历代方
志萃编》收印该志。1993 年 6 月，宁夏人民出版社出版由同心县地方
志办公室校点、注释《平远县志》。

14.《光绪花马池志迹》③

该志是盐池县历史上第一部志书，但无刻本，只有民间传抄本。
不知编修者姓名，亦不知修成年代。据张维《陇右方志录》介绍，修
成于清光绪三十三年（1907 年）。此说可能是根据志书《职官姓氏志
第十》最后一任州同"胡炳勋，陕西西安府临潼县监生，原籍湖南岳
州府巴陵县。光绪三十三年任"④的记载推断得出的结论，亦当无不妥。
志书不分卷，前无序文，后无跋文，只平行列门十六大类。依次为：
历代沿革志第一、星野志第二、地理山川志第三、城池堡寨志第四、
公署学校志第五、坛庙名胜志第六、风俗土产志第七、古迹志第八、
丁税赋额志第九、职官姓氏志第十、营防驿递志第十一、历代宦迹志

① 陈日新纂修，同心县地方志编纂委员会办公室整理：《平远县志·魏光焘
序》，宁夏人民出版社，1993 年。
② 陈日新纂修，同心县地方志编纂委员会办公室整理：《平远县志·凡例》，
宁夏人民出版社，1993 年。
③ 慕寿祺：《甘宁青史略·征引书目》载《花马池志迹》作《花马池志略》。
④ 范宗兴笺证：《花马池志迹·州同历任姓氏》，载《盐池旧志笺证》，黑
龙江人民出版社，2004 年，第 72 页。

第十二、人物乡贤志第十三、忠孝义烈志第十四、艺文志第十五、历代祥异志第十六。

1988年6月，天津古籍出版社影印由吴忠礼主编的《宁夏历代方志萃编》收印此志抄本。2004年10月，黑龙江人民出版社又出版范宗兴先生的《盐池旧志笺证》，将《光绪花马池志迹》与《民国盐池县志》合为一书笺证出版。

15.《光绪灵州志》（残本）

该志为无名氏修，成稿于光绪三十四年（1908年）①，没有刻本，现存世有五种残卷，均为抄本。据张维《陇右方志录补》所记，《光绪灵州志》全书为四卷：卷一（佚）；卷二：税赋、水利、职官、兵制、驿递、宦迹；卷三：人物、艺文；卷四：边防、祥异。从篇目设置和内容等方面来看，《光绪灵州志》实际上是《嘉庆灵州志迹》的续修、增补本。

1988年6月，天津古籍出版社影印由吴忠礼主编的《宁夏历代方志萃编》收印该志，书名为《重修灵州志》（一册）。

1996年3月，宁夏人民出版社出版由苏闻主编，张建华、苏昀校注的《嘉庆灵州志迹》校注本。该校注本将中国国家图书馆和甘肃省图书馆所藏的《光绪灵州志》两种抄本，一并校注附后。

16.《光绪宁灵厅志草》

从该志稿本来看，既无纂修人姓名，志前又无舆图，也没有序言、跋文，而且在志稿中出现多人手写和涂改的笔迹，似为正在撰写中的草稿。正如我在给胡建东校注出版的《光绪宁灵厅志》所作序言中所说："这部志书并不是一些方志目录书所介绍的'抄本'，而仅仅是未完成的草稿。"② 至于纂修者和修成时间，可从志文的内容录止于光绪三十四年（1908年），而且该厅的主官（同知）也只记止于成谦。查成谦为镶红旗蒙古人。他任宁灵厅同知的时间是光绪三十一年至

---

① 张维在《陇右方志录补》中认为《光绪灵州志》为光绪三十三年（1907年）修。
② 胡建东校注：《光绪宁灵厅志·吴忠礼序》，宁夏人民出版社，2008年。

三十四年（1905—1908 年）。① 另外《宁灵厅志草》正文之中，在《公署》中记曰：厅照磨署，是同知成谦捐廉于光绪三十三年修成；照磨官员亦记止于汤永昌，此人也是光绪三十三年上任的；在《厘税》中，说明宁灵厅自光绪三十三年改厘税为统捐；在《实业》中，记录于光绪三十三年十月，创设罪犯习艺所一处；在《巡警》中，记录本厅设巡警始于光绪三十二年十二月，由同知成谦首创；在《学堂》中，亦记本厅小学堂均在光绪三十三年十一月，先后开办。有些篇目，虽未写明年代，又多以"新设三十余年"口气表述等等。② 那么，可以推测这本志稿止笔的下限当为光绪三十三年（1907 年）、三十四年（1908 年）间是无疑的，这样的结论不是什么"臆测之说"，它与所谓"佚名署之"并不矛盾。主笔的撰稿人不好妄猜，但主修人为当时现任主管的同知成谦也是符合旧时代修志惯例的。

宁灵厅是一个特殊的政治实体。宁灵厅的治所，是一个普通的村堡，名曰金积堡。清廷为了加强对回民聚居区的控制，于同治十一年（1872 年），改宁夏水利同知为宁灵抚民同知，治金积堡（今吴忠市利通区金积镇），遂将一个村堡破格上升为准州级单位，并派湘军驻守，以示震慑。

《光绪宁灵厅志草》原稿本（孤本）被日本东洋文库收藏。宁夏图书馆存有复印件。原志稿一册，不分卷，全书六十四页，约二万五千字。志稿平行列门类三十五，依次为：第一，宁灵厅历代沿革表（原稿无"第一"二字）；第二，星野志；第三，建置；第四，疆域；第五，山川；第六，城池；第七，公署；第八，学校；第九，关梁；第十，祠祀；第十一，贡赋；第十二，兵防；第十三，水利；第十四，驿递；第十五，蠲恤；第十六，盐法；第十七，茶马；第十八，物产；第十九，风俗；

① 胡建东校注：《光绪宁灵厅志·职官志》，宁夏人民出版社，2008 年；《朔方道志·职官》，天津华泰印书馆，1927 年。
② 张欣毅、张京生校注：《（道光）隆德县续志（光绪）宁灵厅志草》，阳光出版社，2010 年。

第二十，古迹；第二十一，祥异；第二十二，陵墓；第二十三，封爵（缺）；第二十四，职官；第二十五，名宦；第二十六，选举；第二十七，人物；第二十八，忠节（缺）；第二十九，孝义；第三十，隐逸（缺）；第三十一，流寓（缺）；第三十二，仙释（缺）；第三十三，方伎（缺）；第三十四，列女；第三十五，艺文。

后附《增采新章十条》，依次为：一、方言；二、户口；三、仓储；四、度支；五、乡镇；六、金石；七、厘税；八、实业；九、巡警；十、学堂。

2008 年 3 月，宁夏人民出版社出版胡建东校注的《光绪宁灵厅志》。2010 年 8 月，阳光出版社又出版张欣毅、张京生校注的《（道光）隆德县续志（光绪）宁灵厅志草》。

17. 杨金庚纂修：《光绪海城县志》

该志为海城县知县杨金庚组织纂修。光绪三十三年（1907 年），杨金庚任海城知县，公务之余非常留心积累当地历史沿革、山川疆域等方面的资料及县域人物事迹。适逢陕甘总督升允奏修《甘肃通志》，饬令各属修辑县志，为省志编修提供资料，海城县志的编纂工作正式开始，本志的编纂过程中，杨金庚、陈廷珍出力最多。光绪三十四年（1908 年）该志修成，同年刊行于世。

杨金庚，字镇西，山东诸城（今山东诸城县）人，生卒年不详。光绪三十三年（1907 年）任海城知县。陈延珍，字广文，宁远（今甘肃天水市武山县）人，生卒年不详。光绪二十六年（1900 年）任海域县儒学训导。杨金庚聘其为《海城县志》"协修"。

该志共十卷。卷一建置志，包括图考、星野、气候、沿革、城池、公署（附"盐库"）六目；卷二疆域志，包括形胜、道里、疆界、乡镇（附"村堡"）、山川（附"八景"）、水利、关梁、祠祀（附各"坛庙"）八目；卷三贡赋志，包括田赋（附"新旧额则"）、户口、种类、回教、仓储（附"社仓"）、盐法（附"新旧额则"）、茶马、厘税、度支（附"文武俸饷"）、蠲恤十目；卷四学校志，包括学额、义学、学堂三目；

卷五兵防志，包括营制（附"防军"）、驿递、巡警三目；卷六古迹志，包括古迹、坟墓二目；卷七风俗志，包括汉俗、回俗、汉回同俗、祥异、方言、物产、实业七目；卷八职官志，包括文武（附"新旧各职"）、名宦、封爵、选举（附"文武科目"）四目；卷九人物志，包括人物、忠节、孝义、隐逸、流寓、仙释方技、列女（附"节孝烈义"）七目；卷十艺文志，包括艺文（包括"各体"）、金石、杂记（包括《叛事纪略》《官民死事》《战事纪略》《重修池庙》《汉回同学》《义犬》）三目。

该志是海原县历史上第二部传世的志书，也是内容最丰富的一部，其文献价值体现在多个方面。本县志上续《盐茶厅志备遗》，自乾隆十四年至光绪三十四年（1749—1908年）与盐茶厅、海原县有关的历史、地理、人文、官制、艺文等方面的内容志书辑录得非常丰富，史料可信度较高。

《光绪海城县志》以官报书局光绪三十四年（1908年）排印本传世较广。1970年台湾成文出版社《中国方志丛书》、1988年宁夏人民出版社《宁夏地方志丛刊》、2008年凤凰出版社《中国地方志集成·宁夏府县志辑》等丛书都影印出版了该志。2007年，宁夏人民出版社出版《海原史地资料丛书》，将刘华点校的《光绪海城县志》收录其中。

18. 王学伊撰修：《宣统新修固原直隶州志》

该志是清代固原州唯一一部方志，距前明《万历固原州志》已时隔300年之久。

固原州历史悠久，形胜扼要，系关陇锁钥。三代间置乌氏县，汉置安定郡，南北朝置原州，唐置平凉郡，宋置镇戎州，元置开成州，明置固原州，清置固原州。同治十三年（1874年）升为直隶州，领海城县（今宁夏海原县）、平远县（今宁夏同心县）和硝河城分州（治今西吉县硝河镇）以及县府的派出分县机构打拉池县丞（今甘肃靖远县共和乡）。

《固原直隶州志》全书分十卷和卷首、附卷，计十二卷。依次为：

卷首；卷一，天文志；卷二，地舆志；卷三，官师志；卷四，贡赋志；卷五，学校志；卷六，兵防志；卷七，人物志（上、下）；卷八，艺文志（上、中、下）；卷九，庶务志；卷十，轶事志；附卷，硝河城志。前载序文六篇，后载读后（后跋）一篇。全书约三十万字。

《固原直隶州志》为知州王学伊撰修。王学伊，字平山，山西文水人。进士出身，光绪三十一年任固原州知州兼学正。在任九年，"公于公余之暇，令采访而编纂之，历两年余，阐发幽微，竟成巨帙"[1]，于宣统元年（1909年）修成《光绪固原直隶州志》。并于当年由宝文堂刊行，原刻本藏甘肃省图书馆。

1988年6月，天津古籍出版社影印由吴忠礼主编的《宁夏历代方志萃编》收印此志。1992年9月，陕西人民出版社出版由陈明猷标点《宣统固原州志》。

19. 杨修德撰修：《宣统新修硝河城志》

该志作为《宣统固原直隶州志》的《附卷》，置于州志之末。但是，硝河城乃固原州的分州，是一级政权实体，而志稿篇章门类齐全，且有图、有序，完全可以定为一部独立的志书，故而单列。

硝河城分州，为平凉道盐茶厅属地。同治十三年（1874年）固原州升格为直隶州，同时在硝河城设分州（治今宁夏西吉县硝河镇）。杨修德，贵州人，是硝河镇末任州判。

《硝河城志》为时任硝河城分州州判杨修德撰修。宣统元年修成，附于《固原直隶州志》并同时刊刻。全志与《固原直隶州志》体系相同，亦分为：一、天文志；二、地舆志；三、官师志；四、贡赋志；五、学校志；六、兵防志；七、人物志；八、艺文志；九、庶务志；十、轶事志。前载杨修德序言和疆域图、州城图，后无跋文。全书约九千字。按现在方志的分级分类来看，它是一本乡镇志，与《广武志》属于同一级别的基层方志。

---

[1] 固原县志办公室整理：《民国固原县志·职官志》，宁夏人民出版社，1992年，第454页。

20. 廖炳文主修，陈希魁辑：《打拉池县丞志》（一卷）

光绪三十四年（1908 年）修成。全志仅三十一页，其中《王进宝碑文》占十七页。甘肃省图书馆存抄本。该县丞时属海城县（今宁夏海原县），今属甘肃靖远县。

县丞一职设自清代，为知县佐官，有专署，协助知县分掌粮马、税征、户籍、巡捕诸务。秩正八品，类似县府的派出机构。

（三）民国志

1. 日本东亚同文会编修：《支那省别全志》

该志是日本军国主义御用文人为侵略中国作准备的情报产物。大正七年（1918 年）编纂出版（日文）。[1] 志稿主要根据日本东亚同文会在上海创办的东亚同文书院，组织日本学生们于每年暑期赴中国各省"作实地考察"所收集的资料（情报），并参考有关文献编写而成。全书十八卷，其中第六卷为《甘肃省（附新疆省）》。本卷又分为十四编一百三十六章。其中大多数编章内容都涉及宁夏。从和龚所译《〈支那省别全志〉第六卷》，即该志第六卷第十三编第二十章第一节的内容，就可以发现志文所记资料十分翔实、具体，并附有图表。[2]

2. 北洋政府编：《中华民国省区全志·甘肃省志》（第四卷）

该志为民国十一年（1922 年）修成并铅印行世。时宁夏、青海、甘肃尚未分设行省，均隶属于甘肃省。固原和宁夏地区亦均在甘肃卷各章中设节、目记载。中国国家图书馆、甘肃省图书馆等馆藏有铅印本。

3. 马福祥、马鸿宾、陈必淮主修，吴复安、王之臣主笔：《民国朔方道志》

因为历史上的宁夏，地处中原政权和古都长安的北部，故称朔方。

---

[1] 和龚：《〈支那省别全志〉第六卷》一文认为该志于"大正七年（1918 年）编纂出版的"，载《宁夏史志研究》1987 年第 3 期。胡玉冰著《宁夏地方志研究》则认为该志"始编于 1917 年，完成于 1920 年"，中国社会科学出版社，2012 年，第 179 页。

[2] 和龚：《〈支那省别全志〉第六卷》，《宁夏史志研究》1987 年第 3 期。

早在《诗经》的《出车》《六月》两首诗中首见："天子命我，城彼朔方"，"猃狁匪茹……侵镐及方……至于大原"。其中"朔方""方""大原"都是指今宁夏的固原地区或整个宁夏范围。唐朝又在灵州（今吴忠市）设朔方节度使，所以古史往往以"朔方"代称今宁夏地区。明代万历年间，曾将宁夏镇新修的镇志命名为《朔方志》《朔方新志》。民国初，北洋政权进行行政改革，实行废府存道，遂废宁夏府，存宁夏道并改名为"朔方道"，这部《朔方道志》就修成于此时，故以《朔方道志》名之。而历史上"宁夏"之名则晚于"朔方"之名，迟至元代至元二十五年（1288年）才出现。

民国初，朔方道是西北回族地方军阀、宁夏护军使兼宁夏将军马福祥的领地，行政长官、道尹为陈必淮。马福祥，字云亭，原籍甘肃河州（今甘肃临夏）。陈必淮，字三洲，湖南岳阳人。马鸿宾，字子寅，马福祥侄儿，后接任宁夏护军使（改任宁夏镇守使）。主笔吴复安，字心斋、号静安。宁夏宁朔县（今宁夏青铜峡市）大坝镇人。举人出身，民国初任夏朔二县（宁夏、宁朔二县）的临时参议会会长。民国六年（1917年）应聘主笔《朔方道志》，次年病故，道志编纂一度停笔。民国十三年（1924年），新聘主笔王之臣接任重启。王之臣，字汝翼，湖南宁乡人。民国初先后出任过宁夏平罗、灵武、盐池等县知事。民国十五年（1926年）道志修成。次年，《朔方道志》在天津华泰印书馆铅印线装发行面世。该志编纂前后为时十年，可谓"十年磨一剑"。

《朔方道志》是由回族将领主持修成，又成书于北洋军阀混战的动荡年代，且志书体量大，达三十余卷，在中国方志史上占有非常重要的地位。全书三十二卷，约六十万字。依次为：首卷；卷之一，天文志；卷之二，舆地志（上）；卷之三，舆地志（下）；卷之四，建置志（上）；卷之五，建置志（下）；卷之六，水利志（上）；卷之七，水利志（下）；卷之八，贡赋志（上）；卷之九，贡赋志（下）；卷之十，学校志；卷之十一，兵防志；卷之十二，职官志（一）；卷之十三，职官志（二）；卷之十四，职官志（三）；卷之十五，职官志

（四）；卷之十六，人物志（一）；卷之十七，人物志（二）；卷之十八，人物志（三）；卷之十九，人物志（四）；卷之二十，人物志（五）；卷之二十一，人物志（六）；卷之二十二，人物志（七）；卷之二十三，人物志（八）；卷之二十四，艺文志（一）；卷之二十五，艺文志（二）；卷之二十六，艺文志（三）；卷之二十七，艺文志（四）；卷之二十八，艺文志（五）；卷之二十九，艺文志（六）；卷之三十，志余（上）；卷之三十一，志余（下）。前载马福祥、王之臣序文和凡例等，后载焦沛南跋文。

4.桑丹桂等主修，陈国栋等主笔：《民国重修隆德县志》

隆德县为六盘山西麓靠山小县。宋大中祥符四年（1011 年），筑笼竿城（今隆德县城）。庆历三年（1043 年），置德顺军（治笼竿城）。建炎四年（1130 年），入金，升改德顺州，治陇干县，原治外底堡（今甘肃静宁县境内），后移笼竿城。宋天禧元年（1017 年），筑羊牧隆城（今西吉县将台乡火家集）。庆历三年改置隆德寨，属德顺军。金皇统二年（1142 年），升置隆德县，与州同治。明属陕西布政使司，为平凉府静宁州属县，后改直属于府。清袭明制，县属甘肃省平庆泾固化道。

《重修隆德县志》的编修启动于民国十七年（1928 年）。当时西北地区为冯玉祥部控制，冯系甘肃省主席刘郁芬颁令编修《甘肃通志》，在省城兰州设立甘肃省通志局，该局颁布第三十九号训令，"督饬各县修辑县志"①，"并发表册式样到县，电摧限期照办"②。时任县长桑丹桂义不容辞主持编修县志工作，邀请本县学界乡贤陈国栋、王继文、赵芝珍（赵兰轩）、雒玉麟、张涵、王承烈、董达士、卜永吉、薛冠英、赵文玺、王文熙（病故）等"同充访员"，推举陈国栋任"主任编辑，限两月脱稿"③，算是完成了任务，交了差，但是没有定稿，当然也未

---

① 隆德县地方志编纂委员会点校：《隆德县志·拾遗·县政府第九号训令》（内部印刷），1987 年，第 173 页。
②③ 隆德县地方志编纂委员会点校：《隆德县志·陈国栋后叙》，内部印刷，1987 年，第 175 页。

达到刊刻水平。在继任三位县长关培谷、刘相弼、林培霖等人的不断修改后，终于在林培霖县长任间，于民国二十四年（1935年）五月完成最后定稿。同年十一月，石印问世。

《重修隆德县志》全书共分四卷。一卷：舆地、建置、民族；二卷：经政、食货、交通；三卷：职官、选举、人物；四卷：艺文、金石、纪事、拾遗。前有题字、序言，末附后叙。全书约二十万字。中国国家图书馆、甘肃省图书馆等馆均有收藏。

1987年12月，隆德县志办将《民国重修隆德县志》校注、内部印刷，供编修新县志使用。1988年6月，天津古籍出版社影印由吴忠礼主编的《宁夏历代方志萃编》收印该志。

5.（南京）国民政府资源委员会编：《宁夏省人文地理图志》

该志1936年编成，全志约五万字。志书未付印，只有油印本，孤本存中国科学院图书馆。

《宁夏省人文地理图志》平行列目二十二章。第一章：沿革；第二章：面积；第三章：人口；第四章：地形；第五章：土壤；第六章：气候；第七章：水（理）［利］；第八章：耕地；第九章：农产；第十章：林产；第十一章：畜产；第十二章：矿产；第十三章：工艺；第十四章：贸易；第十五章：交通；第十六章：都市；第十七章：民族；第十八章：宗教；第十九章：名胜史迹；第二十章：边防；第二十一章：蒙旗；第二十二章：省界问题。志前无序言、无舆图，志后无后序（跋文）。志稿随文粘贴照片二十四幅。

1941年《西北晨钟》杂志在第二卷第4、5期连载署名孙翰文题为《宁夏人文地理志略》文章。次年，资源委员会季刊在1942年第二卷第1期上又发表署名张其昀《宁夏省人文地理志》长篇文章。观二文皆由《宁夏省人文地理图志》志稿所出，其文亦可称《宁夏省人文地理简志》。似乎二位曾参与过《宁夏省人文地理图志》的编撰工作，不然岂敢在资委会刊物上发表同名文稿而未被追究呢？

6. 张逢泰撰修：《化平县志》

清廷于同治十年（1871年），将陕西渭南一带退入宁夏灵州地区的回民军和群众约一万人，集体迁赶到六盘山深处安置，并特设化平川直隶厅以加强管理。该厅土地系由平凉、固原、隆德、华亭四州县析出，上隶平庆泾固化道。该地区宋为安化县，金为化平县，明为华亭县属地。民国改化平县，隶甘肃省泾源道（后改陇东行政区），新中国改名泾源县。1953年5月，改为泾源回族自治区，次年5月改名泾源回族自治县。1958年10月宁夏回族自治区成立，划为自治区属县，仍名泾源县。

泾源设厅，是清廷民族高压政策的政治产物，历史上没有志书。民国十八年（1929年），县长杨承荃，首邀本县名儒张逢泰（字子平）主笔编修《化平县志》，因故未果。民国二十三年（1934年）秋，新任县长盖世儒下车伊始，遵照甘肃省民政厅修志令，再次聘请张逢泰主修，杨玉山、于子彬、张文儒等人参与，分头采访、编撰，"费数十月精力，将全县政治、风俗、人口、丁粮、税务及团队、城垣、官署、山脉、河流、古迹、古物等编志一部"。成稿时间为民国二十五年（1936年）春三月[①]，但未刊印。在后任县长张建勋（1937年任）关心下，志稿经修改定型，分四卷十门。并"派人携往南京付梓，适遭'七七'事变，被毁于兵"[②]。又在新任县长郝遇林（1939年任）的大力支持下，又请张逢泰先生"再谋编纂"[③]成功。终于在新县长原佑仁任间（1940年夏），交付印刷，由平凉一心印书馆石印问世。平凉石印版《化平县志》书前有时任县长原佑仁的亲笔题字——"中华民国二十八年编纂，二十九年付印"，扉页印"民国庚辰仲夏月平凉一心印书馆石印"。内载在任县长原佑仁落款为民国二十九年的《序言》。民国二十九年即庚辰年（1940年），该志出版时间应为1940年。

---

① 张逢泰纂，李志杰等标点注释，宁夏泾源县地方志编纂委员会办公室整理：《民国化平县志·盖世儒序》，宁夏人民出版社，1992年。
②③ 张逢泰纂，李志杰等标点注释，宁夏泾源县地方志编纂委员会办公室整理：《民国化平县志·谢国选序》，宁夏人民出版社，1992年。

《化平县志》分四卷，十一志，分别是卷一：舆地志、建置志；卷二：经政志、职官志、选举志、教育志；卷三：武备志、古迹志、人物志、灾异志；卷四：艺文志。前载序文、绘图、凡例等，无后跋。全书约八万字。

志书主笔张逢泰（1883—1946年），字子平。著名回族教育家，本县黄花乡华兴村人，前清优生出身。历任县劝学所所长、教育局局长、文献委员会委员长和省政府咨议。

《化平县志》是由回族学者编修的一部回族聚居县的县志，记录、保存了大量有关回族的历史文化和风俗民情，既填补了泾源县无县志的空白，又是一部可贵的回族历史文化宝典。

1988年6月，天津古籍出版社影印吴忠礼主编的《宁夏历代方志萃编》收印该志。1992年9月，宁夏人民出版社出版李志杰等标点、注释的《民国化平县志》。

7. 罗时宁、梅白逵等编著：《宁夏资源志》[1]

该志为个人著作，作者罗时宁（1917—1968年），又名罗诗灵。江西南昌人。1939年毕业于国立中央大学农学院（南京），后受聘到宁夏工作，历任银川中山公园管理处主任兼农事试验场场长、省农林局局长、省农林处副处长（处长由省主席马鸿逵兼）等职，为宁夏现代农业作出贡献。被选为（南京）国民政府国务委员。代表作有《宁夏农政七年》《宁夏畜牧考定报告》《宁夏资源志》等。梅白逵，宁夏永宁县人。1941年毕业于国立西北农学院，历任宁夏农林局室主任、科长等职。天津《益世报》记者秦晋在其专著《宁夏到何处去》一书中写道："据宁夏省农林处罗处长诗灵所著《宁夏资源志》稿本最近之统计"[2]。此处可能只提到了第一作者而省略了第二作者。

---

[1] 秦晋：《宁夏到何处去》（丙篇）记："省农林处罗处长诗灵所著《宁夏资源志》稿本。"

[2] 秦晋：《宁夏到何处去》，《益世报》，宁夏省印刷局翻印，1947年，第47页。

《宁夏资源志》全书计八章六十六节。第一章：省区志略；第二章：矿产；第三章：畜产；第四章：农产；第五章：园产及特产；第六章：林产；第七章：植物药材；第八章：水产。志前载宁夏省主席马鸿逵序文，志后无跋文。全书九万余字。从马鸿逵序文落款时间"民国三十五年元月"来看，该志基本修成于1946年初。但是，在第一章省区志略之第五节《土壤》文中，第一句就写道："宁夏土壤，三十五年经中央地质调查所研究员朱莲青君勘查，划分为五纲、计属七土类、十二亚类"①，并列表说明。该调查报告写成、公布，最快当在年底，被梅引用，则应在第二年（1947年）了。可见，马鸿逵序则为提前写成，说明本志书出版时间应为1947年。

8. 庞敏修主修，马国璠主笔：《西吉县志》

1938年至1941年，时甘肃省海原、固原二县回民聚居区，爆发三次回族农民反压迫抗暴武装斗争。事平后，于1942年10月，甘肃省政府决定在回民斗争的中心地带成立一个新县——西吉县，以加强统治。故这个新县历史上没有修过县志。1947年1月，新任县长庞敏修上任后，邀请本县知识分子马国璠主笔撰修县志。庞敏修，字育德，汉族，秦安县人，大学毕业。

《西吉县志》分上、下两册。上册分章设目。第一章：沿革；第二章：自然，含星野、经纬、气候、地质；第三章：地理，含疆域、地形、地势、山脉、河流、名胜古迹（附八景）；第四章：建（制）［置］，含县治、县府、城池、党部、看守所、忠烈祠、苗圃、集市、乡镇、学校、桥梁、公路、乡镇道［路］。下册不分章，列艺文、物产等目。全书约二万三千万字。只有抄本，没有正式刊印本。存西吉县档案馆。

9. 叶超编纂：《固原县志》

固原地区明代有《嘉靖固原州志》《万历固原州志》，清末有《新修固原直隶州志》，而民国四十余年都无县志问世，乡人皆视为憾事。

---

① 罗时宁：《宁夏资源志》，宁夏省政府1947年铅印。

民国十年（1921年），乡贤杜友仁（字士林），有志于续编乡志，"约同志诸友编小志，用备轩辕之检采，奈寡学识无采访，故而中止"①。1936年，丁耀洲（字振五，山西临晋人）任固原县长间，乡绅呼吁，县志编修"实难再缓……谒诚县长丁公振五倡其事"，得到县长的支持，遂聘请"邑人名流徐云阶先生肩总纂"②。徐老正名徐步升，字云阶，本县名儒，曾任县议会议长，"硕德宿儒，众望所属，可贺得人"③。但不幸徐老不久病故，"堂堂大举，遽尔中辍"④。丁县长又先后邀请张碧仙、夏际文主持，继续编修县志。然而"一年以来……无形之中，又成中辍"⑤。1939年，叶超接任固原县长。他"下车伊始，即有志于修志，于政务纷忙之中，寓以采风问俗"⑥，"公余之暇，手不释卷"⑦，为纂修县志忘我操劳。但是，叶君于民国三十年（1941年）卸任。于是"邑人公请总纂县志，首肯乐从"⑧，"慨然一肩担任"⑨县志总纂任务。其间，谢绝了甘肃省主席谷正伦"电征四次"⑩的当官机会。他虽然多年为官，然而清贫无私蓄，为了生计，他拒绝了地方资助，只在固原中学、固原师范二校兼任教师，"藉资维持"，自筹"微薄生活费，可谓枵腹从公矣"。⑪从民国三十年至三十七年（1941—1948年），八年以来，寄住客栈，清贫生活，终于完成了一部计十卷、六十万字的《固原县志》巨著。

叶超，原姓黄，字逸凡。福建省闽侯县人。大学肄业学历。历任甘肃省秦安、榆中、华亭、固原四县县长。所任之地皆能勤勉从政，廉洁奉公，重教兴文。在固原三年，创立固原中学，并在回民聚居山区创建小学十余所。主笔修成《固原县志》以后，才安心返回故里，但此时他身无分文，还是固原县商会发起捐款，帮他筹措了返乡的

①固原县志办公室整理:《民国固原县志·杜友仁序》,宁夏人民出版社,1992年。
②③④⑤⑥⑨⑩⑪固原县志办公室整理:《民国固原县志·夏际文序》,宁夏人民出版社,1992年。
⑦⑧固原县志办公室整理:《民国固原县志·赵生新序》,宁夏人民出版社,1992年。

川资。①

《民国固原县志》全书以志立卷，凡十卷（加之艺文志独占三卷，计为十二卷）。卷之一：天文志（佚）和序言、凡例等；卷之二：地理志，含方域、地质、山川、形胜；卷之三：居民志，含聚落、宗教、职工、习尚；卷之四：物产志，含庶务、熟货；卷之五：建置志，含区划、城驿、廨庠、坛坊；卷之六：职官志，含民献、官师；卷之七：政权志，含党务、民意；卷之八：治权志，含行政赋税、司法、军事；卷之九：人物志，含懿行、群材；卷之十：艺文志，含大文、韵语、金石。前载序文四篇，后附跋文一篇。志成后没有刊印，只有手抄本在民间流传。志稿修成于民国三十六年（1947年），还是三十七年（1948年）呢？根据志稿之中记录有许多民国三十七年（1948年）的内容来看，加之志稿《夏际文序》中写道："计自三十年起，至三十七年止，共修十二卷。"该序落款的时间也是"中华民国三十七年八月中秋日"②。另外，在《固原市志》第十八编《文化》之第五章第二节《地方史志》中记曰：《民国固原县志》"上限根据各专业情况追述不一，下限约至1948年"③。所以《民国固原县志》修成时间应是民国三十七年（1948年）秋。

1981年6月，固原县文物工作站刻印（油印本）《固原县志》（十三册），供内部使用。1992年12月，宁夏人民出版社出版固原县志办整理的《民国固原县志》。

10. 陈步瀛撰修：《民国盐池县志》

盐池县地处宁夏东部，是农耕文化与草原文化交界处，战国间戎人曾在此地建立朐衍戎国，后被秦国改设为朐衍县，是宁夏北部历史

---

① 《固原地区志》为他立了传。见固原地区方志办编：《固原地区志·人物志》，宁夏人民出版社，1994年，第678—679页。

② 固原县志办公室整理：《民国固原县志·夏际文序》，宁夏人民出版社，1992年。

③ 固原市地方志编审委员会：《固原市志·地方史志》（中卷），宁夏人民出版社，2009年，第1434页。

上的第一个县置。南北朝以后属盐州。明代于境内筑长城（宁夏东边墙），置宁夏后卫，为军事要塞。清属灵州花马池分州。民国初改设盐池县。1936年6月21日，中国工农红军西征时解放了盐池，从此成为陕甘宁革命根据地辖县。时马鸿逵任省主席的国民党宁夏省在盐池县西部与同心县交界地区重设盐池县，县治惠安堡（今盐池县惠安堡镇），于是红、白二盐池县并存。1945年，抗战胜利后，蒋介石发动内战。1947年3月19日，国民党军胡宗南部占领陕甘宁革命根据地首府延安。马鸿逵也配合胡宗南军，马家军亦于3月24日，占领包括盐池县在内的三边地区，并任命盐池县乡绅陈步瀛为伪县长。1949年8月初，人民解放军光复盐池县。

陈步瀛，字仙舟，盐池县高沙窝镇长流墩村人。甘肃省第五中学（后改宁夏中学，今银川一中）毕业。曾任国民党盐池县党务指导员、特派员、县保卫团总约和县城小学校长等职。在马家军侵占陕甘宁革命根据地三边地区时，他担任盐池县伪县长的第二年，"每于公余之暇，采访记载"，"亲身考查撰述"，"历半年工作完成"，"作为初稿"。[1]他在志书的《凡例》最后一条中又强调："此志由本县长亲自主笔，科员刘生焕誊清，舍弟步汉校对，不无简略遗漏，识者谅之。"[2]他为《盐池县志》所作序文的落款时间是"民国三十七年秋八月"[3]。说明这部民国《盐池县志》为陈氏所撰，修成于1948年农历八月。

民国《盐池县志》全书分为十二卷。卷一：地理志，含疆域、沿革、形胜、山川、古迹、风俗、变异；卷二：建置志，含设县、城垣（附县属城池）、公署（附县属取消公署）、公所、坛庙（附下马关祠宇宙观）、堡寨、关梁、仓库、警察、邮政、市集；卷三：田赋志，含额赋、盐法（附盐根用法）、统捐；卷四：行政区划志（附乡保表、人口表）；卷五：

---

①③ 范宗兴笺证：《盐池县志·陈步瀛序》，载《盐池旧志笺证》，黑龙江人民出版社，2004年。

② 范宗兴笺证：《盐池县志·凡例》，载《盐池旧志笺证》，黑龙江人民出版社，2004年。

教育志，含学额、社学义学、学校、学校分布、社会教育；卷六：兵防志，含兵制、防地、营盘、御边；卷七：职官志，含历代官制、历代职官、宦迹、乡宦；卷八：人物志，含义行、孝友、忠义、节烈；卷九：选举志，含科第；卷十：艺文志，含条议、诗选；卷十一：经济志，含出产、畜牧；卷十二：历史志，含匪患起因及荡平（包括历代）。书前载陈步瀛序文，书后无跋。全志约十万字。民国三十八年（1949 年）八月一日印行（铅印）。[①] 距人民解放军光复盐池、盐池县人民政府重返县城仅七天时间。

三、地情资料选

（一）宁夏省政府秘书处编：《十年来宁夏省政述要》

该书系马鸿逵任宁夏省政府主席后，为编修《宁夏省志》所收集的 1933 年至 1942 年全省各类资料的汇编。由省政府秘书长鄢敦道主编，省府秘书石生琦审编成稿。全书共分十篇，即总类篇、民政篇、财政篇、教育篇、建设篇、地政篇、保安篇、卫生篇、粮篇、附录篇。书前有宁夏全省形势一览图、宁夏各县行政区域图、凡例和省主席马鸿逵总序一篇，各篇前有弁言。后附省政府秘书长鄢敦道跋文一篇。分八册，线装，总计一百二十余万字，1942 年由省政府秘书处铅印内部使用。这是宁夏建省以后唯一一部大型省情书。

（二）马福祥、马鸿逵编：《马氏族谱》

全谱分四集，十三卷。

初集：端本。含发凡，家训，家礼，家法四卷；二集：正位。含开派至五世，六世至十世，世系表三卷；三集：述事。含图，荣典，传、序、状、志三卷；四集：艺文。含公文，尺牍，杂类三卷。谱前有马鸿逵总序文一篇，各集有分序。全书约三四十万字。1946 年马家自印（铅印），分四册，另有图集一册，线装。

[①] 石印本《盐池县志》的封面印有"民国三十八年八月一日"字样。1986 年新修成的《盐池县志》在《大事记》中记录：8 月 1 日，国民党盐池县县长陈步瀛主编的《盐池县志》正式印行。

宁夏存世历代旧方志简表

成书与刊印时间	志名	卷数	字数	修撰者	存藏情况	备注
明万历二十九年（1601年）重刻本	宁夏志	2	3.2万	朱栴撰修	重刻孤本现藏日本国会图书馆。宁夏区志办存国内首部重夏印本	宣德中草成，景泰初首刻（佚），万历二十九年重刻；天津古籍出版社有影印本、宁夏人民出版社有整理本出版
明弘治十四年（1501年）修成，未刊刻	弘治宁夏新志	8	15万	王珣主修，胡汝砺纂修	稿本存浙江宁波天一阁	《联合目录》载弘治十四年（1501年）刻本，似误；天津古籍出版社、宁夏人民出版社有影印本、整理本出版
明嘉靖十一年（1532年）修成，同年刊刻	嘉靖固原州志	2	4.5万	王琼、唐龙主修，杨经纂修	板存中国国家图书馆	宁夏人民出版社有整理本
明嘉靖十九年（1540年）修成，同年刊刻	嘉靖宁夏新志	8	20万	杨守礼主修，管律纂修	孤本存浙江宁波天一阁	宁夏人民出版社有整理本
明万历四十四年（1616年）修成，同年刊刻	万历固原州志	2	4.4万	刘敏宽主修，编撰	板藏中国国家图书馆	宁夏人民出版社有整理本
明万历四十五年（1617年）修成，刊刻	万历朔方新志	5	16万	崔景荣、杨应聘主修，杨寿纂修	明刻本已佚	现存有清康熙增朴刻本，天津古籍出版社、海南出版社、宁夏人民出版社有影印本、整理本
清康熙二年（1663年）	隆德县志	2	4万	常星景撰修	石印本现藏甘肃省图书馆	天津古籍出版社有影印本、县志办有内部整理本（铅印）
清康熙五十六年（1717年）	朔方广武志	2	3.2万	俞益谟、汝钦主修，高嶷撰修	原刻本现藏甘肃省图书馆	天津古籍出版社有影印本、宁夏人民出版社有整理本

续表

成书与刊印时间	志名	卷数	字数	修撰者	存藏情况	备注
清乾隆十七年（1752年）	盐茶厅志备遗	23	3.6万	朱亨衍撰修	抄本藏甘肃省图书馆、西北大学图书馆	天津古籍出版社有影印本，宁夏人民出版社有整理本
清乾隆二十年（1755年）	银川小志	不分	5万	汪绎辰撰修	抄本存南京市图书馆	天津古籍出版社有影印本，宁夏人民出版社有整理本
清乾隆二十七年（1762年）	中卫县志	10	10万	黄恩锡撰修	刻本藏甘肃省图书馆	亦名《中卫志草》《应理志草》。天津古籍出版社有影印本，宁夏人民出版社有整理本
清乾隆四十五年（1780年）	宁夏府志	23	60万	张金城主修，杨浣雨、王云等纂修	中国国家图书馆、甘肃省图书馆、宁夏回族自治区图书馆均藏原刻本	天津古籍出版社有影印本，宁夏人民出版社有整理本
清嘉庆四年（1799年）	灵州志迹	4	4万	杨芳灿、丰延泰主修，郭楷纂修	中国国家图书馆、甘肃省图书馆等均有原刻本	天津古籍出版社有影印本，宁夏人民出版社有整理本
清嘉庆十五年（1810年）	平罗县志	不分	1万余	国兴编纂	无刻本，抄本存中国国家图书馆、故宫博物院图书馆	主要内容辑于《乾隆宁夏志》
清道光六年（1826年）	隆德县续志	不分	2万余	黄璟撰修	原刻版佚，宁夏图书馆引回族自治区图书馆有复制本	孤本藏美国国会图书馆，2010年宁夏人民出版社出版整理本
清道光十三年（1833年）	平罗记略	8	8万余	徐保字撰修	原刻本北京大学图书馆、甘肃省图书馆有藏	亦名《平罗纪略》天津古籍出版社有影印本，宁夏人民出版社有整理本
清道光二十一年（1841年）	续修中卫县志	10	12万	郑元吉撰修	原刻本藏中国国家图书馆等馆	天津古籍出版社有影印本，宁夏人民出版社有整理本
清道光年间	续增平罗记略	5	1.2万	张梣撰修	原刻本藏甘肃省图书馆、中科院图书馆等馆	天津古籍出版社有整理本

续表

成书与刊印时间	志名	卷数	字数	修撰者	存藏情况	备注
清光绪五年（1879）	平远县志	10	3万	陈日新撰纂	原刻本藏中国国家图书馆，甘肃省图书馆	天津古籍出版社有影印本，宁夏人民出版社有整理本
清光绪三十三年（1907年）	花马池志迹	不分	10余万	佚名	无刻本。抄本在宁夏回族自治区图书馆，甘肃省图书馆有存	天津古籍出版社有影印本，黑龙江出版社有整理本
清光绪三十四年（1908年）	灵州志（残本）	4		佚名	无刻本，抄本	天津古籍出版社有影印本，宁夏人民出版社有整理本
清光绪三十四年（1908年）	光绪宁灵厅志、宁灵厅志草	不分	2.2万	成谦	无刻本，抄本，原手稿草本存日本东洋文库	宁夏人民出版社2008年5月中，阳光出版社2010年8月出版整理本
清光绪三十四年（1908年）	海城县志	10+2	5万	杨金庚、陈廷珍撰选	银川市图书馆，兰州市档案馆有存	宁夏人民出版社2007年出整理本
清宣统元年（1909年）	新修固原直隶州志	11	30余万	王学伊撰修	刻本藏甘肃省图书馆	天津古籍出版社有影印本，陕西人民出版社有整理本
清宣统元年（1909年）	新修硝河城志	不分	9000余字	杨修德撰修	刻本藏甘肃省图书馆	系《新修固原直隶州志》后附卷
民国年间	支那省别全志	18		日本东亚同文会编修		
民国年间	中华民国省区全志·甘肃省志			北洋政府编	中国国家图书馆、甘肃省图书馆有铅印本	

续表

成书与刊印时间	志名	卷数	字数	修撰者	存藏情况	备注
民国十六年（1927年）	朔方道志	32	60万	马福祥、陈必淮、马鸿宾主修，吴复安、王之臣主笔	铅印线装本，公私各家多有收藏	
民国二十四年（1935年）	重修隆德县志	4	20万	桑丹桂等主修，陈国栋、陈国揿等主笔	石印本在中国国家图书馆、甘肃省图书馆等馆有存	天津古籍出版社有影印本，1987年3月县志办点校、铅印内部使用
民国二十五年（1936年）	宁夏人文地理图志	22章	5万	南京国民政府资源委员会	孤本（油印本）藏中科院图书馆	
民国二十九年（1940年）	化平县志	4	8万	张逢泰撰修	石印本在甘肃省图书馆、泾源县档案馆有存	天津古籍出版社有影印本，宁夏人民出版社有整理本
民国三十六年（1947年）	宁夏资源志	8	9万	罗时宁、梅白达等撰	铅印本在宁夏等地均有存	
民国三十六年（1947年）	西吉县志	2册	2.3万	庞敏修主修，马国舆主笔	抄本存西吉县档案馆	只有手稿和手抄本流落民间
民国三十七年（1948年）	固原县志	12	60万	叶超编纂		1981年固原县文物站油印若干本供内部使用。1992年12月固原县志办整理出版（宁夏人民出版社，1992年）
民国三十七年（1948年）	盐池县志	12	10万	陈步瀛撰修	石印本存盐池县档案馆	

（三）马鸿逵编：《马云亭荣哀录》

马云亭（1876—1932年），本名马福祥。西北回族军阀首领。祖籍甘肃省临夏县人。民国初至全国解放，其家族主政宁夏长达三十余年。马福祥于1932年病逝，归葬北京阜成门外三里河回民坟地。国民政府、河北省政府以及各界代表，于农历九月十一日在北京举行追悼大会。他生前历任宁夏护军使、绥远特区都统、青岛特别市市长、安徽省主席、国民政府委员兼蒙藏委员会委员长等要职。本书为其长子马鸿逵编辑，收录了国民政府、甘肃、河北、宁夏三省省政府和全国军政要员、社会各界名流以及各地穆斯林组织等的各种致哀方式与哀文。其中有：国民政府致哀令和蒋介石、张学良等人的致哀题词。敬送挽联和以其他形式致哀者还有：前大总统徐世昌、曹锟，南京国民政府主席林森和各界名流如吴佩孚、汪兆铭（汪精卫）、冯玉祥、阎锡山、何应钦、于右任、居正、戴传贤、宋子文、白崇禧、李济深、黄绍竑、陈立夫、陈果夫、孔祥熙、邵力子、宋哲元、刘镇华、朱培德、贺耀祖、张群、蒋鼎文、刘郁芬、许世英、朱绍良、周佛海、熊克武、张之江、韩复榘、龙云、汤玉麟、金树仁、杨虎城、鲁涤平、顾祝同、何键、夏斗寅、马麟、唐生智、徐永昌、熊式辉、熊希龄、吴忠信、吴中英、张广建、曹汝霖、刘文辉、钱大钧、孙蔚如、门致中、邓宝珊、张治中、沈鸿烈、孙连仲、谷正伦、杨森、庞炳勋、秦德纯、高桂滋、孙魁元（孙殿英）、马步芳、鲁大昌、慕寿祺、水梓、马鹤天等，以及亲友、部属总计五千余人，五百多团体、单位。该文集由马家自费编印，1932年9月印行，全集约十万字。前载《国民政府令》（1932年8月24日）和马云亭遗像以及蒋介石、张学良、刘文岛致哀题词。后附马氏家族挽联和马云亭夫人马汝邺（字书城）《哭夫诗组》以及其长子马鸿逵《哭父诗》（代题刊）。

（四）傅作霖编著：《宁夏省考察记》

作者1933年冬到宁夏进行为期半年考察后完成该书写作。全书分为三编十六节。第一编：绪论。含宁夏之沿革、宁夏地理之位置即疆域、宁夏之土地及人口、宁夏之出产、宁夏之工商业及金融、宁夏之社会风俗与民生等六节；第二编：本论。含宁夏之财政、宁夏之教育、宁夏之交通、宁夏之水利、宁夏之盐务等五节；第三编：结论。含军事问题、政治问题、禁烟问题、宗教问题、建设问题等五节（附王荫三君等之建设计划）。前载叶楚伦题字、王隆一题词、陈立夫序、方治序和照片二十幅。全书约十万字。中华民国二十四年（1935 年）七月，由南京正中书局出版发行。

（五）叶祖灏编著：《宁夏纪要》

作者是一名教师，他于民国二十七年至二十九年（1938—1940 年），"羁旅宁夏，凡有三载，踪迹所至，遍及全省，采风问俗，旁及于草木鸟兽之名。巨细靡遗，积久成帙……而辑成斯编"[1]，1944 年 7 月至 1947 年 4 月，完成专稿写作、修订工作。全书分为十三章、三十节。第一章：概论；第二章：地理的鸟瞰，含地形和面积、土壤和气候、山脉河流和湖泊、现有的县邑、两蒙旗地带、重要的市镇、名胜和史迹；第三章：民族和人口，含民族、人口；第四章：社会的情态，含生活、宗教、习俗；第五章：物产的要目，含农产、林产（附药材）、畜产、矿产；第六章：交通的大势，含陆地的交通、水上的交通、空中的交通、邮电事业；第七章：农田和水利，含农田、水利；第八章：工业和商业，含工业、商业；第九章：财政和金融，含财政、金融；第十章：教育和文化，含教育、文化；第十一章：政治和军事，含政治、军事；第十二章：人物志略；第十三章：结论。书名由于右任先生题写。书前载宁夏省内蒙古额济纳旗札萨克塔旺嘉布（称塔王）题字，并附照片六幅。书后无跋文，以《江和轮上遇险记》（原载《武汉日报》1946 年 6 月 23 日）代之。全书约十四万字，1947 年 6 月，由南京正论出版社出版发行。

---

[1] 叶祖灏：《宁夏纪要·自序》，南京正论出版社，1947 年。

（六）秦晋著：《宁夏到何处去》

作者是天津《益世报》记者，曾任该报西北特派员。这本书稿，是根据他1946年4月到宁夏作为期四十天采访的记录整理而成。本书有两个版本：一是1947年天津《益世报》在北京的铅印本；二是《宁夏民国日报》于同年的重印本。全书分为五篇。甲篇：宁夏轮廓；乙篇：马鸿逵与宁夏；丙篇：五年来的朔漠江南；丁篇：宁夏到何处去；附篇：宁夏六记。书前有自序，书后有"宁夏之旅"（补白）。"宁夏版"书前增序文一篇，书后增附录两篇和宁夏省、市参议员及各县民众代表数十人署名，以歌颂马鸿逵。全书约十一万字。

（七）马鸿逵口述，马爱玲整理：《马少云回忆录》

马鸿逵家族是西北回族望族。其伯父马福禄、马福寿和父亲马福祥等都是抗击"八国联军"保卫北京的名将。马福祥拥护共和，民国元年被任命为宁夏镇总兵（后改护军使）。其后由他侄儿马鸿宾和儿子马鸿逵继续主政宁夏省，直至1949年全国解放的三十八年间，宁夏地区基本上都在马家父子和侄儿的统治下。全国解放以后，马鸿逵流亡海外，于1970年病逝于美国洛杉矶市。马鸿逵是近现代西北回族军阀首领马福祥的长子，1892年生，字少云（父马福祥字云亭）。他先后在其父马福祥部任绍武军骑兵营附、宁夏新军司令、旅长，后在冯玉祥部、蒋介石部任师长、军长、总指挥、总司令。1933年始至1949年任宁夏省主席等职。军衔是陆军上将。

《马少云回忆录》封面署名是"马鸿逵将军遗著"。实际上是其重孙女马爱玲（长孙马家骅之女）记录、整理成稿。全书平行分设一百六十题。前载《马鸿逵将军事略》、马鸿逵先生治丧委员会名单和马爱玲署名的《弁言》，并刊照片十六幅，后无跋文，以《给马步芳的一封公开信》作为全书的终结。全书十六万余字。1984年1月，自费由香港文艺书屋出版。

（八）张劢、赵白壁编著：《宁夏战时工业》（一、二册）

该书较为全面地记载了抗战期间，宁夏作为大后方，在"抗战建国"

的口号下，全省工业得到较大发展的情况。作者是宁夏省建设厅的技术人员。全书分为十五节：一、绪论；二、纺织工业；三、铁工业；四、电气工业；五、火柴工业；六、酒精工业；七、造纸工业；八、面粉工业；九、甘草工业；十、制革工业；十一、铅印工业；十二、职业教育；十三、工业试验；十四：结论；十五：附录。全书约二十五万九千字，民国三十二年（1943年）一月，由德华石印局印刷。

（九）李翰园等编著：《宁夏水利事业》（一、二册）

该书第一册内容为：宁夏省水利事业概况、宁夏水利工程改进问题和水利测量报告、水文气象报告；第二册内容为：民国二十八年至三十年（1939—1941年）宁夏省战时水利工程。全书约四万字。李翰园，甘肃临夏（今甘肃临夏回族自治州临夏县）人。曾就读于北京师范大学，毕业于北京陆军军需学校。大革命时代曾任广州黄埔军校教官，后加入马福祥家族武装集团，历任马鸿逵部中高级军官和宁夏省政府民政厅厅长、建设厅厅长，为宁夏抗战建设作出贡献。解放后任甘肃省人民政府委员、省政协秘书长、省民政厅厅长等职。该书于1944年先在《新西北》杂志第10、11期发表，同年由宁夏省政府建设厅印刷成小册子。

（十）李士林、贾殿魁等编著：《宁夏地质矿产事业》

全书分七册。第一册：贺兰山、白土山、菱镁矿；第二册：中宁、中卫两县北山之铁矿；第三册：宁夏无烟煤；第四册：宁夏无烟煤续；第五册：宁夏烟煤与煨煤；第六册：阿拉善地质矿产初勘报告；第七册：宁夏石膏矿。参加调查测量的还有李纯廉技正、雍炳南科员，编号和工作人员均为宁夏省建设厅技术人员。全书约七万字，于民国三十二年至三十五年（1943—1946年），由宁夏省政府建设厅印刷。

（十一）周之翰、梅白魁编：《宁夏农政七年》

该书记录宁夏1940—1946年全省农业发展情况。全书内容分为总论，行政，森林、园艺，农艺粮食，畜牧兽医，农村推广，附录七大部分。周之翰，湖北麻城人，任省建设厅农林局（处）秘书。梅白魁见《宁夏资源志》。该书于1946年由省政府建设厅印刷。

（十二）宁夏省政府教育厅编：《宁夏省回教教长战时教育问题讨论集》

为了动员全省伊斯兰教教长和广大回族群众投入抗日战争，省政府计划举办三期"宁夏省回教教长战时教育问题讨论会"，对300名教长施行动员教育。本集为第一期讨论会的有关资料汇编。文集内容分七个部分：一为前言，概述讨论会宗旨、方案；二为讨论会章程；三为讨论会情况，重点收录讨论会上长官讲话、致前方将领的致敬电和祈祷词；四为大会代表讲演内容；五为大会讨论内容；六为《宁夏省回教教长战时教育问题讨论会宣言》；七为附录。全书约六万字。该文集显示了"凡我回民，同为华胄，共赴国难，责无旁贷"的爱国主义精神和"有国而后有教，保国始能保教"的昭然大义。文集是反映中国回族"抗日救国"和投入现代社会政治运动的珍贵原始资料之一。[①] 文集于1938年9月，由宁夏省政府教育厅印刷。

（十三）宁夏省政府教育厅编：《宁夏教育概况》

全书分八部分：一、教育行政（包括省和县教育行政）；二、高等教育；三、中等教育；四、初等教育；五、社会教育；六、特种教育；七、教育经费；八、其他。书中配有一些统计表格，一目了然。记载下限止于1940年。全书约四万字。1940年8月，由宁夏省印刷局铅印（非卖品）。

（十四）马鸿逵：《西北两大问题》《西北回汉问题之剖析》

马鸿逵1933年至1949年9月，任宁夏省政府主席。回族将领。前者是他在省政府扩大纪念周会上的讲演；后者是他1936年在省政府纪念周会上的讲演。两次讲演由省政府秘书处整理成文，印成小册子发行。

该讲演主要内容是论述回汉的团结问题。他分析回汉间之所以存在某些不团结的现象，主要有两方面原因：其一，是有些阿訇"中文

---

① 余振贵、杨怀中：《中国伊斯兰文献著译提要·时势社会》，宁夏人民出版社，1993年，第240页。

不通"，经文也"未弄通"，讲经时"穿凿附会，曲解误解"，"违背了教理"而造成；其二，"官府之不善措置，实为酿成巨变之主因"。所以他主张"清真寺内应一律添授中文"，"养成中阿兼通人才"，号召宗教界"要在国家立场上，与国家人民无损"。这些言论，在抗战救亡时期，对于团结回汉各族人民、一致抗日是有益的。

（十五）马学智编：《哲赫忍耶道统史小集》

本书用阿拉伯文撰写，成稿于民国二十年（1931 年），未刊印。1980 年马忠杰等人汉译其中部分章节，约四万字。选译内容分为九个部分。第一，作者自序；第二至第八，叙述哲派七代教主生平事迹；第九，介绍各代教主助手的事迹。这本小册子是哲派教内人士所撰写，对于了解哲派在西北地区的发展演变和社会作用，有重要的参考价值。[①]

马学智，宁夏吴忠金积镇人。哲赫忍耶派知名阿訇。

（十六）苏盛华著：《伊斯兰教宗旨》

本书分为四章。第一章：引言；第二章：伊斯兰教宗旨；第三章：伊斯兰教善恶之标准；第四章：总论。卷首载《伊斯兰教歌》一首和自序；卷后附"伊斯兰教宗旨系统表和马元义跋文"。

苏盛华（1897—1992 年），字实如，曾用名素锦兰，回族教育家。宁夏同心县韦州镇人。北京大学肄业，曾任宁夏省同心县教育局局长和磴口、中宁等县县长，大力推行回族女童教育等。

该书稿原为散发给国民党宁夏驻军教导团讲课的油印教材。1936年在《月华》上连载，1937 年在北京初版印刷，1940 年在宁夏再版发行。

（十七）慕寿祺编著：《甘宁青史略》

作者历时十年，将西北地区甘肃、青海、宁夏三省区的历史文化和人物等内容，以编年体形式著作成书。全书分正编三十二卷、副编五卷，共四十卷。正编按历史分期断代分卷记载，启于三皇时代，止于民国二十五年（1936 年）。正编后附：《国民军入甘革命战史》（尹

---

① 余振贵、杨怀中：《中国伊斯兰文献著译提要·教派门宦》，宁夏人民出版社，1993 年，第 172—173 页。

作权著）、《甘肃各府厅州县新旧名称古今对照表》、《征引书目》和张清儒、聂守仁、邹光鲁等题文以及慕寿禔、焦国理、王自治、李蔚起、慕寿祜、张寿堂、朱世晏、张孝友、王天岳、朱永明等跋文。最后是王棣和作者的后序。副编分五卷。卷一：舆地、地质；卷二：山与水；卷三：民族；卷四：文化；卷五：歌谣汇选。全书约一百万字，堪称西北地区历史巨著。民国二十五年（1936年）十二月，由兰州俊华印书馆印行。

慕寿祺（1875—1948年），字子介，号少堂。甘肃镇原县人，清末举人出身，曾任盐大使、候补知县和甘肃省文高等学堂史学、经学教习等职。甘肃同盟会老会员，辛亥革命后任临时省议会副议长、省民政长署秘书长等职。后淡出政坛，寓居兰垣，潜心治学，闭门著述，博涉经学、史学、文学等领域。代表作除《甘宁青史略》之外，还有《周易简义》《十三经要略序》《西北道路志》《敦煌艺文志》《中国小说考》《甘宁青恒言录》《求是斋丛稿》等。

（原载于贠有强、李习文主编：《宁夏历代方志集成》，学苑出版社，2015年）

狗 年

——为狗鸣冤、正名

一、十二生肖的渊源

中华民族五千年历史，灿烂的华夏文明源远流长，早在史前原始社会的新石器时代，中国大陆的先民就发明了表示次序的符号——天干和记录时间的符号——地支。由于实践应用和生活、生产的需要，人们又把天干与地支组合成为干支并循环使用，用以表示年、月、日、时的次序。每六十年为一个周期，称为一个"甲子"。下一个轮回又从新的甲子开始从头排列，即六十年后，又进行新的循环。如表1、表2：

表1 天干、地支次序表

天干	甲	乙	丙	丁	戊	己	庚	辛	壬	癸		
地支	子	丑	寅	卯	辰	巳	午	未	申	酉	戌	亥

表2 六十甲子顺序表

1	2	3	4	5	6	7	8	9	10
甲子	乙丑	丙寅	丁卯	戊辰	己巳	庚午	辛未	壬申	癸酉
11	12	13	14	15	16	17	18	19	20
甲戌	乙亥	丙子	丁丑	戊寅	己卯	庚辰	辛巳	壬午	癸未
21	22	23	24	25	26	27	28	29	30

续表

甲申	乙酉	丙戌	丁亥	戊子	己丑	庚寅	辛卯	壬辰	癸巳
31	32	33	34	35	36	37	38	39	40
甲午	乙未	丙申	丁酉	戊戌	己亥	庚子	辛丑	壬寅	癸卯
41	42	43	44	45	46	47	48	49	50
甲辰	乙巳	丙午	丁未	戊申	己酉	庚戌	辛亥	壬子	癸丑
51	52	53	54	55	56	57	58	59	60
甲寅	乙卯	丙辰	丁巳	戊午	己未	庚申	辛酉	壬戌	癸亥

　　同时，人们结合对社会和天象的进一步观察，又把生活和生产中最常见到的十二种动物与十二地支相配，用来记录年份，表示某年，于是十二生肖新一组系列符号便渐渐形成了。所谓"肖"者，就是"像"的意思（肖像），谓某年以某种动物形象来代表。反过来说，指某种动物就表示某一年。如表3：

表3　生肖纪年表

地支	子	丑	寅	卯	辰	巳	午	未	申	酉	戌	亥
生肖	鼠	牛	虎	兔	龙	蛇	马	羊	猴	鸡	犬	猪

　　十二生肖，又称为十二属、十二相属、十二属相、十二禽、十二兽、十二神、十二物。因为是采用十二种动物与十二地支相组合，含意即为某人生于某年，就肖某种动物，所以又称为"生肖"，一共有十二种动物，故名曰"十二生肖"，实际上十二生肖乃古人对于动物图腾崇拜的一种表现。生肖文化是我国传统文化的组成部分。

　　为什么在生肖中只选择十二种动物呢？据《左传·哀公七年》记载，古人认为十二是"天之大数"。持"天人合一"和"天人感应"观念的先辈们，把天体划分为十二个天区，称为"十二次"，又分别冠以"黄道十二宫"的名称，并按照"天人合一"思想，进行天区与地域的对应，也将国土划分为"十二分野"，于是就出现了所谓行政区划的十二州。进而就有诸如一纪十二年，一年十二月和一日十二个时辰之说。与此同时，在社会经济文化生活之中，又相应有了什么十二府、十二经脉、十二律、十二藏和十二景，以及十二金牌、金陵十二钗、十二个放心等。甚至还包括十二的倍数，也都被视为圆满之数。比如道教的三十六洞天、七十二福地和其他方面的三十六计、七十二行等许多十二数的崇尚现象，在雅俗文化与日常生活中比比皆是。这种现象可能是与凡十二的倍数数字，也同样都是九的倍数有关系。中国人历来讲吉利，在数字当中，九就是一个吉数，不仅因为九是最大的数，还因为九的谐音为"久"，有射"地久天长""长治久安"等吉语的关系。所以十二这个数字在古人的意识之中，是神秘的、寓意深刻的、内涵非常丰富的。今人可能尚未尽解其意，故十二生肖的精髓还有待于深入研究和进一步揭示。

清代以来，学术文化界一般认为，十二生肖之说始见于东汉唯物主义哲学家王充的名著《论衡》。这是清嘉庆进士梁章钜在他的著作《浪迹续谈》中首先提出的。《论衡·物势篇》中写道："寅，木也，其禽，虎也。戌，土也，其禽，犬也。"把十二生肖中除龙之外的十一属都点到了。而在同书《言毒篇》中又写道："辰为龙，巳为蛇，辰、巳之位在东南。"这样，该书中将十二生肖全部点齐了。梁还在书中列举了南朝人沈炯曾创作《十二属诗》一首，也印证了十二生肖至少在汉末已经存在。今人吴裕成在其著作《十二生肖与中华文化》中明确指出，在王充之前，十二生肖早已出现，20世纪70年代于湖北云梦睡虎地出土的秦简中已有十二生肖的记录。专家们还在更早的《诗经》和先秦文献里，也陆续发现生肖的有关内容。生肖文化现象在我国许多少数民族中也存在。宋代时，党项羌族在西北地区建立的西夏国就是实行十二生肖纪年的。新疆的柯尔克孜人也以十二生肖纪年，但在十二种动物中则以鱼代龙、以狐狸代猴。蒙古族也使用生肖纪年，蒙古语称为"阿尔本浩牙勒吉勒"，而十二种动物的排位是：虎、兔、龙、蛇、马、羊、猴、鸡、狗、猪、鼠、牛。在一些民族里，十二物中还出现有虫、凤、蚁、雀、穿山甲、蜥蜴、肉、人等不同生肖形象。藏族的生肖纪年与中原汉族大体一致，据说是文成公主下嫁松赞干布时带去的。外国也存在生肖纪年方式，印度的十二生肖顺序是：鼠、牛、狮、兔、龙、蛇、马、羊、猴、金翅鸟、狗、猪；柬埔寨十二生肖的顺序是：牛、虎、兔、龙、蛇、马、山羊、猴、鸡、狗、猪、鼠；泰国十二生肖的顺序是：蛇、马、羊、猴、鸡、狗、猪、鼠、牛、虎、兔、龙；埃及、希腊等国家十二生肖的顺序是：牡牛、山羊、狮、驴、蟹、蛇、犬、猫（或鼠）、鳄、红鹤、猿、鹰。不同国家略有变化，如出现蜣螂、公羊、公牛、隼等动物。但无论是"土生肖"还是"洋生肖"，都列十二之数，这一点在国内外是一致的。

二、狗在十二生肖中的地位

按照十二生肖纪年的排序方法，是以十二地支和十二种动物进行配伍，形成的组合是：子鼠、丑牛、寅虎、卯兔、辰龙、巳蛇、午马、未羊、申猴、酉鸡、戌犬、亥猪。其中地支第十一位与动物第十一种，这两个同序位相配的结果为"戌犬"，所以在生肖纪年中，也就称这一年为"狗年"或"戌犬年"。犬与狗是同一类动物，古人习惯把体形大的称为犬，体形小的称为狗。可是体形再小的狗，总要比兔子、鸡和老鼠大呀，为什么狗的排位这么靠后而放在倒数第二位呢？对此排位，古今常有人为自己的爱犬鸣不平。但这是一种误会，因为先民们在生肖记时排列中，是以一日（一昼夜）二十四小时之内动物出场的时间先后进行定位的，并无"种族"歧视的色彩。因为是记时，就先把一日分为十二个时辰，每一时辰大约相当于现在的两个小时，然后再以十二地支符号表示这十二个时辰。古人通过观察，确认以十二种动物在一日之内出现的时间先后为顺序，与地支所表示的十二个时辰进行对照配伍，就产生了十二生肖的排列榜。老鼠是在夜深人静，家家户户都进入梦乡的"半夜"时间段里最为活跃，倾巢出洞，大肆活动，这一时间正好是十二时辰的开头，称为子时，大约是新的一天的开始，相当于夜半十一时至次晨一时以前的时段。因此，老鼠是一天当中第一个出现的动物。虽然它的身体瘦小，其貌不扬，又爱搞小动作，招众人讨厌，但是按照生肖记时的"游戏规则"，还是应给老鼠第一把交椅的位置。

十二个时辰在一天当中不停地移动着，终于走到晚上了。按地支记时，这时应该是戌时，大约相当于天黑后的九十点钟时段，白天过去，夜幕降临，依照"各人"的岗位职责，这时正是狗该上班守夜了。狗自古以来就是主人看家护院和守夜的好帮手，享有"人类卫士"的荣誉称号，值夜的苦差事是非狗莫属的，此时它不出场谁出场呢？古来如此，别无选择。这个时间段为十二个时辰的倒数第二，称作戌时，狗恰于这一时段上岗值班，它与时辰两者的结合，便称为"戌狗"。这种排列在干支纪年之中就称为"狗年""戌犬年"。可见，在生肖中，动物的排序并不包含有贵贱之分和贡献大小的区别，完全是遵循"生肖规则"，在公正、公开和透明的程序中进行，完全不可能存在暗箱操作和舞弊行为，更没有歧视的现象，不能因为误会而影响十二种动物的安定团结以及它们与人类的传统友好关系。

生肖排位，学术界还有另一种说法。又据说，生肖中十二种动物的排位，是以它们足趾的奇数和偶数进行参差间隔排列的，依次应是牛（四趾，偶）、虎（五趾，奇）、兔（四趾，偶）、龙（五趾，奇）、蛇（无趾，视同偶数）、马（一趾，奇）、羊（四趾，偶）、猴（五趾，奇）、鸡（四趾、偶）、狗（五趾，奇）、猪（四趾，偶）。最后，对于老鼠这个"鸡肠鼠肚"而又难缠的小东西的排位却让"评委"们大伤心脑，因为鼠儿们的足趾虽小，但生得奇特，在同一只老鼠身上的两足趾数，是一单（奇）一双（偶），如何依照其足趾的奇数或偶数来定位呢？俗话说"十鼠争穴"，它们同类之间都不能相让，更何况是在事关鼠类家族"社会地位"和"形象"的大比之中呢？这可是千年一遇、一定终身的排位呀！为了"息事宁鼠（人）"，"委员"们就只好"以礼（狸）待鼠"而"马马鼠鼠（虎虎）"了。最终一致认为应作为特殊情况特别处理，违心地将"过街的老鼠"排在首位。不过，反正这种排位只是民间自发性的非官方活动，既不与长工资、评职称和提拔重用挂钩，又不发奖金，哄哄这帮不安分的鼠儿鼠孙们得了。于是"贼眉鼠眼"的偷油家伙就心安理得坐在十二生肖的头把交椅之上。本当得冠的老牛忠厚，不会因为自己本来"执牛耳"的地位，被"执鼠耳"所取代而发难的。殊不知老鼠在这把铁交椅上一坐就是两千多年，直到目前为止似乎仍然没有退让的迹象。

三、狗功不可没

狗与人类的亲密关系源远流长，最早大约可追溯到距今万余年的新石器时代。所以在甲骨文中就已有了犬字，其形象特征瘦腹、长尾卷曲，简直给狗画了一幅像，就连孔子都感叹道："视犬之字，如画狗也。"从甲骨文资料中发现，犬字符号不仅只表示狗这种动物，还表示一些"方国之名"和人的名字。那时狗是人类最先驯化、饲养的家畜之一。在民间所指的"六畜"之中，狗就是其中一员。"六畜兴旺"便是人类千百年来，对于狗等六位朋友的衷心祝福。据考古发掘证实，母系氏族公社时期，在黄河流域活动、繁衍和劳动的原始人类就已开始饲养家犬了。当人类进入狩猎经济时代，原始人靠打猎、采集来维持最低的生活需求，而在狩猎活动中，狗凭借自己敏锐的嗅觉和善于奔跑的本领，成为原始人围猎和追逐猎物最为得力的帮手。那时原始人还没有杀伤力较强的打击野兽的武器和工具，他们主要靠人多势众和群犬狂吠来围攻和勇追猛打，使猎物在精疲力竭之后，被人和犬合力擒杀。所以有一句俗话说"一虎不敌众犬"。在现代社会里，狩猎民族在打猎时，仍然依靠"飞鹰走狗""犬牙鹰爪"和"犬马之力"来制伏猎物。同时，在远古时代，毒蛇猛兽遍地，当妇女们出外采集时，狗又承担起部落的看护任务，尤其是把保护儿童的重任也交给了狗。狗从原始社会起，就在人类社会的生产和生活中发挥了重要作用，它们忠贞不贰，"犬马恋主"，恪守"犬马之诚"，立下了"犬马之劳"。

可见，狗是人类最忠诚的朋友，所以先民们爱护狗、尊敬狗，还渐渐把狗当作圣物崇拜，有的氏族和部落还把狗的形象定为图腾神，奉为氏族的象征。如古代生活在今宁夏和西北地区的一支少数民族就被史书称为"犬戎"。后来在甘川藏交界地区还有一支羌族部落称自己是"白犬部"。在儒家经典《周官》（亦称《周礼》）中，记载了在西周朝廷中央机构的官职里，就有"犬人"一种职官。

更有甚者，在东南亚一些国家和我国西南地区的一些少数民族中，对狗顶礼膜拜达到极点，直至将狗尊为本民族的祖先进行祭祀。经查国家正史之一的《后汉书·南蛮传》，文中记载了这样一个传说。据说在很久很久以前，中原部落酋长高辛氏帝王名誉，率大军攻打南方的部落，受到南人的顽强抵抗，帅老兵疲，战事没有进展。帝喾就贴出悬赏告示，许下重赏，谁能拿到南人首领的头颅来献，不仅重赏黄金、土地，还把自己女儿嫁给他为妻。结果应了"重赏之下必有勇夫"这句话，不知从哪儿跑出一条五彩斑斓的名叫"盘瓠"的猛犬，把南方首领的首级叼在嘴中，送到帝喾的宝座下求赏。高辛氏身为帝王，金口玉牙、一诺千金。但面对龙座之下的这条狗，他犯难了，难道要把公主嫁给这条狗不成，招一条狗做驸马爷吗？但是无论如何哄狗，狗什么也不接受，只要公主为妻，其他什么都不要。没有办法，帝喾只能兑现皇榜上的诺言，把女儿交给狗。于是这条狗驮上公主，高高兴兴走了。这可能就叫做"嫁鸡随鸡，嫁狗随狗"吧。狗把公主带到南方万山丛中的一片深山老林里的一个山洞内，拜了天地，结为夫妻。后来生了十二个子女，其中六男六女，并不断繁衍，形成了一支新的部族，史书上称他们为"蛮夷"。这个故事中所说的名叫"盘瓠"的狗，实际上就是尊狗为图腾神、以狗为部族形象的部落首领"盘瓠"。这个美丽的传说在我国西南各省的一些民族中，至今仍然广为流传着。在这些民族中现在就有禁食狗肉的习俗。他们不敢直呼狗，而尊称狗为"黄羊"，并为盘瓠立祠庙，四时祭敬。有的民族中还传唱着《狗皇歌》，将自己先人盘瓠的英雄事迹传播给后人。

四、为狗平反

狗类是人类的功臣，狗们本无非分之求，它们以能与人为伍，为人民服务为荣。但是，当人类社会进入有阶级划分的农业经济时代，特别是进入封建社会自给自足的小农经济社会以后，这时狗的作用已非狩猎时代相比，社会地位下降了，大有今不如昔、江河日下之感。虽然狗在边远地区的一些少数民族之中，仍然是这些民族狩猎、游牧的忠实助手。但是，由于中原王朝部分统治阶级推行反动的民族政策，边疆各少数民族受到歧视，结果城门失火殃及池鱼，主人受屈也波连其犬，封建士大夫和腐儒们便纷纷"打狗给主人看"，百般欺辱少数民族的帮手，使不会说话为自己辩驳的狗儿也蒙受不白之冤。给狗强加了许多莫须有的罪名，大肆贬低狗，斥责狗，丑化狗，甚至辱骂狗，把所有的污水都往狗身上浇，把狗说得一无是处，骂得"狗血喷头""连狗屎都不如""形同狗彘"。甚至在阶级社会中，由于中原农耕地区的劳动人民，处于被压迫、被剥削的境地，过着衣不遮体、食不果腹的悲惨生活，自身难保，大多数农户无条件饲养狗儿，而只有达官贵人、富商大贾、地主豪绅们才需要养狗，为自己的深宅大院当护卫。一些纨绔子弟、花花公子和地痞流氓恶少们，更是"狗胆包天"，经常逐狗咬人，让狗又变成了"助纣为虐"的"狗奴才""狗腿子"的帮凶形象。所以不仅统治阶级骂狗，就连与狗有着世交的劳动人民，也开始大骂这些成天跟在权势之后"摇狗尾巴"的"哈巴狗"们是"狗眼看人低"和爱咬人的"狗杂种""狗娘养的"。结果骂狗之声铺天盖地，似乎人们无论什么不好的事都与狗有关，都要无缘无故地把狗拉扯进去"指鸡骂狗"一番，好不冤屈啊！在这种墙倒众人推的氛围之下，人们把为官无德无能斥为"狗头大王"；把当助手的只会出坏主意而拿不出好意见的人称作"狗头军师"；把违反组织原则重用亲信者，叫"一人得道，鸡犬升天""淮南鸡犬"；把"豆腐渣工程"称为"土龙刍狗""土鸡瓦犬""泥猪瓦狗"；批评不务正业、游手好闲的二流子们，指责为"飞鹰走犬""放鹰逐犬""斗鸡走狗""犬马声色";把内外勾结干坏事的人,称为"引狗入寨(室)";把卖假冒伪劣商品的称为"挂羊头卖狗肉"和"狗尾续貂";把爱搬弄是非,串联一帮小人毁谤攻击好人的行为,称为"桀犬吠尧""跖犬吠尧""邑犬群吠"的一帮"狗男女";把拙劣的文章斥嗤为"狗屁不通""驴鸣狗吠""鸡零狗杂";把没有真本事,只会夸夸其谈的人,称为"狗掀门帘,嘴上劲大""卖狗皮膏药";把小偷小摸叫"狗偷鼠窃""鸡鸣狗盗"和"偷鸡摸狗"之徒;把敌人的暴行写成"鸡犬不宁""鸡犬不留""狼心狗肺";又把被打跑的敌人称为"丧家之犬";把学不到真本事的比作"画虎类犬";把英雄、好人遇难比为"虎落平川被狗欺";把钻营投机和患得患失之徒的行为称为"狗苟蝇营";把坏人结帮叫"狐群狗党""狐朋狗友";把依仗权势欺压群众的称为"狗仗人势";把分不清是非曲直叫"狗咬吕洞兵",把口出粗语、没有一句正经话,比为"狗嘴吐不出象牙";把多管闲事、少见多怪称为"狗拿耗子""粤犬吠雪""蜀犬吠日"。更为不能理解的是,对于知错改过者也不能原谅,还硬要说成是"狗不吃屎,闻三闻",并非要"痛打落水狗"而后快,不给一点余地。更有甚者,还有当利用过狗之后,自己渡过难关了,对曾为他有"犬马之劳""犬马之诚""犬马齿穷""犬马之恋"和"犬马之心",并一直为主人效命到年老体衰的"犬马齿穷"和"犬马之疾""犬马之命"之时,为主人创下了"犬不夜吠"的太平盛世,而主人对于自己的"功狗功人"却不能有"犬马之养"的回报,反而采取"兔死狗烹"的手段,等等。总之,狗在人们的心目之中简直就是一无是处的"臭狗屎""不齿于人类的狗屎堆"。因此人们轻蔑狗到了极点,"没有狗头还不上席?""离了狗屎还不种田?"真大有与狗永远绝交之势,让狗们好寒心啊。

五、狗的身价倍增

随着社会的进步,经济的繁荣,科技文化的发展,广大人民群众生活水平的普遍提高，人类的老朋友又回归千家万户，再次来到了劳动人民的身旁。广大人民摒弃前嫌，以宽广的胸怀重新接纳了与普通群众久违了的狗朋友，表现出对狗儿们格外关怀，倍加呵护。现在不论你在经济文化发达的大都市，还是在经济文化后进的中小城市，包括边远的民族聚居地区，处处都可以见到各种各样的狗儿。它们都安详地、欢乐地、健壮地、旁若无人地、"狗模狗样"地跟在主人的身边，享受着太平盛世的幸福生活。时代不同了，阿狗阿猫都有同样的机遇，既可以在官宅中受到宠爱，也可以与一般平民为伴得到照顾；反正"狗不嫌家贫""狗通人心""狗有灵性"，只要你收养了它，它就会"狗念旧主"，忠诚于自己的主人，绝不背叛主人。古今中外大有"犬马之报"的"义犬"在民间传颂。特别是当进入老龄社会以后，有些孤独的老人，以狗为伴，逗狗取乐，与狗相依为命，真有一种"儿孙不如狗"的感慨。

当代社会里，狗对人类的贡献，远比它们的"先狗"大得多，许多工作，尤其是一些特殊行业，到处都有它们的"狗影"，比如在部队中有军犬，在武警中有警犬，在科研部门有试验犬，在盲人家庭中有导盲犬，在救灾现场有搜救犬，在北方还有拉雪橇的运输犬等，真是"天生狗材必有用"。现代狗们何只"拿耗子"，管的"闲事"多着呢。过去人们轻视狗，说什么"好男不与女斗，好鸡不与狗斗"，而狗们在今天真是敢于与天斗，与地斗，与敌人坏人斗，与各种困难斗。人类完全应该理直气壮地给狗鸣冤、正名了。

现在，养狗已成为一种风气，并大有向农村发展的趋势。把狗当作宠物，是一部分群众的爱好，也是无可厚非的个人权利。不过人们既然饲养了狗，就要爱护它，管理好它，不要让狗伤人，不要让狗扰邻，不要让狗影响公共卫生，不要让狗践踏花草破坏公共绿地，更不要让狗传播疾病。最后，作者还要在此友情提示，如果养狗主人们处理不好，不注意社会公德，不尊重不爱养狗群众的权利，使狗害超过了大多数人们的忍耐和社会的承受力，引起了公愤，把"狗声"再次搞坏了，到那时人们又要骂它"臭狗屎"，甚至打狗连主人也不看。勿谓吾危言耸听、言之不预也。

附录：有关狗的成语、歇后语、俚语和口头语

1. 狗党狐群	2. 狗盗鸡鸣
3. 狗盗鼠窃（狗偷鼠窃）	4. 狗颠屁股（狗摇尾巴）
5. 狗吠非主	6. 狗肺狼心（狗行狼心）
7. 狗吠之惊	8. 狗吠之警
9. 狗苟蝇营	10. 狗急跳墙
11. 狗马声色	12. 狗马之心
13. 狗拿耗子（狗追耗子）	14. 狗皮膏药
15. 狗屁不通	16. 狗头大王
17. 狗头军师	18. 狗尾续貂（狗续貂尾）
19. 狗奴才相	20. 狗肚子盛不了酥油
21. 狗头狗脑	22. 狗血喷头
23. 狗咬吕洞宾，不识好人心	24. 狗仗人势（狗仗官势）
25. 狗彘不若（狗彘不食）	26. 狗屎不如
27. 狗胆包天	28. 狗眼看人低
29. 狗咬狗两嘴毛（狗咬狗）	30. 狗掀门帘，嘴上劲大
31. 狗嘴里吐不出象牙	32. 狗不嫌家贫
33. 狗不吃屎闻三闻 （狗改不掉吃屎的毛病）	34. 狗腿子（哈巴狗）
35. 狗是狼的舅舅	36. 狗窝
37. 狗洞	38. 犬不夜吠
39. 犬马齿穷（犬马齿索）	40. 犬马恋主（犬马之恋）
41. 犬马之报	42. 犬马之诚
43. 犬马之疾	44. 犬马之齿（犬马之年）
45. 犬马之劳（犬马之力、犬马之功）	46. 犬马之命
47. 犬马之养	48. 犬兔俱毙
49. 犬牙差互（犬牙交错）	50. 犬牙磐石
51. 犬牙相临（犬牙相制）	52. 犬牙鹰爪

53. 犬马声色（声色狗马）	54. 犬子
55. 土龙刍狗（陶犬瓦鸡）	56. 土鸡瓦犬（泥猪瓦狗）
57. 飞鹰走狗（飞鹰走犬）	58. 斗鸡走狗
59. 引狗入寨	60. 功狗功人
61. 白云苍狗（白衣苍狗）	62. 行同狗彘
63. 邑犬群吠	64. 驴心狗肺
65. 驴鸣狗吠	66. 鸡犬不宁
67. 鸡犬不留	68. 鸡犬不惊
69. 鸡犬桑麻	70. 鸡零狗碎
71. 鸡飞狗跳	72. 鸡犬相闻，老死不相往来
73. 丧家之犬（丧家之狗）	74. 画虎类犬（画虎类狗）
75. 兔尽狗烹（狡兔死，良犬烹）	76. 烹犬藏弓
77. 狐朋狗友（狐朋狗党，狐群狗党）	78. 放鹰逐犬
79. 指鸡骂狗（指猪骂狗）	80. 桀犬吠尧
81. 狂犬吠日	82. 偷鸡摸狗
83. 淮南鸡犬	84. 痛打落水狗
85. 粤犬吠雪	86. 蜀犬吠日
87. 貂不足，狗尾续	88. 篱牢犬不入
89. 挂羊头卖狗肉（卖狗悬羊）	90. 虎落平川被狗欺
91. 打狗给主人看（打狗看主人）	92. 打人骂狗
93. 一虎难敌众犬	94. 一人得道鸡犬升天
95. 一跤跌了个狗吃屎	96. 离了狗屎还不种田
97. 离了狗头还不上席	98. 天狗吞日
99. 癞皮狗（耍死狗）	100. 好狗不挡路，挡路非好狗
101. 人模狗样	102. 受的牛马苦，吃的猪狗食
103. 拉来黄狗当马骑	104. 猫大的年龄狗大的岁
105. 嫁鸡随鸡，嫁狗随狗	106. 老狗离不开肉案子，迟早要挨刀
107. 宰狗之徒	108. 阿猫阿狗
109. 见兔顾狗	110. 义犬救主
111. 不齿于人类的狗屎堆	112. 狗仔队（娱记）

论
述
篇

在史志研究中必须坚持历史唯物主义

坚持以辩证唯物主义和历史唯物主义的观点来研究历史，也就是毛泽东同志反复教导的：要具备"共产主义的宇宙观""辩证法的宇宙观""科学的宇宙观"。

毛泽东同志说："这个辩证法的宇宙观，主要就是教导人们要善于去观察和分析各种事物的矛盾运动，并根据这种分析，指出解决矛盾的方法。"

毛泽东同志就是创造性地运用唯物史观来指导中国的革命，科学地阐明了中国革命发生发展的客观规律，分析了中国社会的各种矛盾运动，鲜明地提出了：人民，只有人民，才是创造历史的动力。在《唯心历史观的破产》中，毛泽东在批判艾奇逊之流的资产阶级唯心史观时指出，中国革命之所以发生并取得胜利，不是因为人口太多、饭太少的缘故，也不是西方输入引起的什么"骚动和不安"的结果，而是帝国主义的侵略引起中国人民强烈反抗的结果，是中国社会矛盾在帝国主义和封建主义相勾结下日益尖锐化的必然结果，同时也是中国的社会条件和客观存在的需要，使得马克思列宁主义来到中国，为中国人民所掌握并同中国人民的革命实践发生血肉联系的必然结果。自然，这些是艾奇逊之流的历史唯心论者所无法了解的。

需要指出的是，这种历史唯心主义的破产并没有使它销声匿迹，它的影响至今还在一些人头脑中存在。表现在历史研究中，有的人不能用唯物史观来历史地全面地评价历史人物和历史事件。一方面有人打着"重新评价"的幌子，为早已被中国人民唾弃的反动人物翻案；另一方面，对历史上起过进步作用的人物苛求，离开历史条件去横加指责。在评价历史上的农民革命斗争的问题上也存在这种情况。

在新的历史条件下，史学工作者一定要进一步学习马克思主义的理论，学习毛泽东同志关于历史研究的重要论述，进一步用历史唯物主义去清除唯心史观在历史研究领域中的影响。

（原载于《毛泽东邓小平理论研究》1984 年第 2 期）

试论方志文化的发展和创新之路

中国是世界上四大文明古国中，唯一没有发生过历史与文明断层的国家。这不仅得益于中华民族有着多元一体、一脉相承的五千年悠久历史，而传承这一源远流长辉煌文脉，又与历代的"治史"制度密不可分，这就是所谓"国有史，郡有志，族有谱"独特的系列的优秀民族文化传统。据儒家经典之一的《尚书》记载，我国至少在商朝时期已于中央政府设立了"史官"，他们在国王身边，掌祭祀、记事（左史记言、右史记行）等事务。《尚书·多士》曰："惟尔知，惟殷先人有册有典"①。这足以证明，商朝就已有了记录自己历史的文献了。作为史学大家族成员的志与史是共生的，同样受到历代统治阶级的重视，视其为"官修政书""一方之全史""地方的百科全书"和"基层官员的《资治通鉴》"，故有"治天下者以史为鉴，治郡国者以志为鉴"的古训。正如创立"方志学"的鼻祖、清代著名史学家章学诚等一批大家对方志的评价：方志可以起到补史之缺，参史之讹，详史之略和续史之无的作用。

一、方志渊源

我国的方志文化，历史悠久，源远流长，至今已有两千多年。方志名词的出现，最早见于《周礼》。据《周礼·地官司徒》所载："诵

---

① 孙星衍撰：《尚书今古文注疏·周书十一·多士第廿》，中华书局，1986年。

训，掌道方志，以诏观事。"《春官宗伯》又载："小史，掌邦国之志"，"外史，掌书外令，掌四方之志"。①虽然方志一词始于《周礼》，但《周礼》本身却不是地方志的渊薮，其真正源头主要有三：

其一，古国史。我国自古以来，就有编史修志的优良传统，早在四千多年以前的商代，国家就有了史官之设，开始了对于国家历史的记载。史官职责分为两大类：一类负责收集、整理、保管文献资料；另一类使用前者保管的文献资料，向国王进行讲解，以便国王了解"四方"，从而有效地管理国家。《周礼》所谓"外史""掌四方之志"，即负责各诸侯王国历史的史官。"四方之志"实际上就是当时各个国家史官对于本国历史和地情记载的文献资料，后人称之为古国史。诸如《鲁春秋》《楚梼杌》《晋乘》和《郑志》之类的所谓"古国宝书"。《周礼》中"方志"所指，无疑就是这些"四方之志"，亦即古国史。我们清楚地看到，古国史也就是古方志，它们互为源头。正如章学诚所说："志乘，即古者一国之史也。"②梁启超亦云："地方之专史就是方志。"③

其二，古地理书。我国现存最古老的地理书要数《禹贡》和《山海经》。《禹贡》的内容十分丰富，从古代的政治制度，到九州的行政区划；从山岳（导山），到水文（导水）；从土壤，到物产（贡物）；此外还有民族（夷、戎）和交通等。这些内容的记载，已成为我国最早分地域记载某方域地理、物产、贡赋等情况的专篇，后世的地方志与这种形式是一脉相通的。

《山海经》也记载了约一百个邦国，五百五十座山，三百条水道，并对这些邦国内各山区、水道的风土民情，重要物产，以及许多传说中的历史人物和他们的活动与世系等均有记载。其内容十分广泛，举凡我国古代的地理、历史、神话故事、民族、宗教、动植物、矿产、

① 林尹注释：《周礼今注今译》卷四、六，书目文献出版社，1985年。
② 章学诚著，仓修良编注：《〈永清县志·前志列传〉序例》，载《文史通义新编新注》，浙江古籍出版社，2005年。
③ 梁启超：《中国历史研究法》，东方出版社，2012年。

医药等许多方面广为涉及。这又不难看出，后世地方志中的地理志、交通志、动植物志、民族宗教志、文化志和人物传等许多门类都同《山海经》前后相因，载述吻合，所以《四库全书》干脆把地方志列入地理类，可见两者关系的密切程度了。

其三，古舆图。我国的舆图出现很早，大约在文字发明以前就已经有了。到春秋战国时代，地图的使用已极为广泛。据宋代王应麟所编《玉海》一书记载，周秦以前，已有《神农地形图》《黄帝九州图》《舜益地图》《禹山川图》《禹九州图》。周代也有过《山川图》《职方图》和《天下图》等。据《周礼》卷三《地官司徒第二》所载："大司徒之职，掌建邦之土地之图，与其人民之数，以佐王安扰邦国，以天下土地之图，周知九州之地域广轮之数，辨其山林、川泽、丘陵、坟衍、原隰之名物。"[①]

舆图的进一步发展，变为图经。图经起于汉代，盛行于唐代。图经的体例和内容已比较完备，包括行政区划、官署、河流、驿道、学校、寺庙、歌谣、古迹、异怪等。可以说，图经已完成了向定型方志过渡的阶段。今天，我们编修社会主义新方志，仍然坚持"六宝体"，即以记、志、传、图、表、录为规范的体例。方志的这种志体，实际上是方志渊源于古舆图的一种胎迹反映。

二、方志定型

方志代代续修，不断吸收其他优秀文化，不断发展变化，至于两宋，已日臻完善，达于成熟的阶段。赵宋王朝在结束了五代十国长时期的动乱局面之后，国计民生得到了改善，为修志事业的继续发展创造了良好的环境和物质条件。加上统治阶级的重视，把编纂方志当作巩固和加强统治的重要手段。宋代不仅承袭了前代成功的修志经验，还进一步具体规定："凡土地所产，风俗所尚，具古今兴废之因，州为之籍，遇闰岁造图以进。"[②] 而且还在徽宗大观元年（1107年），于朝廷设立

---

① 林尹注释：《周礼今注今译》卷四、六，书目文献出版社，1985年。
② 脱脱等撰：《宋史·职官三》，中华书局，1977年，第3856页。

了"九域图志局"，并下令全国各地编纂志书，报送志局。这是我国官府设局修志的创始，此种做法多为后世所仿效。

宋代成为我国地方志发展史上承前启后的重要时期，其成就主要表现在以下四个方面：

一是名称趋一，以"志"命名的方志日益增多，成为趋势。宋以前的方志名称繁多，或称"记"、或称"录"、或称"簿"，唐代又以"图"和"经"盛行。而到宋代，以"志"命名已成为主导。

二是数量增加。由于统治阶级的重视和社会经济文化发展的主客观条件所决定，宋代方志得到了长足的跃进。据不完全统计，总数不下于六百种，大大超过了以前历代方志的总和。即使在宋室偏安江南以后，于国步维艰的情况下，也能三修其临时国都的《临安志》。修志范围之广，几乎遍及城乡，同时私人修志也有发展。当然，宋代志书的繁盛，与印刷术的发明，也有一定关系。

三是长篇巨帙接踵问世。太宗太平兴国间，乐史撰《太平寰宇记》二百卷，是唐代《元和郡县图志》的继承和发展。由于增加了人物、艺文二门，所以在体例上是个突破，使方志最终从地志中摆脱出来，进入史学的领域，并自成一类，成为史学的分科。神宗元丰三年（1080年）王存修成《元丰九域志》十卷，是对《太平寰宇记》的又一发展，为存世之名著。

四是更重要的在于，方志发展到宋代，其内容和体例已完成并固化成为一种特定的模式，即所谓"志体"。宋志的内容是把记述的重点从地理转移到了人文和社会方面，让"人物"和"艺文"在志书中逐步占据重要地位。另外，在图和文的比重上也有了很大的变化，使图的地位下降到为文服务的从属地位，并往往仅汇于卷首。另外一个变化，是在志书中增设了"大事记"门类。这一增加，使方志初具了所谓"正史"的规范，成为"一方之全史"。

最后，宋代志书还增加了"附录"，即将本地重要文献、典籍和乡贤文人的著述书目或名人家谱载之于末，以备参考。至此，方志的特定体例——记、志、传、图、表、录六种体裁，在宋志中都基本上模式化，作为方志的规范，为后代修志家所遵从。

三、方志创新

中国编修地方志的优秀文化传统，走过 2000 多年的漫长历程，如同奔腾的江河，一泻千里，经久不衰，日益发展和完善，并独树一帜，成为中华民族的文化特产，为人类文化宝库增添了一朵奇葩。

新中国成立以来，党和老一辈无产阶级革命家对于编修地方志十分重视。全国人大、全国政协曾多次提出修志议案。1956 年又在《国家哲学和社会科学规划纲要》中，对于编修地方志作出了统一规划，并成立了"地方志小组"。[①]1958 年，在中央政治局扩大会议（成都）上，毛泽东曾亲自倡导地方志，得到周恩来热情支持，编纂了一批实用价值很高的方志资料汇编和研究成果。[②]

改革开放以后，《人民日报》、《红旗》杂志、《光明日报》等中央级报刊先后刊登人民群众要求启动编修社会主义新方志的呼吁。在党中央、国务院领导的关怀下，1981 年 8 月，中国地方史志协会成立。1983 年 4 月，中央批准恢复并改名的"中国地方志指导小组"在京成立。全国很快形成了"盛世修志"的热潮，据有关统计，现在全国已修成省、市、县三级新志和一大批专业志以及各级基层志。

本轮编修的新方志，总体来说是质量高、数量多、品类全，特别是从起步之时起，就认真贯彻了胡乔木关于编修新方志要有创新精神的指示。他说："新的地方志要比旧志增加科学性和现代性"[③]，"要用新的观点、新的方法、新的材料"[④]编修出超越旧方志的"三新"社会主义新方志。

---

① 赵庚奇：《修志文献选辑》，北京燕山出版社，1990 年。
② 中国地方志指导小组办公室选编：《中国方志文献汇编》（上），方志出版社，1999 年。
③④《胡乔木对地方志工作的指示、批示》，见中国地方志指导小组办公室选编：《中国方志文献汇编》（上），方志出版社，1999 年。

从中国地方史志协会（后改为中国地方志协会）成立算起到如今，全国大规模编修社会主义新方志工作已走过了 30 多年的历程。我作为全国协会的第一批会员、首届理事，也是宁夏回族自治区修志事业的倡导者、组织者和修志业务工作指导机构主要负责人之一，并从始至今一直投身于修志实践之中，所以个人对于新时期方志文化在理论与实践的创新方面有着许多切身的体会，概括起来说大约有以下几个突出表现：

（一）坚持质量第一于修志工作的始终

如果志书是个人的学术著作，只要按照"双百"方针，做到自圆其说、文责自负就可以了。而新方志特别强调志书的性质是"官修政书"的职务行为，编修者应该把对人民负责、组织负责、历史负责和个人负责四者紧密结合起来，因为志书的质量以及关乎的荣与损远远不是个人的事情，它最终会落到官方（组织）身上，所以质量是志书的生命和存在的价值，若保证不了质量要求，不能给后代留下信史，仅凭个人兴趣、好恶，妄评历史，擅翻旧案，就可能贻误后人，曲解历史而贻笑大方。

在本届修志的实践中，修志人认识到，要达到高质量的要求，必须坚持六条共识：

第一条：把修志放在一方重大系统文化工程的位置上给予重视，坚持"党委领导，政府主持，专家参与，众手成志"的基本原则与方法。正如时任中共中央政治局委员、国务委员、中国社会科学院院长、中国地方志指导小组组长李铁映所说："地方志工作是各级党委和政府的一项重要工作，应纳入地方党政的议事日程，纳入当地工作规划。"[1]做到"一纳入"，"即把修志工作纳入各地经济社会发展计划和各级政府的任务之中"和"五到位"，"即领导到位，机构到位，经费到位，队伍（特别是职称）到位，条件到位"。[2]真正体现"盛世修志""志

---

[1][2] 李铁映：《在全国地方志指导小组第二届第一次会议上的讲话》（1995年8月1日），载《中国方志文献汇编》（上），方志出版社，1999年。

载盛世"的一方盛事。

第二条：处理好志书的政治质量和综合质量的辩证关系。编修方志坚持政治质量第一的观点是方志的老传统。志书代代续修，各有特色，但是为统治阶级服务的本质没有改变过，只不过不同阶级有不同的服务对象罢了。社会主义新方志要为无产阶级政治服务的原则是无可置疑的。但它不是一句口号和一条政治标签，而是要体现在修志全过程全方位的方方面面，甚至是字里行间。首先，编修一部好的社会主义新方志，必须要有正确的指导思想，即以马克思主义、毛泽东思想、邓小平理论、"三个代表"重要思想和科学发展观，特别要贯彻党的十八大、十九大精神和习近平新时代中国特色社会主义思想的伟大理论，运用辩证唯物主义和历史唯物主义观点，秉笔直书、存真求实，坚决做到同以习近平同志为核心的党中央坚强领导保持高度一致，以确保新志书必须在政治质量上合格。其次，志书内容，既要做到"统合古今"，又要贯彻"详今略远"的原则，把党领导下的人民革命运动作为志书的主要内容；人民群众是历史的主人，志书要理直气壮为人民树碑立传，坚决革除旧志书只允许帝王将相、达官贵人、文人学士、节妇烈女、忠男义仆等人物登台表演的陋习；既要做到"生不立传"，又要通过"以事系人"和增设"人物简介""人物表、录"等形式以扩大所谓"小人物"——劳动人民、能工巧匠们入志的机会，从而扩大表彰面。再次，既要以政治质量第一，又要做到志书的思想性、科学性和资料性辩证统一。为此，要改变志书"不适当地表现出一种政治的色彩"，"使地方志染上一种宣传色彩"，即"避免一种所谓'政治化'的倾向"。比如志书中"多余的评论""大批的题词""不相干的照片"和"导游手册"式夸张等，都违背志书成为"科学文献"的总体质量要求。[①]

第三条：学习、贯彻、执行中央有关领导对于修志工作指示和有

① 胡乔木：《在全国地方志第一次工作会议闭幕会上的讲话》（1986年12月24日），载《中国方志文献汇编》（上），方志出版社，1999年。

关文件，也是保证志书质量的重要前提。在 30 年的修志实践中，党中央、国务院及有关部门下发了许多关于修志工作的文件和领导的讲话、指示，中国地方志指导小组颁发的《关于地方志编纂工作的规定》，特别是 2006 年 5 月 18 日国务院总理温家宝签发《中华人民共和国国务院令》第 467 号——《地方志工作条例》。学习、贯彻这些文件精神，更是保证新志书质量十分重要的前提。

第四条：制定《篇目》可以收到事半功倍的效果。一个好的《篇目》是要层层讨论，反复打磨，不断完善的，不必要求《篇目》一蹴而就和一劳永逸。因为《篇目》具有动态的特点，当修志处于准备阶段时，《篇目》即为收集资料的指南，但是进入动笔写作之时，《篇目》基本上就是写作提纲，而写作结束，完成齐、清、定文稿和送交出版社之际，《篇目》经改造就变为志书的《目录》。可见《篇目》犹如一项工程的图纸，见到《篇目》对此项工程的结果就可以大致了解。一部合格志书大体要做到述而不论、横排竖写、七体咸备和具有地方特色（包括专业志的行业特点），看看《篇目》就八九不离十，心中有数。可以这么说，有一份好的《篇目》，这部志书的质量就有很大的希望。

第五条：选配合格的主编，大体可以决定志书成败的命运。经验证明，有什么样水平的主编，就收获什么样水平的志书。主编的水平，一般表现为：一是马克思主义理论水平，因为指导我们思想的理论基础是马克思列宁主义。志书属史，对于一方历史上的重大事件、重要人物的记录，作者虽然不能直接评论，但却应该"寓褒贬于记述之中"，"隐观点于选材之中"，作者不可能毫无见解，只不过意见表达的方式不同，而要表达意见就要求作者运用马克思主义的理论进行辩证唯物主义和历史唯物主义的科学分析，这就是理论水平。二是政策水平，因为政策是根据马列理论大原则和现实问题需要所制定的小原则，它是解决社会问题方方面面的钥匙。政策是有时效性的，我们所执行的政策，应该是党在新时期所制定的现行的各项方针政策，而不可犯经验主义和教条主义的错误。三是文字水平，因为修志的目的在于用志，一部志书动辄几十万、几百万字，甚至上千万字，至少主编者应具备驾驭这个庞大文化工程的文字组织能力，最起码要做到文畅、达意、简练，如同胡乔木所言：撰写地方志"要像打电报、编辞书那样的精炼，要惜墨如金"①，言简意赅，争取做到句无剩字，章无剩句，多一字则繁，少一字则残的文字功底，将史志文章当作文学作品来做，让志书既有史学的价值，又有文学的品位，如同鲁迅先生赞扬司马迁所著《史记》那样："史家之绝唱，无韵之《离骚》"②。

第六条：切实做到"三审定稿制"。由于方志是官修地情书，是一方之全史、地方性百科全书，内容博大精深，包含从自然到社会，从历史到现状，是标准的多学科文化工程，所以修志工作的特点必然是"全社会动员、众手成志"，仅凭志办人员和个别部门是难以完成这一庞大的系统工程的，其质量要求则更无保证。为此"三审制"是解决这种矛盾的有效方法。三审制，包括编委会自审（一审），同级党委、政府和上一级地方志指导机关共审（二审），上级修志指导机构组织有关领导和专家终审。对此，国务院公布的《地方志工作条例》中对地方志的审查验收是这样规定的："以县级以上行政区域名称冠名、列入规划的地方志书经审查验收，方可以公开出版……审查验收的主体、程序等由省、自治区、直辖市人民政府规定。"③经过层层审查验收，逐级严格把关，反复修改锤炼的志稿，不会有太多的毛病，也不容易存在重大原则性的错误。

---

① 胡乔木：《在全国地方志第一次工作会议闭幕会上的讲话》（1986年12月24日），载《中国方志文献汇编》（上），方志出版社，1999年。
② 转引自李鹏总理在接见《全国地方志第二次工作会议代表时的讲话》（1996年5月6日），载《中国方志文献汇编》（上），方志出版社，1999年。
③《中华人民共和国国务院令》（第467号）——《地方志工作条例》（2006年5月18日），载《宁夏史志》2006年第3期。

（二）强调志书的服务功能

编修地方志是中国文化的优秀传统，它之所以代代续修，绵延不绝，不断发展繁荣，主要在于志书自身的价值。方志有存史、资治、教化的服务社会三大功能，所以历朝历代都大修方志，显然不是为了修志而修志，是为了用志而修志，否则按照"物竞天择"的自然法则，是不会出现"盛世修志"的文化现象。

1. 志书的存史功能

首先是由它的内容广博所决定，举凡地理、气候、资源、经济、政治、文化、军事、社会、人物和艺文等方面无不收载，堪称"百科"。正如胡乔木所说："地方志的价值，在于它提供科学的资料。"[①] 其次，志书所存之史堪称信史，因为志书出自乡贤人士之手笔，正如章学诚所言，"地近则易核，时近则迹真。"[②] 即家乡人写家乡的事，又重点写家乡近世的大事（详近略远），所以不太容易出差错。再次，志书层次多，有国家级的大一统志。大区级的总志，省级的通志和省以下各行政级别的府志、州志、县志乃至里志、村志以及其他各种类型的专志，如山志、江河志、湖志、祠庙志乃至桥志、树志等等五花八门，不一而足，可谓"无县无志""无物无志"，可以说地方志给研史、用史的各色人等提供了鲜为人知的各种稗野史料和未入流人物的行状，以及正史不载的各级次内容，所以方志能发挥"补史之阙、正史之讹"的特别作用。

2. 地方志的资政功能

这一点古今有着本质的区别，旧方志对于旧社会的资政服务，当然是为了维护私有制和反动统治阶级的。新方志对于新社会来说，它的服务功能有不可忽视的广泛性。志书记载了家乡历史上成功与失败

---

① 胡乔木：《在全国地方志第一次工作会议闭幕会上的讲话》（1986 年 12 月 24 日），载《中国方志文献汇编》（上），方志出版社，1999 年。

② 章学诚著，仓修良编注：《文史通义新编新注·修志十议呈天门胡明府》，浙江古籍出版社，2005 年。

的经验和教训，正反面的各种人物，可以给后人，特别是各级领导以启示、借鉴、继承前人的成功经验，避开前车之辙，少走弯路，少犯同类错误，扬长避短，科学决策，取得更大的成绩，故人们称赞地方志就是当代各级基层干部为官一任、管理一方最好的工作手册——地方《资治通鉴》。

3. 地方志的教化功能

地方志服务社会的特殊作用还表现在它的教化功能上。旧方志为剥削阶级服务，社会主义新方志以"详今略古"的原则，记述了党领导人民取得革命斗争伟大胜利、社会主义建设伟大成就和改革开放的翻天覆地巨大变化，以及乡贤人物为家乡所做出的巨大贡献等，而且所有这些都发生在自己的家乡、每一个人的身边，都是看得见、摸得着、信得过的活生生实例，所以正是进行热爱家乡、热爱祖国、热爱社会主义、热爱共产党的革命传统教育最好的乡土教材。正如前辈章学诚所说："史志之书，有裨风教者，原因传述忠孝节义，凛凛烈烈，有声有色，使百世而下……自有真据……广为传述……以备采风者观览，庶乎善善欲长之意。"[①]今天，所编修的社会主义新方志有别于旧方志，我们是依法修志，即按照《地方志工作条例》修志。《地方志工作条例》第十六条，"地方志工作应当为地方经济社会的全面发展服务"[②]，可见方志服务社会是一个重大原则问题。

（三）新方志创新表现

30多年来，编修社会主义新方志，在全国各地普遍展开，方兴未艾，轰轰烈烈，史无前例，在这场举国上下"盛世修志"的文化建设高潮之中，修志人既坚持传统的方志文化原则，同时也在实践中与时俱进，大胆创新，主要表现在志体创新、志中套史、内容增广和扩大表彰面等方面。

---

① 章学诚著，仓修良编注：《文史通义新编新注·答甄秀才论修志第一书》，浙江古籍出版社，2005年。

②《中华人民共和国国务院令》（第467号）——《地方志工作条例》（2006年5月18日）载《宁夏史志》，2006年第3期。

1. 志体创新

一种文化品类的体裁、凡例、篇目和逻辑结构，综合称之为体例。史有史体，志有志体。旧志书一般包涵"六体"，即记、志、传、图、表、录。而本轮修志创立了一种新体例，称之为"概述"。民国二十五年（1936 年），黄炎培主修的《川沙县志》中，于各分志前均列有"概述"，但严格来说，它只相当于今天新志书篇、章之前的"无题小叙"，即本篇章的内容提示——"帽子"。真正将志书"六体"升格为"七体"，即增列"概述"作为七体之首，则是本届新修方志的一个创新成果，首见于 1997 年 5 月 8 日，中国地方志指导小组颁布的《关于地方志编纂工作的规定》，其第三章第十三条规定："地方志的体裁，一般应包含述、记、志、传、图、表、录等，以志为主体。"①《规定》打头第一的"述"字，就指"概述"，从此以后，"七体咸备"是新方志的验收标准之一。

为什么新方志要增设"概述"一门呢？因为现代社会发展速度太快，分工更精细，内涵日益纷繁，所以新方志不比旧方志，其文字量少者，也是动辄数十万、数百万字，多者甚至达千万或者数千万字的鸿篇巨制，这就给读志用志人造成诸多不便和极大困难，往往是"望志兴叹"，无所适从。新方志正是为了解决这个矛盾才应运而生添设这个新门类——"概述"。在志书主体门类——各分志之前，写一篇名曰数千字至万把字的"概述"，对全志书进行概要性简述，让读者鸟瞰式俯览全貌，以收一方地情尽在指掌之中和事半功倍的效果。读斯文，全志内容大致了了。如有特殊需要，可以再查篇目，按图索骥去研读志书其它篇章。可见"概述"起到志书的"窗口"和"导读"的作用。

另外，"概述"还有两个突破：其一，突破方志"述而不作"的旧规，即打破志书只对事物运行轨迹进行记述，而不揭示事物发展变化的规律性。在"概述"中，既可以如司马迁写《史记》那样，于必要处作"太史公曰"式画龙点睛的点评，也可以作大段的论述、论证，甚至可以把"概

①《关于地方志编纂工作的规定》，载《中国方志文献汇编》（上），方志出版社，1999 年。

述"写成一篇大论文,论家乡——省、市、县、乡、村志;论行业——农业、水利、交通、文教、科技等专业志。其二,于"概述"文末写一段"展望",它又突破了志书只记述存在的事实,而不作推理性记述的传统笔法。为什么要作此处理?因为既然"概述"已经承担了揭示规律的任务,那么就要给读者一个认识事物运动全过程的线路图——发生、发展、走向、结局和发展趋势的全景交代。新方志有指导工作(资政)、地方官员"资治通鉴"的作用,而不仅仅是"备史之征"的资料类书,所以展望之增,就提高了新方志的实用性、使用价值和学术档次。

2. 志中套史

由于志书的结构是按照"横排门类,竖记内容"的方式成书的,其结果必然把各项事物的历史脉络切断了。为了补救这一弊端,方志人又将其他文化品种中的《大事记》借来,置于志首,以补志中史之断裂和碎片化,即给读志用志者一个历史背景的存照。实际上此法早在南宋朝高似孙编纂的《剡录》(即浙江嵊县第一部县志)志前就已首列《县纪年》,实际上就是后来所称的《大事记》,但在志书中并没有普遍采用,更没有上升为志体之一。直至 1985 年 4 月 19 日,中国地方志指导小组通过的《新编地方志工作暂行规定》中,才正式规定"新方志的体裁,一般应有记、志、传、图、表、录等"六大体裁为新志书的"志体"。所以《大事记》列入志体,也可以视为本轮编修新方志的一项对于体例的创新。

3. 内容增广

本轮修志于分志之中又增加了《社会志》新内容。新旧方志有一个重要的区别,即新方志更注重它的应用性、服务性,也就是"读志""用志"。旧方志一般在"六体"之下不设《社会》一目,其内容多散见于《风俗》《方言》《恤政》《典礼》《学校》《户口》《物产》等类目之中。新方志根据经济社会发展变化,在分志中创立《社会志》,内容包括:人民生活(结构、分布)、婚姻家庭和姓氏、人口(结构、分布)、社会福利、社会组织、风俗习惯、方言、陵园墓碑、寺庙、民间歌谣、传说等，特别是集中记录新社会新风尚和新变化，从而加强了新方志的时代性。正如胡乔木所说：在志书中设立《社会》门类，"这是很好的、是旧方志所没有的。但《社会》这个门类中，究竟要包括一些什么内容？值得研究……要在实践中努力探索解决。"① 现在全国各级各类新修志书之中，除了坚持"七宝体"大原则之外，在志书的门类中同样把地理、经济、政治、军事、科教、文化、人物和社会等项内容作为分志不可或缺的重要内容。

4. 扩大表彰面

方志传人，是志书的老传统，并有"盖棺定论""生不立传"的传统志规。但是新方志远远不止于此，而是更要大张旗鼓为人民群众和英雄模范人物树碑立传，要为劳动人民中的能工巧匠青史留名。我们的时代是一个伟大的英雄辈出的新时代，而志书本身又是"表彰之书"、"赞扬家乡美"之书，在一部百万字的皇皇巨著中，只表彰几位故世乡贤人物是远远不够的。为扩大表彰面，增强正能量，壮大乡贤队伍，同时又不违背"生不立传"的好传统，本轮修志人在实践中摸索和创立了一种两全其美的新方法，即将《人物传》进行分解，一分为三，分别为《人物传》《人物简介》《人物表》三种类型之三个层次。在《人物传》中，仍然执行"生不立传"的传统志规，严格控制入选人数，在乡贤之中贡献大、无争议的标杆式人物为首选。《人物简介》，历代乡贤人物全部入选，亦不问故世或存世，一律按业绩定取舍，以志书《凡例》的规定条件为标准。《人物表》包括《名表》《名录》，将革命英烈、受表彰的各类英模人物（包括集体表彰、授名）统统载入志书。另外在全志书的各个部分，尽量采用"以事系人"方法，再联系实际表扬部分相关人员，从而充分体现方志"扬善""溢美""传贤"和表彰家乡的传统。

中国方志文化是多源的，源远流长的，并不断吸收各方面优秀文

---

① 胡乔木：《在全国地方志第一次工作会议闭幕会上的讲话》（1986年12月24日），载《中国方志文献汇编》（上），方志出版社，1999年。

化而与时俱进，不断"变例"，才逐步发展、丰富、完善成为独树一帜的中国传统文化特产。方志文化的运行轨迹，大约是滥觞于殷周，发展于汉唐，成熟于宋辽，定型于南宋，全盛于明清。目前所出现"盛世修志"波澜壮阔的修志热潮，是中国方志文化的"凤凰涅槃"、浴火重生，即旧方志跃入脱胎换骨全面创新的社会主义新方志的全新时代，是振兴中华建设社会主义新时代，实现中华民族伟大复兴的中国梦的一支力量，是社会主义精神文明建设的重要内容。我们有幸参与到运用马列主义新观点，采用新方法、新材料编修新时代新方志的伟大实践中，是我们人生一大幸事。马克思主义哲学告诉我们，世界是物质的，物质是运动的，世界的万物都处于不停地运动之中，即扬弃旧的、创立新的，我们这一代人所编修的新志书，并不是终点，下一代人仍对它进行创新，永无止境。

回归与创新

——读浙江省《青田图志》赘话

浙江省是我国文化大省，人才辈出，编修社会主义新方志也不例外。仅以浙南山区的青田县为窗口，就可以观察到全省方志文化的盛况。青田县于 1990 年出版第一部新县志，时被我国著名方志学家魏桥赞为"是一部值得推广的佳志"。时隔十一年，于 2011 年再次出版了续修《青田县志》。与此同时，让人们更为惊喜的是，续志同时又有《青田图志》相伴问世。

拜读和欣赏了《青田图志》之后，我的感想很多，主要是四个字——回归、创新。

何谓回归？是说方志这种古老的文化形式，它的渊源之一正是"图"。我国上古时代，在文字尚未发明和推广之前就产生了图画（文字画、古舆图等）。据载，到春秋战国时代，舆图已广泛运用。人们见到比较著名的有《神农地形图》《黄帝九州图》《舜益地图》《禹山川图》《禹九州图》，周代也有《山川图》《职方图》《天下图》等。

我国绘图、编史，起于商代，详情暂不清楚。据儒家经典之一的《周礼》记载，周朝曾在朝廷设官专门管理图籍。其中有"大司徒"一职，"掌建邦之土地之图……周知九州之地域广轮之数，辨其山林、川泽、丘陵、坟衍、原隰之名物"；又有"遂人"一职，"掌邦之野，以土地之图经田野"；还有"司险"一职，"掌九州之图"；更有"职方氏"一职，"掌天下之图"。以上四种官员的职责是收集、整理、管理各种图籍。同时还另设专门负责使用图籍的职官，如"土训"者，"掌道地图，以诏地事"。"道"和"诏"是说明、讲解的意思，即向周天子解说舆图中的内容，以帮助他了解国情，管理朝政。当时甚至在最基层的单位，也设有"小宰"之官，"听闾里以版图"，即据图处理有关纠纷。

周代，除绘制舆图外，各诸侯国还普遍编写自己的地情书——"邦国之志""四方之志"，后人称之为古国史（志），其中代表之作有鲁国的《春秋》、楚国的《梼杌》、晋国的《乘》和郑国的《志》等。

从以上古舆图和地书的内容与功能来看，它们实际上是一方（诸侯国）地情的总汇，资政的参考，当可以视为方志的祖源之一。

到了隋唐间，上述地书已逐渐以《图经》之名面世。图即地图、舆图和图志，经即对于图的文字说明，图主文辅。这种书图文兼备，所以称为《图经》或曰《图志》。其名著分别有：隋朝的《区宇图志》《诸州图经集》，唐朝的《元和郡县图志》《州县图经》和敦煌石窟发现的《沙州图经》《西州图经》等残卷。从它们的体例和门类来看，都与方志无太多区别，仅一名之异而已。直至宋代，这类地情书才基本上统一命名为方志。图经（含图志）显然也是方志发展流派的一个阶段。

《青田图志》的修成，不正是对修志传统的一种回归吗？当然，也不能只看形式，并不是说"复古"就好，回归就有意义，这要具体问题具体分析，主要看有没有创新，具体说要看有无存史作用。不论方志的价值有多少条，归根结底集中在存史一点上，所以志与史的根本区别在于，志是"述而不论"，史是"史论结合"。所谓志者，谓录也、记也，亦即述也。"方志"，是一个倒装词，原意是"志方"，即记（述）一方的地情。述，就是不带编纂者个人和他人的观点，如实记述、秉笔直书。是与非，让后人和使用志书的读者去评判。

按照志书的编纂要求，青田县已出版的两部志书做到了，而现今出版的《青田图志》更是对县志的补充、提高与形象化的再现。

你要了解青田县历史上城乡社会的概况和人民群众衣食住行的面貌吗？《青田图志》特设《旧踪》一门，分别列《耕织旧景》《用具汇集》

《村落留影》《街巷留痕》和《古建遗存》（附：50年代标志建筑）、《交通古韵》、《服饰演变》、《手艺集锦》等类目。读者可以按图索骥，观图解义，各取所需，获得历史的信息，并且一图胜千文，隐意尽显，曲意尽彰。

《青田图志》书中与《旧迹》并列者还有《新貌》一门，分别列《区域概略》《山河大观》《决策聚焦》《经济起飞》《特色长廊》《文化博览》《社会经纬》和《特记：温家宝总理在青田考察》等类目。这是青田人民在党和人民政府领导下，社会进步、经济成就、地方特产、科学发展等伟大业绩和英模人物的展现。今天的辉煌，也将是明天的历史，同样起到为后人修志存史的作用。

通过以上大量老照片和图绘以及图表的集中展示，相比之下较之于文字记述要简略、生动、形象，呼之欲出，也更加可信，从而加强了方志给后人留存信史的功能。

这种图志与县志共存、并行，其作用非同小可。它穿透了时空的限制，整合历史的记忆，再现了旧貌形象。使文字历史与形象历史，两者互补、互证，相应相因，既克服志书枯燥乏味，可读性欠佳的先天不足，更使一方之史得以立体化、活化，让方志更具魅力、引人入胜，也成为广大人民群众热烈追捧和喜看爱读的普及型文化产品。

我拜读了《青田图志》后，总感觉它与许多图志书不大一样，因为它不是以图为噱头、点缀，或"以史带图"，仅起到附图、插图的补充作用，或是通常所说的"图文互释""图文并茂"和"雅俗共赏"的配角性质。我认为《青田图志》与《青田县志》是姊妹篇，一本是图画史志，一本是文述史志，两志并行、结合，不可或缺，起到"1+1 > 2"的放大功效。所以《青田图志》的编纂和成功发行，不仅只是坚持编修方志优秀传统的简单回归，它更是一种探索与创新，很可能《青田图志》的出版发行是继修志兼修年鉴之后的又一次创新，将在推动我国新方志编修向纵深发展方面起到突破性作用，开新一代修志的先河。

编修《贺兰山志》拙见

编修《贺兰山志》，是自治区党委宣传部交给宁夏社会科学院的一项光荣任务。该志由自治区党委常委、宣传部部长蔡国英同志挂帅，并作为向自治区成立 60 周年献礼的一项文化工程。领导决定让我担任志书的总纂，为此在动笔之前，先做一番理论探索，进行务虚，或许可以起到"磨刀不误砍柴工"的作用。

一

历史是人类对于过往的记录和回忆，即讲述人类社会古老的故事。当然，人类社会今天的活动，也将成为明天的历史。中国是一个至少有五千年悠久历史的世界文明古国，也是世界文明古国中唯一没有中断历史文化的大国。为什么？原因很多，其中有一条，就是因为中国是世界上治史最早的国家。据说早在远古的黄帝时代，就已经有了记史的官员。到公元前 21 至公元前 16 世纪的夏商周时期，中央政府正式设立一套完整的治史机构，任命一批职责使命各不相同的史官。他们是：内史，跟随国王，其中左史记行，右史记言；外史，掌藩国外邦历史；小史，掌京畿、天子之邦重大史事；大史，掌国家宝典（档案等）；诵训，给国王讲解国家的历史，以便于国王治理天下。其机构在不同时期有不同名称，如御史台、兰台、史馆等。完善的治史制度，带来浩如烟海、汗牛充栋的庞大史籍，将中国数千年的发展轨迹、重大事件、名人功勋、民众创举和各项成功经验与失败教训等，都一一记录下来，给后代留下了丰厚的信史，这是一份宝贵的文化遗产、精神财富。

在这份民族瑰宝之中，有三项文化品种是最值得珍视的，它就是国史、方志、家谱，堪称中国的历史文化特产，独树一帜，大大地丰富了世界文化宝库。

一是修国史。编史并不是中国特有的文化现象，但是一朝一史（后朝给前朝修史），代代续修，从未间断，并且全部保存下来，成为世人了解中国过去的"正史"，即标准答案，这种博大精深的历史文库，真可谓举世无双。

二是修方志。编纂地方志是中国独有的历史载体和文化创举。它的功劳是"补史之缺，正史之讹"。正如方志学鼻祖章学诚所说："地近易核，时近迹真。"地方志是第一手资料。"正史"是记录国家一级的大事和要人，而它不能覆盖和包含偌大中国的全部，尤其是基层的大中小事和各种小人物。而地方志的特点是：代代续修，时不间断，无县无志，空间大覆盖；分级修志，分层收录；专志繁多，无物无志。加之，方志是一种门类全（述、记、志、传、图表、录六体）、通合古今、资料翔实的文化载体。因此可以说，方志对于一方、一事各层次人物的记录，基本上做到无一缺漏，一网打尽，不留孑遗。

三是修家谱（族谱、姓氏谱、家乘）。家庭是社会的细胞，家庭、家族、姓氏是以婚姻和血缘关系结成的社会单位，是社会的基点。

家谱（基点）、地方志（层面）、国史（全局），三者有机组成一个系统，并相互补充，起到"1+1+1>3"的作用，它是中国治史完整的配套工程，世所罕见。

地方志，是史学范畴的组成部分，为史学大家族的成员，史学的一个分支。在儒家经典之一的《周礼》一书中首次提到"方志"：如"小史，掌邦国之志"；"外史，掌书四方之志"；"诵训，掌道方之志，以诏观事"。这里所说的"志"，即是周朝管辖下的各诸侯国的国史，各诸侯国对其称呼也不相同，鲁国国史名《春秋》，楚国国史名《梼杌》，晋国国史名《乘》，郑国国史名《志》，史家统称各诸侯国国史为"古国宝书"。章学诚说："志乃史载"，"方志乃一方之全史"，"志属信史"。

当然，史与志也是有区别的。简单说，史的任务是论述历史，揭示社会发展规律；志则是记述历史，为研究历史提供资料，作者是不加评判的，志家名其曰"述而不作"。除了这个最基本的区别之外，还有体例、笔法、文风等技术层面的差异。总之，修志是为修史服务的，前人认为方志乃"备国史之征也"，即进行编史的资料准备。

二

地方志是记录历史，特别是地方历史的，堪称"一方之全史""地方百科全书"，它不仅具有"无县无志"的普遍性，还有"无物无志"的特色性，即志书的种类繁多，百花争艳，博大精深。从级次上划分，有国家级的一统志，有大区和省级的总志、通志，有古代各级基层政权的府志、县志和合志、小志等，以及现代政府的市志、行署志、县志、乡（镇）志乃至村志；从类别上划分，有综合志与专业志两大类。综合志就是指上述各级政权的志书；专业志，亦称行业志，简称专志，它不是综合志中的分志，而是一种独立成书、单独出版的记录某一专项事物的志书。如地理志、乡土志、人物志、艺文志、民族志、水志、山志等，是方志的一个分支。明代学人田汝成在《西湖游览志叙》中说："海内名山，率皆有志。"

专业志既然是地方志的分支，那么地方志的基本特征，编修地方志的一般要求，它也应该基本相同，即必须做到"姓志"。

具体来说，编修专业志大致要注意以下四点。

第一，坚持"述而不论"的总要求。方志的任务是记述历史，不需评论历史，对于史事、人物，不作结论性评述，只记述清楚史实，让使用志书的读者，依据史料，进行分析，从而得出自己的认识。当然，绝对不流露出一丝一毫作者的观点，实践中也很难做到，有时也可以在适当处、关键点，作恰到好处"画龙点睛"式的点评，如司马迁在《史记》中的"太史公曰"式点评，也能收"千锤敲锣一锤定音"之功效。但要掌握好，慎用、少用、用精。

第二，贯彻"七大体裁"（述、记、志、传、图、表、录）和"横排竖写"章法。所谓"七体"的综合运用，就是"志体"，坚持"七体"就"姓志"。按照"七体"去谋篇布局并形成篇目，再按照篇目，先要把记述的内容划分为若干大类（事以类聚，类为一目，这叫横排），对于各类史事的记述（写作），则又要按照时间先后行文（这叫竖写），并做到横不缺项、纵不断线，勾画出事物运行的轨迹，以帮助读者从中寻求规律性的认识。

第三，练好资料建设的基本功。地方志是"资料性的学术著作"，对于五彩缤纷的历史和各式各样的历史人物，方志虽然不作评论，但是要把史实记述下来，力求记清楚、记全面，并做到记录那些能反映事物本质属性的资料，给研究者留下珍贵的原始史料和信史。地方志的作者虽然是不持观点、不评判历史，但是并不等于作者没有观点，只不过是"含观点于资料的取舍之中，寓褒贬于文稿的叙述之间"罢了。

方志编修的成败，基本上取决于资料积累，因此对于资料工作有以下几点要求。（1）资料要具备科学性，不可有文必录，信手拈来，滥竽充数。（2）资料要经过考证，去粗取精，去伪存真，经得起历史的考验，不可轻信孤证，人云亦云，误判、传讹，贻误后人。（3）注意量的占有，只有达到一定的量，才能实现质的飞跃。（4）不要猎奇，也不可擅翻旧案（翻案要以马列主义、历史唯物主义科学理论作为指导，要有大量的证据，要有群众的呼声和学术界研究的基础），对历史要有敬畏之心，不可信口开河，草率从事，亵渎历史。

第四，落实"三审定稿制"。三审：自审（编写组）、编委会审、上级主管部门审。至于送交出版社以后，出版社的"三审"，则是另外一个环节。

在"三审"工作中，首先是政治审查，即修志指导思想是否明确。方志是官修政书，不是个人的学术著作，不适用按照"百花齐放"和文责自负的原则对待。修志是一种政府行为，是一级组织对于一方历史、人物，特别是关于地方某项事业（包括人物）的官方认识。应该运用马克思主义的立场、观点和方法，以辩证唯物主义与历史唯物主义理论为指导。然而这并不是一句空话、口号和贴标签，它要贯彻于修志工作的全过程，体现在志稿的方方面面。比如是否完整记述历史事件与人物的全貌、全过程（通合古今），志书内容是否以老百姓为记述对象和重点（以体现人民群众是历史真正的主人和为人民树碑立传），是否做到把重心放在记述当代的内容上（详今略古），因为当代内容主要记载党领导下的新民主主义革命和社会主义革命内容等。还有如何记录负面内容，如何记述少数民族的有关内容等。总的要求是要秉笔直书，留信史于后世。但也不能搞自然主义、客观主义的"录像"。要用发展的眼光，前进路上的曲折，人民的根本利益、长远利益等辩证思维来看问题、书写历史。切不可书生气，不经意间授人以柄。

除了政治审查之外，体例、史实、笔法和学术著作的各项规范化要求也都在审查之列。力求出版一部有历史价值，达到存史、资政、育人功能的良志，给家乡和后人留下一份精神文化遗产。

三

为什么要修山水志呢？原因大致有以下几方面。

第一，编修地方志是我国的优秀文化传统，是治史的重要形式之一。方志品种繁多，山水志是方志文化不可或缺的组成部分，当然亦应作为优秀文化传统加以整体继承和发扬光大。这就是方志三大功能之一的存史价值。

第二，为家乡名山修山志，目的是为了研究它。寻找其特点、优势，以便有针对性进行开发，为推动家乡的经济建设、文化建设，特别是为发展旅游事业服务。这就是方志三大功能之二的资治价值。

第三，检阅祖国的大好河山，展示家乡的名山大川。证明这一方热土地灵人杰、钟灵毓秀，必然名人辈出，用以激发乡人、后人热爱家乡，立志建设家乡的情怀。而爱乡情怀就是爱国主义思想的基础、前提。贺兰山是宁夏各族人民共同的乡愁，是爱国主义教育的理想大课堂、基地。这就是方志三大功能之三的教化价值。

宁夏编修社会主义新方志肇于 20 世纪 80 年代，现在已完成第一轮修志任务。正在进行第二轮修志的收尾工作。30 多年来，先后编修了自治区通志和市（地）、县（区）三级综合志书，以及一批专业志书，并且对于宁夏存世的历代旧方志的绝大部分进行了整理、再版。与全国兄弟省区相比，宁夏的修志事业是走在前列的，成绩值得肯定。但是，也有不足的地方，比如缔造宁夏多元文化的根文化——塞北江南黄河文化——《宁夏黄河志》还暂付阙如；闻名于北方和西北的贺兰山，至今也没有编修出真正意义上的《贺兰山志》，说明修志工作仍有欠账、不完美。

怎样编修出一部上乘的《贺兰山志》呢？我个人希望，不修则已，修必成佳志，为此，应该在开笔之前，对于如何编修这个老问题应当先务虚，进行理论探索、顶层设计，并对参与单位和执笔人员，先行培训。今后还要结合各阶段评审稿，以会代训，以评为课，边干边学，在实践中提高业务水平，实现质量至上的目标。具体来说，《贺兰山志》能否取得成功，主要应具备以下四个条件：一要有健全的修志组织和充足的经费；二要选好主笔和撰稿人员（自己乐于此事，并能吃苦，愿坐冷板凳，有修志实践经验）；三要制定一个好篇目（施工蓝图）；四要找准贺兰山的基本特点，这是众多山志或专业志成功的共同经验。黄山是世界级风景名胜，古有"黄山归来不看岳"之说，所以《黄山志》主打"景观牌"，全志第一篇就是"胜景"。泰山是中国历代帝王封禅、祭天的圣山，位居五岳之尊而"一览众山小"，《泰山志》则抓住人文内容，大做文章。我们宁夏的贺兰山呢？

我认为贺兰山的特殊性表现有四：

一是界山。贺兰山是中国地理的界山，在大地构造上，为中国东西两部不同性质、结构、理化特征的地壳块体的接缝地带；在自然地理方面，是北方温带荒漠草原与荒漠及内外流域的分界，也是外陆流域与内陆流域的分水岭，同时还是半农半牧区与纯牧区的分界线。因此，总体上它是北方游牧民族草原文化与内地汉民族农耕文化的交汇地带与大分界线。古代，往往是中央政权与北边少数民族地方政权的天然分界线。今天，贺兰山是宁夏回族自治区与内蒙古自治区行政区划的界山。

二是民族团结的见证。由于贺兰山地处中国两大文化、两大生产方式和汉族与游牧民族的分界线上，自然就成为北方各少数民族大出大进的一个大舞台。中原农耕民族来到贺兰山东麓从事农业开发，则是迟至秦汉时代的事情，在此之前，贺兰山、阴山东麓的黄河冲积平原，即大河套平原中，贺兰山东麓称为前套银川平原，阴山山脉南麓称为后套平原，在很长的历史时期里属于畜牧经济的地域，也就是说，是少数民族率先开发了河套这片热土，成为北方游牧民族的家园。中原王朝在不同的历史时期对于他们有不同的称呼，夏代称荤粥，商代称鬼方，西周后期称匈奴，亦统称为"胡"。直至秦始皇三十二年（前215 年），秦将蒙恬奉命率 30 万大军把匈奴人从河南地（大约相当于河套地方）赶到大漠以北，并"因河为塞"，大修长城，沿河建 44 座县城，徙"山东"（函谷关和华山以东）灾民 70 余万口至河南地从事屯垦戍边，农业开发始于此时。从此以后，农业文化与草原文化，农耕经济与畜牧经济，汉族与少数民族，视河南地为和睦共处的大家庭，两种经济相辅相成，共同发展。贺兰山成为我国北方历史上民族交往、民族团结、民族共同建设和保卫祖国边疆的见证。贺兰山岩画和贺兰山一带的考古文化实物，提供了物证。贺兰山无愧为中国民族大团结的大课堂和大教育基地。

三是军事巨防。贺兰山地处黄河上游，是中原王朝（宋朝以前）京畿的北门锁钥，又是腾格里、乌兰布和沙漠和毛乌素沙地环绕下的一片绿洲，山下又有黄河天堑和历代修筑的古长城，组成了一套多层防线的强大军事体系，成为中原王朝向北方设防的重中之重。唐设大都督府和朔方军节度使，宋为河外五镇，西夏据而立国抚衡中原大国200年之久，明为"九边重镇"，清帝康熙亲赴宁夏，坐镇指挥征讨西蒙古部噶尔丹叛乱，并设八旗将军府于贺兰山下，派驻八旗大军。

还有当代驻军的"贺兰山精神"（略）。

四是丝路要道（略）。

现在，由自治区党委宣传部倡导、蔡国英常委挂帅，有关部门领导具体指导的《贺兰山志》编修工作已经启动，时间紧、任务重，作为献给自治区成立60周年的大礼，十分光荣。它是宁夏给境内名山所编纂的第一部真正意义上的山志，困难肯定不少。我们要立志成志、修良志，为下一步深化宁夏的修志工作，全面编修宁夏的山水志进行探索、积累经验。

新时期社会科学工作者的新任务

在改革开放新的历史时期，我们广大人文社会科学工作者和理论界，适逢盛世，大有用武之地和大展宏图之机。我们应当十分珍惜它，并紧紧抓住千载良机，带着使命感和紧迫感，努力去为新时代而贡献自己的聪明才智。经过集思广益，我们形成以下几点共识：

一、稳定队伍，树立信心，以苦为乐，决心在社科研究和理论岗位上无私奉献一辈子

社会科学包括人文科学和哲学，是以人本和社会现象以及一定范围的自然现象为研究对象的科学，它属于上层建筑、意识形态的范畴。上层建筑固然决定于经济基础，并与之相统一和为其服务，但是上层建筑并非只是消极地反映经济基础，它自身还具有不可忽视的能动性和反作用，而且在一定条件下也可以发挥巨大的甚至是决定性的作用。比如1848年马克思、恩格斯《共产党宣言》的发表，提出了无产阶级革命和无产阶级专政的理论，不仅成为一份伟大的共产主义文献，而且也是全世界无产阶级革命运动的行动指南和斗争纲领。这样的社科成果和理论的作用，威力是无法估量的，它给资本主义敲响了丧钟。同马克思、恩格斯一样，列宁关于无产阶级政党的学说和帝国主义的理论，特别是"社会主义可能首先在少数甚至在单独一个资本主义国家内获得胜利并建成社会主义"的英明论断，为无产阶级夺取政权，打碎资产阶级旧的国家机器和如何创造工人阶级自己的国家机构，以

及进行社会主义经济建设等，不仅从理论上而且在实践方面都具有伟大的指导意义，它把无产阶级的理想变成了现实，从而大大改变了人类历史的进程。

毛泽东思想是马克思列宁主义普遍原理和中国革命具体实践相结合的产物。毛泽东同志全面丰富和发展了马克思列宁主义，领导中国人民推翻三座大山，取得新民主主义革命的胜利和社会主义建设的伟大成就。同样，邓小平同志建设有中国特色的社会主义理论，是当代中国的马克思主义，是我们党进行新的历史创造的科学指南，是民族振兴的伟大精神支柱，它的理论意义和实际贡献是全世界所公认的。从以上情况我们不难看出，社会科学和它的理论的贡献与作用是无与伦比、不可代替的。正如列宁说："没有革命的理论，就没有革命的运动。"毛泽东同志也曾有过精辟的论述。江泽民同志也对社会科学的重要性作了深刻论述，他说，我们党历来认为，社会科学事业是一条十分重要的战线，是我们党的事业的重要组成部分。今天我们有幸在这条战线上为党为人民工作，难道不是无上光荣吗？

当然，在目前的现实生活中，社会科学的处境还比较艰难，这是一种不正常的表现，肯定也是暂时的现象，我相信随着人们认识的提高和改革开放的深化，将对社会科学有更高的要求、更多的投入，社会科学的繁荣兴旺是指日可待、不容怀疑的。

二、理论联系实际，面向党委、政府的中心工作和经济建设的主战场，积极开展应用对策研究，为宁夏的经济社会发展服务

理论联系实际，为现实服务，并不是一个新问题，这个问题实际上是中国知识分子的优秀传统。自古以来，文人学士们就主张"经世致用"和"修齐治平"。远在周代时期，老子的"三宝"主张，即"慈、俭、不敢为天下先"，和孔子的"三法"思想，即"仁、义、礼"，都是济世救民、休养生息、救治社会的思想良药。历史上凡有识之士，从来就反对读死书，反对书斋和社会脱离，书本和实际脱离，而主张察顺民情，关心国事民瘼。尤其是每当遇到外患内乱、国危民困的社会危机时，往往总是文化人士本着"天下兴亡，匹夫有责"的精神，率先奔走呼吁，并积极投身到外抗强敌，内修变法的实际行动中去。近代的知识分子们更是如此。1840年之后，在面临帝国主义列强入侵，国家处于被瓜分和亡国灭种的危急关头，一些思想家感时而忧国，不仅努力从传统的儒学中寻找救国的办法，而且大力提倡复兴子学，主张"通子致用"，积极在诸子百家的经典中提取救治社会挽救国运的良方良药。甚至还有一些先知先觉的文人们，大声疾呼要"睁开眼睛看世界"，主张向西方学习，从而带来了"西学东渐"的文化新局面。前人尚且如此，难道现在我们不更应当发扬党的理论联系实际的优良学风，把自己的聪明才智运用到当前伟大的"四化"大业中去吗？前面已经提到，作为上层建筑、意识形态范畴的哲学社会科学如果不为经济基础服务，它就失去存在的前提而成为空中楼阁。所以社会科学工作者要走出书斋，迈开双脚，面向社会，深入实际，围绕党和政府的中心工作，积极投身到生产和变革的实践中去，开展调查研究，对改革开放与经济发展中出现的新情况、新问题进行系统深入的理论探讨，为振兴宁夏献计献策。可以说，凡是自治区两个文明建设的重大举措，都应当是我们社科理论工作的重点课题。例如自治区党委提出"北部重振、南部开放、中部上台阶"的工作思路，自治区制定的《"双百"扶贫攻坚计划》以及将要实施的《科技兴农"双十"推广示范工程》《南部山区扶贫开发十大工程》，尤其是给宁夏子孙后代造福的"1236"工程等，就是全区社会科学理论工作者的必选研究课题。也只有这样做了，才是深化社科理论研究的重要途径，才能反映出社会科学自身的存在价值，我们要尽可能有所作为，有作为才会有地位。因此，我们无须怨天尤人，而要解放思想，放下包袱，开动脑筋，主动把自己长期以来在计划经济模式下所形成的僵化的思维定式，向新时期改革开放的社会主义市场经济新思路转轨。伟大的时代在呼唤社会科学，我们身逢盛世，大有用武之地，就看自己能不能把握住机遇，选准目标，付之于行动。

三、坚持基础理论研究，继承传统优秀文化遗产，开发地域文化优势，立志向社会奉献佳作精品，努力培养跨世纪的社科优秀人才

我国是具有五千年悠久历史的文明古国，伟大的中华文化博大精深，绚丽多彩的古代典籍浩如烟海、汗牛充栋，为人类的文明史作出过杰出的贡献。对于这份厚重的珍贵文化遗产，正确的态度就是批判地继承，而不能数典忘祖，搞民族虚无主义。因为今天的文化是从历史的文化发展而来的，对于传统的文化不进行认真的基础理论研究，对于本民族的文化瑰宝缺乏深刻的求索，不在祖国丰富的哲学思想宝库中总结"国精"，陶铸"国魂"，今天的新文化就会因为断了民族传统文化的根茎而失去源泉和动力。这不仅仅是个文化问题，它终将要动摇我们的民族自信心，而破坏我们的立国根本。

在继承前人文化遗产方面，古往今来是走过不少弯路的。如汉代的"独尊儒术"就是对弘扬战国时代诸子文化的羁绊，近代新文化运动中出现的"彻底打倒孔家店"口号，又从另一个极端全盘否定儒家的主体思想。但是，自从马克思主义传入中国以后，以李大钊、陈独秀和毛泽东等为代表的一批优秀知识分子，开始运用马列主义的科学理论，解决了对待传统文化的正确态度问题。提出了"古为今用""洋为中用""百花齐放""百家争鸣"和"厚今薄古"的方针，为社会科学打开了新天地并端正了方向，因而新一代广大社会科学和理论工作者的学术品位、科研视野和思想修养有了飞跃性的变化，为社会基础理论研究开拓了广阔的天地。今天，无论是儒、释、道、墨、法、兵、杂各家，或是外国的古希腊、罗马、印度和文艺复兴思想，都能像五行造一那样兼收兼蓄、揉而用之，并积极开掘其现代意义，从具体的历史演进中寻找思想文化运行的内在规律。但是我们还要根据自己的实际情况，要有规划、有重点地进行选题，首先要抓住民族的、地方

的特色优长学科，推出拳头力作，培养专家学者，占领某些研究领域的上游和制高点，为繁荣宁夏社会主义的精神文明建设，为宁夏的社会主义建设和现代化服务。

四、建议今后宁夏社科联日常工作要在"社"字和"联"字上做文章

社科联具有人才荟萃、知识密集、学科完备、分布广泛和活力强盛的特点。我们要扬其长、避其短，把工作从办公室转到社会上去，开展各种人们喜闻乐见又有意义的科普活动，大力宣传马克思主义基本理论和邓小平同志建设有中国特色社会主义理论，积极举办各种小型的评选、评奖、评论活动和跟踪社会调查，组织专题学术报告，开展全面咨询服务以及专业知识培训乃至组织国际学术交流等大型活动。同时，又要发挥社科联人才多、学科全、联系面广的整体优势，有目的有计划地组织一些贴近现实、产生实效的集体攻关大型研究课题，为各学会提供展示实力、服务社会的场所，为科研人才脱颖而出，发挥聪明才智创造机会，把社科联发展为全区社会科学和理论工作者的温暖的大家族。

社会科学理论战线的前途十分光明远大。我国我区新时期社会主义建设的向前发展，改革开放的步步深入，将为社会科学的繁荣兴旺增加强大的原动力；而社会科学在适应时代变革的伟大潮流中，自身也在不断求新求变，从而也积聚着变化的内驱动力；社会主义市场经济不断提出的新问题，也必将给社会科学带来外部的强大推动力。所以说现在是挑战和机遇并存，我们应当有信心有决心，在经济体制转轨的进程中，克服原来联系现实不够，理论研究滞后和各自为政、单独作战的弱点，按照宁夏社科联第二届委员会的新部署，坚定不移地以邓小平同志建设有中国特色社会主义理论为根本指针，全面贯彻执行党的"一个中心、两个基本点"的基本路线，在自治区党委、人民政府的正确领导下，用实际行动为我区改革开放和两个文明建设服务，为繁荣社会主义科学事业，为振兴宁夏建设家乡而努力奋斗。

社会科学与历史研究要
自觉坚持马克思主义原则

我们讲坚持马克思主义的历史唯物主义，不能只是一句政治口号，一条政治标签。它是有原则、有内容和有要求的。

首先，唯物史观认为，社会存在决定社会意识，社会历史的形态（方式）主要是由物质资料的生产方式所决定的，并且社会历史的运行是有规律可循的。人类社会历史的运行规律告诉我们，人类最终是要走向社会主义和共产主义，这是不以人们的意志为转移的客观规律，也是共产党人的信仰、理想和为之奋斗与牺牲的最终目标。这是原则、大是大非，不可动摇。所以，没有理论指导的社会科学与历史研究是不存在的，不同的是你不依此理论，必依彼理论罢了。

其次，人民群众才是历史的真正创造者。因为维持人类自身生存和社会发展，靠的是劳动和生产。一切物质资料的生产，是依赖于人民大众的，有了物质资料的保障，才有可能进行文化生产。所以人类社会发展的历史是人民群众的历史，人民群众是历史的创造者。只有马克思主义哲学的历史观，才第一次揭示了这一真理。因此，研究社会和历史一定要突出人民群众是历史主人的地位，大力为人民群众树碑立传，充分关注民生和社会热点问题。不应眼睛只盯着帝王将相、达官贵人、富商巨贾、才子佳人、忠勇义仆，而排斥劳动人民，鄙视从事物质资料的生产者。

再次，史学工作者要有服务社会的责任感。因为社会就是历史的大舞台，所以凡治史者，应主动从书斋走向社会，努力工作，把历史还给人民群众，将真实的历史通过史料和思辨的复杂加工，凝结成为马克思主义的历史观，让人民群众看到历史的真面貌，并观照现实，从而达到服务社会的目的。其方式是用通俗易懂的文字，图文并茂的形式，翔实生动的资料，发掘历史学的独特魅力，打造出人民群众喜闻乐见的各种历史文化产品，奉献于社会，丰富广大人民的精神生活。

我们这一代史学工作者是幸运的，因为有辩证唯物主义和历史唯物主义为指导，有前辈学长积累的学术成果与治史经验，有当代编史修志和考古新证作为参考，更有全社会重视历史文化的风气，剩下的问题就是要看史学家们的作为了。治史是一项光荣而艰辛的工作，我们要有"面壁"，即耐得住寂寞的决心，还要有高尚的人文修养和学术良知，要对历史负责，对后代负责，不可"数典忘祖"，也不可"数典戏祖"，留骂名于后世。总之，要坚持唯物史观，实事求是，秉笔直书，真正做到不唯书、不唯上，不为尊者讳、不为亲者隐，服从真理，为社会承传信史；另外，要放下身段，把基础研究与田野调查结合起来，既推出"阳春白雪"的高端研究性成果，也要给社会生产出具有现代概念和流行语言的，能让一般民众耳目一新的通俗普及性产品，并努力在成果形式上不断有所创新。

（原载于《宁夏日报》2011 年 6 月 22 日）

纪念辛亥革命　继承中山遗志
早日实现祖国完全统一与繁荣富强

——纪念辛亥革命 90 周年

一

1911 年 10 月 10 日，在孙中山先生革命思想的哺育下，在革命先辈、志士仁人抛头颅洒热血、长期浴血奋斗的影响下，在武汉地区各革命团体的大力宣传和组织发动下，驻武昌清军新军中部分基层革命官兵们发挥主动性和积极性，独立果敢地担当推翻反动腐朽清王朝的历史重任。当天夜晚，革命士兵们不畏强敌，不怕牺牲，在众寡悬殊的情况下，开始以区区数百之众的队伍，毅然向封建堡垒发起了进攻，对准清廷南国最高统治中心的湖广总督署开炮，经过激烈的战斗，于次日一举光复了武昌。事件发生在农历辛亥年八月十九日，故史称辛亥革命。辛亥革命的一声炮响，打落了亚洲的第一个皇冠，打倒了中国历史上最后一个封建王朝，结束了延续两千多年的封建君主专制制度。同时，武昌革命的炮声也惊醒了东方的睡狮，全国人民纷纷举旗响应、声援武昌起义。在西北地区，陕西省革命军民是全国最先举义光复省城的。当时全国率先响应武昌起义的是湖南、陕西省。两省均于 10 月 22 日发动起义并告成功，占领省城，成立民军革命政府。湖南省选举焦达峰为都督，陕西省选举张凤翙为都督。而在西北地区中，宁夏又是第一个宣布共和的。宁夏军民的反清革命活动早有准备，1907 年革命党人在兰州成立"西北革命同盟会支部"时，宁夏的爱国青年就加入了同盟会。1911年6月，"西北革命同盟会"选派领导骨干刘先质和宁夏籍成员吕锡有等人来宁开展工作。他们一面进行革命宣传和串联活动，一面进行组织准备工作，不久就在军队和地方，以及哥老会中发展了50多人，及时建立了"宁夏革命同盟会支部"，刘先质任支部负责人。在同盟会支部和哥老会组织的共同推动下，在西安民军革命成功的鼓舞下，并且为了声援陕西人民的革命斗争，于是在11月中下旬，宁夏各府州县也纷纷光复、成立革命军政府，为甘肃省带了个好头。宁夏革命斗争虽然历时不到两个月时间就被保皇派清军镇压下去了，但革命军民在辛亥革命中的斗争，有着独特的意义。当时清王朝在全国革命风暴的打击下，正处于风雨飘摇之中，而清廷看到西北地区的民风闭塞，旧势力仍然比较强大，特别是以长庚、升允为首的一批保皇派正在组织力量妄图东征宁、陕，向革命军进行反攻，并有迎接清帝西迁偏安待变和卷土重来之野心。而宁夏的革命行动，首先吸引了保皇派的兵力，使陕西革命阵营稳住了阵脚，这样，清廷西窜的南、北两条通道都被堵死，西北保皇党和清廷的"中兴"美梦就彻底破灭了。

辛亥革命从全国来说仍然算是失败的，只是将皇帝换成了大总统，并被窃国大盗袁世凯抢去了革命果实，中国被帝国主义列强统治的半殖民地半封建的地位没有改变，中国人民仍然在中外反动派的压迫和剥削下挣扎在贫困与死亡线上。所以孙中山先生自己也认为："武昌革命而后，所谓中华民国者，仅有其名，而无其实，一切政权，仍在腐败官僚、专横武人之手，益以兵灾、水、旱，迄无宁岁，人民痛苦，且加甚焉！"[①]辛亥革命失败的原因是多方面的，但主要原因是由于中国资产阶级和小资产阶级自身固有的弱点所决定，即他们没有也不敢充分发动中国广大人民群众，特别是农民群众参加革命斗争，所以他们孤立无援，在中外反动派的联合进攻下必然失败。尽管如此，辛亥

———————

① 孙中山：《精神与物质相辅而用——在桂林对滇赣粤军的演讲》，载《孙中山文集》，第738页。

革命仍然具有开天辟地的历史意义，正如毛泽东所说，它是"在比较完全的意义上开始了""反对帝国主义和封建势力，为了建立一个独立的民主主义的社会而奋斗"的一场伟大的革命[1]，它把中国旧民主主义革命发展到顶峰，并将全国人民反帝反封建的革命斗争推向了一个新的阶段。中国共产党人接过了辛亥革命与孙中山先生的革命旗帜，担当起领导新民主主义革命的历史任务，并取得了伟大胜利，建立了中华人民共和国，进而继续前进，取得了社会主义革命和建设的伟大胜利，实现了中国的独立和富强。

二

今年是辛亥革命90周年，也是孙中山先生诞辰135周年。我们来纪念辛亥革命和缅怀中山先生，这是理所当然的事情，因为中山先生所领导的这场革命的意义和影响是跨越时空、跨越地域的，这不仅是中国历史上，而且也是世界历史上最可纪念的伟大事件，具有不可磨灭的永恒意义。所以我们纪念辛亥革命的时候，首先要缅怀辛亥革命的伟大领袖孙中山先生。因为毛泽东说过：正是他在"领导人民推翻帝制、建立共和国"中具有"丰功伟绩"，所以毛泽东称他是当时"站在正面指导时代潮流的伟大历史人物"，是"伟大的革命先行者"，是"中国革命民主派的旗帜"。[2] 在新的世纪里，中国人民仍然认为孙中山先生是20世纪中国历史上的一位巨人，是中华民族的骄子，是改变中国历史进程的第一位伟人。毛泽东曾深情地说过："现代中国人，除了一小撮反动分子以外，都是孙先生革命事业的继承者。"[3] 中山先生致力于国民革命凡40年，40年的坎坷与奋斗，表现出他不仅是一位杰出的思想家，也是一位伟大的革命实践家，虽然他只享年60岁，但却为我们留下了博大精深、丰富多彩的巨大精神财富，而且在今天新的历史条件下，仍然具有鲜活的现实意义。

---

①《新三民主义论》，载《毛泽东选集》第二卷，第660页。
②③《纪念孙中山先生》，载《毛泽东选集》第五卷，第311—312页。

中山精神有着广泛的内涵。首先是他创立的革命学说，在他留下的一千多万字的各种文著中，特别是《三民主义》《建国方略》《建国大纲》和《中国国民党第一次全国代表大会宣言》等代表作里，蕴藏着深邃的救国、治国和建国的革命理论；同时也充分体现在他革命生涯的全过程之中。中山先生又以自己的言行实践不断发展完善其革命学说，使这一学说在革命理论、价值取向、思想理论和道德规范等方面结合成一个有机整体。从中我们可以看到：中山先生一生为革命百折不挠、愈挫愈奋的坚强意志；从革命大局出发，不计个人进退的高风亮节；"天下为公"、不治私产、勤廉自律的楷模形象；待人宽厚、处事大度，善于团结海内外志士仁人一心追随自己、甘为革命献身的领袖风范和人格魅力等等，都是属于中山精神范畴不可或缺的重要组成部分，也是中华民族宝贵的精神财富，甚至不仅是我们民族的历史遗产，也是全人类文化宝库中的瑰宝。毛泽东早在50年前就说过："今天的中国是历史的中国的一个发展，我们是马克思主义的历史主义者，我们不应当割断历史。从孔夫子到孙中山，我们应该给以总结，继承这一份珍贵的遗产。"① 那么，我们要向孙先生学习什么呢？今天还要学习吗？对于这个问题毛泽东早就回答过：他认为孙先生"在政治思想方面留给我们许多有益的东西"②，既然是"有益的东西"，当然就值得学习和继承。就我的学习体会，我个人认为中山精神里面有四个字是至关重要、最为核心的内容——"救国""建国"，可以说先生一生就是为实现这四个字而奋斗的。在救国方面，他创立了一整套革命理论，这些理论集中在他的"三民主义"的理论体系之中。先生自己曾把"三民主义"定义为"救国主义"。③ 他身体力行站在救国斗争的最前沿，亲自创立革命党，亲自领导武装斗争十余次，终于取得辛亥革命、推翻清王朝封建统治的伟大胜利；民国建元，实现共和制以后，他又为反对以袁世凯等新旧军阀的倒行逆施，相继发动了"二次

---

① ②《中国共产党在民族战争中的地位》，载《毛泽东选集》第二卷，第522页。
③ 孙中山：《三民主义十六讲》，载《孙中山文集》，第61页。

革命""护国战争"和积极准备"北伐战争"。直到他为救国事业积劳成疾，病入膏肓，在弥留之际，他反复对身边的同志说的一句话就是"和平、奋斗、救中国"①。在建国方面，孙中山先生更是有许多首创，正是他第一次向国人提出"振兴中华"的响亮口号。②他在《建国方略》《建国大纲》中又系统阐述了中国现代化的理论，并为国人描绘出一幅未来中国繁荣富强的蓝图。他的许多建国思想和规划，在当今的改革开放建设中国特色的社会主义伟大实践中仍然具有理论前瞻、资政启示和咨询的广泛价值。

中山先生的人生追求是从医人而转向医国的，医国就得先了解国之病症即国情，以便对症施治、用药。在他看来中国当时的病症就是"贫弱"两个字。据他分析，产生这种病症的病因有两个：一个是清王朝的封建统治，即封建皇权专制制度；另一个是处于帝国主义列强侵略宰割下的半殖民地半封建性质的社会形态。依照这一诊断，中山先生施治的手段就是推翻清朝反动统治，废除列强在华特权和一切不平等条约，挽救民族危亡，建立独立富强的民主共和国。他清醒地看到，要从根本上拯救积贫积弱的中国，只有全国各民族人民团结起来，集中精力建设好这个共和国，才是唯一的出路。最后中山先生所开出的治国"药方"就是一剂"三民主义"。而"三民主义"的实施，其最终要靠中国经济建设的成功，国家富强是"三民主义"成功的保证，也是标志。所以共和国建立之后，他投入最大的热情研究经济建设问题，他不断地强调：建设是革命的唯一目的。革命党不能只有"破坏之力"，而更要有"建设之能"。③"夫革命为非常之破坏，故不可无非常之建设以继之。"④以前革命，是"创造民国"，现在革命就是"建设民国"，

---

① 陈锡祺主编：《孙中山年谱长编》，中华书局，1991年，第2133页。
② 孙中山：《檀香山兴中会章程》，载《孙中山文集》，第926页。
③ 孙中山：《农工商皆有学问——宴请广东商界人士时的演说》，载《孙中山文集》，第658页。
④ 孙中山：《制定〈建国大纲〉宣言》，载《孙中山文集》，第569页。

"我们革命成功后，民国统一之后，要建设一个新的国家。"① 继而他说："中国乃极贫之国，非振兴实业不能救贫"，"今共和初成，兴实业实为救贫之药剂"。② 所以他呕心沥血编撰了民国经济建设的《建国方略》等著述，对国家的现代化工业、农业、交通等方面的国民经济建设作出全方位的规划和总体设计，绘制了一幅动人的蓝图，表现出先生对国家前途、民族振兴的天才远见与宏手大笔。

孙中山的建国方略是什么？按照他自己的概括是："言中国建设新方略，其大意：一精神上之建设；一实际上之建设。精神上之建设，不外政治修明；实际上之建设，不外实业发达，如斯而已。"③ 这是精神与物质齐抓、并重、共进，"精神与物质相辅为用"的科学方案，即其在《建国方略》中所论述的心理、物质、社会三大建设全面发展的方案。他认为中国要富强必须先抓心理建设，即"先问有无革命精神，有革命精神，成功必矣！"④ 他指出当时心理建设的最大障碍就是"知之非艰，行之惟艰"的传统思想观念，中国人办事往往就被"行难"所束缚，于是孙中山反其道而行，力倡"行易知难"的主张，以破国人的思想迷津，以求思想解放而勇往直前。⑤ 具体实行则需从扫除文盲、普及教育和提倡科学做起，进而造就大批"学者""发明家"，才能"造就光辉之革命"，"造就庄严华丽之新中华民国，且将驾欧美而上之"。⑥ 同时，要抓物质建设，就是要开发宝藏、开办工商实业，以达到民富国强的目标。他认为："此后中国存亡之关键，则在此实业发展之一

① 孙中山：《要中国富强与英美并驾齐驱——在广东第一女子师范学校校庆纪念会演讲》，载《孙中山文集》，第 670、672 页。

② 孙中山：《振兴实业最好实行开放主义——在上海中华实业联合会欢迎会的演说》，载《孙中山文集》，第 623、624 页。

③ 孙中山：《行之非艰，知之惟艰——在广东省学界欢迎会上的演说》，载《孙中山文集》，第 710 页。

④⑥ 孙中山：《精神与物质相辅而用——在桂林对滇赣粤军的演讲》，载《孙中山文集》，第 738 页。

⑤《孙中山全集》第六卷第 197、223 页，第九卷 264 页。

事也。"① 与此同步，也要抓社会建设，就是要建设一个民主法治的现代文明国家。他在《民权初步》中，对政权（民权）与治权（政府权）进行深入阐述，人民治理国家不是抽象空洞的口号，是通过所制定的法律管理、治理国家，就是要实现法治的国家。他认为"五权宪法"就是这种民治、法治意志的体现。

对于如何具体着手建设新生的共和国？孙中山不仅提出了理论，还制定了规划，在他所撰写的《实业计划》中，对国家建设具体拟定了六个计划，即以民为本，以国民经济基础建设为重点的全国实业发展规划。在这六条计划中，五条属于基础建设，而基础建设中他又明确"建设最要之一件，则为交通"，"无交通，则国家无灵活运动之机械，则建设之事，千端万绪，皆不克举"，"国而无交通，是为废国"。② 进而他指出"交通最要者，则为铁路"，"欲谋富国之策，非扩充铁路不可"。③ 所以辞去临时大总统之后，他自告奋勇去抓铁路建设，他说："如人民以为然，鄙人可以担任，十年之内一律修成。"④ 袁世凯也顺水推舟，给了他一个全国铁路总办的名义。在上海他还成立了一个铁道协会，一门心思去做这件事情。在他自己看来，"余现以全力筹划铁道，即为国家谋自存之策"⑤。六条计划的具体内容是：第一、二、三项是搞水运建设，拟建北、东、南三大海港，改造三大内陆水路（含运河）；第四项为陆路交通建设，拟建五大铁路系统，几乎贯通全国各大区域，具体为中央、东北、东南、西北、高原五大条；第六项是矿业开发建设，计划主要办铁、煤、油、铜和特种等矿的开采、冶炼以及相应的矿业机械制造业。他认为"矿业是工业之根"，"机器为

① 孙中山：《〈建国方案〉序》，载《孙中山文集》，第 682 页。
②⑤ 孙中山：《建设民国之政见——在上海报界公会欢迎会的演说》，载《孙中山文集》，第 641、643、644 页。
③ 孙中山：《富国之策自扩充铁路始——在北京全国铁路协会欢迎会的演说》，载《孙中山文集》，第 632 页。
④ 孙中山：《借债条约主权——在北京报界欢迎会的演说》，载《孙中山文集》，第 638 页。

工业之树"，矿业将带动整个工业的发展。中山实业思想立足点是为人民大众的，所以六个计划中的第五项计划就是为人民（家庭）提供现代文明生活所必需而又安适的物质条件。计划中所涉及的有粮食、衣服、屋室、行动、印刷等工业的建设。为了保证以上经济建设实业发展目标的顺利完成，中山还手定了相配套的方针政策。归纳起来有三条：一是生产力和生产关系的革命一次完成，即以机器生产代替小手工业生产的工业革命（也包含农业）与大工业国有化的生产关系革命同时并举；二是允许、扶持与鼓励个人在经济建设非独占性领域中所发挥的作用力，使之成为国家实业发展的另一支不可缺少的补充力量，但国家实业成分必须占主导地位；三是主张实行对外开放政策。他说："利用外资，可以得外资之益，吸收外国资本，以筑铁路、开矿山"，"以振兴工商业"。当然他也看到"用外资非全无害也。两害相权，当取其轻"，"当择一利多害少之方法实行"。[①] 他主张在不损害主权的前提下，可以在资金、人才、技术、设备等方面与外商合作，并在《实业计划》一书中称之为"国际共同发展中国实业计划"。

这里特别值得一提的是，孙中山先生很早就提出了"开发大西北"的问题，充分表现出他对祖国边疆的建设，对少数民族地区的发展所给予的热情关怀。早在 1894 年他在《上李鸿章书》中就提到了建设大西北的初步设想，后在他的《建国方略》之《实业计划》中对大西北的开发、建设和经济发展，已提出了许多宏伟的战略规划。他认为开发大西北仍然要从抓交通建设入手（如修铁路），进而开发西北的自然资源（如羊毛工业）和劳动力资源（如以工代赈）。同时他也提出了相应的政策，主张由国家购买各省的宜垦荒地，再投资建设成农庄，然后组织内地向西北移民，把农庄借贷给移民，以加快西北的开发步伐，初步改变西北贫穷落后的现状。为保证这个计划的落实，他要求国家要设立专门移民机构，要开设殖边银行，要组织实业公司和科研

----

① 孙中山：《建设民国之政见——在上海报界公会欢迎会的演说》，载《孙中山文集》，第 641、643、644 页。

团体，在资金和人才两方面支持西北开发建设。尤其本文上面所提到的《实业计划》中的铁路交通建设，其中孙先生对西北铁路系统有过规划，计划拟在渤海湾修建一大港口，作为贯通西北铁路大动脉的终点与出海口，这条铁路还设计有向北、正西和向西北辐射的三条支线，其中正西支线为主线，这条线路就是计划要穿过宁夏地区而直达新疆乌鲁木齐的干线，并进而要与欧亚铁路相衔接。当然由于历史的原因，在孙先生的有生之年，并未能实现自己的宏图大志，但是我们仍然不难看出，孙中山先生在上一个世纪之初，就对中国经济建设在理论方面作了深入研究，留下了专门的著作，在实践方面规划了详细的内容，提出了发展的道路，并为实施运行制定出相应的方针政策，予以保驾护航。这是当时指导国家经济建设的一整套系统工程，是使中国走向强国富民的一把金钥匙，所以我们今天可以这样认为：孙中山先生是中国现代化建设的第一位总设计师。中山先生在这方面的贡献是前无古人的，他的经济思想对于我们今天在建设中国特色的社会主义的伟大运动中仍然具有许多有益的启示和借鉴。

三

中国是一个人口众多的多民族统一国家，要把我们的国家建设好，首先就必须做到民族团结、国家统一、万众一心，否则建设搞不好，国家富强之路就走不通。中国近现代的历史证明了这一点，孙中山先生也十分清楚地认识到这一点。所以他先后在《支那保金分割论》《三民主义与中华民族前途》《临时大总统宣言书》《民权主义》《中国国民党第一次全国代表大会宣言》《和平统一宣言》等文著中反复阐论祖国统一的重要性。他说："支那国土统一已数千年矣，中国虽有离折（析）分崩之变，然为时不久复合为一"，"中华民族有统一之形，无分裂之势"。① 他更严肃地指出，在帝国主义列强欲瓜分中国，国家已处在亡国灭种的处境之下，"中国当此危急存亡之秋，先宜万

----

① 《孙中山全集》第一、五、六、九、十卷。

众一心，和衷共济"，"决不宜鹬蚌之争"。[①]他警告，凡"提倡分裂中国的人一定是野心家"[②]。"中国人民对继续不断纷争和内战早已厌倦，并深恶痛绝。他们坚决要求停止这些纷争，使中国成为一个统一、完整的国家。"[③]搞分裂者，"敢有为石敬塘、吴三桂之所为者，天下共击之"[④]。皆为"中国之仇敌"。因此中山先生的结论是明确的，他说："中国是个统一的国家，这一点已牢牢地印在我国的历史意识中，正是这种意识使我们能作为一个国家而被保存下来，尽管它过去遇到了许多破坏的力量。"[⑤]统一，中国才能富强，统一是全体中华儿女根本利益和长远利益之所在。

中山先生一生时时挂念着台湾，他曾于1900年9月、1913年8月、1918年6月、1924年11月，四次亲赴台湾考察。早在檀香山兴中会成立时，他就提出"恢复台湾，巩固中华"的口号。他认为，"光复台湾为革命的主要目标之一"[⑥]，并庄严宣布："中国如不能恢复台湾，即无法立足于大地之上"[⑦]。据不完全统计，在孙中山的史著之中提到台湾之处在35次以上，中山先生思念之心昭然也。现在海峡两岸的中国人的绝大多数都是孙先生革命事业的继承人，都希望早日看到祖国的完全和平统一。但是总有一小撮民族败类，他们怀着一己之私利和个人野心，不顾民族大义，搞分裂总是不乏其人，过去有，现在也有，但是其结局都是共同的，都将以彻底失败、身败名裂而告终，将被钉在历史的耻辱柱上而遗臭万年。不管从前的袁世凯之流，还是今日的李世凯或陈世凯之辈，他们没有一个能逃脱人民的惩罚和历史的审判。孙先生是国家统一的坚强卫士，他认为"统一之时就是治，不统一之时就是乱"[⑧]，"统一成而后一切兴革乃有可言"，他一生把谋求与维

①②③⑤⑧《孙中山全集》第一、五、六、九、十卷。

④《同盟会宣言》，载《孙中山选集》第69页。

⑥曾乃硕：《国父与台湾革命运动》，转引自唐德中《速图中国之统一——中山祖国统一思想论析》，第15页。

⑦庄政：《中山先生与台湾》，转引自唐德中《速图中国之统一》。

护国家统一视为"头等大事"和"根本要图",是关系到祖国存亡与"长治久安"的前提。通过革命斗争的实践,他还总结出了帝国主义列强和封建军阀是中国不统一的真正罪魁祸首。他说:"中国现在祸乱的根本,就是在军阀和那援助军阀的帝国主义。"结论是:中国要争取革命与建设的胜利就要"打破这两个东西,中国才可以和平统一,才可以长治久安"[①]。孙先生历来是主张以不流血,不给国家带来破坏,不给人民带来痛苦的和平手段解决革命与统一问题的,但是在不得已的情况下,他就毅然拿起武器,不惜通过武装斗争来解决革命与统一的重大原则问题。如他两次领导护法运动和护国运动与袁世凯斗争;与以袁世凯为代表的北洋军阀斗争,以及多次发动北伐战争以求实现国家的统一大业。他语重心长地说:"文窃以谋国之道,苟非变出非常,万不获已,不宜轻假兵戎,重为民困。""苟能以和平的方法改正坏法卖国之事,自不必再杀人流血。"[②]他特别不愿意看到"兄弟阋于墙"。他言行一致,在实际行动中也是这样做的。如辛亥革命告成后,为了和平统一中国,他把大总统让给袁世凯。1924年秋,他不顾个人的安危,为了谋求和平,又一次抱病北上,并病逝在北京。这都说明孙中山先生对和平统一中国有着真心诚意。但是,面对顽固不化的反革命,他后来又清醒地认识到:"只有革命党的奋斗,没有革命军的奋斗"[③]是不可能完成革命大业的,因此他创立了"黄埔军校",决心用革命军队和武力去打倒分裂祖国的旧军阀。统一祖国的思想,是他救国、建国思想的重要组成部分和精髓,他以毕生的精力为国家的完全统一大业鞠躬尽瘁,死而后已。

四

今年,我们在纪念辛亥革命90周年和孙中山先生诞辰135周年的时候,感到有特别的意义,因为1956年11月12日,毛泽东为纪念辛

---

① 孙中山:《国民会议为解决中国内乱之法》,载《孙中山文集》,第891页。
②③《孙中山全集》第一、五、六、九、十卷。

亥革命 45 周年和孙中山诞辰 90 周年撰写了一篇题为《纪念孙中山先生》的专文。文章中有段话说道："一九一一年的革命，即辛亥革命，到今年，不过四十五年，中国的面目完全变了。再过四十五年，就是二千零一年，也就是进到二十一世纪的时候，中国的面目更要大变。中国将变为一个强大的社会主义工业国。中国应当这样。因为中国是一个具有九百六十万平方公里土地和六万万人口的国家，中国应当对于人类有较大的贡献。"① 今年，就是毛泽东所说的"再过四十五年"的"二千零一年"，我们可以自豪地告慰孙先生、毛主席和革命先烈们，在以江泽民同志为核心的党中央的领导下，在邓小平理论的指引下，祖国已经取得社会主义革命与建设的伟大成就，我们还将按照邓小平指出的"和平统一、一国两制"的基本方针和江主席的"八项主张"尽快解决台湾问题。21 世纪将是完成统一的中国腾飞的时代，江泽民总书记在中国共产党第十五次全国代表大会上说："一个世纪以来，中国人民在前进道路上经历了三次历史性的巨大变化，产生了三位站在时代前列的伟大人物：孙中山、毛泽东、邓小平。"正是中山先生让昏沉千百年的东方睡狮觉醒了；正是毛主席让屈辱的东方巨人站起来了；正是小平同志让贫困的中华儿女富起来了。在新的世纪里，中国各族人民不会忘记这三位伟人，世世代代也不会忘记！

---

① 《纪念孙中山先生》，载《毛泽东选集》第五卷，第 311—312 页。

孙中山的地方自治思想

一

孙中山先生一生极为重视地方自治，认为地方自治是"建国基础"①。"国家之治，原因于地方"②，"惟自治者，全国人民有共治、共享之谓"③。自治可使中国社会进步，"日臻于强盛"。早在1903年，他就明确地表示："余以人群自治为政治之极则，故于政治之精神，执共和之主义"（《孙逸仙与白浪庵滔天之革命谈》），把自治与共和制度紧密联系起来。1916年，他在《在沪举办茶话会上的演说》中进一步指出，立宪法如不能实行，"犹废纸耳"。欲实行，"则必先办自治"。自治为"民国之础，础坚而国固，国固则子子孙孙同享福利"。孙中山认为民国建立后之政治不完善的原因即在于地方自治不发达。"若地方自治既完备，国家即可巩固。"④按他的见解，美国立国后政治蒸蒸日上，原因在"以其政治之基础全恃地方自治之发达"，而法"虽为欧洲先进文化之邦，人民聪明奋厉，且于革命之前曾受百十年哲理民权之鼓吹，又模范美国之先例，犹不能由革命一跃而几于共和宪政之治"，其原因即在"以彼之国体向为君主专制，而其政治向为中央集权，无新天地为之地盘，无自治为之基础"。⑤故此，在中国推行共和宪政，必须要有一个渐进的过程，以使人民养成自治能力。由自治而进入宪政，

①②④《孙中山全集》卷一、二、三、五、七。
③⑤《建国方略》卷六。

才算是革命事业的真正完成。

针对当时中国外有列强虎视，内有军阀借联省自治之名而行地方割据之实的国际国内形势，孙中山"既反对那些热衷于把省作为地方自治基本单位的人，也反对那些提倡将联邦制的原则应用于各省的政府的人"。他认为："在现在条件下的中国，联邦制将起离心力的作用，它最终只能导致我国分裂成许多小的国家。"[①] 同时，军阀割据式的"联省自治"，会引起外国干涉、瓜分。1919 年，他总结辛亥革命以来的经验教训，痛切指出：有人说立国根本在于人民有自治能力，所以地方自治为最重要之事，故应从一乡一区推广到一县一国，国家才有希望。但现在的官僚何尝愿意人民有自治的能力？大家只须看地方自治经费被他们挥霍尽净，致使自治不能办，即可知其意。1924 年，他在《中国国民党第一次代表大会宣言》中痛斥当时极为活跃的"联省自治"，说"吾人不谋所以毁灭大军阀之暴力，使不得挟持中央政府以为恶，乃反欲藉各省小军阀之力，以谋削减中央政府之权能"，推其结果，"不过分裂中国，使小军阀各占一省，自谋利益，以与挟持中央政府之大军阀相安于无事而已"。割据式的"省联"，不过是军阀的省联，是军阀"托自治之名阴行割据所得而藉口"，绝不是人民自治的"省联"。这种"省联"是不利于中国而利于军阀个人的，中国不能学美国式的联邦制度，并且美国的富强，不是由于各邦独立自治，而是由于各邦联合后的进化所形成的统一国家。中国原来既是统一的，就不应该把各省再分开来；而且"中国统一之时就是治，不统一之时就是乱的"。所以，真正的地方自治必须等待中国全体独立之后始能有成。

因此，孙中山所提倡的地方自治，是中国政治统一下的地方自治，即所谓"完成政治统一，实现地方自治"是紧密联系，不可分割的。它们互为基础，相辅相成。只有完成政治统一，才能实行地方自治，也只有实现地方自治，才能真正建立、巩固中华民国。辛亥革命后的

---

① 《建国方略》卷六。

现实即深刻揭示了这一道理。这里，孙中山先生敏锐地把握住中国社会趋向统一的历史脉搏，辩证地把实行地方自治和建立完整的中华民国统一起来，从而与形形色色的军阀、政客乃至一般革命者区别开来，给他的地方自治方略赋予了独特的社会历史内涵，体现了孙中山先生作为民主革命先行者的伟大之处。

二

按孙中山先生的设计，实现这种政治统一下的地方自治是建立真正的民主共和国的基础，它需要一个过程。首先要通过革命，"扫除中国一切政治上、社会上旧染之污，而再造一庄严华丽之新民国"[①]。即由革命军担任打破清朝专制、扫除官僚腐败、改革风俗之恶习、解脱奴婢之不平、洗净鸦片之流毒、破灭风水之迷信、废去厘卡之阻碍等一切不利于实现民主自治的"旧染之污"，完成政治统一，建立为民所有、为民所治、为民所享的"庄严华丽之新民国"。他认为，辛亥革命后民国政治黑暗即在于未将革命进行彻底，而社会留存的"旧污"太多。因此，革命必须要彻底，才能达到革命的目的。其次，要培养中国人民自治能力。十九世纪末二十世纪初，梁启超等维新派人士及海外一些学者认为"中国人无自由民权之性质"，只能实行君主立宪，不能实行民主共和。孙中山则一方面认为"余之从事革命，以为中国非民主不可"，即使君主立宪，亦因"君主之遗迹，犹未划绝"，他国行之犹，或可暂安于一时，在中国则必不能行。[②]从学理上言，中国昔有唐虞揖让、汤武革命的实践和"天视自我民视，天听自我民听"，"民为贵，君为轻"，"闻诛一失纣，未闻弑君"的"民权思想"，[③]"知民为邦本，则一国以内人人平等，君主何复有存在之余地"；从历史上言，"满洲之入据中国，使中国民族处于被征服之地位，国民之痛，

---

① 《建国方略》卷六。
② 《国父全集》（第二册）。
③ 《孙中山全集》卷一、二、三、五、七。

二百六十余年如一日，故君主立宪在他国君民无甚深之恶感者，犹或可暂安于一时，在中国则必不能行"；自将来建设而言，"中国历史上之革命，其混乱时间所以延长者，皆由人各欲帝制自为，遂相争相夺而不已。行民主之制，则争端自绝"。①况民主为世界潮流，中国又素有自治之基础，所以应该选择"近日改良最便利之汽车"，实行民主共和。而实行民主共和的基础又在于实现地方自治。因此，"我们决不能说我们同胞不能共和，如说不能，是不知世界的进步，不知世界的真文明，不知享这共和幸福的蠢动物了"②。另一方面，他又清醒地认识到，中国人民久处专制之下，"有一专制积威造下来的奴隶性"③，缺乏自治的思想、知识、能力和政治实践，需要革命者宣传、训导、培养他们独立自治的知识和能力。即"由政府训政，以文明治理督率国民建设地方自治"④。孙中山由以童子入学喻之，认为"中国人民今日初进共和之治"，犹童子当入塾读书，"亦当有先知先觉之革命政府以教之"。这一过程，"所以为专制入共和之过渡所必要"，"非此则必流于乱"。建立民国，"为我国有史以来所未有之变局"，民国主人犹"初生之婴儿"，革命党人既为婴儿之母，"则当保养之，教育之"，使民国主人长成，国基巩固，"方尽革命之责"。辛亥以来，仅得一"中华民国"之名，就是由于革命者不知此为"必要之事"，放弃责任，失却天职，致使革命事业只收"破坏之功"，未成"建设之业"。⑤所谓"训政"，以培养国民自治能力，具体言之，即是行"约法之治"。以县为自治单位，县以下再分乡村区域而统一于县。每县自敌兵驱除战事停止之日，立颁布约法，"凡军政府对于人民之权利义务，人民对于军政府之权利义务，其荦荦大者悉规定之"⑥。军政府发命令组织地方行政官厅，遣吏治之；而人民组织地方议会，监督军政府履行约法。国民背约法由军政府强制，军政府背约法则因民"不负当履行之义务，而不认军政府所有之权利"⑦，如是以陶冶其成"共和国民之资格"。上述以三年为限，期

---

① ② ③ ④ ⑥ ⑦《孙中山全集》卷一、二、三、五、七。
⑤《建国方略》卷六。

满则由人民选举其县官；或于三年之内，该县自治局已能将其县之积弊扫除，及得半数人民能了解三民主义而归顺民国者，能将人口查清，户籍厘定，警察、卫生、教育、道路各事照约法所定之低限程度而充分办就者，亦可立行自选其县官，而成完全之自治团体。革命政府对此自治团体，只能照约法所规定，行其训政之权。全国平定六年后，"各县已达完全自治者"，选代表一人，组成国民大会，制定五权宪法，选举总统和代议士，成立国民政府，结束训政，实行宪政。

孙中山认为经过以上阶段的进化，方可为实行宪政下的地方自治奠定基础，至此方能实行真正的地方自治。以上阶段不能省略。他说，以中国数千年专制，退化而被征服之国之民族，一旦革命光复，而欲成立一共和宪治之国家，"舍训政一道，断无由速达"。他举例说，美国欲扶助菲岛人民独立，先从训政入手，"以造就其地方自治为基础"。不过二十年，菲岛人民由"半开化之蛮种"变为"文明进化之民族"，"地方自治已极发达，全岛官吏，除总督尚为美人，余多为土人所充任，不日必能完全独立"。而且"将来其政治之进步，民智之发达，当不亚于世界文明之国"。中国久处专制之下，奴性已深，下经训政"洗除其旧染之污"，"奚能享民国主人之权利？"[①]

三

1919 年，孙中山出版《孙文学说》，在卷一《知难行易》中将宪政下的地方自治概括为："此时一县之自治团体，当实行直接民权。人民对于本县之政治，当有普通选举之权、创制之权、复决之权、罢官之权，而对于一国政治除选举权之外，其余之同等权则付托于国民大会之代表以行之。"综合他在 1920 年发表的《地方自治实行办法》等资料可知，孙中山的宪政下的地方自治的具体内容主要有以下几点：

1. 中央与地方之关系，他在 1912 年《在济南记者招待会的谈话》中指出，中央有中央之当然之权，如军政、外交、交通、币制、关税。地方有地方当然之权，自治范围内都是。属中央之权，地方不得取之，

①《建国方略》。

属地方之权，中央也不得代行。

2. 地方自治的范围以"一县为充分之区域"，若不得一县，则联合数乡村，而附有纵横二三十里之田野者，亦可为一试办区域。这是因为地方自治只有实行选举权、创制权（主法权）、复决权（依公意废止或修改法律的权力）和罢免权（罢免官吏权）等直接民权，才可称得上是真正的民治。一省太过广漠，不利于实行直接民权，县则大小适合，适于国民使用直接民权参与政治生活。

3. 自治以实行民权、民生为目的，以该地人民的思想智识为题实行自治的标准。"若自治之鼓吹已成熟，自治之思想已普遍"，则可清户口、立机关、实行自治。自治权限有组织地方自治机关，选举、罢免地方官员，创立地方自治法律，管理地方经济、社会事务等。

4. 自治机构及其职能。1920 年，孙中山在广州重组军政府，并兼任内政部部长，为在广东首先实施民有、民治、民享政治，拟定《内政方针》，进行地方自治的具体实践。其关于地方自治机构的设立及其职责的规定具有一般意义。他规定，设地方自治局，调查户口、拟定地方自治法规、监督各地方自治机关；设社会事业局，育孤、养老、救灾、卫生防疫、收养废疫、监督公益及慈善各团体；设劳动局，保护劳动、谋进工人生计、提倡工会；设土地局，测量土地、规定地价、登记册籍、管理公地；设教育局，筹办普及教育、改良已立学校、振兴高等教育、改良风俗、办理通俗讲演；设农务局，制造并输入机器肥料、改良动植物种类、保护农民、开辟荒地、培植及保护森林、兴修水利、提倡农会；设矿务局，奖励民厂、草定工厂法及工人卫生条例、输入机器及原料、监督各工厂；设渔业局，保护渔民、建筑渔港、改良渔船及渔具、保植渔种；设商务局，奖励国货、检查国货优劣、保护专利及牌号、奖励海外航业、监督专卖事业、设立贸易银行及货物保险公司；设粮食局，管理国内粮食、核定并监督粮食之输出入；设文官考试局，进行普通文官考试、高等文官考试。此外还设行政讲习所、积弊调查所等。按孙中山先生在《地方自治实行法》中的规定，他所建议之地方自治团体，"不止为一政治组织，亦并为一经济组织"，兼有管理、发展经济和社会公益事业的职责。

5. 地方自治的步骤。1919 年，孙中山先生在《在上海民主学会的演说》中提出实行地方自治的第一步为户口调查，其次为改良交通、推广教育、振兴实业（农、工、商业）。1920 年，他进一步将之具体为：一、清户口；二、立机关；三、定地价；四、修道路；五、垦荒地；六、设学校。他认为实行地方自治，首先要清理户口，确定负自治责任的人数，使权利与义务相一致，"必当尽义务，乃得享权利；不尽义务者，停止一切权利"。未成年人、老人、孕妇、残疾人等依法享有相应的权利。户口既清，则可以从事组织自治机关。由成年男女享有直接民权，选举立法机关及执行机关，管理当地社会、经济事务，并以法律规定人民对地方自治团体的义务。这样，一县百数十万人民，或数乡村一二万人民，成为"一政治及经济性质之合作团体"①，在此基础上，核定地价，修筑道路，开垦荒地，设立学校，发展社会经济，推广教育。若以上五事办有成效，则逐渐推广到农业合作、工业合作、交易合作、银行合作、保险合作等事，并设专局经营自治区域以外之运输、交易。如此，由一县以至一省一国，奠定"民国万年有道之基"。

孙中山先生是我国近代以来第一个系统提出地方自治思想，并予以实践的社会革命家。他的地方自治思想贯穿了其革命理论和社会建设两大部分，成为其政治思想的重要基石之一，对近代中国社会产生了巨大影响。他关于地方自治与人民共和之间的关系、地方自治与实现国家政治统一等精辟的见解，至今仍熠熠闪光，给我们以有益的启示。今天，中国社会处于急剧转变之际，我们要充分继承、吸收孙中山先生的这一思想，为我国的民主与法制建设服务。

（1997 年 7 月，纪念孙中山奉安大典 70 周年学术讨论会〈南京〉入选论文，发表于《团结》杂志 1999 年增刊。署名：吴忠礼、刘文锦）

---

① 《孙中山全集》卷一、二、三、五、七。

厚积而薄发　宁静而致远

　　首先祝贺大家通过竞争，被择优选拔进入宁夏社科院从事社会科学的研究工作。对于你们的明智选择，我感到非常高兴。有你们这一批批年轻有为的生力军加入科研行列，宁夏社科院后继有人，后来居上，一定会更加兴旺发展。

　　大家进了宁夏社会科学的大门，将要以社会科学研究作为自己的终身事业，这是一项既光荣而又艰巨的任务。因为人类社会的全部学问，无外乎分为自然科学、社会人文科学和工程技术科学三大类。社会科学是以人与社会、社会现象及人与自然的美学为研究对象的，具有阶级性、实证性、评价性和纯思维的特点。社会科学既关注社会，更关注人，它基本上属于意识形态范畴和上层建筑的领域，社会科学工作者可以说是人类灵魂的工程师。历史赋予我们的使命，注定了我们需要一辈子在崎岖的山路上勇往直前，努力攀登。

　　我于1965年大学毕业，从事社会科学研究马马虎虎已经40年了，在辛苦之中也沉积了一些肤浅的体会，略加整理，就其主要方面和共性特点来看，可以总结为以下三个方面：

　　第一，要重视基础研究。如果打算吃社会科学这碗饭，就要选准研究主攻方向，明确奋斗目标，并作好心理准备。就是说首先要做到"三定"：一是把研究领域定下来，二是把自己想要取得的主要研究成果定下来，三是把从事社科研究的生活方式定下来。从而要下定决心，宁静致远，气沉丹田，坚持面壁十年和十年磨一剑的精神，板凳要坐十年冷，文章不写半句空。克服浮躁，打牢基础，厚积薄发。中国是五千年的文明古国，古代典籍博大精深，浩如烟海，汗牛充栋，作为个人，有限的人生，面对如此无限的知识大洋，没有献身的精神，毕生为之奋斗和追求的坚强意志，最终可能望洋兴叹，无所作为。

在基础研究这个问题上，我还认为，不论是研究什么领域、什么学科，有三个方面应该是具有相通的共性（可谓之"三功"）：

一是要有马列主义理论修养。我们是共产党执政的社会主义国家，要坚持马列主义、毛泽东思想、邓小平理论和"三个代表"重要思想为指导。这不是一句口号，也不是政治标签，要体现在每一个人的立场、观点、方法中。马列主义理论功底还包括政策水平，而政策又有三方面要求，即党和国家总的大政方针、各方面具体的政策规定、党的十三届三中全会以后经过拨乱反正的现行方针政策。党的政策是马列主义理论的具体化，只有既懂理论又熟悉政策，才能真正在言论和行动上与党中央保持一致。作为一个合格的社会科学工作者，如果缺乏这样的功底，不仅出不了有深度的成果，甚至有可能出偏差、犯错误。尤其重要的是学好马克思主义哲学，因为它的功能和作用，带有根本性、特定性、稳定性和决定性的意义。世界上的一切都是由人创造的，而哲学则是对人的世界观与方法论进行指导的，所以哲学超过了一般意义上的科学含义，超过了人文价值体系的意义和作用。社会科学是为人们指明人类社会发展方向与实现人类最终远大理想的科学，谁能与之无关呢？"学好哲学受益终身"，这是几代革命家和无数理论家的切身体会、共同认识。

二是要有传统文化底蕴。中国学者当然应该具备中华民族传统文化的素质，而中华文明和传统文化是五千年历史的积淀和升华的结晶，所以历史上一个民族、一个国家传统文化的土壤和根，是造就民族精神的灵魂。只有通过千百年历史的漫长积淀，才能渐渐形成一个民族的心理结构，并表现为一种价值观取向、道德规范和人格行为。它就如同基因一样，存在于这个民族共同体所有成员的肉体内，溶化在每一个个体的血液中，所以每一个人的思维方式、思想情感，乃至一言一行或举手投足，无不受到本民族历史文化潜移默化的影响。从这个意义上来看，每一个社会成员既生活在现实中，又生活在历史之中。我们今天所做的一切，经过沉淀、冷却、凝固之后，就会变为明天的历史。今天是昨天的继续，明天又将继续着今天，这就是历史的传承关系和辩证法则。

因此，中华民族历来重视历史，鄙视数典忘祖，反对搞民族虚无主义，在不断地继承和弘扬着本民族的光荣历史和优秀传统。毛泽东同志批评过"言必称希腊"，对于自己祖国的历史不感兴趣的错误倾向。邓小平同志提出建设有中国特色社会主义理论。所谓中国特色，就是建立在中国历史文化基础上的中国舆情和人文特点，即国情。江泽民同志在我党十六大报告中号召全党和全国人民要弘扬"民族精神"。胡锦涛同志在中共中央政治局第九次集体学习时的讲话中也作出了重要指示。他说："在全面建设小康社会、加快推进社会主义现代化的新形势下，在深刻变化的国际环境中，我们要更加重视学习历史知识，善于从中外历史上的成功失败、经验教训中进一步认识和把握历史发展和社会进步的规律，认识和把握时代发展大势，提高治国理政的才干，不断开创中国特色社会主义事业的新局面。"所以，在学术理论战线上，不论你是研究什么领域什么学科，在社会上也不论你是从事何种工作，大家都应该学习历史。试想，如果伟大祖国数千年的文明历史在我们这一代人的手中被中断、湮没，那我们将上对不起祖宗，下无法给子孙交代，这不仅仅是遗憾，还一定会留骂名于后世的。

三是要有文才、口才和走进社会、下到基层进行社会调查研究的本领。由小见大，从幼芽预见趋势，透过现象看本质，为重大理论提供实证研究。

第二，要加强理论联系实际。人们获取知识，有两种书，一种是文字书，另一种是实践书，而且文字书也是对实践的总结。所谓理论联系实际，就是要求社会科学工作者努力实践回报社会，服务现实，并投身到火热的主战场中去。要求社科研究机构改变经院式的办院模式，走出书斋，把知识奉献给人民，只有这样才能体现知识的价值和自己的人生价值。否则，你即使是一位大学者，满腹经纶、学富五车、才高八斗，但藏之于深山、束之于高阁，孤芳自赏，这样的知识会有什么价值，只能带到棺材中去。这样的人也很可悲，枉为人生啊。

中国知识分子自古以来就有服务现实、回报社会的优良作风，历代文人所提倡的"经世致用"主张，"修身、齐家、治国、平天下"和"天下兴亡，匹夫有责"的思想，今天我们不仅要学习和继承，更应该弘扬与光大，并赋予新时代的新内容。

第三，要注重"德"的修养。德，指道德、品德，是一个人在思想与行为中所表现出来的优秀特质。品格，是人在恪守责任时，意志不为外物所动的一种内在的精神力量。中国文人十分看重修身、讲德性。诸如文德、史德、志德等等。我国古代圣贤说过："德莫大于博爱人，政莫大于信，治莫大于仁。"历史上对于文人的评价往往使用"道德文章"四个字来概括，德在前，文在后。被尊为儒家经典著作、群经之首的《周易》中，就已经把"德"与"业"结合起来了，在《易·乾·文言》中有"君子进德修业"的说法。古人所谓德，指圣人之道（正道），其内涵为进取、忠信、慎言慎行，非礼勿行等。主张为文，必先修德。所以《周易》认为："天有无疆之德"，"地有广厚之德"，"上善若水，厚德载物"。这里面的意思是说，只有千变万化的苍天，与仁厚宽广的大地相结合，才能化育万物。《周易》具体解释为，有天地然后才有万物，有万物然后才有男女……生生不息谓之易；易生太极，太极生两仪，两仪生四象，四象生八卦，八卦相交，演绎世间万物与百态。由此可见，衡量德的重要标准为"行"。故人们把"德行""品行"合称就是这个道理。我自己一直把做人与做学问结合起来，首先做人，在此基础上做好学问。当然，时代不同、阶级不同，对德的要求也不同。

与青年谈读书问题

每年的 4 月 23 日，是"世界读书日"。在这春光明媚的季节，大家聚到一起，讨论一下关于"读书"的问题，是以文会友的一件乐事。我国早在 2000 年，就曾把每年 12 月定为"全民读书月"，提倡全民读书，建设"阅读社会"，推动"学习型社会、学习型组织、学习型家庭"和全社会"书香"氛围的形成，其意义深远。读书既是个人成长的需要，更是国家兴旺的需要、民族振兴的需要。中华民族是世界上著名的文明古国、礼仪之邦，书香浓郁的社会，历史上出现过许多热爱学习、勤奋读书而成就伟业的名儒、文豪、大师和先哲，为我们树立了读书报国的好榜样。他们总结了许多宝贵的读书经验，并创造大量灿烂的文化成果，给民族留下了丰富的精神遗产，也为人类文化宝库增添了珍品。

今天，我们这一代人，适逢国家盛世、民族复兴和再创辉煌未来的历史新阶段。历史赋予我们的使命是光荣的，也是繁重的，任重道远，前无古人，因此我们必须刻苦学习，勤奋读书，武装自己，勇挑重担，在伟大的时代里建功立业。

但是，徒有一腔热血和豪言，而腹中无诗书和经纶，那么胸中也就难有宏图和壮志，就像鸟儿没有翅膀一样，只能是空想罢了。所以我们这一代人要报效国家，完成历史使命，途径只有一条：刻苦学习、读书——增长才干、本领——为新时代添砖、加瓦，除此别无什么捷径和窍门。

谈到读书问题，也不是什么简单的事情。读什么书？怎样读书？里面的学问大得很，应该讨论的内容非常广泛。记得去年的今天，也是在这个地方，我对于读什么书，发表过一点拙见。当时我从自己的经验出发，提出读带有共性的"三种书"的看法，即一为"社会"这本大书（书本知识来源于社会实践），二为马克思主义理论书（指导一切的思想理论原则），三为中华民族传统文化（国学）书（民族文化是强大国力的基础和软实力）。当然，就个人而言，不同行业、专业的人，更应该研修与自己所做工作有关系的专业书。

今年，我还想乘此机会，再谈一点另一个带有共性的问题，即关于阅读和使用"工具书"的问题。

古人说："工欲善其事，必先利其器。"所谓"器"，就是人们劳动、生产中为了提高效率所使用的器具、工具。在读书、学习和从事文化、科研工作中，也有一种可以提高效率的书，叫"工具书"。它是将相关知识与资料进行整理、汇编，再按一定排检次序进行编印，帮助读者根据需要快捷检索的特种图书。如字典、词典、百科全书、手册、年鉴、表谱、书目、索引、图录、图谱等。这样看来，所谓工具书，就是指在学习或工作时，可以作为工具使用的特定类的图书，也就是说，凡用一定的观点，收集某种资料并按一定方法编排起来供人查考的图书，就称之为工具书。概括起来说，大凡供阅读的书，称为一般图书，而供质疑解惑查考用的书，则称为工具书。但是，两者的区别也非绝对的，因为根据使用者的目的与需求不同，有些书既可以供人阅读，又可供人翻检。如类书，既是查找古代各类事务的工具书，而对于从事书中所涵某项内容进行专门研究的人来讲，又是必读之书。类书中有（明）《永乐大典》、（清）《古今图书集成》、（清）《四库全书》等，最为全面、权威。类书是按地理、政治、经济、文化、礼教等分成大类，之下再分为天、人、乐和居处等部，其下再分为子目，读者想了解某一方面的内容，都可以按类别目，随手翻检而得。又如政书，是查找古代典章制度的工具书，凡历代的政治制度、经济制度、文化制度以及天文、地理、文学、艺术无所不包，对于一般求解某事的人和研究者，都能方便各取所需。政书中有（唐）杜佑的《通典》、（宋）郑樵的《通志》、（元）马端临的《文献通考》，被后人合称为"三通"，影响最大。政书一般分为食货（经济）、选举（教育、人才选拔）、乐（礼乐、文化）、兵刑（军事、司法）、州郡（地方行政）、边防（中外关系等）和灾异、氏族、谥法等内容，使用、阅读都非常简便。它们既是工具书，又是史书，就看你怎么用了。同样，许多供人阅读的史书，也可以当工具书用，如国家所编修的正史，当然是权威史书，后人读史明经，主要依赖这类称为国史的二十四史。但是，有些读者，因工作性质不同，不需要去阅读这样的庞然大物。正史一般是由帝王本纪、天文、律历、礼乐、地理、食货、人物、艺文、番夷、属国等方面内容组成，要了解哪一类内容，可以按图索骥，也很方便，所以正史也可起到工具书的作用。

我国历史悠久，疆域广阔，民族众多，方言殊异，加上交通不便和载籍浩繁（十万种、一百万番之巨），其中又因文字艰深，识文、解义、断句，亦非易事，给阅读各种历史文献带来许多困难；另外，一个人一辈子，生命和精力有限，再废寝忘食，穷经皓首，往往也难识海洋的冰山一角。所以既要有活到老学到老的精神，又要学会节省时间，争取事半功倍——学会使用工具书。

中国的古代典籍一般按经、史、子、集四大部类划分，如同甲、乙、丙、丁四座知识殿堂。

第一，经。儒学必读的经典著作，包括十三部书，称十三经。排序是：《周易》（古典哲学和推测自然与社会变化的预测书）、《尚书》（上古历史文献）、《诗经》（中国最早诗歌总集）、《周礼》（周王室和战国间各国典章制度）、《仪礼》（春秋战国间部分礼制汇编）、《礼记》（秦汉以前礼仪论著选集）、《春秋左传》（传说为春秋间左丘明据各国史料解释孔子所著《春秋》的史书）、《春秋公羊传》（传说为战国时齐国人公羊高所撰解释孔子著《春秋》的又一本史书）、《春秋谷梁传》（传说为战国间鲁人谷梁赤撰解释孔子著《春秋》的史书）、

《论语》（孔子弟子及其再传弟子关于孔子言行的记录）、《孝经》（传说为孔门后学所作，论述封建孝道和宗法思想）、《尔雅》（中国最早解释词义专著）、《孟子》（战国时孟子及其弟子万章等著，载孟子的政治、教育、哲学、伦理等思想观点和政治活动）。

第二，史。指历史著作。有正史，以二十四史为代表，加上《新元史》、《清史稿》实为二十六史，计三千一百二十六卷。多种史书和史料汇编加到一起，卷帙浩繁，汗牛充栋，浩如烟海，令人望而兴叹。

第三，子。一般指哲学著作，同时也包括神话、传说、笔记、杂录和志怪小说以及宗教等书。

第四，集。指诗、文、词、曲的结集。官、私各种选本很多。最早的集子，当书《诗经》《楚辞》和《昭明文选》，但严格来说，它们不能算作工具书，因为是必修的基本教科书。集部的代表作包括：诗（如《全唐诗》《全汉三国晋南北朝诗》等）、词（如《全宋词》等）、曲（如《元曲选》等）、文（如《全唐文》《全上古三代秦汉三国六朝文》等）、杂剧（如《元明杂剧》等）、小说（如《太平广记》《唐宋传奇集》等）。

按"四部"分类就如同寻找到了自己要进入的知识殿堂，还要有一把打开金锁的钥匙，这就要学会查索的检字法，然后才可以入室登堂，见到要了解的宝物（知识）了。检字方法，大体分为两种：其一，按照字形检字；其二，按照字音检字。字形检字，又有部首、笔画、笔顺和四角号码等四种方法。字音检字，有声部、韵部和注音字母以及汉语拼音字母检字法。

对号入座，探囊取物，各取所需：

一是查字、词。学认字，是普度儒学的启蒙教育，当属于儒学经典教科书之列，先在"经部"找，其中《小学》和《史籀》就属于文字学。更直接的字书有（东汉）《说文解字》、（晋）《字林》、（梁）《玉篇》、（宋）《字通》、（明）《字汇》、（清）《康熙字典》等。

词，由字组成，也属经部。释词方法有两种：其一称"诂"，即用当代普通话的词语说明古代词、方言词的意义；其二称"训"，即解释词的定义和应用范围以及它与同义词、近义词的区别。我国最早解释词义（训诂）的书是十三经之一的《尔雅》。第一部群众口头语言词典为《方言》。第一部韵书是《广韵》。

现在，多种字典、词典和专门词典很多，针对性很强，如《辞海》《词源》《辞通》和《汉语大字典》《汉语大词典》以及《汉语小词典》《同音字典》《古汉语常用字字典》《通假大字典》《甲骨文字典》等等，可视情各取所需。

二是查书。即先找书目，再了解书的名称、卷数、作者、版本等，它涉及目录学、版本学和书籍发展史。夏代是否已有典籍，因未见到实物，难说。殷商朝的典籍已出现和史官的设置。《尚书·多士》称："惟殷先人，有册有典。"《吕氏春秋·先识览》记曰："殷内史向挚见纣之愈乱迷惑也，于是载其图法，出亡之周。"另外，甲骨文中也出现再册、祝册、工典等字词。册是绳穿简状，典是双手捧册状。殷墟出土的甲骨文，内容多记商王室占卜的记录，虽不是书籍，也可称书的滥觞。

我国最早的书籍是《尚书》，其中的《商书》五篇应是商代的作品，至少《盘庚篇》为商史官所作，应无问题。时载体多为甲骨、青铜器、石头、竹签、木片，亦多为官方文告、档案等，无私人撰写。私家著述出现在春秋战国间。《墨子·天志上》曰："今天下之士君子之书不可胜载。"秦火，书毁。汉兴，书兴，出现帛书。秦始皇每天阅文一石（一百二十斤，约今六十斤），又所谓"学富五车"，皆谓简牍也。三国至唐末，纸的发明，推动书出。晋人左思撰《三都赋》，宁夏大儒皇甫谧作序，引起"洛阳纸贵"。帛与纸，都可卷起，出现卷的图书装订单位。北宋毕昇制活字，推动印刷业和书业。鸦片战争后，西方机器印刷传入，印刷、书业更加发达。

书多是好事，但给查找书带来困难。

怎么查书？

先查正史《艺文志》，当期与前代主要著述均有记录。

再查各代的目录学书（官、私皆有，唐宋后较多）如（唐）元行冲等《群书四部录》、毋煚《古今书录》，（宋）欧阳修等《崇文总目》、晁公武《群斋读书志》，（明）黄虞稷《千顷堂书目》，（清）《四库全书总目》等。

近代以还，目录书更多、更细、更专。如张之洞《书目答问》、胡适《一个最低限度的国学书目》、王韬《泰西著述考》（译著）、梁启超《西学书目表》、康有为《日本书目志》，以及袁昶、龙启瑞《经籍举要》，孙殿起《贩书偶记》。1904年开创中国近代图书馆藏书目录先例，名为《古越藏书楼书目》。

现在，各省、自治区、直辖市和大区都编写了许多大型综合目录书，如《全国总书目》（1949—1960年）、《中国丛书综录》（上海图书馆编），每年还有《全国新书目》出版。馆藏图书目录分书名目录、著作目录、主题目录和专科目录等。还分为古代版本书、近现代版本书、善本书、禁书和伪书、地方文献等。

还有查专项内容的工具书，如查人物、查地名、查时间（年、月、日和大事）、查报刊和论文资料、查文物图像的书。

当今，互联网更为方便、快捷、实用，但对于从事学术研究的人来说，还得要看版本、读原著。

长沙问史 31 载感悟

　　我虽然是学习历史专业，但大学毕业后即遇上"文化大革命"，没有机会从事自己喜欢的专业，先后在农村和城市，基层和机关，工业和农业部门，打了十几年杂。直到1979年，各省社会科学院恢复成立时，才"归了队"，在宁夏社会科学院历史研究所"半路出家"——研究宁夏地方史和西北民族关系史。

　　1981年12月，我带着归队后试写的第一篇论文——《西北顽固派在辛亥革命中的反动》，到长沙参加全国首次青年辛亥革命学术讨论会。这次长沙学术研讨会，是我最终下决心"吃历史饭"的标志、首航。那时我已年逾41岁，从"不惑"向"知天命"之年迈步了。所以叫做"半路出家"。真可谓是时不我待，只能走超常规的路，"一万年太久，只争朝夕"，要"一天等于20年"地去拼搏了。30多年以来，等于是"在家出家""带发修行"，终年青灯黄卷，与故纸堆打交道，个中的辛苦、孤寂，他人无法理解。

　　当然，由于坚持笨鸟先飞，急起直追，心血不断化作文字，前后出版著作20余部，发表论文200余篇，在小范围内产生一些微不足道的影响，得到某种肯定。虽然与诸位大家们比，不足挂齿，但也聊以自慰啦。

　　光阴荏苒，日月如梭，马齿徒增，长沙一别已过30载，并年逾"古稀"。孔子曰："七十而从心所欲，不逾矩"，即进入"自由王国"了。从上大学读历史专业读书到如今，与历史打交道50年过去了，我觉得历史，是对人类社会发展过程和自然顺序的排列，是往事的逻辑运动过程。而史学则是讨论历史的意义、目的、价值以及历史著述的原则、理论、方法、技术等方面的一门学科。当辩证唯物主义和历史唯物主义出现后，历史才第一次成为历史科学。我个人在问学治史中也有一点感悟，概括起来大约有四点。

其一，人人都要学习历史。因为历史是一个民族的集体记忆，文化之根，精神源泉，经验与智慧的总结，取之不尽的宝贵资源。以史为鉴知兴替，帮助人们掌握事物运行的规律，透过现象看到本质，扬长避短，科学决策，取得胜利。如果我们割断历史或数典忘祖，成为"史盲"，将会变成集体痴呆，何谈事业成就与民族振兴呢？

其二，历史研究要坚持马克思主义的唯物史观。因为唯物史观是把辩证唯物主义的原理运用于研究社会，使得对于社会和人类历史的研究成为一门真正的科学，并第一次揭示了人类社会发展的规律性和最终实现社会主义、共产主义的必然性，从而指明了历史研究就是要认识这种规律，揭示它的运行轨迹，秉笔直书，传信于后人，以避免犯航向迷茫和选择性失明的错误，或搞一些庸俗的浅薄的"戏说历史"（数典戏祖），甚至是强暴历史而贻误后人。这是一种历史的犯罪，一定要留骂名于子孙的。

其三，史学工作要有服务社会的责任感。因为人民群众创造了历史，是历史的主人，社会就是历史的大舞台。所以史学工作者，要主动从书斋走向社会，有责任把历史还给人民群众，将真实的历史通过史料和思辨的复杂加工，凝结成为马克思主义的历史观，让人民群众看到历史的真面貌，并观照现实，从而达到服务社会的目的。其方式是用通俗易懂的文字，图文并茂的形式，翔实生动的资料，发掘历史学的独特魅力，打造出人民群众喜闻乐见的各种历史文化产品，奉献于社会，丰富广大人民的精神生活，让史著也成为大众热烈追捧的对象，尤应成为青少年一代思想品德与爱国主义教育的大教材，充分发挥历史文化不可替代的积极作用，这是多么有意义的事啊！

其四，新一代历史学家有把史学研究推向纵深的使命。因为我们有辩证唯物主义和历史唯物主义的科学理论作为指导，有前辈学长积累的学术成果与治史经验，有当代编史修志和考古新证作为参考，更有全社会重视历史文化的氛围，剩下的问题就要看史家们的作为了。

治史是一项光荣而又艰辛的工作。首先，只能通过苦读、探索、发微，打牢功底，舍此别无捷径；其次，要用高尚的人文修养和学术良知，对历史负责，对后代负责，不唯书，不唯上，不为尊者讳，不为亲者隐，忍辱负重，服从真理，为社会承传信史；再次，要能放下身段，把基础研究与田野调查结合起来，既推出"阳春白雪"的高端研究性作品，也要会生产具有现代概念和流行语言的能让一般民众耳目一新的通俗普及性产品，并努力在成果形式上不断有所创新。

此时，我想到屈原的名句——"路漫漫其修远兮，吾将上下而求索"，还有一首无名氏诗——"块块荒田水和泥，深耕细作走东西。老牛亦解韶光贵，不待扬鞭自奋蹄"，与诸君共勉。

学习《条例》 依法修志

　　2006 年 5 月 18 日，国务院总理温家宝签发了第 467 号"中华人民共和国国务院令"，向全国正式公布新中国第一个《地方志工作条例》。5 月 30 日晚中央电视台和 31 日《人民日报》等全国各大新闻媒体都报道了这一重要消息，有的媒体还刊登了《条例》的全文。《人民日报》于同日配发以《依法编纂，确保地方志质量》为题的《国务院法制办负责人就地方志条例答记者问》的访谈记录。

　　《条例》的公布，是全国政治界的特大喜讯，是新中国几代方志人盼望的结果。大家兴奋地认为："467"这个数字将成为中国方志人的吉祥数，"5·18"也将成为中国方志历史上一个难忘的日子，堪称是修志界的"行业节日"。

　　作为一名修志界的老战士，我带着激动的心情，在第一时间里一口气读完了这份精彩的文件，然后又进行初步的研究，并应自治区方志办和《宁夏史志》编辑部之约，草草完成了这个学习心得，供全区修志同仁学习时参考，希望大家一起学习，共同提高，不当和错误之处，敬请指正。

一、编修地方志是中国人对世界文化的独特贡献

　　编修地方志是中国的优秀文化，大约已有两千年的悠久历史。方志一词，首见于《周礼》。其书《地官司徒下》载："诵训，掌道方志，以诏观事"；《春官宗伯下》又载："小史，掌邦国之志"，"外

史，掌书外令，掌四方之志。"[1] 周代的方志，实际上就是各诸侯国的国史，即周代的地方史，史称"古国史""百国宝书"，诸如鲁国的《春秋》、楚国的《梼杌》、郑国的《郑志》和晋国的《晋乘》等各国的历史书均属此类。此外，还有古地理书，如《禹贡》《山海经》和古舆图，即各地地图，如《神农地形图》《黄帝九州图》《舜山川图》《周职方图》等也是地方志的渊源之一。所以古方志又有图志、图经和地记等不同的名称。如隋代的《区域图志》、唐代的《沙州图经》、宋代的《太平寰宇记》等都是方志类的重要成果。南宋时期，方志文化得到跨越式发展，志书日益成熟并定型，体例规范，内容趋同，以志冠名渐渐成为共识。在此基础之上，元、明、清三代，修志已成为从朝廷到地方各级衙门和主官的官职、官责，全国的一统志，大区的总志，省一级的通志，省以下各级行政建制的志书——府志、州志、厅志、县志等和基层的乡志、里志、村志乃至各级专志，诸如名山大川志、建筑物志、名优土特产志等等五花八门，如雨后春笋般涌现出来，形成全国范围内无地无志、无物无志的空前盛况。方志文化百花争艳，万紫千红，受到世界各国的极大关注，成为中华民族的文化特产，为人类文化宝库增添了一朵奇葩，作出了独特的贡献。

我国自古以来，就有"盛世修志"的传统，因为只有在国家政治稳定、经济发展、文化繁荣的太平盛世大环境之下，修志才有条件提到议事日程上来。反之，国家多事，社会动荡，民不聊生，人们为活命和生计而发愁，怎么谈得上去修志呢？因此，自从1840年外国列强发动鸦片战争，用坚船利炮打开中国大门之后，国家面临被瓜分，民族处于危亡境地，全国财政收入远远不足以应付对外赔款的巨大支出，中国人优秀的修志传统被迫中断。辛亥革命之后，虽然推翻了清廷满洲贵族的封建统治，建立了中华民国，但是由于新旧军阀连年混战，国无宁日，政治腐败，经济崩溃，文化禁锢，修志的社会条件和物质

---

[1] 林尹注译：《周礼今注今释》卷四、六，书目文献出版社，1985年。

372

条件仍不具备，所以全国的修志大业，进一步陷入衰败时期，古老的修志传统相继中断近百年之久。于是地方志为何物，修志是干什么的，已渐渐被后人淡忘了。

中华人民共和国成立之后，早在第一届全国人民代表大会第一、第三次全体会议上，就有代表提出"早早动手编修地方志"的议案。与此同时，在全国政协第二届全国委员会第三次会议上，也有委员提出"继续编纂地方志"的提案。① 所以，1956 年在国务院科学规划委员会内成立地方志小组，并在国家哲学和社会科学 12 年规划里作了安排。②1958年在党的成都会议期间，毛泽东主席亲自倡导编纂和使用地方志。周恩来总理作了积极响应和落实，许多省区纷纷为修志下发过文件，也分别产生一些修志成果。③ 但是，在日益严重的"左"倾思潮干扰下，特别是"文化大革命"之中，使新中国方兴未艾的修志事业中途夭折。

历史迈进改革开放新时期，方志文化也同其他传统文化事业一样，枯木逢春，绽开了新的花朵。首先是学术界带头进行呼吁，并得到《人民日报》《光明日报》和《红旗》杂志等主流媒体的支持，不断发文倡导。同时，社会各界人士也以信访的形式，向中央有关部委和领导提出继续编修社会主义新方志的建议。1979 年 7 月，中共中央政治局委员、中宣部部长胡耀邦对山西省临汾市李百玉一封来信批示："大力支持全国开展修志工作"④，率先表示支持修志。1980 年 4 月，中共中央政治局委员胡乔木也公开发表意见，认为修志是一件"迫切需要的工作"，"要大声疾呼，予以提倡"。⑤ 在党中央、国务院的关怀和支持下，1981 年 8 月成立中国地方史志协会。1983 年 4 月，中央又批

---

① 庐客：《地方志的发展历史》，载《宁夏史志研究》1986 年第 5 期。

② 赵庚奇主编：《修志文献选辑》，北京燕山出版社，1990 年。

③ 郭凤岐主编：《志苑珍宝》，方志出版社，1997 年。

④ 中国地方志指导小组办公室选编：《中国地方志文献汇编》，方志出版社，1999 年。

⑤ 胡乔木：《在中国史学会代表大会上的讲话》，载《中国地方志通讯》1985年第 3 期。

准恢复并改名重新成立中国地方志指导小组。从此编修社会主义新方志工作在全国各地迅速展开。①

二、旧时代修志法规性条例产生的历史回顾

地方志古往今来被称为"一方之全史"和"地方百科全书"，所以历代王朝在大规模编纂国家正史之前，总要诏令全国各地官府先行修志（包括各地的《风物志》），"以备国史之征"②。可见，方志不仅是国家的权威国情书，也是修纂国史的资料库。修志，当然也就成为一种官府行为。到了东汉和魏晋南北朝时期，修志又从中央发展到地方，东汉第一代皇帝光武帝刘秀曾以修志来"表彰帝乡"，纂修了他家乡的首部志书《南阳风俗传》。③从此，达官贵人、门阀豪族、地方官员乃至文人学士、乡绅地主之辈，也纷纷效仿，官民共修，官修、私修齐动，大修各自家乡的志书，用以"表彰家乡"，宣传故里的历史文化、山水风情和名优土特产品等。于是修志从官文化一统天下，发展成为官文化和民文化相结合的共生体，方志文化在全国各地遍地开花，达到"无县无志"和"无物无志"的一种罕见的民族文化特殊形式。

面对如此繁荣昌盛的官民文化行为，朝廷当然不能等闲视之，让其无规则地自由发展。而且漫长的修志实践活动也需要并且也有条件进行总结和规范。同时，国家对修志仅限于收藏、保管和利用已不适应形势的需要，于是从理论上和体例层面指导规范修志，便提上了议事日程。

据史载，汉代朝廷曾诏令地方官府，要求各地将记载当地山川、物产、贡赋等内容的《地志》，随同《计书》一起报送太史府。这种述地的《地志》就是地方志的幼年形态。而山川、物产、贡赋等内容，也是古方志的基本门类（篇目）。汉代的这类诏令，也可算是中央政

---

① 中国地方志指导小组办公室选编：《中国地方志文献汇编》，方志出版社，1999 年。

②③ 来新夏主编：《方志学概论》，福建人民出版社，1983 年。

府指导修志的条令。^①到隋大业中（605—617年），朝廷"普诏天下诸郡，条其风俗物产地图，上于尚书"^②。朝廷根据各地报的这几项文献资料，编成以《区域图志》为代表的一批志书类图书。隋朝的《区域图志》（已佚），可算是我国第一部官修的国家一级《总志》，即后世《一统志》的前身。^③至李唐王朝，盛唐经济繁荣，文化昌盛，方志文化也得到进一步发展，国家对修志的要求也更加迫切，指导亦更为具体。唐时方志，一般多以《图经》名称出现。唐德宗建中元年（780年），朝廷颁诏，指示全国各州郡，必须3年编修一次《图经》上报尚书省兵部职方。如有山河改移，择要随时报送（后改定为5年编报一次）。《图经》的篇目已包括：行政区划、官署、河流、驿道、学校、寺庙、歌谣、古迹、异怪等内容。^④北宋时期，把修志视为巩固和加强统治的重要手段。宋廷第一次在中央设立修志官署——九域图志局，专管全国的修志工作，并颁发"红头文件"，对修志时间和志书内容作出统一要求，"凡土地所产，风俗所尚，具古今兴废之因，州为之籍，遇闰岁造图以进"^⑤。宋朝已将方志的名称和内容统一下来，几乎全部以"志"号名，并要求"六体"咸备，即记（大事记）、志（分业立卷为分志）、传（人物）、录（附录），并载图、配表，六种体裁综合运用，所谓"志体"基本形成，方志进入定型和成熟的阶段。^⑥元朝的历史虽然不长，但在修志方面却有不同凡响的表现。元世祖忽必烈于至元八年（1271年）宣布正式建立元朝以后，在百废待兴的建国之初，能以高瞻远瞩的战略眼光看待编史修志，当集贤大学士、行秘书监事札马剌丁上奏："方今尺地一民，尽入版籍，宜为书以明一统"，即编修全国一统志时，他立即批准，并命令汉臣秘书少监虞应龙协助札马剌丁主持编纂我国修志史上第一部真正意义、名实相符的全国总志——《大元一统志》。全书以路和行省直辖府、州为纲，内容举凡建置沿革、坊郭乡镇、里至、山川、土产、风俗形胜、

---

① ③ ④ ⑥ 来新夏主编：《方志学概论》，福建人民出版社，1983年。

② 魏徵、令狐德棻撰：《隋书·经籍二》，中华书局，1973年，第988页。

⑤ 脱脱等撰：《宋史·职官三》，中华书局，1977年，第3856页。

古迹、人物、仙释诸目等一应俱全。[①]

非常值得一提的朱明王朝，朱元璋虽然是农民出身，自幼没有上学享受专门教育的机会，可谓目不识丁，但是在他当上皇帝之后，却于全国尚未结束战争的情况下，就迫不及待在洪武三年（1370年），下令编修全国性总志。明朝在修志方面的突出贡献，在于专门以朝廷诏令的形式，向全国颁布了我国历史上第一个具有法规性质的《修志条例》，这就是明永乐十六年（1418年），由明成祖永乐皇帝朱棣所颁降的著名的《纂修志书凡例》。第一次以中央行政命令的形式，把志书的编修篇目（内容）固定下来，充分体现了方志是"官修政书"的性质。《凡例》规定，方志要包括21个门目，即建置沿革，分野，疆域，城池，山川，坊郭镇市，土产、贡赋、田地、税粮、课税、税钞，风俗，户口，学校，军卫，郡县廨舍，寺观，祠庙，桥梁，古迹，宦迹，人物，仙释，杂志，诗文。[②]明代编修方志遍及全国城乡和边远地区，出现不少上驷方志，国颁《凡例》功不可没。

清朝是我国修志的鼎盛时代，国家重视，大儒参修，名志层出不穷。有清一代的修志，基本上是皇帝下诏，朝廷主持，内阁统志馆主持操办，有《条例》可循，全国省、府、州、县主官一起行动，乡贤与名人学士参加的修志大格局。全国上下，从朝廷到各级官府均有修志组织机构，汇集了庞大的修志队伍，费用由各级官府统筹解决。清代在修志管理和法规建设方面较前代有较大的进步。清初康熙十一年（1672年），朝廷即以河南、陕西巡抚贾汉复所主修的豫陕两省《通志》为范体，向全国颁发《修志条例四十款》。[③]康熙二十九年（1690年），河南省巡抚衙门又率先在省内下发《通饬修志牌照》（23条）。[④]清代的编修志书不仅作为各级主官的官职、官责，是考核官员政绩的

---

① 来新夏主编：《方志学概论》，福建人民出版社，1983年。
②④《中国方志大辞典》编辑委员会：《中国方志大辞典》，浙江人民出版社，1988年。
③ 庐客：《地方志的发展历史》，《宁夏史志研究》1986年第5期。

一个重要内容，既有明确要求，又有奖惩措施，而且是皇帝直接过问的大事。清世宗雍正皇帝曾于雍正六年（1728 年）十一月二十八日颁发修志"上谕"。雍正说："朕惟志书与史传相表里……称不朽盛事"；他还认为，修志不必要限止时间，而要保证质量，"如一年未能竣事，或宽至二三年"；他责令各省督抚要负起责任，如果志书修得好，"著将督抚等官，俱交部议叙"，而对不认真修志的官员，则要"从重处分"。他还在上谕中点名批评了广西巡抚李绂，说他主修的《广西通志》"率意徇情，瞻顾桑梓……传为笑谈"等等。①此后，又令统志馆草拟《修志条款》（15 条），于雍正十一年（1733 年）十月初八日，由户部传发全国各省遵照执行。方志界称之为《部颁例目》和"部命"，视为修志"准绳"。②光绪间，朝廷又颁布《乡土志例目》，在原《部颁例目》的基础上，规定乡土志应包括"十五门"的内容，并要求乡土志要进入学堂，作为乡土教材进行"授课"，"为后学者之感劝者是已"。③由于皇帝亲颁"上谕"，朝廷有部颁"红头文件"，各省当然不敢怠慢，也纷纷制定相应的细则，用以贯彻实行和指导本地的修志工作。

中华民国时期，因形势不利，全国修志虽然滑入衰败的低谷，但是局部地方的修志工作仍在艰难开展。非常可喜的是，在北洋政府统治下的军阀混战动荡年代里，边远贫穷的宁夏，在回族将领马福祥的主持下，竟然走在全国的前面，主动设局修志，于民国二年（1913 年）开始了《朔方道志》大型区域志的编纂工作。在编修《朔方道志》之前，宁夏方志局首先颁布《凡例》（23 条），对志书名称、门类、篇目结构、时空界限、体裁和图例等均有很具体的规定。实际上这个《凡例》就是编修省区志的条例性细则。《朔方道志》在民国六年（1917 年）编成初稿，全书 31 卷加卷首计 32 卷，洋洋近百万字，但由于经费的问题，延至民国十六年（1927 年）才得以

①②③《中国方志大辞典》编辑委员会：《中国方志大辞典》，浙江人民出版社，1988 年。

付梓。①虽然从全国范围来看,北洋时期省区级的大型志书不超过 10 部,据查"《上海市自治志》(1915 年)、《续修广东通志》(1916 年)、《河套图志》(1917 年)、《湖北通志》(1921 年)、《浙江续通志》(1921 年)、《满洲三省志》(1924 年)、《西藏通志》(1925 年),还有《直隶省通志》《黑龙江通志稿》《江苏省通志稿》三志可能也完成于这一时期"②。同时,在以宁夏《朔方道志》为代表的这批探路的修志实践中,对于修志理论的探讨和修志法规性条例的逐渐形成,都做了大量有益的试验。从国家层面来看,民国六年(1917 年),北洋政府内务部会同教育部,也曾发文要求全国各地继续编修志书。③蒋介石在北伐胜利后定都南京,南京国民政府成立之后,也于第二年即民国十八年(1929 年),内政部呈奉行政院转奉国民政府令,颁发《修志事例概要》(22 条)④。民国二十三年(1944 年)5 月 2 日,又由内政部公布、经国民政府行政院第 660 次会议通过《地方志书纂修办法》(9 条)。⑤民国三十五年(1946 年)7 月 16 日,行政院第 751 次会议再次通过《地方志书纂修办法(修正)》(9 条),由内政部同年 10 月 1 日修正公布。⑥这两部行政法规文件,将志书种类定位省、市、县三级;纂修时间规定,省志每隔 30 年,市、县志每隔 15 年续修一次;组织领导规定,在各级政府领导下,业务上归同级文献委员会指导,具体工作在三级修志馆的组织下进行运作;在志书的体例内容和出版、印刷等方面作出 14 项要求,还规定志稿必须经审定后方可付印;新志书出版后需分送行政院、内政部、国防部、教育部、中央图书馆和有关部门备查、备案。⑦另外,民国三十三年(1944 年)5 月 2 日,行政院第 660 次会议还通过,并由内政部转发的《市县文献委员会组织规程》

①见《朔方道志·马福祥序》和《朔方道志·凡例》,天津华泰印书馆,1927 年。
②中国科学院北京天文台主编:《中国地方志联合目录》,中华书局,1983 年。
③庐客:《地方志的发展历史》,《宁夏史志研究》1986 年第 5 期。
④傅振伦:《中国地方志通论》,北京燕山出版社,1988 年。
⑤⑥⑦赵庚奇主编:《修志文献选辑》,北京燕山出版社,1990 年。

（12条）^①指出：修志馆的组织机构设置，也可按此"组织规程"参照执行。南京国民政府在修志方面也可算是三令五申了。但是，实际上当时各地在大小军阀的把持下，南京的政令形同具文，修志成果也就可想而知了。正如当时著名方志家李泰棻在他的文章里所揭露的那样："即至今日，内政部通咨各省，省政府转各县，催促修志，令急如火。而各省当局，对之根本不感兴趣。奉行明令，组织志馆，或借此以位置士坤，或借此以任用私人，数忍以还，但见各省志馆纷纷成立，而馆长、总纂，为全国士林所共仰者，尚未之闻……或则志馆经费，亦吝而不筹，但为敷衍中央，月拨少许，以各厅能草'等因奉此'之科员兼编纂，另聘一二老儒，滥竽总纂，大都设馆不编，编亦抄袭旧志，择拾新材，体例系统，并无可观，即能完成，亦属累赘……时至今日，各省执政，率皆起身行任，此类事业，向不经心，幕僚佐贰，均非士流，即求乾嘉时代上行下效之风，亦不可得，望其进步，宁非至难？"^②不过，以上几个国家级的行政法规，基本上出自当时史志专家之手，其主要内容还比较科学并符合实际，所以在这几部法规的指导下，也有一些地方成功编修了一些较好的志书。

三、新中国"地方志工作条例"应运而生

中国共产党历来重视研究历史文化，提倡弘扬自己民族的优秀传统，反对民族虚无主义。早在新中国建立之前的1941年8月1日，中共中央就曾向全党发出了《中共中央关于调查研究的决定》，要求各地"收集县志、府志、省志、家谱，加以研究"。^③

新中国建立初期，在百废待兴的情况下，国家在支持修志和制定指导性修志法规方面一直进行不断地摸索。国务院于1956年在科学规划委员会中单独成立一个地方志小组，同时起草了《关于新方志的几点意见》和《关于新修方志提纲草案》印发全国征求意见，并将编修

---

① 赵庚奇主编：《修志文献选辑》，北京燕山出版社，1990年。
②③ 来新夏主编：《中国地方志综览（1949—1987）》，黄山书社，1988年。

新方志事业纳入国家哲学社会科学 12 年规划之中统筹规划。这两个文件是新中国人民政府指导全国编修社会主义新方志的第一个带有行政法规式的"条例"。对于修志的意义、功能、目的、内容、方法、文字（含图表）和级次（省、市、县、社），以及修志队伍、组织领导、机构设置等重要方面都作出规定。《意见》最后还强调"应当考虑把修订方志形成一个制度"。第二个文件《草案》，提供一份包括六大门类比较完整的《篇目》以供参考。①1963 年 7 月 23 日，中国科学院哲学社会科学部、国家档案局联合向中共中央宣传部报送《关于编写地方志工作的几点意见》。报告提出加强组织领导、建立审阅制度、统一出版发行等几个重要问题。8 月 16 日，中宣部把这个报告批转到中央各局和各省、自治区、直辖市宣传部，"请参照办理"。②由于得到宣传部门的重视和参与，对于刚刚产生的法规性修志文件，在理论方面的充实提高起到了积极的作用。

　　"文化大革命"之后，在中央有关领导和学术界、人民群众的共同呼吁下，群众性学术团体中国地方史志协会于 1981 年 8 月成立（1985 年 8 月二届理事会去掉"史"字）。为了从开始发动阶段就抓住方志是"官修政书"这一基本特点，让社会主义新方志能够在规范化的轨道上健康运行，以确保新方志的质量问题，协会成立次年，就组织全国史志专家草拟出《关于新编地方志工作条例的建议》（总则加三章十八条）和《中国地方志整理规划（1982—1990 年）》。③1983 年 9 月 27 日，中宣部批转中国社科院党组《关于地方志工作情况和意见的报告》的通知④。同年 10 月，在山东省泰安市召开的协会第二次学术年会上，对《暂行条例建议》进行讨论和修改。⑤1984 年 7 月 30 日，协会副会长、全国政协文史学习委员会办公室主任董一博，给中共中央总书记

---

① ④ 中国地方志指导小组办公室选编：《中国地方志文献汇编》，方志出版社，1999 年。

② 来新夏主编：《中国地方志综览（1949—1987）》，黄山书社，1988 年。

③ ⑤ 华夏地方志研究所：《中国地方志协会十年》，中州古籍出版社，1991 年。

胡耀邦写信，汇报反映全国修志情况，其中有一条意见是要求"以中央或国务院名义颁布《编修新方志条例》"①。同年 11 月 12 日，中宣部批复同意中国社科院党组《关于加强全国地方志编纂工作的报告》。社科院在报告中表示，要制定一部《新编地方志工作条例》，"对修志的指导思想、方法、要求，以及志书的体例、各地地方志编纂委员会任务提出原则要求"②。1985 年 4 月 19 日，国务院办公厅发文转发中国社会科学院《关于加强全国地方志编纂工作领导》报告的通知。通知对于有关条例的编制、队伍、经费和出版等问题，明确"由地方各级政府根据实际情况，予以适当解决"③。表明修志工作开始真正纳入到各级人民政府的日常工作，也预示"修志条例"的制定和颁行开始走上了官方文件运行程序的轨道，从而标志着全国编修社会主义新方志工作进入一个崭新的发展阶段。为了迎接这种新形势，中国地方志指导小组于国办《通知》下发同日，开会讨论、修订并通过了《新编地方志工作暂时规定》（三章二十六条）④。7 月 15 日，《暂行规定》以中指组〔1985〕1 号文件下发试行⑤，以便全国各地在修志实践中有所遵循。1997 年 4 月，在厦门市召开的中国地方志协会第三届理事会筹备会上协会主要领导和专家们，认真学习胡乔木在全国地方志第一次工作会议上讲话精神之后，向中指组提出了《关于修订〈新编地方志工作暂行规定〉的建议》⑥。随后，于 9 月在北京召开的中国地方志指导小组第七次扩大会议（扩大地方志协会主要领导成员）上，决定责成中指组办公室组织力量，对《暂行规定》进行认真研究，"提出具体修改方案，待条件成熟，再报请有关部门批准实施"⑦。此前，早在 1989 年 1 月 28 日，中宣部批复中国科学院的报告，已同意地方志书"各

① 欧阳发、何静恒著：《方志研究与评论》，方志出版社，1995 年。
②③ 中国地方志指导小组办公室选编：《中国地方志文献汇编》，方志出版社，1999 年。
④⑤⑥⑦ 华夏地方志研究所：《中国地方志协会十年》，中州古籍出版社，1991 年。

地可根据实际情况，分别决定新编地方志公开或内部发行，不必一刀切"①。此件是对"条例"中所涉出版问题的提前解决。

1997年，在总结全国各省、区、市领导修志工作取得大量经验和十多年大规模修志实践的基础上，中指组于5月8日召开的二届三次会议讨论通过了经多次修订的指导全国修志的重要文件——《关于地方志编纂工作的规定》。次年2月10日，以中指组名义下发《颁发〈关于地方志编纂工作的规定〉的通知》。同时宣布"原《新编地方志工作暂行规定》停止使用"②。从此，新中国修志工作的法规性文件《关于地方志编纂工作的规定》，由中央权威业务指导部门制定公布并在全国修志战线贯彻执行，对编修社会主义新方志事业起到了很大的推动作用。

四、认真学习、全面贯彻国颁《地方志工作条例》精神

新中国编修地方志走过了50多年不平坦的道路，寻求和制定一部修志"法规"性文件，从1956年国务院12年科学规划中关于方志的《几点意见》和《修志提纲草案》算起，也探索了整整40年。再从1982年中国地方志协会提出的《修志条例建议》，到1987年中指组制定的《修志暂行规定》和1998年行业内部颁发的《修志规定》，直至2006年5月18日，由国务院总理温家宝签发的第467号中华人民共和国国务院令公布了《地方志工作条例》为止，又践行过了24个年头，真可谓好事多磨，终于盼到了依法修志的新时期。

《地方志工作条例》22条、36个自然段，全文2063字（含标点符号），以高度精练的文字、深邃的学术眼光和丰富实践经验，把地方志工作的一系列重要方面和新方志的基本要求都作出明确规定，内涵丰富，重点突出，可操作性极强，举凡方志工作的地位、性质、领导、职责、要求、目的和队伍建设、续修年限、审查验收、出版备案、版

---

① ② 中国地方志指导小组办公室选编：《中国地方志文献汇编》，方志出版社，1999年。

权署名、读志用志、奖惩问责等方方面面包罗万有。《条例》由国务院颁布，表明这是一部严肃的行政法规，无疑将把我国地方志编修从无法可依的"人治"现象推向有法可循的法规轨道，对建立方志工作的长效机制，推动方志事业持续、稳定、健康发展和提高志书群体质量、催生志书佳作精品的生产，都具有不可估量的作用和划时代的意义。《条例》也是全国几代方志人数十年盼望的结果，意义是重要而深远的，并随着时间的推移，将愈来愈显现出来。

笔者初学《条例》之后认为，它虽然只有22条2000多字，但是方志工作中的所有重大问题基本上全部涵盖进去。22条既是各自独立的，又是互相联系，前后呼应和互为补充的。如果把22条融会贯穿归纳起来，大概有四个方面的重点问题。

第一，强调新修方志工作的意义。《条例》第一条仅用75字，就把修志定位在具有"继承和发扬中华民族优秀文化传统"的历史意义的高度上，紧接着又写明"开发利用地方志"，更有"促进经济社会发展中的作用"的应用价值和现实意义。第一条是《条例》的灵魂和生命。因为修志既有历史意义，又有现实意义，所以我国才有代代"盛世修志"之盛举，今天才有"制定本条例"之必要。

地方志书和修志工作的意义，如同一条红线贯穿在全文各条款之中，在以下的许多条款中和字里行间里也有所体现。如第三条给方志定性、定名为"文献"。宋代朱熹曰："文，典籍也；献，贤也。"后世人称具有历史文化价值的图书、文史资料为文献。用文献来定义方志的范围，自然比过去称之为"资料性著述"要高出一筹。第八条表明地方志是"官修政书"，只允许"由本级人民政府负责地方志工作的机构按照规划组织编纂，其他组织和个人不得编纂"。再结合第十条的"地方志书每20年左右编修一次"和第十一条的修志部门有权"向机关、社会团体、企事业单位、其他组织以及个人"征集资料，并有对有关资料"进行查阅、摘抄、复制"的权利，而单位和个人，都"应当提供支持"。再结合第十三条，志书必须"经本级人民政府或其确定的部门批准，方可以公开出版"的限定。第十四条又规定志书出版还要向上级人民政府"备案"。第十五条还规定著作权不能归个人而要归政府的修志机构。第十八、十九、二十条中，又有奖惩和"依法给予处分"，甚至是"依法追究刑事责任"的规定。这种特殊的地位、严厉的要求，也反映了编修方志所具有的特殊意义。

第二，突出新方志的质量要求。为了保证质量，《条例》一开始就在第三条中规定志书的内容必须统一记述"自然、政治、经济、文化和社会的历史与现状"，而且应该是"全国系统的记述"，其种类还应包括省志（自治区、直辖市志）、市志、县志三级志书。第四条又指出了保证质量的关键是"县级以上地方人民政府应当加强对本行政区域地方志工作的领导"，并将修志所需的经费"列入本级财政预算"。接下来的第六条，是专为质量问题撰写的专条，指出质量要求的基础是"应当做到存真求实"和"全面、客观"，并与第三条相呼应，再次重申志书的内容是"记述本行政区域自然、政治、经济、文化和社会的历史与现状"。为了圆满完成高质量的修志任务，第七条则要求各级人民政府要制定"地方志编纂的总体规划"，而且这一"规划"要上报"国家地方志工作指导机关备案"。第九条是说修志队伍的问题，没有一支高质量的修志队伍，志书质量就不可能实现，所以本条提出"专家、学者"参加，"专兼职相结合"，参修人员都"应当具备相应的专业知识"的要求。第十一条的"涉密"和"个人隐私"，第十二条的"审查验收"，第十四条的"备案"，第十七条的"表彰奖励"，直至"依法追究刑事责任"和第二十条对修志工作人员违规、违纪处理以及《军事志》编纂的规定等等，无不涉及志书的质量问题。实际上《条例》全部22条，每条都与质量有关，忽视了哪一条都会给志书的质量造成影响。

第三，指明编修方志工作的目的。志书的价值在于志书的功能，方志如果没有存史、资政、教化的基本功能，就不可能受到历代统治阶级和社会各界的重视，恐怕早在"优胜劣汰"的法则中被抛弃了，何来 2000 多年的悠久历史呢？可见修志不是目的，用志才是真正的目的。所以《条例》在第一条中，首先就把修志目的和修志意义综合加以表述，指出"合理开发利用地方志，发挥地方志在促进经济社会发展中的作用"，既是修志的目的，也是修志的意义，而且这两者也正是修志的出发点，也是《条例》产生的基础，据此"制定本条例"。

用志就是服务。第十条提出修志过程收集到的大量资料可以"向社会提供咨询服务"。因为这批资料是一笔重要的文化财富，所以才产生第十四条对修志资料的"集中统一管理，妥善保存"和"个人不得据为己有"，而要"依法移交本级国家档案馆或者方志馆保存"的专条。该条的第一句话就写明"地方志工作应当为地方经济社会的全面发展服务"。为此，要求地方人民政府为方志机构"积极开拓社会用志途径"，如建设"资料库""网站""方志馆"等"信息化建设"。方志馆的建设是从这个角度，以这种方式提到《条例》之中，看来水到渠成非常有策略。

第四，将年鉴编辑纳入地方志工作任务之中。年鉴是舶来的西方文化产品，大约在鸦片战争之后传入中国，而非我国的传统民族文化形式。年鉴是政府性年刊，每年一期，年年续编；方志是政府主持的地方文献，20 年左右一修，代代续修。两者都是"官修政书"，也都是"地情资料书"，而且编辑年鉴也是为续修地方志积累资料的重要途径与方法。所以年鉴与方志有着天然的联系，本届社会主义新方志编修之初，许多地方就已经把修志和编年鉴统一抓起来，做到"毕其功于一役"。早在 1990 年 4 月，中国地方志指导小组召开的全国地方志工作会议的文件中，就已将年鉴工作列为地方志工作的"十大任务"之一[①]。1996年 5 月，在全国第二次地方志工作会议上，中指组副组长、中共中央办公厅主任兼国家档案局局长王刚在对《关于编修地方志工作的若干规

---

① 华夏地方志研究所：《中国地方志协会十年》，中州古籍出版社，1991 年。

定》的讲话中，也把"编辑出版地方综合年鉴"定为修志工作任务①。所以在 1997 年 5 月，由中国地方志指导小组公布的《关于地方志编纂工作的规定》之中，已在第七条里写进"编纂出版地方年鉴"②。

这次国颁《条例》，正式把年鉴编辑的任务提升到第三条，该条第一、二款指明"所谓地方志，包括地方志书、地方综合年鉴"，并给年鉴下了一个与地方志书基本相同的科学定义——"地方综合年鉴，是指系统记述本行政区域自然、政治、经济、文化、社会等方面情况的年度资料性文献"。在第五条第二款里，还把年鉴列为地方志工作的四大"职责"之一。第八条同样认为，年鉴与地方志书一样，都是"官修政书"，也应由本级人民政府按照统一规划"组织编纂，其他组织和个人不得编纂"。第十条，又专门指出，当每一轮志书编修任务完成之后，修志机构的主要任务有三个方面，即逐年编辑年鉴，继续搜集下轮续修的资料，向社会提供咨询服务。第十三条，是为年鉴工作所设的一个专条，规定年鉴也与地方志一样，应由政府负责统一审批后"方可以公开出版"。综合起来看，年鉴与地方志享有同等的地位、相同的要求，所以整部《条例》中的各条内容，对于年鉴工作来说也基本上是适用的。

此外，对于方志工作和编纂业务中的其他一些具体和重要的问题，凡《条例》不便明确规定的内容，也分别在有关条款里得到间接的反映与表述。如修志机构问题，在第一条中强调了修志工作的重要意义，第三条中又规定省（自治区、直辖市）都有修志任务，第四条更加明确指出各级人民政府"应当加强对本行政区域地方志工作的领导"，所需经费要"列入本级财政预算"。面对如此重要而又庞大的系统文化建设工程，并且是各级政府必须完成的任务，政府既要加强领导，又要统筹解决经费问题，而且还要年年编辑（年鉴），代代续修（方志），甚至这项工作国务院已多次下发专门文件，又有温家宝总理签发的国

---

①② 中国地方志指导小组办公室选编：《中国地方志文献汇编》，方志出版社，1999 年。

务院令，公布有行政法规的《条例》，那么，不言而喻，要完成这么重要的、长期的任务，如果没有一个专门的机构来组织实施，可能吗？并且从工作实际需要出发，不赋予这个机构一定相适应的级次和权力行得通吗？下面的有关条款，又规定修志机构归于同级人民政府"主管"，要在政府的领导下，负责组织、指导、督促、检查修志工作，还要制定规划和编纂方案等一系列涉及一地全局和牵动各方的工作；志鉴只能官修，不允许私修，出版前要由政府负责审批才能出版，出版后还要上报"备案"；如果志鉴出了问题，轻则由出版行政部门"依法查处"，"责令改正"，"并视情节追究有关单位和个人的责任"，重则"依法给予处分""依法追究刑事责任"，除军队系统"应当遵守中央军委关于军事志编纂的有关规定"执行外，就是国务院部门志书的编纂，也要"参照本条例的相关规定执行"。各级人民政府面对如此严肃的工作、严格的要求，大大超出了编写和出版一本书的界线，负责任的政府和认识到位的主要领导只有加强领导，理顺关系，授予责权、建立相应的修志机构，才能保证志鉴工作的正常运行，圆满完成任务。如果顺其自然，草率行事，责、权、利不明确，一旦出了问题，则《条例》面前人人平等，到该"问责"的时候，政府主管领导首先难辞其咎，对一级人民政府也不是一件光彩的事。当然，对于修志机构的问题，全国省（自治区、直辖市）、市、县三级人民政府中的绝大多数早已得到合理的解决，今日还存在这类问题的地方并不多。

其他诸如建设方志馆问题（含资料库和网站）、修志资料归谁来保存问题、参修人员的署名和报酬问题，修志队伍建设和培训问题，保密、隐私问题，表彰、奖励问题等等，都有直接和间接的规定与交代。

《条例》公布的时间不长，但是学习和贯彻《条例》是今后的长期任务，《条例》的条数和文字不多，却是对我国传统方志文化的科学总结，也是对千百年来修志经验的高度概括；《条例》是我们今后修志工作必须遵循的理论指导、行为规范和修志事业的准绳；《条例》的制定，是党和人民政府弘扬传统文化，重视民族历史，加强社会主义精神文明建设的又一举措。公布《地方志工作条例》的意义是深远的，并将随着时间的推移，越来越显现出来，也将在中国编史修志的历史长河中，树立起一座伟大的里程碑。

当然，全国省、市、县三级志书的编修，涉及三级人民政府至少在二三千家之多，加之各地的客观情况不尽相同，政府和主要领导对于修志的认识和重视程度也不一样，所以暴露出来的问题和主要矛盾就有所区别。因此，一部《条例》是不可能（也不应该）涵盖修志工作中的全部问题，更不是包治"百病"的灵丹妙药和治不了病的"万金油"。那么，各地区的"地方病"即在修志过程中所反映出来的主要矛盾和具体解决办法，应该在《条例》的原则精神指导下，通过制定各地贯彻条例的《细则》加以解决。各地对于《条例》学习、宣传、贯彻得好不好，主要应该看有没有一部符合本地地情，找准自身修志工作中存在的关键问题，提出合情合理切实可行的解决方法。可以这么说，一部《条例》催生出许多部《细则》的问世，新中国新方志的伟大事业将前途光明，一代名志一定会群芳争艳，奉献给社会。

农场十年　终生受益

　　光阴荏苒，白驹过隙，弹指间我们离开国营渠口农场已有 35 年了。但是，至今渠口农场仍是我们梦萦魂牵的地方。因为那块热土上留下了我们的青春年华和 10 年辛勤工作的许多苦乐。现在我们虽然已到古稀之年，但发生在农场中的许多往事，一些老朋友的音容笑貌，以及从跃进渠畔到黄河岸边的一山一水、一草一木都常在脑海中浮现。

　　我和刘仲芳是 1965 年毕业于宁夏大学政史系政教专业的同班同学，1967 年结婚。毕业后，我被分配到渠口农场做行政工作，她被分配到石嘴山市二中当教师。但是，我们被分配工作后，先被自治区党委统一派往农村，担任社教运动工作队员。直到 1967 年三四月，我们才到单位报到。

　　农场的办事机构是党政合一，即场党委与行政办公室合署办公。我被分在政治处做宣传干事，也兼做行政秘书工作。我的第一位顶头上司是政治处副主任（无正主任）刘志强同志。我的任务是做一些案头工作，如为场党委、场行政会议做记录，起草有关文件和通知等。文案起草有一定的格式，以前没有接触过，是刘志强、王成才等同志手把手教会我的。另外一项任务就是下基层了解各方面有关情况，给场有线广播站编写一些场内新闻报道的稿件，整天都是忙忙碌碌的。场部干部的来源有部队复转军人、外省区调入的干部和原中宁县渠口人民公社合并进来的干部，以及陆续分配来的各个专业的大中专毕业生。大家都比较年轻，工作热情很高，刻苦学习，彼此相处得也比较融洽。

我很快就与老同志们打成一片，心情也是愉快的，立志要在农场干一辈子，并给自己起了一个笔名"亦农"。

来农场时我们已结婚，但因两地分居，我就住在场部办公室里。那时农场机关只有六排土窑洞，建在跃进渠埂南侧的一片坡形高地的荒滩上，四周没有围墙，远离生产队，开始时也没有树木。场部干部的家都在邻近的各生产队，与农工们住在一起。住在场部只有几个无家室的人，晚上无处可去，还真有点害怕。好在加工厂有一台自备小型柴油发电机，夜晚生产时，也给场部临时送电。虽然电压不稳、断断续续，只能供几个小时，但在全场算是很现代化了。有了这份难得的光明，晚上就可以读书打发时间了。

1969 年秋，我们结束了两地分居的生活。我爱人调入农场中学任教，我们也在离场部最近的第七生产队安了家。我们的新家是原生产队队部，有独立的围墙。我们占用两小间籽种库房，另外三四间为托儿所。这里白天有十几名幼儿，晚上空无一人。这个队部之所以被放弃不用，是因为在"四清"运动中有一名生产队干部上吊自杀于屋内，被人视为凶宅，再也无人敢住。我们在近处找不到住房，只好选用了。小院中就住我们一家，还有两棵老柳树。夜晚一片昏暗（当时尚未通电）和寂静，深夜里时有猫头鹰在柳树上悲鸣，很是瘆人。那时是一个大讲革命化的年代，加上年轻气盛，思想单纯，根本不信邪，一住 6 年，没有另换地方。因为我晚上经常回家很迟，为了不让老婆和孩子们害怕，我与周围的邻居和同事都打了招呼，让大家不要将这小院曾发生过的事告诉她，但这个秘密并没有保住。1971 年，我的第三个孩子出生在这所土屋中。孩子出生 4 个月时，我赴浙江出差，在浙滞留 4 个月时间。完成任务回到家中仅几天，小三就患急性痢疾，本来这种病在农场医院输液治疗就可以痊愈，但最好的护士却怎么也找不到血管，无法进针，只能急送宁夏附属医院住院治疗。可孩子的病情却日益加重，医生在做全面检查时发现，在小三腹腔内有一个阴影，儿科请外科医生做剖腹探查，仍然是有影无形。当时儿子的病情既古怪又危重，住院后我们昼夜陪护在床边，小三见到我这张陌生的面孔就哭，我只好用帽子遮住他的眼睛，在他痛苦呻吟声的掩盖下哄他入睡。在手术和病危前后，小三需要大量输血。我是肝病患者，不能输血，只有靠他妈一人多次输血给儿子，但都没能挽回我们儿子的生命，并且到小三夭折后也没有找出病因。儿子结束他短暂的生命后，我们夫妻二人空着双手回到农场，都病倒了。

在农场工作 10 年时间，作为一名普通工作人员，我按照场党委的决定和领导的指示，做一些具体工作，谈不上有什么功劳，但苦劳和疲劳还是有的，至少生活是艰苦的。住土房，睡土炕，木板包装箱糊上报纸当饭桌，墙上挖个土洞当书架。那时全场男男女女衣着一色，俊男靓女都显得土里土气。我们这批从城市来的大学生们很快就都融入这个大家庭中，并且入乡随俗，也被"土化"了。冬季人人身穿老棉袄、老棉裤，脚蹬老棉鞋，头带老头帽，远远看去，男人们个个都像小老头。在那火热般的革命年代，在高喊革命口号、高唱革命歌曲、时时刻刻背诵《毛主席语录》的社会大环境中，我们脸晒黑了，皮肤变粗了，双手磨起了老茧，而这些都被视为"劳动人民美""健康美""心灵美"，就连身上长了虱子，也称它是"革命的小动物"，光荣着哩。所有这些都不足为奇，因为我们在参加社教运动中已接受到严酷的锻炼和考验。对于农场的艰苦生活当然早有思想准备，完全可以适应，并愉快地工作和生活着。

但是，即便这样，我们还是碰到了一些非常难过的"关"。

其一，劳动关。身强体壮的年轻人并不怕劳动，更何况我们都在社教运动中经过"三同"（同吃、同住、同劳动）的考验，但我的情况并不乐观。我于参加第三期社教运动时，在"三同"中被传染上了肝病。由于条件的限制，被公社医生一直当作感冒或胃病治疗，误诊加延误使我的病从急性黄胆型肝炎转为慢性迁延性肝炎，最后成为定性的乙肝患者，被终身戴上一顶"乙肝病人"的可怕帽子。而农场的干部参加重体力劳动是家常便饭，如场党委组织的"农业学大寨"蹲点工作组等各种形式的活动，总是少不了我。那时的蹲点干部都要与职工一起劳动，重活累活脏活都得干在前面。对我考验最大的是插秧和薅稻子，因为黄河岸边的温差较大，我有慢性鼻窦炎，早上两脚往水田中一放，马上就打喷嚏，流清鼻涕，很是难受。还有割麦子，每人分几行，齐头并进，不一会儿，左右的人就把我远远地甩在后面，我还在挣扎着，于是大家又回过头来帮我。更让我难堪的是，因技能差，在割过的地上仍有不少漏割的麦秆显眼地戳在田中，一些女同志就对我喊"红旗招展"，开始我不解其意，休息时别人才告之这话的意思是说你割得不干净，麦穗像红旗一样仍在地里晃动着，是一种善意的嘲弄。我这个年轻人，在开会时能夸夸其谈，而一下地就连女人都不如了，真是羞愧得很。至于挖渠劳动，我更是体力和技能都远远跟不上大伙儿。挖大渠是一项重体力劳动，人站在渠底的水中，挖一锹溃泥，要连土带水一起抛到渠土埝上端，别人一脚踏下去，挖上一大块，噢的一下就扔到渠顶。我也学着挖一大锹泥土，但却起不出土来，改挖半锹又扔不上堤。有时鼓足了劲向上抛，就连锹也一起扔出去，甚至似乎连人都要飞出去了。挖小渠活比较轻，给我分的一段，总是要在别人帮助下才能基本上完成，但渠底总是"找不平"，更不会按坡度要求"洗埝"，往往被验工员戏称为"大肚子"。妻子比我更累，她每天回家又要做饭，又要照顾孩子，而且学校的劳动时间也比较长。当时我们都是年轻人，并不怕苦，也无怨言，发自内心地认为，劳动和吃苦是知识分子走革命化道路、改造世界观的必由之路。我有肝病，大家照顾我。然而，当时讲改造世界观要"脱胎换骨"，在"灵魂深处闹革命"，不能"脱皮"还能"换骨"吗？我们坚信，要改造世界观，劳动是第一关，不闯过这一关就不可能"又红又专"，不会成为时代需要的革命化战士，这是一种坚定的信念。

其二，生活关。我们这一代人，出生在抗日战争最艰苦的年代，童年和少年是在解放战争和新中国成立之初恢复战争创伤的艰苦年代中度过的。刚步入青年，又遇到国家"低标准""瓜菜代"的严重困难时期。当时我们正处在长身体、求学业的阶段，吃糠、吃树叶、饿肚子，甚至营养缺乏出现水肿，也是每个人都亲身经历过的事。大学毕业前后，我们又被派往农村参加"四清"运动，接受贫下中农再教育，一干就是两年。所以我们在生活方面并没有过高的要求，并不怕苦和累，为什么在渠口农场反而出现了"生活关"的问题呢？

国营农场是一个自给自足的小社会，在当时全社会物资紧缺的状况下，又加上"大批资本主义"和"割资本主义尾巴"的政治气候中，农工不得在房前屋后种菜，更不可饲养家畜，所以种田的人反而大半年吃不到新鲜蔬菜，数月吃不到肉。咸菜、酸菜、土豆是当家菜，萝卜、大白菜、大葱是上品，能吃到一碗西红柿拌面、炒辣子、豆角就米饭，算是很享受的高级饭了，吃肉更是一种奢侈。我们家又和别人家不同，妻子是回族，根本没有羊肉供应，只能干犒着。我还能利用出差开会的机会解个馋，就苦了妻子和孩子们。

我所说的"生活关"，还并不完全指吃不到肉和缺少新鲜蔬菜的事，而是缺水的大问题。农场建在黄河北侧的二三级台地上，凭农场当时的技术条件和财力，无力打深井，只是在农田灌溉的几个月里，跃进渠经斗渠往农田送水时，在居民点旁的支渠边挖一个大坑，引水入坑，经自然沉淀后，大家都使用这坑水。可是农灌季节过后吃水用水就非常困难了。生产队虽然有毛驴水车拉水，但杯水车薪，远远满足不了需要，每天或隔几天才能接到一担水。为了多储存一些水，我请人把炕头火炉进行改造，在火炉旁砌进一个很大的瓦罐，大约能容纳大半桶水，用这罐热水烧饭、烧开水。某一年冬季，有几天我从瓦罐往外打水做饭时，似乎有一股与平时不同的腥味，也不大在意。又一次我在打水洗脸时，发现脸盆的水中有一缕缕细细如毛发状物，我马上清洗水罐，从底部清出一只已煮熟了的老鼠，说明我们一家人饮用"老鼠汤"也有些日子了。现在我们一提起此事，仍然是一阵恶心。

饮用水都如此紧张，洗澡就更是一种奢望。渠口农场建在贺兰山余脉东麓50万亩荒原上，春初草木发芽和秋末草木凋零的季节，风沙频频，沙尘暴不时光顾，当地人称之为"刮死刮活"。但是劳动的任务不会因风沙取消，也不能因刮风就不下队工作。在这样的天气状况下，在室外活动一天，晚上回家基本上就变成一个"土人"了。现在遇到这种情况，回家后首要任务是冲个澡吧，而那时回家后，一般只能倒半脸盆水，先洗脸，再擦擦身子，然后洗脚，最后利用脏水把袜子洗了，真叫"一水洗百净"啊！当时到银川办事，第一件大事就是去澡堂洗澡。泡过澡后换上干净的衣服，感到全身清爽，神采飞扬，如同换了一个人，别提有多舒坦和高兴了。

生活中的另一个困难就是照明问题。对于习惯了城市生活的我们，没电的不便实在是太大了。尤其是晚上，我要办公，她要批改学生作业，两人共用一盏煤油灯和一只木箱（代替炕桌用），每天早上洗脸时，鼻孔就像烟囱，是两个黑洞。直到1971年，全场才总动员，在副场长王保安的指挥下，通过会战形式，把电从黄河南岸引进农场，全场男女老幼一片欢腾。我也像解放初期第一次看电影那样激动，久久看着熟悉的电灯泡，既陌生又亲切。

1972年，我在农场成为一名光荣的中国共产党党员。我能解决组织问题，在当时那样的政治背景和社会环境下是何等的不易，因为我们两口子的家庭出身和社会关系情况都存在不少"问题"。她的父亲是国民党高级军官，又是新中国成立后被唾骂为"蒋马匪帮"的马鸿逵家族的成员；我虽然出身于中农家庭，但娘舅家也是地主成分，其中还有一个舅舅在台湾。不过当时有一条政策，叫作"既讲阶级成分，又不唯成分论和重在表现"的精神。场党委根据我的一贯表现，重点培养我，指派时任场党委副书记的刘志强同志和原场党委副书记张兰玉同志给我做入党介绍人。1972年1月7日，国营渠口农场场部机关支部一致同意我入党。入党后我又被提拔为场办副主任，后改任政治处副主任，1975年调自治区轻纺厅任党组秘书，1979年调宁夏社科院，从事宁夏地方史研究，直到现在也没有离开研究岗位。

在渠口农场经过长达10年的磨炼，虽然在生活中吃了许多苦，工作中也遇到过一些挫折，但是对于这 10 年的经历，我们两口子至今都不后悔，认为这是我们一生中最值得回顾、最有意义的一个重要阶段。正因为有渠口农场 10 年锻炼垫底，以后在生活上和工作中无论遇到多大的困难我们都能战胜它。而且农场处于社会基层，"上面千条线，下面一根针"，生活在基层，与劳动群众打成一片，能看到和理解他们的艰难，与他们同呼吸共命运，从而加深了对人生、对社会的理解与认识，这些都对我从事社会科学和历史研究帮助很大。正因为有农场 10 年的基本功，我才能在研究的征途中取得较快的进步和较好的成绩，逐步成长为自治区社会科学领域一名较有影响的学人。我先后担任过宁夏社会科学院副院长、宁夏社会科学联合会常务副主席、自治区地方志编审委员会常务副主任等重要职务，被国务院授予终身享受"政府特贴"有突出贡献的专家。我 65 岁退休后，仍被返聘继续工作，发挥余热，担任《宁夏通志》总纂。其间又被评为"在宁夏 40 年革命和建设事业中做出突出贡献人物""宁夏 50 年最具影响力人物"，并被自治区党委、人民政府授予"宁夏有突出贡献专业技术优秀人才奖"，名字镌刻在银川文化广场的名人碑上。刘仲芳是宁夏工商职业技术学院高级讲师，曾多次被评为院校的先进工作者、优秀共产党员和自治区民族团结先进个人、自治区第六次妇代会代表。如果没有农场那 10 年积累的精神财富，后来的一切都可能是无源之水、无本之木。饮水思源，我们一辈子把渠口农场视为精神家园、力量的源泉。

（作者：吴忠礼、刘仲芳。原载于宁夏农垦国营渠口农场志编纂委员会：《渠口农场志》，内部印刷，2010 年）

为乡贤树碑立传的范本"人物志"

——读安徽省《肥东县志·人物篇》井蛙之见

我是安徽省肥东县人，1959 年春节后离乡，从巢湖之滨的湖滨乡，来到黄河之畔的宁夏银川市，屈指已经 56 年了。真是往事如烟、似梦，恍如隔世啊！不由得让我想起了两句唐诗："少小离家老大回，乡音无改鬓毛衰。"遗憾的是，我已操一口"宁大话"——蹩脚的宁夏味普通话了。

承蒙抬爱，日前获赠《肥东县志（1986—2005）》（以下简称《肥东县志》）一部。于是便如饥似渴地挤时间开始拜读。乡志是一部印刷精美，图文并茂，洋洋近 30 万字的鸿篇巨制。读文观图，故乡的地理历史、经济社会和人文乡贤等内容均历历在目，犹如聚米图经，跃上几案，使我沉入深深的乡愁之中。

《肥东县志》是我读到的县志中，一部堪称上乘的佳志，当然也是我这个从事修志工作 30 多年老兵学习的范本。现仅就该志第二十一篇"人物篇"发表一点读后感，以抛砖引玉，并求教于博雅诸君。

一、写好"人物志"是志书成功与否的重要标志之一

首先，因为"人物志"是地方志的"七大体裁"之一：概述、大事记、各专志、人物志（传）、图、表、附录。"七体"是志之所以姓"志"，而有别于"史"和其他文体的体裁规范，故凡称良志者，皆不可或缺。所以前辈有"古来方志半人物""邑志尤重人物""地以人贵"等名

言传世。现在，新中国倡修新方志，中国地方志指导小组早在第一次颁布《新编地方志工作暂行规定》（1985年4月15日）和《关于地方志编纂工作的规定》（1997年5月8日）两个文件时，就规定社会主义新方志要设立"人物篇"，并对如何写好"人物篇"作了具体要求。从近30年的修志实践来看，方志中的"人物志"往往是社会各界关注的敏感点，写不好就有可能出问题，甚至影响某地安定团结的大局。

《肥东县志》全书篇目为二十四篇，"人物篇"为独立一篇（第二十一篇），在谋篇布局中，其地位居"门类"之中的一"门"，属于第一级。篇下含三章十六节，分属第二、三级。从体例统属关系上看，是合理的，给"人物志"安排了应当具备的位置——第一级的"七体"之一。

其次，社会主义新方志与旧时代的方志相比，两者有着本质性的区别。新方志具有"四新"的特点，即用新观点、新体例、新资料、新方法编修而成的。其中的"新观点"，主要体现在对于历史事件、历史人物等内容的记述，要坚持马列主义作为指导，运用辩证唯物主义与历史唯物主义的立场、观点、方法，既要做到实事求是、秉笔直书，又要顾大局、讲政治，传信后世。马克思主义认为，历史是人民群众创造的，所以新志书当然要理直气壮地为人民群众树碑立传，这是新方志编修的一个大原则问题，而不是篇目设计中的一般性技术问题。如何全面体现这个原则，不仅要求写好"人物志"，还应在全书的各个门类、各个部分充分做到"以事系人"，以扩大各行各业中劳动人民"入志"的容量，以充分体现人民群众是历史主人的地位。然而，马克思主义的历史唯物主义，既要旗帜鲜明地肯定人民群众是创造历史的主人，批判"英雄史观""英雄造时势"的历史唯心主义，同时也不能否认英雄豪杰、社会精英和革命领袖们对于历史发展的特殊贡献，有时甚至还要肯定正是人民群众中的少数"先知先觉"者，给人民运动拨正了船头，指明了方向，推动历史沿着革命的大方向顺利航行。

《肥东县志》全书约300万字，"人物"一篇约46万字，约占全书总字数的 15%。如果再把各章节中"以事系人"的内容计算进去，仅从分量上看，"人"在志书中所占的比重是具备了。

再次，新方志要做到厚今薄古，尽量加大对于时代先进人物的表彰面。因为方志有"表彰家乡""扬善教化"的传统。在坚持"生不立传"和不以官位决定取舍的前提下，尽量让各界战斗在第一线的各方面劳动者以及他们之中的先进人物和时代的英模人物们"入选"志书，以享受应有的荣誉。更何况我们今天所编修的是社会主义新方志，其新，不仅要体现人民群众是历史主人的原则，还要强化时代新风貌，即把在中国共产党领导下，完成新民主主义革命、社会主义革命和改革开放新时代三个历史阶段的伟大征程中，家乡人民的巨大贡献，充分地记录在志书之中。与此同时，既要记录英雄人物的业绩，而民间许多为人民群众日常生活中不可缺少的所谓"小人物"也不能被忘却。总体上来说，要求新方志一定要做到"厚今薄古"，重点放在近现代和当代。

《肥东县志》在"人物"篇章设计上是动了脑筋的。读者可以看到"人物篇"之下又分设"人物传略、人物简介、人物表"三章，其中第一章"人物传略"，全部录入故世人物，既坚持了地方志"生不立传"的传统"家法"大原则，又创新性地运用另外两种形式——"人物简介"和"人物表"，大量录入各行各业和各阶层的在世先进人物，这样的安排也就大大地扩大了"人物志"的表彰对象，使列入"人物志"受表彰人物的总数达到 4789 人，其中第一层次的立传人物 83 人，占 1.7%；第二层次简介人物 174 人，占 3.6%；第三层次入表人物 4532 人，占 94.6%。另外，在全部入志人物中，党政军界的官员为 1903 人，占 39.7%。显而易见，"人物志"的特点凸显出来了：坚持了"生不立传"的方志传统志规；符合"厚今薄古"的编纂要求；达到了"扩大表彰面"的志书重"褒扬"的特点；同时做到了以各行各业在第一线从事实践活动的劳动群众（包括在民间的一些所谓"小人物"即各类能工巧匠）以及他们中的代表人物——英雄模范，占主导地位等一系列编修"人物志"的基本规范要求。可见，这篇"人物志"是有创新、有胆识和集聚正能量的成功范本。

二、写好"人物志"是构建乡贤文化的基础

"人物志"是地方志的重要门类，但凡能够入志的人物，不论是立传、简介、存名（列表）等，一般都是一方名人、好人、能人、善人，均被乡亲公认为有德行、有才能、有声望，是受人尊重的社会名流。地方志书中往往称他们为"乡贤"。自古以来，家乡给予乡贤以很高的菜誉，具体做法除了在其故世后能在乡志中为其立传，或配祭地方孔庙，或入乡贤祠，甚至还给予某些大贤者，以生前就建立生祠、树功德牌楼（坊）和享受"乡饮"等殊荣。

由众乡贤而形成的乡贤文化，虽然只是一种地域文化、子文化，但是众多地域文化的汇合，就形成了中华民族的大文化、母文化。所以乡贤文化实际上就是祖国民族文化的基础。乡贤者，乃乡野贤良之士也。换句话说，乡贤文化也必然是精英文化、优秀文化，即民族文化的本质内核和主流价值观的体现，是中华民族优秀文化传统的重要载体。

随着历史的发展、时代的前进，在家乡的地方志书中，除了留下古贤的英名、圣迹以外，还不断涌现出一批批今贤（新乡贤）的芳名和贡献。新乡贤一般都是一方的行业能手、文化精英、道德楷模，是大家学习的榜样。新乡贤还有一个共同的特点，就是他们大多是站在改革开放新时代风口浪尖上的弄潮儿，是成功的实业家、实践家，积累了丰富的战天斗地和创造财富的经验与本领。那么，地方政府如何动员这批乡亲回到故里，反哺家乡，造福一方，这对于乡土重建，乡贤重建，乡贤文化重建，意义是巨大的。编修新方志，虽然撰写了"人物志"，但是只完成任务之半，所剩下的工作还很多、更重要，那就是推动"读志、用志"的实践活动，即通常所说的"文化搭台，经济唱戏"。我认为这句话是否要改为"地方志搭台，经济和文化两台大戏同唱，以提高家乡的硬实力和软实力"。

《肥东县志》"人物志"中，收录了数千人的有关资料，其中

90%左右是在世人物。当地政府应不难从中发现各类人才，只要组织得好，方法得当，其中一定蕴藏着巨大的"资源""能量"和"生产力"，当是推动家乡各项事业发展的一股强大的"东风"，这出"借东风"的大戏一定很精彩，很值得一唱。

三、《肥东县志》"人物篇"是一部爱国爱乡的好教材

由于方志的传统，是从"表彰帝乡"和"表彰家乡"的传统中发展而来，所以"人物志"是正面人物的大检阅，堪称家乡的"名人谱""乡贤堂（祠）"，而且这些入志的人都是大家熟悉的，看得见，在身边，或与自己有某种关系的"乡亲""乡党"，自然格外可亲、可敬、可信，成为家乡最好的学习对象，最好的乡土教材。"润物细无声"，教化一方，陶冶众乡亲，真是无可替代，它所释放出的正能量一定被绝对放大了。

教育，当然要以正面教育为主，但也不应当忽视反面教育的垂戒作用。因为任何事物都是对立统一和一分为二的，无上何有下，无坏何为好，红与黑都是相互依存的。所以在"人物志"中，立一根历史的"耻辱柱"，绑上一两个具有某种典型性的、民愤极大的反面人物，让后人唾骂、警视，也会收到某种特殊的教育作用。

《肥东县志》"人物篇"所收录的人物总数4700余人，其中可定位正面人物大约占2/3，中性人物约占1/3，真正的反面人物为极少数，比如汉奸、恶霸陈俊之之流，极为典型。对于反面人物的入志或立传，是对旧志书的一种突破，也是新方志的大胆创新。我认为只要按照事先拟定、经过批准的"入志人物规定"的既定标准选择、选准，完全是可以一试的，这不会影响新方志的教化功能和"人物志"的乡土教材作用。

"人物志"的教育作用是全方位的。首先，教育人们要爱自己的家，不知爱家，何由爱乡？同时教人们爱故乡，不知爱乡，何由爱国？国家是由家庭、家乡（村落）组成的，正所谓"爱国之道，始自一乡矣"。爱国是大爱，是方志教化功能的落脚点。其次，教育人们要理论联系

实际，动手参与建设自己的家乡，进而做建设国家、振兴中华，实现民族复兴的伟大中国梦的实干家。也像古贤那样，做到"修身、齐家、治国、平天下"，这种"家国同构"的爱国主义理念，在志书中有独特的反映。因此可以这样说，在方志"人物志"平台上所演绎的乡贤文化，也是当代中国社会主义核心价值观形成的思想资源。

（原载于《安徽地方志》2015 年第 3 期）

未名斋存稿

吴忠礼 著

下册

黄河出版传媒集团

宁夏人民出版社

人物篇

东汉彭阳皇甫规家族

东汉安帝永初元年（107 年），西北羌族人民坚持长达 10 年的大起义被镇压下去以后，汉廷又进入梁氏专权的最黑暗时期，羌族人民受到各级官府更加残酷的奴役与掠夺，国内阶级矛盾和民族矛盾进一步加深，终于在顺帝永和四年（139 年），羌人举行第二次反抗斗争，且冻、傅难部落率先发难，率部攻打西北重镇金城（今甘肃省兰州市）。接着西部湟中地区诸羌一起响应，羌军势力大增，各路人马联合起来，向汉廷统治中心的三辅地区（关中地区）和川陕要地武都进军。朝廷急忙派弘农太守马贤挂征西将军印，骑都尉耿叔为副将军，率左右羽林、五校士和从全国各地抽调的 10 万大军迎战羌人。皇甫规就在这次事件中脱颖而出。

皇甫规（104—174），字威明，安定郡朝那县（今宁夏彭阳县古城镇）人，祖籍东汉右扶风（今陕西省兴平市东南）。皇甫家族是西北地区的名门望族，从地方典籍中能稽查到的皇甫氏知名人物就有 30 多人。祖父皇甫棱曾任度辽将军，父亲皇甫旗做过扶风都尉。皇甫规作为将门之后，他关心世事，勤于思索和研究，卓有见识。永和年间（136—141 年），羌人围困安定郡，征西将军马贤受命平羌。他目睹了这场战争，看到马贤既滥杀无辜羌人，又虐待士卒，所到之处遭劫，将士亦不堪命。面对这种局面，皇甫规以一介布衣的身份，大胆给朝廷上书，揭露马贤西征的黑幕，并断言马贤"必败"。仅几年时间，马贤就在北地郡射姑山（今宁夏境内）的一场战斗中几乎被打得全军覆没，自己与两个儿子一起被打死。马贤的下场被皇甫规不幸言中，从此，皇甫规在家乡开始出名。郡将们都知道他有韬略，委任他做了小小的功曹，管理总务后勤琐务，后又让他指挥800名甲士去攻打羌人，首战告捷，便提拔他担任上计掾，管理地方财务。这时西北战局越来越紧张，于是皇甫规第二次给朝廷上书，直言不讳地指出："边将失于绥御。乘常守安，则加侵暴，苟竞小利，则致大害。"而当事变发生后，将领又"邀功"、虚报战绩，胜则"虚张首级"，败则"隐匿不言"，只知道驱使士兵冒死冲锋，而不管他们的"温饱以全命"，造成士兵"饿死沟渠，暴骨中原"。这样的军队怎么能打胜仗呢？皇甫规认为广大边地"是以安不能久"，所以造成羌人"叛则经年"，剿不胜剿，师老兵疲，几年间就耗费国库"百亿计"的巨大支出。他还在上书中毛遂自荐，请求给他两营兵马，协助护羌校尉赵冲，"共相首尾"，"出其不意"，剿灭羌患。他认为自己虽然年龄不长，官阶不高，但从小生活在西北，对于一方之山水、道路和形胜是比较熟悉的，这种优势可以弥补"年少官轻"的不足，所以"不胜至诚，没死自陈"。但是他的一腔报国之热忱，并没有引起当权者的重视，只能不了了之。汉顺帝死后，在冲帝和质帝先后登基期间，皇甫规又通过报名参加朝廷"举贤良方正"的选拔，在考试中，他写了一篇对策答辩的论文。文章把矛头直指皇上和把持朝政的梁太后及炙手可热的首辅、大将军梁冀及其家族。文章竟然把造成当时天下大乱的责任归结到汉顺帝身上，批评他"聚马""戏谑""受赂卖爵"，亲近宦官、外戚，拒绝人才，"故每有征战，鲜不挫伤，官民并竭，上下穷虚"[1]。进而文章又点了把持朝政的大将军梁冀和他的弟弟——河南尹梁不疑的名，指斥他们身为皇亲国戚，不为社稷着想，反而招降纳叛，被"宿猾、酒徒、戏客"

---

[1] 范晔撰，李贤等注：《后汉书·皇甫规传》，中华书局，1965年，第1440页。

之流所包围，是个"德不称禄"的大臣。文章还对朝廷的核心权力圈进行抨击，批这帮人"在位素餐，尚书怠职，有司依违，莫肯纠察，故使陛下专受诡谀之言，不闻户牖之外"①。他警告道："夫君者舟也，人者水也。群臣乘舟者也，将军兄弟操楫者也……如其怠弛，将沦波涛。可不慎乎！"②所以皇甫规在综合考核中虽然成绩很好，但结果是可想而知的，最后虽然被录取，但只给他分配了一个管理车、马和门卫的小官，名叫"郎中"。皇甫规对这种不公正的选拔怒而拒受，只得称病回乡。他在家乡创办了1所私塾，招收300多名青年学生，专心对他们进行教育，一干就是14年。但是，就在他致力于培养后生的十多年里，梁冀集团仍不放过他，使他多次受到死亡的威胁。

汉桓帝延熹二年（159年），梁氏集团覆灭，朝廷决定启用皇甫规，一月之间五次派员请他出山，都被婉言拒绝。不久，山东地方不靖，官兵剿讨无功，在这种情况下，他才临危受命，接受泰山太守的任命，并很快平定了变乱。就在这时，西北地区又爆发了羌人的第三次大起义，西边形势日益严重。延熹四年（161年），他给朝廷上书，要求到西征前线，为国家效命。朝廷批准他的请求，任命他为中郎将，"持节监关西兵"，全权指挥西北战场。他到任后，先行整肃官场，前后把安定太守孙俊、属国都尉李翕、督军御史张禀、凉州刺史郭闳、汉阳太守赵熹等五位封疆大吏"条奏其罪，或免或诛"，使地方军政面貌为之一新。羌人们感到皇甫大人能秉公办事，惩治污官，就纷纷放下武器，"相劝降者十余万"，"翕然反善"③，西北形势有了很大改观。但是被他查处的五大臣都在朝廷有很深的关系网，纷纷动用各种关系诬告他，给他造成巨大的政治压力。皇甫规不得不给朝廷上书自我辩护，他无可奈何地说："鹿死不择音"，"冒昧略上"，"耻痛实深"。④但还是从前线被调回，改任议郎闲官。朝廷原打算对他在西征中的功劳给予封赏，宦官徐璜、左悺想乘机敲诈他，皇甫规性格刚强，对此

---

①② 范晔撰，李贤等注：《后汉书·皇甫规传》，中华书局，1965年，第1440页。
③④ 范晔撰，李贤等注：《后汉书·皇甫规传》，中华书局，1965年，第1442页。

不予理会。因此在宦官们的策划下，朝廷不但不奖赏他，还以"余寇不绝"为借口，追查他的责任，把他降职为"左校"，去带劳工搞修缮。这样不公平的处理，立即引起在京太学生们的强烈不满，"太学生张凤等三百余人诣阙讼之"，在皇宫门外集体请愿，为皇甫大人讨公道。最后，权臣们怕事态扩大，作了让步，对皇甫规免予处分，罢官回籍。

几年后，北方边事又告吃紧，朝廷再度启用皇甫规出任度辽将军，负北边指挥全责。到任不久，他就上书建议让有才干的武威太守张奂任度辽将军。朝廷同意张奂为正帅、任度辽将军，皇甫规任匈奴中郎将，作为张的助手。后张奂调升朝廷大司农，皇甫规又重任度辽将军。不久调京，历任尚书、弘农太守，又封寿成亭侯。但他不愿受封，仍然惦记着西北的安全大事，朝廷又让他在年事已高的情况下出任护羌校尉。熹平三年（174年）召还京师，病逝于途中谷城（今河南省洛阳境内），享年71岁。留下文著27篇。史书夸赞皇甫规"不作""不贪""不疑""见贤委任"，"故能功成于戎狄，身全于邦家也"。皇甫规堪称维护封建统治的一个大忠臣，封建士大夫的一个榜样。

皇甫家族几起几落，从先祖皇甫棱创下家业算首起，到皇甫旗后期和皇甫规前期，为首落；从皇甫规中期到其侄皇甫嵩两代，家业中兴，算为二起；其后逐渐衰落，为二落。到晋代皇甫谧时期，又算一个兴起，但家风已由武转文。其后世盛衰不定，文武间出，不绝于史。

皇甫嵩（？—195），字义真。少时好《诗》《书》，习弓马，文武全才。初举孝廉（孝子、贤士）、茂才（即秀才，讳刘秀改茂才）。初入仕途，任过郎中（管车、马、门卫的小官）和霸陵（今陕西省西安市境内）、临汾（今山西省新绛县境内）二县县令。汉灵帝间（168—189年），提拔为议郎（参与朝政顾问应对之官），后放外担任北地郡太守。中平元年（184年），张角领导的黄巾农民起义爆发，皇甫嵩力主"解党禁"，并将皇甫家库藏钱和苑马发出充作军用。皇上同意他的建议，又任命他为左中郎将，与右中郎将朱俊一起讨伐黄巾军。第一阶段在颍川、汝南、西华的战斗中立功封都乡侯；第二阶段又在东郡、陈国、广宗、下曲阳等地战场上获大胜，并将起义军首领张角的尸体"剖棺戮尸，传首京师"。记功升任左车骑将军兼领冀州牧，进封为槐里侯。皇甫嵩威名传天下，时在冀州地区传唱一首民歌为："天下大乱兮市为墟，母不保子兮妻失夫，赖得皇甫兮复安居。"此时东汉已进入末期，朝政更加黑暗，汉家气运将尽，有人就把希望寄托于皇甫嵩身上，劝他"顺时以动"，"因几以发"，"推亡汉于已坠"，"昏主之下，难以久居"，"如不早图，后悔无及"。皇甫嵩认为，如遭奸臣、昏主之害，"不如放废"，大不了不当官，但要保住名节，"死且不朽"。后果然被宦官张让、赵忠所害，罢左车骑将军，更封爵为都乡侯。中平五年（188年）陇右、西凉不靖，皇甫嵩官复原职，率前将军董卓等军西征。在整个战役中，嵩总是计高董一筹，由此遭到董卓的忌恨。后董卓得势，本来要杀皇甫嵩，但在儿子皇甫坚寿的求情下，皇甫嵩才免于一死，降为议郎、御史中丞。董卓败亡以后，皇甫嵩再挂征西将军印，历任车骑将军、太尉、光禄大夫、太常。汉献帝兴平二年（195年）病逝。儿子皇甫坚寿也居显位，后辞官，病逝于家。

假宗室卢芳其人

汉武帝执政期间，对匈奴各部实施连续不断的军事打击，使匈奴军连连遭到重创，迫使他们不得不举族远徙大漠以北，汉军重新控制"河南地"的河套地区。在汉匈大战中，以第二次战役汉军战果最为辉煌。汉武帝元狩二年（前 121 年）夏，朝廷派霍去病和公孙敖联军西征，两军约定同时从宁夏的北地郡出发，越过贺兰山，分东西两路向北攻击前进。但是，公孙敖在寻找战机的途中，于茫茫旱海中迷失道路，既找不到作战对象，又与霍军失去联系，因而未能按原定战役方案在预定地点与霍军会师。霍去病虽然未能与公孙军汇合，但也不胆怯，并未失去信心。他勇往直前，不改前进方向，仍孤军深入二千余里，越过居延海（今内蒙古阿拉善盟额济纳旗境内），一直打到祁连山下，大败匈奴，歼敌三万余人，俘获匈奴大小头目二千余人，连浑邪王的儿子也被活捉，休屠王的祭天"金人"都成了霍军的战利品。匈奴单于对此大败感到震惊，并要追究责任，处死在西方主持军政的浑邪王和休屠王。二王商议，不如投降汉朝，保全两家的身家性命和两族的利益。但途中休屠王又反悔，不愿投降，浑邪王只好杀掉休屠王，兼并了他的部落，率两部四万余众，于同年秋归降内附。汉武帝封浑邪王为漯阴侯，把匈奴人分别安置在北地、朔方、陇西、上郡、云中五郡"故塞外"和黄河以南的河套地区。史书还记录五凤三年（前 55 年），又一次"置西河、北地属国以处匈奴降者"。这里所记的"西河北地郡"（西河与北地郡之间不必断句）应该是析置安定郡以后的北地郡，所谓"属国”应在富平县（今宁夏吴忠市境内）管辖的范围之内。汉朝对匈奴人的聚居地实行特殊管理方式，"因其俗为属国"。就是说，原来的封号、官阶、部落组织、生产和生活方式等都不改变。但是朝廷要派"属国都尉"驻"属国"实行监管，有类似于"自治区"的性质。史书称之为"五属国"。在北地郡析置安定郡以后，又出现"安定属国"，实际上新出现的这个"安定属国"也就是以前的"北地属国"，因其驻地改划给安定郡而随之改名。1985年，宁夏考古工作者在同心县王团乡和西河乡倒墩子等处发掘出二十多座古墓，出土了"透雕动物纹"铜带饰、车马饰等物件，经考证认为是西汉中晚期的墓葬。从葬俗和出土部分物件分析，与蒙古、外贝加尔地区所发掘的汉代匈奴墓葬的面貌基本上一致，具有较典型的北方草原文化特征，可能是汉代匈奴属国所留下的遗物。

聚居于"安定属国"的匈奴人，在汉朝自主管理内部事务，一直安定地生活到西汉末年。可是到了两汉之交，王莽上台建立新朝，这时天下大乱，新莽政权在绿林、赤眉等农民起义大军的打击下，迅速土崩瓦解。各地地主豪强势力乘机而起，史书称"海内豪杰翕然响应，皆杀其牧守，自称将军，用汉年号，以待诏命，旬月之间，遍于天下"①。汉宗室刘秀也利用了这一形势，以恢复汉室为号召，招集地主武装力量，重用贤才，收揽人心，从而一枝独秀，崛起于群雄之上，很快就完成了统一大业，建立了东汉王朝。

在新莽时局动乱的割据战争中，从全国打杀出了天水的隗嚣、河西的窦融、巴蜀的公孙述和塞上三水县（今宁夏同心县东南）的卢芳等四大股地方割据势力集团。因卢芳的出现，默默无闻的三水"属国"才频频出现在史书之中。

在介绍卢芳故事之前，先来讨论一下三水县的地望。因为从古《续汉志》到现在，有些著作和文章里有人说汉三水县在今陕西省的邠县和甘肃省泾川县。这就有必要先来考证一下三水县了。《汉书·地理志》记"三水，属国都尉治"所在地。各家史书都共记，当时设立安

---

① 范晔撰，李贤等注：《后汉书·刘玄刘盆子传》，中华书局，1965年，第321页。

置匈奴归降的五个属国都在"故塞外",即秦长城以北。《水经注》记:肥水、高平川水,又有牵条山,"水东有山,山东有三水县故城,本属国都尉治"①。肥水即今固原市原州区北石峡口水;高平川水,即今宁夏清水河,"水东有山"即今同心县和红寺堡区之间的大罗山。史书还记三水县内有温泉、盐池,至今依然存在。综合分析,历史和权威地理名著把汉三水县定位在今宁夏同心县下马关镇的红城水或周围邻近地方是不会有问题的。今天的三水县在广东省是在本文讨论的范围外。

卢芳,生卒年月史书不载,字君期,汉安定郡三水县(今宁夏同心县东南)人。他在两汉之交,群雄纷争的形势下,抓住"天下咸思汉德"的民心倾向,撒了一个弥天大谎,编造出一个自己原是汉室后裔的传奇故事。据他说,在当年汉匈和亲友好时期,汉室皇帝与匈奴汗王盟誓结为兄弟,汉武帝迎娶匈奴谷蠡浑邪王的姐姐为皇后,生了三个儿子。后来遭遇"江充之乱"(江充之乱,史书又称"巫蛊之祸"。在汉武帝晚年时,皇宫迷信盛行,认为用巫术诅咒或将小木人埋在地下,诅咒谁,谁就要倒霉。一次武帝生病,怀疑为宫中之人"巫蛊"所致。让大臣江充进行调查,他为了表功邀赏,大搞逼供,肆意扩大事态,陷害、株连、枉杀数万人之多,搞得京城人心惶惶,处在一片白色恐怖之中。他平时与皇太子刘据有矛盾,当然也是因为朝廷政治斗争的需要,竟胆大包天乘机陷害汉国的储君,污告太子宫中埋小木人。太子忍无可忍,于征和二年发兵讨杀江充,大战5日,又死亡数万人,终于酿成一场国难,以太子自杀收场),长子(太子)被诛,母后坐死。次子名叫次卿(次卿就是汉宣帝,武帝孙,长在民间,母家姓史),逃命到长陵(今陕西咸阳东北)。三子名叫回卿,逃亡三水县境内的匈奴"安定属国"(治地约今宁夏同心、盐池、固原三市县交界地区),得到匈奴母舅族的保护。再后来大将军霍光平定了内乱,迎立次卿继承皇位(汉宣

① 郦道元著,陈桥驿校证:《水经注校证·河水》,中华书局,2007年,第53—54页。

帝），也恭迎回卿返京，但被回卿拒绝了，他仍愿意长期生活在三水县左谷地的母舅家中。回卿在舅家结婚生子叫孙卿，孙卿又生子叫文伯，就是这个卢芳。这个编造出来的汉帝后裔名叫刘文伯，就是虚构的那个三皇子回卿的嫡孙卢芳。卢芳散布这个谎言的目的就是要把自己打扮成既是汉武帝的嫡曾孙，又是匈奴王室的亲外曾孙的双重身份。于是，这个离奇的故事便在北地、安定等郡和北方各少数民族间不胫而走，广为流传，边民和匈奴部落无不信以为真。王莽末年，在赤眉、绿林等农民起义军的沉重打击下，新莽政权摇摇欲坠。这时西汉宗室、旧臣和各种政治势力都乘机而起，相继拥兵，称雄一方，各有所谋，企图称王称帝。野心勃勃的卢芳也是这些乱世英雄中的一员。他打着汉家皇族、匈奴汗王族系和恢复汉室的三面大旗，号召北方三水等地区的大汉官民和少数民族属国羌、胡各部落，一起举兵讨伐王莽伪政权，并割据安定地区。当时有一支真正的汉宗室淮阳王刘玄率领的军队率先攻占京都长安，称帝改元为更始元年（23年），封卢芳为都骑尉，命令他镇抚西陲。更始三年（25年），刘玄又被打进长安城的赤眉农民军绞死，更始政权失败。在天下无主、群龙无首的混乱局面下，三水地区的蕃汉首领们经过会商，"以芳刘氏子孙，宜承宗庙，乃共立芳为上将军、西平王"①。卢芳从而也由地方割据，发展为参加争夺中央政权斗争的首领。

卢芳为了壮大实力，派使者联络边外的羌人与匈奴各部族，选送美女给这些汗王，并美其名曰继承汉匈传统友谊的"兄弟和亲"，被蒙蔽的匈奴单于在接见他的使者时说："匈奴本与汉约为兄弟。后匈奴中衰，呼韩邪单于归汉，汉为发兵拥护，世世称臣。今汉亦中绝，刘氏来归我，亦当立之，令尊事我。"②于是，派句林王率数千骑兵把卢芳接到匈奴境内保护豢养起来，还让他称帝，建立一个流亡的伪政权。表面上卢芳是继承了汉室的帝位，实际上是充当了匈奴单于的儿皇帝，

---

① 范晔撰，李贤等注：《后汉书·卢芳传》，中华书局，1965年，第336—337页。
② 范晔撰，李贤等注：《后汉书·卢芳传》，中华书局，1965年，第337页。

并将伪政权的"都城"建在汉匈接近的九原（今内蒙古包头市西北），帮助匈奴贵族霸占汉朝的北方疆土，为匈奴各部充当看门犬，时时准备导引匈奴南侵，夺取刘氏的中央政权。后来因为内部矛盾激化，身边干将们火并，还有一些将领纷纷率部众向汉朝投降。在众叛亲离的情况下，卢芳无可奈何只带着亲随十余骑，再次亡命到匈奴部落境内。

东汉建武十六年（40年），匈奴贵族再次把卢芳推出，命令他带上雇佣军到高柳（今山西阳高）再建伪政权。但是，这时卢芳的骗局早已被戳穿，而且北方人民向往和平，反对战争，都不愿意跟他搞分裂、打内战。在走投无路的情况下，卢芳于第二年不得不向汉朝皇帝上书，认罪投降，还表示"思望阙庭"。汉光武帝刘秀不仅既往不咎，还封卢芳为代王，允许他在明年正月回京觐见。但是，卢芳却在冬天就擅自拥兵入朝，当南行到昌平（今北京昌平东南）时，被朝廷及时发现，立即派使臣进行阻止，重申前诏，不准更改时间。卢芳不得不原途返回，可能心中有鬼，所以这时卢芳非常忧惧，经过一番激烈的思想斗争，又下决心再次叛汉。而他在叛乱后所发动攻打边郡的战斗，因不得人心均告失败。最后，在将亡兵散、众叛亲离的情况下，他还是在匈奴的保护下，与妻儿又第三次逃入匈奴境内，在大漠中度过十余年残生，病死于异乡，在历史上留下了一段笑料。

东晋前凉国的奠基人张轨

西晋衰微,中国历史进入"五胡十六国"的分裂动乱时代,国无宁日,生灵涂炭,各族人民普遍反对兼并战争,盼望安定统一。为了挽救父老乡亲于水深火热之中,忧国忧民的张轨早就在内心盘算,要向西北前辈窦融学习。窦融曾在两汉之交群雄纷争的战乱年代,以张掖为中心,联合周围五郡地方军政长官,割据河西,实行自治,确保一方太平,既保全了西北的千千万万民众,又为推动国家的统一做出了贡献。张轨感到挽救全国的乱局自己没有力量,但是按照窦融经营河西的做法,还是可以去争取的。为此,他先请高人为自己算了一卦,结果是"遇泰之观,乃投策喜曰:'霸者兆也。'"①泰卦的含义为:"天地交,万物通","上下交,其志同","内阳外阴,内健外顺","君子道长,小人道消",预示着"吉、亨";其观卦也有"圣人以神道设教,而天下服矣"的解释。于是张轨便暗下决心,朝这个方向努力去做,终于成就了割据河西和创建"前凉国政权"的伟业。

张轨(255—314),字士彦,安定郡乌氏县(今宁夏固原市境内)人,是西汉常山王张耳的十七代孙。祖父张烈和父亲张温都因"家世孝廉,以儒学显"而步入仕途。父亲做过太官令,母亲辛氏也出身于陇右大户显族,张家可称得上西北的名门著户了。

张轨自幼聪明好学,有抱负,是名士皇甫谧的学生。晋武帝泰始初年(265 年),被赐为五品官入朝为仕,继任太子舍人、散骑常侍、

---

① 房玄龄等撰:《晋书·张轨传》,中华书局,1974 年,第 2221 页。

征西军司马等职。晋惠帝时，西晋政权内部为争权夺利，发生了一系列的政治残杀和派系之间的战争，政局持续混乱、动荡，民不聊生。张轨想方设法远离朝廷，向着保据一方，实现自己的政治理想而寻找机会。

永宁元年（301 年），张轨被任命为持节护羌校尉、凉州刺史，镇守河西。他认为时机到了，赴任后，立即在辖境内采用剿抚结合、恩威并施的策略，对归顺的鲜卑人给予妥善安置，而对于骚扰州境的一部分鲜卑贵族若罗拔能之流进行大力讨伐，很快就使得河西地区成为五胡十六国分裂动乱年代中北方唯一安定的地方，创造了"乱中求治"的范例。他从此"威著西州"，先后被晋廷任命为安西将军、镇西将军，都督陇右诸军事，并加封为安乐乡侯，成为河西和西北广大地区的实际统治者。但是，由于他和他的家族世代受儒家思想影响太深，始终恪守忠君纲常的正统观念，所以他能做到一再救助晋室，并在名义上维护朝廷的大一统形象，而没有公开宣布独立建国。张轨还对晋帝的多次封侯进爵一一谢绝，不让别人认为河西是脱离中央的割据政权，在行动中为国家的统一做出了积极的贡献，给西北地区创造了和平的环境。

张轨在河西地区推行实际上的自治，长达 13 年时间。他的施政方略是：第一，千方百计处理好少数民族问题。当时河西地区居住的少数民族，主要成分是鲜卑人，因为受到统治阶级的剥削和压迫，鲜卑人进行了持续的反抗斗争，造成河西地方不靖，动乱不已，寇盗纵横，民不聊生。张轨到任之后，注重争取上层，教育多数，打击极少首恶分子，加强管理，从而化解了矛盾，团结了境内的少数民族。第二，选贤任能，重用地方土人。河西地方与中土水隔山阻，历来地方土著力量雄厚，盘根错节。张轨大力笼络其中代表人物，为己所用，如敦煌地方实力人物宋配、阴充、阴澹、氾瑗等人，都被吸引为他的"肱股谋主"，并通过他们把自己的政治基础扎根于河西的土壤之中。第三，大力推行以儒学教育为中心的封建化。张轨在官府增设主管教育的官员（名为崇文祭酒），大建学校，广招土宦士族子弟入学接受系统的封建教育。

发扬儒学的目的是为了贯彻封建礼制，以达到民族融合和同化的效果，最终维护张氏家族在河西地方割据政权的长治久安。第四，努力发展区域经济。河西虽有"金张掖，银武威"之誉，但毕竟只有四郡之地（或称九郡），所以张轨除了注重加强境内的经济建设，还十分注意与中土和西域的商贸交往，为此，他颁行钱币法规，铸造五铢钱币，对东、西方的商品交换起到了积极作用。尤其是在河西地区大兴水利，推广中原的先进生产工具和生产技术，使得粮食问题得到基本解决，让他的割据政权有了立足的根基。

在张轨的惨淡经营下，"西州"成为当时国人向往的"乐土"，天下的一块"安乐州"。河西地区不仅成为中原人民的避难之所，也吸引了大批知识分子和各类人才投向这片土地。正如史书记载："苍生所以鹄企西望，四海所以注心大凉。"①"张凉州一时名士，威著西州。"②张轨可谓创造了中国历史上一个小小的奇迹。

建兴二年（314年），张轨病故。值得一提的是，张轨一生非常尊崇他的恩师皇甫谧，在弥留之际还想到要执行老师关于"薄葬"的主张。他告诉子女，对他的后事要"素棺薄葬，无藏金玉"。张轨死后，全州各界人民一致拥护他的儿子张寔继承父职，宣布建立凉国。从此以后，在张轨的教导和影响下，其后人大多能做到爱才敬贤，勤政为民，不追求奢靡，不好大喜功，内施仁政，外求和平，兢兢业业守着他创下的基业。张氏世代承袭，共传八世，直到东晋太元元年（376年）张天锡执政时，才归顺于后秦政权。张氏家族前后割据西凉地区长达76年，史书称张氏的地方割据政权为"前凉"。张轨不仅是河西广大地区地方割据势力的第一代总首领，也为其后诞生的"前凉国政权"奠定了坚实的基础。因此，《晋书》赞道："美矣张君。内抚遗黎，外攘逋寇。世既绵远，国亦完富，杖顺为基，盖天所祐。"③

---

① ② 房玄龄等撰：《晋书·张轨传》，中华书局，1974年，第2223页。
③ 房玄龄等撰：《晋书·张轨传》，中华书局，1974年，第2253页。

北周、隋朝固原田、梁两大家族

南北朝后期，北魏政权日益腐败，统治阶级内部争权夺利，互相杀伐，同时加强了对各族人民的压迫与剥削，从而使得阶级矛盾和民族矛盾进一步激化，终于在北方引发匈奴族人破六韩拔陵领导的民族起义斗争。这一起义的烈火很快就燃烧到了西北地区，迅速点燃了"高平民族起义"和关陇各族人民大起义。时势造英雄，于是在五胡十六国的混战年代，便形成了一个"原州武人群体"，成就了一批陇上高级将领。他们一生叱咤风云，为魏、周和杨隋政权的建立，作出过非凡的贡献，在中国历史上留下了浓重的一笔。

北魏朝廷与地方官员利用各地地主阶级的封建势力，上下联合，对各民族起义军进行了疯狂反扑，最后把这场人民运动镇压下去。在这场大规模的军事斗争中，固原地区一批武人抓住机遇，乘势而上，紧跟统治者，把屠刀挥向起义军。人民的鲜血染红了这伙武夫的军旗和战袍，他们拿百姓的头颅赚取到一顶顶乌纱，结果形成南北朝时期的"高平武人群体"，其中田弘、梁士彦、李贤三大家族，就是这个群体的主要代表（李贤家族另文介绍）。

田弘（？—575），两魏、北周将军。字广略，原州高平县（今宁夏固原市原州区）人。北魏建义元年（528年），高平起义首领万俟丑奴在高平称帝，田弘投靠起义军。建明元年（530年），北魏朝廷派大将尔朱天光率贺拔岳等部官兵征讨万俟丑奴。田弘乘机反水，被任命为都督，后又受到操纵北魏政权的大将军宇文泰的赏识而被重用。永熙三年（534年），他积极追随宇文泰奉迎北魏孝武帝入关，在长安建立偏安的"西魏"政权。因记"迎奉"之功，田弘被破格加封鹑阴县（今甘肃省靖远西北）开国子，赐食邑五百户，后进爵为公。在收复弘农、攻克沙苑、解围洛阳、抢夺河桥的一系列重要战斗中，田弘屡立大功，享受赐予皇族姓氏——纥干氏的殊荣。实授原州刺史。北周太祖宇文泰曾对文武大臣们说："人人如弘尽心。天下岂不早定？"[1]并把自己常用的铁甲赠送田弘，还对他说："天下若定，还将此甲示孤也。"[2]西魏废帝元钦元年（552年），在西魏政权的大小争霸战斗中，田弘总是身先士卒，冲锋在前，冒死杀敌，他身上有箭伤100多处，其中伤筋动骨的大伤9次，因而被朝廷视为柱石，被授予骠骑大将军、开府仪同三司的高位。北周政权建立以后，田弘进爵雁门郡（今山西省代县）公。保定元年（561年），武帝宇文邕授田弘使持节、都督岷州（今甘肃省岷县）诸军事、岷州刺史。田弘后来又在征讨北齐、平梁伐蜀的历史重要战役中再立新功，被晋升显爵大司空、少保和柱国大将军。田弘先后担任江陵（今湖北省江陵县）总督，督都襄（今湖北省襄樊市）、郢（今湖北省江陵县北纪南城）、昌（今四川省荣昌县境内）、丰（今福建省南安县境内）、蔡（今河南省新蔡县）诸州军事兼襄州刺史，"以功增食五百户"。建德三年（574年），田弘病故在任所。同年归葬原州高平镇山。田弘是勇冠天下的著名战将，他为官45年，身经106战，威震华夏，英名如虹，所以在他死后，大诗人、著名文学家庾信亲自为他撰写《周柱国大将军田弘神道碑记》。碑文载《庾子山集》，墓碑今被固原市博物馆收藏，儿子田仁恭继承爵位。

田仁恭（？—582），字长贵。《周书》作田恭，无"仁"字。另据《隋书》载，田仁恭为"平凉长城人也"。隋朝的平凉郡治所在高平县，即汉朝的高平县。南北朝时的长城郡，上隶属于原州管辖。治所在黄

---

① 令狐德棻等撰：《周书·田弘传》，中华书局，1971年，第449页。

② 李延寿撰：《北史·田弘传》，中华书局，1974年，第2314页。

石县（今彭阳县境内），下领黄石、白池、平凉等县地，后改黄石县为长城县，隋朝又改名为百泉县，所以长城郡、县的治所均在今固原市境内，田仁恭是北周、隋大臣田弘的儿子。北周时，因为父亲的军功关系，田仁恭庇荫早历显位，赐爵鹑阴子。被宇文邕任命为中外兵曹，迁中外府椽。后来他又跟随周武帝宇文邕征战有功，被封为襄武县（今甘肃省民勤县境内）公、阳郡（今河南省宜阳县境内）公、加授上开府，担任幽州（今北京市西南）总管。北周末，再进封为雁门郡公、小司马、大将军，拜为柱国。

隋朝建立以后，隋文帝对田仁恭非常宠信，先后封他为柱国、太子太师、右武卫大将军，进爵观国公。史书记载，隋文帝对他，"甚见亲重，尝幸其第，宴饮极欢。礼赐甚厚"[①]，死后又诏赠司空，谥"敬"。

田仁恭有两子。长子田世师，次子田德懋。长子田世师袭父亲的爵位，任隋朝右武卫大将军加观国公。次子田德懋"少以孝友知名"，任隋朝尚书驾部郎、太子千牛备身。加平原郡公，于大业中（605—618年），卒于任上。

史书评论道："田弘等。并兼资勇略，咸会风云。或效绩中权，或立功方面，均分休戚，同济艰危，可谓国之爪牙。朝之御悔者也。"[②]"仁恭出内荣显，岂徒然哉。德懋道协天经，亦足嘉矣。"[③]田家三代，遂成为北周和隋朝政权的开国功臣，田氏家族也是固原地区历史上最为显赫的家族之一。

梁士彦（515—586），字相如，北周、隋大臣，安定郡乌氏县（今宁夏固原市境内）人。他"少任侠"，"性刚果，喜正人之是非。好读兵书，颇涉经史"。北周时屡建军功，历任扶风（今陕西省兴平市境内）、熊州（今河南省宜阳县境内）刺史，九曲（今青海省贵南县境内）镇将，拜仪同三司，进位上开府，封建威县（今甘肃

---

① 李延寿撰：《北史·田弘传》，中华书局，1974 年，第 2314 页。
②③ 李延寿撰：《北史·田弘传》，中华书局，1974 年，第 2315 页。

省武威市境内）公。他是周武帝宇文邕同北齐后主高纬争夺北方政权战争中的得力助手。576 年，周、齐双方曾发生过生死存亡的关键一战，这就是晋州（今山西省临汾市）保卫战。时北周军坚守晋州，齐后主高纬曾亲自指挥六路大军包围了梁士彦防守的晋州城，在众寡悬殊的形势下，这座孤城"楼堞皆尽，短兵相接"，岌岌可危。梁士彦死守城池，指挥若定，并在战斗中不断鼓励将士们说："死在今日，吾为尔先！"他冲锋在前，冒死奋战，为广大守城官兵们作表率，所以将士们都能以一当百，呼声动地，视死如归，一次次打退齐军的进攻。梁士彦又乘胜动员自己的妻妾们与守城军民子女们昼夜及时抢修危城，整整坚持了 3 天。他们等到了宇文邕的援军，终于解了城围。周武帝入城后，见到梁士彦部官兵死伤惨重，感动得不顾君臣的礼规而紧紧拥抱梁士彦，并留下了泪水。当时武帝要梁士彦后撤休整，而梁士彦又主动请战，认为齐师大挫，军心不稳，应乘胜攻击，以收全功。经允许，梁士彦率所部发扬不怕疲劳、不怕牺牲和连续作战的精神，一鼓作气，把齐军打得落花流水。这一仗为北周最终战胜北齐起到了至关重要的作用。因此，周武帝对梁士彦宠爱有加，不但重赏了他，还授予他进位柱国、使持节，任晋州刺史，统一指挥晋州（今山西省临汾市境内）、绛州（今山西省闻喜县境内）诸军事。平定北齐政权以后，再授他进位上柱国、雍州（今山西省永济县境内）主簿，加封郕国公。周宣帝宇文赟即位后，梁士彦又因在平定南朝陈后主政权的战斗中再立新功，升任东南道行台、使持节、徐州（今江苏省徐州市境内）总管、徐州刺史兼统领三十二诸军事，成为周政权的栋梁柱石。

杨坚把持朝政以后，曾指令他参与平定了占据邺城（今河北省临漳县境内）进行叛乱的前北周将领尉迟迥。事平之后，他被改任亳州（今安徽省亳县）总管、相州（今河南省安阳市境内）刺史兼指挥二十四州诸军事。这时，杨坚对于梁士彦身肩重任、手握兵权已心存猜忌，不久就剥夺了梁士彦的军政权位，调其回京城做闲官。

581 年，杨坚夺取北周政权，建立隋王朝，史称隋文帝。梁士彦自恃功高，对新皇帝杨坚心怀怨恨，想伺机发难反隋灭杨。后来他与宇文忻、刘昉等一伙人结党谋求不轨，计划在庙祭典礼之时劫持隋帝，率众北上，以河北为基地，号令天下共同反对杨坚。但是他的外甥裴通贪生怕死，在关键时刻，将这一机密报告了朝廷。杨坚得到报告后，先按兵不动，有意任命梁士彦担任晋州刺史，以此观察他的动静。梁士彦果然大喜，乘机组建政变班子，并计划要把他的同党一起带往晋州共谋大事。这样，杨坚看清了梁士彦的用意，确认了他的谋反行为。于开皇六年（586 年）以谋反罪逮捕并处死了梁士彦。这年，梁士彦 72 岁。

梁士彦有 5 子：长子梁操、次子梁刚、三子梁叔谐、四子梁志远、五子梁务。长子梁操，字孟德。自幼过继给伯父，官至上开府、长宁王府骠骑、封义乡县（今河南省桐柏县境内）公，早故，未受牵连。次子梁刚，字永固，初授仪同，后因参加平定尉迟迥和对突厥作战立有军功，加开府，进上大将军，封通政县（今湖北省通城县境内）公，出任荆州（今湖北省江陵市）刺史。因他对父亲的谋反行为曾进行过"垂泪苦谏"，故而免死，被贬发到瓜州（今甘肃省敦煌市境内）。三子梁叔谐，官至上仪同、车骑将军，封广平县（今四川省黑水县境内）公。他力主父亲举兵反隋，并出主意说："作猛兽需成斑"[1]。意在要进行招降纳叛，扩大队伍。父事发后伏诛。四子梁志远，封广定（今四川省蒲县境内）伯。五子梁务，封建威（今甘肃省武威市境内）伯，父事发后被处死。

梁士彦是存心谋反，还是单纯为了反对杨坚，或是杨坚猜忌所加谋反莫须有的"罪名"，抑或为杨坚所迫，逼上了不得不反的绝路之上，这是一桩历史悬案。旧史家一般站在儒家君臣的正统观念上评论历史事件和历史人物，自有一番评论。但是对于梁士彦谋反

①魏徵、令狐德棻撰：《隋书·梁士彦传》，中华书局，1973 年，第 1165 页。

一案和梁本人的评点，还是留有一定的余地和曲笔的。正史是这样记载的：梁士彦"一时之壮士也，遭云雷之会，并以勇略成名，遂贪天之功以为己力……自取之也"[1]。梁士彦的悲剧结局，可能印证了"伴君如伴虎"这句老话。

①魏徵、令狐德棻撰：《隋书·梁士彦传》，中华书局，1973年，第1178页。

南北朝至隋朝固原梁、虞两大少数民族将领

宁夏地区自从汉末起，经历了三国、两晋和五胡十六国的长期社会大动乱，原居住农业民户大批逃亡，于是北方一些少数民族便乘虚而入，仅匈奴一族"入居塞者有屠各种……黑狼种……贺赖种……力羯种，凡十九种……其国号有左贤王、右贤王……左朔方王、右朔方王……凡十六等"①。到439年，鲜卑族拓跋魏统一了中国的北方（史称北魏）。为了防御柔然南犯，北魏政权加强了在宁夏的设防，把大量少数民族归附部落安置到宁夏南北各地，进行戍防屯垦。固原梁御就是从北方边外重返内地的少数民族将领。

据史书记载，梁氏的祖父本是安定（今宁夏固原市）籍人，"后因官北边，遂家于武川，改姓纥豆陵氏。高祖俟力提，从魏太武征讨，位扬武将军、定阳侯"②。（注：武川在今内蒙古自治区武川县境内）这说明，梁御先祖本来就是少数民族或者是从安定投向边外改依少数民族的汉族人。

梁御是北魏政权开国功臣的后代，由于享受祖荫的特权，他成年后就带兵打仗，在平定"高平民族起义"的战斗中立功。《北史·梁御传》载，由于梁御"豫奉兴王，参谋缔构，驱驰毕力，夷险备尝，虽远志未申，

---

① 房玄龄等撰：《晋书·北狄匈奴传》，中华书局，1974年，第2549—2550页。
② 李延寿撰：《北史·梁御传》，中华书局，1974年，第2119页。

亦云遇其时矣"①。梁家祖孙三代（梁御、梁睿、梁洋）创立了三世拜将封侯的伟业。

梁御（？—538），北魏将领，字善通，原州（今宁夏固原市原州区）人。梁御少年好学，精通弓马武艺。北魏高平起义时，万俟丑奴占据原州城，南进关中地区，北魏派尔朱天光、贺拔岳等率军征讨。尔朱天光任命梁御为宣德将军，担任前锋部队。因在征战中累积军功，被北魏孝庄帝升授为镇西将军、东益州（今四川省成都市）刺史、第一领民酋长，加封白水县伯（一说白水县侯），不久又改任西征将军、金紫光大夫，协助贺拔岳镇守长安。北魏永熙三年（534年），贺拔岳被秦州刺史侯莫陈悦谋害，他带领诸将共同拥戴时任北魏朝侍中、骠骑大将军、开府仪同三司、关西大将军、略阳县公、夏州刺史的宇文泰（就是后来的周文帝），讨伐侯莫陈悦。宇文泰提升梁御为武卫将军，后改任大都督、雍州（今山西省永济县境内）刺史和车骑大将军。西魏时期，梁御跟随宇文泰收复弘农（今河南省灵宝县境内），攻占沙苑（今陕西省大荔县境内），屡建战功，再升右卫将军、尚书右仆射，加侍中、开府仪同三司，进爵广平郡（今河南省邓县境内）公，并实任东雍州（今陕西省华县）刺史。大统四年（538年），梁御病故。他在临终前念念不忘道："唯以国步未康为恨，言不及家。"②魏文帝赠梁御为太尉、尚书令、雍州刺史，谥"武昭"。

梁睿（531—595），西魏、北周、隋三朝元老，大将军，梁御的儿子，字恃德。梁睿"少沉敏，有行检"，西魏文帝时，作为功臣的儿子而被收养在皇宫中多年，与各位皇子一起生活、学习，"同师共业"，7岁就被破格批准承袭父亲的爵位，成为小广平郡公，以后逐步升封为仪同三司、雍州大中正。魏恭帝即位，梁睿再升封为五龙郡公、渭州（今甘肃省陇县境内）刺史。北周孝闵帝宇文觉代魏称帝后，梁睿效忠新帝，仍被封御伯，任中州（今河南省新安县）刺史，镇守新安（今河南省

---

① 李延寿撰：《北史·梁御传》，中华书局，1974年，第2123页。

② 李延寿撰：《北史·梁御传》，中华书局，1974年，第2120页。

新安县），以防备北齐。"齐人来寇，睿辄挫之。帝甚嘉叹，拜大将军。"[①]
天和五年（570年）六月，北周武皇帝宇文邕表彰他辅佐有功，进爵为
蒋国（今河南省淮滨县境内）公，进入朝廷最高决策班子。先后任敷州（今
陕西省洛川县境内）刺史，凉（今甘肃省武威市）、安（今四川省剑
阁县）2州总管，进位柱国。这时，益州（今四川省成都市）总管王谦，
以静帝年幼、丞相杨坚把持朝政为借口，发动巴蜀兵变，攻陷始州（即
安州改置）。杨坚命梁睿为行军大元帅，率步骑20万大军讨伐王谦。
梁睿一路破通谷，拔龙门，抢巴西，战成都，大败叛军，并将王谦俘斩。
平定益州的叛乱后，梁睿代替益州王谦任益州总管，雄踞西南重镇，
威望卓著。梁睿因建立奇功而再加封上柱国。后来，梁睿又支持杨坚
篡夺北周政权，成为隋朝的开国功臣。隋开皇十五年（595年）二月，
梁睿跟从隋文帝到洛阳，不久病故，谥"襄"。大业六年（610年），
隋炀帝下诏改封梁睿为戴公。

梁洋，生卒不详，梁睿子，因为出身于勋臣世家，顺利步入周、
隋两朝统治集团上层，历任嵩州（今河南省登封县境内）、徐州刺史
和武贲郎将。隋大业六年（610年），朝廷下诏追封其父的开国辅佐大
功，追封梁睿为戴公，并命梁洋承袭公图。

东汉末年，在黄巾农民大起义的沉重打击之下，汉廷中央统治日
益衰微，各地官吏和地主豪强势力展开了割据和兼并混战，全国形
势一片混乱，国力大伤，边地的各少数民族势力亦乘机内犯，参与
竞争，大有问鼎中原之雄心。一些民族从割据一方到统一某一个大
区，纷纷建立自己的政权。在中国历史上，把这一混乱的时代称之
为"五胡十六国"。其中匈奴族的一个分支铁弗部亦率先大量内迁，
并在西北地区建立了一个大夏政权。属于匈奴铁弗部的虞庆则家族，
就是在这一特定的历史背景下进入内地建功立业，并登上统治阶级
高峰地位的。

---

① 李延寿撰：《北史·梁睿传》，中华书局，1974年，第2120页。

虞庆则（？—597），北周、隋朝大臣，本姓鱼，匈奴铁弗部赫连氏。南北朝间，其父赫连祥出任灵武（今宁夏吴忠市利通区境内）太守，举家入籍灵州，后迁居京兆栎县（今陕西省西安市临潼区境内）。其家族世代都是北方的豪强。

虞庆则自幼习武，体伟性悍，武艺精湛，还懂得鲜卑族语言。他一开始在北周做官，袭爵被封为沁源县（今山西省沁源县境内）公，积功任仪同大将军、并州（今山西省太原市）总管府长史、石州（今山西省离石市境内）总管，授开府。时辖境内少数民族在他的"威惠"之下，不敢轻举妄动，"稽胡慕义而归者八千余户"，为北周政权北边地区的安全作出了独特的贡献。进入隋朝以后，他怂恿杨坚诛灭前朝北周宇文氏宗族，为巩固新生的隋政权立了大功，被提升为大将军、内史监、吏部尚书、京兆尹，封彭城郡（今江苏省徐州市境内）公，并担任营建新都的工程总监。这时，突厥可汗沙钵略（东突厥首领，称伊利俱卢设莫阿始波罗大汗，亦名摄图）的妻子（原系北周的千金公主），对于隋文帝杨坚灭她娘家宗族怀恨在心，便极力鼓动沙钵略攻打隋朝新政权，妄想恢复宇文家族的统治，而沙钵略也早有南下的扩张野心，夫妻俩想到了一起。

开皇二年（582年），沙钵略率十多万突厥大军，分东西两路齐头并进，同时越过黄河从木峡关（今宁夏固原市原州区西南）和石门关（今宁夏固原市原州区西北），向隋朝的京畿腹地进犯，一时间，"武威、天水、安定、金城、上郡、弘化、延安六畜咸尽"，使整个西北地区人民的生命财产蒙受巨大损失，对刚刚建立不久的隋朝政权构成极大的威胁。一开始，朝廷命令右仆射虞庆则率军驻防弘化（今甘肃省庆阳市境内），防备敌军从灵州道、原州道进犯。当两地失守后，隋文帝再命令虞庆则领兵出原州道，河间王杨弘领兵出灵州道，左仆射高颎领兵出宁州（今甘肃省宁县），各为元帅，分别迎击来犯之敌。虞庆则军打得非常英勇，部将韩僧寿、杨洸等在鸡头山（今六盘山中部）和原州（今固原市原州区）大败来犯之敌。但是，虞庆则的部队也伤亡惨重，仅仅因冻伤"堕指者千余人"，部将达奚长儒的骑兵两千多人骑"死者十八九"，付出了惨重的代价，而虞本人却因战功而升为尚书右仆射，真是"一将功成万骨枯"。

突厥南犯失败后，于开皇四年（584年），朝廷又派虞庆则出使突厥汗国。这时，突厥内部出现分裂，达头可汗（西突厥首领，自称步迦大汗，亦名玷厥）称雄于西部，并经常对摄图所据东方的东突厥进行侵犯。乘东突厥处于这种内外交困的形势之下，虞庆则终于成功地说服沙钵略可汗向隋朝称臣，并于次年率部众内迁，寄居到白道川（今内蒙古呼和浩特市北部白道溪一带），对隋朝进贡不绝，使得北方摆脱了战乱，广大边民得到了一定程度的休养生息。虞庆则在这次出使劝降中，违背了隋高祖杨坚的"我欲存立突厥，彼送公马，但取五三匹"的旨意，不仅接收赠马千余匹，还纳可汗女儿为妻。但是皇上不仅没有追究他违旨的罪行，反而"以庆则勋高，皆无所问"，还升授他上柱国，封鲁国公，赐"食任城县千户"，并奖封他的次子虞澄道（字义）为彭城（今江苏省徐州市）公。虞庆则从而一跃"位居宰相，爵为上公"，满门皆有封赏，个个弹冠相庆。

开皇十七年（597年），虞庆则奉命出任桂州道（今广西桂林市）行军总管，担任征讨李世贤叛军的军事总指挥。在平乱以后，就在虞庆则本来可以得到封升的时候，他那心术不正的妻弟赵什柱却因为争宠并与他的爱妾通奸，设法陷害于他，向皇上诬告他企图谋反。朝廷在没有经过认真调查核实和未掌握可靠证据的情况下，就草草把这样一位重臣、名将糊里糊涂地杀了，而奖励诬告人赵什柱为柱国。所以有史家认为，这是历史上的一桩悬案与遗憾。我则认为，这不过是因为虞庆则的功劳太大，权位太重，犯了功高盖主的大忌，已经对朝廷和皇上本人构成了严重的威胁，所以他的死是必然的，在中国历史上"狡兔死，良犬烹"的事例还少吗？

虞庆则有二子，长子虞仁孝，次子虞澄道，仁孝自"幼豪侠任气"，因得到父亲功勋的庇荫，起步即授仪同，领晋王亲信，大有飞黄腾达的前途，但却因父亲冤案而被除名罢官。隋炀帝即位后，当然又是一朝天子一朝臣了，便以追念老臣旧功为名，为虞家平了反，重新授予仁孝后卫长史，兼领金谷监，监禁苑。后在征讨辽东时，仁孝又被授都水丞，主持大军的后勤监运，颇有功劳。大业十一年（615年），仁孝又被人告发"图谋不轨"，被杀。其弟时任东宫通事舍人，亦受牵连罢官。

史家对于功臣虞庆则的下场，似有不平之心，《隋书》在评论中写道："牵牛蹊田，虽则有罪，夺之非道，能无怨乎？"[①] 书中在分析虞氏获罪的原因时，又认为"虽时主之刻薄，亦言语以速祸乎？"[②] 最后还点名批评了皇上，"高祖沉猜之心，固已甚矣。求其余庆，不亦难哉！"[③]

---

①②③ 魏徵、令狐德棻撰：《隋书·虞庆则传》，中华书局，1973年，第1178页。

隋朝贤官梁彦光

古代的宁夏，不是今天人们所想象的那么落后。相反，宁夏地属当时京畿地区，既是都城的北大门，又是富庶的河套天府沃区。同样，古代的固原，也不是今天人们所认为的那样贫穷。实际上，今宁夏南部六盘山地区的固原市范围内，不仅比北部黄河两岸的历史更加悠久，开发更早，而且还处于华夏文明与黄河文化的重要源头地域范围。所以，当我们研究宁夏历史时就会发现，在隋唐之前，宁夏的历史名人，基本上是从固原地区涌现出来的，特别是汉代至隋代，还从固原地区走出了一个"武人群体"，他们在全国的政治舞台上占有一席之地，产生过重要影响，如梁氏家族、皇甫家族和李贤家族等。然而，固原地区这一大批著名人物被载入国家正史史册的虽然为数不少，但被国史收入"循吏"（政绩突出的好官、良吏）加以表彰的可能唯有梁彦光一人，并且还被《北史》和《隋史》两部国史前后入录。所以梁彦光此人，在宁夏历史上是有特殊地位的，也被史学界特别关注。

梁彦光（535—594），字修芝。北周大臣，安定郡乌氏（今宁夏固原市境内）人，出身于官宦人家。祖父梁茂，在北魏朝官至秦州（今甘肃省天水市）、华州（今陕西省华县）刺史；父亲梁显，亦官至北周朝荆州（今湖北江陵县）刺史。

梁彦光自幼聪颖，有个性，又受到了良好的教育，4 岁就入学读书，表现出超常的智力。他的父亲常对人夸赞道："此儿有风骨，当与吾宗。"[1]

---

[1] 李延寿撰：《北史·循吏》，中华书局，1974 年，第 2880 页。

他年仅 7 岁的时候，父亲病重危在旦夕，医生说要有五彩石做药饵，方可治疗此病。但当时家人和衙门公差们多方寻找，尚缺紫石英，大家都没了办法，非常着急。梁彦光虽然年幼，却也非常懂事，与大人一样，《隋书·梁彦光传》记载其终日"忧瘁不知所为"。有一天，他不经意间在自家的园中看到一块石头，拿给大人们去看，大家惊呆了，全州各县找了个遍，而一个小儿竟在自家园中发现了此石，真是"踏破铁鞋无觅处，得来全不费工夫"。人们一致认为，这是此儿的孝心感动了上天，是神仙特意送来的救命石。从此，梁家的亲朋好友和社会上的人们都对他另眼相看，夸他是孝子，视为神童。

梁彦光 17 岁步入仕途，在西魏朝担任过短暂的秘书郎职务。进入北周朝以后，他不断迁升，至舍人上士。周武帝宇文邕执政时（561—578 年），他担任小驭下大夫。此时，因"丁母忧"（亦称丁艰，即父母逝世要辞官回家守孝三年）回到家中。守孝期间，他"毁瘠过礼"，身心受到极大的损伤，人们都对他格外尊敬与同情，就连皇帝见到他憔悴的样子，也"嗟叹久之，颇蒙慰谕"[1]。他被官民夸奖为"大孝子"。尚未"服阕"（三年守孝期满，回朝继续任职称服阕、服满、终制），他就被朝廷"夺情"（指因某种特殊情况经皇帝特许不必回乡守孝，或守孝不满三年，但"夺情"时也不得任实职，而改为代理原官职）召回，改任小内史下大夫。建德中（572—578 年），梁彦光升任御正下大夫。后在跟随宇文邕御驾亲征北齐后主高纬的战斗中屡屡立功。灭齐后，论功行赏，梁彦光授开府，封阳城县（今山西省武乡县境内）公，赐邑千户。北周宣帝宇文赟即位后，授梁彦光华州（今陕西省华县）刺史，进封华阳郡（今陕西省勉县境内）公，增邑五百户，并将他原封阳城公爵位赐给其次子梁文让。不久，又被授予柱国、青州（今山东省淄博市境内）刺史，进位上大将军、御正上大夫。

隋朝建立后，梁彦光就任隋朝岐州（今陕西省凤翔县境内）刺史，

① 魏徵、令狐德棻撰：《隋书·循史》，中华书局，1973 年，第 1674 页。

兼领宫监，再增邑五百户。梁彦光的治理，因惠政多，官声好，"合境大化，奏课连最，为天下第一"①。隋开皇二年（582年），隋文帝杨坚到岐州巡视，对州政非常满意，"嘉其能，下诏褒美，赐粟五百斛、物三百段、御伞一枚，以厉清正"②。后改授梁彦光相州（今河北省临漳县境内）刺史。当他赴任相州以后，也按治理岐州的老办法施政。但是相州不同于岐州，岐州为"其俗颇质"，而"邺都杂俗，人多变诈"（相州治所为邺县），"人情险诐，妄起风谣，诉讼官人，万端千变"。结果，梁彦光为政失败，州人"作歌"贬讽他，还给他起了个绰号，叫"戴帽饧"（意为没有魄力的软蛋，如同糖稀一样的黏糊），"称其不能理政"，结果被朝廷免了职。

　　一年之后，朝廷重新起用梁彦光。他被任命为赵州（今河北省隆尧县境内）刺史。梁彦光向朝廷表示，决心在哪儿跌倒就在哪儿站起来，请求再任相州刺史，朝廷同意了他的请求。梁彦光第二次赴任相州，地方豪强和恶势力之流"漠不嗤笑"，都不把他放在眼里。而此番的梁彦光像换了一个人，一改从前治理岐州所用的"以静镇之"的老办法，而是"改弦易调"，从"变其风俗"入手进行治理。他下车伊始，就大刀阔斧，"发摘奸隐，有若神明，狡猾莫不潜窜，合境大骇"③。但梁彦光不以治表为满足，他认为治本的办法，是要提高人民的素质，唯一的方法就是加强教育。于是，他以优厚的待遇，从孔夫子家乡聘请"大儒"到相州来帮助当地大办教育，"每乡立学，非贤哲之书不得教授"。梁彦光还定期视察这些学校，亲自考试。他经常接见和招待州人代表，凡有学问的人，都入堂与他同案叙饮，非读书之人，皆在大堂门外廊下就座陪饮，而那些"好诤讼惰业无成者"，就让他们在院中露天的草垫上席地而坐。对于学有所得、有真才实学的普通读书人，他不仅亲自登门致礼，进行物质奖励，还大力推举他们到朝廷去当官。当时滏阳（今河北省滏阳县）有一个叫焦通的人，是个酒徒，经常以

---

① 魏徵、令狐德棻撰：《隋书·循吏》，中华书局，1973年，第1675页。

②③ 李延寿撰：《北史·循吏》，中华书局，1974年，第2880页。

酒撒疯，虐待父母、亲朋。其堂弟无可奈何，把哥哥告到了梁彦光那里。梁把焦通传到州里，不打不问，而是把他领到州学去参观孔庙，并把韩伯瑜"母杖不痛"的故事讲给他听。（大意是韩伯瑜犯了错误，老母持手杖责打他。但他感觉到母亲的杖责没有以前疼痛，说明母亲已年老力衰，手中无力了。于是，韩伯瑜很伤心，跪在老母面前痛哭流涕，表示重新做人）焦某被故事打动，终于感悟，"悲愧若无容者"。焦通回家后，决心戒酒，"改过励行，卒为善士"，而且教育了一方之人，社会风气为之一变。由于梁彦光重视教育，尊重知识，敬重人才，并将重用知识分子的一系列兴州举措落到了实处，所以全州"人皆勉励，风俗大改"，相州很快就从一个不文明的地方变成了一个文明之地。

隋开皇十四年（594年），梁彦光卒于任所，享年60岁。隋文帝为褒奖这位有作为的好官，追赠他为冀（今河北省冀县）、定（今河北省定县）、瀛（今河北省河间县）、青（今山东省淄博市境内）四州刺史，谥曰"襄"。其爵位由长子梁文谦继承。

梁彦光有二子：长子梁文谦，次子梁文让。梁文谦"弘雅有父风"。他以"上柱国嫡子"的身份，例授仪同。隋文帝开皇十五年（595年），他出任上州（今湖北省郧西县境内）刺史。隋炀帝即位，梁文谦改任饶州（今江西省波阳县境内）刺史，因所到之地皆能大治，辖地被誉为"天下之最"。不久，升迁户部侍郎。隋炀帝大业九年（613年），杨广发动了第二次攻打高丽的战争。礼部尚书杨玄感授命督运粮秣，行至黎阳（今河南省浚县境内）他却突然发动叛变，挥军南下围攻京都洛阳。杨广被迫撤出辽东战场，回师镇压叛乱。在出兵辽东时，梁文谦被授命领武贲郎将，兼检校太府、卫尉二少卿，作为卢龙道（今河南省卢龙县）军副总管从征。时叛将杨玄感之弟杨玄纵正是归梁文谦指挥的武贲郎将。在杨玄感反叛的通报尚未送达梁文谦处前，即在梁不知情时，杨玄纵已经逃跑了。本应是"不知情者无罪"，但是朝廷还是追究了梁文谦的所谓"放走叛将"的责任。为此，梁受到牵连，被贬官发往桂林（今广西柳州市境内）。后病死在贬处，时年56岁。梁文让，"初封阳城县公"，后升任鹰扬郎将。在杨玄感反叛时，梁文让参加平叛，战死在东都（今河南省洛阳市）阵前，皇帝追赠他为通仪大夫。

史评家们通过对梁彦光"内怀直道，至诚待物，故得所居而化，所去见思"的政绩与人品进行总结，让后人得到的启发是："善为水者，引之使平，善化人者，抚之使静。水平则无损于堤防，人静则不犯于宪章。"①要达到这种安定团结的大治局面，就要从治本入手，大力提倡"易俗移风，服教从义"。但所有这一切，都得有贤官去做大量艰苦细致的工作，这一点对于今天的为官施政者也应是有益的启迪。

---

① 魏徵、令狐德棻撰：《隋书·循吏》，中华书局，1973年，第1688页。

唐朝宁夏地区的
"少数民族将领群"

在中国历史上，不少王朝都执行了一条反动的民族政策，对周边各民族人民进行政治上歧视、军事上打击和经济上盘剥。甚至对于要求和平生活而内迁与归附的民族部落，仍然持以"非我族类，其心必异"的偏见，进行种种限制和不公平对待。少数民族稍有不满，就说他们要"造反"了，而妄加讨伐，大肆屠杀。所以，统治阶级与各少数民族的关系一直比较紧张，不断发生流血事件。但是，唐朝却有所不同，一代盛主李世民执行了一条比较开明的民族政策，并推行一系列的怀柔措施，建立一些羁縻州，妥善安置少数民族部落。唐朝还十分重视对西北地区（包括西域）的经营，注意团结西北少数民族上层人物，大力安置要求内附的各少数民族，所以唐一代的 300 年间，西北各少数民族相对安居乐业，大大促进了民族的融合和社会的进步。

宁夏在唐代是北方少数民族内迁、归附的集结地和安置点，是少数民族自治管理的实验区，被史书上统称为"六胡州"和"安乐州"。宁夏境内羁縻州的官员由被安置部落首领担任，他们享有都督、刺史等高级头衔，并加封爵位，自主管理民族内部的军政事务，上隶于燕然都护府统一管理。贞观二十年（646 年）九月，唐太宗李世民亲自来到灵州（今宁夏吴忠市利通区境内），主持召开北方各少数民族团结大会——"会盟"，被各少数民族共尊为"天可汗"。各民族代表在会盟中都一致表示决心："愿得天至尊为奴等作可汗，子孙常为天至尊作奴，死无所恨。"唐皇对于这一民族和睦的盛事非常重视和喜悦，当时就挥毫作诗并勒石作永久纪念。这块表明民族大团结的著名诗碑虽然早已失传，而名句"雪耻酬百王，除凶报千古。昔乘马匹去，今驱万乘来。近日毛虽暖，闻弦心已惊"脍炙人口，流传至今。可以看出，宁夏地区在历史上就曾是各民族和睦共处的大家庭，是多民族自治的大舞台，所以宁夏地区在唐代能涌现出许多少数民族高级将领，绝不是偶然的，而是可以想象到的。在这批民族将领的队伍中，事迹突出，地位较高，当时在全国产生过重要影响的代表人物有阿史那社尔、诺曷钵、仆固怀恩、康日知（附：康志睦、康承训、康传业）、浑瑊、韩游瓌、史宪诚（附：史孝章、史宪忠）、何进滔（附：何重顺、何金皞）、史敬奉等人。

阿史那社尔（？—655），唐初大将，突厥族，为东突厥处罗可汗次子，原游牧于大漠至灵州西北（今宁夏中卫市境内）一带。阿史那社尔自幼就表现出智勇双全的本领，11岁时已扬名于本部落，拜授拓设，建牙于碛北，与颉利子欲谷设分别统治铁勒、回纥、仆骨、同罗诸部。父卒后，阿史那社尔继承可汗位，接统所部，深受部族爱戴。贞观元年（627年），铁勒、薛延陀等部叛突厥，在突厥内乱危亡之际，阿史那社尔统一东西突厥大部，拥众十余万，自号都布可汗，但在与薛延陀征战中失败。贞观九年（635年），率部归附唐朝，次年，被授为左骁卫大将军，唐皇还把高祖李渊之女、衡阳长公主嫁给他，封他为驸马都尉，其部被安置于灵州（今宁夏吴忠市利通区境内）地界。贞观十四年（640年）授交河道（今新疆吐鲁番县西北）行军总管，参加唐军征讨高昌（今新疆吐鲁番境内），有功升任检校北门左屯营、封毕国（今陕西省咸阳市境内）公。贞观十九年（645年），护驾从征辽东，曾带箭坚持战斗，所部个个奋勇立功，再升兼鸿胪卿。贞观二十一年（647年），授昆丘道行军大总管，与契苾何力、郭孝恪、杨弘礼、李海岸等五虎将西征龟兹国（今新疆库车县境内），直捣其王城，又穷追六百里至大拨换城，大战四十天，终于擒到其王白诃黎布失毕，迫使西域七十余城归顺于唐，并劝说于国（今新疆和田县境）、安国（今布哈拉境）等城邦国与唐朝友好。论"五虎平西"功为最。待太宗崩，阿史那社尔自请以身殉主，高宗不许，改封右卫大将军。永徽四年（653年）加位镇军大将军。永徽六年（655年）卒，赠辅国大将军、并州都督，陪葬昭陵，谥"元"。

仆固怀恩（？—765），唐朝大将，铁勒族人。仆骨歌滥拔延之孙，后因语讹谓之"仆固"。铁勒族原游牧于阿尔泰山脉地区，贞观二十年（646年），铁勒九姓大首领率众归唐，朝廷于夏州地区（今陕北至宁夏盐池一带）设羁縻州安置各部落。其祖拔延、父乙李啜拔和怀恩三代世袭右武卫大将军，领金微都督（治今蒙古国肯特省一带），部落归灵州和朔方军管辖与指挥。

天宝十四载（755年），"安史之乱"爆发，仆固怀恩先随朔方节度使郭子仪在河北参加平叛战斗，是郭部战斗力最强的一支劲旅，屡立大功。后太子李亨在灵武继皇位，是为肃宗，仆固怀恩又随郭子仪，在保卫新帝的战斗中，率部敢打敢拼，视死如归。一次，在与同罗军的作战中，儿子仆固玢兵败被俘而降，又乘机逃回。仆固怀恩不徇私情，严明军纪，竟将儿子在阵前斩首，"将士慑骇，无不一当百"，个个奋不顾身，拼死决斗，终将同罗入侵军打败，保证了行都的安全。为了聚集反攻军力，仆固怀恩又奉命出使回纥，不惜将自己的女儿远嫁给回纥王毗伽阙可汗王子为妻，求来回纥援军五千。在收复两京的各大战役中，作为兵部尚书郭子仪麾下的"五虎将"（即仆固怀恩、王升、陈迴光、浑释之、李国贞）之一，怀恩率领本部兵马与回纥铁骑军从灵武一直打到潼关，所向披靡，威震中外。接着，怀恩又先后在郭子仪和李光弼的统一指挥下，率领朔方行营参加肃清安庆绪叛军的战斗。在五个月的大小战斗中，怀恩"常为先锋，坚敌大阵，必经其战，勇冠三军"，"功冠诸将"，记功升朔方军行营节度使，进封大宁（今山西省大宁县境内）郡王。

　　宝应元年（762年）叛军余党史朝义又勾诱回纥军内犯，番汉叛军号称十万之众，直逼关中，朝野惊恐万分。时值代宗新登基，回纥亦为登里可汗新称王，登里可敦（铁勒、回纥等部可汗妻的称呼，类似于中原王朝的皇后）就是仆固怀恩的女儿。回纥可汗夫妇要求与岳父及祖母相见。鉴于敌对两军对阵情况，怀恩当然不敢答应女儿和女婿的要求。为了劝和，代宗赐他"铁券"和"手诏"，准其相会。于是翁婿在太原相会，在怀恩的劝说下，回纥军掉转马头，改从逆为讨叛军。朝廷也命怀恩为天下兵马副元帅，加同中书门下平章事，领东河、朔方军节度使行营及镇西、回纥兵马讨敌。怀恩命其子为前锋部队，专打硬仗，穷追叛军不止。至宝应二年（763年）三月，河南、河北各路叛军基本肃清，叛军走投无路，其头目史朝义终于在平州（今河北省卢龙县）、石城县（河北省唐山市）渔泉栅自杀，豫冀广大地区均告平定。怀恩后因功升尚书左仆射兼中书令、河北副元帅、朔方节度使。仆固氏位极人臣，可谓权倾一时，炙手可热。

　　此时，朝廷命怀恩护送回纥可汗和番军归国，行至山西时，宦官骆奉先和太原守将辛云京等人不仅非难怀恩，不允大军入城和过境，还对他进行诬陷、屈毁，状告其阴结回纥谋反。怀恩上表自辩，认为仆固氏一族为朝廷"身先士卒、兄弟死于阵，子姓没于军，九族之内，十不一在，而存者疮痍满身"，"二女远嫁，为国和亲"，"一门之内死王事者四十六人"。"阖门忠烈"。其所率的朔方将士，亦"功效最高，为先帝中兴主人"。在唐室危难、天下纷乱之时都誓死捍卫朝廷，为什么在天下平定之时来搞不得人心、军心的叛乱？然而，怀恩部下多为番汉悍将死士，面对如此大辱，早已义愤填膺，不堪忍受。尤其是怀恩之子仆固玚血气方刚，更是按捺不住，遂率先发难，攻打榆次，但兵败反被本部所杀，所部大乱失控，滋扰地方，客观上形成叛乱之象。仆固怀恩大为震惊，无法收场，只得率少数亲随，甚至弃母于不顾，渡河逃往灵州。灵州是他的家乡和住所，有深厚的基础和影响，于是一不做二不休纠集旧部，真正举起了叛旗。至秋，又勾引吐蕃内犯。

永泰元年（765年），怀恩再诱诸番二十万大军直指京师。就在京城一夕数惊的万分危急时刻，怀恩引军行至鸣沙（今宁夏中宁县黄河南），突然病发，便立即返回灵州，于9月9日病卒。他的部属按照民族习俗把他的尸体在灵州火化安葬，余部被郭子仪收抚。吐、回各军因群龙无首多败逃，一场危机遂告结束。事后代宗叹曰："怀恩不反，为左右所误。"这真是"狡兔死，良犬烹"的可悲下场。

康日知（？—785），唐代将领，康植之孙。其祖先是西域康国（亦名萨末建，今撒马尔罕）人，后内迁定居于灵州，遂为籍。其祖康植于开元九年（721年）随朔方大总管王晙征讨突厥康待宾部，收复鲁、丽、含、塞、依、契六胡州，先后立有战功，曾受玄宗皇帝召见，提升为左武卫大将军，封天山县（今新疆托克逊县境内）男。康日知青年从军，在成德（治今河北省正定县）节度使李宝臣部下为将。官至赵州（今河北省赵县境内）刺史。建中二年（781年），李宝臣死，其子李惟岳自请继承节度使，朝廷不允，于是李惟岳勾结滋青（今山东省东平县境内）的李正己和魏博（今河北省大名县）的田悦等叛变。康誓不从叛，坚守赵州，不听李惟岳将令，与别驾李濯及部将们"喋血为盟"，效忠朝廷。李惟岳即命兵马使王武俊等攻打赵州。康日知在城头高声劝王武俊道："田悦攻邢台，死伤惨重，没有结果。赵州比邢城更为坚固，你来攻城也是徒劳的。"康日知还质问王武俊："使者赍诏喻中丞，中丞奈何负天子，从小儿跳梁哉？"[1]王武俊听言大为震惧，即反戈杀李惟岳献城归顺朝廷。次年（782年）康日知以靖难功，升任深赵（今河北省深县）观察使，赐实封户二百。建中四年（783年），王武俊又勾结幽州（今北京地区）朱滔、魏博的田悦，叛唐称王，派部将张钟葵攻打康日知镇守的赵州城，被康日知击败。兴元元年（784年），康日知升任奉诚军（今陕西省大荔县境内）节度使，旋改镇晋绛（今山西省临汾市境内），加累检校尚书左仆射，封会稽郡（今浙江省绍兴市）

---

[1] 欧阳修、宋祁撰：《新唐书·康日知传》，中华书局，1975年，第4773页。

王。贞元初（785年），康日知卒于任上，赠太子太师。

康志睦（775—833），唐代将领，字得众，康日知子。康志睦身材魁伟，武艺高超，由神策军出身，立功升任大将军。长庆四年（824年）四月，宫廷染坊供人张韶与卜者苏玄明鼓动染工作乱，康志睦率兵镇压，奖授兼御史大夫。后历任检校工部尚书、兼青州（今山东省临淄地区）刺史、平卢（今山东省东平地区）节度使、宣中书。大和元年（827年），横海（今河北省沧州地区）节度使李全略卒，其子李同捷被朝廷调任兖海（今山东省兖州地区）节度使。李不愿意离开其父经营多年的基地，便抗命据镇自任节度使叛乱。朝廷命康志睦等部讨伐而平其事，记功加检校尚书左仆射。大和七年（833年）康志睦以右龙武统军、四镇北庭行军，镇泾原（今甘肃省泾川地区），加封会稽郡公。这一年，康志睦死于任上，享年58岁，赠司空。

康承训（约809—874），唐末大将，字敬辞，康日知孙，康志睦子。康承训自幼随父辈征伐，积功进左神武军将军。宣宗间（847—859年），康承训升任天德军（今内蒙古自治区乌拉特中后旗地区）防御史。时党项部扰境，官军多为步兵，与战不利，康承训便下决心"罢冗费，市马益军，军乃奋张"①，党项从此不敢轻举妄动。康承训因此被朝廷诏加检校工部尚书，封会稽县男，升任义武（治今湖北省襄樊市）节度使。咸通四年（863年），南诏（今云南省大理地区）破安南（今中越地区），犯广西，岭南西道（今广西南宁地区）节度使郑愚畏惧，请求朝廷派大将主持战局。朝廷命康承训代郑，授权统领荆（今湖北江陵县境内）、襄（今湖北省襄樊市）、洪（今江西省南昌市）、鄂（即湖北省武汉市）、许（今河南省许昌市）、滑（今河南省滑县境内）、青（今山东省淄博境内）、汴（今河南省开封市境内）、兖（今山东省兖州县）、郓（今山东省东平县境内）、宣（今安徽省宣城县）、润（今江苏省镇江市）12道兵马，兼领安南及诸军行营。康承训坐镇邕州（今广西南宁市），

---

① 欧阳修、宋祁撰：《新唐书·康日知传》，中华书局，1975年，第4774页。

因指挥不当，损失惨重，但他却谎报军情，向朝廷告捷，骗功升检校尚书左仆射。经岭南道（治今广东省广州市）节度使韦宙揭发后，"承训惭，移疾"，于是辞归，改授右武卫大将军，分司东都洛阳。咸通九年（868年），爆发庞勋起义，朝廷起用康承训为义成军（今安徽省怀远地区）节度使、徐泗行营（今江苏省徐州地区）兵马都诏讨使，指挥各镇兵马和沙陀、吐谷浑、鞑靼、契苾各部20万大军，经一年围剿，终在庞军叛将张玄稔的配合下，才使得事态平定。咸通十年（869年），康承训以征讨庞勋大功，升为检校左仆射、同中书门下平章事，任河东（治今山西省太原市西南晋源镇）节度使。次年，康承训被宰相路严等参劾，降为蜀王傅，又一次分管东都洛阳，再被贬为恩州（今广东省恩平县）司马。乾符元年（874年）唐僖宗即位，改授左千牛卫大将军。当年卒，享年66岁。

康传业（生卒年不详），康承训子，随父军中征战，积功官至鄜坊（今陕西省富县）节度使而终。

浑瑊（736—799），唐朝将领，本名进。先世属铁勒族（古称丁零、高车、敕勒）浑部，归唐后安置于皋兰州（今宁夏中宁县黄河两岸），世为唐将。天宝年间（742—756年），在"安史之乱"和建中年间（780—783年）朱泚反唐称帝时，浑瑊两次平叛立大功，史称"中兴名将"，官至宰相。

隋末唐初，"九姓铁勒"逐渐摆脱了突厥人的控制，归顺唐朝，朝廷为安置铁勒诸姓，在北边共建立六府、七州，其中皋兰、高丽、祁连等州在今宁夏境内，而浑部即居于皋兰州，州治鸣沙城（今宁夏中宁县境内）。浑氏家族是为皋兰州都督。

浑瑊父亲浑释之，朔方军军官，积功升至开府仪同三司，试太常卿，封宁朔郡（今陕西省靖边县境内）王。天宝五载（746年），浑瑊11岁开始就随同父亲参加战斗，由于胆大艺高，尤善骑射，当年即立"跳汤功"（特为少年兵所设功赏），后与贺鲁部作战，勇冠全军而授"折冲果毅"（类似今战斗英雄）的名号，并首次率领一支偏师，独立参战。

"安史之乱"后，浑瑊率部归河东节度使李光弼指挥，在河北战场参加平叛作战。一次攻打叛军史思明固守的常山城（今河北省唐县）时，他一箭射死守城将领李立节，唐军一鼓作气攻占该城，浑瑊立了头等功，升为左骁卫将军。肃宗在灵武登基时，浑瑊又率部赴行都灵武，成为朔方节度使郭子仪收复京城长安的得力助手。在平定"安史之乱"的 8 年战斗中，他身经百战，军功卓著，升加开府仪同三司、太常卿，实封 200 户。

"安史之乱"平定后，参加的许多有功军人渐渐形成地方藩镇割据势力，他的同乡仆固怀恩也因种种原因，于广德元年（763 年）趁吐蕃入犯长安之际，联合回纥、吐蕃军围攻灵州。浑瑊之父浑释之时任朔方节度使留后，镇守灵州，被叛军杀死。朝廷任浑瑊为朔方行营左厢兵马使，在郭子仪统一指挥下与叛军作战。乱平后，浑瑊被授予太子宾客，率部屯驻京畿奉天。后浑瑊又在平定华州（今陕西省华县）节度使周智光叛乱和对抗吐蕃军的战斗中，成为勋臣郭子仪最为得力的一员战将。郭推荐他担任邠州（今陕西省彬县）刺史，护守京城西大门，使得吐蕃军不能东进，牢牢守护着京师的安全。唐德宗即位（780 年），在权奸与宦官作用下，郭子仪与众部将纷纷被解除兵权，浑瑊改授左金吾卫大将军而闲居京城。建中年间，先后爆发了河北地区四镇之乱，先是魏博镇（今河北省大名地区）田悦、淄青（今山东省东平地区）镇李纳、山南东道（今鄂豫川陕交界地区）梁崇义和成德镇（今河北省正宁地区）李惟岳联合叛乱。后来又引发河北、河南更大范围的动乱，各地军阀纷纷反唐，李纳自称齐王，王武俊自称赵王，田悦自称魏王，李烈西自称建兴王，朱滔自称大冀王，为各路叛军的首领。时任泾原镇节度使的朱滔之兄朱泚，也乘京畿空虚，一举攻占京城长安，自称大秦皇帝，改元应天。唐德宗李适逃到奉天（今陕西省乾县），浑瑊时因无军职而手中无兵权，只得带领自家子弟和护卫军，自动担当起保卫德宗的任务。他还亲自登城指挥官军守城，冒死指挥战斗，几次身中流矢而格斗不止。一个月后，在朔方节度使李怀光勤王大军的援助下，才解了奉天之围。随即李怀光也叛乱，浑瑊再护卫德宗皇帝逃至汉中（今陕西省汉中市）。兴元元年（784年）六月，浑瑊以同中书门下平章事、天德郡（原在今内蒙古乌拉特前旗东北，后迁今内蒙古乌拉特中后旗西南）节度使、奉天行营副元帅身份，协助神策行营节度使李晟收复京师长安，平息了这次事变。论功，浑瑊次于李晟名列第二，被称为"中兴之臣"。贞元三年（787年），吐蕃攻占盐（今宁夏、陕西交界地区）、夏（今陕西省横山县北白城子）二州后，诈盟于唐，德宗受骗即命浑瑊为会盟主监使，5月15日约盟于平凉州（今宁夏固原市境内），但遭吐蕃劫盟之难，浑瑊夺马只身逃归。德宗命他镇守奉天，立功赎罪。从此，浑瑊与奉天城遂成为吐蕃入犯的一道不可逾越的堡垒。贞元九年（793年），德宗皇帝命浑瑊、杜希全等率部修筑被吐蕃军摧毁的盐州城，唐军六千余人，仅用二旬时间就完成了修筑任务，赢得了朝野的称赞，因功升至检校司徒兼中书令。贞元十五年（799年），浑瑊卒于任上，享年64岁。

史宪诚（？—829），唐代藩镇军阀，奚族（中国古民族，唐后渐融于契丹），一说为中亚昭武九姓史姓后裔，原居建康（今甘肃省河西走廊高台县一带），后定居灵武，遂为籍。其祖父史道德官至怀泽（今广西贵县）郡王。父亲史周洛初为地方割据势力魏博镇节度使田季安属下军校，后官至北海（今山东省益都县）郡王。元和七年（812年），田季安死，子幼，部众推田弘正继任节度使，田即率部归顺朝廷，并奉命讨伐平卢淄青（今山东省东平县境内）节度使李师道叛军，史宪诚带四千精兵，充当田军先锋，多立战功，被破格提升为御史中丞。

长庆元年（821年），北方幽州（今北京地区）、魏博、成德（今河北省正定地区）诸镇军阀再叛朝廷，田弘正被杀，其子田布虽然继承节度使，但无力控制局面。史宪诚即在阵前策动哗变，胁迫田布重新脱离朝廷，恢复割据，田布被迫自杀，河北地区重新陷入割据状态。史宪诚乘乱以中军兵马使之职窃得节度使大权，与叛将朱克融、王廷凑、李介等相勾结，对抗朝廷。后李被杀，朝廷派员宣慰，史宪诚马上表示改过归顺，并自责说："宪诚蕃人，犹狗也。唯能识主，虽被棒打，终不忍离。"[1] 其狡诈和人品可见一斑。朝廷对他非但不加治罪，反加左仆射职，旋进检校司空，以示羁縻。大和二年（828年），沧景（今河北省沧州地区）节度使李全略子李同捷据镇叛唐。史宪诚与李同捷为姻亲，史暗中资助李军粮饷，后见大势所趋，又出兵讨伐李军。事平后，史宪诚加升检校司徒兼侍中，后改迁河中（今山西省永济县境内）节度使，加封千乘郡公。史宪诚反复无常，对部属也少情寡恩，终于犯了众怒，激成兵变，于次年（829年）1月26日夜被哗变官兵杀死。

1982年，固原地区文物部门在固原县南郊乡发掘唐墓一座，清理出墓志一盒。据墓志铭载，墓主人即史宪诚之祖父，官居给事郎，兰池（今甘肃省山丹县境内）正监。仪凤三年（678年）葬。

史孝章（800—838），字得仁，本名史唐，史宪诚之子。他自幼好文，初在魏博节度使李愬军中任参军、监察御史等文职。其父窃得魏博节度使后，他改任军职，并时时对父亲的所作所为有所劝谏，而其父不予理睬。文宗皇帝知而贤之，大加褒奖，授予他检校太子左谕德兼节度副使。后又因力阻其父助逆李同捷叛乱等功，朝廷先后加封他为工部尚书、礼部尚书等职。他历任相卫澶（今冀鲁豫交界地区）、鄜坊（今陕西省富县地区）、邠宁（今陕西省彬县一带）三镇节度使，开成三年（838年）卒。

何进滔（？—840），唐代大将，字端公。其先祖为西域何国（亦名屈霜你伽，居于今撒马尔罕西北）人，后内迁定居于灵武，遂为籍。曾祖父何孝物，祖父何俊，父何默，均为朔方军军官。何进滔青年时效力于魏博节度使田弘正军中。元和十年（815年），田弘正奉召讨伐叛军王承宗，何进滔率领精骑千余奔袭镇州（今河北省正定地区）大获全胜，迫使王承宗率部归顺朝廷，何进滔记功升任衙内部知兵马使。元和十三年（818年），在参加田弘正军再次讨伐卢淄青节度使李师道

---

[1] 刘昫等撰：《旧唐书·史宪诚传》，中华书局，1975年，第4686页。

叛军时，何进滔又率铁骑攻占郓州（今山东省东平县），以功升授兼侍御史，史宪诚代田弘正、田布父子军权后，何进滔为史军部将。大和三年（829年），史宪诚被本军哗变官兵杀死，全镇一时群龙无首，乱兵鼓噪，形势有一触即发之势。这时部分官兵提议，请何进滔主持军队。何进滔对官兵们说："你们既然拥护我，就要听我的将令。"大家表示愿意。于是，何进滔执杀压迫官兵的监军和兵愤较大的原将佐九十余人，其余一律不加追究，稳定了军心，挽救了一场兵祸。朝廷也承认了这一既成事实，先授何进滔左散骑常侍、魏博等州节度观察使，不久实授为魏博镇节度使。在魏博十余载，何进滔听命朝廷，保境安民，军民颂之，朝廷加封他为检校司徒、同中书门下平章事。开成五年（840年）卒于任上，追赠太傅，谥"定"。儿子何重顺，官至相位、国公。孙子何全皞官至节度使。

史敬奉（生卒年月不详），唐代将领。先辈是西域史国人，后定居灵州，以为籍贯。他虽然身材矮小，但武艺十分高强，骑术尤为精绝，若遇紧急情况，他能"自执鞍勒，随鞍跃上，然后羁带"[①]，飞马取敌首级如闪电一般。原为朔方军牙将，元和十四年（819年），吐蕃军为害盐州，史率三千奇兵突袭，蕃军死伤惨重，失掉"马牛杂畜殆万数"。朝廷"赐实封五十户"奖赏。他与凤翔将野诗良辅、泾原将郝玭"皆以名雄边"，是蕃军的克星。

---

① 刘昫等撰：《旧唐书·史敬奉传》，中华书局，1975年，第4079页。

唐灵州康待宾发动
"六胡州"民族暴动

　　隋唐之际，中原王朝屡屡受到来自北方草原诸部突厥族的侵扰。唐太宗贞观四年（630年），唐军大败东突厥可汗颉利（名咄苾），其部落十万之众降唐。太宗接受中书令温彦博（字大临）的建议，采取积极的民族政策，善待归附的突厥各部贵族和民众，把他们集中妥善分遣到北方从幽州（今北京市）到灵州（今吴忠市利通区境内）的广大地区，分别设置顺、祐、化、长四州都督府进行安置。任命原突厥各部酋长为将军、中郎将等官，实行自治管理。东突厥处罗可汗次子、著名的大首领阿史那社尔率部族数万人被安置在灵州境内。唐廷授他为左骁卫大将军，还封他为驸马都尉，把唐开国皇帝李渊的大女儿衡阳长公主嫁给他为妻。另外，唐廷又在原州（今固原）北部的他楼城设立缘州和盐州分别安置突厥斛薛等部。贞观二十年（646年），北方铁勒、回纥诸部落的头人或使者数千人齐聚灵州，太宗李世民也赶到灵州，与百王盛会，被各部落共推为"天可汗"。次年，唐廷又在北方特别设立六都督府和七州，再对内附的铁勒、回纥等十三部进行安置，其中有一府五州地处于灵州境内，分别是：多览部，居燕然都督府；浑部，居皋兰州；阿跌部，居鸡田州；跌结部，居鸡鹿州；俱勒罗部，居烛龙州；阿史德特建俟斤部，居祁连州。这些府、州在灵州境内的具体地望今已失考。可见，唐朝初期，宁夏南北仍是水草丰美的草原地区，到处都是北方南归游牧民族的自治领地。

一、"六胡州"的设立

唐高宗即位以后，仍然坚持执行太宗执政时期的民族政策，于咸亨三年（672年），又在灵州境内设置安乐州（今同心县和红寺堡区境内），把原居于青海境内的吐谷浑王所部安排在该州内，并以吐谷浑王诺曷钵兼任刺史，让这位驸马都尉与其妻弘化公主（唐太宗宗室女，武则天在位间曾改封为西平长大公主）在新家园里"安且乐"地生活。调露元年（679年），唐廷又在灵州、夏州南境和今内蒙古自治区鄂托克旗南、宁夏盐池县以北一带新置鲁、丽、塞、含、依、契六个州（今地失考）以安置早已内迁的西域"昭武九姓"胡人各部落，史书称这些胡人为粟特人，故而其州改名为"六胡州"。粟特胡人入居宁夏，可以追溯到南北朝时期，当北魏攻打赫连夏国时，曾把夏国境内的胡户集体迁徙到宁夏北部的薄骨律镇境内，单设"胡城"（汉代灵武县治城）让他们居住，以便于进行管理。唐朝设在边地这种带有民族自治性质的特别行政建置统称羁縻州，不同于内地的州郡。据《新唐书》所载："唐兴，初未暇于四夷，自太宗平突厥，西北诸蕃及蛮夷稍稍内属，即其部落列置州县。其大者为都督府，以其首领为都督、刺史，皆得世袭。虽贡赋版籍，多不上户部，然声教所暨，皆边州都督、都护所领，著于令式。"[①]所以这些羁縻府、州，一般都是只有州、府之名，而无城郭之建和户籍地管理，当然也就不承担赋税劳役。唐朝的羁縻州形式，实际上就是汉代的"属国"制和魏晋以来的"都护"和"护军"制的发展，这种让少数民族（一般都是游牧民族）自主管理本民族内部事务的办法，是我国历史上中央政权有效管理边政与少数民族的一种比较成功的形式。可以说，中国共产党正确解决中国民族问题的民族自治政策，也受到它的启迪，是中国人有效解决民族团结和睦问题大智慧的继承与发展。

---

① 欧阳修、宋祁撰：《新唐书·羁縻州》，中华书局，1975年，第1119页。

二、康待宾策动"六胡州"暴动

"六胡州"在长安四年（704年）合并为匡、长二州。神龙三年（707年），又升改为兰池都督府，后又分设为六个县。开元十年（722年），被再次分置为鲁州、丽州、契州、塞州。可以看出，原自治性质已大大下降，朝廷对其管制也日益加强，许多优惠政策也被取消。

唐朝在灵州等地所设的"六胡州"，主要是安置史称"昭武九姓"的粟特胡人，他们来自于西域和中亚地区的康国、米国、何国、史国、曹国、石国、安国和火寻、戊等九国的部落。这些国家的人民以善于经商闻名，长期以来，大多以在丝绸之路沿线从事中西贸易为生业，一般比较富有，所以也就成为唐朝边吏和将领们剥削的主要对象。康待宾就是康国人。在史书上往往将康国称为萨末建和飒秣建，原居地大约在今天的乌兹别克斯坦撒马尔罕州。粟特胡人各部，对于失去自治特权和朝廷的优待政策早已不满，加上后来又"苦于赋役"和不堪忍受管理官员以及驻军将帅们的贪腐、暴虐，于是在开元九年（721年）四月，兰池都护府管理内的康国人康待宾首先发难。他自称叶护（相当于副可汗、储君），与各部叛首康铁头、石神农、安慕容等一起，领导各州广大胡户，先在长泉县（疑为长城县之误）发动暴乱，攻击官府，并得到各部少数民族的积极响应，很快就聚众六万多人，兰池都护府和"六胡州"各地均被暴动的康待宾军控制。康待宾军又与毗邻的党项部落联合行动，计划首先攻打银城（今陕西省神木县南）、连谷（今山西省兴县西境黄河边），得手后就向夏州和灵州进军，然后渡河北上，重返大漠，再建草原帝国与唐朝打持久战，进行长期对抗。"六胡州"暴动，严重威胁到唐朝的边防安全，震惊了盛唐朝野，成为唐朝历史上少有的一件大事。

唐廷闻变后，急忙命兵部尚书王晙率朔方军前往镇压，另派大将张说率陇右军同时并进。张说首先招抚了党项军，并采用挑拨离间的办法，让党项人与胡人互相猜疑，不仅互不协作，反而进行内讧，从而削弱了康待宾军的凝聚力和战斗实力，使胡人造反军受到孤立。七月，王晙集中兵力向康待宾军发动全面进攻，康待宾军寡不敌众，三万五千骑被杀，元气大伤。唐军少数民族将领康日知乘胜率领一支骁勇善战的义胡部队，首先冲入康待宾军总部，亲手捉拿了康待宾等造反的头头，于辛酉日，王晙将"六胡州"各部落的首领们强行召集至兰池都护府集会，当众杀害了康待宾。显然，这是杀鸡给猴看，向少数民族部落首领们施加压力，发出警告。在这一战役中，灵州胡将康日知，因镇压本族同胞立了大功，开始飞黄腾达起来。他先受到唐玄宗的召见，并提拔为左武卫大将军，后官至奉诚军节度使、检校尚书左仆射，封会稽郡王。死后赠封太子太保。

但是，"六胡州"各族人民并没有被唐军的血腥镇压所吓倒。同年八月，各部族人民掩埋了死去战友们的尸体，活着的人擦干自己身上的血迹，又在康待宾的儿子康愿子的领导下，重新举起造反大旗，率领各部不愿做奴隶的劳动人民，向官军发动前赴后继的殊死战斗。康愿子自称可汗，以庆州方渠（今甘肃省环县境内）为根据地，计划第一步夺取监牧官马，然后再向灵州、夏州进军，最后跨过黄河，在沙漠中建立草原王国，恢复其先祖的事业。唐廷又命朔方大总管王晙和天兵军节度使、羽林大将军郭知运二人，各率大军共同讨伐造反军。王晙对此决定心中十分不满，给朝廷报告说："朔方军兵自有余力，其郭知运请还本军。"意思是要独揽军功。但是朝廷对他的要求不予理会，所以造成王、郭两军在平乱行动中不仅不能互相支援，反而各行其是，给官军和造反军都造成了不必要的损失。如王晙本来已把一些地方的造反民众安抚住了，但郭知运却佯装不知情，反而又鼓动大军向没有防备的授抚民众兵刀相加，使大量平民死于非命。这一下更加激怒了各部落民众。他们都怀疑官军在诱骗少数民族，认为归降部队是被王晙出卖了。于是大部分已放下武器的造反军，又"皆相率叛走"，"贼众复相结聚"，各地叛乱死灰复燃，"六胡州"的乱局更加严重。开元十年（722年），康愿子在六盘山被张说军抓获，追随他的家属子女及三千多造反军战士全部被俘，康愿子被送到京城斩首示众，其余均被杀害。"六胡州"的造反军斗争最终还是被镇压下去了。但是朝廷也把造成这种后果的责任归咎到王晙的身上，指责他用兵无方，剿办不力，并谎报战功，欺上瞒下，给了他很重的处分，被撤职降调到梓州（今四川三台县）去做一个刺史。王晙让郭知运耍了，吃了个哑巴亏，有嘴也说不清，只得无可奈何地从兵部尚书、行军大总管的高位上灰溜溜地走下来，到一个偏远贫穷的小州去赴任了。

三、调整边政和民族政策

唐廷对"六胡州"事件极为重视，事平后在总结教训和办理善后中，采取了一系列整改措施。

第一，加强对北边（河套地区）的军事、政治和民族事务的统一管理。为此，在康待宾、康愿子父子领导的民族反抗斗争被平定的当年，朝廷就在灵州设置朔方军节度使，统一管理单于大都护府和夏、盐、绥、银、丰、胜六州以及定远、丰安二军城与东、中、西三受降城。由老谋深算的名将张说出任朔方节度大使。次年，又在境内重新设置鲁、丽、契三个羁縻州，对少数民族重新进行安抚。

第二，对参与造反行动的各部族进行分化安置。首先采取强迫手段，把"六胡州"的胡人五万余众集体迁往唐（今河南唐县）、邓（今河南省邓县）、仙（今河南县叶县境内）、豫（今河南省荥阳县境内）等州，即今河南省与邻近的荒凉地区，使河套以南原"六胡州"千余里草原成为无人居牧的空地。并把党项部众改置于麟州，使与胡人居牧区进行隔离，以防相互勾诱生事。一直到开元二十六年（738年），因为不屈的六州胡人在南方不习水土，给生产和生活带来许多不便，不满情绪日益高涨，为防止桀骜不驯的胡人在大唐的腹地再生事端，唐廷才又把南迁的胡户以及散居在鄜（今陕西省富县）、延（今陕西省延安市）等州的胡人一起迁回原"六胡州"故土，并改置为宥州（今内蒙古鄂托克旗境内）对胡人进行严格管束。

第三，整肃边政，挑选良吏主持北方军政和民族事务，并在各节度使治下增设"押蕃落使"一职，专做民族工作。朝廷还严令，今后边地再要发生变乱，将要"先加罪于本界边将，然后剪逐寇贼"。同时，还解除商禁，让善于经商而不习农耕的少数民族发挥特长，通过边贸生意改善自己的生活，逐步实现安居乐业。通过这些改革措施，使边吏们的行为有所收敛，民族之间的小矛盾得到及时化解，各民族的生活有所改善，所有这些都对边疆的安定和民族的团结，在一定时间内起到了积极作用。

出现这样的结果，都是人民通过自己的反抗斗争，让统治阶级看到并慑于民众的力量而作出的改革和让步政策的结果。所以人民的反抗斗争，是推动历史前进、社会进步的重要动力，也是人民求解放的主要途径。

辅佐太子李亨灵州登基的四位功臣

杜鸿渐（708—769），唐朝大臣，字之巽。淮州淮阳（今山东省鄄城县北）人。故相杜暹族子。祖慎行，任益州（今四川省成都市）长史，父鹏举，官至安州（今四川省云阳县北）刺史。鸿渐第进士，曾任延王府参军。

天宝十四载（755年），"安史之乱"发生后，太子李亨于次年六月十九日逃至平凉郡。正在徘徊"未知所适间"，时鸿渐任朔方军留后，得知此情后，即与驻灵州六城水运使魏少游、关内盐池判官李涵、朔方节度判官崔漪、支度判官卢简金等会商。他向几位同僚分析道："今胡羯乱常，二京陷没，主上南幸于巴蜀，皇太子理兵于平凉。然平凉散地，非聚兵之处，必欲制胜，非朔方不可。若奉殿下，旬日之间，西收河、陇，回纥方强，与国通好，北征劲骑，南集诸城，大兵一举，可复二京，雪社稷之耻，上报明主，下安苍生，亦臣子之用心，国家之大计也。"[1] 会商后，他亲拟奏章，具陈兵马招辑之势和朔方军的兵力、军资、仓储和府库银数等详情。派李涵火速赶赴平凉求见太子，面陈机宜，力劝太子北上朔方。正在太子难下决断之时，恰遇河西行军司马裴冕还京赴御史新任途经平凉，他对杜等的形势分析极表赞同，亦恳请太子不要犹豫，立即北趋灵州，大展宏图，并陪侍太子同往。至此，"太子大悦"，决心北驰。李涵立即将这一消息报告给杜。杜等随即进行一系列准备工作，修缮行宫，制作仪仗，为护驾官吏将士筹划住所。

---

[1] 刘昫等撰：《旧唐书·杜鸿渐传》，中华书局，1975年，第3282页。

一切就绪之后，他又同灵州各界官绅带领朔方劲兵和慰问品亲至州南鸣沙边界白草顿迎谒与慰劳太子一行。当行至丰宁（今中宁县黄河北）南时，太子看到黄河天堑险固，临时打算渡河到丰宁城去，以河为险可保丰宁。杜鸿渐当面向太子进言道："朔方天下劲兵，灵州用武之处，今回纥请和，吐蕃内附，天下郡邑，人皆坚守，以待制命。其中虽为贼所据，亦望不日收复。殿下整理军戎，长驱一举，则逆胡不足灭也。"①太子同意他的看法，遂于七月九日进驻边邑大郡灵武古城。

太子一安顿下来之后，杜鸿渐、裴冕、魏少游、李涵等，便按照太子的心思，也是为了自己的升晋，展开了劝进活动。杜、裴等的劝进书曰："今寇逆乱常，毒流函谷，主上倦勤大位，移幸蜀川。江山阻险，奏请路绝，宗社神器，须有所归。万姓颙颙，思崇明圣，天意人事，不可固违。伏愿殿下顺其乐推，以安社稷，王者之大孝也。"②李亨故作推让凡五六次之后，才作半推半就姿态，（勉强）答应群臣所请。于是杜鸿渐等立即布置登基大典事宜，所有供帐、銮舆和膳食、陈布之仪，均按宫廷帝制准备，并率在灵文臣武将操练君臣朝见之礼仪。另外，还赶筑了"受命宫"和祭坛。七月十二日，李亨在灵武南门城楼正式继承帝位，改元至德，是为肃宗。尊父皇玄宗为"太上皇"。

论劝进杜、裴等应为首功，故新帝即封杜鸿渐兵部郎中、知中书舍人事，寻转武部侍郎，再升为兼御史大夫、河西节度使、凉州都督。两京光复后，迁荆州大都督府长史、荆南节度使。杜偶遇太子蒙难，得劝进之机而小材大用，能德均不堪胜其位，而且心无志气，不喜军戎，贪图静逸，酷好浮屠，故虽官至宰相兼成都尹，三任节度大使，东部留守、河南、淮西、山南东道副元帅等要职，封卫国公，但任上多无建树。大历三年（768年）自请退养。次年十一月卒于第，享年六十一岁，留遗言依佛法塔葬之。谥曰："文宪"。新、旧《唐书》有传。

裴冕（？—770），唐朝大臣。字章甫，河中河东（今山西省永济

---

① 刘昫等撰：《旧唐书·杜鸿渐传》，中华书局，1975年，第3283页。
② 刘昫等撰：《旧唐书·肃宗》，中华书局，1975年，第242页。

县西南蒲州镇）人。为河东首望仕家。白衣出身，以荫任渭南尉，历殿中侍御史、行军司马、员外郎中。肃宗灵武继位，以劝进定军之功，升任中书侍郎、同中书门下平章事，迁右仆射，新帝倚为股肱。官至剑南西川节度使、御史大夫、护山陵使、宰相，封冀国公。裴冕平步青云，无学乏术，而脑瓜灵活，办事利索，然贪财侈靡，讲究吃穿，每自创服式，其状新奇，京师流行，被称为"仆射样"。大历四年十二月（770年）卒于相府。赠太尉。配享肃宗庙。新、旧《唐书》有传。

魏少游（？—771），唐朝大臣。邢州钜鹿（今河北省邢台市）人。素以干吏知名。"安史之乱"，太子北上时任朔方水陆转运副使，杜鸿渐、李涵等赴凉州和灵州界迎驾，独留少游留守，负责为太子一行筹备食宿和为登基筹办大典、修缮宫室诸务。少游任务完成十分出色，"殿宇御幄，皆象宫阃，诸王、公主各设本院，饮食进御，穷其水陆"[①]。太子见而夸道："我至此本欲成大事，安用此为！"新帝登基后，论劝进首佑之功，授卫尉卿，升京兆尹，封钜鹿县侯。历洪州刺史、江南西道都团练观察等使、刑部尚书，封赵国公。为官尚有规检，"前后四领京尹，虽无赫赫之名，而龈龈廉谨，有足称者"[②]。大历六年（771年）三月卒于官。赠太子太师。新、旧《唐书》有传。

李涵（？—784），唐朝宗室大臣。高平王李道立曾孙。扶太子李亨前曾任赞善大夫，兼侍御史、关内盐池判官。迎立太子登基后，授右司员外郎。历司封郎中、宗正少卿、左庶子，兼御史中丞、河北宣尉使、苏州刺史、浙江西道都团练观察使、御史大夫、京畿观察使、太子少傅、山陵副使、检校工部尚书等职。以右仆射致仕。兴元元年（784年）九月卒，追赠太子太保。《旧唐书》有传。

[①②] 刘昫等撰：《旧唐书·魏少游传》，中华书局，1975年，第3377页。

唐朝名将：
从士兵到将军的灵武人韩游瓌

史书称"关东出相，关西出将"，说明西北人民自古尚武，锐于战斗，是产生将才的故乡，此话不无道理。今宁夏南北，地属"关西"，在唐朝时期，行政上属于京畿道（首都）管辖，其区位在军事上更为重要，是北国的门户、巨防之区，位列全国第一的朔方节度使就驻防在灵州灵武城。灵武成为唐代北方的特大军区和军事指挥中心，朝廷一般任命太子兼领京畿道，并派宰辅级重臣、名将出任朔方节度使之职。在这种背景下，灵州地区的百姓子弟自幼习武，人人体格健壮，武艺高强，为保卫北国疆土培养和输送了众多武士，并涌现出一批威震中外的著名的各民族将领，其中汉族子弟韩游瓌就是其中一员。

韩游瓌（？—798），唐朝将领。河西灵武县（今宁夏青铜峡市邵岗镇西）人。青年时在家乡参军，因作战勇敢，得到一步步的提拔，成长为名将郭子仪麾下的一名年轻有为的裨将。

天宝十四载（755年）冬，"安史之乱"爆发，安禄山密令部将阿史那从礼率领同罗、突厥等部落五千余骑众，在朔方诈降；同时，又采取利诱和威胁的手段，强迫河曲九蕃府和六胡州各部落计约五十万部众一起叛唐。朔方节度使郭子仪命令裨将韩游瓌和辛京杲，带领精兵火速返回朔方平定叛乱。大军压境，各蕃胡部落首领乘势摆脱了叛乱头头的胁迫，重新归附于大唐。韩游瓌被记功并提升为邠宁（今陕

454

西彬县）节度使留后。建中四年（783），凤翔（今陕西凤翔）、陇右（今青海乐都）节度使朱泚叛变，攻陷长安城，自称皇帝。唐德宗李适仓皇逃往奉天（今陕西乾县），在各路勤王大军尚未到来的危急关头，韩游瓖与庆州（今甘肃庆阳）刺史论惟明、行在都虞侯浑瑊等人决心冒死拒敌，就近护驾。他们指挥三千名老弱兵丁与叛军展开殊死血战，保卫了奉天孤城，挽救了危局，"赴难之功，游瓖首焉"。贞元元年（785年）二月，兼任朔方节度使的李怀光因忍受不了奸相卢杞的欺辱，一怒之下，转而从讨伐朱泚变为帮助朱泚，反协助叛军占据咸阳，大大助长了叛军的嚣张气焰。当时李怀光自以为与韩游瓖同为朔方军出身的战友，也引诱韩游瓖一同叛唐。韩游瓖及时向皇上报告了此事，表明了永远忠于朝廷的态度，并进献良策，建议朝廷即时将朔方节度使统辖下的邠宁、灵武、河中、振武、潼关、渭北等地的指挥大权实授给各地的守将张昕、宁景璇、吕鸣岳、杜从政、唐朝臣、窦觎等人，以表示皇上对他们的充分信任和重用。另外，朝廷又赐以重赏，诏令各位将领共同赴难勤王，从而大大地调动了各地官兵的战斗积极性，同时也动摇了李、朱叛军的军心，使得京畿地区的严重形势有所缓解，让德宗皇帝能够从奉天安全转移到汉中。护送走皇上以后，韩游瓖仍然返回邠州驻地召集旧部，受大将军李晟节制。四月，他奉命兼任邠宁节度使，与浑瑊、戴休颜等将领并肩战斗，共同镇守京西各要路。事平以后，在总结这场平乱的战斗时，韩游瓖"论功与瑊等第一"，迁升检校尚书左仆射，实封户四百。此后两三年之间，韩游瓖仍然率领部队与吐蕃军在泾、陇、庆、银、夏、麟、盐等州转战，屡建战功，各有赏赐。其间，虽然发生他的儿子韩钦绪在京城受到僧人蛊惑，图谋作乱事件，但并没有影响朝廷对韩游瓖的信任，仍让他继续担任邠宁节度使。贞元四年（788年），他因身体有病，经自己申请，要求解除兵权回京担任右龙武将军荣誉虚职。贞元十四年（798年）病故，谥"襄"。

南宋宁夏籍三名臣（将）：
张中孚、张中彦和刘锜

  北宋宣和七年、辽保大五年（1125 年），女真金灭了辽国。北宋靖康二年、金天会五年（1127 年），金兵攻下宋都汴梁（今河南省开封市），宋廷南渡，偏安于临安府（今浙江省杭州市），史称南宋。南宋与金国战和不定，互相抗衡长达一个半世纪之久。在这漫长的敌对环境中，南宋先后产生了以张浚等为首的主战派和以秦桧为首的主和派两大阵营。宁夏籍将领刘锜，算是第二代主战派中的佼佼者，他与另外一个宁夏籍名将、南宋"吴家将"的代表人物吴璘一起，为南宋王朝的苟延残喘立下汗马功劳。至于张氏兄弟，他俩官阶虽高，但并不是政坛和军界有影响的风云人物。

  张中孚（生卒年月不详），南宋、金国大臣。字信甫。镇戎军张义堡（今宁夏固原市原州区张易镇）人。父亲张达，官至宋朝太师，封庆国公。张中孚凭借父荫，由承节郎身份进入仕途。后来在吴玠、张浚指挥下参加抗金战争，立功授知镇戎军兼安抚使。宋建炎四年、金天会八年（1130 年），金兵攻入西北地区，张中孚在大势所趋的情况下，率部降金，被任命为泾原路经略安抚使。此时，西北地区归金人扶立为伪齐国皇帝刘豫统治，刘豫是个贪财无耻之徒，乘机以伪齐国号召天下，实行十抽一税法，赋敛烦苛，搜刮民财。张中孚看到泾原路本来就是地瘠民穷的地方，加之连年战乱的浩劫，已经是民不聊生，因此他拒不执行刘豫的政令。刘豫横暴淫威，残害忠良，人们都为张中孚抵制刘的政令而担心，而他为民着想，不计个人的安危。不久伪齐国垮台，泾原路人民免遭一场聚敛贪狠的人患，各界人士对张中孚非常感激。

宋绍兴九年（1139年），金国与南宋达成议和协议，将占领的河南、陕西土地归还宋朝，张中孚也随土地被交回到宋廷，任检校少傅。不久，金军再次重新夺取河南、陕西等地，张中孚又被金国点名要回，初任金国开封行台兵部尚书，改任行台尚书省事。金贞元元年（1153年），升尚书左丞，封南阳郡王。金贞元三年（1155年），以病为由要求告老还乡，金廷仍要他担任济南尹，加开府仪同三司，封宿王。负责南京留守，进封崇王。后病故在任上，享年59岁。

张中彦（生卒年月不详），南宋、金国大臣。字才甫。张中孚胞弟。文武兼备，多才多艺。北宋时也因父荫而少年得志，先后担任泾原副将，知德顺军事。宋建炎四年（1130年），与其兄泾原路统制张中孚、镇戎军知事李彦琦一同降金。在参加金军征伐熙、河、阶、成等州的一系列战斗中有功，授彰武军承宣使，由本路兵马钤辖升为都总管。以后又代替李彦琦为秦凤经略使。金天会末（1137年），任凤翔经略使。天眷初（1138年），金以河南、陕西地归还南宋，张中彦与兄张中孚一起回归宋廷，被留在宋京临安（今浙江杭州）。历任龙神卫四厢都指挥使、清远军承宣使、提举佑神观、靖海军节度使。金皇统间（1141—1149年），金兵再次占领河南、陕西等地区，兄弟2人又被金廷提名索回，先后担任金国静难军节度使、彰化军节度使、凤翔尹、庆阳尹兼泾原路兵马都总管和宁州刺史。

张中彦精通土木工程技术，造诣很高。金正隆三年（1158年），金国海陵王要大兴土木营建汴京（今河南省开封）新宫殿，张中彦自告奋勇，在六盘山的原始森林中"构崖架壑，起长桥十数里，以车运木，若行平地，开六盘山、水洛之路，遂通汴梁"。次年二月，张中彦在黄河中架设浮桥，打造大船，为从黄河水路向汴京运送巨木进行准备工作。他亲自制作船模，"长仅数寸，不用胶漆而首尾以卯自相钩带，称为'鼓子卯'，诸匠骇服，仿照制造"。船只造好以后，如何把巨木运到船上一时难倒大家。他却想出一个巧妙的方法，即在船旁的河岸边，先铺土为斜坡，上面铺上厚厚的新收割的秫秆，用大木固定好，泼上水，乘早晨冰霜冻结之时，顺利地把巨木滑到船上，省工省力，圆满完成了运送木材的任务。

金大定间（1161—1189年），张中彦病故于熙秦路兵马都总管任上，享年75岁。史家对张中孚、张中彦兄弟有所评论，认为他兄弟二人身为"宋大臣之子，父战没于金"，却甘心给金称臣，又给金国儿皇帝的齐王刘豫称臣。南宋收回陕西地，又回南宋做官。后来金又夺回陕西，再把兄弟俩索要回金国，再"比肩臣金，若趋市然，唯利所在，于斯时也岂复知所谓纲常也哉"①。

刘锜（1098—1162），南宋将领。德顺军（今宁夏隆德）人。前泸州节度使刘仲武的第9个儿子。"南渡十将"之一。他少年时代跟随父亲生活在军营之中，年龄稍长，就被父亲带上转战于陇右战场，参加抵御西夏的各种战斗。他胆大、心细，尤以箭法精熟而著称。《宋史》载："牙门水斛满，以箭射之，拔箭水注，随以一矢室之，人服其精。"②

徽宗宣和年间（1119—1125年），刘锜由高俅推荐入朝，担任阁门祗后。宋高宗继位后，特授他阁门宣赞舍人，知岷州，为陇右都护，成为专门对西夏作战主力部队的一名指挥官。由于他作战勇敢，夏人畏之如虎，就连夏国境内的妇女儿童都知道他的威名。据史载，"夏人儿啼，辄怖之曰：'刘都护来！'"小娃娃就立马不敢再哭了。当张浚代表朝廷宣抚陕西时，看到刘锜是个奇才，任命他担任泾原经略使兼知渭州（今甘肃省平凉）。富平之战失利后，他率部退驻德顺军。不久金兵攻打渭州，部将李彦琦降金，渭州失守。为此，刘锜被降职为知锦州兼延边安抚。绍兴三年（1133年）复职，担任宣抚司统制，与吴玠分别负责守卫陕西和四川。以后又被召入京城，任江东路副总管。绍兴六年（1136年），提举宿卫亲军。刘锜还把王彦部下前护副军（即

---

① 脱脱等撰：《金史·张中彦传》，中华书局，1975年，第1791页。
② 脱脱等撰：《宋史·刘锜传》，中华书局，1985年，第11399页。

八字军）和解潜部下的骑兵整编为前、后、左、右、中、游奕6军，每军各编1000人，分由12位将领指挥，经过严格训练，成为一支精锐的野战军。绍兴十年（1140年）五月，金主撕毁与宋朝签订的和平协议，向南宋大举侵犯。刘锜当时正担任东京（今河南省开封）副留守、节制军马。他分析金兵南下必然要首先占领东京，再而进攻顺昌（今安徽省阜阳）。刘锜根据这一判断，就预先率领3000人退守顺昌，准备在此死守，以阻止金兵继续南犯。为了坚定将士们的守城决心，他派人把颍河等水道的所有船只凿穿并沉入河中，向广大官兵们表示"破釜沉舟"，不留退路，只有决一死战才是唯一的出路。又将自己和部将们的家属安置在寺庙中，四周堆放柴草，派兵守护，并对卫兵们说，如果城池失守，就从他的家属居住的地方放火烧起，不让一户家属落入金人的手中。"于是军士皆奋，男子备战守，妇人砺刀剑，争呼跃曰：'平时人欺我八字军，今日当为国家破贼立功。'"①顺昌被数倍于守军的金兵围攻四昼夜，将士们同仇敌忾，浴血奋战，誓死与城池同在，经过无数次血战，杀敌不计其数，城池完好无损，非常成功地完成了这次以少胜多、以弱制强的战略阻击任务。

金兀术得知顺昌失利，立即亲自率领10万大军增援。刘锜面对更加强大的敌人，决定智取。部将曹成等2人在得到刘锜面授机宜后，便率部去迎击金兵，但未经几个回合，2人便假装坠马被金兵俘获。金主在审问时，曹成按照刘锜事先所编造的话回答说："刘锜是太平边帅子，喜声伎，朝廷以两国讲好，使守东京图逸乐耳。"②金兀术根据口供判定刘锜是一个花花公子，很看不起他，认为这样的将领不堪一击，所以就不带攻城重武器，轻装前进，直逼顺昌城外扎营，连亘15里，全军毫无戒备思想。而这边刘锜也按兵不动，只是先派人悄悄地在颍河中投毒，数日后金兵多数病倒，失去战斗力大半。刘锜认为时机已到了，他组织一支队伍，人人手持长柄斧和长把标枪，排在阵地的前列，

---

① 脱脱等撰：《宋史·刘锜传》，中华书局，1985年，第11401页。
② 脱脱等撰：《宋史·刘锜传》，中华书局，1985年，第11402页。

专砍敌人首先冲过来的骑兵的马腿。而待骑兵倒地后，再用标枪刺杀，结果大破金军的所谓"铁浮图"和"拐子马"（骑兵）。经此一战大败金兵，刘锜的威名也在全军中传开，顺昌之战也被金兵视为恐怖的末日。第二年，金兀术再次率大军南侵江淮地区，宋廷也再次命令刘锜率军迎战。刘锜仍然运用顺昌战役的打法，首先大破金军的铁骑兵，一经接触，金兵们就惊呼"此顺昌旗帜也"，便抱头鼠窜逃命。但是，此次大捷，不仅未能给刘锜带来好运，却反而遭到朝廷主和派的妒恨，刘锜被派往荆南府、潭州（今湖南省长沙）任地方官。

绍兴三十一年（1161年），金主又调60万大军南犯，在出发前分配作战任务时，攻打宋军各将领的任务都一一落到实处，唯有攻打刘锜一部的作战任务，全军无一人敢于应声接受。金主完颜亮气愤得咬牙切齿，决定亲带大军与刘锜决战。当时刘锜担任江、淮、浙西制置使，节制诸路军马，总指挥部设在清河口。金兵这次不敢怠慢，采用毛毡裹船运粮，刘锜则派游泳好手潜入水中凿沉金人的粮船。金军一面留精兵与刘锜相对抗，另以重兵转入淮西。属刘锜节制的大将王权却被金大军吓倒，不听调遣，不战而逃，彻底破坏了刘锜的作战部署，他不得不暂时退守扬州。金军也派万户高景山进攻扬州，两军在皂角林经过一番激战，高景山被打死，并俘虏数百人。不幸此时刘锜身染重病，只得留侄儿刘汜率1500人扼守瓜州渡口，命部将李横率8000人固守扬州城，自己暂赴镇江养病。宋廷任命知枢密院事叶义向总指挥江淮战役，他首先来到镇江，见到刘锜已经病重不起，就临时任命李横代理刘锜的指挥权。可是，当金兵直逼瓜州时，刘汜首先败退，李横孤军不能抵挡，左军统制魏友、后军统制王方战死，刘锜一手训练而又身经百战的一支铁军就这样几乎全军覆没。刘锜本人被召还京城，暂时安排在试院内闲住，等待处理。绍兴三十二年（1162年）闰二月，刘锜"呕血数升而卒。赠开府仪同三司"，后谥"武穆"。

为元朝服务的三位党项族人

——来阿八赤、杨朵儿只、迈里古思

蒙古大军六次征讨由党项人建立起来的西夏国，但屡屡不得手，甚至在第六次攻打夏国时，就连不可一世的"一代天骄"蒙古大汗成吉思汗也连伤带病，在没有见到攻占夏都、消灭西夏国之前就死于非命。因此蒙古大军恨透了夏国统治阶级和党项人。当夏都城破之后，大军涌入中兴府（今银川市），实行屠城暴行，"其民穿凿土石以避锋镝，免者百无一二，白骨蔽野"，致使有近200年皇都历史、繁华的西北名城都会毁于一旦，成为一片废墟。但是，在蒙古人建立元朝前后，为了战争的需要（巩固西域和消灭南宋），把西夏故地和六盘山地区作为蒙古大帝国的中心腹里、后方基地和军事大本营，在这一地区开设行省、建立屯田机构，驻防重兵。为了后方的安全，元朝统治者将前西夏故都改称"宁夏府路"（宁夏得名始于此），希望西夏故地安宁无事。为了政治上的需要，此时也缓和与党项族的关系，寻访党项有能力的人出来为元做事，所以后来出现了不少忠于元王朝的党项族人，其中来阿八赤、杨朵儿只、迈里古思三人还走进了统治阶级的最上层。

来阿八赤（？—1288），元朝将领。有的史书称阿八赤、阿八失。宁夏府（今宁夏银川）人，党项族。父亲术速忽里，归附成吉思汗后，被选为宿卫（皇室护卫军）人员，后来担任掌管成吉思汗的膳食房官员。宪宗蒙哥继位后，来阿八赤又被选为宿卫博尔赤（厨师）。

1257年，蒙哥统军进攻西南，来阿八赤与父亲一起随征。1258年，蒙古大军攻占四川。次年二月，蒙哥亲自指挥围攻合州（今四川合川）钓鱼山。战前，他要求部将们进献攻城计策，术速忽里建议以少量军队牵制蜀地，伺机而下。但是，各位将领都求胜心切，大家一致认为"攻城功在顷刻"。对于术速忽里费时太久的办法纷纷反对，最后未被蒙哥采用。

当时，来阿八赤奉命前往元帅纽璘的军队中担任监军，驻军于重庆下游的铜锣峡地方。他要求部队抓紧在长江两岸修筑堡垒，用以防止宋朝援军溯江而上。来阿八赤还要官兵们在新筑成的堡垒中多多积储柴草备用。不久，宋军都统甘顺果然率军从夔州（今四川奉节）乘船逆江而上攻打元军。来阿八赤立即采取火攻，长江两岸各城堡的蒙古军"明火鼓噪，矢石如雨，顺流而进，宋人力战不能支，退保西岸，敛兵自固"[1]。次日黎明，宋军再次发动进攻，来阿八赤亲自率领精兵，缘江而下，配合战船，水陆并进，夹击宋军。宋军溃败，死伤数千人。战后来阿八赤得到宪宗的奖励，赐银二铤。

来阿八赤打退宋军，只是蒙古军攻宋战役的一部分，而合州仍然牢牢掌握在宋军的手中，蒙古军队围攻五个月还是拿不下来。这时，正值酷暑，军中疫病流行，蒙哥屯兵城下，心中焦急，竟然亲自上阵督战，结果被宋军炮石击中，死在军营。蒙古军被迫撤退，来阿八赤与父亲也回到燕京（今北京市）。

元世祖忽必烈继位后，召见来阿八赤，问四川的情况，来阿八赤作了汇报。顺便把他父亲以前在四川向宪宗所上攻打合州的建议也说了出来。世祖听后拍手称赞说："当时若从此策，东南其足平乎。"

至元三年（1266 年），蒙古军开始攻打南宋的襄阳和樊城。襄、樊两城隔汉水对峙，借浮桥来往，相互声援，上通秦陇，下控荆楚，物资储备充盈，是南宋抗元防线上的战略重镇，元军围攻六年之久仍岿然不动。至元七年（1270 年），蒙古军向湖北战场增加兵力，又从河南、河北调运大批作战器械和粮食，命令来阿八赤负责督运，送往湖北前线。

---

[1] 宋濂等撰：《元史·来阿八赤传》，中华书局，1976 年，第 3142 页。

经过他的努力，克服种种困难，全部粮械按时安全送到指定的目的地。忽必烈非常高兴，赐银一锭奖励来阿八赤。

至元十四年（1277年），元朝设立尚膳院，任命来阿八赤为中顺大夫、同知尚膳院事。至元十八年（1281年），来阿八赤被调为外任，担负起封疆大吏的高级职务，他佩戴三珠虎符，授通奉大夫、益都等路宣慰使、都元帅，欢欢喜喜走马上任。朝廷要他征调民工和军队一万多人，负责开挖山东境内的运河——济州河（自济宁至东平，连接汶、泗水）。来阿八赤经常亲临工地，往来督视，寒冬酷暑从不间断，而且一年四季都吃住在工地上，圆满完成了任务。以后，又被委以各种重要职务，先后任过胶莱海道漕运使、同金宣徽院事、征东招讨使和征东宣慰使、都元帅。

至元二十三年（1286年），皇子镇南王脱欢统兵挂帅征伐交趾（今越南），来阿八赤奉命从征，授湖广等处行中书省右丞（后改任湖广等处行尚书省右丞）。他在临行前，受到皇上的召见，皇上亲自解开自己身上的衣服给他，还赏赐他金玉束带和御用弓矢甲胄。次年九月，来阿八亦辅佐皇子，指挥元军首先肃清思明州（今广西宁明）一带的敌军，夺取女儿关，杀敌万余人，一路势如破竹，一鼓作气打到了交州（今越南河内），国主陈日煊弃城而逃。来阿八赤分析了当时的形势，他认为陈日煊肯定是逃到海上去了，并且一定会伺机反扑。元军将士大多是北方人，对于南方的气候不适应，很容易传染恶性疟疾等传染病，如不赶快结束征战，元军是很难维持长久的。因此，他建议出兵分头行动，抓捕陈日煊。此时，陈日煊却自己派人前来商谈投降事宜。大家信以为真，求之不得，一致不同意再继续用武，修筑城池以待陈日煊来降。结果，好久不见陈日煊来降，而元军的粮秣补给也已消耗殆尽，将士中疾疫也开始流行。此时虽然来阿八赤率部不断搜寻陈日煊部众交战，取得了些胜利，但军中疾疫已经日益蔓延，情况非常严重。元军的战斗力慢慢下降，已无力再组织进攻，以前所夺得的关隘又相继失守，元军不得不退师。陈日煊乘元军撤退之机，紧跟在后面追打。来阿八赤率大军且战且退。陈日煊命部下用毒箭射杀，元军将士中不少人中毒箭死在撤军的道路上。

来阿八赤也身中三箭，全身红肿，牺牲在战场上。

杨朵儿只（1279—1320），元朝大臣。河西宁夏（今宁夏银川）人，党项族。他于元仁宗爱育黎拔力八达在位期间，历任礼部尚书、宣徽副使和御史中丞等要职，以敢于直谏和弹劾权贵重臣而闻名，被誉为魏徵（唐朝著名宰相）式的人物。

朵儿只很早就失去父母，与年幼的哥哥相依为命，但他年幼而"知自立，语言仪表如成人"，处处显示是一个早熟的好少年。当爱育黎拔力八达还在亲王位上时，他就在藩邸做事，很受王爷的器重。

大德九年（1305年），元成宗多病，不能亲理政务，皇后卜鲁罕便操纵了朝政，爱育黎拔力八达与母亲答己都被皇后排挤出京城，迁往怀州（今河南沁阳）居住。朵儿只与亲王一家患难与共，一直追随在身边。大德十一年（1307年）正月，成宗病故，因为皇太子也已早亡，一时帝位虚悬。安西王阿难答、左丞相阿忽台等，策划了一个曲线夺取帝位的计划，即第一步先以成宗晚年"居中用事"的卜鲁罕皇后"垂帘听政"，先稳住政局；第二步再拥立阿难答登帝位，并定于本年三月二日发难。爱育黎拔力八达得到情报之后，也积极准备北上抢夺帝位。他命令朵儿只先期返回京都，与右丞相哈剌哈孙等商讨制订出一个武装夺权的计划：先把手握兵权的哥哥怀宁王海山从大漠北迎接回京。在海山未赶回之前，由爱育黎拔力八达先到大都，秘密进行准备工作。朵儿只负责"讥察禁卫，密致警备"。海山与爱育黎拔力八达议定，由哥哥继承皇位，哥哥去世后，再由弟弟继位。结果夺权成功，海山先当上皇帝，即元武宗，封爱育黎拔力八达为皇太子，海山死后，他也顺利地当上皇帝。朵儿只被视为功臣，授予大中大夫、家令丞。

朵儿只的哥哥死得早，他敬重寡嫂，把侄儿们当作自己的孩子一样抚养。武宗认为杨朵儿只善良，并亲自接见他，夸奖他。爱育黎拔力八达也经常在武宗那里称赞他说："此人诚可任大事，然刚直寡合。"[①]

武宗在位时，生活奢侈，挥霍无度，又经常大量赏赐诸王、宗亲、

---

① 宋濂等撰：《元史·杨朵儿只传》，中华书局，1976年，第3142页。

勋臣，弄得国家财政拮据，廪藏空虚；同时他还三次设立尚书省，重用脱虎脱、三宝奴、乐实等人，肆意变更钞法，搞得全国经济困难，政治非常黑暗。至大四年（1311年），武宗病逝，爱育黎拔力八达以太子身份合法继承帝位，史称元仁宗。仁宗一登位就宣布罢尚书省，并"以脱虎脱等变乱旧章，流毒百姓，凡误国者，欲悉按诛之"。朵儿只进谏说："为政而尚杀，非帝王治也。"仁宗接受了他的意见，只杀了首恶，避免了一场大规模的诛杀。有一次，仁宗与中书平章李孟讨论朝中的人才问题，李孟认为朵儿只为第一，仁宗赞同李孟的看法，任命朵儿只当礼部尚书。

罢尚书省之后，仁宗又下令要作废武宗朝尚书省发行的"至大银钞"和铜钱。朵儿只再劝谏说："法有便否，不当视立法人为废置。"他认为钱钞的弊端很多，可以废止，而铜钱若不继续使用，会对民间流通造成很多不便，影响到城乡正常的经济生活，于国于民都不利。众人虽然认为他的建议在理，但没有被仁宗采用。

杨朵儿只在任宣徽副使时期，有大臣上告仁宗说，朝廷中有一位大臣贪污受贿。仁宗发怒，认为不该告，要杀这个上告人。御史中丞张珪叩首劝谏，仁宗不听。朵儿只对仁宗说："诛告者，失刑；违谏者，失谊。世无诤臣久矣，张珪，真中丞也。"[1]仁宗听后转怒为喜，竟听取了张珪的意见。朵儿只也因此被改任为侍御史。

一次，仁宗与群臣共宴，宴会上有些人大声喧笑失体，朵儿只提醒仁宗将违法者无论贵戚幸臣，都予以处罚。这些被处罚者后来联合到一起，在仁宗面前谗毁朵儿只。仁宗很了解朵儿只，不但没有处罚朵儿只，反而再升他为资德大夫、御史中丞。

延祐二年（1315年），监察御史纳璘在上奏中得罪了仁宗，皇帝大怒，纳璘等大臣感到要大祸临头，惶惶不可终日。朵儿只又大胆站出来进行援救，他一天之内上奏七八次，说："臣非爱纳璘，诚不愿

---

① 宋濂等撰：《元史·杨朵儿只传》，中华书局，1976年，第3142页。

陛下有杀御史之名。"①终于使纳璘逃过一劫。但是，仁宗还是要把纳璘贬到基层去当一个地方小官。朵儿只再次对仁宗说："以御史宰京邑，无不可者。但以言事而得左迁，恐后之来者，用是为戒，不肯复言矣。"②这一次仁宗不肯退让，也不改变自己的主意。几天后，仁宗读《贞观政要》，朵儿只在一旁陪读。仁宗对朵儿只说："魏徵古之遗直也，朕安得而用之？"朵儿只回答："直由太宗，太宗不听，徵虽直，将焉用之？"仁宗会意地笑道："卿意在纳璘耶？当赦之，以成尔直名也。"纳磷又保住了官位。又有一位大臣上书论朝政缺失，内有攻击宰相的言论，因而惹怒了宰相。宰相要皇帝下旨赐上书者死。朵儿只马上进行阻止，他说："诏书云：'言虽不当，无罪。'今若此，何以示信天下？"③仁宗听了他的话，放过了上书的人。事后特任朵儿只为昭文馆大学士、荣禄大夫，再次表彰他的直谏。

元朝有一种风气，凡位居一品的大官，大都利用各种机会向朝廷为祖辈们索要爵位，以求光宗耀祖。有人也劝朵儿只提出这个要求，朵儿只俨然回答："家世寒微，幸际遇至此，已惧弗称，尚敢多求乎！且我为之，何以风厉侥幸者！"④

当时，丞相铁木迭儿利用手中权力大肆贪污受贿，全国的官民都很痛恨他，满朝文武大臣敢怒而不敢言，一点办法都没有。朵儿只认为，自己身为侍御史和御史中丞，就有责任进行察纠，惩办不法官员，不论什么人，也不论他的职位有多么高，或者是有什么样的背景和靠山，都不能例外。延祐四年（1317年），他与平章政事萧拜住等联衔弹劾当朝首辅大臣，列出铁木迭儿的罪状二十余条。仁宗见到奏章后，大为震怒，下诏逮捕铁木迭儿问罪。铁木迭儿畏罪逃匿于皇太后宫中，办案人不敢捕拿。一向与铁木迭儿勾结的皇太后答己公开出面庇护，并把朵儿只叫到宫门外进行责问。朵儿只对答："待罪御史，奉行祖

---

① 宋濂等撰：《元史·杨朵儿只传》，中华书局，1976年，第4152页。
②③④ 宋濂等撰：《元史·杨朵儿只传》，中华书局，1976年，第4153页。

宗法，必得罪人，非敢违太后旨也。"①但是，皇帝看在太后的情面上，只把铁木迭儿的家奴和同恶数人杀了了事，铁木迭儿本人只受到免职的处分。为了应付太后，皇帝同时也把朵儿只调离御史中丞的重要位置，改为集贤大学士，明升暗降，怕他继续惹事。

延祐七年（1320年），仁宗死，英宗还未登基，皇太后就迫不及待地把铁木迭儿重新推上了右丞相的宝座。铁木迭儿一上台，马上进行打击报复，把朵儿只、萧拜住等人叫到徽政院，给他们加上"前违太后旨之罪"。朵儿只怒斥道："中丞之职，恨不即斩汝，以谢天下。果违太后旨，汝岂有今日耶！"②几天后，朵儿只等人都被铁木迭儿害死。时年四十二岁。

铁木迭儿死后，在群臣的强烈要求下，元英宗不得不为朵儿只等人平反昭雪，特赠思顺佐理功臣、金紫光禄大夫、司徒、上柱国、夏国公，谥"襄愍"。

迈里古思（生卒年月不详），元朝官吏。字善卿，宁夏（今宁夏银川）人，党项族。

至正十四年（1354年），迈里古思中进士后，担任绍兴路录事司达鲁花赤（蒙古语，意为镇守者）。元朝末年，统治者为了镇压农民起义军，从武冈、绥宁（今属湖南）一带大量召集苗、瑶等少数民族壮丁组成"苗军"，帮助官军打仗。苗军主将杨完者带领一支队伍来到杭州地区。由于这支队伍没有受过严格的训练和妥善的管理，实际上是一群乌合之众，所到之处焚荡抄掠，无恶不作，严重祸害驻地百姓，官民无人敢去制止。更有甚者，苗军竟然到绍兴城内，抢夺财物和军马。杭州是迈里古思管辖的城市，他绝不允许这些人在城中为非作歹，立即把一些为首分子抓起来，并将他们在大街上斩首示众。一向肆掠无恐的苗军被迈里古思的强硬态度所震慑，从此再不敢在绍兴和杭州一带烧杀抢劫。迈里古思因此而名声大振。

①② 宋濂等撰：《元史·杨朵儿只传》，中华书局，1976年，第4154页。

至正十六年（1356年），江南行台（元朝御史台的分派机构，监察江浙、湖广、江西等地）所在地集庆（今江苏南京）被朱元璋军队攻占，行台移治于绍兴，迈里古思出任行台镇抚。他大量募民为兵，积极抵御朱元璋的进攻。这时，处州（今浙江丽水）山民进行起义，攻破附近数县。迈里古思率军前往镇压，并与石抹宜孙约期夹攻，将农民军镇压下去。迈里古思因功擢升为江东廉访司经历（首领官）。

浙东、浙西是元末最为动乱的地区之一，经过战争的破坏，各郡县大都残破不堪，而绍兴因由迈里古思镇守，境内比较安定，他因此颇受人们的敬重，浙江省授他为行枢密院判官，官衙仍设在绍兴。

当时，原为农民起义军将领的方国珍叛变投降元朝，被朝廷任命为浙江省平章政事，他便乘机派兵侵占绍兴属县。这使迈里古思大为气愤，他说："国珍本海贼，今既降，为大官，而复来害吾民，可乎！"[1]他采取对策，进行补救，先派部将黄中抢先占领上虞（今浙江上虞百官镇），准备亲自率兵前去责问方国珍。但是，因为方国珍降元朝以后，每年组织大批船只，把粮食运送到元大都（今北京），很受元顺帝的赞赏。而且他又暗中用大量钱财贿赂御史大夫拜住哥，两人关系密切。迈里古思举兵问罪方国珍，拜住哥大为不快，欲置他于死地。拜住哥假借有要事相议，把迈里古思骗到自己的私宅，当迈里古思一进宅门，拜住哥就命令左右侍从用铁锥把他挝死，并将头颅割下，掷到茅坑里。

绍兴城民众听到迈里古思被害的消息后，无不为之恸哭。他的部属黄中一怒之下，更是不顾一切率兵为上司报仇，将拜住哥家人以及属官掾吏统统杀死，只把拜住哥送交衙门要求依法处理。元廷为了缓和矛盾，先把拜住哥改调为行宣政院使，经过监察御史再度弹劾，说他"阴害师臣，几致激变"，应当处以严刑，朝廷这才削去拜住哥的官职，安置到潮州（今广东潮安）。迈里古思得以昭雪。

---

① 宋濂等撰：《元史·迈里古思传》，中华书局，1976年，第4331页。

元代大科学家郭守敬与宁夏

郭守敬（1231—1316），字若思，邢州（今河北省邢台）人。少年时曾在家乡跟随博学多才的同乡刘秉忠和张文谦等求学。21 岁时，就曾在家乡邢台县指挥完成了一项河道改造工程。元世祖中统三年（1262年），32 岁的郭守敬因中书左丞张文谦的推荐，被元世祖忽必烈召见，他面陈发展农田水利的 6 条建议，甚得世祖赞赏，当即任命郭守敬为提举诸路河渠，专职负责各路河渠的整修和管理事务。

13 世纪初，成吉思汗自 1205 年起，先后发动 6 次征讨西夏的战事，历时 23 年，曾遭到西夏军民的顽强抵抗，战争的激烈程度几乎是蒙古建国以来未曾遇到过的。因此，蒙古军对西夏军民施以极其残酷的屠戮。西夏灭亡后，又征调大批西夏人随军出征，昔日塞上沃野，因水利设施破坏，田园荒芜，几乎成了千里赤地，百姓流离失所。忽必烈继承大汗位后，阿里不哥等又发动叛乱，企图夺取汗位，这里又一次成为烽火连天的战场，中兴府等处遭"浑都海之乱，民间相恐动，窜匿山谷"，使"塞北江南"变得满目疮痍，到处一片破败景象。由于这里没有建立系统有效的行政管理体制，生产秩序遭到破坏，盗匪遍地，社会问题十分严重。显然，西夏故地的状况引起了忽必烈的重视，他任命以才干著称的张文谦等主政其地，希望通过他们的努力来改变西夏故地的状况。元初名臣董文用，也任职西夏中兴等路行省郎中。

至元元年（1264 年）五月，郭守敬也奉命西行视察西夏河渠。中书左丞行省西夏中兴等路的张文谦在朝时，十分重视社会经济的恢复和发展，主张取民有所节制。主政宁夏后，他十分重视兴修水利，恢复农业生产。而兴修水利的工作是在他的主持下，具体由郭守敬负责其事。郭守敬来到宁夏后，沿黄河两岸踏勘地势水情，对引黄灌区平原的干渠、支渠的数量、长度、灌田亩数等进行了详细调查，并深入了解当地地势、水渠流程、水利灌溉历史和治水、治淤的经验。在张文谦的支持下，由郭守敬亲自指挥的大规模水利修复工程开始了。当时有人提出废弃旧渠，另开新渠的主张。郭守敬经过调查研究后，提出"因旧谋新"的方案，否定了另开新渠的主张。他认为重筑新渠既费工又费财，重点应放在修复疏通旧有渠道上。经过实地勘察和求教民间老农，他又提出建滚水坝以减弱水势，又在渠道引水处筑堰以提高水位，建渠首进水闸以保证渠道有充足水量，建退水闸以调节流量等技术方案。在他的指导下，在宁夏地区的水利建设中，普遍采用了新的工程技术，修筑渠、堰、陂、塘，大都使用了调节水量的"闸堰"，即水坝和水闸（斗门）。水坝和水闸，起到了控制水流、水量的作用，旱则开闸放水入田，以收灌溉之利；涝则关闭闸门，以避泛滥之灾，使整个灌溉系统工程具有很好的灌溉和防洪效益。

在各地官民的热心支持下，仅用不到一年的时间，郭守敬就完成了对唐徕、汉延两大古渠的疏浚工程。接着又将灵州、应理（今中卫）、鸣沙等地的其他 10 条干渠以及黄河两岸所有大大小小支渠计 68 条，统统进行一次彻底整治。从此，可以灌溉耕地万余顷。郭守敬以其丰富的水利知识，整修旧渠，修建闸、坝，使境内大小渠系都恢复了功用，于是招徕流民，垦辟荒地，宁夏平原的农业生产开始得到恢复。

据郭守敬的学生齐履谦《知太史院事郭公行状》载，郭守敬在宁夏期间，还向元世祖忽必烈提出开发黄河水运，探询黄河河源的建议。他"尝挽舟溯流而上，究所谓河源者"。至元二年（1265 年），他从中兴（今银川市）乘舟，"顺河而下，四昼夜至东胜（今内蒙古托克托）"。经过实地勘察后，他认为这段黄河可以通航。他向忽必烈提出建议：在黄河宁夏段可以办漕运（水道运输）。忽必烈采纳了他的建议，还下令建立自应理州至东胜的水运驿站（站赤）。从此，宁夏的黄河运输便又开展了起来。

至元二年（1265年），郭守敬完成使命，返回中都（今北京市）。宁夏人民感激他，怀念他，崇敬这位年轻的水利官员为人民办的实事、好事，在他走后为他建立生祠，进行祭祀。

回京后，郭守敬先后升任都水少监、都水监、工部郎中，都主管水利。他在天文学、数学、地理学和机械工程等方面都做出了巨大贡献，最后以86岁高龄逝于知太史院事任上。

张文谦、郭守敬在西夏中兴路任职的时间不长，由于他们的努力，使得饱经战乱的夏地，很快得到一定恢复。元朝在这里的行政机构健全了，人们也安定下来，这有利于元朝对西北的统治。他们对大西北的开发是功不可没的。

明代宁夏乡贤管律

管律（生卒年月不详），明朝宁夏名士。字芸庄，宁夏卫（今宁夏银川）人。家庭富裕，自幼受到良好的教育，加之本人刻苦，天资聪颖，是宁夏卫学中的一名佼佼者。正德十一年（1516年），中举人，并名列乡试"书经魁"。正德十六年（1521年）登进士，官至刑科给事中，后退休回到家乡，专心从事教育，再没有重返官场。

管律不喜欢官场的追逐，多年来执教于宁夏卫学，为培养家乡子弟而从事辛勤的教育工作。嘉靖十七年（1538年），新任宁夏巡抚吴铠在镇城（今宁夏银川）草创"养正书院"，慕名聘请管律为首任教授。管律可谓塞上师表，桃李贺兰山下。由于他"博闻有辞，史发司马，文效子美，乡人皆以'管子'称之"，得到了官民的普遍敬仰，求文请教应接不暇。他的文章虽然大多已经失传，但在他主笔编修的《嘉靖宁夏新志》所选刊的少数题记中，人们可以看出，选文皆非一般的官样文章、陈词滥调、八股废话和应时的泛文，而是处处反映出他既关心国家大事，又具有"赅博之学，经济之才"和"通世故"的经世致用思想。如正德十六年（1521年），他刚入选为新科进士，还没有正式步入仕途时，就对西北边疆茶马互市提出改革建议，他认为官方定价一匹马付十两银，这样低的价银是购不到"强壮膘肥"的好马的。凡用低价所购之马，往往是"随买随倒"，"虽省于目前，然骑不终岁，则费于无算矣"。而用这样的劣等马匹武装军队去征战，结果是敌人"跨一牵二，防不进也。我军以一马追之，且又小弱，欲责其成功，不亦难哉！"所以他要求把每匹马价增加到十八两。后来经户部核准，先后增加二两、四两、五两不等。嘉靖五年（1526年），他又对边疆现行实施的盐政提出意见，认为自弘治以来，朝廷不允许以"余盐补正课"，造成"余盐盛行，正盐守支日久"的不正常现象。由于两淮余盐大量销往北边各镇，"以苛敛商财"，使"商灶俱困"，私盐难禁，从而"盐法大坏"。朝廷接受了他的意见，"乃复常股存积四六分之制"[①]，纠正了"余盐"盛，"正盐"滞的局面，有利于边地经济的发展。

在政治上，他不计个人名位，从大局出发，冒死上谏，勇于直言。如嘉靖元年（1522年），他刚任刑科给事中一职，就表现出初生牛犊不怕虎的精神，竟敢上奏要求罢免时任三边总制李钺的职务，并请起复早以免官，举荐长期闲居在籍的有争议的大臣杨一清接任。他从边防大局出发，认为"杨一清久任三边，威名素著，乞特起用"。而兵部则任人唯亲，反对启用杨一清，理由是"杨一清远在江南，闲居日久，一时起用，未免辞奏稽延，而钺闻改命，势必灰心解体"而影响边关军务大事。但是管律坚持己见，与兵部僵持不下，最后虽然一直推延到嘉靖三年（1524年），还是不得不任命杨一清为三边提督（总督改称提督）。另外，对于所谓"议大礼"这样自成化、弘治、正德三朝以来，许多文臣武将为之罢官、杀头的禁区，官场人人谈"礼"色变，避之不及。而他却是一上任就向"议大礼"开炮。他说："比言事者，每借议礼为词。或乞休，或引罪，或为人辩诉，于议礼本不相涉，而动必援引牵附，何哉？盖小人欲中伤人，以非此不足激陛下怒；而欲自固其宠，又非此不足得陛下欢也。乞诚自今言事者，据事直陈，毋假借，以累圣德。"[②]嘉靖皇帝批准了他的奏言，从此，一个败坏朝廷，堵塞言路，制造了大批冤假错案，伤害许多正直良吏的政治毒瘤终被割除。又如嘉靖十年（1531年），兵部尚书兼右都御史、三边总制王琼决定，将成化间由巡抚余子俊、徐廷章先后修成的宁夏横城黄沙嘴

---

① 张廷玉等撰：《明史·食货四》，中华书局，1974年，第1940页。
② 张廷玉等撰：《明史·杜鸾传》，中华书局，1974年，第5442页。

至花马池近四百里长城（亦称河东边墙）废弃，改于边内重修所谓"深沟高垒"。管律在由他主修的《嘉靖宁夏新志》中，对这一举措提出疑义。他认为前抚臣余子俊所修筑的河东墙具有双重意义：其一为设关扼塞，用以阻止敌骑入犯；其二是把草场、水源之地，"筑之以内，使虏绝牧；沙碛之地，筑之于外，使虏不庐"，从而达到逼敌远遁的军事目的。他叹息道："盖百年成之而不足，一日弃之而有余矣！"历时四年，河东"深沟高垒"建成，宁夏巡抚张文魁、兵部尚书兼三边总制唐龙等，以边防修成，又为了节省草料费和喂养之劳，把戍守东边墙的骑兵裁撤，改用步兵沿沟垒巡守，谓之"摆边"。管律对这种改革提出猛烈的抨击。他认为河东近四百里边防，处处皆为敌骑入犯之途，如果一步一兵，需布兵十二万九千六百人，哪有这么多兵去"摆"呢？即使有，敌骑聚至，蜂拥冲击，少数散布的步兵能挡得住吗？这时再从边沿调兵，时间紧迫，"岂能一呼成阵"，更有"仓促之际，必无纪律"，"张皇失措溃易而集难也"。他提醒当事者，历史上苻坚淝水之败，风声鹤唳，草木皆兵的教训不可不记。所以他尖锐地指出："今摆边之谋，一举而五弊存焉：无奇正、无应援，主将不一而运用参差，士卒分散而气力单薄，悉难于节制矣。以五弊之谋，御方张之虏，不资敌之利者几希？"同时，出于对国家安危的考虑，他还强烈要求当局，应尽快重新修复弃守多年的宁夏平虏守御千户所最北端要塞镇远关。认为自从正德初放弃此关以后，"致虏出没无忌，甚或旬月驻牧，滋平虏之患日深。"他告诫守土军政官员："镇远关自不能守，柳门等墩自不能嘹，平虏之势遂至孤立，宁夏北境半为虏有。"进而又警告当局说："苟失平虏，则无宁夏；无宁夏，则无平、固；无平、固，则关中骚动，渐及于内地，患不可量矣！"他并不是纸上谈兵，仅发空洞议论，而是提出自己的对策方案。他说："求久安之计，先须修打硇口，为复镇远关之渐；次修镇远关，为复黑山营之渐。不然，是垣户不设，欲思堂寝之安，庸可得乎？垣户一固，则沿河、沿山墩台易守而耳目自明、地方有赖。"

在经济上，对于家乡的农商与民生，管律更是格外关心。他揭露了宁夏屯田之弊，大声疾呼并为民请命。他指出宁夏屯制原为"军三屯七"，但因后来战事日繁，屯丁归伍，加之劳役增多，人口流亡，"屯田半荒"，造成"户口半减于昔，此屯之弊极矣"。而人口虽然不断外流，田地因河崩沙压渐减，地亩连年下降，可是在册亩数却并不减少，"又征税于无影之田"，"人无以堪其苦，是故逋亡相踵"，最终使屯田经济受到严重的破坏。因此他再次警告当局："宁夏捍御北虏，屏蔽中原，兵力悉出之五卫。"如果继续加重屯户负担，"临渴掘井"，人民"逋转以求生，固其情也"。如果内地人户为求生逃到敌方，夷狄若用"中国人"，危害就更大了。"宁夏之军，日渐散亡，万一失守，虽腹里数十万之兵亦将如之何哉？"此外，对于宁夏的粮草管理、盐法和土贡等制度他都有积极的建议，大多陆续被朝廷采纳实施。

另外，管律对于家乡人民一项特殊的贡献，莫过于他曾两度为纂修宁夏方志而出力，曾参加胡汝砺主修的《弘治宁夏新志》，后又亲自主修《嘉靖宁夏新志》。为塞上边荒地区留下了十分宝贵的地方文献，给家乡子孙后代留下一笔不可估价的精神财富。他自己的名字，也与志书一起载入史册，永垂青史。

明代宁夏书香门第胡氏家族

　　明朝宁夏北部，由于位居北国"九边重镇"的战略地位，故实施军政合一的卫所管理体制，先后设立宁夏镇和七卫四所，"徙五方之人实之"。大量内地移民被安置在境内进行屯田戍边，这批外地人和他们的子孙便将宁夏称为自己的桑梓，成为宁夏人，胡氏家族也是其中一员。胡家从高祖胡雄移居宁夏开始，传胡璋和胡汝砺、胡汝楫、胡汝翼以及胡侍四世，均坚持诗书传家的传统，渐渐成为塞上的名门望族。

　　胡雄，生卒不详。字士真。原籍应天府溧阳（今江苏省溧阳县）人。因一桩医案的牵连受罚，被贬到宁夏左屯卫（今银川市）戍边。胡雄自幼苦读诗书，但生不逢时，身无功名。后因子孙发轫，光宗耀祖，被朝廷追授"通议大夫、兵部左侍郎"的荣誉衔。有子胡璋。

　　胡璋，生卒不详。字重器。按其家风，也自幼向学，"博涉经艺"，但是"累科不售"，仅以"老庠生"之身而一世"白衣"为憾。后因子贵父荣，被朝廷"推封通议大夫、兵部左侍郎"的荣誉头衔。虽然终身不仕，却"多义行"并一生笔耕不辍，著有《槐堂礼俗》（三卷）、《耕隐集》（五卷），惜均告佚，仅留《过田州城》诗一首存世。诗曰："漠漠寒沙雨浥平，青山淡淡野云轻。孤城尽日鸣箫鼓，流水长年起稻秔。春暖灏风消冻路，夜深磷火照荒营。题诗欲吊英雄骨，把笔无言恨转生。"胡妻陈氏，被宁夏志书载入《孝妇》传颂。有子三：汝砺、汝楫、汝翼。

　　胡汝砺（1465—1510），字良弼，号竹岩、竹山。

胡汝砺智力超人，天资聪颖，自幼又受到家庭环境的熏陶和良好的教育，"七岁，诵《孝经》，喻大义"，"十三四岁，能诗赋文字"。22岁乡试，中举人，次年荣登进士。初授户部主事，后升任户部郎中。曾赴山西督饷，受到兵部尚书马文升的重视，推荐他担任大同知府。大同历来是边关军防重地，山高皇帝远，军人专权，往往武人养兵自重，骄马悍将，法纪松弛，不仅兵民痛苦不堪，还常常激起内部事变，引起边外蒙古部落入犯，所以一般人都不敢到这里担任地方官。然而胡汝砺不计个人得失，不负众望，"敢于任事，绳下以法，颇著治迹"。但是，终因地方积重难返，个人势单力薄，不得不称病要求免职回家休养。而后，兵部尚书马文升深知胡汝砺的艰难处境，便同吏部一起，向皇帝建议，坚决挽留这个有才干的官员，并得到同意。胡汝砺又不得不勉为其难，坚守原位，为边城的军政建设做了不少好事，受到军民的爱戴。不久正德皇帝朱厚照即位，太监刘瑾结党营私把持朝政。当时刘瑾看上了皇帝和文武大臣们都很器重的年轻又有才干的胡汝砺，很想把他拉到自己的身边为己所用。刘瑾是陕西兴平（今陕西兴平县）人，宁夏隶属于陕西，刘以同乡关系，把他视为乡党，千方百计拉拢这位有发展前途的官员。胡汝砺名位思想比较重，也想攀附这个在皇帝身旁一言九鼎的宫廷大管家，谋求自己更大的发展。于是一方"以希汲引"，另一方"急于干进"，各有所求，一拍即合，从此胡汝砺被刘瑾"因援以为党"。因为有了这个大靠山，胡汝砺就一路青云步步高升。正德二年（1507年），胡汝砺从西安知府直接升任顺天府丞，不到一年，又升任京兆尹（首都一把手），从此进身到统治阶级的最高层，历任户部左侍郎、都察院右副都御史、兵部左侍郎、都察院佥都御史。其间，曾先后提调顺天乡试，督理宣府（今河北张家口）兵马粮饷。在宣府为刘瑾清理屯田十分卖力，还大胆劾奏英国公张懋等显贵大员们侵占民田2000余亩，更加获得刘瑾的欢心。正德五年（1510年）召回京城，破格被任命为兵部尚书的重要职务。胡汝砺在官场中上升速度之快，授任职权之重，在明朝历史上是很少见的，史家们以"早达"

和"骤贵"来形容他的官运。但是胡汝砺命薄，2月升任，还没来得及坐到兵部尚书的宝座上，3月就先在上任的途中一命呜呼！

胡汝砺在政治上虽然投靠过祸国殃民的宦党首恶刘瑾，但他得志时间还不长，本人也没有干过多少坏事，所以仍然被后人以孝子、孝臣和名儒称道。另外，他在文史方面造诣较深，一生勤于笔耕，颇有建树。尤其是为家乡人民留下了一部内容丰富、学术价值很高的《弘治宁夏新志》。他还著有《竹岩集》数卷（已失佚）。胡汝砺出生于宁夏，从宁夏步入政坛，对宁夏有深厚的感情。他在离开宁夏赴任时，曾写过一首充满念乡之情的《别夏城》诗："倦倚阑干把玉卮，水云缥缈鬓参差。乾坤有路关荣辱，岁月无情管会离。望里山川都入画，醉中乡国漫留诗。园花汀草皆生意，借问东风知不知？"宁夏人民也怀念这位游子，并不因为他曾投靠过刘瑾而否定其一切，仍然把他列为乡贤受祀的行列。子名胡侍。

胡侍（1492—1553），字奉之、承之，号蒙溪。自幼在卫学读书，勤奋有志。正德八年（1513年）中举，正德十二年（1517年）金榜题名、高中进士。次年，初授刑部云南司主事。历任刑部广东司员外郎、鸿胪寺右少卿。嘉靖三年（1524年），因劾奏朝廷重臣、大学士张璁、桂萼"越礼背经"，并紧追不放，一再陈辨，从而触怒皇帝，被下狱治罪。后因御史官开脱，被开释贬任山西潞州（今山西省长治市）同知。不久又被宗室沈府诬告削职为民。嘉靖十七年（1538年）复职。嘉靖三十二年（1553年）十二月四日卒。胡侍一生嗜好藏书，手不释卷，勤于笔耕。时人夸他"胸罗星斗之文，落笔而烟云满纸，腹蕴经史之奥，纵谈而古今悬河"。称其"著述精研，搜罗极致"，"谓为词林之宗，学海之巨儒"。著有《蒙溪集》三集，《续卷》一卷，《墅谈》（二卷），《珍珠船》（八卷），《清凉经》（一卷）和大量诗词。

胡汝楫，弘治十八年（1505年）进士，曾任山西省襄陵县（今山西省襄汾县）知县。

胡汝翼为贡生，曾任宗室秦王府奉祀，皆好学有文。

明代塞上名儒张嘉谟

　　张嘉谟，生卒不详。明代宁夏名儒。字舜卿，宁夏卫（今银川市人）。祖籍四川成都府成都县（今成都市）循环乡驷马桥，太祖父张才富，明初以秀才征试文章，经考评选拔成绩突出，破格授保定府易州（今河北易县）知州。后因事坐累，谪居宁夏，遂以宁夏为籍，五传至嘉谟①，世代书香门第，为宁夏卫一大望族。庆藩安塞郡王朱秩炅（号樗斋）曾亲作《节义堂记》，"既纪其事，而复寄言外之意"②，对张氏家族，尤其是对张嘉谟的祖母郁氏大加颂扬，给予极高的评价和嘉许。

　　张嘉谟自幼好学，颖敏聪慧，在良好家庭环境的熏陶下，是宁夏卫儒学中品学兼优的学童。弘治十四年（1501年）中辛酉科举人，第二年赴京会试，再折桂枝，荣登金榜，高中壬戌科第三甲、第一百四十一名进士。初授兵部主事，能尽于职守，洁身自爱，厘剔宿弊。正德六年（1511年）山东杨虎和刘六（名宠）、刘七（名宸）等聚众数万人马，攻城杀官，占据二十余县直逼京师，朝野一片惊恐。武宗皇帝命辽东、山西、延绥等镇和京营大军往剿，但十三万大军各不统属，只敢尾随敌后，不敢奋勇当先，使农民军得以纵横全省，并使河南和京畿地区都受到威胁。时游击邰永在潍县（今山东省潍坊市）战斗中大败，"帝

---

① 胡汝砺纂修，管律重修，陈明猷校勘：《嘉靖宁夏新志·文苑志》，宁夏人民出版社，1982年，第441—442页。
② 胡汝砺纂修，管律重修，陈明猷校勘：《嘉靖宁夏新志·文苑志》，宁夏人民出版社，1982年，第443页。

将出郊省牲，闻之惧"，急命兵部侍郎陆完率部援救潍县。① 张嘉谟随陆部参战，即向陆建议："当出奇以遏其锋，审势以夺其气。若徒尾其后，是驱贼以自戕也。"陆接受他的意见，并让他单独指挥一支偏师赴前敌。张嘉谟命官军按兵不动，好好休息。农民军因屡挫官兵而渐骄，更以为张军人少不敢出战，就未加防备。某日夜间，张嘉谟认为时机已到，毅然决定"乘其怠，即夕掩击，大破贼，斩首二千级"②，一举解了潍县之危。陆完命全军乘胜追击，先后收复文安（今河北省文安县东北）、汤阴（今河南省汤阴县西南），又斩俘数千人。张嘉谟因功升车驾司员外郎。后四川廖麻子（名惠，号称"扫地王"）、喻思俸领导农民军反抗官府，原总督洪钟剿办不力，改派兵部尚书彭泽往代之。张嘉谟再次从征。到四川后，他向彭建议："蜀地险阻，用兵为难。公若分兵属谟，由汉中取道以入夔峡，公以大兵取重庆，交蹙之则成禽矣。"③彭认为他的建议很有战略眼光，完全予以接受，并照此意见制定了作战方案，结果大获全胜。彭因功被进加左都御史、太子太保，荫子如初。④张嘉谟亦记功升任山东兵备佥事。在新任间不畏权贵，秉公护法，政绩卓著而升任山东按察司佥事。时藩封山东兖州的鲁庄王朱阳铸，依仗皇亲权势，违背法度擅自私采禁矿，张嘉谟大胆依法查处，但终因开罪于宗室亲王而被罢官归籍。

张嘉谟回到宁夏以后，自称"城南居士"，闭门以诗文、书法自娱，不问政事。他的"隶篆行草，各得其妙，诗文敏捷，自成一家"⑤，一时间求文索字者络绎不绝，就连炙手可热的监军宁夏镇守太监李昕，也屈尊登门求之。时李昕在卫城东北隅新建太监宅一处，亦想效法文

---

① 张廷玉等撰：《明史·陆完传》，中华书局，1974年，第4955页。
② 张金城修，杨浣雨纂，陈明猷点校：《乾隆宁夏府志·人物》，宁夏人民出版社，1992年，第441页。
③ 张金城修，杨浣雨纂，陈明猷点校：《乾隆宁夏府志·人物》，宁夏人民出版社，1992年，第442页。
④ 张廷玉等撰：《明史·彭泽传》，中华书局，1974年，第5236页。
⑤ 马福祥等修，王之臣纂：《朔方道志·人物》，成文出版社，1968年，第771页。

武官员，在落成之际，树一石碑，把宅府的建立和太监的功绩勒石以传，以求名垂久远。虽然这位皇帝亲信太监重权在握，连宁夏藩王和巡抚、总兵等文武要官都巴结于他，但他却不敢对张无礼，亲自登门以请教的口气说："凡文臣厅廨，悉有记碣，书垂名政，以示将来，我所居亦欲效式，不识可乎？"对于监边太监的请求，张虽然不便拒绝，但却在撰写碑记的内容中，大胆采取明颂暗讽、隐喻贬斥的笔法。如碑文一开头，就说派驻宁夏太监从永乐初鲁安始，到李昕止，已有十六人，而据"边乡父老相传"，"不苛不黩者"，连同李昕算上只不过六人。进而又追溯到历史上，说从汉朝以来，"孰谓中贵中无尽臣职者乎？但无几耳！"换言之，太监中的好人历来就不多。然后又严肃地对后世的太监们提出忠告，认为想传名于后，不在于立一块石碑，编造一通所谓的政绩。即使立碑留文，自己在行动中没有做到"爱军民、恤困苦、安礼度、睦寮好、亲正直、远谗诱、崇朴实、养天和，与守土文武重臣同心协力，始终不二其执"，"虽有遗镵，亦不能移易公论乡评于将来之日也。吁，可不戒哉！"[1] 由此可见，他刚直不阿的性格和不攀附权贵的人品并没有受到丢官的影响。他在山东任上是因为得罪藩府鲁庄王所致，回到家乡，宁夏同样驻有藩庆王。他这时已是一名普通的百姓，但对于庆王府，他同样敢于批评。如他在为《按察司题名碑记》中写道："诸宗日益，饯食无穷，尚不自安，游心分外，稍有未充，形诸音响，介胄纷纭，骄夸冥昧，一有所莅，假藉营谋，干典如从，恬不知忌。"[2] 但是对于家乡人民的生计，他又时时挂念心中，常常代为呼吁。他利用撰写《按察司题名碑记》的机会，在碑文中揭露了宁夏赋税徭役之重，人民不堪重负之苦。文曰："两渠之坝，每岁修添，矩利匆匆，一有弗虑，贻害云云。军丁余夫，挑修采运，

---

[1] 胡汝砺纂修，管律重修，陈明猷校勘：《嘉靖宁夏新志·公署》，宁夏人民出版社，1982年，第40—41页。

[2] 胡汝砺纂修，管律重修，陈明猷校勘：《嘉靖宁夏新志·公署》，宁夏人民出版社，1982年，第50页。

尚有杂庸，减之未可。屯田抛荒，流亡相继。三尺之童，逮赴顶补，每岁陪纳，吏甲催征，急如星火。"① 又如在给镇守总兵帅府撰写的《题名碑》中再次为民请命，"呜呼，近日是方视昔稍异矣。内则士卒憔悴，人心靡宁，行伍未完，车马、甲仗未克，边防、堡塞、斥隄未整，既遭变故，岁年久歝；外则丑类日益骄横，今年牧河套，明年匿西山，春焉寇延绥，冬焉寇宁夏，长驱短窃，岁无宁居。"进而提醒守边者，"凡我将臣，受有至托，可不思所以上纾圣虑，下慰人心乎？"最后他告诫为将帅者，只有做到"显今"，方可"垂后"，即使没有树碑石，"它日身虽云去，自有健笔公论为之标题，以贻不朽。"如果你是"下损上益之不顾，外侵内惫之不忧，但为侥幸弥缝之计，则不特边人非之，清议、国法自不相容。纵能勒名，与不勒者焉能为有无哉？"②

张嘉谟为有明一代宁夏名儒、文豪，有大量美文、墨宝传于民间，并著有《云谷集》《西行稿》，惜均告佚。所幸在明代宁夏志书中存留以下诸文：弘治十八年（1505年）《重修儒学碑记》、正德十四年（1519年）《后乐园记》、正德十五（1520年）《灵州名贤祠碑记》、嘉靖元年（1522年）《帅府题名记》、嘉靖三年（1524年）《太监宅题名记》、嘉靖七年（1528年）《按察司题名记》等。家乡人民为了表达对他一生道德文章的敬仰，在镇城专门为他建立一处"进士"牌坊纪念之。③

---

① 胡汝砺纂修，管律重修，陈明猷校勘：《嘉靖宁夏新志·公署》，宁夏人民出版社，1982年，第50页。
② 胡汝砺纂修，管律重修，陈明猷校勘：《嘉靖宁夏新志·公署》，宁夏人民出版社，1982年，第47页。
③ 张金城修，杨浣雨纂，陈明猷点校：《乾隆宁夏府志·人物》，宁夏人民出版社，1992年，第443页。

明代宁夏第一进士徐琦

　　徐琦（1385—1453），字良玉，明代大臣。先世钱塘（今浙江省杭州市）人，其祖谪戍宁夏，遂为籍。自幼聪颖好学，天资笃实，过目不忘，诗书超常，被誉为"塞上神童"。永乐六年（1408年），23岁首入乡试，即中戊子科举人。后潜心苦读，力学博通，经史独见。功夫不负有心人，又于永乐十三年（1415年），当他步入而立之年时，终于金榜题名，高中乙未科进士。米保炯、谢沛霖编《明清进士题名碑录索引》一书中虽未收录徐琦，但《明史》和宁夏地方志，从明朝至民国各书均记徐琦为明永乐乙未科进士。

　　徐琦步入仕途后，初授行人，仍然严于律己，勤奋学习，更加敬业。他处事明敏公断，居官务持大体，从而受到主官的好评和朝廷的重视。宣德六年（1431年），被提拔为右通政，作为代表明廷出使安南（今越南）的礼部侍郎章敞的副使，赴安南册封黎利为国王。在外交公务中，既坚持原则，严斥安国"白相见礼"①的不友好做法，又注意团结该国臣民，洁身自重，不接受馈赠，保持了大国使节清正廉明的形象，顺利完成了外交使命。章敞对于这位有才学、务实肯干的助手十分满意，回国后即向朝廷报告了徐琦首次出国的良好表现和杰出的德能。徐琦很快就被重用，官拜南京兵部右侍郎。宣德八年（1433年），中安两国关系再次恶化，以致兵戎相见，给双方边民带来很多痛苦。为了挽救危局，重建两国的传统友谊，明廷派徐琦为正使持节出使安南。

---

① 张廷玉等撰：《明史·章敞传》，中华书局，1974年，第4315页。

这时正值安南老国王黎利去世，其子黎麟新继王位，国内政局不稳，在一些别有用心臣僚的影响下，新王对于来之不易的两国睦邻友好关系产生了动摇，干了一些有损于两国人民利益的事情，使中安两国的和平友好睦邻关系受到严重挑战。就在中安关系发生逆转的关键时刻，徐琦毅然以国家利益为重，临危受命，不顾个人安危，亲赴安南，向安南君臣"谕以顺天保民之道"①。他直接做安南国文武大臣的工作，并拜会新王黎麟，向他陈述两国友好的重要性，认为人民不希望两国交恶，更反对两国开战，请黎王放心，大明帝国是会像以往一样保护黎王的利益，帮助安国稳定国内社会秩序，发展生产，使人民安居乐业，共享升平。如果国王听信小人谗言，不顾社稷安危和百姓的死活，做出亲者痛、仇者快的错误决策，是要对不起两国人民的，就是中安两国人民共同的敌人，就是历史的罪人。由于"琦晓以祸福，麟惧，铸代身金人，贡方物以谢"②。终于使黎麟在大明使臣徐琦一身正气、一心为民的正义言行感召下，走出迷茫，远离小人，放弃一时糊涂的想法，改变错误言行，重新确立中安世代友好的国策，重修两国旧好。徐琦在出使安国间，坚持不像有些使者那样，因"安南多宝货"，"常从水道挟估客以为利"，让"安人颇轻之"。而是保持民族气节和大国使节的风范，拒受一切礼物，不辱王命，受到安国君臣的尊重，一时著称于中外，为中安关系的友好史写下了光辉的一页。所以当他回国复命时，宣德皇帝十分高兴，亲自召见了他，并在宫中设御宴款待他，宴后又给他丰厚的赏赐。为了表彰徐琦维护大明国威，为边民消害，为国争光的外交功劳，经朝廷特批，撤销其先祖因过而发配边镇宁夏，并降为戍籍的处分，从此恢复了祖籍，实现光宗耀祖的心愿。

正统初，南直隶各省多灾，徐琦受命与工部侍郎郑辰共同考察南畿有司，不仅秉公执法，果断查处30名官员，还条陈"弭灾十事"，挽救了大批江南人民的生命财产。这两桩业绩在朝野传为佳话。正统

---

① 张廷玉等撰：《明史·外国二》，中华书局，1974年，第8325页。
② 张廷玉等撰：《明史·徐琦传》，中华书局，1974年，第4316页。

五年（1440年），他开始进入最高层政治决策圈，亲身参赞南京机务。正统十四年（1449年），高居南京兵部尚书显位，参赞机务如故。这时朝廷出于政治原因，接受某些大臣建议，正计划把迁都北京后，仍留家小在南京的官兵家属全部搬迁到北方各地随军安置于城乡。此举引起了大部分军人及其家属的不满和骚动。廷臣虽有人担心会出事，但官场积习已深，为了保官和一己之私利，谁也不愿意为将士们冒险进言。而徐琦看到了问题的严重性和紧迫性，把自己的身家性命置之度外，勇敢上奏称："安土重迁，人之情也。今骤徙数万众，人心一摇，事或叵测。"①一针见血揭穿了某些不负责任权臣们的迎合心理，点破了当今皇上所谓迁军属是对将士的不信任表现。进而竭力劝阻了这项举措的实施，为国家免除了一次可能发生的大动荡。他主持兵部期间，还看到在边关地区，往往实行军政合一管理的军卫建置，凡军卫地区又没有像府县地区那样层层建立儒学，这就使得效命疆场，随时准备为国献身的广大将士的子弟们，受到不公正的待遇，不仅使这些兵将之子丧失了正常学习的权利，更重要的是，在儒学科举的制度下，也就失去了同等进身和平等参与政治的合法权利，这种不合理现象如果得不到纠正，将来会有一天国门无人愿守，边关难于巩固，国基就会受到威胁。在他的努力呼吁下，朝廷也认清了问题的重要性，批准了他提出的"天下卫所视府州县例皆立学"的请求，为保卫国家奋战在边防前线的军人们讨回公道。从此边疆军卫地区儒学大兴，风气大开，为国家培养了大批有用人才，也对边疆的开发起到了重要的作用。

徐琦在兵部和中枢参与朝廷大政长达十余年时间，能居官务持大体，人品醇正，故权重而主不疑，势倾而僚不妒，尤其是安南国君臣一直把章敞、徐琦和后来的刘戬（弘治间出使使节）三位大使视为中国的化身而倍加敬重。徐琦的一生，可以说是官运亨通，善始善终。朱祁钰皇帝给这位德高望重，一生处事"镇静安详"的老臣以最高的

---

① 张廷玉等撰：《明史·徐琦传》，中华书局，1974年，第4316页。

荣誉，封赠太保。景泰四年（1453年）卒于任，享年六十八岁。谥贞襄。《明史》有传。宁夏家乡官绅商农各界为有徐琦这样杰出的人物而感到光荣，在宁夏镇城为他建立牌坊，上书"司马"两个大字，作为第二故乡人民对他的纪念。又因为徐琦曾于为官前后，在宁夏学宫设过讲院，给塞上边地学子课授经史，主讲儒家学说，被后世士林所珍重，共尊他为"乡献之首"。[①]

①马福祥等修，王之臣纂：《朔方道志·人物》，成文出版社，1968年，第769页。

明庆藩才子王爷朱秩炅

朱秩炅（1427—1473），号樗斋。藩封宁夏一世庆靖王朱栴庶六子，行六。母妃魏氏。[①] 宣德二年（1427年）生，正统九年（1444年），册封为安塞郡王[②]，颁银铸涂金"安塞郡王之印"一颗。按明制，"初封岁支禄米二千石，米钞中半兼支"，禄米由附近州县秋粮内例拨，钞于官库支给，每石禄米兑钞十五贯。正统十二年（1447年）以后，改为岁禄千石，米钞中半。[③] 王府建于镇城凝和坊西（今银川市宁夏宾馆一带。后改建为巩昌王府）[④]。府设置教授所，印一方，教授一员，掌府中子弟课读，秩从九品；典膳所，又印一方，典膳一员，掌郡王饮馔，秩正八品；典仗一员，秩正六品，领校尉一百名，为王出府护从、仪仗之队伍。[⑤] 府内建有永春园，园中又建草庐书斋，名曰"沧州"，为秩炅读书之所，湖光山色，景致佳美，幽静若仙境。塞上名儒夏景芳曾赋诗赞曰："石洞夤缘构草庐，烟萝邀绿入窗虚。称风卷箔容飞燕，顺水穿渠纵戏鱼。甓甋雨香开芍药，石潭波紫落芙渠。一山半水皆生意，鸟静花飞兴有余。"[⑥] 秩炅虽贵为王爷，但"十二

---

① 说明：《明宪宗纯皇帝实录》卷一一八载秩炅"母妃魏氏"，《明史》卷一一七《诸王》载秩炅"母位氏"。
② 张廷玉等撰：《明史·诸王世表三》，中华书局，1974年，第2720页。
③ 《明会典》卷三十八《户部二十五》《廪禄一》。
④ 《嘉靖宁夏新志》卷首《宁夏·城图》卷一《王府》。
⑤ 《嘉靖宁夏新志》卷一《封建宗室》。
⑥ 《嘉靖宁夏新志》卷二《游观》。

而孤，母位氏诲之。性通敏，过目不忘，善古文。遇缙绅学士，质难辨惑，移日不倦"①。由于终岁夜以继日，刻苦读书，"从事几案日久，胸起顽肉"，甚至"后宫之色淡然不为有无，竟乏嗣"。然而，功夫不负用心的人，终于成就了这位才子王爷，使他不但"通五经、子、史"，著有《沧州愚隐录》六卷、《樗斋随笔录》二十卷。其所作诗词更是受塞上官民喜爱，被各界人士广为传颂。现从宁夏志书中保存下来的部分代表作观之，秩炅的诗作涉及内容广泛，意境深邃，文笔优美，寓教化于诗文之中。如关于黄河的三首诗，一首道："百折洪波万里秋，天潢宛转是同俦。青青烟草汀洲合，滚滚鱼龙日夜浮。嘉瑞已为当代应，浊流还带昔人愁。澄清本亦吾徒事，便欲昆仑顶上游。"②另一首《观黄河》道："西来天堑隔遐荒，雪练横拖若沸汤。两岸浪花时喷薄，⋯行棹影远微茫。负图龙马人文著，取石星槎岁月长。欲对秋风重吊古，无情隙景易斜阳。"③第三首《大河春浪》道："河流险阁赫连都，雪练无穷若画图。雨溢晴波洪渺㳽，风摇细浪远模糊。鱼龙隐隐乘时奋，楼堞依依倒影孤。壮志畴能同博望？溯流取石访牛夫。"④又如写景抒怀的两首诗，其一《夜宿鸳鸯湖闻雁》曰："月朗星稀夜景清，水寒沙冷若为生。嗷嗷似说南归意，感我穷边久住情。"⑤其二《和张都宪夏日游丽景园》："东郊长夏草初薰，霁景偏宜曙色分。官树倚天张翠葆，好花傍槛闪红云。舟移兰棹波光荡，宴列红亭乐调闻。芳岁背人何易去，尊前莫问夕阳曛。"⑥尤其是秩炅的怀古诗《古冢谣》和词作《朝中措·贺兰怀古》，更绝妙道尽了王侯和平民的人生哲理，简直是一篇劝世文。诗曰："贺兰山下古冢稠，高下有如浮水沤。道逢古老向我告，云是昔时王与侯。当年拓地广千里，舞榭歌楼竞华侈。强兵健卒长养成，渺视中原谋

---

① 张廷玉等撰：《明史》，中华书局，1974 年，第 3590 页。
② 《嘉靖宁夏新志》卷一《山川》。
③④⑥ 《嘉靖宁夏新志》卷七《文苑志》。
⑤ 《嘉靖宁夏新志》卷三《所属各地》。

不轨。岂知瞑目都成梦，百万衣冠为祖送。珠襦玉匣相后先，箫鼓声中杂悲恸。世更年远迹已陈，苗裔纵存犹路人。麦饭畴为作寒食，悲风空自吹黄尘。怪鸱薄暮喧孤树，四顾茫然使人惧。天地黯惨愁云浮，遥想精灵此时聚。君不闻，人生得意须高歌，芳樽莫惜朱颜酡。百年空作守钱虏，以古视今还若何。"《朝中措·贺兰怀古》词曰："朝岚扫黛半阴晴，凉透葛衣轻。野黍离离，水禽唧唧，陇麦青青。百年遗址埋烟草，此日又重经。浮生几许？可堪回首，触处牵情。"其他诗作尚有《塞垣秋思》《拜寺口》《废垒寒烟》和《高台寺八韵》一组，以及词《临江仙·暑避韦州》等。① 遗憾的是，秩炅的著作均已失传，除流传少量诗词外，其文章仅留下《灵武社学记》②和应宁夏进士张嘉谟之请，为张氏家族所撰写的《节义堂记》③两文。

由于秩炅终岁手不释书，青灯黄卷孤影，孜孜攻读，博览群书，结果积劳成疾，病魔缠身，于成化九年（1473 年）七月病故，享年四十四岁。宁夏"书经魁"夏景芳为王敬书挽诗曰："平生不与身尊宠，藏息穷年静洗心。六籍卷中三极备，百年海内一人存。并无金玉遗囊橐，独有文章照古今。却忆读经留牧处，不堪风雨满朱闱。"④"讣闻，辍朝一日，赐祭葬如制，谥曰宣靖。"⑤葬于贺兰山干沟口内。因无子嗣，安塞郡王封爵除。

---

① 说明：所录诗词除《拜寺口》《废垒寒烟》载《万历朔方新志》卷三十五《词翰》外，余均载《嘉靖宁夏新志·文苑志》。
②《嘉靖宁夏新志》卷三《所属各地》。
③《嘉靖宁夏新志》卷八《文苑志》。
④《万历朔方新志》卷二《藩封》。
⑤《明宪宗纯皇帝实录》卷一一八。

明代宁夏大儒楚书

　　楚书（生卒年月不详），字国宝，明朝大臣。原籍南直隶江都府（今江苏扬州），后改籍宁夏左屯卫（今宁夏银川）人。正德十四年（1519年）乡试中举人，嘉靖二年（1523年）登进士。初任兵部主事。嘉靖十二年（1533年），大同镇总兵官李瑾命令驻军开挖天成卫（今山西天镇）左狐店长濠四十余里，由于工期急，士兵们昼夜施工，军官反而克扣军饷，虐待士卒。广大士兵不堪其苦，不满其辱，在忍无可忍的情况下，由王福胜、黄镇等带头鼓动驻军哗变，杀死总兵李瑾，放火烧毁巡抚衙门，囚禁巡抚潘倣，占据大同镇城。朝廷闻变，命总制宣、太、山西、保定诸镇军务刘清源，带领总兵官郤永部前往讨伐。刘清源还到处张贴榜文大肆宣扬，有大加镇压的声势，从而引起"遗孽大惧"。而郤永官兵又漫无纪律，"至城下大掠"，反而造成未反的兵丁"遂尽反"。当时被叛军拘押于城中的佥事孙允中，冒死缒城逃出以后，把自己亲眼所见的实情向刘清源反映，描述了官军"将士妄杀状"。宣府巡抚潘倣也认为，大同事件是由"将士妄杀激变"所造成的，而刘清源却隐瞒实情。藩封大同代王也联合官府和军民上奏朝廷，"请益师至五万"，准备屠城，进行更大规模的镇压行动。当时朝廷内部主张剿、抚双方争执不下，"帝不能决"。哗变士兵为了求生，已准备"外勾蒙古为助，塞民大震"。在这种紧要关头，楚书正督饷来到大同。他冒险亲自"观兵城下，城中俱登俾请曰：'吾辈非杀主帅者，亦无他志，但畏此死，自保耳。'请书入察。"楚书为了进一步查清变乱原由，摸清首要分子，不顾自身安危，只身进城，深入到乱兵营中，"谕慰之，且言用兵非朝廷意，众皆望阙呼万岁"。后来他又争取叛卒马升、杨麟为内应，给"三千金，俾募死士以自效"。马、杨便向城中广大变卒"陈朝还威德，晓以祸福，令献首恶"。在广大士卒的揭发下，先将黄镇等九名死心塌地谋反的头头诛杀，又打开城门导引官兵入城，同时还捕杀二十六名顽抗分子，大同城顺利收复，一场边塞动乱宣告平息。楚书为此建立首功，被提升为太仆寺少卿。嘉靖十八年（1539 年）再升右佥都御史巡抚宣府。次年秋，蒙古吉囊部聚集十万之众大举侵犯大同诸边，深入到关内大肆掠夺，长城内外处处报警，边地生灵涂炭，朝野为之震惊。楚书临危不乱，镇定安常，积极与总制刘天和、总督杨守礼同心合力，率领守边将士英勇战斗，坚决抵抗。楚书亲自指挥总兵官白爵三，大败敌军于万全右卫（今河北万全）境，特别是在桑干河战役中，斩敌百余级，沉重打击了入犯主力一股，迫使吉囊部数万人全部败逃老巢。事后记战功，楚书再进右副都御史。嘉靖二十年（1541 年）秋，蒙古俺答、阿不孩两部求通市被拒绝，于是又联合吉囊部，分头向关内进犯。俺答部攻克了石岭关（今山西阳曲东北关城），一直打到太原城下。吉囊部也从平虏卫（今山西平鲁）侵入，掠夺平定（今山西平定）、寿阳（今山西寿阳）等地，总兵官丁璋、游击周宇等将战死，各蒙部大掠而归，北边损失惨重。第二年，又因大同巡抚诱杀了蒙部求市信使石天爵，导致各部更加疯狂入犯，蒙骑一直侵入朔州（今山西朔县）、广武（今山西山阴西南旧广武城），再由太原南下，分扰沁（今山西沁县）、汾（今山西汾阳）、襄（今山西襄恒）和长治等地。而后蒙部各股又从忻（今山西忻县）、惇、代（今山西代县）而北还，屯驻于祁县（今山西祁县东南祁城），最后从容由雁门关出归，山西大部被侵扰，损失相当惨重。在追究这两次重大失败的责任中，楚书被免职回到宁夏，从此默默而终。楚书虽然能文能武，但其诗文基本上已经失传，仅有一篇《宁夏按察司创建碑文》幸存。家乡人民为了表彰他的功绩，在镇城专门建立两处牌坊：一处上书"都宪二"（指楚书和马昊），另一处上书"五桂连芳"（指楚书、王师古、汪文渊、梁仁、刘伸），以为永久纪念。

明代文武兼备名臣马昊

马昊（生卒年月不详），明朝官吏。本来姓邹，字宗大，号东溪。宁夏镇左屯卫（今宁夏银川）人。弘治八年（1495年）中举人，弘治十二年（1499年）登进士。先由行人选为御史。正德初，调任山东佥事，因忤逆武宗皇帝宠信的宦官刘瑾而被降到真定府（今河北正定）当一名推官。当时境内社会治安非常混乱，他组织人民习武自卫，制定民间保安防范办法，使犯罪分子纷纷落网，社会治安大为好转，保障了一方的平安。因此他在官民中享有很高的威信，受到广大人民的爱戴。然而得罪了地方豪强恶势力，刘瑾本来就不想放过他，便抓住这个借口，黑白颠倒，以功当过，再次要给他降职处分，准备将他"谪判开州"（今四川开县）。这种不公正的做法，引起了真定城乡人民的强烈不满，各界人士不顾自身安危，派出代表进京"伏阙请留"，马昊终于被留任真定。直到刘瑾倒台以后，他才得到解放，并被提拔重用。

正德间，马昊调到四川，担任佥事。这时，省内有方四、曹甫等农民起义军十分活跃，总制四川、陕西、湖广、河南四省军务洪钟和四川巡抚林俊剿办不力，全省形势日益严峻。马昊虽是进士出身的文官，但自幼生长在宁夏边卫地方，既知书又尚武，他"长身骁捷，善骑射，知兵"，于是也受命参加镇压农民军的战斗。他分析官兵打败仗的主要原因是"将不知兵，其何以战？"因此决定选择健卒一千人，编为若干分队，各队设队长，分领训练，使之成为一支特别能战斗的攻坚力量。就在这时，农民军曹甫一股围攻江津县，马昊立即率领由他临时训练的这一支精兵随同巡抚林俊驰援江城。马昊一改以往官兵贪生怕死，人众而无战斗力的状况，一举大败农民军，"俘斩及焚死者二千余人"，使曹甫股众从此一蹶不振。第二年，农民军另一股方四部，又突然袭占江津，并乘胜攻破綦江，围攻川东重镇重庆，造成全川告急，朝野震惊。在紧要关头，马昊仅率百骑，连夜举火奔袭敌营，农民军以为天兵降临，在这突如其来的打击下，不战自溃。天亮以后，农民军设伏妄图报复官兵，虚张左方，伏兵其右，诱昊入套。而马昊则将计就计，表面上以"正兵当左，身率百骑捣其伏，伏溃趋左，左亦溃"[1]，又一次彻底打败了方四股众。方四只身逃命，后被官方搜获处死，四川全省告安静。马昊在镇压四川农民起义军的战斗中立了大功，被朝廷奖赏并提升为副使。

正德七年（1512年），总制洪钟、巡抚林俊先后调离四川，农民军余党廖麻子又乘机收拢残部再度起事，连陷铜梁（今四川铜梁西北）、荣昌（今四川荣昌），川省再度告急，新任巡抚高崇熙胆小怕事，主张招抚以粉饰太平，竟答应了廖麻子的要求，让出开县县城的临江市码头一带地方，时间为三年。为了让农民军放心，还派一副使张敏前往同驻弹压，实际上是充当人质。马昊坚决反对这一极端错误的做法，认为临江市地据川省襟喉，西扼重庆、叙川（今四川宜宾东北长江北岸），东连两湖，战略地位十分重要，如果用以"资贼"，将后患无穷。但巡抚贪生怕死，只顾保全个人官位，并不考虑守土之责，对于马的反对置之不理。马昊无奈，只能在自己的职权范围内，加紧练兵，严密布防，以备不测。第二年，得到喘息机会并恢复了元气的农民军，果然杀张敏再举反旗，全川局势告急。朝廷处分了高崇熙，同时升马昊为右佥都御史，接任四川巡抚，并任命彭泽为总督军务大臣，与昊一起承担川省剿办事宜。实际上马昊已早有准备，立即率领他亲手训练的精兵五千人马，先在中江（今四川中江）重创农民军，解除了成都的危局。

---

① 张廷玉等撰：《明史·马昊传》，中华书局，1974年，第4967页。

廖麻子本人仅率残部败逃剑州（今四川剑阁县），被游击阎勋追斩于阵。然而农民军余部又推举喻思俸为新首领，表面上向总兵官陈珣投降，暗中却偷渡长江，乘北岸官军不备，袭杀都指挥姚震，纷纷逃入川东深山密林之中，以川陕两省交界的广大山区为根据地，频频袭扰宁羌（今陕西宁强）、大安（今陕西宁强西北阳平关）、略阳（今陕西阳县）、广元（今四川广元）等县，总兵官陈珣疲于奔命，部众因不满而哗变，剿办无功，被撤职治罪。明廷严令总督彭泽、巡抚马昊亲自指挥督战。马昊有胆有略，身先士卒，指挥有方，不久便摸清了农民军的活动规律和作战特点，很快就在西乡大山中捕获了喻思俸，并乘军威一举歼灭了活动于内江（今四川内江）一带的另一部农民军骆松祥股众。至此，四川全省乱局平定，马昊因功进副都御史。

正德十年（1515年），四川西边番人磨让六少等部乱松潘，马昊团结未叛番众，很快平息了动乱，还在三舍堡至风洞关五十里交通要道线上修筑墙栅，保障往来商旅和馈运畅通，因而再次受到朝廷的赐敕褒奖。

正德十二年（1517年），乌蒙（今云南昭通）、芒部二府接壤的筠连（今四川筠县）、珙县（今四川珙县）地处千里山区，蛮人首领㵲人子、普法恶等部，在流民谢文礼、谢文义兄弟煽动下倡乱，官军都指挥杜琮围剿失利。马昊亲率指挥曹昱部进山围剿。他相度山形、地势，绝敌水源，一战而收全功，论功再进右都御使，荫子锦衣世百户。

此后，马昊便沾沾自喜，自恃"有才气、能应变，挥霍自喜，所向辄有功"[①]，而产生骄傲自大的官场习气，一心追求名位利禄而"锐意立功名"。贪功的心理导致了他不注意团结和不尊重少数民族，终于造成"茂州群蛮惧见侵，遂纠生苗围城堡"。在处理突发事件中，他又急于求胜而失去往日的理智，结果连连战败，损兵折将，参将芮锡出师不利，指挥庞升战死，副总兵张杰、副使吴澧大败于松潘，死

---

① 张廷玉等撰：《明史·马昊传》，中华书局，1974年，第4968页。

亡官兵三千余人。他怕影响自己仕途,既匿不上报实情,又不设置防务,还不顾少数民族的反对,在当地贸然实行"改土归流",并诱杀土人首领,剥夺土民田产,终于又酿成了"自黎雅以西,天全六番皆相继乱"的严重后果。在南京给事中孙懋、巡按御史卢雍、黎龙等先后参劾下,朝廷于正德十四年(1519年),将马昊押送京师问罪,但行至河南境,他自称有病,请求回家治养。武宗皇帝看在他过去功劳的份上,以宽大为怀,准其要求,遂中途返回故里。两年后世宗皇帝继位,追究马昊前过,又被重新逮捕问罪,但仍宽大处理,只是"寻削籍归"。回宁夏后,他曾为培养家乡弟子,在卫学中授课讲学,也为续修宁夏新志做了一些工作,默默终老于家中。史书曾有评论,认为马昊是一个文职官员,"军旅非其所长,适用取败"[1],有失公允。

① 张廷玉等撰:《明史·马昊传》,中华书局,1974年,第4969页。

清代宁夏为官勤廉的俞德渊

俞德渊（1778—1835），字原培，号陶泉。清代官吏。祖籍江左无为州（今安徽无为县），世代书香门第。"明季始隶籍陕之宁夏"①，初居宁夏卫镇河堡（今银川市兴庆区掌政镇境内），至德渊祖父俞百川时，正值明末清初之交，宁夏地区屡经战争破坏，城乡破产，俞氏家道中落，加之德渊兄弟姊妹七人，全家生活更加艰难。为了全家生计，德渊父俞世隆于清乾隆间赴平罗县经商，于是举家定居县邑东乡头闸堡（今平罗县渠口乡正闸村），遂著籍为宁夏平罗人。

德渊庶出行二。时因其父经商有方，家道日趋荫实，德渊亦有条件，按部就班先后在本县社学和兴平书院（后改名又新书院）学习。由于他自幼"立志向学"，成绩显著，学业早成，嘉庆十二年（1807年），时龄二十九岁，即中乡试丁卯科举人。三年后父病故，家境再度维艰，阖家由母亲撑持，德渊不负母心，在困难的环境中坚持学习，刻苦攻读经史，终于在嘉庆二十二年（1817年），金榜题名，中丁丑科第三甲、第五十八名进士，并以成绩优异，经史通博，文章出众，被选为翰林院庶吉士。道光初（1821年），出任江苏荆溪（今宜兴县）知县。后调任长洲（今吴县）知县。在任间均能勤政廉洁，秉公办事，明断公案，毫不留情打击地方恶势力和刁顽流氓，所以凡他所任之处，均甚得民心，并深受时任江苏按察使林则徐的器重，很快就提升他为徐州府同知、苏州府督粮同知，放心让其掌管财粮大权。道光六年（1826年），

① 董国华：《俞盛初先生墓志铭》，载《道光平罗纪略》卷八。

朝廷决定试办海运，这在当时是一桩肥缺，众官钻营找门径争夺激烈，但上司还是让这位不谋私利的廉吏"董其役"。俞上任后，因事属初创，无所依从，他尽心尽力，夜以继日筹办诸事，并亲自立规建章，务使诸务有章可循。就在他紧张创办海运之时，母亲赫氏病故，遂返回宁夏守制。道光八年（1828年）服满，为追记前治理三江水利和创办海运的功绩，经江苏巡抚陶澍的举荐，擢常州知府，旋改任江宁府（今南京市）知府，继迁升江南盐巡道，"所至均有政声"。时任江宁布政使的林则徐，对部下十分严厉，很少夸奖过僚属，然而"独称渊，曰'体用兼赅，表里如一'"①。

　　道光十年（1830年），朝廷特派户部尚书王鼎、侍郎宝兴赴江南，与新任两江总督陶澍共同会商整顿两淮盐法。时官方多主张"罢官商盐""就场征税"。陶澍看中俞德渊精通财粮业务，"有心计"，遂破例邀他参与讨论。于是俞德渊便草拟了数千言的意见书，深刻分析了当时盐法的"三法与九难"。第一法为按盐户产量起科。但是实施中存在的三难有：盐户借故拖欠、私煎瞒产、谎报灾情。第二法为官方派单收税。此法的三难有：额数难定、稽查难周、官员无法执行。第三法为盐商认额纳课。又存在奸商钻充、殷户规避、市外私售之三难。他综合分析"三法九难"后，认为："如就三者兼权之，则招商认鏊，犹为此善于彼。"②为此，他进一步建议，既要保证国税收入，又要照顾到盐民的生计和社会稳定，如若大改旧章，则"非三年不能就绪"，"此数万众将安往？其患又不止私枭拒捕已也"③。所以他主张"仍用官商如故"，在此基础上进行改革，即"罢盐政，裁浮费，减窝价，凡积弊皆除之"④。王鼎和陶澍都认为，按照当时的实际情形"若改

①马福祥等修，王之臣纂：《朔方道志·人物》，成文出版社，1968年，第799页。
②赵尔巽等撰：《清史稿·俞德渊传》，中华书局，1977年，第11668页。
③赵尔巽等撰：《清史稿·俞德渊传》，中华书局，1977年，第11668—11669页。
④赵尔巽等撰：《清史稿·俞德渊传》，中华书局，1977年，第11669页。

课归场灶，尚多窒碍"，只有俞德渊的建议能周顾"淮纲全局"，遂以他的意见为基础，"拟定章程十五条。曰：裁浮费，减窝价，删繁文，慎出纳，裁商总，核滞销，缓积欠，恤灶丁，给船价，究淹销，疏运道，添岸店，散轮规，饬纪纲，收灶盐。同时还裁撤两淮盐政，改归两江总督兼理，以一事权。"① 于是总督陶澍即奏荐俞德渊升任两淮盐运使，专管盐务产运销全盘事宜。盐业收入是封建朝廷的财政支柱，两淮盐运使在官民人等的眼中可谓"摇钱树"，前任各官往往凭借"两淮本脂膏地，运使多以财结权贵及四方游客，余赡给寒峻，取声誉，皆出商赏"。但是，"德渊谨守管钥，失望者众，言者时相攻讦，不顾也"。② 时新任户部尚书黄钺的儿子黄中民任两淮盐大使，还想调换到油水更大的"美职"，黄尚书又亲自出面，给两江总督陶澍说项，陶亦碍于老尚书的情面，就向俞关照了此事，但是俞德渊不仅没有给一手栽培自己的恩师和顶头上司这个面子，反而对陶总督说："'美职以待有功，中民无功不可得。'坚不与。"③ 陶澍曰："吾已许之矣。"俞答："以德渊辞可也。"宁愿自己丢官也不徇私情。从此陶澍对他"益贤之"。④ 同时，他对自己和家里的人要求更为严格。他主管盐政，"千里行盐，稽核价用，琐屑悉当。每远恒有余利，尽以充库，无私取。""在任五年，力崇节俭，妻子常衣布素，扬州华侈之俗为之一变。"⑤ 虽然他在南为官，两袖清风，家无余财，但仍然节衣缩食，把积蓄下的三百两白银，捐给家乡平罗县扩建兴平书院，时时关心故乡的教育事业。⑥

　　道光十五年（1835 年）冬，两江总督陶澍曾向宣宗皇帝面奏，极力推荐俞德渊："才可大用，以循良久在盐官可惜。"⑦ 皇帝听了十分

---

① 赵尔巽等撰：《清史稿·王鼎传》，中华书局，1977 年，第 11414 页。
②③⑤⑦ 赵尔巽等撰：《清史稿·俞德渊传》，中华书局，1977 年，第 11669 页。
④ 胡迅雷：《清代平罗俞氏家族》，见《宁夏历史人物研究文集》，宁夏人民出版社，1993 年。
⑥《平罗县志》第三十篇《人物》。

高兴，对这样勤政为民的好官也很赞许，准备加以提拔重用。但就在这时，俞德渊因生活清简劳累过度，且一病不治长逝。他任职过的江南各府、州、县和家乡平罗县的人民，为了纪念这位清官，"皆流涕请祀各属名宦祠"①。朝廷亦诰授他为中议大夫。灵柩运回平罗县，安葬于头闸堡南昌润渠畔之阳。平罗县还专为他建立祠堂并入县乡贤祠时节享祀。《清史稿》有传。

俞德渊博学多才，善理财，通经史，勤于写作，现今除《平罗纪略》保存他撰写的《重修文昌碑记》文章外，还著有《默斋存稿》和《默斋公牍》传世。

---

① 胡迅雷：《清代平罗俞氏家族》，见《宁夏历史人物研究文集》，宁夏人民出版社，1993 年。

清代宁夏第一武状元马会伯

附：马际伯、马见伯、马觌伯

　　马会伯，字乐闻，系明末大将马世龙曾孙。因出身武将世家，自幼从师练武，武艺超群，四乡闻名。康熙三十九年（1700 年），参加武科会试，力挫群英，夺取一甲一名武进士，成为清代宁夏籍唯一的一名武状元。皇帝对这位将门虎子十分喜爱，亲授他为御前头等侍卫。四十五年（1706 年），升任直隶昌平参将，旋迁云南永北镇总兵官。

　　清代初年，中国西部的蒙古族分化为杜尔伯特、准噶尔、土尔扈特、和硕特四个部落，统称为额（厄）鲁特。其中准噶尔部民悍善战，屡屡倡乱，成为清初北方的一大边患。康熙中，准噶尔汗僧格死，其弟噶尔丹杀僧格长子自立为汗。僧格次子策妄那布坦亡命吐鲁番，受到了清廷的保护。至康熙三十六年（1697 年），清军平定准噶尔汗噶尔丹的叛乱，策妄得以继准噶尔汗位。但是，策妄却效噶尔丹的故技，又想吞并四部，独霸西域为王。他使用卑鄙手段，先娶土尔扈特汗王阿玉奇之女为妻，再乘机把阿玉奇辇走。继纳和硕特汗王拉藏之姐为妾，又招赘拉藏汗子丹衷为婿。时值红教内讧，拉藏汗立伊西坚错为六世达赖，而青海方面的蒙古诸头人另立噶尔藏坚错为六世达赖，在青海坐床。策妄那布坦便乘机潜师入西藏，袭杀了拉藏汗，吞并了土尔扈特、和硕特两大部落，自立为汗，再次形成了对清廷西边的严重威胁。

　　清廷看到准噶尔又要东犯，遂在策妄行动之前就预为布置。康熙先命靖逆将军富宁安，率兵驻巴里坤，扼守西域要塞。又派傅尔丹为振武将军、祁里德为协理将军,出阿尔泰山,会合富宁安加强备边。同时,遣西安将军额鲁特督兵入藏,侍卫色棱为后应跟进。康熙五十七年(1718年),清军渡过木鲁乌苏河,策妄亦派大将大策凌敦多卜前来迎战。清军在喀喇乌苏河岸中了准噶尔兵的埋伏,虽经数日激战,终因粮尽矢穷,为准兵聚歼,清军全营覆没。康熙闻报,深恨策妄忘恩负义,再命皇十四子贝子允禵为抚远大将军,驻节西宁。升四川巡抚年羹尧为总督,备兵成都,分道进讨西藏。五十九年(1720年),马会伯奉命与总兵赵坤率绿旗兵,会同都统法喇各部征战西藏。清军从打箭炉、里塘分头并进,斩叛军头目达瓦喇扎木巴、塞卜腾阿珠等,一路势如破竹,进驻巴塘。西藏第巴喀木布等无奈降,清军遂护送噶尔藏坚错为达赖六世进拉萨登座。时大将策凌敦多卜正自率一路兵马在青海方面与统领延信接仗,听拉萨已为川军所破,在进退维谷的情势下,军心动摇,连吃败仗,死伤过半,最后狼狈逃回伊犁。策妄的野心未能得逞,西藏之乱告平。马会伯以从征西藏之功,加左都督。

雍正元年(1723年),马会伯奉诏入觐。雍正皇帝对他给予厚奖,赐他貂冠、孔雀翎,并亲书"有儒将风"四字条幅赠给他。时从弟马觌伯任山西大同镇总兵官,因奉命率师移驻山丹卫执行驻防任务,清廷即命马会伯替代大同总兵职,又赏白金五百两。次年仍还云南永北镇任所。

雍正三年(1725年)三月,马会伯被提升为贵州提督。他到任后,看到黔省山高势峻、道路险阻、苗寨林立,如遇有兵事,缓急难以运筹。所以他之任首务即建设储粮备患,并自己带头和发动官将捐纳粮石。他在给朝廷的上疏中写道:"贵州土瘠兵贫,臣捐谷千石,所属四营将备捐千石,储以济兵。来岁续捐增储。"朝廷表扬他,认为他有远见。其次,他又向云贵总督高其倬建议,应在广顺县的苗寨地区增设驻军营地,以防苗民滋扰寻端。总督命他率部营建营房,而长寨苗人出来阻挡,马会伯毫不客气地命总兵石礼哈派兵弹压,并将当地头人阿革、阿纪等加以捕杀,以高压政策实现了他的主张,很快就在长寨、宗角、者贡、谷隆关、羊城坳诸地建起了兵营。他的这一镇压少数民族的行为再次受到满洲贵族的嘉奖。

雍正四年（1726年），马会伯调任甘肃提督，但尚未到任又改署四川提督，很快又晋升为四川巡抚。当时四川因征战频繁，军粮、物资大宗出入，给地方官员贪克浸冒造成可乘之机。以按察使程如丝为首的贪官污吏们大量营私网利，致使全蜀官场黑幕重重，佞臣当道。马会伯接任四川最高军政长官以后，励精图治，大力整顿吏治，立志为百姓做一点好事。其一，先整治上层。他冲破重重阻力，决心从自己的左右手大员按察使程如丝头上开刀。程如丝在省内臭名昭著，盘根错节，权重如山，要搬倒他是不太容易的事。但马会伯先不惊动他，采用明察暗访、内外结合、顺藤摸瓜的办法，经过近一年的调查了解，终于把程某的劣迹罪证都掌握了。在案情事实清楚、证据确凿之后，马会伯认为有把握了，便直接向皇帝参劾了程如丝的罪行。清廷认为按察使（亦称臬司）本身就是掌管一省司法刑狱大权，主持考核吏治的正三品大员，是巡抚的直接助手。现在巡抚劾臬司，事不寻常，遂派京官侍郎黄炳驰驿赶赴四川，亲自审查此案。黄侍郎查对的结果，与马会伯所揭发的完全相符，程如丝最后落入了法网。其二，再从自身做起。按照清朝的赋税制度，官府对于各项钱粮的征收，均允许按章以折耗为名征收附加加耗银粮，以抵补进出流通中的实际损耗。如征粮时，则借口雀、鼠损耗，要增收耗米；折色征银两时，除以银两熔化有失耗，须增收火耗外，对原征耗米亦再折银重征损耗附加。而实际上，官府在收放粮钱时，往往又是大斗进、小斗出、大秤进、小秤出，结果不仅没有损耗，而且总会有长余。这种加耗附加征收和大进小出而造成的盈余就叫耗羡。又规定，各级地方主官，对于耗羡可以提取一部分作为自己合法收入的补充，称之为"养廉"。其余部分要逐级解交上级，由上一级主官去支配，上交部分的钱粮称为羡余。马会伯到任后，本来每年可以得到各种税规耗银三万九千两的耗羡养廉费。为了增加地方财政的收入，他主动提出把这种耗羡收入的一半并入田赋征收入库，私人不得享用。又把富顺州每年盐业经营的耗羡约一万两银亦取消，改为引课收入，上交国库。最后只留下少量丁粮、盐、茶的耗规银一万七千余两，作为自己的养廉和犒赏费用。清廷认为马会伯能够做到洁身自爱、廉洁奉公，对他进行了嘉奖。其三，当时四川地政混乱，富豪劣绅同官府相勾结，隐瞒地亩，逃避赋税，造成贫苦无告的穷人反而赋税累累。马会伯看到了四川农村这种不合理的负担，他认为根本原因是地亩不实所致。所以他不怕冒犯农村的封建地主阶级，下决心在全省范围内实行清丈土地，彻底整顿农村的租赋关系。在查清地亩的基础上，把应完纳的田赋、地丁和附加都平均摊入地亩之中征收。结果既增加了国家的收入，又减轻了广大贫苦农民的负担。从此，马会伯被誉为"德被蜀民"，官声日高，越来越受到清廷的重视。

马会伯曾一度从四川调到湖北任巡抚，任期虽不长，在短暂的时间里，又给鄂民留下了纪念。他下车伊始，就打算改善官场的黑暗统治，整饬庶狱，为人民请命。为此，他亲自校定刊刻《洗冤缘》一书，颁发给各州、县，要求属吏为官清正，明镜高悬，公断冤屈，为民作主。显然，马会伯不仅自己要做一个清官，还想大家都来做清官，他往往亦以"马清天"自诩。

雍正七年（1729年），西路军兴，雍正皇帝筹划再次征讨准噶尔部。即把马会伯从湖北西调，命他负责征讨军需重任。这时雍正皇帝对他十分信赖，在给他的诏谕中说："此任朕屡经斟酌，用满员，恐与岳钟琪掣肘；用文吏，则能谙军机实心任事者甚少。委托与汝，慎毋负任用！"为了便于他行使职权，指调应手，特提升为兵部尚书，让他以部大臣的身份在前线督理军需。同时，又授他肃州总兵的兵权，可见权重如山。本来自西藏平定之后，西北地方安宁了数年。但好景不长，居住在青藏高原地区的和硕特部落首领罗卜藏丹津又阴谋策划独立，欲摆脱清廷的羁绊。他于雍正元年（1723年），召集附近诸部，在察罕罗陀海会盟，强令各部恢复汗号，不许再遵清廷封册，并自称为达赖浑台吉，统率诸部，暗得策妄那布坦为后援，企图大举入寇。清廷得到消息后，即派川陕总督年羹尧为抚远大将军，率奋威将军、四川提督岳钟琪等部很快打进青海。罗卜藏丹津逃到准噶尔部，青海很快依次荡平。至雍正五年（1727年），策妄死，其子噶尔丹策零继立，和他父亲一样，也狡黠好兵，仍庇护罗卜藏丹津，居心叵测。清廷以策零稔恶藏奸罪，发兵征伐准噶尔部，追讨罗卜藏丹津。雍正七年（1729年）三月，命傅尔丹为靖远大将军，岳钟琪为宁远大将军，计划由阿尔泰山和巴里坤分南北两路会攻伊犁。而这时罗卜藏丹津又与族属舍楞合谋，打算杀噶尔丹策零自代。事泄，罗卜藏丹津被执。于是噶尔丹策零遣使到京，愿以罗卜藏丹津来献。清廷也命大军暂缓出师，并把傅尔丹和岳钟琪两大将军诏回京师，面授方略。不料噶尔丹策零看到大将召还，有机可乘，竟亲率两万人马突然入犯。清廷急令傅尔丹、岳钟琪回军督战。但傅尔丹一军在科布多西博克托岭地区，被准噶尔军以诈降之计诱入包围圈，六千人全部被歼，傅尔丹仅以身免，逃回科布多。傅尔丹受到降职处分，另派顺承郡王锡保代大将军驰赴前线。

雍正八年（1730年）六月，马会伯因"贻误"过失，被免去兵部尚书职，仍署肃州总兵官，令军前效力。从此便默默无闻，苟且而终，于乾隆元年（1736年）卒于任。《清史稿》有传。

马际伯，字逸闻，会伯从兄，马玉长子。康熙十二年（1673年），西平王吴三桂在云南举兵反清，西北各省纷纷响应，康熙十七年（1678年），吴三桂称帝，旋病死，其孙吴世璠继位，继续与清廷抗衡。康熙十八年（1679年），宁夏提督赵良栋奉命率部征讨四川。时四川为吴世璠势力所控制，成为进剿云南的主要障碍。陕甘诸将多畏敌如虎，不敢冒犯蜀境。而赵良栋却主动请缨，要求以宁夏督标兵独当一路。马际伯即在这次军事行动前参军，随赵良栋入川作战。赵军从四川打到云南，攻克昆明，最后平定了吴藩之乱。马际伯也因从征有功，被提升为千总，累加参将衔，还驻宁夏。

康熙中，准噶尔部首领噶尔丹倡乱，屡犯内蒙古地界。三十五年（1696年），康熙皇帝决定御驾亲征，命将军萨布素，率东三省军出东路，遏敌前锋；抚远大将军费扬古、振武将军孙思克等，率陕甘兵出宁夏西路，断敌归道；皇帝自率禁旅出中路，由独石口趋外蒙古，后至克鲁伦河会齐，三路夹攻。马际伯部亦在宁夏总兵官殷化行的率领下，归孙思克指挥，从宁夏出发，与费扬古的大军会合，一路紧追敌军。噶尔丹在清军三路大军的打击下，节节向西败退，殷化行带马际伯等宁夏标兵三千人，奋力追杀。追兵越过翁金河，即渐渐追上敌军，为不失战机，殷化行便派马际伯率精兵四百人，轻装前进，不久就在昭莫多地方追上了噶尔丹大队。昭莫多山崖峻峭，北高南低，中有小山横亘。噶尔丹大队有一万多人马，根本没有把马际伯这四百人放在眼里，遂回头与清军接战。马际伯边战边走，把敌军引至小山下，时殷化行已命后续部队抢占了山头，即从山上向敌军打炮，敌军虽死伤惨重，但并不稍却。正在紧要关头，费扬古所率大队人马赶到，殷化行即向费扬古建议，让大军袭击其后阵妇女辎重，费扬古接受了殷化行的主张，马上派军攻袭敌后。与此同时，殷化行则率马际伯等从小山上擂鼓冲锋，杀向敌阵。噶尔丹在前后攻击下，死伤三千多人，其妻阿奴亦被阵斩，噶尔丹本人仅以数骑逃遁，清军大获全胜。后叙功马际伯以奋勇杀敌被赏加副将衔。第二年，康熙皇帝率禁旅来到宁夏，宁夏总兵殷化行请率兵二千至郭多里巴尔哈孙地方侦擒噶尔丹。康熙命他为参费军务，协同昭武将军马思喀出塞追剿噶尔丹。又檄策妄那布坦袭其后路。策妄为报兄仇，就率部占据了准噶尔的旧疆，拒绝噶尔丹回归。殷化行为了早奏凯歌，即命马际伯挑选五百名轻骑精兵从征。宁夏兵在郭多里巴尔哈孙与费扬古大军会合，马不停蹄地向前推进，行至洪郭罗阿济尔罕，闻噶尔丹在内外交困、退无归巢的境地中自杀了。清军也告班师，殷化行率部还镇宁夏。马际伯又以从征功升授四川建昌镇总兵官。其间，遭母丧。时川西不靖，西藏亦潜伏危机，四川巡抚能泰奏请留任所，清廷便命马际伯夺情在任守制。康熙四十年（1701年），马际伯被召入觐，受到康熙皇帝的奖赏，赐他孔雀翎、鞍马，并被调为西宁镇总兵官。五十年（1711年）升任四川提督。同年卒于任，赠右都督，赐祭葬，谥"襄毅"。《清史稿》有附传。

马见伯，字衡闻，马玉次子，际伯弟。康熙三十年（1691年）中武进士。三十五年（1696年），康熙皇帝亲征噶尔丹，马见伯随其兄马际伯从征。战后论功行赏，马见伯升授守备职。累迁山西太原、天津镇总兵官。马见伯虽为武将，但是勤奋好学，颇有儒将风。清代有武科乡试、会试制度，其外场考武艺，内场考试则同于文科，但所考内容以《武经》为主。马见伯给皇帝上疏认为，现行《武经七书》注解互相出入矛盾，使考生无所遵循，考官批卷也无统一标准。要求选派儒臣进行统一刊校，以便科场使用。这一意见受到皇帝的重视，并根据他的意见，把武科考试的内容改定为在《论语》《孟子》《孙子》《吴子》《司马法》中命题。康熙皇帝对马见伯也很器重，在巡边时两次诏赐过他貂褂、蟒袍和孔雀翎；在马见伯母丧时，也不让他离任回籍守制；还在便殿召见他，要他讲解《周易》，康熙对其所讲十分赞许，赐送了许多御书、诗、文、匾给他。马见伯还向朝廷建议武职也要祭奠孔子，亦被采纳。

康熙五十八年（1719年）六月，马见伯被提升为固原提督。时准噶尔部台吉策妄那布坦潜师侵占西藏，杀了拉藏汗，青海、西藏的形势顿时紧张起来。次年正月，清廷决定征讨西藏，命皇十四子允禵为抚远大将军移师穆鲁斯乌苏，以贝子延信为平逆将军，策旺诺尔布、马见伯为参赞军务，领兵进讨西藏。西藏平定，马见伯于回军途中，病故于四川打箭炉，赐祭葬。《清史稿》有附传。

马觐伯，字广闻，马玉四子，见伯弟。康熙四十二年（1703年）中武进士，选为三等侍卫，授巡捕南营参将。累迁大同镇总兵官。

康熙末，策妄那布坦派兵入侵西藏，并东犯哈密。清廷命靖逆将军富宁安，率部进驻巴里坤，把守中西门户；另派傅尔丹为振武将军，祁里德为协理将军，绕出阿尔泰山，会合富宁安军，严防准部入犯；又遣西安将军额鲁特，督兵入藏，三路大军同时征讨策妄。马觐伯在此次战役中，也率本部人马由外蒙古草地西进，驻军于推河地方，由于清兵获胜，再没有向前推进。

雍正元年（1723 年），马觌伯被诏进京，受到新皇帝的奖赏。雍正亲赐他孔雀翎，命他由推河移防于山丹卫。第二年，又回大同任所。后因年羹尧案发，年被处死，雍正皇帝斥责马觌伯说："尔前入见，朕命尔受巡抚诺岷教导。近闻尔等俱听年羹尧指挥，此甚非是。嗣后诸事，当商诸署巡抚伊都立。"不久，又追究他在西征时曾与统帅将军争吵之事，结果马觌伯被罢官，遣至鄂尔坤、图拉负责屯田。五年（1727年）马觌伯向皇帝献瑞麦，一茎十五穗，企图以此取悦邀功，但是雍正皇帝不仅没有奖赏宽宥他，反而因此指责他。雍正的上谕说："今年各省产嘉禾，觌伯复献瑞麦。帝王本不以祥瑞为尚，恐有司借端粉饰，致旱潦不以上闻。雍正五年以后，各省产嘉禾，停其进做。"马觌伯一直没有机会再次复官，终于在乾隆元年（1736 年）无声无息病故。

清代宁夏第一任总兵刘芳名

附：刘芳猷

  刘芳名，字孝五，宁夏人。明末武将，官至柳沟总兵官。清顺治元年（1644年），率部降清，隶正白旗汉军，仍以原官留原防。二年四月调宁夏，赐白金、冠服，以都督同知出任清朝宁夏第一任总兵官。时西北大局初定，残明势力左右观望，蠢蠢欲动，土匪悍卒伺隙谋乱，城乡糜烂，民不聊生。刘芳名效忠清廷，尽心镇守，苦心经营，抚绥地方，加紧训练士卒，树威边陲，使摇摇欲坠的塞上残局得以保全，因而深受兵部右侍郎兼都察院右副都御史、总督陕西三边军务孟乔芳的赏识与褒奖。

  当时清军势力尚未达到沿海地方，前明文武大臣和诸王有降清者，亦有南逃组织力量抵抗者。不久南都（南京）失落，福王朱由崧（弘光帝）被俘，南明政权灭亡，接着潞王朱常淓又在杭州献城投降。但南明南安伯郑芝龙、礼部尚书黄道周、户部主事苏观生和总兵郑鸿逵等，再拥立明太祖九世孙、唐王朱聿键称帝于福建，并以鲁王朱以海监国于绍兴，改元隆武，诏令各地故明将领起兵反清复明。时西北地区降清将领多受唐王封爵，积极待机发动。顺治二年（1645年）十二月，固原州前明副将武大定首先作乱，叛据州城，固原总兵官何世元为叛兵所杀。与此同时，前明副将贺珍亦举兵反于汉中。他们同四川、湖北等地叛将孙守法、王光恩各部相呼应，活动于川陕一带，并向关中进军，攻占凤翔，围逼西安城，关陇各地多有响应，顿时，陕甘形势陷入岌岌可危的境地。这时，陕西三边总督孟乔芳和八旗军都统和洛辉亲统大军征剿，并命宁夏总兵官刘芳名率宁夏精兵南下从征。刘芳名首先率部把固原叛乱平定下去，又挥师进取关中。时值顺治三年（1646年）四月，刘芳名部行至巩昌，突闻宁夏发生兵变，宁夏巡抚焦安民被杀。又闻叛军计划扶立庆王之后，以号召西北各地的降清将领，起兵进行反清复辟活动。霎时间，从秦岭到六盘山麓和贺兰山下，前明官兵纷纷叛清，陕甘宁大地再度烽火连天。

清廷看到宁夏兵变的情形十分严重，为了保全塞上重镇，稳定西北大局，急令刘芳名星夜回师宁夏。刘芳名回到宁夏以后，首先采用招抚的办法，只把杀害巡抚焦安民的首恶分子杨成名、白友大等人擒斩。表面上对其他闹事官员一概不作追究，不加治罪，暗地里却积极进行调查了解，很快侦知本镇裨将王元、马德等人实为乱首。刘芳名不动声色，先把马德提升为花马池副将，令其率部赴新任，从而分化了叛兵的势力。马德调离宁夏镇城以后，王元感到势单力孤，并预感到前途不妙，打算带兵逃走。但是，他的行动早已在刘芳名的监视之下，逃跑为时已晚了。一天，王元称故率部出城，妄图同活动在乡间的匪首洪大诰股众汇合，扩大势力，再图宁夏。而刘芳名也将计就计，事先于城外扼险设伏，俟王元至，乘其不备，一举将叛军击败。王元见势不妙，在混战中只身落荒而逃。宁夏镇副将马宁紧追不舍，最后在清兵的前堵后追下，王元终被活捉而服诛。之后，刘芳名又剿灭了洪大诰残部，宁夏镇城地区的局势趋于稳定。

王元和洪大诰败亡以后，马德不仅深感兔死狐悲，并且也知道宁夏兵变的内幕已经暴露无遗了。这时他便一不做二不休，孤注一掷，在花马池公开举起反清叛旗。顺治四年（1647年）春，刘芳名的后方大本营已进一步巩固，于是率镇兵东渡黄河，偕宁夏河东道马之先部，向花马池进军，围剿马德叛军。而马德却抢先一步，在清兵行军途中，于惠安堡一带突然发动袭击，抢夺了清兵大量军资之后遁入山中，并时出时没，不断邀击清军，使刘芳名等处于被动挨打的境地。一时间，潜伏下来的反清旧势力又活跃起来。有贺宏器等部自红古城出口外，袭破安定堡；王一林部占据螺山天险，清兵参将张纯被击杀；李国豪一股出没于河东，宁夏至陕西官道时时受其阻梗。这时，从宁夏到固原，从平凉到庆阳，处处受到叛军的威胁，人心惶惶，局势再度十分危急。

但是，刘芳名毫不气馁，率领孤军同叛军浴血奋战，终于在乱麻川抓住战机，取得大捷，毙敌无数，消灭了叛军的有生力量。接着，清兵再战再捷，乘胜一举收复预望城，阵斩乱首王一林，叛军气焰为之大挫。刘芳名乘清军大胜的声威，一鼓作气，穷追猛打，最后在河儿坪把叛军包围，杀敌一千余，叛军精干几乎全军覆没。马德亦在战斗中被俘，刘芳名把他杀死于军前。前后骚乱两年的宁夏局势再次得到平息。

刘芳名因平定固原、宁夏之功，受到清廷格外奖励。同年十二月，他除了被授予三等阿达哈哈番外，又被晋升为右都督，擢任四川提督、挂定西将军印。所遗宁夏总兵官缺，由河南南汝镇总兵官、都督同知张应祥接任。

就在此时，宁夏和甘肃交界的中卫香山地区，又有李彩一伙兴风作浪，清廷唯恐刚刚安定的宁夏再起战火，遂命刘芳名仍以右都督镇守宁夏。刘芳名看到宁夏地区战乱经年，财拮民困。同时，叛乱势力也不大，所以他没有兴师动众，惊扰地方，而是用了招降的手段，收买头目，遣散党伙，很快就平息了香山的乱萌，重新稳定了宁夏的局势，时为顺治五年（1648 年）。

是年冬，大同镇总兵官姜瓖举兵叛清。姜瓖，陕西榆林人，为前明宣化镇总兵官。崇祯十七年（1644 年）正月，当李自成率领农民起义军攻入山西，于三月庚寅围攻大同城时，他逐杀永庆王朱彝棌纳城而降，代王朱传𤏳同时遇害，巡抚都御史卫景瑗被执，自缢死。顺治元年（1644 年）五月，清睿亲王多尔衮攻占北京，李自成率部西撤，姜瓖乘机率兵入大同，杀大顺农民政权大同总兵张天林等，盘踞晋北。九月，清英亲王阿济格挂靖远大将军印西征，姜瓖又降清，授征西前将军印继续镇守大同。后因南明桂王称帝于肇庆，号召前明旧官反清，湖广一带复辟势力大炽。这时姜瓖亦乘此形势依附桂王，受封号，据大同遥相应和，川、陕、晋地方的残明势力均先后纷纷举起叛旗相呼应。姜瓖猖獗于晋北，李占春、谭洪、杨大展等横行于川、桂，郑成功、张名振出没于闽、浙，南国半壁江山为之震动，前明遗老遗少和蛰伏多年的复辟分子都以为时机已到，纷纷纠党发难，妄图重振大明江山。

此时，宁夏正处在反清风暴的台风眼之中。甘、凉方面，有回民首领米喇印、丁国栋占据河西与洮、岷各州县，积极准备向兰州进军；陕西方面，有前明参将王永强叛据延安，副将刘登楼扬威榆林，杀延绥巡抚王正志和靖边道夏时芳，并重着明装，自称"大明招抚总督"。刘登楼前曾率部来宁夏，协助刘芳名征剿过马德之乱，其间立有战功，同刘芳名亦有患难之交。于是刘登楼致书刘芳名，劝其同心协力，为光复大明再次并肩战斗。而刘芳名忠于大清皇帝，不再三心二意，决心矢志不渝地为巩固大清王朝的江山而效力到底，并耻笑这帮前明余孽的顽固、愚蠢和不识时务。为了表示自己的忠贞，他对刘登楼的来信不屑一顾，原件封送给宁夏巡抚李鉴，李鉴又封呈朝廷。刘芳名的忠诚受到了满洲贵族的高度信赖和赞赏。

刘登楼对刘芳名的态度十分恼怒，立即派兵攻打宁夏，一度曾攻占兴武营，围困花马池，威胁到宁夏镇城的安全。刘登楼还唆使蒙古鄂尔多斯部多尔济、扎穆素等部落，分别袭扰宁夏。蒙部控制了贺兰山，与刘登楼叛军从东、西两面威胁着宁夏的安全，致使铁柱泉城、惠安堡和汉伯堡等地相继失陷。叛军大量集结队伍，积极准备攻打灵州城，宁夏河东地区危在旦夕。但是刘芳名在强敌的威逼下，毫不动摇，一开始，他坚守镇城，消磨敌人的锐气，以待援兵。而当固山额真李国翰的援师到达宁夏境内后，刘芳名马上商请巡抚李鉴坐守镇城，以防扎穆素部从后山袭取镇城，自己则不畏艰险，请兵赴前敌。他率部渡过黄河，计划直捣敌巢榆林，把叛军主力从宁夏引开。在官团庄与刘登楼部相遇，两军展开激战，叛军因伤亡惨重而退据汉伯堡。刘芳名不给敌军以喘息的机会，尾追敌后，将叛军围困于堡中，同时断绝水道，四面环攻。刘芳名身先士卒，亲自督兵逼垒东南，冒矢搏战，部将劝道："这里太危险，我调士兵来攻守，你换个地方吧。"刘芳名听后厉声叱道："死则死耳，何惧为！且士卒多伤痍，而我避锋镝可乎？"[1]广大兵将看到总兵大人都不怕死，敢于战斗在最危险的地方，因而全军士气大振，奋不顾身地攀城杀敌。但是，刘登楼守城部队也很勇敢，他们一次次打退了清军的攻势，杀伤了大量官军，整整坚持了12天，最后因粮草、饮水断绝，军器打光，官军才得以乘叛军饥困难支之际，攻克堡城。刘登楼阵亡，余众被迫投降清军，多尔济、扎穆素部亦被歼灭于贺兰山一带，宁夏局势终于转危为安。

刘芳名因为镇守宁夏、平定叛乱有功，再晋授二等阿达哈哈番。此后，刘芳名又多次上书，要求移民实边，"请以减等罪人佥发沿边，资生聚"。他还认为："宁夏孤悬河外，延袤千里。镇兵屡征发，兵单力薄。请自后征发缺额，即令招补备守御。"[2]这些请求都得到了朝廷的同意。刘芳名镇守宁夏十余年，在他的努力下，塞上各族人民渐渐过上了安宁的生活，宁夏地区的人口开始上升，生产得到了恢复和发展，他对巩固北国边防的安全、开发宁夏做出了一定的贡献。

顺治十六年（1659年），郑成功率舟师攻打长江口崇明岛。水军连舟蔽江，号称百万。旬日间，破镇江，陷瓜洲，直逼江宁，南北运道一时中梗，江南同时震动。清廷急调宁夏总兵刘芳名为随征江南右路总兵官，加左都督衔，令其率宁夏镇标兵三营进驻江宁，与随征江南左路总兵官杨捷一起，协助苏淞总兵官梁化凤抗击郑师。时郑成功的舟师连营八十三里，于白土山列阵，又分兵左右仰攻江宁。刘芳名等师则从仪凤门、钟阜门、神策门同时出击，直扑郑师中枢所在之白土山，两军经过一番殊死搏战，郑军大将余新、甘辉先后被俘，士气大挫，最后，郑成功不得不率部败逃出海。刘芳名和宁夏援兵仍驻防于江宁。

---

[1][2] 赵尔巽等撰：《清史稿·刘芳名传》，中华书局，1977年，第9598页。

到第二年，即顺治十七年（1660 年），刘芳名和宁夏广大官兵因水土不服，大多病倒，这时，刘芳名已感到自己的病势沉重，难以治愈，为了拯救更多官兵的生命，不得不上疏朝廷，要求把宁夏兵调回原籍。他在疏中写道："臣奉命剿贼，不意水土未服，受病难瘳。所携宁夏军士，训练有年，心膂相寄，今至南方，半为痢疟伤损。及臣未填沟壑，敢乞定限更调。"[①]朝廷虽然批准了他的请求，同意调宁夏官兵北返，但未及启程，刘芳名因病情恶化，卒于军中。清廷为褒扬其一生功绩，特加赠太子太保，谥忠肃。《清史稿》有传。

刘芳猷，字臣卿，刘芳名兄。曾任山西潞安丞，后被诬而罢官归里。工诗、善古文，为宁夏著名文士。著有《澄庵集》和《归田诗草》，广为传颂。今皆佚。

---

① 赵尔巽等撰：《清史稿·刘芳名传》，中华书局，1977 年，第 9598—9599 页。

乾隆皇帝殊宠的将门之后吴进义

  吴进义（1679—1762），字子恒，清甘肃宁夏府宁朔县（今青铜峡市）人。明宁夏镇（今银川市）总兵官吴鼎之孙，清初云南鹤丽（今鹤庆县）总兵官吴开坼之子，年幼时常随其父在军旅生活。康熙三十二年（1693年），清廷得密报，知北方蒙古族准噶尔部首领噶尔丹欲再次举兵内犯，康熙皇帝即命郎谈为昭武将军，以振威将军、甘肃提督孙思克为参赞军事，集各路征讨大军于宁夏。^①年仅十五岁的吴进义，报名参加孙思克部受训。在康熙三十四年（1695年），随孙军征讨噶尔丹战斗中初立战功，被指定代理守备之职。三十五年，康熙皇帝御驾亲征噶尔丹，坐镇宁夏指挥。吴进义又从孙军中路出击，大败噶尔丹。次年，敌军主力被歼殆尽，噶尔丹败死，边患平息。^②吴进义亦因在平定噶尔丹的历次战斗中，作战勇敢，多次立功，班师后即"发江南借补千总"。从此官运亨通，一路青云，"累迁江南寿春镇总兵，擢江南提督"^③，终于步入镇抚大员的行列。在任间，他大力整顿太湖地区水上治安，曾向朝廷上疏道："太湖界江、浙，渔船奸良难辨。请照海洋例巡哨，支河小汛，饬两省陆路兵巡查，则声势联络，奸宄敛迹。"^④朝廷采纳了他的意见，水上治安有了好转，他亦受到朝廷的嘉奖。后曾一度调任浙江和福建两省提督。乾隆十六年（1751年），回任浙江

---

① 赵尔巽等撰：《清史稿·圣祖本纪二》，中华书局，1977年，第237页。
② 赵尔巽等撰：《清史稿·孙思克传》，中华书局，1977年，第9785页。
③④ 赵尔巽等撰：《清史稿·吴进义传》，中华书局，1977年，第10730页。

总兵，这时发生辖区江西卫千总卢鲁生，冒都察院左副都御史、工部尚书孙嘉淦之名，伪撰奏稿、假造朱批，指斥乾隆皇帝有"五不可解、十大过"，一时构成当朝最大一起文字狱案，在查办此案过程中，涉及六个省，历时三年，大肆株连，造成一系列冤假错案。当正犯卢鲁生尚未查明之前，曾因伪奏中"语连提督廨胥吏"，便由此推断提督吴进义预知此事此人，浙闽总督喀尔吉善遂"劾进义隐讳，命解官听谳"。虽然吴进义坚不承认，申辩事先并不知晓此事，但上官又逼迫提署幕客，授意其写了伪证文书，于是浙江巡抚雅尔哈善便立即上奏朝廷，认为"进义当重辟"。但正犯真实姓名尚未查出，皇帝便以"愍其老、命贳罪"[1]，暂时不杀吴进义。为了查出正犯，乾隆皇帝派军机大臣舒赫德赴江南主持查办，并命江苏巡抚庄有恭会审。他俩不偏听偏信，也不采用前总督、巡抚大人的逼供办法，而深入到下层官员之中进行察访，终于查出真犯卢鲁生。乾隆皇帝下旨杀了卢鲁生，浙江巡抚雅尔哈善以"查办伪奏稿不加详鞫，下部严议"[2]，给予处分，受冤枉的吴进义亦被释放、平反。乾隆皇帝感到老将吴进义"无辜废斥"，心怀怜悯，便召他进京，当面夸奖一番，重任他"以提督衔署直隶宣化镇总兵"，不久又改授古北口提督。[3]但是吴进义并没有因受冤案打击的影响，仍然忠于职守。整兵修武，日夜操劳，并向朝廷请示在边防重关"限操演火药"，增加防御能力。还认为原兵防部署不够合理，要求"增设河屯协弓兵"等，以上建议都被朝廷一一批准实施。他长期坚守在北边重防的任所上，不顾自己年逾七旬高龄，坚持"训练抚绥，兵民咸感颂焉"[4]。乾隆二十三年（1758年），朝廷给这位八十岁的边关提督"加太子少保"衔，以表彰他镇守古北口要塞的功绩。[5]乾隆二十六年（1761年）为了庆贺皇太后万寿大典，乾隆皇帝决定专对老臣进行奖赏，时八十三岁

---

①③ 赵尔巽等撰：《清史稿·吴进义传》，中华书局，1977年，第10730页。

② 赵尔巽等撰：《清史稿·高宗本纪二》，中华书局，1977年，第417页。

④ 马福祥等修，王之臣纂：《朔方道志·人物》，成文出版社，1968年，第796页。

⑤ 赵尔巽等撰：《清史稿·吴进义传》，中华书局，1977年，第10731页。

的古北口老提督吴进义获当朝"钦赐列九老"的尊荣 [①]，并画像陈列到香山馆阁。

吴进义于乾隆二十七年（1762 年），在古北口提督任所无疾而终，享年八十四岁。乾隆皇帝追封其为太子太保，谥壮悫。乾隆皇帝还为了表示对这位老将军的格外尊重，不仅传谕赐祭葬，并给他御制碑文。《御制原任古北口提督吴进义碑文》曰："朕惟重任元戎，端籍干城之寄，礼垂令典，聿增竹帛之光。抒分阃之壮猷，克孚威信，颁易名之宠命，用备衰荣。尔原古北口提督吴进义，勇略夙彰，老成攸赖，行间陈力，晓畅戎机，帐下抡才，深明军律。参幕府而驰驱弗懈，由裨将而节钺旋膺。建瓯越之牙旗，海堧宁谧，移寿春之虎节，江介澄清。表率三军，寄东南之重镇，屏藩半壁，历闽浙之雄封。继因吏议以就闲，复沛恩纶而录旧。旌旗卷塞，壮三辅之严关，剑佩趋朝，识八旬之耆硕。宫御晋锡，荣随麟阁之班联，人瑞聿征，写入香山之图画。方期颐之遥卜，忽遗疏之上陈。追赠崇阶，载陈祀典。特与壮悫之令谥，永贻奕祀之休声。呜呼，裘带犹存，眷旧感殒星之日，松楸长贲，酬庸视丽牲之碑。勖尔后人，敬承恩命。" [②] 同时，清廷还两次颁谕诏告祭文。其一《谕祭原任古北口提督吴进义祭文》曰："职隆专阃，封疆觇节制之勋，典重饬终，纶绋备哀荣之礼。抒壮猷于雄服，端赖干城；念成绩于耆英，宜颁秬鬯。尔吴进义戎略素谙，老成素著，拔行间而筮仕，早识兵枢，授裨将以宜劳，克娴军政。旌麾旋秉，资弹压于东瓯，节钺是专，展韬钤于江左。三浙则牙幢再建，七闽则甲帐遥临。嗣因微眚而就闲，特沛殊恩而入召。驰驱堪效镇钥，俾掌于北门；历练久资年齿，旋增乎大耋。予宫御以宠锡，用奖成劳；表人瑞于班联，特加优眷。忽闻沦逝，深用轸怀，载晋崇阶，

① 张金城修，杨浣雨纂，陈明猷点校：《乾隆宁夏府志·人物》，宁夏人民出版社，1992 年，第 466 页。

② 张金城修，杨浣雨纂，陈明猷点校：《乾隆宁夏府志·恩纶纪》，宁夏人民出版社，1992 年，第 41 页。

爰申奠酻。呜呼，气应星辰，剑佩想雍容之度；荣增泉壤，松楸载雨露
之恩。惟尔有灵，祗承令典。"①其二《谕祭原任古北口提督吴进义祭文》
曰："元戎作镇，奏伟绩予师中，彝典酬庸，叠恩施于身后。老成眷笃，
念裘带之风规；巽命重甲，洁几筵之芬苾。尔吴进义娴知韬略，扬历
戎行。早效驰驱，奋身在后劲前矛之列，深明纪律，宣力于襟江带海
之区。继专阃而登坛，克抒猷以报国。三省之封疆遍莅，旋持虎节子
雄关，八秩之神明不衰，屡荷龙光于魏阙。宫御晋锡，荣随方召之班；
耆硕加褒，望重幽燕之将。忽闻徂谢，崇阶申恤赠之文；追念勤劳，
载奠肃明禋之典。呜呼，壮气焕风云之色，壁垒犹新；殊恩生俎豆之辉，
椒浆复赍。灵而不昧，尚克歆承。"② 此后，还命在吴进义的家乡宁夏
府城光化门大街，赐建牌坊，乾隆皇帝特为牌坊亲笔御书"瞿铄专阃，
节镇耆英"③ 八个大字。享受如此"恩数稠叠，一时荣宠"，不仅"武
臣莫与比"④，而且在历代皇亲重臣中也是不多见的。

　　吴进义一门，世代为将，为宁夏旺门显族。曾祖吴鼎，明嘉靖间
历任宁夏右卫指挥、宁夏镇协守副总兵、征西将军、宁夏镇总兵官。
祖父吴健，明崇祯十五年（1642年）壬午科举人，"始以文进士至侍御"。
叔祖吴坤，清初官至贵州永北镇（今云南省永胜县）总兵官，加封议
政大臣。父吴开坼，武进士出身，官至云南鹤丽总兵官。伯父吴开增，
武举人出身，曾任宫廷侍卫，官至浙江温州镇（今温州市永嘉县）总
兵官。吴氏祖孙虽然多在外乡为官，但都先后为家乡办过许多好事。
尤其是吴进义，身为武员，却特别关心地处边塞桑梓的文化教育事业。

① 张金城修，杨浣雨纂，陈明猷点校：《乾隆宁夏府志·恩纶纪》，宁夏人民
出版社，1992年，第43页。
② 张金城修，杨浣雨纂，陈明猷点校：《乾隆宁夏府志·恩纶纪》，宁夏人民
出版社，1992年，第44页。
③ 张金城修，杨浣雨纂，陈明猷点校：《乾隆宁夏府志·建置二》，宁夏人民
出版社，1992年，第196页。
④ 马福祥等修，王之臣纂：《朔方道志·人物》，成文出版社，1968年，第796页。

常乘在江南任职之便，为宁夏府捐赠大量图书。他"不徒为一家计，并为一郡计"，为让故乡子弟"沐浴礼化之教"，"遂不惜千金购书运回宁夏，置于学宫"，"自有此书，则父兄爱其子弟，师儒期其子弟，有司勉其俊髦，胥皆泽以文雅，润以彬斐，盛世文教愈广愈远，公之忠厚广大为何如耶！"[①]另外，他还给宁夏府知府写信建议，希望府台大人能够早日为宁夏修成一部方志，并主动提出，非常愿意为家乡"捐资修志"。吴进义为家乡做的好事还很多，府书中称赞他曰："公他善难数"[②]。正因为如此，宁夏官民也很感激他，把他比作"孙仲谋劝吕蒙学问"和"范文正公以《左传》授狄武襄"，还在宁夏府城的中心位置四牌楼之东为吴氏家族专建牌坊，坊上两面各书有"五世封疆"和"三镇元戎"几个大字。[③]并将其大名和事迹入供宁夏乡贤祠，享受家乡父老及后人的春秋之祀[④]，以表达乡亲们对吴氏家族四世德行的赞颂与怀念。

---

①② 张金城修，杨浣雨纂，陈明猷点校：《乾隆宁夏府志·艺文》，宁夏人民出版社，1992年，第668页。

③ 张金城修，杨浣雨纂，陈明猷点校：《乾隆宁夏府志·建置二》，宁夏人民出版社，1992年，第196页。

④ 马福祥等修，王之臣纂：《朔方道志·人物》，成文出版社，1968年，第796页。

清廷的忠实奴仆：宁夏总兵陈福

陈福，字东海、箕演，原籍陕西榆林，后因居官宁夏，遂入籍宁夏。顺治初，靖远大将军英亲王阿济格率汉军镶蓝旗固山额真李国翰等部平定陕西，陈福以武举人应募从军，后随总兵官刘芳名驻守宁夏。当时宁夏地区散兵游勇为害，地方土匪豪强横行乡里，前明旧将领割据为王，大河两岸没有净土。刘芳名率部进驻宁夏后，虽然大力整治，剪除匪患，形势有所好转，但又相继发生了固原叛乱和宁夏兵变事件，使得宁夏全境烽火连天，警报频传。陈福因武艺高强，又骁勇善战，在平定宁夏的作战中屡有军功，所以很快升授守备之职。

顺治十五年（1658 年）初，陈福随都统李国翰征讨四川。当时四川一直为农民起义军领袖张献忠所建大顺政权控制。大顺三年，即清顺治三年（1646 年），清廷派肃亲王豪格为靖远大将军，同平西王吴三桂等率军入川征讨张献忠。同年冬，清军于西充大败农民军，张献忠在战斗中不幸中箭身亡，四川遂被清军平定。清政府任命汉军正红旗都统李国英为成都总兵，旋升任四川巡抚。但不久，南明桂王朱由榔在肇庆称帝，改元永历。前明旧将乘势纷纷叛清归附桂王，于是云南、贵州、广东、广西、江西、湖南和四川诸省先后又都为效忠桂王势力所控制。张献忠的大顺政权虽然被清兵消灭了，但其部将孙可望、刘文秀等又率部归附桂王，同时，分遣所部王命臣等占据川南，谭弘、刘惟明等占据川东，并同活动于湘、鄂、川一带山区的李自成余部郝摇旗、李来亨、袁宗第、刘二虎、邢十万、马超等"夔东十三家军"，遥为声援。桂王亦派钱邦芑为四川巡抚，吕大器为总制诸军。但是，桂王诸将领之间，以及农民军各头目们，这时都各有怀抱，各自为政，甚至互相火拼，图耗实力。顺治十四年（1657 年），南明政权方面实力最强的秦王孙可望，在内讧中大败，一气之下，孙率残部投降了清军，被清廷封为义王。清军乘桂王内讧之机，派大军从湖南、广西、四川分三路同时向贵州南明政权进军。李国翰率陈福各部由汉中进取四川。次年，陈福跟随李军，自西充、合州一路打到重庆。重庆时为南明所封都督杜子香防守，但孤立无援，为清军打败而弃城逃走。清军占领重庆以后，继续南向，又占领桐梓，攻克遵义，败明将刘镇国，获粮三万石，降兵五千。接着又破杨武于开州，并乘胜招抚水西、开州各土司山寨，节节向贵州推进。这时，桂王派大学士文安之督统川东农民军旧部"十三家营"和屯据于忠州、万县的谭弘、谭诣、谭文等，以舟师逆袭重庆。李国翰不得不命陈福等东援重庆，川黔地方又被桂王军占领。但这时桂王军内讧再起，谭弘、谭诣杀了谭文，主动向清军投降，攻打重庆的水陆各军也纷纷撤出战斗，返回到川东根据地，四川大局得以稳定。李国翰再率陈福各部南下，七月再克遵义，并驻军于遵义，以兼顾川、黔两省。不久，云、贵、川、广、湖五省荡平，桂藩之局了结。陈福以从征有功，被提升为遵义游击，肩负扼守西南要冲之责。

康熙元年（1662 年），故明石泉王朱奉铨复煽动当地土夷纷起作乱，攻扰叙州、马湖，迫使四川总督李国英从成都徙治重庆。这时，蛰伏于川东的农民起义军余部"十三家营"仍然控制着夔、归、房、竹诸县界，其主力将领郝摇旗（郝永忠）、李来亨、刘二虎（刘体纯）、袁宗第等部以茅麓山为根据地，经常出山攻打四川、湖广、陕西各省边界州县。石泉王举起反清复明大旗以后，各路农民军和残明势力再次活跃起来，西南各省重起战端。李国英急忙上奏清廷："蜀寇逋窜川、湖、陕边，偏攻则易遁，小急则互援。"[①] 所以他建议："贼巢横

---

① 魏源：《圣武纪·附夷艘寇海记》，岳麓书社，2004 年，第 57 页。

据险要，我师进攻，未能联合。宜预会师期，分道并入，使贼三路受敌，彼此不暇兼顾。一路既平，就近会师，贼可尽歼。"[1] 康熙皇帝接受了他的意见，派大将军穆里玛、图海率禁旅征讨。命李国英和驻防西安将军富喀禅，副都统都敏会剿。清军经过一番准备工作，于康熙二年（1663 年），各路清军同时向川、湖交界地区扑来。于是荆州、宜昌之清兵向远安、兴山、巴东、归州攻打，兴安、郧阳清兵又向房县、竹山围剿，而李国英则命陈福等部分别向夔州、建始、巫山、大宁、大昌一带农民军主力所在地节节搜剿。由于清军实行四壁合围，堵死所有通道，迫使农民军在众寡悬殊的条件下，同清军进行了拼死的搏斗。最后，郝摇旗在巫山战斗中，打到全军覆没而被俘，不屈牺牲。刘二虎也在巫山天池寨与敌人战斗到最后一息，夫妻双双死在阵地上。袁宗第也在黄羊坪战败被擒。同时，清军还在小尖寨活捉了明东安王朱盛蒗。其余残存的反清兵将有的被招降，也有退入深山老林，仍然在极端艰苦的条件下，坚持同清军进行斗争。如川东保卫战失败以后，李来亨率残部退到茅麓山继续坚持反清斗争，直到康熙三年（1664 年），在清军的长期围困中，仍拒绝敌人的诱降，最后在粮尽援绝的情况下，乃举家自焚，壮烈牺牲。至此，川东的形势才算底定。

由于陈福在川东之战中立下了汗马功劳，所以被破格赏加右都督衔，并提升为成都副将，旋迁升重庆总兵，成为清廷镇守四川，镇压川、湖农民起义军的一员得力干将。

清廷整整用了二十年的时间，才把南明的复辟势力最后消灭了。在对付南明的战争中，清朝统治者大胆利用降清的汉官充当马前卒，其中代表人物就是故明辽东总兵吴三桂，广鹿岛副将尚可喜、尚之信父子和登州参将耿仲明、耿精忠祖孙。吴、尚、耿三家，甘当满洲贵族的鹰犬，积极导引清兵入关，尽力帮助清军残酷镇压、大肆屠杀抗清的明军官兵和农民起义军。他们的双手沾满了大批爱国志士和广大人民的鲜血。

---

[1] 赵尔巽等撰：《清史稿·李国英传》，中华书局，1977 年，第 9530 页。

清政府也给了他们特殊的奖赏。吴三桂被封为平西王，称霸于云、贵；尚可喜被封为平南王，拥兵于广东；耿仲明被封为靖南王，盘踞于福建。但是，当残明桂王伏诛，农民军被消灭以后，走狗们就失去了利用的价值。这时，康熙皇帝已认为"三藩"的存在，不仅对其统治是一个潜在的危险，而且也严重影响了中央政府的财政收入，于是清廷在康熙十二年（1673年）七月，决定撤销"三藩"，"尽撤藩兵回籍"，"徙藩山海关外"。吴三桂奉诏以后，感到"狡兔死，走狗烹"的日子到了，子是在十一月二十一日发兵反清，改号周王，蓄发易衣冠，旗帜皆白，自称天下都招讨兵马大元帅，后又称帝，改元昭武。尚、耿二藩皆从叛，半壁河山重沦战乱。

吴三桂叛清以后，首先派大将王屏藩攻打四川。而四川巡抚罗森、提督郑蛟麟和总兵谭弘、吴之戎等皆投向吴周。不久，西南各省和江南大部均举兵叛清。清廷急忙调兵遣将，向"三藩"叛军进剿。陕西一路，命贝勒洞鄂为定西大将军，大学士莫洛为经略陕西，同川陕总督哈占、西安将军瓦尔喀、陕西提督王辅臣一起，率步骑军征蜀。康熙十三年（1674年）十二月，在进军四川的途中，王辅臣突然发动阵前兵变，在宁羌击毙了莫洛，亦降附于吴周方面，并引军退踞平凉，洞鄂闻变，立率满骑返回西安，汉中地区落入川军之手。王辅臣的行动几乎把清军攻蜀的西路大军统统吸引了回来，有力地支援了四川的反清军。

吴三桂的反满复汉行动，给西北地区的汉族士大夫地主阶级带来了希望，而王辅臣的兵变，又把这种希望变成了现实。在不到一年的时间里，兰州、秦州、巩昌、定边、靖边、临洮、庆阳、绥德、延安、花马池等州县，都先后被反清武装所占领，陇右地区的反清烈火大有燎原之势。

宁夏地区的反清情绪也很浓厚，但在新任宁夏总兵官陈福的严密防范和强大压力下，一直没有发动起来。陈福由四川调任宁夏，时在康熙十二年十二月，正当吴三桂叛清之始，他赴任宁夏之际，四川当局亦宣告叛清，陈福与二弟陈奇（任守备）的妻室家小遂陷于敌军之中。郑蛟麟即以此胁迫陈福，派人致函诱降，要他在宁夏举旗叛清。陈福为了表示自己忠于清室的立场不动摇，置妻儿的安全于不顾，立将信使逮捕，把劝降书封存，并向朝廷报告了讨贼战守方略，派大弟陈寿，绕道口外蒙古草地，星夜送往京师。康熙皇帝召见了陈寿，对陈氏兄弟的忠贞给以嘉奖，当即赏陈寿喇布勒哈番，加刑部主事。康熙皇帝还亲自表彰了陈福，其谕旨写道："宁夏总兵官陈福效力岩疆，劳绩素著，屡举首逆札，克笃忠贞。且其妻子家属现在川中，逆贼挟诱，福全无所恋，矢志不移，深足嘉尚。着升补陕西提督，仍暂驻宁夏，管辖镇兵。"①其弟陈奇也由守备提升为涿州参将。陈福十分感激皇上的恩德，拼死与叛军作战，进一步表示自己的忠心。他率领宁夏镇兵，北讨花、定，南征平、固，旬月之间就收复了惠安堡、韦州和安定堡。当时正值盛夏酷暑季节，又在大漠绵延的长城边外行军作战，他一味贪功，不顾广大官兵的疾苦和死活，严督部队不停地斩关夺堡，终于在康熙十四年（1675 年）闰五月，收复了宁陕门户花马池。七月，又收回了"三边咽喉要地"定边城，并先后斩叛军将领朱龙、倪光德、雷普、马腾蛟等人，切断了平凉与陕北的联系，使王辅臣陷入孤立的境地。所以，定边被陈福等部占领的第二天，王辅臣就再次上疏表示自己并非背叛朝廷，要求查明宽宥。清廷没有理会王辅臣，即令陈福迅速向固原、平凉进军。为了奖励陈福的功劳，不仅给他送来了赏银，又晋授他为三等阿恩哈尼哈番。其弟陈寿也"从优以光禄寺少卿、鸿胪寺少卿用"。陈福乘胜挥军南下，沿途一战即收复了平远所城，阵斩叛军官佐 22 人，杀敌 2000 余人，肃清了三边总督防秋故道。但是，陈福在攻打固原时却碰了钉子。他率军围攻固原城，一个多月也没有进展。九月二十三日，正当陈部副将太必图攻城之际，王辅臣派平凉援兵突然赶到，城中叛军亦乘势杀了出去，在里外夹击之下，陈军招架不住，中卫副将贾从哲首先败退，游击张元经也接着溃逃，于是陈军自相惊扰，全军立时崩溃，在混乱之中，太必图死于阵前。陈福狼狈不堪，只得收拢残兵

---

① 佚名撰，王钟翰点校：《清史列传·陈福》，中华书局，1987 年，第 405 页。

败将退守灵州。事后，陈福给朝廷报告了兵败的经过，并委过于下级，最后以贾从哲、张元经作了替死鬼，处以"军前斩首"了结此事。

十二月，清廷命陈福率部协同大将军贝勒董额等攻打平凉。陈福认为，固原驻有叛兵万人，若竞趋平凉，后方粮道就难保险。所以他要求先围攻固原，然后再图平凉。清廷同意了陈的意见，谕旨云："陈福身在地方，熟悉贼形，著如所请。速取固原，以遏贼势。"由此可见，陈福已成为当时清军在西北的干将，他的一言一策，都受到清朝最高统治者的重视。时届农历十二月底，年节临近，陈福所部乃是宁夏子弟兵，大多都有家室在身边，谁不想在家中高高兴兴地过个大年。而且陈部新败不久，固原惨败的情景大家还记忆犹新，心有余悸，伤亡官兵善后事宜还尚未处理妥当，在此腊月黄天之际，又要士兵们去送死，于是激起了全军上下的愤慨。但军令难违，官兵们敢怒而不敢言，只得忍气吞声地踏上征程。十二月二十一日，陈军行抵惠安堡，这时大雪纷飞，天寒地冻，士卒们住在清冷的破屋里，望着白茫茫的雪原，倍感征程无比遥远，前方的命运更是难以预料。在这样寒冷的时候，陈福也不想让士兵们多休息一天，一到惠安堡就下令："五鼓会食，集城下，后者斩。"这下可把官兵们都激怒了，大家认为反正不是冻死就是战死，倒不如冒死求生，这天夜里在参将熊虎等四名部将的鼓动下，部队哗变，陈福本人亦被乱兵杀死。

清廷对陈福之死表示十分震悼，康熙皇帝下特诏谕表彰："吴逆背叛以来，潜布伪书，煽惑人心，原任提督陈福妻子虽在四川，毫无赡顾，笃志忠贞，剿御贼寇，恢复城池，功绩茂著。"并追赠其为三等公爵，以三等精奇尼哈蕃世袭，谥忠愍，予祭二次，还令在宁夏建专祠祀奠。同时提升其弟陈奇为天津总兵。又因陈福子世琳、世勋尚困陷于四川，故令爵位暂由陈寿子世怡代袭。四川平定以后，陈寿弃官前往蜀中寻找兄嫂母子，经过百般周折，终于在遵义山中见到亲人。康熙对陈氏一门的忠孝节义十分敬佩，特宣诏陈福妻儿进京，亲加垂慰。陈世琳不但承袭了爵位，又被授予直隶三屯协副将，官至古北镇总兵、銮仪使。

儒将俞益谟

俞益谟（1653—1713），清朝将领。字嘉言，号澹庵，别号青铜。祖籍明代北直隶河间府（今河北河间），因先辈参军到陕西，安家于咸宁（今陕西宜川境内）。曾祖父时又迁居宁夏西路中卫广武营（今青铜峡市青铜峡镇），入籍宁夏。十五岁入学，二十岁中举，次年登进士。

康熙十二年（1673年），正当俞益谟回到家乡"候选"之时，镇守云南的平西王吴三桂，举兵叛清自称"周王"。陕西提督王辅臣、固原道陈彭等同时宣布反清，与吴三桂南北遥相呼应。一时间，陕甘许多重要城池被反清军队攻占，清朝在西北的统治岌岌可危。此时宁夏兵将大多调征四川，"留者十之一二，人情惶迫，众议纷纭"。俞益谟在康熙十四年（1675年），西北大局动摇的关键时刻，到宁夏总兵官陈福部下，在平定宁夏兵变的戡乱中表现忠勇，事平论功"授柳树涧堡守备"，成为清军一名下级军官。陈福死后，清廷任命天津总兵官赵良栋到宁夏处理善后，首任宁夏提督。康熙十九年（1680年），宁夏以及整个西北大局平定以后，清廷命赵良栋率部入川对吴三桂叛军作战，俞益谟随赵从征。又因俞益谟英勇善战，屡立战功，被破格赏"加一十七等，授左都督，管达州游击事"，并"摄顺庆郡篆"。康熙二十六年（1687年）升任广西郁林（今广西玉林）参将，康熙三十一年（1692年）再升两江督标中军副将。

康熙三十四年（1695年），北方蒙古准噶尔部叛乱首领噶尔丹再次举兵南犯，宁夏地区成为征讨噶尔丹的军事前沿阵地和军需、兵源的补给基地，一时间各路大军云集宁夏。这年冬季，康熙皇帝召见了俞益谟，赏赐"五爪龙袍、龙缎"，命他回宁夏参加征讨噶尔丹军事行动。他在宁夏参与办理一段粮运之后，就率部担当征讨噶尔丹大军的前锋，在杀敌战斗中屡屡建功。康熙三十五年（1696年）春，俞益谟被康熙再次召见，升任大同镇总兵官。次年春，康熙皇帝亲征噶尔丹，在赴宁夏阅兵途中，驻跸大同时和之后的四十一年（1702年）二月，康熙巡视山西五台县射虎川时，又两次召见他。康熙皇帝前后赏他很多御用珍品，还亲笔仿米芾和赵孟頫的字体，给他题书"焜耀虎符"四个大字。在当朝文武大臣中，享受如此"频频宠渥，浩荡难名"，可算荣殊恩极了。康熙四十二年（1703年）正月，湖广提督林本植所部标兵哗变，朝廷"以俞益谟为湖广提督"，授权"提督湖广全省军务，统辖汉土官兵，兼军卫土司，控制苗彝，节制各镇总兵官，左都督加六级"。他只带领少数亲信官兵，驰驿湖南，"仅半月，驰抵武陵，镇定哗变"，妥善处理完兵变善后事宜。同年八月，又抚平"红苗作乱"事件。在湖南任职期间，曾"多所建白，皆合戎政机宜。其谈兵料敌，言无不应。赵勇略、王奋威诸宿将，并称其能"。甚至当时"廷臣众荐，才兼文武，堪应总督之任"。康熙四十八年（1709年）九月，他与湖南巡抚赵申乔发生矛盾，抚督相互参劾。康熙皇帝对于两位镇抚封疆大员的失和攻讦十分生气，认为"有乖大体"，一怒之下，将二人停职审查。令湖广总督郭世隆负责查办，派吏部尚书萧永藻、都察院左副都御史王度昭参加会审。查办的结果是：双方"所参俱实"。康熙皇帝对二人同时给予处分："俞益谟著休致，赵申乔著革职留任。"俞益谟回到宁夏广武家中，成为一名老百姓。

康熙五十二年（1713年）三月，康熙皇帝为了隆重庆贺自己的六十大寿，诏谕全国六十岁以上获罪受到处分的官员，凡能来京祝寿者，俱着恢复原品，赐御宴。俞益谟便放下自己的六十寿庆不做，即时赶赴北京去给皇上贺寿。他在京又一次受到康熙的召见，并向皇上

"呈进方物"。康熙不仅开恩赐还了他的顶戴，还顾念他过去的功劳，又加封他荣禄大夫一品散官荣衔。俞妻张氏，亦被赐封为一品夫人。他的曾祖父俞大河、曾祖母曹氏，祖父俞天义、祖母张氏，父亲俞君辅、母亲赵氏等，都被追封荣禄大夫和一品夫人。俞家顿时满门生辉，光照塞上。但是，乐极生悲，就在大庆当日，俞益谟参加完贺寿典礼之后，回到寓所等待赐御宴之时，因连日劳累和兴奋而猝逝于馆舍，享年六十岁。归葬于宁夏广武营城西南一公里半的荫子山。

俞益谟"平生不蓄私囊"，有"乐施乐育之义"，热心于家乡的公益事业，"瞻顾邻里乡党，浚渠设塾，在在有记"。其中以整修水利、举办义学和主修乡志等三件大事为代表为家乡做了好事。

家乡人民为了纪念这位为家乡带来骄傲和帮助的名人，特在城中建立牌坊，上有康熙皇帝御书钦赐的"焜耀虎符"四个大字。还在牛首山专为他修建了一座"青铜君祠"。

董福祥

　　董福祥（1839—1908），清末著名将领。汉族，字星五。固原州（今宁夏固原市）人。张俊（1841—1900），清末将领，字杰三。李双良（1840—1922），清末将领，字桂臣。董、张、李三人是固原小同乡，结拜为兄弟，同任"哥老会"头目，一起举旗反清，同时归降清军，部众被改编为清军"董字三营"，分任营官。在清军中再次并肩战斗，同受升赏，一同成为清末的著名将领。

　　董福祥出身于西北黄土高原穷乡僻壤的固原毛居井村的一个农民家庭，父亲董世猷是当地"哥老会"会首，福祥从小没有很好读书，常出没于帮会、赌场，并谈兵习武，广交江湖侠义之士。同治初，西北回族人民掀起大规模反清斗争，董福祥利用父亲的社会关系，乘机自立山堂，发展"哥弟"，"收集逃亡"，组织汉民民团，"以保卫桑梓为己任"，对抗官军，支援回民军的斗争。同治三年（1864年）五月以后，陇东地区各股民团推举董福祥为团总，李双良、杜乃子为副，拥众数万人马，以安化（今甘肃庆阳）一带作为根据地。他提出"反清抗暴，保卫家乡，有饭同吃，有难同受，有福同享，有祸同当"的口号，与回民军达成协议，互相配合，共同与清军作战，成为陕甘宁交界地区一支势力强大的汉族农民军反清武装集团。同治五年（1866年）十月，当张宗禹率领西捻军打进陕西以后，董军又与捻军联合作战，把大本营迁至靖边县镇靖堡，反清烈火燃遍陕北，队伍扩大到二十万之众。曾攻占甘泉、安塞县城，威胁延安府城，对西捻军东渡黄河，打入晋省，威逼清廷京畿的军事行动，起到了支援的作用。当西捻军的斗争失败以后，董福祥部便成了清军进攻的主要目标，形势对其越来越严峻。但董福祥没有失去信心，仍坚持联合回民军，主动出击，继续活跃在陕甘大地上，其时部队"众常十余万"，自称"陕甘自卫总团大元帅"。同治七年（1868年）十一月，新任陕甘总督左宗棠率部进驻西安，筹划分南、北、中三路进剿陕甘回民军。提督刘松山是左路军的主力，统老湘军劲旅为北路，由山西永宁(今山西离石)渡河进驻绥德，开始"先平土匪"（指董军等部汉民团），待肃清陕北以后，再挥军宁夏金灵，后剿"回匪"。仅用一个月时间就打败董军主力李双良、张俊等部，刘松山亲督马步主力直逼镇靖堡。董福祥父亲董世猷和哥哥董福禄无力抵抗，只好识时务开城迎接刘军，"率众归诚"，并传信严饬儿子归顺朝廷。十二月二十四日，董福祥终于率张俊、李双良各部约十万乌合之众向清军投降。经左宗棠批准，刘松山择董部精壮者，按湘军编制改编为三个营，授董、张、李三人均为五品军功，董福祥领中营，张俊领左营，李双良领右营，号称"董字三营"，全营兵、夫约两千人。另外，又挑选三千人充当湘军运夫，其余大部均就近安置在陕甘交界地区耕垦自谋生路。

董福祥部降清，不仅为湘军扫清了进攻宁灵的通道，而且使马化龙领导的回民抗清军失去了一支强有力的盟军，更为严重的是，骁勇善战、熟悉地情的"董字三营"，反过来却成了对付回民军的强劲敌手。八月，刘松山以"董字三营"为向导和先锋部队，开始了征讨宁夏的战役。先在灵州外围与陕西回军的战斗中，董部打仗十分卖力，并在进攻吴忠堡的战斗中，他与张俊都带伤坚持不下火线。这时，董军并未引起左宗棠的重视。而刘松山通过实际考察，已看到了董福祥的忠勇可靠，所以在后来攻打吴忠堡一带的战斗中，一改让董部担任"策应""跟应"为担当正面主攻的任务。直到十二月十一日，在波浪湖大战中，由于董部冒死绕至敌长墙卡后偷袭回军，为夺取胜利起到关键性作用，董在肉搏战中，虽然右肘被枪弹洞穿，仍然指挥若定。左宗棠得报后才真正改变了对董的不信任态度，在给刘松山的信中说："董福祥既能奋起杀贼，殊甚嘉赏。"还同意将董部正式编入官军册籍，增编马队七十名，"董字三营"从此变为清军的正规军，在攻打金积堡的战斗中充当了急先锋。同治九年（1870年）二月十四日，刘松山不听董的劝告，亲自前往招抚训话时，被暗枪击中要害，在弥留之际，他招董入帐说："悔不听尔之言，致贼中要害。吾死矣，三湘子弟随吾深入不毛，犹子锦棠于军事，尚有经验，可辅则辅之，不然，尔自为之。"董也流泪说："不敢有二心。"刘松山死后，他的侄儿刘锦棠接统湘军，并尊老帅之言，更是遇事必向董福祥问计，甚至在私下相见时，"必以父执之礼尊之"。董福祥也誓为知己而死，成为陕甘回军的一大克星和死敌。十二月，马化龙领导的金积堡回民反清斗争最终失败了，董福祥由五品军功"超授都司"、赏戴花翎、加副将衔。张、李都有升赏，"董字三营"成为清军的主力部队。

同治十年（1871年）十二月至光绪元年（1875年）一月，董福祥继续追随老湘军，在刘锦棠的指挥下，先后参加了对河州（今甘肃临夏回族自治州）、西宁、肃州（今甘肃酒泉）等地撒拉族、回族群众反清斗争的大力征剿，又积功先"以游击留于陕西尽先补用并赏给二品顶戴、二品封典花翎"。同时，"张俊并赏花翎，赏给果勇巴图鲁名号。李双良、张万惠以游击留陕西尽先补用，并赏参将衔。双良赏戴花翎"。不久，董又被"擢升为参将""荐保提督"，其"董字三营"已扩军为马步九营，成为一支战斗力极强的劲旅。

光绪二年（1876年），为了斩断英、俄帝国主义势力和阿古柏侵略者伸向新疆的魔爪，清廷任命左宗棠为钦差大臣、督办新疆军务，指挥大军西征。刘锦棠统领老湘军马步二十四营为西征大军主力，"董字三营"充当老湘军的先锋部队。此时董福祥和张俊、李双良都已被提升为副将，他们各率所部，行进在西征大军的最前列。新疆北路光复后，董福祥"赏记名总兵，并授阿尔杭阿巴图鲁名号。副统领张俊，亦赏记名总兵和正二品封典"。因左宗棠奏请，又加董福祥提督衔，并赏穿黄马褂。

光绪三年（1877年）春，清军开展征服南疆的军事行动，左宗棠命刘锦棠一部攻打南疆锁钥达坂城，张曜、徐占彪两部合攻吐鲁番，然后三路会合夺取托克逊。当时，董福祥部副手、总兵张俊已着手另行组建"定远三营"。董、张二部仍归刘锦棠统一指挥，继续担当先锋队的任务。光绪四年（1878年）一月，正式宣告结束阿古柏在新疆长达十三年的反动统治，粉碎了英、俄帝国主义妄图分裂我国领土的阴谋。董福祥在整个西征战斗中，"战无坚阵，攻无完城，和阗之复，专军攻取，厥功尤伟"，"由是董军名震西域"。为此，清廷加封他云骑尉世职，张俊亦赏穿黄马褂，李双良等部将都得到升赏。董福祥率部由和阗移驻喀什噶尔，总统南疆西四城（喀什噶尔、英吉沙尔、叶尔羌、和阗）各军，为保卫祖国主权和领土的完整作出了贡献。董福祥、张俊、李双良被赏头品顶戴，李双良赏加总兵官衔。董福祥从此在新疆度过长达十六年的守卫国门的戍边生涯。光绪十年（1884年），新疆建立行省，于南疆重防阿克苏设立军镇，任命董福祥为首任镇守总兵官。光绪十六年（1890年），升任喀什噶尔提督（原乌鲁木齐提督移驻，实为新疆提督），统率全疆兵马，成为西陲国门的最高军事指挥官。董福祥终于登上了清廷武将大员的高阶，并为造就一支西北武装——甘军，打下了基础。张俊也以提督衔被任命为甘肃西宁镇总兵官。李双良辞职，回到宁夏灵武王洪堡（今灵武崇兴）建府居住。

光绪二十年（1894年），清廷为慈禧太后大办六旬庆典，光绪皇帝颁谕旨，钦点各省文武大员四十一人进京，作为全国各地的代表参加贺寿大典活动，董福祥赫然荣列其中。在京时，董被赏加尚书衔，命他回甘肃省招募旧部马步十八大营，移驻通州（今北京通县），担任京津防务。就在这期间，甘肃爆发了"河湟事变"，西北回民大有再燃反清烈火之势。由于中日甲午战争大局尚未全部了结，大量东调陕甘之兵仍留驻内地，甘肃防务十分空虚，陕甘总督杨昌浚电奏朝廷："请饬董福祥率全部星夜回甘。"清廷任命董以喀什噶尔提督身份督办甘肃军务。董福祥于光绪二十一年（1895 年）九月离京开赴甘肃，采用"以回制回"和"以抚为主，剿抚兼施"的策略，旬月之间河州地区反清斗争就被迅速讨平。为了稳定陕甘局势，清廷改任董福祥为甘肃提督，由张俊接任新疆喀什噶尔提督。第二年三月，董福祥又用两个月时间，再次平定了青海，震撼西北的"河湟事变"全部告平。因此，清廷加封他太子少保衔，并赏赐骑都尉世职。董福祥终于进入了清朝统治集团的核心圈子，逐渐成为"两宫"信赖而权倾一时的朝廷重臣和柱石。

光绪二十四年（1898 年），清廷再次调董福祥甘军移防近畿，成为镇压戊戌维新运动的帮凶之一。戊戌政变之后，西太后复出"训政"，由太后心腹大学士、直隶总督兼北洋大臣荣禄领导组建武卫新军，用以支撑清王朝将倾的大厦。武卫新军共编五军：甘军列为武卫后军，董福祥任统领，驻防蓟州，兼顾通州，拱卫京师。张俊任武卫全军翼长。可见此时甘军的地位不仅已是朝廷直属的精锐之师、"心腹劲旅"，被"太后倚若长城"，而且董福祥、张俊等高级将领已成为控制国家武装力量的关键人物。董福祥个人享受的荣誉已达到无以复加的地步，他享有在"紫禁城内骑马""穿貂嗉褂"的特权和殊荣。他已钻进了后党核心圈内，成为中国近代史上最显赫的人物之一。

光绪二十六年（1900 年），在中国处于被列强瓜分、民族危亡的关头，爆发了以农民为主体的义和团反帝爱国革命运动。这位不懂政治的一介武夫，只知看"老佛爷"的眼色办事，曾与义和团相配合，在廊坊共同阻击西摩尔带领的八国联军，此战"为庚子之役第一恶战"；甘军还大胆地杀死了日本大使馆书记官杉山彬；更有甚者，竟与义和团团民结为"兄弟"，合作围攻东交民巷的外国大使馆。但是，八国联军打败了中国的军队，于八月十三日攻至北京城下。在这种非常时刻，京城内外神机、虎神和各地勤王之师"约六七万人，皆已散灭无踪"，唯董福祥率甘军和部分义和团团民舍命与外国侵略军顽强血战。"在北京失陷前的一分钟，董福祥的甘军还在东直门、朝阳门一带与联军肉搏"，直到京城完全失守后，甘军才从彰义门撤出北京。接着董福祥充当随扈大臣，率领甘军并节制满、汉各军，保护光绪皇帝和慈禧太后"西狩"至西安。"两宫"于十月二十六日抵达西安，此时陪都的防守和行宫的禁卫任务完全由董福祥的甘军负责。与此同时，庆亲王奕劻和新任直隶总督兼北洋大臣李鸿章同为全权大臣，正在北京和侵略军进行议和谈判，而董福祥则成为中外争论的焦点人物和谈判中最棘手的问题：德国带头照会各国，主张先惩凶，后议和。洋人们认为"董福祥最为首要"，并被视为"祸首"，必须严加惩办。清廷没有办法，将董革职。光绪二十九年（1903 年），董福祥归养于灵州金积堡"董府"。张俊先他于光绪二十六年（1900 年）病逝，谥"壮勤"。光绪三十四年（1908 年）正月初九，董福祥病逝于金积堡府邸，享年七十岁。清廷对这位威震中外的一品大员，并未将其事迹宣付国史馆，也未按清律规格厚葬这位勋臣。九月，归葬于固原州南乡十里墩官山。同年，乡人为其建立"董少保故里碑"，立于南乡官道供路人景仰。李双良闲散安度晚年，直到中华民国十一年（1922 年），终老于家中，享年八十二岁。

宁夏革命先驱李天才

  李天才（1908—1933），字达之，中卫枣园堡（今中宁县枣园乡）人。出身于富裕农民家庭。自幼聪明好学，古典诗词过目不忘，背诵如流。10岁进本村私塾受启蒙教育，15岁考入枣园堡初级国民小学，开始接受新式学校教育。时值提倡新文化运动，他如饥似渴广泛学习新的知识，使自己的思路开阔，进步很快，每次考试均名列班级前茅，加之爱好面宽，又喜欢练武，是学校文体活动的活跃分子和品学兼优的模范学生，因此深受同学们的拥护和老师的赏识。

  民国二十四年（1925年），冯玉祥部国民军开始进驻西北地区，西北军总部政治部组成政治宣讲所，派政工人员冯静山、王辅臣等人于当年9月至10月，从磴口至兰州大道沿途各地进行宣讲和社会调查活动，利用集市组织群众大会，宣传国内外形势、反帝反封建反军阀的革命道理和西北军入甘的宗旨，给边远闭塞的宁夏农村吹进一股时代的新风。[1]接着又有共产党员宣侠父、钱崝泉在枣园堡等地组织政治活动，群众第一次听到了"铲除封建军阀，打倒贪官污吏和土豪劣绅"的政治口号。[2]以后，西北军陆续路过枣园堡，时间长达半年之久，部队中的政工干部（共产党员担任）还利用宿营之机，常常深入学校，向师生宣传马列主义和革命的新思想，组织师生开展政治活动。李天才当时正在枣园小学上学，这使他有机会受到有意义的革命启蒙教育，

---

①《西北汇刊》第二卷第10期。

②《西北远征记》。

在他的心田中种下了一颗革命种子。以后每当西北军路过家乡，组织政治活动时，他都踊跃参加，积极帮助部队散发宣传品，为他日后投身革命队伍打下了良好的思想基础。①

民国十八年（1929 年）宁夏省建立。是年春，李天才考入宁夏省立第一中学（旋改名省立宁夏中学）读书。时中宁同乡孙殿才也在该校学习，孙早在 1926 年已加入中国共产主义青年团，李与孙相交甚好，两人经常交流思想，探讨救国救民的道理。在孙的帮助下，李天才革命觉悟提高很快，此时他已下定决心，要为实现自己的革命理想，为推翻反动军阀的黑暗统治，为解救普天下劳苦大众，为中国革命成功而献出自己的青春。第二年第一学期，宁夏留平学生会推荐北京大学毕业生杜立亭到宁中任教，后又代理教务主任。此时中共北方局根据宁夏政局不稳，杂牌军林立，各处矛盾错综复杂，统治力量薄弱的有利形势，决定抓住这一机遇，重新恢复清党后已基本中断的地方党组织，随即派原北平市委成员、组织部部长杜润芝任特派员，到宁夏做准备工作。杜通过自己陕西米脂老乡和北大同学杜立亭的关系，得到了在宁中任伦理课教员的差事，在赴宁报到途经陕北时，中共陕北特委又派赵子元、马汉文、高锦尚等同志随杜一起到宁夏应聘省一中教员，以协助杜润芝工作。当时河南省开封、安阳一带党组织遭受破坏，地下党员刘梅林也通过他的朋友、时任宁夏省政府财政厅厅长扈天魁的介绍，带领中共党员邬逸民和进步青年何高民到宁夏省城工作。不久，宁夏党组织建立，杜润芝为负责人，5 名党员中除刘梅林在省立第二师范学校（旋改名省立简易师范学校）附小任教外，其余 4 人都集中在宁中任教。这批党员教师学历高，见识广，经受过大革命的实际锻炼，不仅学识渊博，课讲得好，而且有组织能力，平易近人，善于团结师生，很快在学校里就形成了一个核心。同时，他们又将学校中的进步学生，如孙殿才、李天才、梁大均、李振邦、李广成、潘钟林、

---

① 中宁县党史办：《李天才》，载《中宁党史资料（1926—1949）》。

征克非、张琪、叶松龄、贺文绍等人发动并团结在地下党组织的周围，加强对这批骨干分子的培养，组织他们学习政治，介绍革命和进步书籍，通过他们传播革命思想，提高全校师生的认识水平和思想觉悟。不久，陕北特委又派张德生来宁帮助工作，使党在宁夏的学运工作开展得轰轰烈烈，为党组织进一步开展宁夏地区的革命工作奠定了良好的基础，不久就在省立宁夏中学掀起一次学潮运动。第二学期一开学，宁中的学生们对宁夏县县长刘端和、宁中校长徐宗孺不按时给后期师范班学生发放津贴提出质问，校方态度强硬，给几名带头"闹事"学生扣上"违反校规""犯上作乱"等罪名，并挂牌点名开除学籍。这一下引起全校的极大轰动，党组织为了避免学生之间的殴斗，适时指导骨干学生把斗争的矛头指向校方和国民党当局。孙殿才、李天才、梁大均等人，按照杜润芝的指示，在学校公开提出"驱逐绅士校长徐宗孺""拥护杜立亭当校长！"的口号，在大部分师生的支持下，举行全校罢课。省府当局竟然出动警察包围学校，然后抓捕了 20 多名闹学潮的学生骨干。李天才等人为了营救被捕的同学，一面积极组织学生上街游行抗议，一面串联被捕学生的家长，向社会进行呼吁，并揭露当局与校方的非法行为，最终迫使省方基本上满足了学生们的要求，释放所有被捕学生，调走徐宗孺，任命杜立亭为宁中校长，学潮运动取得了胜利。

宁夏党组织在领导学潮斗争取得完全胜利之后，又不失时机积极开展兵运工作，准备建立一支由我党控制的革命武装力量。此时，正值曾领导过反对冯玉祥武装暴动的原"西北边防联盟军""总司令"马仲英重返西北来到宁夏，被省主席马鸿宾委以教导大队大队长之职，以资羁縻，谨防这位尕司令再生事端。而此时马仲英已在内地秘密地加入共产主义青年团，在共产党员和进步人士的帮助下，思想发生了很大的变化，也在伺机举事[1]，所以有目的地常到宁中和师生打篮球，与李天才等进步学生交朋友。党组织也指示李天才利用这一关系，策

---

[1] 吴忠礼：《马仲英与"河湟事变"评述》，《宁夏社会科学》1994 年第 1 期。

动马仲英起事。李天才还去中卫县联络青年学生刘成栋、张曦等十余
人分别去做驻防在中卫县的马仲英旧部马谦部属的工作，争取他们继
续跟随马仲英再举反军阀大旗。[①] 但是因为消息走漏，马鸿宾准备先下
手逮捕马仲英、李天才等人。马仲英却不露声色，以骑马放鹰为名，
逃出省城，赶赴中卫县仓促收编了李天才等人已做好工作的旧部 1000
余人，开往河西走廊地区。李天才等一批青年学生亦参加了马仲英部，
在马部自称的"甘宁青联军总司令部"做政治工作。[②] 1931 年初，马仲
英部在河西受挫，李天才等人又回到宁夏，这时杜润芝、杜立亭都因
宁中学潮和马仲英反叛事件，被以"共党嫌疑"而拘禁。杜立亭因有
陕西省政府秘书长杜斌丞的关照很快获释，而杜润芝则仍在狱中坚持
领导宁夏党组织的工作。李天才回到宁夏以后，杜润芝就根据他在学
潮和兵运工作的实际表现和成绩，亲自介绍他加入中国共产党。同年 8
月，兰州爆发"雷马事变"，冯玉祥留兰余部第八师师长雷中田发动
兵变，扣押省主席马鸿宾，消息传到马鸿宾的根据地宁夏，他的三伯
父马福寿即以代理宁夏省主席的身份，命令马鸿宾部新编第七师旅长
冶成章，率留驻宁夏马部主力开往甘肃，准备以武力营救马鸿宾。[③] 此
时宁夏仅剩下一些收编的杂牌武装留守，防务一时空虚。在狱中的杜
润芝决定抓住这次大好时机，在马部非嫡系部队中发动兵变。党组织
决定由李天才、梁大均、李振邦三人分别负责组织宁安堡、省城小南
门和掌政桥三处驻军举行武装暴动。李天才接受党组织交给的任务后，
不顾个人安危，立即返回家乡开展争取工作。时宁安堡驻军为马部特
务营，该部机枪连连长孙天才与李天才是枣园同乡和小学同学，孙原
系枣园护路队中队长，马鸿宾为扩充实力，将其收。该营副营长为
张自箴，原系恩和护路队大队长，也被马部收编，但他不愿就职，赋
闲在家。这二人都不满马部的排挤，早想脱离马家军另谋出路。经过

---

① 《中宁县志》第二十五卷《人物传》，宁夏人民出版社，1994 年。
② 中共宁夏组织史资料编辑组：《中共宁夏地方史简略》。
③ 蔡呈祥：《"雷马事变"亲历记》，载《甘肃文史资料选辑》（第二辑）。

李天才深入细致的思想发动工作，张、孙"都同意配合银川武装暴动，共同反马"。李在向杜润芝汇报后，党组织决定以"抗日救国西北军"的名义，于 12 月 23 日夜在三处同时暴动。李天才立即投入紧张的兵暴筹备工作，并住到特务营和机枪连的驻地宁安堡南洋行内孙天才的连队，与张自箴约定里应外合，一举解决特务营。23 日夜，天阴气晦，月色朦胧，李天才把从恩和、鸣沙、长滩等地动员来的壮勇 100 余人，召集到南河桥外，进行简要的战前动员后，就向南洋行进。但因担任内应的特务营一连连长梁生海记错了约定的时间，误认为是发生了敌情，当即开枪打死了围攻堡城的壮勇李绪娃，枪声也惊动了营长杨寿堂，全营马上组织警戒和抵抗，致使攻营计划落空，以暴动失败告终，李天才本人也被捕押送省城监狱，在敌人的残酷折磨下，他始终没有泄露一点党的机密。[①]

1932 年，兰州"雷马事件"和平解决，马鸿宾获释，又返回宁夏自任起宁夏"省主席"。马鸿宾为了经营好自己的根据地，开始缓和各方面的关系，李天才和杜润芝就在这种背景下，先后被保释放。3 月，李天才被其堂兄、枣园国民小学校长李天禄聘请为国文教员。这时李天才已完全成长为一名自觉的无产阶级革命战士，无论走到哪里，哪里就是他的战斗岗位，讲台当然也不例外。他在枣园小学任教期间，便利用神圣的讲台，教育学生"做新时代的新主人，不当亡国奴，救国救民，敢于冲锋"。他在讲授辛亥革命七十二烈士一课时，感慨地讲："呜呼！我知之矣，如无大牺牲之决心，则无大事可做也……"激励学生们将来一定要学习革命先烈为了国家民族的利益，为了千千万万劳苦大众的解放，具有敢于抛头颅洒热血的献身精神。这时日本侵略军已占领了我国东三省，为了宣传抗日，他还自编抗日新歌教学生唱，歌词内容为："同学们，认真听，滔天大祸已来临；来得凶，来得猛，来了日本鬼子兵；鬼子兵，占东省，烧杀抢夺任意行。救同胞、救兄弟，

---

① 中宁县党史办：《宁安堡武装暴动始末》，载《中宁党史资料（1926—1949）》。

赶快起来打敌人；拿起枪、拿起炮，打败鬼子享太平。"①

1932年4月，按照党组织的安排，杜润芝赴兰州，与谢子长、王儒林等共同筹备组建中国工农红军陕甘游击队和策划靖远水泉兵暴的准备工作。5月，李天才也去兰州与杜润芝取得联系，一起同赴水泉，6月水泉兵暴成功，中国工农红军陕甘游击队宣告成立。②孙作宾任司令，杜润芝任政委。李天才担任联络委员，做后勤工作。③后因敌我力量悬殊，游击队转入地下活动，甘宁两省开始通缉游击队领导人，李天才也被列入通缉名单中。他只身潜回家中，隐蔽数日，做些准备，就化装成拉船工，经包头到了北平。

1932年秋季，李天才在北平西城大磨盘院中央公寓找到宁夏留平许多同学，很快又与张子华、孙殿才接上组织关系。按照张子华的安排，李天才住西城水月庵7号，并以此处为秘密联络点。协助张子华做工运工作。张子华本人常常是白天在这里写稿件，夜晚与同学们一同出去散发传单，刷写标语。④第二年，李天才已是独当一面开展地下活动，他组织过宁夏留平学生参加天桥飞行集会，还在北平后门洋车工会和东城区俄语商学院各建立一个据点，以保证与华北总工会负责人饶漱石和秘书张子华的联络畅通。他一不怕苦，二不怕死，常与洋车工人一同生活，一道出车，来掩护自己的地下工作。有一次他发现一处秘密联络点已被特务监视，里面的同志处境十分危险，他机智而又大胆地步入院内，大声喊道："老张，请客改在东来顺，大家都在等你们。"巧妙给屋内尚不知有情况的同志们报了警。特务一听，以为更大的集合地点在东来顺，就暗中跟着李天才，想去一网打尽，立大功授重赏。

① 中宁县党史办：《李天才》，载《中宁党史资料（1926—1949）》。
② 中宁县党史办：《中宁革命史略（1926—1949）》，载《中宁党史资料（1926—1949）》。
③ 中宁县党史办：《访问王儒林谈话记录》《访问孙作宾谈话记录》，载《中宁党史资料（1926—1949）》。
④ 中宁县党史办：《张子华》，载《中宁党史资料（1926—1949）》。

李天才调走特务以后，又登上电车把"尾巴"甩掉了。他有时为了掩护同志，躲避敌人追捕，往往深夜只身藏到古庙内，神像后，甚至是积骨寺的棺材中，一次次冒着生命的危险，出色地完成了别人无法完成的秘密任务。

1933年6月至7月，为了庆祝冯玉祥、吉鸿昌等爱国将领领导的察哈尔民众抗日同盟军对日抗战大捷和收复失地的重大胜利，李天才在北平积极组织工人进行各种庆祝活动。铁路工人还举行了阻止国民党军队运兵攻打张家口的"坚持抗日，反对投降"的大罢工。就在这次活动中，由于李天才在工人运动中频频露面，非常活跃，从而引起混入工人内敌特的注意，敌人便加强了对李的监视，同年8月至9月，在门头沟秘密逮捕了李天才，并将他送到天津监狱关押。在狱中他以惊人的毅力与敌人进行坚决的斗争，什么大刑，如拔筋床、烙铁烫和赤脚走钉床等，还是什么糖衣炮弹，如许高官、金钱和美女，都丝毫不能动摇他的革命意志。他还愤怒质问敌人："中国工人爱自己的国家，反对帝国主义侵略，保卫国家的主权和人民的自由，何罪之有？""你们这些汉奸卖国贼，替日本帝国主义镇压工人，欺压同胞，犯下滔天大罪，人民是不会饶恕你们的，总有一天要清算你们的罪恶！"敌人对于这个软硬不吃的年轻人毫无办法，竟惨无人性地向他鼻孔猛灌辣椒水，至使李天才毒室而死，牺牲时年仅24岁。[1]李天才是宁夏地区较早为中国革命献出年轻生命的革命先驱。

①《中宁县志》第二十五卷《人物传》，宁夏人民出版社，1994年。

宁夏回族运动员群英谱

　　宁夏自古以来就是众多少数民族劳动、生息、繁衍的地方。汉族人民与各少数民族的劳动人民共同开发、建设和保卫这片热土，并把它建设成为祖国大西北一颗璀璨的明珠。生活在这片土地上的各族人民，由于地近边陲，多战乱，多灾荒，从而养成了"高尚气力""修习战备""以射猎为先"的民风和具有忍饥耐劳的吃苦精神。元、明之季，回族逐渐形成并入居宁夏之后，由于历史的缘故，他们大多被迫生活在大山和荒滩的穷乡僻壤之间，而且经常受到统治阶级的压榨盘剥，所以回族人民为了争取生存权利和平等地位，与反动势力进行着不屈不挠的斗争，形成了回族人民"性勇好武""敢战斗""民风强悍"和齐心团结、不怕牺牲的斗争精神。

　　因此，宁夏产生过许多体育能人和武术高手以及为国家为民族英勇献身的英雄人物。明、清两朝，产生过守边名将马世龙世家。马家从马世龙成为明代的西北名将，延续到清朝的马会伯、马际伯、马见伯、马觌伯等人，个个武艺超群，功勋卓著。马会伯还是清代宁夏地区脱颖而出的第一位武状元。有清一代，宁夏地区已形成了一个回族武人的优秀群体，除马会伯一门外，还有马雄、马宁、马宝、马辅相、马维衍、马进祥和向荣等著名的回族将领。国民党统治时期，海固回族前后举行三次武装暴动，反抗国民党反动政府的民族压迫和民族歧视，最后这支回族农民武装中的中坚分子在回族青年马思义的率领下，来到陕甘宁革命根据地，投入革命阵营，为中国人民的抗日战争和解放事业作出了重要贡献。

新中国成立以后，国家进入和平建设时期，回族人民的尚武精神、优秀品格又在体育运动方面得到了充分的表现。宁夏地区的现代体育事业开创于 20 世纪 20—30 年代，在第一批体育精英之中，回族青年是这支队伍中的中流砥柱。他们是吴锡九、丁耀南、强鸣凤、阿木哈、马鸿等名将。新中国成立后，涌现出更多的回族优秀运动员和体育工作者，他们中有：丁成、王福仁、马骏祺、马德仁、马永德、马耀汉、马进学、马万义、马尊礼、马正兴、白育琦、沙振邦、肖君（女）、吴克勤、杨英武、杨继圣、杨廷枢、陈兆林、哈秀英（女）、勉力、强积珍、强立德、强永胜等。1958 年宁夏回族自治区成立以后，宁夏体育运动队伍逐年壮大，优秀回族运动员如雨后春笋般快速成长起来。其中的代表人物有：丁占福、牛宏萍（女）、王秀英（女）、王玉芳（女）、王樑、王新武、马歧山、马宽、马成华、马成东、马少莲（女）、马英杰、马光礼、马玉清、马齐宁、马卉（女）、史志平（女）、丛立珍（女）、刘淑（女）、白洁（女）、买学文、买玉祥、李敬荣、吴克让、杨月兰（女）、杨太样、杨天森、依布拉英（维吾尔族）、金贵宁（女）、纳燕萍（女）、顾辛平、蒋鸿岩、满开瑞等。

这些优秀回族运动员，在国内外重大运动会上，为自治区和国家争得了荣誉，他们是（按姓氏笔画排列）：

丁占福 1957 年生，宁夏贺兰县人。1976 年选调为自治区自行车队运动员。1979 年入选国家自行车运动队，参加环意大利邀请赛。回国又作为宁夏运动员参加全国第四届运动会，获自行车多日赛团体第 4 名。1980 年 4 月，获全国公路自行车多日分段赛男子 100 公里团体第 2 名和个人多日赛第 5 名；9 月，荣获全国公路自行车锦标赛男子 180 公里团体冠军、180 公里个人冠军和 100 公里团体第 3 名，并获国家级运动健将称号。1981 年又获全国公路自行车多日赛男子 180 公里第 3 名和 100 公里团体第 4 名。1982 年再获全国公路自行车锦标赛男子 180 公里团体冠军和 180 公里个人冠军。被评为自治区社会主义精神文明建设积极分子，当选为自治区第四届人大代表和人大常委。

丁秀萍　女，1960 年生，宁夏吴忠市人。1977 年选调为自治区自行车队运动员。1980 年获全国公路自行车锦标赛女子 70 公里团体第 2 名和 50 公里团体第 3 名以及个人 20 公里计时赛第 6 名。1982 年荣获全国公路自行车锦标赛女子 50 公里团体冠军。1983 年 4 月，又获全国公路自行车多日分段赛团体和 50 公里团体两个第 2 名。9 月再获全国第五届运动会女子公路自行车 50 公里团体第 5 名。获国家级运动健将称号。

马立志　1967 年生，宁夏银川市人。1984 年选调为自治区射箭队运动员。1985 年 7 月，获全国射箭锦标赛 70 米第 3 名；同年 8 月，参加在新疆乌鲁木齐市举行的全国第三届少数民族传统运动会比赛，获 90 米、50 米双轮两项第 2 名、个人全能第 4 名，打破两项全国民运会纪录；9 月，代表国家访问朝鲜民主主义人民共和国，获团体第 3 名。1986 年荣获全国射箭锦标赛个人、全能 30 米双轮两项冠军，并打破 30 米双轮全国纪录。获国家级运动健将称号。1986 年，自治区人民政府为他记三等功一次。

马振武（1905—1999）　宁夏同心县人。自幼家贫，流落到甘肃省武威县松涛寺当勤杂工时，拜释伽和尚为师，得少林武功真传，武艺高强。学成后即以传艺收徒为生，云游四方。新中国成立后回到家乡，辅导家乡青少年练武。1979 年、1980 年先后在广西壮族自治区首府南宁市和山西省太原市举行的全国武术观摩会上，以一套"罗汉拳"的精彩表演分别获得表演一等奖和优胜奖。1982 年 9 月，作为宁夏体育代表团成员，参加在内蒙古自治区首府呼和浩特市举行的第二届全国少数民族传统体育运动会，与其子马生红表演的"对打"受到好评。会后随团赴京，在北京体育馆为参加党的第十二次全国代表大会的代表表演了"罗汉拳"，受到热烈欢迎。1983 年 9 月，年逾七旬的老将，再赴上海参加全国第五届运动会，获得武术表演优秀项目奖。1999 年 9 月病逝。他生前常说："我出身少林，要永传少林精神，努力把我国传统的武德和武艺发扬光大。"

王艳梅 女，1978年生，宁夏灵武市人。1991年选调到自治区女子举重队参加集训。1994年参加全国女子举重冠军赛，一举夺取抓举第1名。1995年再获全国锦标赛83公斤以上级抓举和总成绩257.5公斤第3名，挺举第4名；同年7月，在波兰世界女子青年举重锦标赛上勇夺83公斤以上级抓举、挺举和总成绩三项冠军，并创三项世界女子青年纪录。1996年6月，在波兰第二届世界青年女子举重赛上，再次荣获抓举和总成绩冠军，以及挺举第3名，并打破世界纪录；同年10月，获全国女子举重冠军赛83公斤以上级抓举第2名，并打破该项全国纪录，同时以280公斤获总成绩第2名。1997年在亚洲女子举重锦标赛（中国·江苏扬州）上，又获抓举和总成绩两项冠军，再次打破世界纪录。自治区体委为她记二等功一次。在1996年、1997年两年内，国家体委连续两次授予她体育荣誉奖章。

王新武 1934年生，原籍山东省济南市，后定居银川市，以宁夏为第二故乡。1958年选调为自治区武术队运动员，后担任教练。1975年9月，赴北京参加全国第三届运动会，在武术项目太极拳比赛中，以8.50分的成绩获得第1名，实现了宁夏运动员在全运会上金牌零的突破。他不居功自大，热心辅导广大群众练习太极拳和其他健身活动，并在宁夏武术界大力传授查拳、十路弹腿等著名武功，对于宁夏武术运动的普及与提高，尤其是对太极拳运动的普及，起到了非常重要的推动作用。1980年被授予武术八段。1984年任国家体委太极拳专家组组长赴日本讲学。1987年任中国宁夏武术代表团副团长，赴朝鲜民主主义人民共和国访问。先后担任银川市体委副主任、中国武术协会副主席、宁夏武术协会主席和宁夏体育科学学会第一届理事会常务理事；被选为自治区第三、四、五、六届政协委员。为了表彰他在宁夏和全国武术事业方面的贡献，自治区政府授予他专业技术突出贡献奖，中华全国体育总会授予他国际武术贡献奖。著有《十路弹腿》《单刀对枪》《四十八式太极拳》《勇战拳》，其中有的被译成外文，有的在国外出版。

买玉祥　1957 年生，宁夏吴忠市人。1975 年选调为自治区射击队运动员，当年就一举夺取全国第三届运动会射击预选赛 3×40 跪射第 1 名和正式比赛 3×40 口径自选步枪卧射第 4 名，平全国纪录，并在与江苏、广东、内蒙古等省区运动员组成联队参加的小口径步枪 60 发卧射团体赛中，以 1581 环获第 1 名，打破全国纪录。1981 年 10 月，再夺全国射击分段赛 3×40 跪射冠军、60 发卧射第 4 名。1983 年 6 月，在全国第五届运动会预选赛中，以 60 发卧射 595 环的成绩获国家级运动健将称号。曾当选自治区政协第三、四届委员会委员。

李宁生　1959 年生，宁夏同心县人。1980 年选调到自治区自行车队集训。1981 年 6 月，获全国公路自行车多日分段赛团体第 3 名、个人冠军和男子 100 公里团体第 4 名；8 月，选为国家队队员，赴香港参加国际自行车邀请赛，夺取男子 124 公里团体银牌、三段总分第 3 名和个人总分第 5 名；9 月，又夺取全国公路自行车锦标赛 30 公里计时赛第 3 名，并获国家级运动健将称号。1982 年 9 月，在全国自行车锦标赛中，获 180 公里团体冠军、个人第 2 名和 40 公里个人第 4 名，以及 100 公里团体第 6 名。

陈月芳　女，1963 年生，宁夏银川市人。1977 年选入自治区重点业余体校篮球队训练，1978 年被兰州军区体工队特召入伍，后转调到"八一"队打球。1980 年入选中国青年女子篮球队，同年选调国家队。她身高 2.10 米，体重 120 公斤，是中国女子篮球队的主力中锋。1980 年获亚洲青年女子篮球赛冠军，1982 年获第九届亚运会冠军，1983 年获第九届世界女篮锦标赛第三名，1984 年获奥运会女子篮球预选赛冠军和奥运会第 3 名。她为中国女子篮球运动"冲出亚洲，走向世界"和打入世界"三强"立下汗马功劳。1988 年荣获国际奥委会颁发的奥林匹克纪念章，1991 年获国家级运动健将称号。

段洪俊　1967 年生，宁夏银川市人。1984 年选调到自治区射箭队参加集训。1986 年 4 月在全国射箭冠军赛上获 70 米个人冠军和 30 米个人全能第 3 名，并授予国家级运动健将称号；同年 6 月，在保加利亚"索菲亚杯"国际射箭邀请赛中勇夺 30 米、50 米、90 米个人和全能 4 枚银牌；10 月，再夺第十届亚运会团体铜牌和两项个人第 6 名，并打破单轮团体与个人 70 米两项亚洲纪录。1987 年 2 月，在出访泰国和迎访朝鲜（在宁夏银川）的两次比赛中，分获 3 冠、5 亚、2 季的好成绩，同时打破全国纪录两项；3 月，再获第三十四届世界射箭锦标赛团体铜牌；4 月，又获全国射箭锦标赛 50 米双轮冠军和一个第 2 名，并荣获国家级运动健将称号。被授予自治区"新长征突击手"、民族团结先进个人和自治区劳动模范称号。1988 年当选为自治区第五届人大代表。

康小伟　1967 年生，原籍北京市。1983 年考入宁夏体育运动学校学习，1984 年选调为自治区古典式摔跤队运动员。1985 年第一次参加全国第一届青少年运动会，就一举勇夺古典式摔跤 87 公斤级预决赛的冠军，为宁夏获得 1 枚金牌。继而又在天津、西安等地的全国锦标赛、邀请赛中均获第 2 名。1986—1987 年两次参加世界青年摔跤锦标赛，并在日本、苏联、保加利亚参加邀请赛，取得较好成绩，得到充分锻炼。1987 年 5 月，获全国摔跤锦标赛古典式 130 公斤级第 2 名；同年 11 月 24 日，在全国第六届运动会上，力战群雄，夺取古典式摔跤 130 公斤级冠军，并获国家级运动健将称号，为宁夏争取到唯一一枚金牌，被列入当年宁夏十大新闻之一。自治区人民政府为他记一等功一次，并评为自治区劳动模范。

穆刚　1950 年生，原籍天津市。1978 年选调为自治区航模队运动员。1980 年，首次出国参赛，就在波兰第二届世界线操纵航模锦标赛中，第一轮即以 340∶0 的好成绩战胜苏联选手。1981 年在全国线操纵航模赛中，获得 F2D——国际级线操纵空战模型飞机赛个人第 3 名。1982 年在全线操纵无线电遥控航空模型赛中，一举夺得个人第 1 名，并获得国家级运动健将称号。

地名篇

唐人诗句"果园成"与
"果园城"辩证

　　唐朝诗人韦蟾所作《送卢潘尚书之灵武》是一首著名七律诗，在宁夏地区可谓是人人皆知，家喻户晓。原因不仅是名人为名人壮行的名篇，更主要还是诗中充满了有关宁夏的历史、风尚、典故和民族敦睦、才俊辈出的地灵人杰之赞，所以乡人读此诗倍感亲切，充满了乡愁和骄傲。故后世宁夏学人所编汇的各种有关《宁夏古诗词选介》和宁夏历代地方志艺文卷的各种版本中，无一不收录此诗，并且首句皆为"贺兰山下果园成"。我对于这首诗的首句揣摩了二十多年，总觉得有点问题，今草撰此文，试将一些不成熟想法说出来，以求教于方家。现将全诗抄录如下：

送卢潘尚书之灵武

（唐）韦蟾

贺兰山下果园成，塞北江南旧有名。

水木万家朱户暗，弓刀千队铁衣鸣。

心源落落堪为将，胆气堂堂合用兵。

却使六蕃诸子弟，马前不信是书生。①

---

① 见彭定求等10人奉敕编校：《钦定全唐诗》，康熙四十五年（1706年）刻本，第九函第三册。

　　韦蟾，字隐珪，福建籍，亦说陕西人。唐宣宗大中年间（847—860年）进士，官至御史中丞、尚书左丞。中晚唐诗人。大约在咸通十年（869年），他的好友尚书卢潘被朝廷任命为灵武节度使（治城在今宁夏吴忠市利通区境内），为了给朋友壮行，韦蟾特创作这首七律诗相赠。按照官场惯例，送别诗往往是要把友人即将赴任的地方和新官职夸赞一番，表示朝廷重用贤良、大才大用，以资祝贺和鼓励。所以本诗的主要内容是颂扬灵武节度使所驻节的古灵州城和防区历史悠久，文化厚重，民风淳朴，各民族子弟（六蕃）世代尚武忠勇，不愧为国家的兵源将才之乡和北方的鱼米之乡等。因此，作者认为，新官朔方灵武节度使之职才正是这位儒将（书生）的用武之地，建功立业的难得机遇与天赐大展宏图的理想场所。兄台此去为国镇边，一定会效忠庙堂，建立不朽的勋业而流芳百世。

　　但是，当人们读了全诗特别是其中第一句的"贺兰山下果园成"以后，你能感到这句开场白的内容能起到全诗开题的作用吗？读者从字面理解，诗句所表达的大意应该是：今年贺兰山下一带的果园收成不错，种植成功了，是个大年成。或解作水果到了成熟收获的季节了。若是如此解意，则与全诗整体的意境似乎就大相径庭，即民间俗语所谓不达界了，它当然也就起不到整首诗的开题作用。卢潘是当时朝廷重臣，要去灵武接任节度使这样的高官要职，而不是来品尝贺兰山所出产水果的，所以果园的收成成与不成，对于这首诗所涉主客二人都没有任何关系，因此该诗以"果园成"开头，显然与全诗构不成内在的联系，而且大有风马牛不相及的感觉，也大大降低了这首名人名作的艺术品位。如果把该诗首句改动一个字为"贺兰山下果园城"，仅"成""城"一字之异，则全诗就能前后表意连贯一致了。以"贺兰山下果园城"开题，此诗以有关文史典籍告诉读者，卢潘新任灵武节度使的不仅是一处具有悠久历史的地方，而且是国家"天界华夷"①

---

① 引自明朝宁夏弘农郡王朱嘉斋诗《贺兰晴雪》："贺兰西望矗长空，天界华夷势更雄。"载《嘉靖宁夏新志·宁夏总镇（续）》卷之二，宁夏人民出版社，1982年。

和"贺兰山下阵如云，羽檄交驰日久闻"[①] 的"戎疆"[②]、北国的巨防。此地正是西汉惠帝四年（前 191 年）所设立的古灵州县，后曾一度升为灵武郡，至东晋十六国大夏国间（407—419 年），因战乱几度建置内迁，古城废为大夏国王赫连勃勃的御马场和果园城，故后人和史书往往就以"果园城"代称古灵州城。所以首句所谓"果园城"，就是汉代中原王朝所设立之北方军事重镇的古灵州，也是新任灵武节度使卢潘将要赴任的地方。诗人不呼古灵州城，而以"果园城"指代古灵州，这是文人骚客采用一种文学的笔法，即以古名代称今地的怀古雅趣，并且是典有所出和史有所载的。追溯"果园城"的渊源，历史上最早称呼古灵州为"果园城"，出现在北魏伟大地理学家郦道元的名著《水经注》中，《水经注·河水三》云："河水又北薄骨律镇城。"文下又以小字注曰：所谓薄骨律镇城，就是"赫连果城也"。[③] 今人读郦氏的《水经注》，在字里行间和语气中似乎可以感觉到郦道元有可能曾到过古灵州，并于实地访问过当地老人，向他们请教为什么古灵州被称为"薄骨律"城。故老宿彦云："赫连之世有骏马死此，取马色以为邑号，故目城为白口骝韵转之谬，谓白口骝转读薄骨律耳。"[④] 意思是说："薄骨律"是因大夏国王赫连勃勃的一匹白色口唇的心爱战马而转音所由。那么为什么又称古灵州为"果园城"呢？《水经注》又云：因古灵州"地在河之洲，随水高下，未尝沦没，故号灵州……初在河北，后于果园所筑城为州治"。[⑤] 该书还云："赫连果城也，桑果余林仍列洲上。"[⑥]《水经注》在这儿把古灵州城亦称为"果园城"的历史背景和原因都交代清楚了，即从东汉末年以来，中原动乱，中央政府无力固守边地，古灵州不得不内徙，古城荒废。至东晋十六国间（317—

---

① 引自唐朝诗人王维诗《老将行》，载朱栴撰修，吴忠礼笺证：《宁夏志笺证·题咏》（卷下），宁夏人民出版社，1996 年。

② 引自唐朝诗人顾非熊诗《出塞即事（二首）》："贺兰山便是戎疆，此去萧关路几荒。"载唐骥、杨继国、布鲁南、何克俭编：《宁夏古诗选注》，宁夏人民出版社，1987 年。

③④⑤⑥ 郦道元著，王先谦校：《水经注》卷三，巴蜀书社，1985 年。

420年），匈奴铁弗部首领赫连勃勃曾在今陕甘宁地区建立大夏国，今宁夏南北全境在大夏国的统治下。时古灵州内迁城废，因其地在黄河洲岛之上，废城遂被大夏王利用改为果园，并筑城作为夏王的御马场，时人便称其为"果园城"，又因"白口骝"马，转音为"薄骨律城"。可见《水经注》所写的果园城、薄骨律镇城与古灵州城实为一城之通假与异呼。

关于古灵州城曾名"果园城"和"薄骨律城"，北魏大臣郦道元所编著的《水经注》也并不是孤证，此后唐朝有一位担任过节度使、宰相的名臣叫李吉甫的曾完成一部我国非常著名的现存最早又较完整的地方总志——《元和郡县图志》。该书在灵州条下如是记曰："灵州……后汉安帝永初五年，西羌大扰，诏令郡人移理池阳，顺帝永建四年归旧土。其城赫连勃勃所置果园，今桃李千余株，郁然犹在。后魏太武帝平赫连昌，置薄骨律镇，后改置灵州……灵州常为朔方节度使理所。"[①] 从唐代这部名著的记述可知，唐人也承认，古灵州之所以改呼"果园城"，是以"赫连勃勃所置果园"为由来，时间当在赫连大夏国王当政时期（407—419年）。韦蟾作诗提及"果园（成）［城］"，大约是在唐咸通十年（869年），前后相隔有400多年，韦诗采用400年前曾昙花一现（十年左右）的民间俗呼，来代指赫连勃勃时代著名的北方军事重镇、灵武节度使驻节城池，显现出作者历史知识的渊博和诗文曲笔用典的巧思。

韦诗的首句是以怀古的笔法介绍古灵州曾呼"果园城"，而第二句的"塞北江南旧有名"是对于第一句的加强，仍以怀古和用典方式，进一步介绍这座"果园城"后来还曾被称赞为"塞北江南"，而且也是典有所出和史有所载，并且还是早就闻名遐迩"旧有名"的天府之区。"塞北江南"句诗的历史背景当可溯源至南北朝时期（420—589年）。时一度统一北方的北周武帝宇文邕，取代北齐政权后，于宣政元年（578

---

① 李吉甫撰，贺次君点校：《元和郡县图志》卷四，中华书局，标点本，1983年。

年），命大将军王轨率兵伐南朝陈国，大破陈军，其统帅吴明彻也当了俘虏，陈国遂灭，"将士三万并器械辎重皆没于周"①，并被强制迁徙至古灵州地区屯垦戍边。因为陈国都城在建康（今江苏南京），故国疆域包括今长江中下游的江苏、浙江和福建、安徽一带，吴明彻本人籍贯秦郡（今南京六合区）人，其部队当多为子弟兵，即江南水乡之人居多，所以这批南方人集体来到灵州从事屯垦，必然带来了长江中下游一带的文化，正如宋朝著名文史大家乐史在他的著作《太平寰宇记》中所云：北周"迁其人于灵州，其江左之人崇礼好学，习俗相化，因谓之塞北江南"。②显然当时所谓"塞北江南"，主要针对于文化（习俗）而言。继乐史之后，又有北宋名将曾公亮写成一部大型兵书《武经总要》，在该书的《灵州·怀远镇》条中写道："怀远镇，本河外，县城西至贺兰山六十里……有水田、果园，本赫连勃勃果园置。堰分河水溉田，号为塞北江南即此。"③该书此时已将"塞北江南"的内涵和所包括的地域，从文化视觉扩大到自然环境和物候的大视野。不过，该书却误将赫连大夏王曾特定专名的"果园城"和普通农家的"果园"混为一谈，从而又把古灵州城即果园城与怀远县城彼此画上等号而混为一谈。此误，大概就是后世唐朝诗人韦蟾在他的诗句中也把"果园城"不经意误为"果园成"，从而误导为果园收成的曲解上去的原因吧？

韦诗的第三句，生动表现出古灵州，因其地理位置为在河之洲，故有南国水乡的自然景观——水渠绕户，绿树成荫，田连阡陌，所以"水木万家朱户暗"的诗句天然生成。第四句，则揭示古灵州地区的民风俗尚，因为其地"皆迫近戎狄，修习战备，高上气力，以射猎为先"④。既然尚武已形成为一种民风、习俗，那就不是一日二日和一年二年的历史，而是由来已久，这在正史中也是容易找到证据的。正如《汉书》

① 司马光编著，胡三省音注：《资治通鉴·陈纪》，中华书局，1956年，第5385页。
② 乐史著，王文楚等校：《太平寰宇记·关西道十二·灵州》，中华书局，2007年。
③ 曾公亮：《武经总要·前集》卷十八（下），上海古籍出版社，1995年。
④ 班固撰，颜师古注：《汉书·地理志》，中华书局，1962年，第1644页。

记曰："安定、北地……良家子选给羽林、期门，以材力为官，名将多出焉。"[1] 还说"良家子……为人沉勇有大略，少好将帅之节，而学兵法，通知四夷事"。[2] 诗句"弓刀千队铁衣鸣"正是对古灵州尚武民风的真实和艺术表达。

韦诗的下阕四句诗，是对书赠对象这位儒将的夸赞：有将才，有胆略，灵武自古以来就是国家的武才之区，还是众多民族精英聚集的地方，所以谁也不敢小看这位新任白面书生的封疆大吏。这首七律诗上阕四句，前两句介绍古灵州，后两句介绍作者好友将要赴任的古灵州和那里的人民及习俗；下阕四句，作者夸赞自己的朋友将要到古灵州去镇守边关，是最合适的人选，是朝廷可堪信赖的文韬武略俱佳的栋梁之才，边疆各族人民都将拥护他，他也一定能够在北国重镇成就一番大事业。纵观这首诗全诗内容、意境、用典和历史背景以及文化内涵，均与农家的"果园"和"果园"收成的丰歉没有一点关联。该诗是作者为送一位朋友将赴古灵州担当"朔方灵武节度使"这一天下第一军镇要职的送别诗，全诗就应该是夸灵州、夸朋友，预祝朋友上不负庙堂，下不负人民，也不负朋友的表达。若以"果园成"为引子，与全诗就格格不入了。究其错误，可能不是韦蟾的责任，因为他也是一位进士出身的晚唐著名诗人，不大可能犯这种低级的错误。而且从全诗的内容来分析，内涵精当，结构严谨，前呼后应，相互因陈，一气呵成。更为特别的是此诗采自权威诗集《全唐诗》，该集又是在清康熙皇帝的亲自关怀指导下完成的《钦定全唐诗》，也不大可能出现这种非常明显的错误，那么，咎其真正原因可能是后人传抄的笔误或匠人雕版的刀误的可能性比较大。由于刻字工的文化水平有限，不解诗人以古喻今的文学匠心，无意之中，将"城"字误刻为"成"字了。当前文学、史志等学界，在引录这首名诗之时，可能仍然多以"果园成"

---

[1] 班固撰，颜师古注：《汉书·地理志》，中华书局，1962 年，第 1644 页。
[2] 班固撰，颜师古注：《汉书·赵充国辛庆忌传》，中华书局，1962 年，第 2971 页。

面世，而我似乎不识时务，大胆提出当应以"果园城"三字来替换"果园成"三字，提出这个谬见的目的是为了请教学界朋友和师友们能够拨冗关注一下宁夏历史文化研究方面这个小小的问题，帮助我们解惑释疑。

（原载于负有强主编：《宁夏地方历史文化论丛（第五辑）》，宁夏人民出版社，2019 年）

"塞北江南"
本与宁夏自然地理无关

　　"塞上江南",现在似乎是一个泛指某个地域的概念。按约定俗成的道理,它已经渐渐成为宁夏北部引黄灌区,即银川平原各县市所处广大区域的共同称谓,甚至成了宁夏的代名词。其实"塞上江南"在史书上的原文是"塞北江南",以后渐渐引用的人多了,并从书本走向民间,才被人们口语化而改为"塞上江南"的通俗化提法。

　　"塞北江南"这一概念的提出,首次出自北宋著名文学家、地理学家乐史所撰的宋代地理总志——《太平寰宇记》一书之中。该书在卷二十六中专文介绍了灵州的历史文化。其原文记道:"灵州风俗:本杂羌戎之俗。北周宣政二年(应是宣政元年,578年)破陈将吴明彻,迁其人于灵州,其江左之人崇礼好学,习俗相化,因谓之塞北江南。"从这段文字中不难发现,书中所说的"塞北江南",其本意应是指风俗、教育和文化方面的内涵,而并不是关于地域和物产的地理概念。乐史还在书中用简略的文字交代了灵州地区之所以形成"塞北江南"习俗的历史背景,即在南北朝末期的北周初年(578年),北周帝宇文邕取代北齐政权,控制北方地区以后,又向江东南朝的陈国进军,他首先派大将王轨率大军攻占陈国都城建康(今南京市),并灭了陈国。在周、陈交战中,王轨打败陈国大将吴明彻所率领的三万多军队。吴明彻本人投降北周,而他所指挥的部众连同家属子女都成为俘虏,被强迫集体迁徙到灵州（治今吴忠市利通区境内）进行屯垦戍边。因为陈国的都城在建康，其国土疆域在长江下游的江苏、浙江和闽赣皖东部地区。吴明彻本人又是秦郡人（今江苏南京六合区人），所以陈国的军队和吴明彻统领的子弟兵，当然是以长江下游地区的江浙籍人为主。这三万军队，加家属、子女（每户以平均 5 口人计），总数约 15 万人口的南人来到宁夏，也必然会把江南的风俗习惯、南国的水乡文化带到塞北地区，同时也会将南方的优良高产籽种、精耕细作的生产方法、小巧适用的生产工具和先进的生产经验一起传播到自己新的家园——塞北宁夏。

另外，早在灵州移民之前，北周还于建德三年（574 年）在灵州管辖的黄河西岸恢复了北魏时设立的怀远县（治今银川市兴庆区掌政镇洼路村），该县也是从内地迁来二万多户安置在河西灌区进行农业开发。后因人口急剧增加，经济迅速发展，又在怀远县之上增设一个怀远郡，以便加强对河西地区的开发管理。

由于南人大量移居，对宁夏段黄河两岸进行大力开发，不仅使塞上的风俗、文化为之一变，精耕农业的生产水平也不断提高，加上引黄水利工程的建设，在黄河两岸出现了大量新式水田耕作的农业和大片果园，大地风貌也有很大改观，呈现出一派江南水乡的自然景观。就连南方的水稻种植，也可能是这一时期传到宁夏来的，所以此时的"塞北江南"才从风俗、文化概念渐渐演变为包含有地理和经济内容的涵义。这种变化在民间早已有了反应，但从文人的著作中得到表现，大约要迟一些。现在能查到的文献图书出现在宋朝。在北宋大臣曾公亮奉旨主修的军事地理书《武经总要》中，我们找到了答案。经查考清代编纂的《四库全书》，其中收录有《武经总要》，据该书前集卷十八下之《灵州·怀远镇》中记载："怀远镇，本河外，县城西至贺兰山六十里……有水田、果园，本赫连勃勃果园置。堰分河水溉田，号为塞北江南即此。"公亮书与乐史书在对"塞北江南"的诠释，从表面上来看，似乎存在着两个方面的不同：其一，乐书对"塞北江南"的诠释只限于"风俗"

和"崇礼好学"的文化范围内。而曾书则把对"塞北江南"的诠释和外延扩大到"水田、果园"和引黄灌溉地区的自然景观以及经济方面。其二,乐书所指"塞北江南"的地望,只是局限于灵州及黄河东岸的河东灌区地方。而曾书则把"塞北江南"的地理范围扩大到怀远县(今银川市)的黄河西岸的河西灌区更广泛的地方。但是,当我们经过认真分析之后,又能发现,实际上在《太平寰宇记》中记载,由于南人迁居于灵州,给灵州的经济社会带来了巨大的变化,而这种变化也并不能理解为仅仅发生在灵州的州机关所在地——灵州城一带。当时的灵州是地方的一级政权建置,州下还管理着许多郡、县、镇和军城。灵州所管辖的范围,既包括黄河东岸的郡县,也管辖黄河西岸的郡县,如河西的怀远郡、怀远县、宏静镇和汉城、胡城、吕城等均是灵州的辖地。从这个意义上讲,《太平寰宇记》中所记的灵州人"崇礼好学""习俗精化"和"应谓之塞北江南",当然也适用于灵州全州境域范围之内。这样看来,南北朝间,人们用"塞北江南"来形容和夸赞一下宁夏,理应既包含文化的内涵,同时也包含着自然风光、地理和经济方面的内涵。如是其所指地望,当然也要既包括河东灌区,又包括河西灌区,即泛指整个银川平原。后来因为使用更加广泛,渐渐又在约定俗成的强大影响下,"塞北江南"最终成为全宁夏的代称。

那么,史书中的"塞北江南"概念又在什么时间改为"塞上江南"的呢?作者先前怀疑其始作俑者还是文人及其文著。但通过查南北朝以后的史书和诗作,结果发现并非如此。如唐代诗人韦蟾在《送卢潘尚书之灵武》开头两句就是:"贺兰山下果园(成)[城],塞北江南旧有名。"往后的明朝,宁夏河东道孟迁曾作题为《宁夏》律诗一首,诗文最后两句是:"圣君贤相调元日,塞北江南文教通。"甚至迟至清朝,人们仍习用"塞北江南"的提法而硬是不肯改口。清初宁夏地方官刘芳猷作题为《朔方》诗一首,其中有"塞北江南名旧得"句。清中又有地方文人王三杰等关于《连湖渔歌》品吟对,其中也有"那知塞北江南地,总是芦花明月天"句。直至民国年间编纂的《朔方道志》等,都始终查不到"塞上江南"的一点踪影。看来，从"塞北"变为"塞上"，一字之差，只不过是当代人所为，可能"塞上"比"塞北"更加符合涵盖全宁夏地域的意思，或许"塞上"比"塞北"更加通俗和口语化罢了。

1991年6月，时任中共中央总书记江泽民在视察宁夏时，曾为宁夏题词为"塞上江南再放异彩"（《宁夏通志·党派社团志》），从此以后"塞上江南"，在宁夏得到了广泛的使用，大放异彩，而"塞北江南"似乎被人们忘却。

古城银川旧牌坊大观

　　牌坊，是我国古代一种特有的建筑物，外观往往具有牌楼门、洞式样；用材以木、砖、石构造为主；上部正反两面和门柱镌刻名人题字和楹联；多建于公署、街区、城门、庙宇、陵墓、祠堂、园林等处，有单门（洞）或三、五门（洞）之区别。牌坊的功能有街区、里巷、坊市、景观等标识者，有旌表民间忠、孝、节、义和奇寿（人瑞）以及多代同堂、名门望族者，有表彰乡贤（文武名人）者，有衙门、公宇正门题记者等。牌坊一般多为永久性建筑物，也有在节庆期间搭建的临时性建筑，用以张灯结彩，增加节日气氛，以示庆贺。建立牌坊是一种神圣的大事，一般多为表扬殊勋、大德之人，以为激浊扬清之举，故均为公立、饬建，不可私筑、自立。

　　银川古城前身建于西汉武帝元鼎五年（前112年），距今二千一百余年；今城肇造于唐仪凤三年（678年），距今一千三百余年，是一座具有悠久历史的北国军事要塞古城，曾作为地方政府的县、郡、州、府、省等不同层级建制的治城。宋代党项贵族曾在西北建立地方割据政权，史称西夏国，时银川古城称为兴州，即被升格为兴庆府，作为西夏的国都（后改称中兴府）。从古银川的历史地位来看，一直是中原王朝的北国重镇，可知其城池建筑一定不同凡响，当为西北之冠，城中的牌坊建筑也一定是星罗棋布。但是，银川古城又地处中原农耕民族与北方游牧民族的交汇地带，是两大生产方式时常发生冲突的兵家必争之地，加之也是地震多发区，所以古代文献档案多已湮没，古城的历史建筑（包括牌坊）基本毁坏和失考。所幸的是，明清两代，尚有志书存世，本文即依据这些方志资料，对银川古城的牌坊建筑作一搜索，发现古银川城内旧牌坊一百余座，大体上分为四类：其一，街市坊（以城门、片区和经营商品而划分并命名）；其二，旌表坊（节妇、烈女、义民、人瑞等）；其三，乡贤坊（名儒、武将等）；其四，公宇坊。详情整理如下：

一、明代宁夏镇城牌坊

（一）宣德以前镇城牌坊之一斑

据现存明代宁夏第一部方志——朱栴撰《宣德宁夏志》载，时镇城内的街市共有二十三处，分别是：熙春、泰和、咸宁、里仁、南薰、平善、兰山、感应、清宁、修文、广和、肃政、乐善、景福、积善、众安、宁朔、永康、崇义、镇安、澄清、效忠、遵化。以上街坊市均立有牌坊，计二十三座。其他类型的牌坊不可能没有，但未见记录。

（二）弘治以前镇城牌坊之部分

六七十年后，宁夏巡抚王珣主修、乡贤胡汝砺主笔完成《弘治宁夏新志》，该志书在《街坊》中记录有街市二十八处，与朱栴的《宁夏志》相比，取消兰山、肃政、景福三处，又新增毓秀、备武、慕义、养贤、毓材、肃清、镇靖、凝和八处，计二十八处。这些街市仍立有牌坊，亦即二十八座。

（三）嘉靖以前镇城牌坊续录

又四十年后，宁夏巡抚杨守礼主修、乡贤名儒管律主笔修成《嘉靖宁夏新志》，据载时镇城向西扩展近一倍，其街市亦随之增加，从弘治志所录的二十八处，增加到三十二处，其中新增四处均位于新扩建的新城区内，即志书所称"西古城"内，分别名为：永春、迎薰、挹兰、靖虏。

（四）万历后期镇城牌坊大观

再过七十年左右，宁夏巡抚杨应聘主修、乡贤杨寿主笔修成《万历朔方新志》。该志第一次分门别类全面收录了宁夏镇城的各种牌坊，堪称牌坊大观，大体上可以划分为四大类：第一类为街区坊，第二类为旌表坊，第三类为乡贤坊，第四类为公宇坊。选介如下。

第一类，街区牌坊：

由于万历二十年（1592 年），宁夏镇城发生了哱拜、刘东旸的军事叛乱，镇城遭到严重破坏。据万历四十二年（1614 年）修成的《朔方新志》载，镇城街区牌坊仅存二十九座。其中经营胡麻、糟糠、杂物市场的街区有熙春、泰和、咸宁、里仁、平善等五坊；经营果品、颜料、纸笔、帽靴、山货市场的街区有清宁一坊；经营布帛市场的街区有感应一坊；经营苏杭诸货、五谷、肉菜市场的街区有毓育一坊；经营牛、马、骡、猪、羊活畜市场的街区有永春、迎薰、挹兰、靖虏四坊；其余经营非专门商品的街区还有修文、乐善、广和、备武、澄清、积善、众安、宁朔、永康、崇义、镇安、慕义、效忠、遵化、肃清、镇静、凝和等十七坊。此时，新增城南郊"西北钜镇"和南关门外"迎恩"牌坊各一座。两坊均跨宁夏镇城南街的官道之上（通往西安、兰州）。另外，镇城六座城门内大街口亦各建牌坊一座，曰清和（东大街）、曰南薰（南大街）、曰镇远（西大街）、曰德胜（北大街）、曰光华（南小街）、曰振武（北小街）。以上明代宁夏镇城万历后期街区牌坊计三十七座。

第二类，旌表牌坊：

1. 旌表宗藩庆府坊

饬建"宗烈"坊。旌表第九代庆宪王伸域正妃方氏。因万历二十年（1592 年）宁夏镇城爆发"哱刘叛乱"（哱拜、刘东旸等为首），占据镇城，塞上糜烂。方妃藏好王子帅锌（后继承庆藩第 10 代王）后自尽全节。事平后朝廷命建祠，立坊以祭祀。饬建"宗义"坊。万历"哱刘叛乱"，庆藩宗室倪勋等六十三人罹难，乱平后建祠、立坊以祭祀。御书"贤冠宗藩"坊。为庆藩第七代惠王蒕枋立。

2. 旌表民间节妇、烈女、忠男、孝子等坊

旌表民间节妇、烈女、忠男、孝子、义仆和人瑞（奇寿）者，建坊甚多，旌表对象和存废情况，志书均未祥录，不得准数。其中存"忠烈"二坊。一为杨忠立。杨忠为宁夏中屯卫指挥使，正德五年（1510 年），庆藩宗室置镭叛乱中罹难，朝廷表之。二为李睿立。李睿为宁夏卫都指挥使，亦为置镭事变中烈士。"六世同居"坊。为镇人安延瑞家所立。"一门双节"坊。为曹涧家立。

3. 综合坊

为赞忠敬、孝友、捐助边贤著闻者所合立的"恩隆三锡"坊。

以上存名者为七座。其旌表民人者均未收录，至少有二三十座之多。

第三类，乡贤坊：

"司马"坊。为徐琦立。徐琦（1385—1453），字良玉，明代宁夏第一进士（永乐十三年乙未科）。著名外交家，官至陪都南京兵部尚书，赠太保，谥贞襄。

"七镇元戎"（正面）、"三边统帅"（背面）坊。为史钊立。史钊（？—1444），亦书史昭。南直隶合肥（今安徽合肥）人。宣德至正统间，任宁夏总兵十二年，明代守边名将。

"经元"坊。为明朝程景云（元）、李暹、濮颐（顺）、骆用（卿）、吕渭、吴冕、杨经、秦聘（胜）、吕用宾等九位举人合立。程景云，正统十二年（1447 年）丁卯科举人，景泰五年（1454 年）甲戌科进士，官至南京监察御史；李暹，成化十三年（1477 年）丁酉科举人，曾任山东观城县知县；濮颐，弘治二年（1489 年）己酉科举人，曾任山东曹州知州；骆用卿，弘治十四年（1501 年）辛酉科举人，名列"礼记魁"，正德三年（1508 年）戊辰科进士，官至兵部员外郎；吕渭，弘治十七年（1504 年）甲子科举人，曾任河北肥乡县知县；吴冕，弘治十七年（1504 年）甲子科举人，曾任四川纳溪县知县；杨经，正德十一年（1516 年）丙子科举人，名列"春秋魁"，嘉靖五年（1526 年）丙戌科进士，官至河北大名府推官；秦聘，正德十一年（1516 年）丙子科举人，曾

任湖广钧州知州；吕用宾，嘉靖七年（1528 年）戊子科举人，曾任河南中牟县知事。

"兄弟魁名"坊。为宁夏籍相继中举人的兄弟夏景芳、夏景华合立。夏景芳为明代成化四年（1468 年）戊子科举人并夺"书经魁"名次，其弟夏景华继于成化十年（1474 年）中甲午科举人，曾任河南彰德府推官。

"麟经魁选"坊。为山岳立。山岳生卒不详，宁夏人。成化十六年（1480 年）庚子科举人，并名列"春秋魁"名次，曾任庆王府（宁夏）纪善。

"文魁"坊。为萧汉立。萧汉，宁夏人。成化十九年（1483 年）癸卯科举人，余不详。

"尚书"坊。为胡汝砺立。胡汝砺（1465—1510），字良弼，号竹山、竹岩。明代成化二十三年（1487 年）丁未科进士，官至兵部尚书。

"父子登科"坊。为宁夏籍父子举人合立。梅信，弘治五年（1492 年）壬子科举人，曾任河南长葛县知事；其子梅羹，正德八年（1513 年）癸酉科举人，曾任四川嘉定州知州。

"进士五"坊。为刘庆、张嘉谟、楚书、黄绶、刘思唐等宁夏籍五进士合立。刘庆，弘治十二年（1499 年）己未科进士，官至监察御史；张嘉谟，字舜卿，自称城南居士，弘治十五年（1502 年）壬戌科进士，官至山东按察司佥事，因开罪宗室被罢官返籍，为宁夏一代名儒；黄绶，嘉靖八年（1529 年）己丑科进士，官至监察御史、提学北直隶、大理寺丞；楚书（生卒不详），字国宝，嘉靖二年（1523 年）癸未科进士，官至宣府巡抚；刘思唐，嘉靖十一年（1532 年）壬辰科举，由翰林庶吉士升任山西、浙江按察司副使、提学及湖广按察使。

"都宪二"坊。为马昊、楚书二人合立。马昊（生卒不详），本姓邹，字宗大。弘治十二年（1499 年）己未科进士，官至四川巡抚。

"武帅"坊。分别为史镛、保债立。史镛，因在正德五年（1510 年）平定宁夏庆藩宗室朱寘鐇叛乱中立功，由宁夏右屯卫指挥同知、游击将军升任甘肃镇总兵官；保债（亦书勋、绩），与史镛同功，由宁夏右卫千户因功升任宁夏镇副总兵、总兵。

"黄门清要"坊。为潘九龄立。潘九龄（生卒不详），正德十一年（1516年）丙子科举人，官至户科给事中、湖广左参议、四川右布政使。

"五桂联芳"坊。为王师古、楚书、汪文渊、梁仁、刘伸五位宁夏籍同科举人合立。五人均为明正德十四年（1519年）己卯科举人。王师古曾任韩府（驻平凉府城）左长史；汪文渊曾任四川井研（今四川井研）县知事；梁仁曾任四川南部县（今四川南部）知事；刘伸为布衣；楚书（见"进士五"坊）。

"青琐"坊。为管律立。管律（生卒不详），正德十六年（1521年）辛巳科进士。官至刑科给事中。致仕回乡授业于宁夏养正书院，桃李众多，塞上名儒。

"文宗柱史"坊。为黄绶立。黄绶（见"进士五"坊）。

"大都督""三膺枢府"坊。二坊均为赵应立。赵应（生卒不详），宁夏人。嘉靖间曾任宁夏总兵官。

"天官大夫"坊。为刘思唐立。刘思唐（见"进士五"坊）。

"一凤鸣阳"坊。为屈大伸立。屈大伸（生卒不详），嘉靖十四年（1535年）乙未科举人，官至光禄寺署丞。

"黄堂司马"坊。为李微立。李微（生卒不详），嘉靖十六年（1537年）丁酉科举人，曾任保定府知府。

"两京都督"坊。为郭震立。郭震（生卒不详），嘉靖十七年（1538年）戊戌科武举人，曾任南北二京提标及陕西总兵中、左二府佥事，后致仕还乡。

"功德"坊。为王崇古立。王崇古（1515—1588），字学甫。号鉴川。山西蒲州（今山西永济县境内）人，嘉靖二十年（1541年）辛丑科进士。嘉靖四十三年（1564年）至隆庆元年（1567年）任宁夏巡抚。后升任陕西三边总督，身历七镇，进太子太保、兵部尚书，勋著边陲。

"三桂"坊。为宁夏籍同科举人王元、贾万镒、杜文锦合立。三人同为嘉靖三十七年（1558年）戊午科举人。王元（生卒不详），于万历五年（1577年）登丁丑科进士，曾任北直大名、太谷县知事；贾万镒曾任山东青城县知事；杜文锦曾任山西潞安府恭城县知事。

"兰山三凤"坊。为王继祖、丁文亨、李廷彦三人合立。三人均为宁夏籍隆庆元年（1567年）丁卯科举人。王继祖，隆庆二年（1568年）又登戊辰科进士，官至兵部郎中、山西副使；丁文亨，曾任山西榆社县知事；李廷彦，万历二年（1574年）又登甲戌科进士，官至云南监察御史、大理寺少卿。

"鹏搏万里"坊。为吴过立。吴过（生卒不详），宁夏人。曾任江西袁州府知事。官著廉明，被宁夏《万历朔方新志》列为乡贤、孝友人物。余不详。

"遗爱"坊。为罗凤翱立。罗凤翱（亦书翔），字念山，山西蒲州（今山西永济市蒲州镇）人，举人出身。万历元年（1573年）至万历八年（1580年）任宁夏巡抚。积劳卒于任。

"进士"坊。为李廷彦立。李廷彦（见"兰山三凤"坊）。

"黄甲蜚英"坊。为王元立（见"兰山三凤"坊）。

"天朝耳目""京卿"二坊。均为穆耒辅立。穆耒辅（生卒不详），宁夏人。万历八年（1580年）庚辰科进士，官至户科左给事中、通政司右通政。

"彤廷弼直""天伦重贲"二坊。均为侯廷佩立。侯廷佩（生卒不详），宁夏人。万历十四年（1586年）丙戌科进士，官至刑科给事中。

"奕世承恩"坊。为蒯谏立。蒯谏（生卒不详），宁夏人。万历二十六年（1598年）戊戌科进士，官至礼部主事。

"十年遗爱"坊。为黄嘉善立。黄嘉善（？—1626），字梓山。山东即墨（今山东即墨县）人。万历五年（1577年）丁丑科进士。万历二十九年（1601年）至三十八年（1610年），任宁夏巡抚。后升任陕西三边总督，加太子太保、兵部尚书衔。

"贤帅"坊。为萧如薰立。萧如薰（？—1628），字季馨，陕西延安卫（今陕西延安）人。万历二十年（1592年），宁夏发生哱拜、刘东旸叛乱，史称"壬辰事变"，萧如薰时任北路平罗城参将，在平叛中立大功，连升为宁夏镇副总兵、总兵，后更历七镇，成为一代名将。卒后入祀宁夏"名贤祠"。并在平虏（罗）城内饬建牌坊一座，上有崇祯皇帝御书"抗逆孤忠"四字。

"两镇元戎"坊。为吕经立。吕经（生卒不详），由宁夏右屯卫都指挥佥事，因功升任陕甘总兵官。

"三镇元戎"坊。为吴鼎立。吴鼎初任宁夏右屯卫指挥使，后分别担任过镇守宁夏、榆林、宣大三镇总兵官。

"群英绳武"坊。为明朝宁夏历科乡举公立。

第四类，公宇牌坊：

庆王府欞星门（南正门）外，御书"贤冠宗藩"坊。

（旧）都察院门前四坊：其一曰"安攘攸司"，其二曰"文武惟宪"，其三曰"建旆开府"，其四曰"仗钺筹边"。

（新）都察院门前三坊：其一曰"都御史台"，其二曰"表率文武"，其三曰"奠戢华夷"。

总兵府门前二坊：一曰"斗枢上将"，二曰"箕翼雄师"。

（南）按察司门前二坊：一曰"诘戎督响"，二曰"肃纪振纲"。

（北）按察司门前二坊：一曰"激浊扬清"，二曰"振纲肃纪"。

河西道门前三坊：一曰"宪台"，二曰"振扬风纪"，三曰"整饬边防"。

文庙门前二坊：一曰"万世师表"，二曰"万里云衢"。

武庙门前二坊：一曰"神武"，二曰"垂宪"。

关王庙坊："威震华夷"。

岳王庙坊："气壮山河"。

城隍庙坊："护国安民"。

马神庙坊："马神庙"。

旗纛庙坊："三军司令"。

承天寺坊："大雄古刹"。

清宁观坊二："振扬神武"（左）和"保护朔方"（右）。

庙学坊四：左二坊曰"腾蛟""养贤"，右二坊曰"起风""育才"。

以上公宇坊计三十三座。

根据现存宁夏各种地方志记载统计，宁夏镇城（今银川市兴庆区）有明一代全城存名的牌坊数计为一百一十六座。

二、清朝宁夏府城牌坊

根据《乾隆宁夏府志》载，甘肃宁夏府城（今银川市兴庆区）的牌坊如下：

其一，街市坊：

府城四牌楼有四坊：东曰"东来紫气"，西曰"西土孔固"，南曰"南薰解愠"，北曰"北拱神京"。另外，府城西郊新满城中亦有四牌楼六坊：东一曰"承恩"，东二曰"恩澍"，西一曰"威远"，西二曰"惠泽"，南曰"定功"，北曰"拱极"。清代宁夏府城的规模大于明代的宁夏镇城，其城门、街市所建牌坊志书虽未载，但绝不会少于明朝的三十七座。

其二，旌表坊：

旌表节妇有十八坊，分别是：庠生田大有之妻江氏（其孙田玉官至总兵官）、拔贡李柠妻王氏、武生冯长健妻陈氏、儒童高迪吉妻王氏、武生朱耀沧妻李氏、儒童冯朝鼎妻周氏、监生赵秉钺妻徐氏、民人王鹞妻王氏、民人胡恒妻李氏、民人张蓁妻陈氏、民人高登第妻郭氏、民人马化龙妻王氏、民人王元妻陈氏、民人王进喜妻骆氏、民人王钦妻孙氏、姚振公妻高氏、儒童王琮妻源氏、儒童高绣妻陈氏。

其三，乡贤坊：

"云林幽"坊。为张文焕父张应赋立。父以子贵，诰封荣禄大夫。清康熙皇帝御书。坊立铁局街（今银川市利民街中段）。

"建牙统众"坊。为张文焕立。康熙皇帝御书。张文焕（生卒不详），宁夏人，字灿如。清康熙三十年（1691年）辛未科武进士、状元。官至山西大同总兵，功升都督、署云南总督。坊立光华门（小南门）街（今银川市利民街中段）。

"勇略邦屏"坊。联曰："忆昔鹰扬能百胜""每思方略冠三军"。为赵良栋立。康熙皇帝御书。赵良栋（1621—1697），宁夏人。字擎之、擎宇，号西化。清初名将，屡建战功，先后任天津总兵、宁夏提督，为平定王辅臣、吴三桂叛乱建立奇功，官至云贵总督、加兵部尚书，封一等子爵世职。后因病致仕归养宁夏。坊立清和门（东门）内大街（今银川市解放东街东段）。

"谋勇兼优"坊。为赵良栋立。康熙皇帝御书。坊立南熏门（南门）内大街（今银川市中山南街南端跨街）。

"雅镇海服"坊。为赵宏灿立。康熙皇帝御书。赵宏灿（1655—1717），字天英，号密庵。赵良栋长子。官至两广总督，加兵部尚书。坊立南熏门（南门）内大街东侧（今银川市中山南街南段东侧）。

"风情畿甸"坊。为赵宏燮立。康熙皇帝御书。赵宏燮（1656—1722），字亮工，号理庵。赵良栋次子。官至总督衔直隶巡抚。坊立南熏门（南门）内大街（在"雅镇海服"坊北侧）。

"总理六师"坊。为马世龙立。康熙皇帝御书。马世龙（1594—1634），字苍元，宁夏人。明末大将、曾代宁夏镇总兵官，病故里第，追赠太子太傅。坊立二府街（北街）口（今银川市中山北街中段）。

"夫忠妇节"坊。为罗万仓、蒋氏夫妇立。雍正皇帝御书。罗万仓（生卒不详），宁夏人。康熙末年，台湾农民起义首领朱一贵率众反清，罗任清军参将赴台镇压农民军，战死。其妻蒋氏匿子，后城破自缢。坊立永通桥（跨红花渠石桥）南（今银川市南门外胜利街中段）。

"小桓侯"坊。为张国梁立。雍正皇帝御书。张国梁（生卒不详），宁夏人，本名谷贞。赵良栋部战将，官至云南提督。坊在城外张墓地（具体地址待考）。

"矍铄专阃"（正面）、"节镇耆英"（背面）坊。为吴进义立。乾隆皇帝御书。吴进义（1679—1762），字子恒，宁夏人。将门世家出身，官至浙江提督。坊在光华门大街（今银川市利民街北段）。

"五世封疆"坊。为吴鼎、吴坤、吴开圻、吴开增、吴进义一门合立。吴鼎是进义曾祖父，官至明朝宁夏镇总兵官；吴坤是进义叔祖父，官至清朝贵州永北镇总兵官；吴开圻是进义父，武进士出身，官至清朝云南鹤丽镇总兵官；吴开增是进义伯父，武举人出身，官至清朝浙江温州镇总兵官。坊在四牌楼东（今银川市鼓楼东、解放东街中段）。

"同胞三义"坊。为明朝将领马世龙子献图、负图、呈图合立。清廷敕建。明末农民军占领宁夏镇城，兄弟三人密谋收复，事泄被杀，时人称"马氏三忠"。坊在南塘（今银川市南门外胜利街中段西侧）。

"顶辟风云"坊。为丁斗柄立。丁斗柄（炳）（生卒不详），宁夏人。清顺治十八年（1661年）辛丑科进士，曾任广东澄万县知事。坊在光华门西（今银川市利民街南段西侧）。

"恩荣节寿"（正面）、"孝慈全节"（背面）坊。为田玉立。田玉（生卒不详），宁夏人。官至明代云南曲寻镇总兵官。坊在西大街（今银川市解放街西段）。

其四，公宇坊：

宁夏总兵署三坊："绥靖银疆"（中），"斗枢上将"、"箕翼雄狮"（东），"关陕金城"、"朔方重镇"（西）。坊在府城北街北段西侧（今银川市中山北街中段西侧原第一职业高中校址处）。

宁夏道署三坊："节钺朔方"（中），"纲纪法度"（东），"礼乐兵农"（西）。坊在府城西街中段北侧（今银川市解放西街宁夏农业银行处）。

宁夏府署二坊："纲维五属"（东），"表率两河"（西）。坊在府城南熏门内大街西（今银川市中山南街南端西面）。

驻宁夏部郎署二坊："锁钥中外"（东），"控制华彝"（西）。坊在府城北街中段东侧（今银川市中山北街中段东侧）。

宁夏县衙坊："醇俗丕兴"。知县张嗣炳于清乾隆十二年（1747年）建。坊在县衙南门（今银川市新华东街新华饭店南侧）。

宁朔县衙坊："农阜士宾"。知县周克开于清乾隆二十三年（1758年）建。坊在县衙南门（今银川市文化街中段银基花园处）。

有清一代，甘肃省宁夏府城（今银川市兴庆区）经过明末清初大规模农民战争的巨大破坏和清中后期长达十余年的清廷对反清斗争的残酷镇压，府城受到史无前例的浩劫；加之乾隆三年（1738年）发生的以宁夏府城至平罗一线为中心的特大地震，府城基本上被摧毁，全城覆没，新旧牌坊十不存一，《乾隆宁夏府志》存名（包括震后所建）的牌坊仅有四十八座。

三、民国宁夏城旧牌坊

中华民国时期，宁夏府改置朔方道，经历明清长期战乱和民国初期的军阀混乱、多次地震以及水灾的打击，古城牌坊屡受破坏，加之时代变革、移风易俗，近现代社会人们修筑牌坊的风气已不兴，所以在民国间所修成的《朔方道志》书中，虽然仍设有《坊表》一目，而所录大多是明清两朝的古旧牌坊，至于民国间所建立的牌坊仅记录一座"萱帏春永，功在桑梓"坊，其余均未作收录。这座民国牌坊，为三孔木质建筑，上镌"萱帏春永"（正面）、"功在桑梓"（背面）八个大字。这是民国二年（1913年），宁夏护军使马福祥第一次进京报告工作时，大总统袁世凯为表彰马福祥而为其生母韩氏祝寿所书赐的题词。马福祥为了炫耀自己，回宁后即在其私第北大街跨街建立一座木构牌坊，把袁大总统的墨宝镌刻在牌坊上方中间的正反面。坊建朔方道城（今银川老城）北街中段"将军第"正门东侧跨街（今银川市中山北街与信义巷市场东口交界跨街处）。

（原载于银川市地方志办公室：《银川艺文志》，方志出版社，2016年）

银川历史上的新城与旧城

　　银川是一座历史悠久的古城，1986年被列为"中国历史文化名城"之一。在历史上它有许多不同的正式名称，如饮汗城、怀远城、兴州城、兴庆府城、中兴府城、宁夏城、宁夏省城和贺兰市与银川市等。除了正式名称之外，还出现过新城、老城（旧城）的民间称谓。这种俗称，先后至少有过三次。第一次出现于唐朝，第二次在明朝，第三次形成于清朝，并且一直延续到现在，人们仍然在口头上习惯地使用着。下面就对老银川地区这种民间地名的由来分别作一介绍。

一、唐朝老银川的新、旧城

　　在中国历史上的南北朝时期（420—589年），今银川市东郊的黄河西岸有一座古城池，名叫饮汗城（在今银川市兴庆区掌政镇洼路村境内）。至于这个古城得名的缘由和始建的年代，目前史学界还没有考证明白。《银川市志》认为饮汗城的前身，就是西汉成帝阳朔年间（前24—前21年），由北地郡主持农业屯田的上河典农都尉冯参所修建的北典农城（俗名又称吕城），被北方少数民族呼为饮汗城。但这种观点缺少史料证明，是一种分析和推测的结果，所以史学界尚未普遍接受这种说法。到东晋十六国间（317—420年），北方匈奴族的分支铁弗部首领赫连勃勃，在今陕北筑统万城（今陕西省靖边县红墩界镇白城则村）定年号龙升元年（407年），宣布建立大夏国，宁夏全境纳入赫连夏的势力范围。大夏国王赫连勃勃看上这块风景秀美的土地，便在饮汗城修建他的行宫和御花园，并把饮汗城改名为丽子园。赫连夏国灭亡之后，北魏政权又将丽子园改为怀远县，土地分给百姓耕种。到北周建德三年（574年），又从南方迁来20000户移民，大规模开发黄河西岸的沃土，由于人口猛增，农业生产大发展。为了加强对新垦区的管理，又在怀远县之上增设怀远郡。该郡上隶属于灵州管辖，下领怀远一县，管理范围相当于今银川市和青铜峡市、石嘴山市的部分地方。

隋朝开皇三年（583年），撤销怀远郡，而怀远县制仍保留。唐仪凤二年（677年），黄河水泛滥，把西岸的怀远县城冲毁。至此，南北朝或西汉建成的有数百年历史的古城，被黄河吞没而不复存在了。第二年，即仪凤三年（678年），唐廷决定在废城西部，另外选择一块高爽的土地，重新修筑怀远县城，新址就是今天银川市的兴庆区范围。因为怀远县的名称没有改变，县制的上下隶属关系也没有变化，只是城址的移建，所以人们就称废城为怀远县旧城（老城），新筑成的县城当然就是新城了，这就是银川市历史上银川城第一次出现的新、老（旧）城称谓的由来。这第一个新城，距今已有1329年，而第一个老城，距今已有近2000年的历史。

二、明朝老银川的新、旧城

元朝末年，由于蒙古王公贵族们在政治上的腐败、经济上的掠夺和生活上的糜烂，从而造成阶级矛盾与民族矛盾日益尖锐，大规模农民起义和各种反元斗争在全国范围内迅猛兴起，西北地区和宁夏也不例外。活跃在大河上下的农民起义军，主要是红巾军的部将韩林儿、李善喜、白不信和大刀敖等部。因为守城兵员不足，外援无望，当时镇守宁夏的元朝将领哈耳把台只好把宁夏城的西半部放弃，同时将西城墙向东收缩，在原城池中部重新修筑一道西城墙。就是说，放弃西边半个城池，集中有限兵力固守东边的半个城。东半城的城墙周长只有九里多，保留东门（清和门）、南门（南熏门）、西门（镇远门，为东移重建）、北门（德胜门）四座城门、城楼。《宣德宁夏志》对于银川古城的这次重大变化有详细记载，该志在《城垣》中写道："元末寇贼侵扰，人不安居。哈耳把台参政以其难守，弃其半修筑起东偏，今之城是也。"当然，这也没能挽救宁夏守城官员的命运，至正十九年（1359 年），红巾军西路大军在李武、崔德等人的指挥下，还是攻占了宁夏城。

明朝代元以后，宁夏城成为北方"九边重镇"巨防。当时明军仍然驻守在元末形成的"东偏城"之内，时人把废弃的"西偏城"空地称为"西古城"。由于宁夏在明代的战略地位非常重要，朝廷不仅在宁夏藩封有皇子亲王，还设有巡抚、总兵等高级军事指挥机构，又派心腹宦官驻城监军，衙门重重，重屋叠床，常驻军和值班军队也大量云集，加之军民屯垦事业的不断发展，军政机关和兵民住在一个周围九里的小城之内，可以想见是多么拥挤了。

正统九年（1444 年）七月，朝廷命右给事中侯臣为钦差，到宁夏给庆亲王庶第五子朱秩炅册封为安塞郡王。他亲眼看到宁夏镇城的狭小和拥挤情况，又受到宁夏军政各界的委托，回朝复命时，便写了一个报告，要求重新恢复前元宁夏省城的原貌。他在报告里写道："宁夏故城围十八里，今仅九里，城中人稠，宜仍其故地筑之。"同年十月，朝廷批准了侯臣的报告。批文为："命拓陕西宁夏城，以右给事中侯臣言其狭隘也。"宁夏镇城恢复旧制规模后，"周回一十八里，东西倍于南北，相传以为人形"。城墙高三丈五尺，并砌以砖石，城门从四座增为六座，即在原西半城南城墙增开一门，名为光化门（俗呼小南门），北城墙处增开一门，名为振武门（俗呼小北门）。六座城门之上均建有城门楼，城墙四角，又各建有角楼，"楼皆壮丽""雄伟工绝"。城外绕墙挖有护城河一道，"池阔十丈，水四时不竭，产鱼鲜菰蒲"。古城全面修复后，人们就把刚恢复的西部半个城，由原"西古城"称谓，改呼为"新城"，同时又将原东部半个城改称为旧城。因此，位于原东半城中心的鼓楼（今玉皇阁）也相应改名为旧鼓楼。因原西城墙已向西推移到前元朝古城西门原址（今银川市解放西街凤凰碑西侧），元末明初内移的西城门位置恰是恢复后全城新的中心点（位于今银川市解放西街和进宁街的交汇处，亦即虹桥宾馆与自治区农业银行相对的街区），所以就把这座西城楼保留，改为全城的新鼓楼，志书中称为"新樵楼"。新樵楼至新西门之间形成的一条新街，称为西门新大街。在西侧大量空地中陆续修建了巩昌郡王府、弘农郡王府和阴阳学、杂造局、兵车厂、神机库以及一些庙宇、道观。新城的两个城角处，其西北角为马营，西南角为草料场。新西门名称不变，仍称镇远门。有明一代，宁夏城是庆王府、宁夏巡抚、宁夏总兵官和监边太监府的同驻地，又是宁夏卫和宁夏左、右、中屯卫以及前卫等五卫的共同治城，地位十分重要，称为明代的西垂门户。

三、清朝老银川的新、旧城

清初，宁夏地区的军政建置仍然沿袭明朝旧制。康熙十四年（1675年），因平定"三藩"叛乱，满洲八旗军曾开赴宁夏平定盘踞在固原、平凉一带的吴三桂党羽王辅臣叛军，但于次年事平后即撤出了宁夏地区。康熙二十九年（1690年），蒙古准噶尔部首领噶尔丹，再次勾结沙皇势力举兵南侵。康熙皇帝决定御驾亲征，宁夏成为清军西路的防御重点，所以清廷命都统郎谈、副都统硕鼐等率领京营八旗军前往宁夏执行任务。但是清廷在宁夏正式派驻满洲八旗军是在三十四年（1695年）七月，并同时任命右卫左翼护军统领觉罗舒恕为宁夏八旗驻军首任将军，以胡什巴、沙济为左、右副都统。但此时八旗满营并没有正式建造军营（满城），只是在宁夏府城内借用公私房屋暂住，以等待建造满营。三十六年（1697年）三月，康熙亲征噶尔丹来到宁夏，把宁夏作为征伐噶尔丹的前进阵地和后方补给基地。闰三月己未日，康熙离开宁夏城返京，途中得知噶尔丹已败亡，因此在宁夏常驻八旗军和建造营房的计划也因"今贼势困迫已极，宁夏设兵驻防无益"而停止。但是噶尔丹死后，准噶尔部的继任首领先后是策妄阿拉布坦和噶尔丹策零，他们又乘机扩张势力，把侵略矛头指向青海和西藏，致使西部形势再度紧张起来，清廷不得不再次准备征讨准噶尔部。雍正二年（1724年）三月，担任西征主帅的抚远大将军年羹尧向朝廷建议："宁夏地阔田肥，原设总兵官驻扎，遇哈密有事，将满洲兵由内派往，路途遥远，甚属无益。宁夏贺兰山之外，离哈密不甚遥远，宜于宁夏令满洲兵驻防。"朝廷批准了年大将军的建议，于同年十月，在宁夏修建满营，派驻满蒙八旗驻军。满营编制为：八旗军将军一员，副都统二员；满洲协领四员、蒙古协领二员；每旗满洲佐领各二员、蒙古佐领各一员；每佐领下防御各一员、骁骑校各一员。计八旗驻骑兵2200名、步兵1200名，合计3400名。为了配合对八旗驻防军的后勤保障，还在地方上增设理事同知官一员，专司此责，八旗军新的首任将军由正黄旗蒙古都统、署任陕西西安满营将军苏丹调任。将军的两名助手，即副都统，由苏图（苏丹儿子）、阿林（山西太原城守尉）担任。同年十一月，在宁夏府城东北近邻选址建筑一座满洲八旗部队的常驻固定军营，俗称"满营"或"满城"，地址在今银川市兴庆区丽景街街道满春村。宁夏八旗军最高指挥官的全称是"镇守宁夏等处将军"，官阶为从一品大员（他的"工资条"上收入是年薪2500两白银，单位创收和其它灰色收入要远远高于此数）；副都统官阶为正二品。时在全国各地的军事重镇、交通要道和边防要塞，共设有十三处满营，宁夏满营为其中重要一处。满营将军对驻防地区的国防军和地方武装以及地方行政官员都有监控的权力。据《朔方道志》记载：宁夏八旗军"系自东北调来，多是吉林和黑龙江各地的满蒙人民"。八旗军从将军到士兵和工匠以及他的家属子女，都全部随军集中居住在满营之中。全营"实兵3472名，实马4596匹"。加上家属总人数在二三万之间。

乾隆三年（1739年）十一月二十四日，宁夏银川平原发生强烈地震，城乡受到严重破坏，损失极为惨重。宁夏满城因地势低洼，又临近黄河，在大震中几乎全城被摧毁，并复遭水火之害，灾情严重，惨不忍睹，城中"平地裂成大缝，长数十丈不等；宽或数寸，或数尺不等。

地中黑水带沙上涌，亦有人陷入而死者"。据当时官方统计，满城"共压毙人 1256 员名"。朝廷派来宁夏的救灾钦差大臣、兵部右侍郎班第，在实地考察后，向朝廷提出一个"宁夏抗震救灾重建方案"，其中对于重建满城的意见是："宁夏满城旧址低洼，重建难期巩固"，建议"移于汉城之西十里平湖桥之东南，亟为改筑"。朝廷同意他的重建方案，决定于乾隆五年（1740 年），在府城西十五里平湖桥东南的丰乐堡"圈占民地 2182 亩"（每亩付地价银四、五两不等），于次年开始动工另筑满城。工程历时十三个月，在乾隆六年六月竣工。这座城池呈正方形，各边均长三里七，周长近十五里。城墙高二丈四尺，址厚二丈五尺，顶厚一丈五尺，垛墙高五尺三寸，都用砖砌。城外有护城河一道，宽三丈，深一丈（面积大于废满营，而城壕稍小。旧满城周长六里三，城高三丈六尺，壕阔六丈，深二丈）。满城四面各有一城门。全城有城楼、马道、瓮城门、门楼、角楼各四座。有铺房八座、炮台二十四座、水沟二十四道。又据道光《宁夏满营事宜》记载：新满营中共有房屋七千一百七十六间，其中，二千一百七十六间为八十多名军官所占用（平均每名军官占用 27.2 间），而二千八百多名士兵及其家属仅占五千间（平均每名士兵及其家属仅占用 1.8 间）。宁夏新满营（亦称满城）就是今日银川市新城的前身。

后来，人们为了将前后两座满城（满营）加以区别，便将在东门外的前废满城称为旧满城（或旧满营），而把地震后在西门外重建的满城称为新满城（或新满营）。民国以后，国民政府执行"化旗为民"的政策，遣散八旗武装，重新安置满族人（又称旗人）的生计，八旗驻军的满营就不存在了。民国三年（1914 年），宁朔县衙门迁入满营。民国十八年（1929 年），宁夏重建行省。首任宁夏省主席又强令拆除宁朔县城（满城）东、西、北三门城墙的外层砖石，运到省城修建省政府官邸。民国二十四年（1935 年），新任宁夏省主席马鸿逵又强行把仍居住在满城内的满族人迁出，决定在满城内修建飞机场。连满城内民户的果树和花木都移植到中山公园和马家的公馆、别墅花园内。

满营失去了昔日的地位，所以"满"字就黯然失色了。加上为了呼叫的方便，民间便渐渐将"满"字省略，称"新满城"为"新城"。但是，奇怪的是，不知为什么渐渐就连"新满城"的对应关系也发生了变化。原先与"新满城"相对应的应该是"旧满城"，而实际上它的对应称呼却不再把"旧满城"称为"旧城"，而是改将银川古城称为"旧城""老城"了，原来新、旧满城的真正含义被混淆和遗忘了。

四、题外话

清乾隆三年（1738 年），银川—平罗大地震后，位于府城东郊的旧满城覆没，改移到府城西十五里靠近贺兰山的新址重建新城。这一选择是科学的，因为从地质学角度来说，它远离了黄河一线的地质断裂带，避开了地震宜发区，为以后的城市安全提供了保证。如果当时人们并没有认识到这一点，也可以说是因祸得福，在客观上符合了城市选址的科学性，为后来银川市城市发展规划提了一个醒。

今天，现代地质学研究表明，在鄂尔多斯高原与贺兰山之间，存在着贺兰山东麓断裂和黄河断裂地质结构的"银川深陷带"。所以，造成银川北部地区是中国南北地震带的主要组成部分，它包括银川地震带和西海固地震带两个不同的地震带。其中银川平原从银川至平罗一线，正处于这个地震带的位置上方。在这一地区，活动断裂分布广，规模大，地震的频度和强度大。据史料记载，宁夏有记载以来，曾发生 M ≥ 8 级地震 2 次，7.0 ≤ M ≤ 7.9 级地震 3 次，6.0 ≤ M ≤ 6.9 级地震 11 次，5.0 ≤ M ≤ 5.9 级地震 31 次。而且地震的震源深度一般为 20 ~ 30 公里，多属浅源地震，破坏性都比较大。银川地震带在乾隆三年所发生的银川—平罗大地震就属于 8 级强烈地震。处在地震带上的宁夏府城、满城和平罗、新渠、宝丰三个县城以及许多堡寨都受到严重破坏，"共压死官民男妇五万余人"，就连宁夏府知府顾文昌也全家罹难。宁夏道员钮廷彩和宁夏总兵官杨大凯两人只身幸免，全家主仆均无一逃生。震后复遭水火之灾，大火三日不灭，全城哭声震天，男妇、童叟沿街奔跑，惊恐万状，惨不忍睹。大震后的两年内，余震不止，城乡人民长时期生活在恐怖的世界中，对经济的破坏和精神的摧残达到无以复加的程度。

在震后的救灾和重建工作中，朝廷下拨了一大笔专款，其中：发给官兵身故抚恤金 20800 两上线；灾民房价银 297000 两；重建新满城费 156000 两；修建府城、县城费 452000 两；堡寨修补费 11000 两。以上合计 936800 两。其它抚恤和赋税减免以及大批救灾军队开支都不计算在内。

乾隆三年大地震给宁夏人应该留下什么样的教训呢？在科学发达的今天，我们首先要有防灾、减灾的意识和超前的防范措施。总的来说，要坚持科学的发展观。尤其在城市的发展规划上，更要讲科学。处于地震多发区的银川市的城市规划，一定要按科学办法，坚持不向东发展，高楼大厦要向西修建，避开银川—平罗之间南北走向的地质断裂带，最终把银川市逐步移建到贺兰山下。新的银川市如果依山而建，还可以将贺兰山各山口、山谷的风景与城市融为一体，供银川市枕山面河，别具风光。而且城市建在贺兰山洪积扇向东倾斜的扇面上，也利于城市挑水，防止土壤盐渍化，对城市绿化有好处，同时也减少占用基本农田。另外，从战备的观点上看，靠山便利防空，战时便于设防，可收多方面的好处。个人一孔之见，不知是否有道理。

（原载于《共产党人》2007 年第 14 期）

宁夏、阿拉善划界漫谈

　　宁夏地区从南到北，在历史上最早为北方各游牧部落的天然牧场和诸"行国"的势力范围。先秦时代，西戎义渠诸部活跃在三陇大地和泾、洛以北一带，在今宁夏南有乌氏戎、北有朐衍戎等互不统属的城邦制小国。大约在战国间，秦国崛起，称霸西土，控制了今宁夏地区，并于秦惠文王间（前337—前311年）先后在南部设置乌氏县（今固原市境南），北部设置朐衍县（今盐池县境）。至秦昭襄王三十五年（前272年），秦国最后消灭了西戎诸国，在戎地设立北地郡（治今甘肃宁县），管辖乌氏、朐衍等县，是为今宁夏地区第一次正式纳入中原王朝的版图。[①] 秦始皇二十六年（前221年），秦统一六国，建立中国历史上第一个中央集权制的封建王朝。三十二年（前215年），秦始皇命大将蒙恬率30万大军北伐"河南地"，把游牧在塞上黄河内外的匈奴各部落斥逐到大漠以北，并"因河为塞，筑四十四县城临河，徙适戍以充之"[②]，农业开发在"河南地"揭开了序幕。汉时，"徙关东贫民处所夺匈奴河南、新秦中以实之"[③]。从此，塞上"河南地"，成为中原王朝成功的农业开发区，所谓"新秦中"即再造一个"八百里秦川新关中"之比喻。宁夏成为农业文化与草原文化相互交汇、交流与碰撞的标志性地带，黄河与贺兰山就是这两大文化的汇聚地区。

[①] 范晔撰，李贤等注：《后汉书·西羌传》，中华书局，1965年，第2874页。
[②][③] 司马迁撰，裴骃集解，司马贞索隐，张守节正义：《史记·匈奴列传》，中华书局，1959年，第2886、2909页。

历朝中原政权以贺兰山为军事要塞，大修长城、筑城堡、关隘和烽燧，视为京畿门户、国之巨防。唐为关内道，属中央直管区。宋被党项贵族占领，建立大夏国地方割据政权。元朝设行省。明朝列为北方"九边重镇"之一，是防止蒙古瓦剌、鞑靼各部南下的一道天然防线。明廷宣布：宁夏疆域为"西出贺兰山，接沙漠之地"。①或曰"西至贺兰山外境一百里"②，即贺兰山之西至大漠南缘，均是宁夏的军事防区。实际上这种边界现状是随着双方实力消长而变化着的，至明代后期的大部分时间，已基本上是蒙古各部势力活动和控制的地区，更是其南下入犯中原的前进阵地和通道。

明朝末年，贺兰山西麓一带基本上是西蒙古瓦剌部落的游牧范围。清朝，史书称这个部落为卫拉特或厄鲁特蒙古，下分四大分支：准格尔部、杜尔伯特部、土尔扈特部、和硕特部。其中和硕特之一部于清朝初年游牧至贺兰山西麓一带。

由明入清，贺兰山西麓仍归甘肃省宁夏府管辖，其实际控制疆界为"西北至贺兰山外边界七十里，外系郡王罗布藏游牧地"③。宁夏、阿拉善旗的实际边界为"贺兰山边外……以暗门外六十里为界"④，其中蒙古族王府所在地的定远营位置为"住宿鬼口外……距口五十二里"⑤。具体由宁朔县和平罗县分段管理，志书载曰："宁朔县……西至贺兰山

---

① 吴忠礼主编：《宁夏历代方志萃编·〈宣德宁夏志·疆域〉》（第一函），天津古籍出版社，1988年。

② 吴忠礼主编：《宁夏历代方志萃编·〈弘治宁夏新志·界至〉·〈万历朔方新志·地理〉》（第二、三函），天津古籍出版社，1988年。

③ 张金城修，杨浣雨纂，陈明猷点校：《乾隆宁夏府志·地理》，宁夏人民出版社，1992年，第64页。

④ 张金城修，杨浣雨纂，陈明猷点校：《乾隆宁夏府志·地理》，宁夏人民出版社，1992年，第68页。

⑤ 张金城修，杨浣雨纂，陈明猷点校：《乾隆宁夏府志·地理》，宁夏人民出版社，1992年，第70页。

外边界七十里"①，"平罗县……西至贺兰山外边界六十里"②。定远营地方，"初设守备"由宁夏镇派兵驻守，其地亦"在六十里边界内"③。

清朝康熙间，厄鲁特蒙古部首领和罗理归附，清廷将贺兰山西麓赐予居牧，并设特别旗地方政权，于是出现了宁夏与蒙旗的边界问题。

一、康熙间宁蒙第一次划界

元代，漠西蒙古统称为卫拉特，明初称瓦剌，清初称额（厄）鲁特，包括准噶尔、和硕特、土尔扈特、杜尔伯特四大部落。明末清初，准噶尔部崛起，额鲁特和硕特部首领巴尔斯图鲁拜虎（号顾实汗）受到打压，率部迁青海、西藏一带。清康熙间，准噶尔部首领噶尔丹叛清，额鲁特和硕特部不愿从叛，首领和罗理（顾实汗之孙）率部东迁归顺朝廷，清帝赐贺兰山阴一带给该部驻牧，并设旗进行管理，于是宁蒙第一次划界。

康熙二十五年（1686年）九月十二日至二十三日，清廷理藩院侍郎拉笃祜、蒙部首领和罗理（号巴图尔额尔克济农）、达赖喇嘛使者东齐克他赖堪布等，在贺兰山（阿喇克山）实地会晤，由拉笃祜宣布朝廷的划界圣旨。其中涉及贺兰山的内容为："自宁夏所属玉泉营以西罗萨喀喇山嘴后，至贺兰山阴一带布尔哈苏台之口；又自西宁……俱以离边六十里为界……画地为界而记之。"④列席官员分别是：甘肃提督孙思克、蒙部喇嘛官员波克寨桑和宁夏绿营游击官李本善等。名为划界会商，实际是宣旨，并无商讨的余地。对于这次定界，《乾隆

---

① 张金城修，杨浣雨纂，陈明猷点校：《乾隆宁夏府志·地理》，宁夏人民出版社，1992年，第64页。

② 张金城修，杨浣雨纂，陈明猷点校：《乾隆宁夏府志·地理》，宁夏人民出版社，1992年，第68页。

③ 张金城修，杨浣雨纂，陈明猷点校：《乾隆宁夏府志·地理》，宁夏人民出版社，1992年，第70页。

④ 吴忠礼、杨新才主编：《清实录康熙皇帝实录》卷一二八，宁夏人民出版社，1986年。

宁夏府志》亦有记载。志曰："贺兰山边外，系阿拉善厄鲁特札萨克、和硕亲王多罗额驸罗布藏多尔济一旗游牧，住宿嵬口外定远营，距口五十二里……地界自宁夏西北贺兰山布尔噶素大口起，至肃州所属金塔寺之厄济内河止。沿边一带接壤内地与民人，以暗门外六十里为界。"① 与康熙定界有边界关系的平罗县，在其《县册》中也有记录，记曰："平罗西面与额驸阿宝部落连界，中隔贺兰山。今照康熙二十五年题定，以边墙六十里为界，贺兰山阴六十里迤外系额驸阿宝部落游牧之所，六十里迤内系民人采樵之处。"②《道光平罗记略》对于平罗县境内的六十里分界地点，亦有明载，文曰："贺兰山之尾阴，北自石嘴子，南至归德口接连洪广交界止。内归德口自口门边墙起至山阴撤汰六十里；打硙口自口门边墙起至山阴野马川之北山六十里为界；镇远关自口门边墙起至乌喇豁必兔六十里为界；石嘴子自老君庙起至牛七宫六十里为界。贺兰山内北自平罗营交界红口儿起至独树口为界止，山口俱有暗门，应以暗门外六十里为界。贺兰山北自汝箕沟口至山外长流水，迤南自黄峡口至山外兔鲁盖计六十里，迤东汉地，迤西蒙地。"③ 宁阿分界线的划定是非常明确的，即"贺兰山六十里之内，作为民人采薪之处，六十里之外，作为蒙古游牧之所"④。清代著名历史学家张穆在所著《蒙古游牧记》书中也写道："自宁夏所属玉泉营山嘴后，至贺兰山阴一带布尔哈苏台口；又自宁夏所属波岭塞口北努浑努山后……俱以距边六十里为界。"⑤ 宁阿交界地点不同，所涉地名也不尽相同，但是以长城为坐标，暗门为基准点，向外延伸六十里边界的总原则是不变的。

二、宁阿界争

雍正初，留牧于青海的顾实汗子孙部众，时有不听节制、挑起事端，

---

① 张金城修，杨浣雨纂，陈明猷点校：《乾隆宁夏府志·地理》，宁夏人民出版社，1992年，第68页。
②③ 王亚勇校注：《道光平罗记略·方域》，宁夏人民教育出版社，2003年。
④ 慕寿祺：《甘宁青史略》卷十九，兰州俊华印书馆，1936年。
⑤ 张穆：《蒙古游牧记》卷十一，山西人民出版社，1991年。

并出犯祁连山内扰。而驻牧在贺兰山阴一带和罗理一支，则始终与朝廷保持良好关系。清廷曾一度命和罗理部改牧于青海，帮助稳定青海局势，曾将厄鲁特部在贺兰山的牧地收回。雍正九年（1731年），朝廷又收回成命，仍由和罗理部驻牧贺兰山阴，于是，旗方乘机提出土地要求，西蒙古准噶尔部新首领噶尔丹策零再次叛乱，清廷为了稳定贺兰山后蒙部的安定，再次主持处理宁蒙边界纠纷。但是朝廷的态度非常明确，断然下旨："请照原定之例分界……俾民人、蒙古各守疆址"①，重审了康熙二十五年划界案。然而问题并未得到解决。雍正十年（1732年），署任陕甘总督刘于义又出面，查处此案，结论仍然是遵行康熙定案，"阿拉善王居住宁夏所属贺兰山以至额济纳依河等处，均以六十里为界"②。由于清廷在宁阿划界问题上坚持原则，态度明确，定界明晰，旗方不敢再争。此后"数十年来，汉蒙安业，彼此无争，无如近年以来，该处地方宽阔，因无巡查之员，蒙古等偷行移住，反谓汉民越界……侵占游牧，强收草头税银。民人以需索无几，隐忍出给，习以为常，贪得无厌，任意索诈，年复一年更欲加倍抽取"③。至乾隆间，双方争吵又起，陕甘总督明山（乾隆三十三年至三十六年任）、福康安（乾隆四十九年至五十年任），都先后主持查处此桩边界纷争，查办结果为仍按"老案"处理，即维持康熙方案。

其间，在乾隆三十四年（1769年），还发生过因建寺占地的涉界之争。时阿拉善旗方在贺兰山西麓建造一座寺庙，距定远营六十里，名曰广宗寺（俗呼南寺），地在汉地界之内，"该处因无树木，汉民未曾过问"④。后又于其北再造一座寺庙（称北寺），距"定远营亦六十里，名曰福荫寺，

① 吴忠礼、杨新才主编：《清实录雍正皇帝实录》卷一一〇，宁夏人民出版社，1986年。
②③ 慕寿祺：《甘宁青史略》卷十九，兰州俊华印书馆，1936年。
④ 马福祥、马鸿宾、陈必淮主修，吴复安、王之臣主笔：《朔方道志·舆地志·边界》，天津华泰印书馆，1927年。

该处林木茂盛，民人查在汉地界内"①，于是上报朝廷，提出交涉。朝廷派出大臣、侍读学士福德，会同陕甘总督明山，与宁夏、阿旗四方进行会办，得出的处理意见是："由小水口边墙丈量至建寺之处约六十里，仿照康熙二十五年题定六十里为界成案，丈至响扎子大山梁定界，所建之寺准其盖完。"②但是，蒙方在北寺"不得安籍游牧……新造未成寺二里内不准砍伐树木，二里之外周围所有之地，准民人取柴砍木，亦不准民人作为本业"③。实际上这次会勘办案的结果也只是重审康熙"老案"的原则，并对阿旗方私自在宁夏方界内建造的南、北二寺庙，只作照顾性的变通处理，即承认了既成事实。

乾隆五十五年（1790年），纠纷再起，清廷命陕甘总督勒保，会同理藩院部郎和旗王旺沁班巴尔等，进行现场会勘，"秉公查明，务于蒙古、民人均有裨益，设立鄂博，以期永无争竞。如果旺沁班巴尔不知厌足，任意妄为，亦据实参奏"④。这次勘界内容涉及面大，其中关于贺兰山的分界并无新规，仍坚持贺兰山暗门外六十里为界。"阿拉善王俯首无词，汉蒙民人俱各悦服，数十年来蒙古混执不清之界，一旦判然。"⑤宁阿在贺兰山的边界安定保持了数十年之久。

三、宁阿再次划界

同治、光绪年间，西北爆发大规模反清斗争，斗争波及西北全境，时间持续十多年，给各地城乡带来巨大破坏，衙门被烧，文档损毁，康熙以来的图志散佚，此时宁阿边界又起争议。先后由宁夏道员魏喻义（同治十二年任）、龙锡庆（光绪四年任），查办无果。光绪六年（1880年），陕甘总督左宗棠再奉旨查办这一老案，他命宁夏道耆彬、宁夏知府海容、宁夏镇总兵官冯南斌，会同阿旗王多罗特色楞和理藩院宁

---

①② 马福祥、马鸿宾、陈必淮主修，吴复安、王之臣主笔：《朔方道志·舆地志·边界》，天津华泰印书馆，1927年。

③ 吴忠礼、杨新才主编：《清实录乾隆皇帝实录》卷一三六四，宁夏人民出版社，1986年。

④⑤ 慕寿祺：《甘宁青史略》卷十九，兰州俊华印书馆，1936年。

夏部郎福勒洪阿海等官员进行查办。时旗方携带乾隆三十四年的查办方案，平罗县地方官亦携带前县令张梯抄存的"老案"手抄本，并到实地勘察，图、文、地三相对照，一致共认宁阿边界为"自小水口边，勘至响扎子大山梁，约六十里"[①]。"俱相同，惟蒙文内多中岭有一鄂博一语……阿拉善仍坚以中岭即小水岭，反复置辨"[②]，此案又无结果。光绪九年（1883年），陕甘总督谭钟麟下决心批准三方实勘会商成案——"不准争执，其案始寝"。[③]仍然坚持老案，即认定乾隆三十四年的处理为"铁案"，"自口六十里外为界，公立议单，各无反悔"[④]。宁夏道员耆彬，担心日久生变，再起诉讼，遂于光绪九年（1883年）十二月，"将起事颠末详叙竖碑贺兰山蒙汉交界处所，呈省、咨旗，彼此立案，以垂久远"[⑤]。耆彬又将碑文刊刻三份，一存宁夏道衙门，平罗县、宁朔县衙门各存一份，还在宁阿分界线地址"响扎子山梁陡壁之处大刻'蒙汉交界'四字，使蒙汉入山民人目睹皆晓"[⑥]。

这次划界，实际上只是重申了康熙二十五年（1686年）和以后几次处理界争的基本原则。直至新中国成立以后，在《阿拉善盟志》（1998年出版）、《阿拉善左旗志》（2000年出版）的《大事记》《建置》等有关内容中都如实记载了康熙年间处理宁阿界争的历史事实，两志还在《附录》中收进了清光绪年间宁夏道员耆彬撰文的《贺兰山界碑记》，保存了清代宁阿边界矛盾和处理结果的一段信史。

四、宁阿界争又起

中华民国肇造，民国初年北洋军阀控制国政，天下纷乱，新旧军阀混战不已，阿旗在改朝换代之际又一次提出土地要求。旗府向中央

---

①②③⑤马福祥、马鸿宾、陈必淮主修，吴复安、王之臣主笔：《朔方道志·舆地志·边界》，天津华泰印书馆，1927年。

④⑥马福祥、马鸿宾、陈必淮主修，吴复安、王之臣主笔：《朔方道志·艺文志》，天津华泰印书馆，1927年。

政府蒙藏院多次提出控告：其一，"以汉民越占，攘蒙利权"[①]；其二，"以入山汉民窝藏匪类，谋为不轨"[②] 等为由。但是，时任宁夏道（改名朔方道）道尹陈必淮"不忍抛弃领土，绝民生路，坚执前案"[③]，使旗方未得寸利。民国九年（1920年），旗方改变策略，又以"筹办警政，保护蒙境及入山伐木汉民为词"[④] 要求征收入山捐费。时宁夏护军使马福祥从大局出发，同意旗方的要求，但为了杜绝旗方随意勘索，又与旗方商定"简章六条"，只由"砍山人完纳""运木人代纳""买木人扣缴"的征捐办法，凭各山口关卡所开票据，在蒙地均可通行，并只征缴一次，"不准重征"。所运木料不分桁条、椽子和重量，以一驴为一驮，每驮征钱二十文即可放行。[⑤] 随着共和制度日益深入人心和蒙地"改土归流"的实行，以及宁夏行省的建立，阿旗全境纳入到新宁夏省的疆域，划界问题也有所淡化。

历史上宁阿边界虽然屡有纠纷，但在官方调解之后，基本一直坚持以贺兰山长城暗门外六十里为界线的基本原则。所以民国十六年（1927年）编纂出版的《朔方道志》较为客观地记录了民国间宁夏、阿拉善旗边界的真实状况。志书在《疆域》中记载：宁夏道城（今银川市），"西北至贺兰山阿拉善旗界一百三十里"[⑥]。宁朔县（今青铜峡市），"西至贺兰山阿拉善旗界一百三十里（以入山六十里为界）"[⑦]。平罗县（今平罗县），"西至贺兰山外边界一百一十里（以入山六十里为界）；北至石嘴口镇远关外界一百一十五里；西北至贺兰山打磴口界一百一十里（以入山六十里为界）"[⑧]。并在道、县《疆域图》中，均将贺兰山划入宁夏范围之内，蒙旗疆界均在贺兰山之外。

《朔方道志》还在《边界》中记载："贺兰山边外系阿拉善厄鲁特札萨克和硕亲王多罗额驸罗布藏多尔济一旗游牧。住宿嵬口外定远

① 马福祥、马鸿宾、陈必淮主修，吴复安，王之臣主笔：《朔方道志·艺文志》，天津华泰印书馆，1927年。
②③④⑤⑥⑦⑧ 马福祥、马鸿宾、陈必淮主修，吴复安、王之臣主笔：《朔方道志·舆地志·边界》，天津华泰印书馆，1927年。

营，距口五十二里……地界自宁夏西北贺兰山之布尔噶素大口起，至肃州所属金塔寺之厄济内河止。沿边一带接壤内地与民人，以暗门外六十里为界。其西北界连土尔古特，北界乌拉特三公，东北以黄河为界，河东北岸即鄂尔多斯地"。[①]

五、新中国宁阿划定界线

1949 年，中华人民共和国成立后，阿拉善旗曾一度划归宁夏省和宁夏回族自治区管辖，所以在新中国时期，宁、阿一家，民族和睦，亲如兄弟，自然边界也就一直保持安定的局面。为了维护宁阿边界的友好传统，及时解决产生的新问题，在 1958 年宁夏回族自治区成立后，曾于 1959 年 5 月 5 日至 5 月 9 日，在北京对于宁夏回族自治区和内蒙古自治区的"边界问题"进行过一次高层次会商解决。参加会商的成员有：宁夏回族自治区党委书记汪锋、自治区人民委员会主席刘格平和自治区党委书记处书记、副主席甘春雷、马玉槐、罗成德等；内蒙古自治区党委书记、人民委员会主席乌兰夫和自治区党委书记处书记、副主席苏谦益、奎壁、王再天、吉雅泰、杨力生等。双方认为，应根据有利于团结、有利于生产，并互相照顾的原则，"很有必要重划一条界线"[②]。当年 5 月 12 日，国务院副总理习仲勋与乌兰夫、汪锋联名签署了《关于处理内蒙、宁夏两自治区划界纠纷问题的报告》（以下简称《报告》），上报中央。5 月 16 日，中共中央批转《报告》。《报告》涉及宁夏与阿旗及贺兰山一线的界线问题内容如下："内蒙古的阿拉善旗和宁夏的石嘴山（注：惠农县已与石嘴山合并）、平罗、贺兰、宁朔、中宁、中卫等县: 东从头道坎起向西南经沙布尔台、岱开（石炭井）地区和葫芦斯台地区的中间到古勒本敖包为界（葫芦斯台地区属阿拉

---

① 马福祥、马鸿宾、陈必淮主修，吴复安、王之臣主笔：《朔方道志·舆地志·边界》，天津华泰印书馆，1927 年。

② 中发〔59〕448 号文件，文题为《中央批转乌兰夫、习仲勋、汪锋三同志关于处理内蒙、宁夏两自治区划界纠纷问题的报告》。转录于《当代宁夏史通鉴》，当代中国出版社，2004 年，第 430—431 页。

善旗，岱开地区属平罗）；从古勒本敖包起到头关，以贺兰山中岭为界；从头关起向南到达岱口，以长城为界；从达岱口起向西南经羊头山、达岱、孤子圪垯、骆驼山、照壁山，单梁子、葡萄墩到吊坡（以上地区属中宁、中卫县管辖，以上地区西北属阿拉善旗管辖）为界……"①《报告》还明确规定："划界的具体工作，将由中央民委和内蒙古、宁夏党委指派专人组成委员会共同进行。"②

1988 年 8 月，经国务院批准，民政部在全国开展勘界工作。次年，首先进行省际勘界试点，"蒙宁边界线被正式列为省际勘界试点线"③。双方自治区人民政府共同协商同意，这次勘界仍"以'五九协议'为依据"，"到 1994 年结束……最早完成全线勘定工作，虽历时间长，但没有留下尾巴……对我们两自治区在今后与其他接壤省区的勘界工作中将起到一定的借鉴作用"④。1994 年 6 月，民政部在兰州召开"全国勘界试点收尾工作会议"。会后，宁夏、内蒙古两自治区的勘界领导小组，分别向自治区政府汇报勘界试点工作。9 月 14 日至 23 日，两自治区勘界领导小组办公室集中到呼和浩特市，在民政部的指导下，按照《省、自治区、直辖市行政区域界线勘定办法（试行）》的有关条款规定，共同起草了《内蒙古自治区人民政府和宁夏回族自治区人民政府行政区域界线联合勘定的协议书》，并标绘了《蒙宁边界线地形图》和《关于报批内蒙古自治区人民政府和宁夏回族自治区人民政府行政区域界线联合勘定的协议书请示》《内蒙古自治区、宁夏回族自治区行政区域界线勘定工作总结》《内蒙古自治区、宁夏回族自治区行政区域界线勘定的技术总结》等文件。⑤1995 年民政部以内政发〔1995〕25 号文给国务院上报了两自治区的《协议书》。⑥1995 年 9 月 22 日，《国

---

① 中发〔59〕448 号文件，文题为《中央批转乌兰夫、习仲勋、汪锋三同志关于处理内蒙、宁夏两自治区划界纠纷问题的报告》。转录于《当代宁夏史通鉴》，当代中国出版社，2004 年，第 430—431 页。
②③④⑤⑥ 宁夏国史编审委员会：《当代宁夏史通鉴》，当代中国出版社，2004 年，第 480—484 页。

务院关于同意内蒙古自治区人民政府和宁夏回族自治区人民政府区域界线联合勘定协议书的批复》以国函〔1995〕88号文下发。批文指示："望你们认真遵守所签协议，做好边界线的维护和管理工作，进一步搞好边界地区的安定团结和经济建设。"①

附1：《清实录康熙皇帝实录》卷一二八

康熙二十五年十一月（1686年12月），理藩院侍郎拉笃祜等疏言：臣等出宁夏阿喇克山，阅视地形，得遇巴图尔额尔克济农，约其在东大山北候听宣旨。于九月十二日在嘉峪关外得遇达赖喇嘛使者东齐克他赖堪布。……本月二十三日，臣等至东大山北，令巴图尔额尔克济农跪，宣旨毕，臣等又谓巴图尔额尔克济农曰：尔所请喀尔占布尔古忒、空郭尔俄垒、巴颜努鲁、雅布赖、噶尔拜瀚海等地方，给汝游牧外，自宁夏所属玉泉营以西罗萨喀喇山嘴后至贺兰山阴一带布尔哈苏台之口，又自西宁所属倭波岭塞口以北，奴浑努鲁山后，甘州所属镇番塞口以北，沿陶阑泰、萨拉春济、雷泽西里等地，西向至额济纳河，俱以离边六十里为界。随与巴图尔额尔克济农属下，达尔汉噶卜楚喇嘛波克寨桑、及提督孙思克标下游击李本善等，画地为界而记之。

（引自《清实录宁夏资料辑录（上册）》）

附2：（清）陕甘总督谭钟麟：《饬将贺兰山界遵照老案办理扎》

为扎饬事：光绪九年五月十四日，准阿拉善亲王多，咨开查贺兰山蒙汉分界。敝旗昔年，原有于口内六十里为界之名，而并无以响紫子山为界之案。至乾隆三十四年，经钦差陕甘

---

① 宁夏国史编审委员会：《当代宁夏史通鉴》，当代中国出版社，2004年，第480—484页。

总督部堂明、内阁侍读学士福，查勘奏准，改定议于大岭数重此内之中岭，蒙古称为山梁，汉民呼为小水岭者，立为界限。俾于析薪、游牧两有裨益，而于昔年六十里为界之名，惟留未除。盖阿拉善山势高远，全凭此岭以分山阴、山阳。彼者道于六年覆勘之时，至中岭之在小水岭者，目睹详明，载在议单。则中岭之为山梁小水岭之即中岭，谅在洞鉴之中。现在鄂博虽遭折毁，而小水岭之旧址昭然可凭，则此别无所谓中岭也，明矣，并承抄寄。乾隆三十四年钦定老案一摺、旧图一张，等因到本督部堂准此除咨复查此案。本衙门原有抄存旧案，但因年久，恐缮写错误，兹阅抄示乾隆三十四年老案，悉属相符。则光绪六年所定议单，极为妥善无可争执。查老案，经理藩院复奏内称，雍正十二年军机处议奏，总督刘余益（《通志》作於义）等所称，自口六十里之内原系民人伐木之地，应遵照原定游牧地方居住，自口六十里之内任民人来往伐木。康熙二十五年既拟定边界毋庸复改。另议此六十里地界之名不可裁除。又据福德等奏，蒙古当夏令时准居住山梁那边连络山内有水草之地乘凉，除夏令外不可安藉游牧。又新造未成寺二里内，不准砍伐树木，新寺二里之外周围所有之地准民人取柴砍木，亦不准民人作为本业，词意本极明晰，却无小水岭即中岭之语，若以小水岭为中岭，则距新寺尚有三十里之遥，何以谓新寺在六十里外，况距寺二里外周围所有之地准民人伐木，则自小水岭至响絷子中间连山内，皆可砍柴伐木也，此后祇宜钦遵乾隆三十四年奏定老案办理，不必另议章程。盖贺兰等山乃国家之土地，不得私为己有，蒙民、汉民皆朝廷之赤子，自当一视同仁，其准夏令在连山内有水草之地乘凉者，所以体恤蒙民，其准在新寺二里外周围之地伐木者，所以养活汉民，而蒙民不得于山梁外安藉游牧，汉民不得因伐木据为本业，防维本极周密，至于绘图有详有略，原不以印信为凭。鄂博时立时毁，岁久亦未可深恃，惟乾隆三十四年铁案，则南山不移也，查耆道心亦无他，惟於来往咨文措词太戆未免客气，而宁夏部郎仅将咨文往返互递，不出一语以定是非，亦觉置身事外，除扎宁夏部郎将六年议单是否允协，据实禀复，并饬耆道遵照老案办理，不得互相争执外，合行扎饬为此扎仰该道，即便遵照此扎。

（引自《朔方道志·艺文四》卷二十四）

附3：（清）耆彬撰：《贺兰山界碑记》

窃维溥天之下莫非王土，率土之滨莫非王臣，诗人之用意深远，无分此疆彼界也。明矣，无如蒙汉民人性既不同，所事亦异，故不能不示以界限，用弥争端。伏查宁夏三面与蒙为邻，西北一带皆与阿拉善旗毗连。自贺兰山口内暗门起至六十里外，为蒙汉交界处。所考之志书记略均有可稽，本无争执。缘因同治初，郡遭回变，案卷被焚。部中存案因年份久远，或遭回禄或经霉烂，亦均无存。故阿拉善台吉阿布哩，蓄私贪利，逞意争山，致激众民，聚毁鄂博，因而重烦案牍。魏前道喻义率属勘查，未就该旗即捏词报院，竟达宸聪。奉旨交陕甘总督左查办，当经行司转移宁夏道会同宁夏部郎、阿拉善王秉公查勘时，因积雪封山，未能即往。不数月实任魏道乞养归，署任龙道交卸去。彬于光绪五年到任，六年即偕福部郎、勒洪阿海守容、平罗县明令邦忠、委员廷丞荫乔、丞宗岳及宁夏镇委各员，并会同阿拉善王多亲历各处，详细履勘。当经多王交出乾隆三十四年福明奏定老案，公同核阅，与前平罗县张故令梯抄存汉字之案均相符合。当同福部郎、多王商定仍遵照老案，以自口六十里外为界，公立议单，各无反悔。回郡后即禀明制台左，咨明藩司杨，当经藩司详院蒙制宪照咨户部、理藩院查照。嗣于八年准藩司来移奉制宪，谭札饬准，理藩院咨开查此案既据。陕甘总督派委镇道会同宁夏部员、阿拉善王，查明原定界限成案立自议单，刊立碑石，永杜争端。相应咨覆陕甘总督转饬各该员，查明遵照办理可也。等因转奉扎饬移行前来，当经移扎在案，讵意又准全部郎来移。据阿拉善王多呈称，乃谓山图所绘不符，欲反前议，屡经彬逐细驳诘，多王无可置辩，乃掫拾其词，冒昧迳咨制宪旋奉扎查。均经彬剖晰老案，详述今昔情形，禀复在案，历奉批迴，仍照老案办理。并饬将原案刊入石碑以垂久远。彬复思只将原案刊碑，恐蒙汉人民无从知晓，且虑年深日久，设该旗再出有如阿台吉等不识大体者，既启争端，又烦案牍。故禀请于原案刊碑外，再行注明。核查老案小水口蒙汉交界系在距口六十里之响紥子山梁，所有小水岭系准蒙古夏时寻觅水草，不许逾此之界。将此碑记镌刊三分，镶于道署及朔、平两县。并于响紥子山梁陡壁之处大刻"蒙汉交界"四字，使蒙汉入山民人目睹皆晓，并将此碑记于实缺。朔、平两县到任时妥揾数通，随舆图并赍查考。又该旗所立鄂博一节，请饬全部郎遵照六年议单所定。嗣后若再立鄂博必须先期报明部院查照应否准立，分行地方官出示晓谕，以免蒙汉又启争端。等情具禀，当奉批迴。贺兰山界照乾隆三十四年旧案为断，光绪六年议单所载极为明晰，仰即移会全部郎仍照六年原议办理，刻碑载明，俾蒙汉有所遵守。余如议行缴等因奉此，除饬县在于响紥子山巅岩石上刻"蒙汉交界"四字外，所有彬勘查贺兰山小水口蒙汉交界全案太繁，未能悉载，谨将颠末勒诸碑石，以备后来考镜云尔。光绪九年岁在癸未嘉平月日，宁夏兵备道长白耆彬谨记并书。

（引自《朔方道志・艺文四》卷二十七）

（原载于贠有强主编：《宁夏地方历史文化论丛（第二辑）》，甘肃人民出版社，2017 年）

岳飞笔下贺兰山何所指？

满江红·抒怀

岳飞

怒发冲冠，凭栏处、潇潇雨歇。抬望眼，仰天长啸，
壮怀激烈。三十功名尘与土，八千里路云和月。莫等闲，
白了少年头，空悲切。　　靖康耻，犹未雪。臣子恨，何时灭？
驾长车，踏破贺兰山缺。壮志饥餐胡虏肉，笑谈渴饮匈奴血。
待从头，收拾旧山河，朝天阙。[①]

　　岳飞《满江红》词中所提到的"贺兰山"有几多，何所指？查阅史志，
在北方名曰"贺兰山"者至少有三处：一位于宁夏银川平原西北部[②]，
二在陕北靖边县境内[③]，三即河北省磁县太行山余脉的贺兰山[④]。三山
以宁夏贺兰山得名最早，亦最为著名。史载：大约秦汉时期匈奴族的呼
衍部、兰氏部（合称呼兰部）游牧在"北河"（河套境内黄河）一带地区；[⑤]
至南北朝间，又有鲜卑族之名曰黑难、黑狼、贺赖部的居牧[⑥]，于是山

---

① 龙榆生编选：《唐宋名家词选》，中华书局，1962年。
② 李吉甫撰，贺次君点校：《元和郡县图志》卷四，中华书局，1983年。
③ 李吉甫撰，贺次君点校：《元和郡县图志》卷四，中华书局，1983年。
④《磁州志》。转引自孙作家《岳飞磁县贺兰山》，载《宁夏史志》2015年第6期。
⑤ 司马迁撰：《史记·匈奴列传》卷一百十，中华书局，1959年。
⑥ 房玄龄等撰：《晋书·四夷》卷九十七，中华书局，1974年。

以部族为名，并转音为贺兰山。① 这座山于汉代首次出现在史书中的名字为卑移山②，此当谓中段的局部名称。而北段与黄河连接处的局部名称则为乞伏山。③ 贺兰山之名最早出现于《隋书·赵仲卿传》，传曰："开皇三年，突厥犯塞，以行军总管从河间王弘出贺兰山……"④ 因为贺兰山位于中原王朝十三朝古都京畿地区的北门锁钥形胜之地，也在中原农耕文化和汉民族与北国草原文化和游牧民族的传统分界带上，既是两大文化体系交流的友谊走廊，又是军事对峙的天险，具有"屏蔽中原"的战略地位，所以贺兰山往往作为中国历史上胡汉分疆的坐标形象出现。明代宁夏巡抚冯清在《贺兰山》诗中写道："险设名山志贺兰，华夷界限势嵯峨。"⑤ 表明了贺兰山被史家公认为"中外"边界的地标性地位。

贺兰山之所以知名度高，原因是多方面的。首先，得益于举世闻名的神秘天书——贺兰山岩画。早在北魏地理学家郦道元的名著《水经注》中，就写道："（在宁夏段黄河两岸的）山石之上自然有文，尽若虎马之状……故谓之画石山也。"⑥ 其次，因为有盛唐、名相、名著的文化背景，即唐朝名相李吉甫的名著——我国首部舆地总志《元和郡县图志》的推介。再次，特别又有南宋抗金名将岳飞留下的一首千古绝唱——《满江红·抒怀》，词中有"驾长车，踏破贺兰山缺"气壮山河的名句。由于历史名人＋史志名著＋诗词名篇的叠加效应，才让宁夏的贺兰山闻名遐迩、蜚声寰宇。

但是，阅读《宋史·岳飞传》后得知，岳飞19岁从军，39岁被害身亡，其短短20年的戎马生涯，大体可划分为三个阶段：第一段，宣和四年

---

① 吴忠礼：《贺兰山名诂》，载《朔方集》，宁夏人民出版社，2011年。
② 班固撰，颜师古注：《汉书·地理志》卷二十八下，中华书局，1962年。
③ 李吉甫撰，贺次君点校：《元和郡县图志》卷四，中华书局，1983年。
④ 隋唐间，该山还有楼树山、空青山。见杜佑：《通典》，中华书局，1988年。
⑤ 胡汝砺纂修，管律重修：《嘉靖宁夏新志》卷七《文苑志·诗词》。
⑥ 郦道元著，王先谦校：《水经注》卷三，巴蜀书社，1985年。

至建炎三年（1122—1129 年），先后在宗泽、张所、王彦等将领部下当士兵和下级军官（郎），这期间在中原地区打过仗，曾"渡河至新乡……战于太行山……居数日"即返还黄河南岸，有可能路经磁县贺兰山，但他当时只是小兵一个，这就是岳飞一辈子与磁县贺兰山有可能的唯一一次接触。第二段，建炎三年至绍兴八年（1129—1138 年），率部转战于长江流域的苏、浙、赣、湘、鄂数省，屡建奇功，打出了"岳家军"的威名，历官刺史、都统制、承宣使、制置使、节度使等高官，加封武义大夫、检校少保，进侯、公等显爵，位列南宋朝廷主要将领之一。第三段，绍兴九年至十一年（1139—1141 年），曾担任河南、北诸路招讨使，进军中原，抗击南犯金兵，取得"朱仙镇大捷"（今河南开封西南）。此时岳飞一再请求乘胜打过黄河，"直抵黄龙府"（借指金人老家），以雪"靖康耻"。但是岳飞的愿望不仅没有实现，反而被以秦桧为首的投降派所诬陷，于绍兴十一年遭杀害。[①]

从岳飞的履历看，他提升为高级将领以后，既未带兵在宁夏贺兰山打过仗，同样也没有在河北磁县的贺兰山指挥过作战。而且，退一步说，如果他的北伐计划得以实现的话，那么进军路线也可能选择在经河北或经山东北上，并不一定非要从河北磁县境内的贺兰山一线进军吧？所以岳飞词中的"贺兰山"与宁夏和磁县的贺兰山都没有直接的联系。

那么，对于岳飞《满江红》中所谓"驾长车，踏破贺兰山缺"又该怎么解释呢？

其一，应从战略家的高度和军事统帅的身份来理解。岳飞是南宋抗战派的重量级领袖人物，他一生以"精忠报国"为志愿，将忠君、复国、挽救民族危亡引为己任，所以他用如椽之笔创作了抒发自己一生政治抱负的作品，实际上就是他的誓词。从这种战略高度、思想境界去解读这篇诗词——分析其构思、选景、命笔、遣词等，不难发现诗词中所

---

① 脱脱等撰：《宋史·岳飞传》卷三百六十八。

使用的"贺兰山",当然绝不仅仅是泛泛具指自然实体的某地、某山,而应是一种超越地理实名宽泛的人文概念。在岳飞的脑海中,"贺兰山"实乃借喻中原王朝(南宋)与边疆少数民族政权(金),甚至是中原农耕文化与北方草原文化两大分界线和体系的代名词。按照中国历史地理的大格局,亦所谓"南北""胡汉""中外"的传统象征性地标。事实上历代文史大家也正是往往选用"阴山"和"贺兰山"来作为这一大分界线的象征。诸如唐朝诗人王昌龄在《出塞》诗中有"但使龙城飞将在,不教胡马度阴山"[①]。又如明朝诗人徐键在《望贺兰山》诗中有"华夷天限有斯峰,万仞巍巍障碧空"[②]。岳飞是一名儒将,与目不识丁的一介武夫不同,是绝不会犯地理方位乖背的低级错误,故此"贺兰山"非彼"贺兰山"。这么看来,宋代方才得名的磁县贺兰山可能因其名微、位低,难当此重任吧?

其二,还要从文艺创作角度去审视。《满江红》只是一首词,属于文艺作品,而非史志文章。作为文学创作手法笔下所出现的"贺兰山",就不一定非得考其地望,求其确指的自然实体系指何山——宁夏的贺兰山或磁县的贺兰山,抑或陕北的贺兰山。正如学界对于古地理书《山海经》的理解那样,一般多以民间故事和神话传说视之,何必按图索骥论证其古今沿革与名号变迁呢?

综合以上的分析,作为历史名人笔下的著名诗词作品中的"贺兰山",只是一种艺术手法比喻下的"大山"。然而在词人的构思中,这座"贺兰山"当然也必须有资格代表国家级的战略地位和历朝中央政权公认的北国要塞巨防和所谓的"中外""瓯脱"的枢要地带,即两大民族、两大文化的交汇地区。如此而论,如果一定要把岳飞《满江红》中提到的"贺兰山"找出来的话,也只能是宁夏与内蒙古两大

[①] 王昌龄:《出塞》,选自孙生玉主编:《塞上军旅诗选》,宁夏人民出版社,2006年。

[②] 胡汝砺纂修,管律重修:《嘉靖宁夏新志》卷七《文苑志·诗词》,宁夏人民出版社,1982年。

自治区的界山——贺兰山莫属了。因为只有这座贺兰山才能体现出中原宋朝政权与北方金人政权，并且二者在内涵与外延上的基本重合，也是一种约定俗成和传统的共识。

我个人的看法：岳飞《满江红·抒怀》，是一首诗词作品，后人应该从中学习岳飞热爱国家、热爱家乡，反抗不义战争，不怕牺牲的大无畏民族精神。而诗词中的"贺兰山"只不过是一种文学构思手法下象征性的人文概念，一味去追求其地望是没有多少意义的。

（原载于《宁夏社会科学》2017 年第 1 期）

"丝绸之路"在宁夏

楔子

人们出行所经之途，称之为路。鲁迅曾说过，实际上世间本无所谓路的，走的人多了，便渐渐形成了"路"。远古时代因为受到条件的局限，由甲地往乙地的路行方式只能取"蚁行"，即遇障碍，便避行绕道，往往选择近水依山前行。

举世闻名的"丝绸之路"，乃古代以中国京都为起点，走向欧亚的一条中西国际交通大道。直至19世纪才有德国人李希霍芬第一次将这条交通线称之为"丝绸之路"。此后，又分别有茶马之路、玉石之路、香料之路、陶瓷之路等。另外，还划分出陆上丝路、海上丝路和草原丝路等多种称谓。

一、宁夏"丝路"前瞻

（一）石器时代亚太交通大道的所谓"黄土之路"

从宁夏水洞沟旧石器文化遗址的研究中，学者们发现，水洞沟文化存在一些与欧洲石器时代的莫斯特、奥瑞纳文化的种种惊人的相似因素。这可能是那时中西文化交流的结果。证明水洞沟地区可能是横亘于中亚交通线路中的站点，表明"自太平洋西岸的东亚至大西洋东岸的西欧数千公里的欧亚大陆之间的交通线路是存在的"。考古学界将其称之为"黄土之路"。宁夏正是这条交通大道的要径，也就是后世"丝绸之路"的渊源。

（二）"周穆天子西游"

先秦时代，夏、商均在中原建都，唯周人发祥于西部，先后在六盘山东麓的庆阳、邠（豳）、岐下和丰镐（今西安市境内）建都。周穆王曾西征犬戎，并迁戎至大原（今宁夏固原），打通了去西方的道路后，于十三年（前964年），从镐京出发，经由六盘山地区，西向巡边，并与西王母在天山会见。有学者认为穆王西巡的目的地是今中亚地区的吉尔吉斯斯坦共和国。所谓西王母应当是今中亚地区的一位女部落首领。如是说，周穆王就是开通中西交通的第一人，比汉代张骞的"凿空"要早八百多年。

二、张骞打通中西交通的"丝绸之路"

张骞为丝路交通立"凿空"首功。传统的"丝绸之路"是指西汉汉武帝时代，采取向北方匈奴人主动发起进攻的军事产物。为了争取与西方各国的友好合作，砍断匈奴的右臂，汉廷派出使臣出使西域，做外交联络工作，张骞担当了此重任。张骞前后两次奉命西行，先后出使大月氏国、乌孙国等中亚许多国家，劝说这些国家与汉团结，共拒匈奴。张骞的外交活动，先后历十余年，宣扬了大汉国威，所以史书褒扬张骞出使西域为中西交通的"凿空"人。

"丝绸之路"一般划分为东、中、西三段：东段，长安至凉州；中段，凉州至玉门关；西段，玉门关经西域至葱岭进入中亚地区。其中的东段又分为南北两道：南道途经地均在今陕西、甘肃境内，路线为出长安（今西安）沿渭河向西，越陇山（六盘山脉南段），经天水、临洮，至永靖，越过黄河，沿庄浪河谷抵达凉州（今甘肃武威）；北道途经今陕西、甘肃、宁夏三省区，主要路程在宁夏境内，路线为出长安沿泾河西北行，至六盘山东麓萧关至高平（今固原）。

三、宁夏"丝路"知多少？

宁夏地区长期以来位居京都长安的西北边关要地，其战略军塞为萧关、原州、灵州，所以丝路的走向也与渭河至陇山，泾河至北地郡形影相伴。"丝路"在宁夏又因为西北政治、军事形势的变化与周边民族关系的冷热，以及政权的更替，其道路走向也有不同的选择，分述如下：

其一，汉代以固原为中心的萧关道。该道的走向为长安—高平—凉州，"西出阳关"走向西域和亚欧。该线由长安至固原，有两条路可供选择，一是出长安沿渭河西行至千阳，改沿千河、陇山（六盘山）经萧关抵达固原；二是出长安沿泾河西北行，经平凉、三关口（弹筝峡）、萧关至固原，或由彬县北，改沿马连河，先至北地郡治所宁县、马岭（今甘肃庆阳境内），办理通牒文书和物资补给后转茹河，绕过萧关径趋固原。

丝路行至固原这一重要大驿站以后，至凉州也有两条线路：一条是由固原翻越六盘山，经由隆德、兰州进入河西；另一条是不越六盘山，改沿清水河，出战国秦长城，经石门关，至会宁津（今甘肃靖远境内）渡过黄河，由乌兰县（今甘肃景泰县）直抵凉州。

其二，唐宋以灵州为中心的灵州道。该道的走向为长安—灵州—凉州。唐中后期，经过"安史之乱"的打击后，国力渐衰，无暇西顾，致使西北大部成为吐蕃的天下，造成长安经固原、凉州至西域的交通完全中断。使得丝路上的军事重镇灵州，上升为中西交通线上新的重要驿站。这条灵州道的线路是：前段与汉代"泾河路"基本相同，行至马岭后，不向茹河，改由马连河北上，沿环江至环县进入今宁夏境内，北过温池县（今宁夏盐池境内）抵达灵州。

这条长安至灵州路，在灵州以后的行程，大体上也分为两条线路。一是由灵州渡过黄河，沿贺兰山东麓西行，过丰安军（今中卫境内）和双龙山石窟（中宁石空），继续沿腾格里沙漠南缘，经过雄州（今宁夏中宁境内），越沙岭，转西北行至凉州。以上灵州至凉州行程约870里，在今宁夏境内约460里。二是渡河后翻越贺兰山，与漠北的"草原丝路"衔接，直达西域。

其三，蒙元时期以固原为中心的六盘山道。该路的走向为：由京城元大都（今北京）南下至奉元路（今西安），然后进入汉唐的萧关道。蒙元时期，六盘山是西北的重要军事基地，蒙古大军无论是西征欧亚，北灭西夏，西南讨大理和东南伐南宋，六盘山都是其军事大本营和战略前进阵地。六盘山道即成为今西兰（西安至兰州）和兰新（兰州至新疆）公路和当今"一带一路"的基本线路。

四、宁夏"丝路"的特殊地位

历代丝绸之路的行程，所经地带大多为少数民族生活的地区，如汉代的匈奴、氐羌、月氏；魏晋的五胡十六国；唐代突厥、吐蕃；宋代的女真、党项、回鹘；蒙元的西北诸王之乱；明朝的瓦剌、鞑靼；清朝蒙古准噶尔部、罗藏丹津之乱等，都不断地阻碍了丝路的畅通，使河西地区成为"肠梗阻"，成为"死路"一条。但是恰遇此时，作为"丝路"东段的宁夏因地近中央政府的京畿腹里，沿途又有安定郡原州镇、灵州朔方节度使和"九边重镇"以及陕西三边总督府等军事巨防的分布与护卫，其周边的民族部落纵有觊觎之心，却不敢轻举妄动，所以丝路东段宁夏支线在各个历史时期都是安全的，堪称"全天候"的畅通大道。

丝路在宁夏的走向大体上分为两条：一条由西安出发沿泾河，改由马连河至北地郡治（今甘肃宁县或马岭），再沿环江北上进入宁夏，最后沿浦洛河到达灵州（或由北地郡改沿茹河至固原）；另一条由西安出发，改由千河，沿六盘山（陇山）过萧关至固原，然后沿清水河到达灵州。从灵州继续向前的道路又有两条途径，两道均在灵州渡过黄河，大多数人选择沿贺兰山与黄河西岸之间以及腾格里沙漠边缘行走，然后在今宁夏中卫拐向凉州，这条路相对比较安全，补给也比较方便，路程也比较短；少数人则选择渡过黄河后，翻越贺兰山，与北方"草原丝路"衔接，直达西域。

五、"五彩"斑斓的宁夏丝路文化

（一）一彩：中华民族人文共始祖伏羲和女娲的大故里在六盘山地区

为什么这么说？因为六盘山古称陇山，而"陇山"就是"龙山"的转音。在中国历史上有资格最早以"龙"为族徽图腾的原始民族，当然非指伏羲和女娲的部落联盟莫属。据说伏羲出生在六盘山东麓的"朝那湫渊"，今名东海子（在宁夏固原市境内）。司马迁在《史记》中记载，至少于战国时代，这个湫渊已被列为帝王祭祀国家级名山大川（水）的尊位了。唐朝大史学家司马贞解，因为朝那湫渊"即龙之所处也"。"龙"，特指伏羲，"所处"，当解为"故里"。"湫渊"在何处？南朝宋的另一位大史学家裴骃明确指出，"湫渊在安定朝那县"。唐朝又一位大史学家张守节写道：朝那县"在原州平高县东南二十里"。如此，就是由安定郡（今宁夏固原市）向东南方向约二十里即今原州区和彭阳县交界处的东海子。当然传说并非信史。但是远古人类传递历史的方式往往靠的就是口耳相传。更何况马克思曾说过：所谓神话，只不过是"用一种不自觉的艺术方式加工过的自然和社会形式本身"。可知宁夏丝路是华夏创世文化原乡。难怪中国历史上许多圣主、大帝们都要千里迢迢来到六盘山（或称鸡头山、笄头山），诸如黄帝、周穆王、周宣王、秦惠文王、秦昭襄王、秦始皇、汉武帝、汉光武帝、隋文帝、唐太宗、唐肃宗、元太祖、元世祖等，其目的当然有政治、军事等国家大事，其中一定也包含朝拜始祖圣地的因素在内。

（二）二彩：中国历史上北方第一批长城——战国朔方（固原）秦长城沿线与交通道路的重合

宁夏地区自古以来基本上是我国北方游牧民族各部落的游猎之地，在中国第一部诗歌总集《诗经》中，有这样的诗句："王命南仲，往城于方""天子命我，城彼朔方""薄伐猃狁，至于大原"等。这些诗句是反映所谓"宣王中兴"时期，征讨西部游牧部落的战争情况。

诗句中的方、朔方、大原等均为地名，大体上指今固原地区。这场战争旷日持久，直至战国秦昭襄王三十五年（前272年），才基本上平定了西戎，并在原戎疆地设北地等郡，修筑一道长城，西起今甘肃临洮，中经今宁夏西吉县、固原市原州区，翻越六盘山（陇山），穿过古"朝那湫渊"，由彭阳县进入今甘肃镇原县境内，最后终止于今内蒙古五原境内黄河岸边。长城在宁夏境内全长约200公里。这段长城至今保存基本完好，现被列入国家重点文物保护单位。

（三）三彩：远古人类留下的"天书"——贺兰山岩画

岩画是古人凿刻在石头上的"天书"，被联合国教科文组织定为人类文化遗产。我国的"贺兰山岩画"是中国岩画的后起之秀，主要分布在贺兰山东麓，它与宁夏黄河两岸的水洞沟、鸽子山和暖泉等处石器文化遗址毗邻，证明岩画是反映山河之间古人类的"石头史书"。贺兰山岩画以贺兰口岩画为代表。仅此一处，据初步统计，于山沟内外就分布着2318组，5679幅岩画。形象丰富，其中动物类包括羊、马、牛、鹿、狗和禽、爬行动物等；人类包括全身人像、人面像和肢体以及男女生殖器；自然类包括太阳、星辰、云朵、光芒和符号；工具类包括弓箭、盾牌、车辆。题材广泛，常见有狩猎、祭祀、战斗、舞蹈和人类交媾等。对于研究社会科学诸多学科提供了独特的活化石。联合国教科文组织，将银川定为国际岩画研究会的永久会址。住建部把贺兰山—西夏陵风景区列为首批《中国国家自然与文化双遗产预备名录》，国务院也把贺兰山岩画列为全国重点文物保护单位。现在贺兰口岩画区已成为宁夏和全国5A级人文与风景名胜王牌旅游景点。

（四）四彩：明代亲王藩府与"花园王城"

明朝开国皇帝朱元璋执行"以同姓治异姓"的基本国策，把他二十几个子孙分封到全国各战略要地建立藩国，其中于洪武二十四年（1391年），将其十六皇子朱㮵封为"庆王"，在宁夏镇城（今银川市）修建庆王府，坐镇"九边重镇"的西部防区。庆藩一支在宁夏为王计252年，前后传位十世，封亲王十一人、世子一人、郡王四十二人，授将、尉近百人。朱栴自幼随父生活在江浙一带水乡，养成了喜爱山水园林的性格。所以他在王府修建了逸乐园、慎德轩（康园）两座花园，又在镇城东门外，另建丽景园一处和开挖金波湖一方。在他的影响下，各郡王府也分别兴建自己的花园。其中著名花园有：安塞（巩昌）王府的永春园，真宁王府的赏芳园，弘农王府的寓乐园，丰宁王府的真乐园等。一时间，各官府衙门、富商大贾纷纷效仿，互相攀比，比如宁夏巡抚衙门建有后乐园，总兵帅府建有"西园"（时人称"小蓬莱"），等等。另外，城外又有七十二连湖环绕，人称镇城为"水抱城""塞上小江南"，文人墨客创作了许多"八景诗"来夸赞这座塞上园林水城，题目有：《月湖夕照》《汉渠春涨》《西桥烟柳》《渔村夕照》《长渠流润》《莲池雅集》《连湖渔歌》等。后人给这座塞上名城起了一个"银川"的名字，大概就蕴含塞北江南、鱼米之乡、西北明珠、富甲一方的意思吧？

（五）五彩：古今内地与边疆各民族和睦相处的友好大家庭

宁夏地处中原农耕文化与边疆草原文化的交汇地带，是许多游牧部落的原乡。南部今六盘山地区古有义渠、乌氏等国，北部黄河两岸古有朐衍等国，是许多少数民族的生活乐园。

汉代，中央政府推行民族自主管理内部事务的制度。汉文帝间，曾将少数民族人口比例大的基层县政权，由县改为"道"，相当于当代的民族"自治县"。在今宁夏隆德县境内，设有月氏道，治所今名红土城，让月氏族人享受自治权。汉武帝继位后，以武力征服匈奴，给予归降的匈奴部落享受高级别的自治权，于元狩二年（前121年），汉廷在北国边地设立五个"属国"，今宁夏境内设有北地属国（后改名安定属国），治所在今吴忠市同心县和红寺堡区境内。

唐朝，继承发展了汉代积极的民族政策，唐太宗曾在贞观年间，于以灵州为中心的西北边地设立一系列民族自治的羁縻府州，把归降的突厥人、粟特人安置在这些自治政权内，史书称灵州境内设立的羁縻府州为"六胡州"。其中有两个典型例子:一个是娶宗室女弘化公主的鲜卑族吐谷浑国国王诺曷钵,让其在今同心县罗山地区特设一个安乐州,举国享受"安而且乐"的和平生活。另一个是娶唐开国皇帝李渊之女衡阳公主的原东突厥大首领阿史那社尔,让其率部众在灵州境内择水草丰满之地居牧。

至宋代,有党项人李氏家族在宁夏称帝建国。蒙元时期,蒙古人在西夏故疆设立行省。清朝,满洲贵族集团,又在宁夏派驻满洲八旗兵,满族人成为宁夏民族新成员。元明清三代,又在中国形成一个新的民族——回族,宁夏是全国回族最大的聚居地。

中国共产党人,运用马列主义民族理论和党的民族政策解决民族问题,1936年红军西征中,在宁夏首建豫海县回民自治政权,是全国第一个回族县级自治政府,这是党的马列主义民族政策的一次伟大实践。全国解放后,于1958年又以银川为首府建立第一个省级回族自治区,回族人民的自治达到一个新的高度。以上的历史事实,充分证明宁夏地区无愧是民族团结的大家庭。

六、"一带一路"与宁夏新"丝路"

当今,古代的"丝路"已被"新亚欧大陆桥"取代和拓展,并在更深的层面影响经济全球化的进程,特别是习近平总书记于2013年提出丝路沿线国家共建新丝路新经济带的"一带一路"倡议以后,受到各有关国家的响应,我国各省区也立即行动起来,吹响了"向西开放"的战斗号角。

宁夏是历史上传统的丝路要道,参与"一带一路"建设,在对接国家"一带一路"倡议和"西部大开发"决策部署方面,有着特殊的优势,主要表现有:其一,宁夏是全国唯一的省级回族自治区,与"一带一路"许多国家有着相似的风俗习惯与传统的合作友谊,从而奠定了深厚的人文基础。其二,宁夏是内陆开放型经济试验区,从而为"一带一路"提供了战略支点和保障。其三,宁夏作为中阿博览会的永久会址，是阿拉伯国家"向东看"和中国"向西走"的新窗口、新平台。其四，宁夏区位特殊，地处"新亚欧大陆桥"内段中间位置，地理地缘相近，天然具备内联外通的陆空优势和"空中门户"。因此，宁夏在新时代和"一带一路"的建设中一定会有重大作为。我们要抓住机遇，努力工作，激流勇进，在创建人类命运共同体方面作出自己应有的贡献，为实现中华民族伟大复兴的中国梦奋勇前进。

作者手绘宁夏境内"丝路"分布示意图

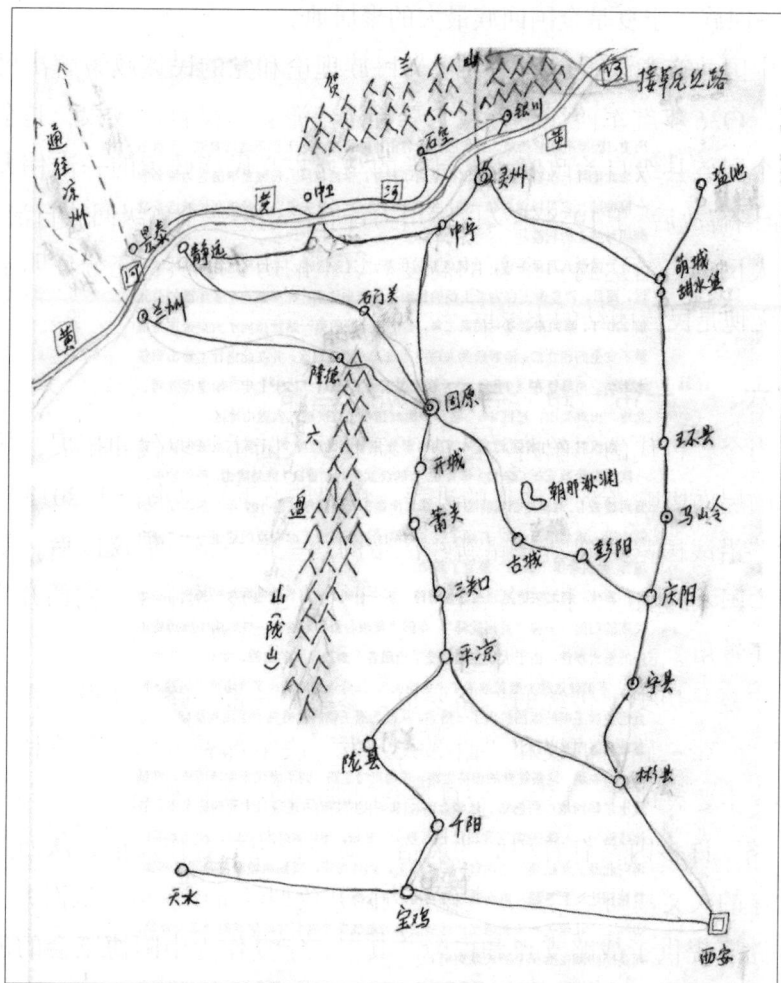

古灵州城遗址应在今古城湾

古灵州是屏障中原王朝京畿地区的北方重要门户，是国家安全的巨防、锁钥。灵州安、京畿安，则国家安。反之，若灵州不保，如同大门洞开，敌骑必将夺门直逐庙堂，京都危矣，国家危矣。但是，随着国家政治中心和国都的东移，大西北的地位日益下降了，位于其前沿阵地的政治、经济中心古灵州也不再辉煌了，甚至后人连它的遗址也忘却了。历史断篇、文脉断弦，就更加难免了。本文无力解决所有问题，仅就古灵州治所更迭发表一点意见，与同仁商榷。

一、从辉煌到消失

我国古代北方政治军事重镇的灵州，位居黄河东岸，开创于西汉惠帝四年（前191年）。因为州城建筑在黄河东支洲岛之上。据《汉书·地理志》颜师古注曰："随水高下，未尝沦没，故号灵州。"北魏太延二年（436年），改设薄骨律镇。北魏孝昌二年（526年）仍改灵州。后与位于黄河西岸的灵武县合而为一，隋朝改名为灵武郡。

唐武德元年（618年）仍改为灵州，治回乐县城。天宝元年（742年）再改灵武郡。地方行政方面，上隶关内道（京畿），下辖回乐、鸣沙、灵武、怀远、弘静、温池等县；军事方面，先后设灵州大都督府和朔方军节度使（与州同治回乐县城），指挥七个军府，拥兵6.47万，军马1.43万匹，统辖范围从今包头以西至今兰州以北，时为全国实力最强、兵马最多、粮秣最为富足、土地最为广阔的北国巨防。境内还设

607

有统称为"六胡州"的少数民族自治地方政权。后来在"安史之乱"中，太子李亨于此即位，史称唐肃宗，并完成光复两京、反攻复国的大业，于是灵州成为再造唐室的中心发祥地，更加闻名天下，从而成为中国历史上北方最为重要最为著名的政治、军事总汇的地位。蒙元时代，宁夏地区首建行省，省城设于兴州（今银川市），灵州地位开始下降，明朝再降为灵州千户所。有明一代，古灵州城三次被黄河洪水冲损，三次迁城，后人对于古灵州城渐渐淡忘莫辩，一代雄关重镇已成为人们心中的一个谜团。

二、古灵州城遗址浮出水面

2003 年 5 月，宁夏吴忠市在市政建设中，于今利通区古城镇境内发现了一片唐墓群，并在一个墓室内发掘出"唐代吕氏夫人墓志铭"一块。释读碑文可知该墓位于回乐县城的"东原"，墓主"终于灵州私第"。这样，古灵州城即回乐县城就可断定位于这座"吕夫人"墓的西近黄河岸边，这是物证，无可置疑。再结合史证：古灵州是北方名城，历代关涉到灵州的政治、军事重大事件不可胜计，所形成的史料亦代不断章。但是要找到与古灵州城直接相关的权威性资料，也并不是很多。《明实录》和明朝开国皇帝朱元璋十六子、藩封宁夏庆王朱栴所撰写的《宣德宁夏志》就可作为权威资料使用，因为"实录"属宫廷密档，系第一手资料，是足可凭信的；而《宣德宁夏志》是庆王朱栴于明朝宣德年间所撰写，该志对灵州城的保存状况与迁建均是亲眼所见、亲身经历的事，又是作者管辖境内的大事，当然不会有误。

《宣德宁夏志》记曰："灵州……故城居大河南，今犹存其颓垣遗址，其西南角被河水冲激崩圮。洪武间筑城于故城北十里，永乐间亦被河水冲圮。今之新城，宣德间陈宁阳、海太监奉旨，相度地形，卜沙山西、大河东，去故城五里余，命平凉卫指挥钟瑄、左屯卫指择王刚督工筑者。地土高爽，视旧为胜。"

另据《明宣宗章皇帝（宣德）实录》记：宣德二年十一月庚戌"宁

夏总兵官宁阳侯陈懋奏：灵州千户所城垣旧距黄河三里，今河水冲激，切近城下，恐致崩陷，难于守御。城东有地高爽宽平，请徙城于彼。上命行在工部遣官覆视，果当徙，俟来春用工。"宣德三年二月甲子又记曰："徙置灵州千户所于城东。先是，宁夏总兵官宁阳侯陈懋奏河水冲决至城下，请徙于城东，命俟来春用工。至是城成，遂徙之。"

综合以上两条权威资料，我们可以得出这样的结论：一是现在宁夏灵武市所在的灵州古城是明朝宣德三年春所建；二是今灵武市治城向西五里、距黄河三里之处即是明洪武、永乐间的灵州城遗址所在地，而再从此处向南十里，便是唐朝古灵州遗址的确切位置。

最后，根据此次发现的唐墓"吕氏夫人墓"址的具体位置，对照明代的两种权威性资料和现在当地的地名特点，我们就可以清楚看到，唐代古灵州城就在今吴忠市利通区西北原古城乡亦今古城镇的古城湾地方。总体位置居黄河东岸，局部位置在黄河拐弯处的南面。

三、古灵州城遗址发现的意义

第一，古灵州建置距今已有 2200 年，而这座中国历史上著名的边塞要城的城址至今都搞不清楚，不能不是中国历史研究上的一大缺憾。现在搞清了，还历史的真相，当然具有重要的学术意义。

第二，中国历史上的著名城市，位于今宁夏回族聚居的吴忠市境内，是吴忠市各族人民的骄傲，对于加强民族团结，激励后来人为建设新家园而奋斗也具有现实意义。

第三，古灵州历史悠久，文化内涵丰富，还有更多的积淀有待进一步开掘，这是先人们留给吴忠市人民的一笔珍贵的精神文化财富。该市在围绕古灵州、古文化的开发方面有大文章可做，有特点可塑，为该市寻找历史文脉、确立科学的发展定位指明了方向。另外，在发展旅游业方面更有不可多得的人文价值。

回溯历史，宁夏曾经辉煌；学习历史，宁夏各族人民精神为之振奋，发展历史，宁夏人民任重道远。宁夏人民一定能在不远的将来，重塑"塞北江南"的风采。

给艾依河重新命名思路

1. 与银川建城史结合起来，即纪念银川建城综合考虑：银川建城始于西汉元鼎五年（前 112 年）。名曰典农城（或北典农城）。今银川市（银川平原）与典农城有这一层渊源关系，可取名典农河（水、川），表示该地区的历史悠久。

2. 南北朝（420—589 年）北魏间，今宁夏北部实行军政合一管理——军镇，管理机构名为"薄骨律镇"，军政长官称"将军"，首任薄骨律镇将军名刁雍。他对今银川平原的水利建设做了大量卓有成效的工作，使得宁夏的水利事业在继秦汉之后又出现了一次小高潮。为了纪念刁雍的治黄、修渠、兴农功绩，北魏朝廷曾将引黄灌区一座新建城命名为"刁公城"，当今亦可效仿历史，可取名为刁公河（水、川）。

3. 蒙元时期，今宁夏于蒙古汗国中统二年（1261 年），曾设行省——西夏中兴等路行省。元朝建立后，于至元二十五年（1288 年），又将行省降改为宁夏府路。"宁夏"地名始于此。蒙元在今宁夏建省时，特派水利专家、天文学家郭守敬（字若思）协助新省长官张文谦工作，担任新省河渠副使，整修宁夏引黄河渠，取得很大的成绩，修复了唐徕渠、汉延渠等大渠 10 条，支渠 68 条，使宁夏"塞北江南"面貌得以再现，为纪念他，可以"守敬"河（水、川）或若思河（水、川）命名。

4. 此水流经银川平原河西灌区，此灌区于 2000 年被评为中国"十大新天府"，银川市受益为最，可名曰银河（水、川）、银川河（水、川），比誉天上银河落九州。

5. 黄河原无统一名称，秦始皇二十七年（前220年），始皇给黄河起名为"德水"但未流行。可以"德水"名之。

6. 黄河本无统一名字，只有域段小名，据《史记》和《汉书》记载，宁夏段黄河在战国时名为：北河、河上、上河。汉朝时于宁夏河西灌区曾筑上河城，为上河农都尉治城。可取名上河。上，通尚，亦可名尚河。

7. 今艾依河，实际上是青铜峡水利枢纽河西灌区贺兰山东麓的贺兰山洪积平原与黄河冲积平原连接带上的几段排水沟连接扩挖而成的人工河，它基本上位于贺兰山东麓的中段，该段山体在汉代名为卑移山，也可以卑移河名之。

8. 银川地区在古代的很长历史时期，划归灵州管辖。灵州之得名因其城建在黄河之洲，"随水高下，未尝沦没"，古人奇之，故号灵州。可依此意，名"灵沟"（灵水）。

9. 依照此地的历史地名可选名为：号非水（西汉有号非苑）、河奇水（西汉有河奇苑）、廉水（西汉境内有廉县）、骏马河（贺兰山远望如骏马）。

2018年8月10日

张冠李戴宁朔县

青铜峡市的前身是宁朔县，该县设置于清朝雍正二年（1724年），时属甘肃省宁夏府的辖县之一。宁朔县与宁夏府及宁夏县三衙同治宁夏城（今银川市）。宁夏府的名称，可追溯到元朝至元二十五年（1288年），当年新设立的甘肃省下辖宁夏府路，"宁夏"地名由此首现，其寓意为祈求西夏国故疆地区永远安宁。但是，清朝为什么给新设立的新县命名为宁朔县呢？可能是对于中国的古代历史，特别是西北历史，尤其是宁夏的历史不太熟悉的人所为。他们并不知晓，这个所谓的"新"县名，其实是将旧县名张冠李戴的产物。

本文将对于清代宁朔县名的误植作如下分析：

其一：清人以"宁朔"为宁夏府新县名的本意可能是求吉利的心理，取名者误认为，今宁夏全境在古代曾以"朔方"代称，所以祈求上天保佑"朔方"得到安宁，因此给新县取名为"宁朔"。可是，朔方本来是西周时泛指国家或京畿的北部，一个小小的县怎么可以代表这个大朔方的疆土呢？如果把"宁夏府"定名为"朔方府"，倒还可以勉强说得过去。更何况"朔方"之名另有所指。"朔方"出自我国第一部诗歌总集《诗经》，其中有《出车》这首诗，诗曰："出车彭彭……城彼朔方"，"王命南仲，往城于方。"① 另一首诗《六月》中也有"猃狁匪如……侵镐及方"，"薄伐猃狁，至于大原"。② 这两首诗都是赞美西周时期周宣王静出兵讨伐西戎（猃狁），取得胜利的纪实和赞

---

① ② 程俊英译注：《诗经译注》，上海古籍出版社，1985年。

美诗。诗中所提到的"方"和"朔方"正是特指西周京都丰镐的北方地区，而"大原"则是具指今天宁夏南部的固原市一带，所以"朔方"与"大原"在诗中为同一地区的不同范围。读者可能会提出质疑，说这是诗歌，而不是历史，只可参考，而不足为证。这个质疑是有道理的，是确实需要有史作证，才能称得上权威和完满。所幸在国家正史上也查到了与《诗经》相互印证的相同记载。据《汉书·匈奴传》载："至懿王曾孙宣王，兴师命将以征伐之，诗人美大其功曰：'薄伐狁狁，至于大原'"（本文作者注：古文字大与太通假），"'出车彭彭'，'城彼朔方'。是时四夷宾服，称为中兴。"可以看出，清宁朔县的命名者是把远在黄河上游的朔方刺史部、朔方郡和朔方县与黄河中游腹里之六盘山（古称陇山）地区的地名——朔方、朔方城（也称大原城）相互混淆并等同起来了。那么文中的所谓"大原"又何所指呢？根据我国历史上首部综合性辞书《尔雅》的权威解释为："广平曰原"，"可食者曰原"。[①] 即在黄土高原上有一大片高高的平平的土地，并可以种庄稼（可食），称其为"原"。今宁夏固原县，在西汉时期就已取名为高平县，正说明它的名称与地理之实相统一，故历代其名曰：大原、高平、平高、原州、固原。总之千变万化不离一个"原"字，真可谓不解之缘（原）。所以西周时期的"朔方"和"大原"皆指位于京都西北方的六盘山地区，故《诗经》和史书也称讨伐狁狁为"西征"。

其二：清宁朔县的命名者还误将北魏设置的夏州，与元朝设置的宁夏府路视为渊源和沿革关系。西汉武帝元朔二年（前127年）在今陕北与内蒙古河套地区设置"朔方之州"和朔方郡[②]，在其所辖十个县中，已有朔方县，又分雍州析置朔方刺史部。[③] 东晋时期，中原混战，匈奴铁弗部首领赫连勃勃在西北地区日益强盛起来，并于东晋十六国义熙三年（407年）在原朔方郡境内建立大夏国，同时筑城名曰统万城，作为都城。大夏国于431年被北魏灭亡，于太和十一年（487年）改

---

① 胡奇光、方环海撰：《尔雅译注》，上海古籍出版社，2004年。

②③ 班固撰，颜师古注：《汉书·地理志》卷二十八，中华书局，1962年。

统万城为夏州，治所设岩绿县（今陕西靖边县白城子）。至隋朝大业三年（607年），又改夏州为朔方郡。唐朝贞观二年（628年）复置夏州。因夏州曾改设朔方郡，故又将夏州与朔方扯在一起，并错误地将元朝时才出现的"宁夏"也卷了进来，而误认为北魏所设置的夏州，是从古朔方郡沿革而来，并与元朝设置的宁夏路为同一地望。这样便人为地将朔方、夏州、宁夏不同时期的三个行政建置讹为同源，同时也把它们所辖属县（宁朔县）生生地搬到了清朝的宁夏府，并在改卫、所恢复府县时自然而然被张冠李戴，错误地被"恢复"了历史上的旧名称——宁朔县。

今宁夏地区在历史上并未设置过宁朔县，但与宁夏毗邻的陕北地区却设置过宁朔县。这个宁朔县的历史沿革是这样的：从前文我们了解到，古宁朔县先后分别属于古朔方郡和朔方县、岩绿县以及夏州，至南北朝北周时，曾与此地设立宁朔县，隶属化政郡，隋改属夏州。[①] 唐和北宋，夏州一带被党项羌族拓跋部控制，其后该部首领李继迁叛宋，以夏州、银州为根据地，与宋朝对抗。宋淳化五年（994年），北宋政府为防后患，下令平毁夏州城，但李继迁仍据为大本营并自号"东都"（灵州称西平府，自号西都，兴庆府自号中都）。南宋宝庆三年、成吉思汗二十二年、西夏宝义二年（1227年），蒙古汗国大军灭西夏，同时夏州也被废。从以上夏州的立废历史来看，它与今宁夏的地域和行政建置均毫无关系，更与宁朔县风马牛不相及。

那么，清宁朔县取名之谬误其原因何在呢？经查阅宁夏古方志发现，早在明代的修志人就已犯了前文的错误并扩而大之，即将后来整个宁夏地区的历史沿革与明前的朔方郡和夏州地区的历史沿革混为一体。如（明）《嘉靖宁夏新志》在卷一的《建置沿革》中，已将宁夏的建置史追溯为："秦为上郡地（本文作者注：上郡治在肤施，今陕

---

① 李吉甫撰，贺次君点校：《元和郡县图志》卷四，中华书局，1983年。

西北部）。"①接着写道：西汉为"朔方郡"，"后魏置夏州"②，"后周改怀远郡"③。隋"为怀远县……复为朔方郡，寻改为夏州"④。唐"贞观三年，拓跋赤辞以其地来归"⑤。"宋真宗景德间，其五世孙德明款塞内附，始自夏州迁怀远镇，改为兴州居之，今之镇城是也。"⑥读者读到此段文字，感到眼花缭乱，不知所云，因为志文实在是东拉西扯加凭空臆造，篡改了历史，也贻误了后人，误导了明代以后编修宁夏志书的人，也亦步亦趋，以讹传讹，犯了同样的错误。

清乾隆四十五年（1780年），宁夏道永龄、宁夏知府张金城在主政宁夏期间，组织本籍进士杨浣雨等一批乡贤，共同编修了一部《乾隆宁夏府志》。这是一部体例完备，内容丰富，基本上可称为反映康乾盛世时代的一部宁夏实录和一代信史。但我在研读和使用该府志时，同样发现了前明旧志所遗留下来的瑕疵，即文前所提到的有关宁夏地区历史沿革的失误。

《乾隆宁夏府志》在记载宁朔县的历史沿革时这样写道："……周又置宁朔。"⑦我认为此宁朔县是南北朝北周统一中国北方后所设立，为夏州的属县，治所在今陕西靖边县白城子，与清朝宁夏府的宁朔县并不发生渊源关系。该志又记："（宁朔县）元属宁夏路，明为宁夏右卫……顺治十五年，并中卫入右卫，雍正三年改宁朔县，属宁夏府。"⑧经考证，元朝于至元二十四年（1287年）"以中兴府隶甘州行省"⑨。"至元二十五年，改中兴路为宁夏府路"⑩，"宁夏"的行政建置名称始于此。可见宁夏的前身与黄河前套的富平县、怀远县和古灵州有着某种承传关系，而与陕北的夏州及其属县宁朔县完全没有一点瓜葛。

《乾隆宁夏府志》在《地理卷》中，不仅把宁朔县的《历史沿革》

---

①②③④⑤⑥ 胡汝砺纂修，管律重修，陈明猷校勘：《嘉靖宁夏新志·宁夏总镇》卷一，宁夏人民出版社，1982年。

⑦⑧ 张金城修，杨浣雨纂，陈明猷点校：《乾隆宁夏府志·地理》卷二，宁夏人民出版社，1992年。

⑨⑩ 宋濂等撰：《元史·世祖十二》卷十四，中华书局，1976年。

作了错误的记载，甚至还专门写了一大段按语，将全宁夏（指清宁夏府属地）的历史沿革也进一步作了综述性全盘的误记。这篇按语的文章很长，不便全录，现只将其谬误之处作简要评述。按语开头写道："今宁夏地在汉属三郡（本文作者注：三郡指上郡、朔方郡和北地郡）十七县。后魏置夏州，领四郡，分别有灵州"①（本文作者注：这里把今陕北古郡县与今宁夏古灵州进行了拉郎配）。按语继续道："前朔邑令周君有《宁朔县志稿》，引《水经注》证宁夏为朔方郡甚详。"此处指乾隆二十三年至二十九年（1758—1764 年）出任宁夏府宁朔县县令的湖南籍人周克开，他在任间曾编修一部《宁朔县志稿》，该志以北魏大臣郦道元所著《水经注》为依据，详细论证得出结论："（今）宁夏（即是古）朔方郡"的穿凿附会观点。②周县令肯定地认为，"考晋、魏、唐、宋、元、明诸书，皆以《汉书》朔方郡为宁夏，无以北地郡为宁夏者"③。

周君的所谓考证，实在是武断的、可笑的、无中生有的伪造。因为无论是国史，还是名人的权威著作，抑或是稗野小史，凡有一定影响的学术著作，无不认为：宁夏古为北地郡属地，至晋代宁夏为大夏国赫连勃勃行宫丽子园（今银川市前身的怀远县）和果园城（即古灵州，时为放养大夏国王的白口骝战马的养马城）。北魏间置薄骨律镇，以著名将军刁雍任镇将。唐代于回乐县置灵州（或灵武郡），并为朔方节度使所城。宋代先为"河外六镇"，后为西夏地方军阀割据，并改名兴庆府，以为伪"国都"。蒙元时期，先于蒙古汗国忽必烈中统二年（1261 年）设西夏中兴等路行省，后几经置废，到至元二十五年（1288 年）最终改置为宁夏府路，归隶甘肃行省，"宁夏"之名由此产生。④明朝为了防范残元蒙古部落南下，在北方万里国防线上设立九边重镇，其中在宁夏地区设立宁夏镇，为"九边重镇"之一，对地方实行全民

①②③ 张金城修，杨浣雨纂，陈明猷点校：《乾隆宁夏府志·地理》卷二，宁夏人民出版社，1992 年。

④ 鲁人勇、吴忠礼、徐庄：《宁夏历史地理考》，宁夏人民出版社，1993 年，第 34 页。

皆兵的军事化管理，宁夏镇下辖宁夏卫、宁夏中卫、宁夏前卫、宁夏后卫和宁夏左、右、中三个屯卫，计七卫。① 清代雍正二年（1724 年），将前明宁夏卫和宁夏前卫以及宁夏左屯、右屯四卫辖地合并改置为宁朔县。② 以上史实证明，清宁夏府和宁朔县大部分地区，在东汉以前大部分时间为北地郡属县，东汉曾有一段时间，北地郡还迁治于宁夏黄灌区东岸富平县，而恰恰于周令所谓论证相反，宁夏府和宁朔县完全与朔方郡没有丝毫行政领属关系。

周君不仅把朔方郡和北地郡的属地和行政设置"整理"成为一团乱麻，进而又将名著《水经注》一书中所记载的黄河流经今宁夏的郡县作了一番张冠李戴的"人工移植"。硬是把汉置的临戎县（今内蒙古磴口县北布隆淖村西南，东汉末废）③，汉置的三封县（今内蒙古磴口县西北包尔套勒盖农场，东汉废）④，汉置的沃野县（今内蒙古临河县西南，东汉末废）⑤，汉置的窳浑县（今内蒙古磴口县西北保尔浩特土城，东汉废）⑥，汉置的渠搜县（今内蒙古达拉特旗西黄河南岸，东汉废）黄河后套的县治都搬到了今黄河宁夏段。周君信心满满地作了如下结论："宁夏之为朔方郡"⑦，"宁朔之为朔方沃野县"⑧，"贺兰山在沃野界"⑨。并且打保票说道，他的结论是"彰彰可考"⑩。幸运的是周克开老前辈的《宁朔县志稿》没有刊刻印行，并已告佚，贻误后人并不深远。

民国初，宁夏护军使马福祥等主修，王之臣、吴复安主笔的《朔方道志》基本上仍然因袭明、清志书的错误。如在《朔方道志·舆地志》卷之二的《朔方道沿革》（本文作者注：民国初北洋政府推行废府存道新政，将宁夏府改为朔方道）中，将宁夏的历史源头认定为"雍

①② 鲁人勇、吴忠礼、徐庄：《宁夏历史地理考》，宁夏人民出版社，1993 年，第 34 页。

③④⑤⑥ 郦道元著，王先谦校：《水经注》卷三，巴蜀书社，1985 年。

⑦⑧⑨⑩ 张金城修，杨浣雨纂，陈明猷点校：《乾隆宁夏府志·地理》卷二，宁夏人民出版社，1992 年。

州渠搜地"，属于西汉的"朔方郡，隶并州刺史。东汉因之"，"晋乱为赫连氏所据，筑统万城曰夏州，又曰忻都。在河套中黑水之南"，"后魏置弘化郡，领岩绿县，隶夏州"，"隋开皇三年郡废，又置朔方、灵武二郡。唐以夏州朔方郡朔方、静德、宁朔三县"，"唐末拓跋思恭领夏州……遂世有其地。历五代及宋，其孙继捧入朝献地。景德间，其地继迁复据灵州，传子德明。城怀远镇为兴州居之，即今镇城……元灭夏，置宁夏路……明初设宁夏府……九年改置宁夏卫……又增前、中、左、右，共五屯卫，隶陕西行都司……（清）雍正三年升为宁夏府，领州一（灵州）、县六（应为四县，即宁夏、宁朔、平罗、中卫，其余几县均为后设）。"①至于宁朔县的沿革，当然与朔方道（即宁夏府）犯同样张冠李戴的错误，所以其《沿革》记曰："（宁朔县）汉北地郡富平县地，后周置宁朔县。隋属朔方郡。唐隶夏州朔方郡。宋为怀远县，入西夏。元属宁夏路，明为宁夏右卫……雍正三年，裁卫改为宁朔县，属宁夏府。"②以上府、县的所谓《沿革》显然是从明旧志中转抄而来。

经过我的考证，今内蒙古和陕北的朔方郡和夏州以及其属县宁朔县，它们之间在历史渊源和建置沿革方面曾发生过交叉关系，即夏州与朔方郡（包括朔方刺史部）以及宁朔县相互存在着承传和隶属关系。而今宁夏南北地区的宁夏府路与夏州和清设宁朔县与汉唐所设朔方郡、夏州和北周所设置的宁朔县，各自有自己的地望和上隶下辖的具体的行政建置，完全是一种平行关系，互不相干，各自独立发展，不存在上文的所谓沿革关系。今宁夏南北地域是古朔方（西周宣王征伐的戎地），战国间始设北地郡，秦汉在黄河两岸先后设富平县、灵武县、灵州县和廉县，南北朝设薄骨律镇、怀远郡，隋唐设置灵武郡（灵州），宋代初属"河外六镇"，后为党项地方割据势力所建立的西夏国国都兴庆府地区，蒙元先于西夏故疆设立西夏中兴等路行省，省城为兴州，至元二十五年（1288年）降改为甘肃行省的宁夏府路，这才有"宁夏"

---

①② 马福祥、马鸿宾、陈必淮主修，吴复安、王之臣主笔：《朔方道志·舆地志》卷二，天津华泰印书馆，1927年。

行政区域的名称。明属北方"九边重镇"之一的宁夏镇。清雍正二年（1724 年）改前明卫所制为府州县制，在设置的新县中，有名为宁朔县者，它与宁夏府和宁夏县同治府城。民国时期宁夏建省，宁朔县为新宁夏省属县（先治所的满城，后迁王宏堡、瞿靖堡、小坝镇）。新中国成立后，于 1960 年改宁朔县为青铜峡市（县级市，治青铜峡镇），1963 年，改青铜峡市为青铜峡县（县治迁回小坝镇）。1984 年，恢复青铜峡市建置，治所不变。从上文的朔方和夏州的历史沿革可以看出，宁夏的这个宁朔县与夏州的宁朔县是完全没有渊源关系，将东西不同时期的两个宁朔县视为一县，纯粹是张冠李戴。今人在宁夏地方史研究和编修宁夏新方志时，必须纠前人之误，正本清源，还历史的真面貌。

（原载于负有强主编：《宁夏地方历史文化论丛（第六辑）》，宁夏人民出版社，2020 年）

序言篇

《固原地方史要论》序①

案头厚厚的一叠书稿，翻着看着，使我陷入了深深的沉思。那是1985年的隆冬，全区各地、市、县地方志编纂工作会议期间，我认识了固原地区方志办的佘贵孝同志，谈话间的情趣、思路，对固原地方历史及其文化的谙熟，使我确有一见如故之感。这次接触，给我的印象很深，觉得这是一位热情、好学且颇有才气的人。果然，八年后的今天，他给我送来了倾注着他汗水和心血的《固原地方史要论》书稿，要我审读并写序，我愉快地接受了他的请求。

书稿的一部分，已在区内几家刊物陆续发表过。作为负责宁夏地方志编纂工作的我，平时就对这方面的文章留心，再加之出自贵孝同志之手，就更有几分偏爱了，所以，大多也拜读过。还有一部分新作，也很见功力。在体例方面，文章独立成篇，按年代和王朝更替顺序排列，既可单独成章，也可汇集成书。就内容看，基本反映了固原地区每个历史时期的政治、军事、经济、民族、文化诸方面的演进和发展过程。书稿资料严谨，内容丰富，论述精当而公允，把握准确，称得上是一部集地方性、学术性于一体的质量较高的史地文化学术著作。

编修地方志是中华民族的传统，这将为后人留下一笔丰富的文化遗产，更是有益当代、惠及子孙的善举。作者在编纂地方志书的同时，潜心研究，积数年不辍之钻研精神，写成了这部书稿，不仅是对固原地方文化研究的一大贡献，而且为我们宁夏地方志的研究向深度和广

---

① 佘贵孝：《固原地方史要论》，宁夏人民出版社，1993年。

度推进，起到了排头兵的作用。所以，读他的书稿，颇多感慨，也深为敬佩。同时，为他论著的出版而高兴。

固原历史悠久，建置沿革错综，民族迁徙频繁，各种文化呈多融之势。所以，不可能在这部有限的著述中将如此丰富庞大的内容全部包含进来；同时，书稿中也不可避免地存在着一些缺憾，诸如资料性强，而弱于理论方面的阐述等。但是，它仍不失自身存在的价值，是一部研究宁夏地方史志的较高层次著作。当否？请同仁读而感之。是为序。

1993 年 4 月 23 日

《茨乡歌志》序 [①]

编修地方志是中华民族的优秀文化传统。由于它具有存史、资政、教化等功能，所以历来备受统治阶级和社会各界人士的青睐。这本《茨乡歌志》肯定也会被人们喜爱的。

现在，全国上下编修社会主义新方志蔚然成风，方兴未艾，大批各级各类新志书正在相继问世。这些新方志为领导机关的决策起着参谋作用，为改革开放服务，同时也被国外学术界刮目相看。修志"利今世""惠后人"的功德，已成为共识。但是，一部志书的纂成，是在大量系统调查研究和对地方史料的收集与辨伪等复杂、艰辛劳动基础上完成的。它被称为"地方百科全书""一方之全史"，它是一座文化宝库。它的功能具有全方位、多层次、潜长效的多素性，其巨大能量当然不是一部志书本身所能释放得了的。一部洋洋百万言的方志巨著，在它与当地的历史、当地的群众及有关的志书群结合起来时，它自身的价值和社会效益才能充分地展示出来。《茨乡歌志》是一部小志，它在浩瀚的志林里只是林间蔓生的一脉小花，但它是这个群体里的一员。据我所知，给民间小调写志，在国内可能鲜见。

《茨乡歌志》的作者苏忠深，是福建普江地区人。青年时投笔从戎，经过抗美援朝战争洗礼之后，又随铁道兵来到宁夏修筑包兰铁路，工程结束后自愿转业留在宁夏工作。他把长期生活和工作的中宁县视为自己的第二故乡。中宁县是宁夏"五宝"之一枸杞的正宗产地，当

---

① 苏忠深：《茨乡歌志》，宁夏人民出版社，1994 年。

地农民称枸杞为"茨"。

　　苏忠深讴歌茨乡宿愿已久，所以，当他完成县委、县政府的重托，负责主持编修完成《中宁县志》之后，又以新的视野、开拓的精神，着手对大量修志资料进行再度发掘整理和深加工。这本《茨乡歌志》，就是他挖掘整理新修县志副产品的一个品种，也是为充实新方志的社会服务功能、为弘扬民间文化、为精神文明建设做了一件有意义的工作。

1993 年 8 月 3 日

存史资政　继往开来 ①

——《宁夏工商税收史长编》代序

自治区税务局编写的《宁夏工商税收史长编》，经过几年的辛勤工作，现在这部大型文化工程即将问世，首先向局领导和负责编写的税科所、税志办全体同志表示祝贺。同时，我自己也感到很高兴，因为从这项工作的组织发动、人员培训到初稿修改和这次审稿、定稿，我自始至终是参与者，所以我想借这次审稿总结会，谈几点个人的看法。

一、《宁夏工商税收史长编》编写成绩突出，意义重大

自治区税务局领导在六七年前就决定开展这项工作，我认为是有战略眼光的，当时税务局先后承担的是《当代中国·宁夏卷》《宁夏财政志》的资料收集和供稿任务，在完成这项任务中，收集到大量的、系统的、十分珍贵的资料，总字数达到3000多万字之巨，局领导敏锐地认识到这是一笔宝贵的财富，从另一个角度来看，它比完成《当代中国·宁夏卷》的供稿和《宁夏财政志》（税收部分）的写作任务更为重要，这些资料集之不易，弃之可惜，绝不能得而复失。因此局党组、局领导当机立断，决定编写《宁夏工商税收史长编》。几度春秋寒暑，多少不眠之夜，以心血汗水浇灌和辛勤笔耕劳作，寸畦间"文苗"茁壮成长，终于完成了《宁夏工商税收史长编》的撰写任务。据我所知，完成编写省级税史长编的任务，在西北地区还是第一家，它的意义是

① 宋承炎、祁彦斌：《宁夏工商税收史长编》，宁夏人民出版社，1994年。

不可低估的。我国自古以来就有编史修志的优良传统，史志是我们华夏文化宝库中的一颗璀璨的明珠，是中华文化的特产，在世界上独树一帜，历来不仅被中国历代统治阶级所重视，也在国际上被广泛珍视。由于这种文化形式博大精深，传世帖卷之多，犹如夜空的繁星，在世界文化殿堂中是无与伦比的。毛主席就历来十分重视对中国历史的研究，他曾经多次教导我们：我们这个民族有数千年的历史，有它的特点，有许多珍宝品，有灿烂的古代文化，对于这些，我们共产党人目前还是小学生。他要求全党和广大干部要学习自己的历史遗产，要用马克思主义立场批判地总结历史，因为今天的中国是历史中国的发展。他认为，共产党人不能割断历史，从孔夫子到孙中山都要加以总结，要继承这一珍贵的遗产。他还说过：我们共产党人是马克思主义者，马克思主义是没有国界的，是国际主义的，但马克思主义要通过民族的形式来表现，共产党人要了解自己国家的历史，不能生吞活剥外国的，言必称希腊，忘记了自己的祖宗，愧对自己的祖先。不能数典忘祖。对于历史这一点，我们至今懂得甚少，有些人不以为耻，反以为荣，这是一种坏作风。对中国的昨天和前天的面貌一团漆黑，这是不了解历史的表现。如果不了解历史就很难找到事物发展的客观规律，任凭想当然就要犯主观主义的错误。列宁在不同的论著里也说过：只有研究历史才能把握今天和预示将来的发展趋势，无产阶级文化并不是从天上掉下来的，认识昨天和明天的连续，是十分重要的。可见，我们今天重温革命导师的教导，回过头来总结各个地区、各个行业的历史，是很有必要的，有重要的现实意义和深远的历史意义。

《宁夏工商税收史长编》经过宁夏税科所和税志办全体同志的集体攻关，他们本着"板凳要坐十年冷，说话不能半句空"的治史精神，甘心与故纸堆打交道，跑遍全区各市县（区），查阅自治区内外大量档案史料，完成了3000多万字的资料收集、整理工作，在此基础上撰写了200多万字的初稿，又以一年的时间，对200多万字的初稿进行缜密的修改、加工，才最终形成了现在这份摆在各位面前的120万字送审稿。由此可见，这项工作是多么艰巨，也可以看到税科所、税志办同志们史德的高尚。编史修志自古以来就是一项清苦的差事，收集资料，如同大海捞针，是很辛苦的，编写百万字的巨著并数易其稿更是十分艰苦。所以，编史修志可以用六个字概括，就是"清苦、辛苦、艰苦"。但这项工作总是要有人去做。自治区税务局在完成地方志编纂的同时，又完成了这一资料长编撰修工作，对于我们修志界，在全国来说也是不多的，这是一种一箭双雕、一石两鸟的双丰收，有人称之为"连理瓜""双头穗"，一点也不夸张。它充分说明区税务局的领导重视编史修志工作，讲究领导艺术，深化治税方略，是大家的风范。因为这项工作的意义不仅对当前的业务有指导意义，而且更有资治、教化和存史的功能，还给科研工作者提供翔实的资料，其作用是全方位、多层次、覆盖面和潜能、广谱、长效性的。

二、编纂资料长编是一项严肃的创作过程，《宁夏工商税收史长编》的编纂是成功的

长编，是史学的传统形式，它是对历史资料的编排汇集，但它不同于资料汇编，从某种意义上讲，它的价值并不亚于论著的形式，所不同的，它是一种资料性的学术著述罢了，如我国历史上有著名的《资治通鉴》和《续资治通鉴长编》。它们或称史、或称长编，名称虽不同，亦同样是历代公认的不朽的历史名著，被前人称之为"此天地间必不可无之书，亦学者必不可不读之书"。毛主席就十分偏爱《资治通鉴》，这本书是他随身必带的书籍之一。他老人家一辈子反复阅读这部历史名著，可见这种体裁，这类历史书籍的重要性。目前，似有一种浅薄的偏见，认为只有论著才是学术成果，所以在评职称当中，把史料和古籍整理工作拒之门外、不算成果，如果这样的话，祖国的传统文化能很好去继承吗？你做的学问会有牢固的根基吗？毛主席说过：人的知识有两种，一种是直接知识，一种是间接知识。一个人的生命和活动范围是有限的，事事都要亲身去实践，去调查研究是不可能的。所以人们的

知识大量来自于间接的书本知识，即通过别人提供的各种历史与现状的资料来接受。它同样来自于前人和他人的实践。我们编史修志的任务，就是要整理历史给我们遗留下来的资料。从现在的经验看，中国的历史资料虽然如江河源远流长，似海洋浩渺无垠，但归纳起来，举凡形式可分九种：一是档案资料；二是家谱资料；三是金石碑铭和地下发掘实物资料；四是报刊资料；五是名流家藏私人资料（如笔记、日记、自传和未发表的手稿等）；六是工商实业会计资料；七是馆藏图书文献资料；八是舆图、声像资料；九是口碑资料，也就是我们所说的活资料。这九种形式的资料，按级次来分，一般又可分为原始资料、资料汇编、资料长编、地方志和专著。我们界定编写资料长编，是创造性的劳动，是一种资料性的学术著述，因为它不是对原始资料简单的"物理处理"（加减分合），而是要经过一番"化学过程"，使原有资料得到了"升华"，这一过程不仅有量的变化，而且达到一次飞跃，有了质的突破。它的这种蜕变过程，大体上要经过以下几个步骤才能完成：第一，广泛征集、占有资料，实现量上的优势。第二，科学地编排所有资料。这种编排有各种各样的方法，或依时序而聚，或以属性而聚，或按事件而聚，或以人物而聚，通过这几种方法把原始资料加以筛选、整理以备使用。第三，考定真伪，去粗取精。忌单凭信于孤证，也不能有文必录，而要做到真实、可靠、权威，给后人留存信史。第四，经过考证的资料，不一定都可以选用，还要选择其中有代表性的，能充分反映事物本质属性、科学性强的资料为素材。作者把这些材料融会贯通以后，再用自己的语言表达成文。通过这四个环节，我们不难看到，资料长编不是一个简单的资料整理过程，实际上是一个创作过程。同时，在写作过程中，还要进行第二次考证，让书中所使用的资料前后不发生自相矛盾，全书口径一致。就是说，要对书中的资料做到"三明""四准"，即开端、经过、终结要交代明白，时间、地点、人物和性质要把准。这样形成的资料长编不仅是一种学术著述，而且是为其他学术研究提供权威资料的依据，这样一个复杂的施工过程，难道仅仅是摘抄就能够完成的吗？所以说，"长编"这种史学研究形式是一种当之无愧的学术性成果。

《宁夏工商税收史长编》经过多次修改加工，浓缩成一本120万字的送审稿本，我认为，根据这次审稿会后的再次修订与加工润色，它将会成为一本成功的资料性学术著作。我说的成功，不是恭维，而是基于以下三点事实：其一，编写组同志自始至终有一个明确的写作指导思想，即坚持以马列主义、毛泽东思想为指导，坚持辩证唯物主义与历史唯物主义理论。他们不是为了写史而写史，是通过总结历史的经验和教训，来服务于当前的税收工作和科研工作，增强对税政的指导性，帮助领导了解本行业的情况，真正发挥其资治、存史、教化的作用。也就是说，编写税史长编首先明确了这样一个指导思想，即我们的历史研究要为无产阶级服务，要为我们当前的中心工作服务。税史长编虽是史学的一种形式，但总的来说它属于文化的范畴，文化属于上层建筑，它产生于一定的经济基础，并为自己的基础服务，反过来它又有能动的反作用。编写税史的同志们是明确这一指导思想和原则的，他们紧紧围绕着这一点，所以他们选用的资料对当前的工作都有很强的针对性，能够起到服务的作用。其二，从体例上讲，基本符合历史长编的要求。从工作过程上讲，经过准备、整理、科学考证，按篇、章、节排比资料，写成200多万字的初稿，最后删繁就简，撰写成120万字审定稿，是符合历史长编的编写过程的，这个过程也正是宋代大史学家司马光主持编纂《资治通鉴》的过程。在其写作上，坚持一条线贯穿不乱，既坚持编年体的主体形式，做到了纵不断线，记述税收工作有一个连续性的发展运动过程。同时，为了详细反映某一方面和一件事情的全貌，又结合了记事本末体的体例。如第二卷以后的各卷，则采取横排竖写的手法，也就是把编年体和记事本末体结合起来使用，这是一种创造性的尝试，是一种很好的形式，这样就可以做到纵不断线，横不缺项，把历史的长河和每一个阶段剖面都给读者呈现出一个清楚完整的面貌，这是一种以时为经，以事为纬，经纬交织的写史方法，难度大，但收效好。其三，资料含量大，并配用适量的图表，使读者一目了然，具有很强的可读性。资料充分，是长编质量的一个最起码的要求，司马光编写《资治通鉴》有一条经验，就是八个字："宁失于繁，无失于略"。因为长编是备史征、供删削的资料性成果，要让各种需要都从中有所获，如同取之不尽的万宝囊。另外，《宁夏工商税收史长编》还有三个特点：一是它尽量反映宁夏边远、经济落后地区和少数民族自治地区的个性特点，有针对性地选择了这方面的资料；二是设置篇目很有创造性，以综述卷为卷首，首之端又设概述章，这更是全书画龙点睛部分，也是全书导读性的总结，让读者开门见山，这样处理是很科学的，是符合马克思主义认识论的。人们认识事物总是由表及里，由浅入深，由感性到理性的，所以这种写作方法，是建立在马克思主义科学认识论的基础上的，它既是方法，也体现出编纂者的写作指导原则；三是坚持述而不作、叙而不论的写作原则。因为长编和方志这种文体没有论述的要求，更没有揭示事物规律的任务，它仅供人们研究以后，各自去得出各种各样的结论。编写税史长编既坚持述而不论的要求，作者又不能站出来直接表述自己的观点，而是经过对资料的取舍、排比和遣词造句，寓褒贬于叙述之中，辨是非于选材之中。扬善挞丑，选贤任能，信赏批罚，任由读者去评论。

三、对《宁夏工商税收史长编》的几点修改意见

1.任何事物都是一分为二的，共产党领导的事业，成绩是主要的。但是，在我们各项工作中不可避免也有失误，也要走一些曲折的道路。在我们编史修志工作中，目前往往有这么一个缺点，就是提到旧社会则一团漆黑，一无是处；写新社会则一片光明，一帆风顺。事物的本来面貌并非这么简单，处于初级阶段的实际情况也不是这个样子的。如果我们的各项事业，各种工作都尽善尽美，为什么要进行改革呢？难道只写好的，回避不尽如人意的方面就是与中央保持一致吗？但是，历史唯物主义和中国传统的史德则要求历史必须秉笔直书，对历史负

责任，还历史于本来面貌。

2. 史料要考证清楚，但也要实事求是，或缺，或疑，不要勉强，允许存歧和诸说并存，以待后人进一步研究、考证。

3. 内容与形式要力争完美结合，文字再加工，格式求统一，要符合规范，要力求让史学与文学相结合，做到"章无剩句，句无剩字，言简意赅"，具有可读性。具体地说，就是要改好概述，史论结合，画龙点睛，导引全书。还要再次审定篇、章、节、目，务使归类科学，领属得当，层次分明。简化字、标点符号、数字使用、度量衡单位、农历公历、古今地名、人名、称谓等都要符合规范化、标准化的要求。

总之，审稿会后，我们主张修改审稿要坚持一支笔，主修人既要虚心领会百家评点，又要自信地作一家的文章，争取百尺竿头，更进一步。基本上做到"二十六字"要求：资料广博，言必有据，条理清晰，文字精练，规范标准，便于检索。最后，请不要久拖不决，抓紧早日出书。

由于我的水平有限，以上发言如有不妥和错误的地方，请同志们批评、指正。谢谢大家。

1993 年 12 月 28 日

《海原县志》序①

　　编纂社会主义新方志，是继承祖国优良文化传统、促进社会主义精神文明建设的一件大事。因此我们党的三代领导人，对于修志事业都非常关心。毛泽东同志就十分喜读志书，不论是在烽火连天的战争年代，还是在建国以后巡视大江南北之际，所到之处，总要搜求当地方志翻阅。1958 年，成都会议期间，就调阅了大量四川方志，还辑选其中一部分，推荐给到会的领导同志。毛泽东同志不仅倡议全国各地要编修地方志，还提倡利用方志，来提高领导水平。周恩来同志也重视修志工作，在他的亲自关怀下，国务院设立了地方志小组，并亲自抓旧志整理工作。他说："新的东西总是从旧的上发展起来的。过去编的府志、县志保留了许多有用的史料。""要系统地整理地方志"，"做到古为今用"。邓小平同志提出建设有中国特色的社会主义理论，强调"摸清、摸准我们的国情"，对于社会主义现代化建设具有重大意义。方志，就是一种"官修"的国情书、地情书和行业情书。江泽民同志对修志工作更是有过精辟论述，他说："编纂社会主义新方志是两个文明建设的组成部分，是社会主义文化建设的系统工程，是承上启下，继往开来，服务当代，有益后世的千秋大业。"还说："修志工作是一项不容易引起重视的重要工作。各级领导要把修志工作当作一项重要事业来抓，并切实抓好。"据我所知，中央许多领导同志和社会各界知名人士，都大力支持社会主义修志工作，纷纷为各级各类新方志，尤其是为家

---

① 海原县志编纂委员会：《海原县志》，宁夏人民出版社，1999 年。

乡的志书热情题词、作序，使新方志大增光辉，令家乡父老倍感荣耀。

编修社会主义新方志，是总结一个地区、一个行业的历史，以便"鉴古知今，信今传古"，更好地建设自己的家乡。所以地方各级领导同志对于编修方志积极性都很高，海原县虽然是一个贫困县，但是编修县志工作并不落后，从 1985 年成立县志编纂委员会以来，受到六届领导班子和四套班子始终如一的关怀，加之县志办全体同志的不懈努力，终于在极端困难的条件下，于新旧世纪之交，完成了一部 150 万字的新《海原县志》。这部县志做到了以马列主义、毛泽东思想、邓小平理论为指导，坚持辩证唯物主义与历史唯物主义的观点和方法；在篇目设置和编纂中，不仅符合方志的一般体例要求，而且又突出了老、少、边、穷、小的个性特点；尤其值得称赞的是，志书涉及时间跨度大，涵盖面宽广，选用资料精当而又丰富，堪称为"海原全书"；在具体写法上，基本上做到了领属合理、条分缕析、事以类聚、以事系人、横不缺项、纵不断线和详今略古的方志章法要求，收到了正本清源、探求规律的特殊效益。

编修社会主义新方志，不是一项一劳永逸的工作。中共中央政治局委员、中国地方志指导小组组长李铁映同志说："修志事业是伴随着中华民族生生不息永不尽竭的光荣事业。"它将"伴民族、随历史，代代相济，永不断章"。他还明确指示："一届志书完成之日，就是新一届志书开修之时。"方志之所以能够成为中国文化的常青树，就是因为它有存史、资治、教化的特殊功能。可见从某个角度来看，志书出版了，只是完成了修志任务的一半，还有"用志"的事更为重要。领导同志要善于运用志书帮助决策，专业人员要从书中发掘有用资料，同时志书也是对青少年进行革命传统教育的乡土教材。总之，各方面的人士都能在志书中获取自己所需要的东西。只有这样，修志人员的辛勤劳动才能算得到好的回报。我想《海原县志》正式出版发行，仍然任重道远，还有用志和续修两大任务在等着人们。这就是我在撰写这篇序言时所特别想到的。

1999 年 4 月于银川

《宁夏当代著名人物传略》序^①

　　宁夏各族人民的新生——宁夏解放，已经过去整整 50 个年头了。50 年来，宁夏人民在中国共产党的领导下，民族团结，社会进步，文化繁荣，社会主义革命和建设事业取得了一个接一个的伟大胜利。尤其是党的十一届三中全会以后，各族人民群众在邓小平理论的指引下，在以江泽民同志为核心的党中央正确领导下，自治区党委、人民政府带领全区 500 万各族人民坚持走改革开放的道路，在新长征的道路上又取得了更加伟大的胜利，从引黄灌区到六盘山区，从城市到农村，乃至每一个家庭，都是今非昔比，发生了翻天覆地的巨大变化。

　　饮水思源，宁夏各族人民永远铭记，今天的幸福生活全靠伟大的中国共产党的英明领导，靠无比优越的社会主义制度，靠全区人民群众的艰苦奋斗，同时也靠带领人民群众奋斗的一大批优秀干部。《宁夏当代著名人物传略》，记载了他们中间的典型人物。这批著名的代表人物，不论是来自党政军部门，还是科教文卫战线，或是统战宗教界人士，他们有一个共同的特点：都为宁夏的解放事业和社会主义建设事业作出了开拓性的贡献。因此，宁夏各族人民在世世代代不忘党的恩情的同时，也不会忘记这些功臣们。

　　《宁夏当代著名人物传略》是一部丛书，系宁夏"三套丛书"之一，今年出版的第一辑，作为向宁夏解放 50 周年献礼，以后还要陆续出版第二辑、第三辑……如果有条件，还要编辑出版相应的图画集。我们

---

① 李树江、吴忠礼：《宁夏当代著名人物传略》，宁夏人民出版社，1999 年。

认为这套丛书一定会受到全区各族人民和各行各业人士的喜爱，也可以作为对青少年进行革命传统教育和爱国主义教育的乡土教材。希望大家爱护她、关心支持她，积极为续集提供资料，参加撰稿。当然由于我们的水平有限，加上时间紧迫，本书错误之处在所难免，诚恳希望读者批评，以使续集质量更高。

李树江　吴忠礼

1999 年 8 月 1 日

《平罗县军事志》序 [1]

　　平罗县是宁夏回族自治区回汉聚居的大县，它位于自治区北部，东滨黄河天堑，西恃贺兰山屏障，背山面水，四面险固，自古称军事要区。同时，它也是大西北通往内地的北路要道，地理位置十分重要。全境属于河套灌区，不仅开发历史悠久，农牧业发达，而且优质煤炭矿藏丰富，是享誉世界"太西煤"的产地。全县现已形成以煤炭开采、煤炭加工为龙头，高耗能工业为支柱，轻工、化工、机械加工为依托，建材和农副产品加工为双翼的工业体系，是宁夏富裕文明、民族团结的先进县。

　　平罗，原名"平虏"，是明代宁夏镇北边墙（北长城）内侧的重要军事设防地，先是宁夏前卫后千户所屯守地，后改设"平虏守御千户所"，为所城。清雍正年间改为平罗县，为甘肃省宁夏府属县。今宁夏回族自治区首府银川市以北地区（含贺兰县大部）均属平罗县管辖范围。因该地自古与漠北游牧民族毗邻，遂成双方耀武、争斗的重要战场。汉代始属廉县，唐代于境内筑定远城，西夏筑省嵬城。元季因袭仍为定州。至明代，由于残元势力屡屡南下，地处宁夏最北端的平虏便成为北国的军事要冲。有明一代，宁夏镇抚们经营此地可谓用心，先后在这里筑镇远关，建黑山营，大修长城、关隘、墩堠，但境内不但仍烽火不断，战事频仍，岁无宁日，而且防线节节退缩，要塞不断弃守，形势日益严重。时巡抚宁夏都御史杨守礼和镇守宁夏总兵

---

① 平罗县军事志编纂委员会：《平罗县军事志》，方志出版社，2002 年。

官任杰等曾惊呼："苟失平虏，则无宁夏；无宁夏则无平、固；无平、固则关中骚动，渐及内地，患不可量矣"（《嘉靖宁夏新志》卷之一）。特殊的环境，造就了平罗人民英勇顽强、保家卫乡、敢于斗争的传统。正如《平罗纪略》所记载，"土人性勇锐"，"强悍尚气，敢战斗"，"地接边荒，多尚武节"。远的不说，辛亥革命风暴时的民军起义，大革命时代献粮、献金、献力支持冯玉祥部国民军参加北伐打倒军阀的战争，"七七"事变之后，城乡人民的抗日宣传与支前活动，以及在中共宁夏党组织领导下的各种地下革命斗争等，都是平罗人民光荣革命传统的反映。

中华人民共和国建立以后，平罗人民虽然过上了当家作主、安居乐业的幸福生活，但是城乡工农群众仍然居安思危，常备不懈，大办民兵师，十分重视民兵的建设工作。改革开放以后，在新的形势之下，全县各级党政领导，坚持以毛泽东军事理论、邓小平新时期军队建设思想为指导，教育人民群众，尤其是广大青少年，用实际行动支持部队认真落实中央军委主席江泽民"政治合格、军事过硬、作风优良、纪律严明、保障有力"的总要求和积极贯彻中央军委新时期军事战略方针，围绕"打得赢"和"不变质"，全面加强部队和后备力量建设要求。全县广大民兵发扬革命传统，在军地党委的组织领导下，认真做好新时期的拥军、拥政工作，抓好军民共建，在西部大开发中作出新贡献。

《平罗县军事志》的编撰，系统总结了平罗县的军事斗争历史，深刻探索了党领导下民众武装建设的经验与教训，这对于进一步加强全县人民武装事业具有重要指导意义，是做好新时期民兵建设与未来反侵略战争准备的基础工作。《平罗县军事志》的出版是有意义的。付梓之前略述浅见以为序。

2002 年春节

《马仲英逃亡记》
汉译本《出版前言》[①]

　　《马仲英逃亡记》（原名《大马的逃亡》），是瑞典人斯文·赫定的著作，1935 年以瑞典文在斯德哥尔摩第一次出版。出版后不久，就被译为英文、德文、日文等。我社这次出版的是第一个汉译本。它是由新疆社会科学院民族研究所凌颂纯、王嘉琳二同志，根据 F.H. 利昂的英译本，并参照宫原朗的日译本翻译的。

　　斯文·赫定（1865—1952），出生于瑞典斯德哥尔摩的一个中产阶级家庭，是 19 世纪末到 20 世纪 30 年代举世闻名的探险家。在五十年的探险生涯中，曾游历了高加索、西南亚、中亚等地区。在我国西部地区的探险活动先后达八次之多，足迹遍及内蒙古、宁夏、甘肃、青海、新疆和西藏等省区。在紧张的探险活动之余，他还集中精力整理考察报告，从事科学著述。其问世的有关我国的主要著作有《中瑞科学考察报告》《中亚考察报告》《长征记》《西藏南部》《西藏西部》《冈底斯山》《戈壁沙漠横渡记》《亚洲腹地旅行记》和《我的探险生涯》等书。此外，还撰写了大量有关我国西部的学术论文。这些文著，对于研究我国西部地区的地质、古生物、气象、考古、地理等学科提供了丰富的资料。但它们基本上是属于自然科学领域的。

---

① （瑞典）斯文·赫定：《马仲英逃亡记》（汉译本），凌颂纯、王嘉琳译，宁夏人民出版社，2003 年。

　　1933 年至 1934 年间，斯文·赫定又受国民党政府铁道部的委派，率领一支"绥远—新疆公路勘查队"，从北京出发，经由绥远、宁夏、甘肃，前往新疆。其任务是勘查一条从内地到新疆，以及穿过南疆到达中亚的公路（或铁路）线路。当他所领导的勘查队抵达新疆之际，正好碰上"盛马之战"。所以他无可奈何地先后受到马仲英和盛世才的控制。尽管如此，他们还是完成了勘查任务，并且意外地实现了他们梦寐以求的罗布泊之行。这次经历，又为斯文·赫定形成了三部新的著作，即《马仲英逃亡记》《丝绸之路》和《游动的湖泊》。

　　这本《马仲英逃亡记》为作者的亲历记，是根据他当时的日记整理成文的。因此，内容真实可信，形象具体，所涉人物、时间和地点准确无误。对我们研究西北现代史、民族史和新疆地方史，特别是研究"盛马之战"提供了大量的第一手资料。另外，书中对当时新疆的社会状况、风土民俗、道路交通和自然地理等方面，也有详细的记载。

　　为了帮助读者阅读这本书，我们请宁夏社会科学院吴忠礼同志给本书加了一些注释。本书汉译者也有一些夹注，均统一改为脚注。原书中图片较多，本汉译本选择了其中有意义的部分，以供参考。

1985 年 8 月

《固原地区邮电志》序 [1]

中华民族是一个源远流长、积厚流光的伟大民族，中国文化是最注重历史的文化，华夏历史上下五千年，自然养成了中国人强烈的历史感、民族自豪感。因此，编史修志也就成为我们民族的优秀文化传统，并数千年来代代传承，生生不息，给后人留下了许多弥足珍贵的史志宝著，其数量之巨大，牒卷之浩繁，可谓汗牛充栋，举世无双，对世界文化做出了不可替代的独特贡献。

宁夏固原地区，在古代虽然地处边关，但因历史悠久，区位重要，开发久远，人民勤劳，所以地域文化并不逊于内地，也是春秋留笔，志苑流芳。其他文化成果且不论，仅就修志一项，早在元代已编修过本地区的第一部志书——《开成府志》。至明季，固原地区战略地位进一步上升，成为九边重镇、西北巨防，三边总督和陕西总兵官同治共驻于此，其间固原地区的方志也是一修再修。到了清代，六盘山内外各县则更是无县无志了。

1979 年党的十一届三中全会以后，在邓小平理论的指引下，我国社会主义建设进入了新的历史时期，改革开放为社会进步、经济发展、文化繁荣带来了勃勃生机。当然，同样也迎来了"盛世修志"百年不遇的良机。《固原地区邮电志》正是在这样的历史条件下应运而生的。

《固原地区邮电志》在以董志忠为首的几位有志于家乡和本行业历史文化事业作贡献的同仁努力下，经过深入调研，实地考察，资料

---

[1] 董志忠：《固原地区邮电志》，宁夏人民出版社，2003 年。

征研，刻苦学习，辛勤笔耕，历时四个寒暑，几易其稿，终于完成了这部 80 万字的大作。该志坚持以马列主义、毛泽东思想、邓小平理论为指导，坚持辩证唯物主义与历史唯物主义的立场、观点、方法，遵循新编地方志的编纂原则、基本体例、编撰方法与一般规范要求，使这部专业志达到了较高的质量水平。

《固原地区邮电志》是一部专业志。这部专业志是固原地区历史上关于邮传、电信事业的开天辟地之书，首创之功一定不会被埋没，广大邮电职工和各级领导一定会记住为编修出版此志作过贡献的每一位有功人员。我亦利用这个机会，向我的同行们表示祝贺与感谢。你们的名字与志书同在，将青史永传。

经朋友介绍，应固原地区邮政局、固原地区电信局、宁夏移动通信公司固原分公司、宁夏国信寻呼公司固原分公司的邀请，我参加了《固原地区邮电志》的审稿会议，并草草拜读了志稿，留下了深刻的印象，学到了很多知识和修志经验，对地区邮电系统的几届领导同志和董志忠等同志们在条件十分艰难的情况下，终于让《固原地区邮电志》正式出版问世而产生深深的敬意。在志书即将付梓之际，我把读后一点肤浅的感言写出来，以报求序之约。

2001 年春节

《银川市城区军事志》序[①]

城区（今名兴庆区）是全国历史文化名城、宁夏回族自治区首府银川市的首善之区、中心大区，也是古宁夏城的旧址。它的前身为东晋十六国间（317—420年）首建的饮汗城。因其城枕黄河依贺兰，河西水乡风光与河东大漠景观交相辉映，故大夏国王赫连勃勃看中这块风水宝地，在此修建行宫和御花园，改名为丽子园。到北魏、北周时期，陆续大量移民于此，遂废园归田于百姓，先后置怀远县、郡。至唐朝仪凤二年（677年），城为河水泛损，于次年在废城西偏高地更筑新城一座，即今之银川市城区原古城墙内之老城区。这座古城的军事地理区位十分重要，它扼中外与腹里交通枢纽，屏障中原，锁钥关陕，自古为北国巨防，兵家必争之战略要塞。宋季，先为"河外五镇"之首，后被党项族攻占，李元昊建大夏国（史称西夏）定国都，据此与中原大国抗衡近200年之久；朱明王朝既为"九边重镇"之一，亦为宗室庆王藩国所在地。有清一代，虽然被降为甘肃行省一府之地，但军事上的地位并未降低，仍然为八旗驻防军和宁夏将军的驻地；中华民国十八年（1929年）建立宁夏省，为省城。今为宁夏回族自治区首府。

现在，银川市城区人民武装部编写的军事志即将正式出版问世，这是一件非常有意义的大事，它将对这座古城的军事历史和军事文化第一次进行系统的研究和总结，对于加强武装部的政治思想建设、军

[①] 银川市城区军事志编纂委员会：《银川市城区军事志》，宁夏人民出版社，2005年。

事建设、战备建设和做好新时期的地方人武工作都会有重要帮助。在当今的世界上，和平与发展虽然仍是主流，但霸权主义依然存在，与国际恐怖主义的斗争形势十分严峻，局部战争时有发生，祖国完全统一的大业尚待完成，保卫国家安全、维护祖国安定团结大好局面的任务一刻也不能松懈。所以，地方人武工作只能加强不能削弱，并要积极动员组织民兵和预备役官兵投入经济建设的主战场，为西部大开发、振兴宁夏、建设大银川的宏伟目标作出新贡献。这部《银川市城区军事志》的编成，对于今后的人武工作会起到不可替代的资治、咨询作用，同时也是一部很有地方特色的国防教育和爱国主义、革命传统教育的乡土教材。因此，我认为《银川市城区军事志》出版是银川市军地共有的精神文明建设的重要成果，它将是一部受军地普遍欢迎的好书。

我应城区人民武装部之邀，审读了这部志稿，并履约写几句粗浅的卷头语，以求教于方家。敢竭鄙诚，勉为之序。

2003 年 8 月 28 日

《易学研究集成》（第一集）序①

  宁夏易学研究会成立已春秋十稔，这些年来，广大会员们在做好自己本职工作的同时，努力学习祖国优秀文化传统，尤其是对中国特有的学问——易学，产生了浓厚的兴趣，并试图以马克思主义为指导，运用理论联系实际的方法，在探求易学研究如何为宁夏的社会主义物质文明和精神文明建设服务方面，做了不少有益的尝试。与此同时，许多同志还认真撰写了一些心得与研究性的学术论文，在社会上产生了积极的影响。值此学会十周岁华诞之际，研究会决定把其中一些优秀的习作集束成册，付梓版行。这无疑将是件有意义的事，我谨向学会和作者们表示衷心的祝贺。

  所谓易学，乃研究《周易》的学问，即围绕《易经》和《易传》文本而形成的考据、诠释和阐发所构成的系统。《周易》包括"经"与"传"两部分。"经"由六十四卦象、卦辞和三百八十四爻爻象、爻辞组成；"传"则有《彖》上下、《象》上下、《系辞》上下以及《文言》《说卦》《序卦》《杂卦》之"十翼"。所以，易学研究以作为易学主要源头的《周易》经传、易学发展史、易学与其他相关学科的关系为研究对象，其核心则是一门研究变易的学问，故而哲理化一直是易学研究的主流。在中国，这门古老的学问至少已有二三千年的历史。

  《周易》原本是一种卜筮之书，是用来占卜的，但经过孔子的解说、阐发和改造，从而注入了浓厚的儒家思想，使它成为一部阐发大

① 王少英：《易学研究集成》（第一集），内部编印，2005 年。

道的哲理之书。特别是《易传》（亦称《易大传》《十翼》）的成书，以"一阴一阳之谓道"立论，认为宇宙自然界存在相反属性事物，而相反事物的推摩作用就是事物变化的普遍规律，六十四卦即反映了这种规律。因而，《周易》不仅成为儒家的哲学典籍，而且从西汉武帝推行"独尊儒术"的政策以后，便被奉为"五经之首""大道之源"，确立了其官学的崇高地位。从此以后，它作为哲学经典在中国思想界统治过近两千年，其哲学观念和哲学思维成为中国古代哲学的重要源头之一，制约和影响着中国古代哲学的发展，同时也对中国古代政治、经济、科技、宗教、伦理、文学、艺术、民俗等理论产生了深远的影响，而且这种影响对于民族精神乃至人们的思维方式、价值取向的形成都存在着潜移默化、无所不在的神奇力量。所以，不仅儒家尊其为"十三经之冠"，道家亦推崇为"三玄之一"（《老子》《庄子》《周易》），而且从帝王到百姓，从鸿儒博士到江湖术士，从世外高人到凡夫俗子，都从不同的角度，怀着不同的目的，对《周易》顶礼膜拜，奉为天书。同时，外国人也公认它是"中华第一经"，是奇妙的"未来学"大著，是"第一号成功预测"的成果，是"中国文化第一章"，是中华民族最高层次的学术文化宝典。

由此可见，《周易》是我国上古时期科技文化的集大成，是一个相当长的历史时期内人民群众智慧的结晶，是人们在生存、繁衍和生产活动中战天斗地、改造自然的经验总结。在历史上虽然有伏羲画卦、文王重卦并作卦辞、周公作爻辞、孔子作《十翼》等说法。而实际上《周易》并非出自一时一人之手。《周易·系辞下》认为："古者包牺氏之王天下也，仰则观象于天，俯则观法于地，观鸟兽之文与地之宜，近取诸身，远取诸物，于是始作八卦。以通神明之德，以类万物之情。"可以说这就是易之渊源，后人称之为"伏羲易"。伏羲易（包牺、宓戏、宓戏）之后有神农氏（炎帝）作《连山》、黄帝作《归藏》，以上合称"三易"，是为古易。其后又有周文王作《周易》。往后各个朝代对易的研究都有新的进展与成果。现代易学研究更是走出经院，深入社会各界，队伍庞大，繁荣活跃，流派纷呈，硕果累累。

以《周易》为代表的中国易学，是探求宇宙万物变易规律的学术，它包含着丰富的朴素唯物主义与辩证法思想，它试图通过卦爻、象数、占筮的模型和奇特的形式，模拟、预测宇宙万物起源、结构、变化规律，以及宇宙、社会、人生相互关系等普遍性的问题。易学第一次将中华民族的原始记忆和意象上升到理性的高度，易所展示的哲理、思维方式和实验形式，经历数千年的积淀，已成为中华民族的思维习惯或潜意识，进而衍生为中华民族文化的基因、东方独特价值取向和精神世界的主导模式，从而对我们民族文化的社会人文科学、自然科学和工程技术科学等各门学科都产生了长期的深刻的影响、渗透和导向作用。

对待易学，我认为正确的态度，首先，要承认它是科学。它是融合人类智慧于一体，以探索天道、人理变化规律为目的系统学术。它是中华文化宝库中的既古老而又新鲜的奇葩。因此要继承发扬易学的丰富精神财富，诸如把握整体、辩证分析和预测发展变化的缜密思维方式；又如易学中所表现的民族"忧患意识"和奋斗精神等，都是我们民族的性格。它所表现的"居安思危"和"自强不息"已成为民族心理意识的精髓。它引导一代又一代中国人奋发图强，为祖国、民族的富强繁荣而英勇奋斗。

其次，对易学，也要有一分为二的态度，所以要把握正确的政治方向，端正学术研究与实践活动的方向，必须一开始就有明确的认识并引起足够的重视。因为在易学中也含有神秘主义和非理性思维的糟粕。它把"以卜筮者尚其占"作为"圣人之道"，所以易学也是术数神秘文化的滥觞，这虽是易学的末流，但其为祸不可低估。我认为易学研究要重学反术，不给江湖术士打着易学研究的招牌，甚至盗用现代科学技术手段，以售占卦算命、骗财伤风、大搞迷信活动之奸。因为这股逆流不仅是对社会主义精神文明建设的冲击，同时也潜伏着社会不安定的因素，我们要旗帜鲜明，坚决反对，予以取缔。

最后，我认为现代易学研究应重在学术探讨，并力求为经济建设服务。易学自身就包括儒学易、道家易、医家易和术学易等等，涉及的学科面广，包含的内容丰富，历史上留传下来的成果帙卷纷繁、浩为烟海、汗牛充栋，为我们全方位、多层次深入研究提供了条件。特别在当前以经济建设为中心和改革开放的新时期，易学研究更要为现实服务，积极开发，努力进取，争取对经济建设有所作为。

毛泽东同志说过，"清理古代文化的发展过程，剔除其封建性的糟粕，吸取其民主性的精华"。我们应遵照这种精神，还要学习古人"治经如剥笋"的方法，在马克思主义的指导下，使宁夏易学研究做出更新的成绩。

在《易学研究集成》行将付剞劂之前，研究会会长王少英和常务副会长韩长征两位先生礼贤下士，屈尊登门问序，虽自知于易学不过粗知皮毛，蜻蜓点水，何敢班门弄斧，与著作之林？辞而不获，恭敬不如从命，乃不揣浅陋，勉为数言，以附骥焉，聊以为序。

甲申年季夏

《大武口区军事志》序①

史志界一向认为，"志备国史之征"，志乃属信史，编纂信史之难，大约有三：首在资料之丰寡与真伪，次为准确评介史事与人物，而选准一位能胜任工作和驾驭全书能力的主编尤为困难。当然，各地在编修方志的实际工作中，还会因为地情的区别和主客观因素的差异，在修志实践中的矛盾表现也会千差万别，各有所侧重。

石嘴山市大武口区军事志的编纂，于以上"三难"表现得更为突出，但解决得亦非常成功，其中有不少经验值得总结与推广。大武口，原名"打硙口"，意为打造碾磨的场地。其地望位居宁夏北端贺兰山东麓武当山脚下，在贺兰山石炭井沟和归德沟两道山隘之间，北有镇远关、黑山营重防，还有内、外两道边墙（长城）为屏障，东临黄河，南拱兴灵，其军事地位之重要一目了然。但是，正因为此地自古以来多为用武之区，行政设置较迟，荒陲僻地，人亡物故，史事湮断，文献无征，古人为史皆徒付浩叹，今人修志更谈何容易。加之基层武装部工作性质不同，军务繁忙，想找几位熟悉修志的同志，特别是主编的人才，就难上加难了。然而天下之事最怕"认真"二字，只要认真对待，什么困难都能克服，尤其是只要领导重视起来，就什么难事都能够办得成功。正如群众所言"老大难，老大难，老大一抓就不难"。《大武口区军事志》之所以能编纂成功，完全证明了这一点。在修志问题上，武装部领导班子全体成员认识明确，领导到位，指导及时，支持有力，部长杨明显、

---

① 大武口区军事志编纂委员会：《大武口区军事志》，宁夏人民出版社，2005年。

罗进程和政委杨玉林、周志来等主要领导同志视修志为盛世盛举，亲自挂帅，及时指派副部长马忠宁和军事科长王子成具体领导军事志的编纂工作，并要求他们集中精力投入到修志工作中去。还决定聘请平罗县原前进中学校长、《平罗县志》总纂、具有丰富修志经验的方志界老先生叶光杰担任主编，马副部长和王科长却屈居副主编甘当助手，尊贤敬才之雅量可见一斑。又邀请地方上一些党政领导和专家学者充当顾问或撰稿人。由于军地同志的共同努力，经过 6 年的艰苦工作和辛勤笔耕，数易其稿，终于完成了 40 余万字的鸿篇巨著——《大武口区军事志》。这部志书的成功之处是，做到全志坚持以马克思列宁主义、毛泽东思想、邓小平理论和"三个代表"重要思想为指导，政治质量方面过硬；而最为难能可贵的是，冲破了资料匮乏的难关，经过细心的采集、钩沉和广泛的调研，做到了考据搜罗，灿然具备，终于掌握到数百万字的文字资料，为志书成稿打下了坚实的基础，这在大武口这样文献阙如的地区是殊为非易的事情。纵观全志，还具有体例完备、分类合理、领属得当、条分缕析、特色突出、文字流畅、行文规范等优点。在评审会之后、正式出版之前，编写人员又严把最后一关，进行精雕细琢，务臻尽美尽善，所以读者见到的这部军事志，可称为是一部总体质量上乘的佳志。

《大武口区军事志》是市管区的军事志，这类志书属于基层军事专业志，在全国各省市单独编纂并公开独立出版者，尚为数不多。由于宁夏军区重视修志工作，军区志办同志组织指导有方，业务辅导细致，检查督促及时，所以全区范围内的自治区、市（地）、县（区）三级军事志都能全面编修，分期出版，不留空白。据我所知，这在全国全军军事志编纂方面可能是走在前面的，在自治区范围之内，无疑也是对全区修志工作的有力推动，并为我区的修志事业创造了许多宝贵的新鲜经验，培养出一批修志人才，成为地方修志的学习榜样。

日前，在《大武口区军事志》评审会上，武装部首长盛情邀请，事关军地友谊，碍难固辞，不揣谫陋，承命勉为数语，是为序。

2005 年 8 月 18 日

《盐池旧志笺证》序[1]

宁夏虽然偏处于塞上，但是历史悠久，地居黄河中上游的河套灌区，得天独厚，尤擅河渠之利，土沃物丰，钟灵毓秀，自古享誉"塞北江南"的美名。同时，在地理区位上，又有大漠环抱，贺兰山屏障，黄河天堑和长城拱卫，历来是兵家必争之地，享有"西陲要防""屏蔽关陕""门户兰会"的战略地位，所以中原历代政权往往委重臣、派重兵镇守宁夏。朝廷的大员们为了经营好这块热土，把守住北国的大门，"欲识此邦治理之宜"，不约而同，下车伊始，网罗文人，设馆修志，以作资治和战守之参考。因此，宁夏的人文之盛亦蔚为大观，地方志的编修也不逊腹里。早在宋代，就曾编修过《安定图志》，元代又纂成《开成府志》。有明一代，仅宁夏总志凡五修，基层志书也渐次问世。尤其是在清季，宁夏各府、州、县的修志已渐成风气，各种志书先后涌现，真可谓是"无县无志"，盐池县的首部志书《花马池志迹》就是在这种方兴未艾的形势之下完成的。

盐池县古为朐衍戎牧地，战国间开县，初名朐衍县。秦汉时属北地郡。北魏隶大兴郡。隋改为盐川郡。唐朝至西夏时期改隶于盐州。明置宁夏后卫。清朝再设灵州花马池分州。民国肇造，改花马池分州为盐池县，遂为新建的宁夏省属县。1936年，盐池县被西征红军解放，从此成为陕甘宁革命根据地的重要组成部分。中华人民共和国成立之后，先后是宁夏省和宁夏回族自治区的属县。今为吴忠市管辖的一个大县。

---

[1] 范宗兴整理：《盐池旧志笺证》，黑龙江人民出版社，2004年。

盐池地区的第一部旧方志名曰《花马池志迹》，大约修成于清光绪三十三年（1907年），作者不详，仅在民间传有抄本。我主编的天津古籍出版社影印出版的《宁夏历代方志萃编》将此志收入。该县第二部旧志是《盐池县志》，也是建立盐池县以后的第一部县志，作者陈步瀛，民国三十八年（1949年）石印面世。盐池县委、人民政府在启动编纂社会主义新县志时，曾据石印本油印了全志，作为修志参考资料供内部使用。

盐池县是一个古老而又年轻的西北大县，既有着两千多年的历史，又曾是陕甘宁革命根据地红色政权的西北门户，现在是宁夏农牧经济发达的强县。但是由于种种原因，该县留传下来的历史文化资料十分匮乏，大有藏于深山无人识之憾。在当前西部大开发、振兴宁夏和发展盐池县的新形势下，盐池人需要了解外部世界，而外部世界也需要了解盐池，所以县内外各方面有识之士早就渴望把盐池县仅有的两部旧县志重新整理出版，作为世人认识盐池县的一个窗口和宣传盐池县的一种途径和工具。范宗兴先生不负众望，下大功夫，对（清）《花马池志迹》和（民国）《盐池县志》进行认真研究，并以笺证的形式，第一次把这两部珍贵的旧志整理出版，奉献给关心盐池革命老区的同志们，奉献给同仁们，也奉献给他的家乡。我为他高兴和骄傲。

范宗兴先生是盐池县人，宁夏大学历史系毕业，曾从事中学历史教学工作，为《吴忠市志》主要编纂人员和《宁夏通志·行政建置卷》《宁夏通志·党派社团卷》《宁夏通志·政权政协卷》《宁夏通志·综合政务卷》《宁夏通志·公安司法卷》《宁夏通志·军事卷》《宁夏通志·社会科学卷》《宁夏通志·社会卷》副主编，是宁夏方志界的后起之秀。现在担任宁夏回族自治区地方志编审委员会办公室副主任、副编审。由他整理出版的《盐池旧志笺证》，是宁夏史志界一项新的研究成果，具有较高的学术水平，给宁夏方志文化领域的基础建设作出了贡献。我与宗兴是同事，受其委托，审阅了本书整理稿，并遵雅嘱，草拟审读心得数语，聊以为序。

2004年9月

《新修六家畈吴氏族谱》序 ①

  国家有史，郡县有志，宗姓有谱，家庭有乘，乃中华民族的优秀文化传统。所谓族谱，或曰家谱、宗谱、世谱、家乘、家谍等，都是记载一族一姓一宗的世系和重要人物与事迹的史册。因叙注周普，包含族姓普遍之内容与意义，故谓之"谱"也。它大约滥觞于西周，发展于唐宋，兴盛于明清，到民国时期，我国姓氏几乎是无族无谱了。考之于史，最早始见《周礼》，书中记有"小史"之官，其职责为"掌邦国之志，奠系世，辨昭穆"②，是为谱牒类之书。上古史官，往往以谱牒为资料，据而撰史。杰出的史学家司马迁在作《史记》时，亦曾缘引此法。所以他在《史记·太史公自序》中言："维三代尚矣，年纪不可考，盖取之谱牒旧闻，本于兹，于是略推，作《三代世表》第一。"③ 后至东晋太元中，贾稽撰《姓氏薄状》，子孙相传，始号"贾氏谱学"。唐间，渐兴编修《氏族志》，以述姓氏源流与支系沿革。故《新唐书·艺文志》专列《谱牒》项，收录谱书计 17 家，39 部，1617 卷，其代表作有高士廉等撰《大唐氏族志》。④ 再至南宋，王应麟编撰类书《玉海》，内收成铎编《文宣王家谱》一卷。《宋史·艺文志》亦列《谱牒》项，集此书 110 部，437 卷，其中著名者有司马光编《臣寮家谱》一卷

---

① 六家畈吴氏族谱编辑委员会：《新修六家畈吴氏族谱》，内部编印，2005 年。

② 林尹：《周礼今注今译》卷六，书目文献出版社，1985 年。

③ 司马迁撰，裴骃集解，司马贞索隐，张守节正义：《史记·太史公自序》，中华书局，1959 年，第 3303 页。

④ 欧阳修，宋祁撰：《新唐书·艺文志》卷五十八，中华书局，1975 年。

和窦澄之《扶风窦氏血脉家谱》一卷等。[①] 明清之际，大修家谱，已蔚然成风，成为一种时尚，谱书大批问世，谱牒文化与谱牒学初步形成，为华夏文化宝库增添了新的瑰宝。

自古以来，在中华民族大家庭中，吴姓始终是一支较大的族姓，早在宋初编写的《百家姓》启蒙书中，吴姓居开篇首句第六位——"赵、钱、孙、李、周、吴、郑、王"。时至今日，据有关资料显示，吴姓仍稳居全国前十大姓氏之列，可见吴姓是古老的氏族。在三代以前，姓与氏相分，只是贵族有姓言氏，以区别贵贱和婚姻。春秋中后期，姓与氏渐渐融合，变为一种血缘的标志和单纯的家庭或个人的代称，姓氏制度形成。吴姓的来源是复杂的、多元的，在远古时代，即有炎帝（亦说颛顼）大臣吴权，为史载第一位吴姓人；又有黄帝之母吴枢之说；还有帝喾时担任管火官"祝融"的吴回；更有西部犬戎部落首领的"吴将军"。夏代，吴姓已建立了氏族政权，吴贺就是其中代表人物。[②] 但后来南方吴姓，一般自认为本族是古圣君黄帝的正宗嫡传苗裔。吴人对于传代始祖，历史上虽有多种说法，但族人较多共识是以姬泰伯为姬姓吴的开氏始祖，以其弟姬仲雍为吴姓的传代始祖，并奉季札为正宗主系神位，还共尊江苏省苏州、无锡、常熟地区为吴姓祖乡发祥之地。据史载，黄帝姓姬，原居西北黄土高原，生二十五子，分为十二姓，其长子少昊（玄嚣），17 传至古公亶父，迁居周原（今陕西省岐山县境内），称周人，即周太王。古公亶父生三子，长曰泰伯，次曰仲雍，少曰季历（周文王父）。亶父想传位于三子季历，因不符合传嫡长之规，不好决断。泰伯、仲雍知父心思，为玉成父意，遂相约出走禅位，率本支族人几经辗转，最后迁徙到长江下游今江苏省中南部，始建勾吴国，泰伯为首任国君。太伯卒而无嗣，葬于梅里平墟（今江苏省无锡县鸿山）。弟仲雍继位，死后葬虞山（今江苏省常熟市境内）。周武王灭纣，乃封功臣昆弟"以藩屏周"，求泰伯、

---

① 脱脱等撰：《宋史·艺文志》卷二〇四，中华书局，1977 年。
② 罗泌：《路史》，见《丛书集成》（初编）第 3701 册，中华书局，1983 年。

仲雍之后，知周章（四世）已为吴君，正式册封列为诸侯。王位传到第十八世孙寿梦时，王生五子，其中第四子季札德能最佳，父王想传位于彼，但临终亦未便宣布。治丧毕，兄弟与王室共议，尊先王之心意，一致拥护季札为新王，而季札却效先祖故事，以逃跑避位。但王室又议定新章，改王位父终子继旧法，实行兄终弟承制，最后还是把王位传到了季札手中，以实现先父王的遗愿。凡二十五传，再传至吴王夫差，被越国所灭，吴国消亡，吴人失国大流亡，从此便以国号为姓，吴姓始播迁于大江南北，在全国各地生根著衍枝盛叶茂。[①] 吴姓初祖以"吴"立国，后以"吴"为姓氏，取"吴"字有所寓意吗？是的，这正是念祖思想的表现和原始部落图腾徽记的印迹。因为苏中吴姓是黄帝轩辕氏和古吴氏族国的后代，其祖先都是生活在今大西北黄土高原的一支以狩猎为生的游牧部落，"吴"恰是这种生活与生产方式的写照。在甲骨文、金文之中，吴字与后世出现的"虞"字相通假，既是会意字，又是形声字。吴，从矢，从口，矢，天、大、人也。故吴字，即人之口，大口之意，状如一个边跑边回头边大声呼叫的人形，像正在打猎的人，当他发现前方出现猛兽之时，既惊喜又恐惧，向回奔跑告之大家的一幅文字画图。虞，从虍（老虎），加吴，表示吴人后来在狩猎时，身披老虎皮伪装自己的会意形象。在人类语言尚未发达之时，原始人这种呼喊声，无外乎发出简单的呜、哇、喔、喂等带 W 的声音，所以古文字的"吴"字读作 Wú，表声也。又据《山海经》记，远古时，在盖余国朝阳之谷有神曰"天吴"，形为人面虎身，状半人半兽，有八首八足八尾，背青黄色。天吴，即吴人，大吴人，伟大的吴姓。古吴人在远古部落时代，正是以这种"天吴"形象作部落崇拜的图腾、徽记和始祖神。[②] 中国历史上曾出现过多次人口大迁徙和民族大融合的过程，而朱明一统之后，为医治元末战争和严重灾荒

---

① 刘佑平：《中华姓氏通书：吴姓》，三环出版社，1991 年；何光岳：《炎黄源流史》，江西教育出版社，1992 年。

② 袁珂校注：《山海经校注》卷四、九，上海古籍出版社，1980 年。

的创伤，恢复城乡经济，曾于明初组织过一次官方行为的大规模移民行动，时全国各地设立过山西洪洞、江西鄱阳、湖北麻城、山东滋阳等多处移民集散点。其中以北方的山西省平阳府洪洞县大槐树点和南方江西省饶州府鄱阳县瓦屑坝点，移民人数最多，辐射范围最大，影响最为深远。因山西地区受战争破坏较轻，且地少人多又遭天灾，朝廷决定先从该省二府五州五十一县向外输出移民，其集合地和出发地安设在移民数量大而集中的平阳府洪洞县（今山西省临汾市洪洞县）。移民们从设在该县广济寺的"移民局"办完凭证，领取川资后，便从寺旁一颗古老的大槐树下启程走向新的家园。这棵大槐树和树上硕大的老鹳窝便成为惜别故土的标志，永远铭刻在移民们的心中，并通过血液和灵魂遗传给世世代代的子孙。后来便在北方民间广泛流传着这样的歌谣："问我故乡在何处？山西洪洞大槐树。""祖先故居叫什么？大槐树下老鹳窝。"[1]而南方江西省的最大移民点设在饶州府（今江西省鄱阳县）濒临鄱阳湖，靠近鄱江的水运码头瓦屑坝。由于自然环境变迁，此处现已远离江湖，不再是码头，并改名为瓦燮坝，今属江西省鄱阳县城西莲湖乡。当时迁移到安徽的移民，定居皖中、皖北地区以山西籍为多，也有少部分山东籍民。而定居于长江两岸地区者，则以江西籍占多数，其中以就近落脚于安庆府属各县居多，总数大约有二十万口。同"大槐树人"一样，"瓦屑坝人"亦多为社会底层贫苦民众，少文化，缺资产，没有条件对此次迁移始末作详细文字记录传给后人。当他们扶老携幼，颠沛流离历经艰辛，在入居地生活下来以后，对故乡的记忆，大概只留下了出发地的小码头瓦屑坝了。祖辈没有给子孙们留下更多的信息，只是代代口耳相传的上船前的那个小码头瓦屑坝，成为后人心目中具有特殊意义的一个地名符号了，于是瓦屑坝便成为由赣迁皖的许多姓氏一致认同的根。六百年过去了，这种文化上的认同感和从众心理，并没有减弱，瓦屑坝仍是他们世代梦

---

[1] 张玉吉、林中园、张青：《洪洞古大槐树志》，山西人民出版社，1988年。

魂萦绕的地方——老家。① 但是，今湖滨六家畈地区的吴姓，则为世居土著老户，源出皖南吴姓的一支，也有悠久的历史和光荣的祖业。回溯吴国消亡之后，季札九世孙吴申于战国末隐居于江西庐山，专心课子，遂由长子吴芮重振家声，于西汉初封为长沙王，且家族中有五人封王，九人封侯，荣极一时；至吴芮之十二代孙吴汉，又成为东汉的开国元勋，官拜大司马，封广平侯；再至魏晋之际，吴汉之十四代孙吴猛，迁居江西分宁（今江西省修水县），家道衰落，其孙吴柳迁居安徽休宁，猛之七代孙吴良于唐初再迁歙州（今安徽省歙县）。从此，歙州吴氏（含休宁、新安二县）日益繁昌，吴良孙吴少徽登进士，官居右台监察御史，文冠朝野，与富嘉谟、谷倚，被誉为"北京三杰"②。宋兴，开国元勋吴延祚一支的十二世孙吴衢从四川迁居宁国府宣州（今安徽省宣城县），渐渐宁国吴氏家庭亦繁荣兴旺起来。吴衢之子吴柔胜和孙吴渊、吴潜均登进士。吴潜高中状元，官居宰相显位。就在宁国吴氏最为光辉的时期，吴七三却率一支族人，于南宋宝庆间（1225—1227 年）从宣城县北上渡过长江，在庐州府合肥县（含今肥东县）治东岩山（今呼四顶山）之阴定居下来。七三公，号宛廷，系歙州、休宁派吴少徽之二十世孙。公"读书乐道，不求闻达，举孝廉累召不仕"。配张孺人，生子名曰"再三"。公姚故世俱葬于四顶山东北侧泉水凹"金鳅下海"宝地。再三公生六子，遂北去三里许，择左青阳、右巢湖之潜溪河畔为新居，因新垦区田畈平畴，遂以六子取地名曰"六家畈"，③是以六家畈为湖滨吴氏的发祥之地。吴七三公为湖滨吴氏的发派开基始祖，至今逾七百余年，子孙繁衍，名人辈出，尤以吴良、吴祯兄弟俱为明朝开国功臣，双双封侯，吴良还与明开国皇帝太祖朱元璋结为

① 曹树基、葛剑雄：《中国历史上的移民发源地之二：江西瓦屑坝》，《寻根》1997 年第 2 期。
② 《旧唐书·文苑志》卷一九〇。
③ 吴波礼、吴泽礼、吴元信提供《安徽肥东六家畈吴氏族谱人物资料》。

儿女亲家，荣耀之极，^①成为皖省的一大望族。

谱牒，在重门第出身的封建社会，之所以受到历代统治阶级和民间的普遍重视，在于它既是帝王将相、达官贵人们维系封建宗法制度的一种手段与保持门阀的特殊工具。同时，"盛世修谱"，也是我国历史上各民族宗姓共襄之盛举。族谱便成为维系国人传统宗族的圣物，被全族宗亲共尊为宝典。吴姓修谱，最早约在东汉间，是平春侯吴胜（亦作吴如胜）创修第一部《吴氏族谱》；唐五代，又有吴若远主修的《正宗吴姓族谱》《江阴吴氏统宗源流考》，吴少徽修《吴氏正宗谱》和吴鼎的《丹阳吴氏家谱》；再往后还有（宋）张釜的《吴氏族谱》，（元）《吴氏支谱》，（明末）《蓝湖吴氏家谱》，（清）《义门吴氏谱》、《八甲湾吴氏谱》、湖山聚秀堂《曹吴合谱》，（民国）延陵堂《湘西吴氏三修族谱》、让德堂《吴氏九修族谱》、（长沙洗马塘）《吴氏支谱》等。而六家畈吴姓族人亦有编修宗谱的优良传统。经查老谱，族谱首创于明万历二十二年（1594年），由本支十世孙起周公主修完成。后经明崇祯七年（1634年）、清康熙六十年（1721年）、乾隆十四年（1749年）、乾隆三十七年（1772年）、乾隆五十九年（1794年）、嘉庆二十二年（1817年）、道光二十一年（1841年）、光绪六年（1880年）和中华民国三年（1914年），前后320年间凡十修，^②留下大量十分珍贵的谱牒文化资料，是不可多得的地方文献遗产。但毋庸讳言，由于种种原因，六家畈吴氏宗谱断修已有90年了，如果仍置之不问，这是上对不起祖先，下向子孙后代无法交代的憾事。我们这一代族人，再也不能让宗谱久付阙如，历史断载，典册散佚，使子孙后代指顾茫然，沧桑莫辨，忘却本根了。

纵观历史，谱牒作为一种文化形态，它属于上层建筑的范畴，而决定于一定的经济基础。历史的经验证明，只有在社会安定、经济繁

---

① 《明史·礼四》卷五十、《明史·舆服四》卷六十八、《明史·功臣世表》卷一〇五、《明史·吴良传》卷一三〇、《明史·吴祯传》卷一三一。

② 吴波礼、吴泽礼、吴元信提供《安徽肥东六家畈吴氏族谱人物资料》。

荣的太平盛世，民间的追宗续谱才能成为现实。改革开放 20 多年来，国家民主法制进步，各族人民大团结，经济社会全面持续发展，文化事业昌盛，作为精神文明建设领域的编修族谱，犹如枯木逢春，正在全国各地民间自发展开，遍地开花，方兴未艾。修谱，普遍成为富裕起来老百姓的自觉行为，被族人拥赞为盛世盛举。中国人鄙视数典忘祖，而崇尚叶落归根，认祖归宗。人民群众自发编修家谱的活动，正可起到序昭穆，联族姓，尊先祖，纪宗功，以传子孙的作用，实乃民间修史的一种尝试，通过一姓一族，乃至一支一脉的寻根溯源，可让历史具体化、人民化，从而打破史官修官史的垄断，为史学注入大量生动的、第一手的内容，给子孙后代留存人民群众亲手自编的一批信史。修谱还有一种敦亲、隆族、纽带和教化的功用。可见，族谱实际上是一种乡土教材，通过一族一姓的联谊，可以加强国内各族人民的大团结；也可以帮助海外侨胞认祖寻根，促进全世界华人的凝聚力、向心力与认同感。我吴姓是中华民族大家庭中一支优秀的族姓，历史上名人荟萃，人才辈出，凛凛烈烈，青史留名者不绝于书，为祖国作出过重大贡献。今天，通过修谱，凭吊英灵，学习祖辈，承继先贤，海内外的吴姓族人将更加坚定地团结起来，与时俱进，建设乡邦，为振兴中华再做贡献。

欣闻家乡在世勋、德章、智勇、泽礼、元信等宗长的倡导下，组成"六家畈吴氏族谱编辑委员会"，团结全体宗亲，正在开展轰轰烈烈续修宗谱行动。此乃举族盛事，抓得非常及时，因为前谱至今已近一个世纪，时事变迁，支分脉派，烟户渐稠，生齿繁众，为防宗派紊乱，史实湮伪，当唯谱是赖，故新修宗谱，理所当然提上日程。日前，众族长托家兄捎话，要我为新谱写序。我虽深感荣幸，又觉慌恐，因为文章千古事，谱牒传信史，非同一般。犹自愧对于宗族老牒和新谱（稿）知之甚少，而胸无成竹。可是族长之命又不敢坚辞固违，只好勉力为之，草拟这篇急就章，聊表思亲敬祖之情，附于简末，爰为之序。

2005 年冬

《宁夏方志二十年》序[①]

编修地方志是我国优秀的文化传统。中华人民共和国成立以后，党和人民政府以及老一辈无产阶级革命家，都非常重视社会主义新方志的编纂。20 世纪 50 年代，方志编修被列入国家科学发展 12 年规划。毛泽东、周恩来等党和国家领导人曾亲自大力提倡编修方志工作，并在国务院内设立了地方志小组。但是，由于种种原因，新方志工作一波三折，成果不能令人满意。

1979 年，中共中央十一届三中全会以后，迎来了科学的春天，在春色满园、群芳斗艳的百花丛中，方志奇葩也在春雨中绽放了。1979 年，胡耀邦在批阅一封人民来信中，第一个表态支持重新开展修志工作。1980 年 4 月，胡乔木在中国史学会代表大会上呼吁"要用新的观点、新的方法、新的材料，继续编写地方志"。1981 年 8 月，中国地方志（史）协会成立。1983 年 4 月，中央批准恢复改名成立中国地方志指导小组，并再次把"地方史和地方志"的研究列入"第六个五年计划"之中。社会主义新方志幼苗如同雨后春笋般地在全国各地大面积破土而出，一批批新方志优秀成果陆续问世，"盛世修志"的大好形势超过了历史上的任何时期。

宁夏的修志工作起步稍晚，1985 年正式成立自治区地方志编审委员会，下设办公室，由宁夏社科院代管。全自治区市（地）、县（区）和自治区直属部门的三级修志机构也先后建立起来，编修社会主义新

[①] 刘天明主编：《宁夏方志二十年》，方志出版社，2006 年。

方志的工作，在全区范围内展开，方兴未艾，形势喜人。

宁夏修志工作走过了20年的路程，现已完成各级各类新志书53部，整理旧志26部。特别可喜的是，培养了一支综合素质较高的修志队伍，为继续完成第二轮修志和《宁夏通志》的宏伟任务创造了条件。

20年来，全区修志领域的同志们，在十分艰难的条件下，为弘扬祖国的文化传统，为承传家乡的历史文化，讲奉献，重志德，甘坐冷板凳，立志修志，矢志不移，志在成志，以十年磨一剑的精神，编纂成功许多上乘佳志，为新中国的修志事业作出了贡献。在第一轮修志工作中，涌现出了一大批优秀的修志人，其中的代表人物，凭我的回忆他们是黄秉丽、杨秀兰、赵惠宽、徐鸿杰、黄立均、田希明、孔学礼、马永庆、叶光杰、蔡致中、朱国忠、刘学懋、罗代兴、姜自力、高广俊、吴怀章、苏忠深、叶光彩、苏闻、李宗道、王克林、谭学荣、李荣春、张发盛、冯万和、范学灵、武树伟、张树林、王恽、苏振纲、余登第、马平恩、佘贵孝、张贤、谢东、李子杰、杨满祥、余凤洲、潘俊国、陈振甲、陈学堃、齐英才、张家铎、苏维童、普鸿礼、杨鹏里、曹宝江、杨振威、祁彦斌、李昌才、林子明、田原、鲁颉、李佑民、董积玉、张怀德、朱卫东、倪孟金、曹晓林、朱正凡、陈和妹、卢德明、陈学儒、周文辉、秦文柱、张建中、胡文虎、冯生勇、鲁人勇、孙生玉、曹益民等。还有一些好同志，在修志岗位中终结了自己的人生，为修志事业拼搏到最后一息。他们是李粹文、陈儒、朱永元、王自周、何静波、易章甫、牛广俊、李树俨等，让我们永远怀念他们。

现在，全国第二轮修志工作已经开始，我们要继续方志界老同志们的无私奉献精神、严谨的治学态度和团结攻关的工作作风，把宁夏的修志事业推向新的阶段，取得更大的成绩，向宁夏回族自治区成立50周年献礼。

《宁夏方志二十年》一书出版之前，区志办同志叩门问序，啊，20年啦！不由得内心一阵震颤，引起我对往事的回想。许多往事，众多老朋友，又显现在眼前，既犹如昨日，又恍如隔世，光阴荏苒，白云苍狗，人生若梦，何堪回首？后来之人要倍加珍惜当前，着眼未来，发扬蹈厉，以不负于伟大的时代、光荣的使命。俚语陈辞，不敢言序。

　　吴忠礼谨识。乙酉年仲秋。

《银川市地方志工作志》序 [①]

　　地方志，简称方志。如何理解"地方志"三个字？从分解来看，"地方"，是自然概念的"某一地方"和行政概念的方域，即一定行政管理范围的综合涵义；而"志"，也就是记、记录、记载、记述的意思。所以，地方志就是"志地方""记地方"，记载某一行政区域自然与社会、历史与现状综合地情的一种图书。显然这是一个倒装句，按照现代汉语习惯，地方志——地方记，也就是"志地方"记地方之谓。

　　编修地方志不仅是我国优秀的文化传统，而且还是中国的文化特产，在世界文化之林独树一帜，为人类文化作出了特殊的贡献。中国的修志传统非常悠久，方志一词，最早出现于儒家经典之一的《周礼》（亦称《周官》《周官经》）中，距今有 2000 多年的历史。据《周礼》介绍，早在周朝，中央政府内设有小史、外史和诵训三种职官，其中"小史，掌邦国之志""外史，掌四方之志""诵训，掌通方志"。可见当时修志已是一种官方行为和各级地方官员的职责，于是"盛世修志"就成为一种传统。从西汉开始，中央政府又有编写国家正史的做法，现今存留下的"二十四史"（加上《新元史》和《清史稿》应为"二十六史"），大概就是周代编修方志的继承和发展。所以，中华民族编史修志所形成的文化成果蔚为大观，堪称人类文化宝库中的瑰宝。

　　中华人民共和国成立以后，祖国的方志文化受到重视，并继续向前发展，成绩斐然。特别是 2006 年 5 月 18 日，国务院总理温家宝签

① 银川市地方志编纂委员会：《银川市地方志工作志》，内部编印，2011 年。

发了第 467 号"中华人民共和国国务院令",向全国正式公布了新中国首部《地方志工作条例》,这是我国历史上第一个以中央政府的名义,对修志事业作出的法规性规定,其意义非同小可,影响深远。为了认真学习、贯彻《地方志工作条例》,中国地方志指导小组同时于 2006 年 6 月 6 日,向全国各修志单位下发了《关于学习贯彻〈地方志工作条例〉的通知》。要求大家抓住《地方志工作条例》颁布的有利时机,认真总结第一轮修志经验,搞好第二轮修志工作。现在,银川市地方志办公室编写的《银川市地方志工作志》,就是认真学习《地方志工作条例》,贯彻《地方志工作条例》精神的一项创新性成果。银川市志办成立于 1984 年,一直是自治区修志先进单位,20 多年来,他们始终走在全国修志工作的前列,不断为宁夏的修志工作带来许多新鲜的经验。1986 年,率先创办《银川市志通讯》;1987 年,正式出版宁夏第一部地情书——《银川市情》;1988 年,出版《银川市地名志》;1989 年,自治区召开首次修志表彰大会,银川市志办被评为全区修志先进集体;1995 年,启动市志编修工作;1998 年,出版首部《银川市志》;同年,点校本《乾隆银川小志》出版;2000 年,出版第一部《银川综合年鉴》;2002 年,《银川年鉴》获得国家出版总署批准的国内公开刊号;2003 年,出版《银川生活年鉴》;2004 年,主办《银川 60 年》大型图片展在光明广场成功展示;2005 年,银川市志办公室被自治区人民政府授予"全区地方志工作先进集体"荣誉称号,等等。

当我拜读了《银川市地方志工作志》稿本以后,感到非常激动,因为凭我孤陋寡闻的信息来源,全国各地专门给修志工作编写志书的做法,虽然不敢说仅此一家,至少也是凤毛麟角,当属勇为人先的大胆探索。历史,是一个民族和一个地区的集体记忆,需要世代承传,不断发展。那么修志本身也是一种专门的历史和定项性的记忆,同样应当进行记录、总结和弘扬。如此,良志佳作才会一代胜于一代,修志的优秀文化传统就会发扬光大。所以依我看,编写自身的修志工作志,不是一项可有可无的事情,而且这项工作迟做不如早做,别人、后人做,莫如亲身经历的我辈自己去完成为好，这是我们这一代方志工作者义不容辞的历史责任，舍余其谁也！

综观《银川市地方志工作志》，全书20多万字，按类平行分列13章（前有卷首，后有附录），把全市编修社会主义新方志的组织领导、宣传发动、资料收集、人员培训（包括理论研究）、修志成果（包括基层和专业志、年鉴、地情书著、旧志整理等）和读志用志以及表彰先进等方面的工作进行了全方位的记述，既是全市三县（区、市）一部真实的新方志编修史，也是社会主义制度下方志编修的经验总结，堪称银川市20多年来修志的实录、全史、通鉴和珍贵档案，具有很强的指导性、实用性和存史、咨询的价值。《银川市地方志工作志》的出版发行，是我区修志领域的一件喜事、大事，并且可以预见，将在全国修志战线上产生一定的影响。

银川市地方志办公室的同仁，在志稿杀青之后，让我优先阅读了稿本，还要我写篇序言。以上仅是一篇简短的读后感言，旨在求教于志友，或可应约充序。

2011 年 2 月于银川

《朔方集》自序 [①]

  我乃安徽合肥人氏，从皖江肥东县巢湖之畔来到塞上黄河之滨，屈指已 50 年有余，宁夏就是第二故乡了。自 1965 年大学毕业以后，工作单位和岗位虽多有变更，但研究宁夏地方史志的志趣从未动摇过。特别是调进宁夏社会科学院专门从事史志研究的 30 年来，当时自觉年近不惑，青春不在，岁月无情，便奋起直追，与时光赛跑，夜以继日，年复一年，手不释卷，青灯孤影，钩沉今古，孜孜求索，其中的甘苦别人是难以尽知的。

  种瓜得瓜，种豆得豆，辛勤劳动，便有收获。所幸通过多年不懈努力，累积了大量资料，打下了较为扎实的研究基础。更为难得的是，自从担任宁夏社科院、宁夏社科联和自治区地方志编审委员会等领导职务以后，在组织社科研究和指导全区修志工作之中，使我有机会向其他学科学习，拓宽了视野，并因工作的需要，走出书斋，跳出书本，通过各种实践活动，实地考察、田野调研与在民间耳闻目睹，学到了许多在书本中所缺少的真知灼见，等于又读了一回社会大学，使自己的专业研究更加贴近现实，研究成果的社会效益日益提高。

  30 多年来，在学习、科研和工作中，偶有所悟，便及时写了一些文章，权当练笔或自学的作业与小结。去冬病卧无聊，翻启尘箧，检阅旧文，虽然多为习作，显得幼稚，然鲁鱼亥豕之诮亦不顾，仍觉弃之可惜，因为它清晰显现出自己从事研究工作的脚印，并从一个侧面勾画出宁

---

① 吴忠礼：《朔方集》，宁夏人民出版社，2011 年。

夏地方史、地方志研究与编修工作的运行轨迹。就这个意义来说，保留这些文字，至少对自己是一份纪念，而于宁夏史志界也许不无小益吧。

霜星五阅月，搜罗旧稿，集腋成裘，集文122篇80万字，并稍加删削补缀，择优聚于一册：冠名为《朔方集》。朔方者，桑梓（宁夏）之代称、雅号也。首见于西周《诗经》，其《出车》曰："天子命我，城彼朔方。"此朔方系指今宁夏地区。

本人性朴愚钝，多质少文，更无才、学、识之三长，唯能笨鸟先飞，以勤补拙。多年来不染嗜好，不忘问学，不辍笔耕，不弃专业，尚能在公事、俗务之中挤出时间，甚至占用节假日的休息，坚持在"寸畦"之上默默"耕耘"，日积月累，渐有小秋，今奉献给大家的《朔方集》即是。然而自惭蠡测、管窥和坐井贻讥多多，疏略舛谬，不文之愆难免，则遒陋如余，因未取求谅于博雅诸君和学术同仁，敬祈赐教、斧正为幸。吴忠礼自识于塞上湖城银川市。

庚寅年仲春初稿

辛卯年季夏定稿

《贺吉德先生文史研究丛书》总序 ^①

　　贺吉德先生逝世周年祭日，贺夫人丁玉芳女士邀请吉德几位生前好友小聚，大家建议，拟将先生的遗作进行整理，陆续出版，以飨同仁。经商议初步定名为《贺吉德先生文史研究丛书》，同时推我为这套丛书写一篇总序。虽然自觉才学有限，力不从心，勉为其难，却不敢违命。临笔之际，怀敬仰之心，思念之情，往事浮现，文在人去，不觉涕泪俱下。

　　吉德祖籍山西，生于银川，1982 年毕业于宁夏大学中文系。参加工作后曾任中学教师和银川市人民政府外事、旅游、侨务办公室主任，市政府副秘书长并一度兼任贺兰山岩画管理处主任等职。

　　我与贺先生交往 20 余年，他给我的印象是：能人、忙人、好人。三者相加，是"苦命人"。因为先生太有才，又有求必应，所以太忙，也太累、太苦了。先生一生不恋权位，淡泊名利，洁身自好，曾潜身山沟 7 年，专心研究贺兰山岩画。他博学多艺，才高八斗，学富五车，建树颇丰，著作琳琅，字字珠玑。举凡除主打项目的文学类之外，还有其他诸如历史、方志、金石、岩画，乃至美术、音乐等学科，均有不俗的表现。他的科研成果丰硕，可以说是著术等身。其中的代表作有：《银川市志》（总纂）、《银川建城史研究》（主笔）、《贺兰山岩画的保护与开发》（主编）、《宁夏历代碑刻集》（副主编兼执笔）、《中国藏西夏文献》（副总主编）、《中国藏西夏文献·官印·符牌·钱

① 贺吉德著，丁玉芳整理：《贺吉德先生文史研究丛书》，宁夏人民出版社，2012 年。

币卷》（主编）、《贺兰山岩画百题》和《贺兰山岩画研究》等。同时还有多部专著待整理、杀青。另外，他还发表过各类论文计百余篇。

然而，贺先生的研究成果来之不易，也与一般学者大不相同，因为他有繁重的行政职务压在身上，许多政府行为的综合性大型文案都要参与或亲自执笔。比如银川市历史文化名城的申报、保护与规划，全市旅游规划和城乡地名及街巷、路、广场的拟名等，均需由他起承上启下的作用。特别是在制定《贺兰山岩画发展规划》和促成我国第一部关于岩画保护的地方性法规《银川市贺兰山岩画保护条例》的产生以及成功地将"宁夏贺兰山—西夏陵风景名胜"列入国家重点文物保护单位，又被联合国教科文组织国际岩画委员会评为非正式世界文化遗产名录，在为"申遗"打下良好的基础方面，作出了突出的贡献。至于写文章著书，对于他来说，只能算是业余奉献了，完全靠挤占节假日和平时的休息时间去完成。这就等于说，他是拿健康与生命换来的文字。因此同志们都夸他是"双肩挑"的复合型人才。但其代价是巨大的，教训是沉痛的，令人扼腕唏嘘啊！

人言道：天命勿抗，吉凶难预，生命靡常。正如晋代大诗人陶渊明在生前给自己预写的《挽歌诗》中所云："有生必有死，早终非命促。"他认为人的生死乃是自然规律，生人大可不必过度悲伤。贺先生终年六十六岁，年过花甲，介于"耳顺"（六十岁）和"不逾矩"（七十岁）之间，而且他生前荣誉多，众人敬仰，家庭幸福，子女奋进，又有大量文著传世，芳名永播，可谓"生也荣""死也哀"，也算是"朝闻夕死"（见《论语·里仁篇》）和"永安幽冥"（见《文选·王仲宣诔》）了。战国思想家庄子也说过"人且偃然，寝于巨室"（见《庄子·至乐》），其意思是人死了就像到了"大房子"（指宇宙）中去安息，人人同此归宿，何悲之有呢？

《贺吉德先生文史研究丛书》拟出版十部左右，初步计划由《贺兰山岩画研究》《贺兰山贺兰口岩画》《贺兰山岩画拓片精选》《银川史稿》《老子校笺》《贺吉德撰碑记》《开发银川历史文化资源思考录》《贺吉德西夏研究卷》《宁夏水洞沟》《宁夏历代志书》和《宁夏历史建筑杂文》等组成，将由贺夫人丁玉芳为主，辅以牛达生、汪一鸣、胡迅雷、杨满忠和吴忠礼等人协助，并组成编委会，争取政府支持，社会赞助，共襄玉成。

千言万语，无法颂君之德、之才、之功于万一，庶几聊慰英魂矣。是为序。

壬辰年孟夏

《民国宁夏县长录》序 [1]

中国的历史上，作为地方基层政权中最重要的一级行政区划单位——县，据考，首设于春秋时代（前 770—前 476 年）一些诸侯国境内的边远地带，县字与悬字相通，显然有悬挂于京畿远方之意。到战国时代（前 475—前 221 年），各诸侯国已经纷纷在国中设立了郡、县两级行政区，进行管理。秦朝（前 221—前 206 年）以后的各个朝代，于国家政权或设郡、县和州、县两级，或设行省、府（路）、县，省（自治区、直辖市）、市（地、州）、县（旗）三级体制，但县一级政权实乃国家机器的基础。县一级的主官（县令、县知事、县长）俨然是代表国家（朝廷）负责全权治理地方的最高行政长官，老百姓均尊称他们为一方的"父母官"。同时，往往县的贫富、治乱，决定了国泰民安、社稷兴衰和国家命运。所以研究一方的历史，就必须首先研究所属各县的历史文化，只有如此，一省乃至全国的历史文化才能得以汇聚、真实、丰富。

县级基层政权的特定地位，决定了一县之事对于一方之史的特殊重要性，故历史上凡作为县官，他赴任地方的第一件大事，往往就是要设局、求贤、编修县志，以便把一县的历史文化进行系统的调查、总结，传承给后辈，达到资政和教化的目的。所以我国各地不仅普修地方志，甚至出现了"无县无志"的盛况，而且地方志书中，又都无一例外地编写了《人物志》。在当今编修社会主义新方志的实践中，人们总结

---

① 刘国君、张明鹏：《民国宁夏县长录》，宁夏人民出版社，2014 年。

出新方志具备的"七大载体"——述、记、志、传、图、表、录，即概述、大事记、各分志、图照、表格、人物和附录七大类。其中的《人物篇》一般包括《人物传》《人物简介》《人物名表》三个层次，既坚持了"生不立传"的史志传统，又扩大了乡贤人物的表彰面，是新方志对于旧方志的一种创新与发展。刘国君、张明鹏两位先生所编纂的《宁夏民国县长录》一书，属于地方志中《人物志》的类别，不过该书所收录人物的范围更加集中和专门化罢了。

地方志属于史的范畴，正如前辈史志大家章学诚老先生曾说："夫征志者，史之流别"（章学诚《永清县志·序》）。他还说："国史方志，皆《春秋》之流别也。"（章学诚《文史通义·报黄大俞先生》）马克思历史唯物主义也认为：人民群众是历史的真正主人，人类社会的全部历史，就是人与自然斗争、阶级斗争和人们从事文化艺术等上层建筑领域活动的历史，如果没有人民的参与，历史将是死寂的、苍白的和虚幻的。

但是，从目前全国各地的修志实践来看，似乎存在某些认识问题，即在编写《人物志》时，一般认为近人不好写，民国人物不敢写和有争议的人物难写等思想顾虑。我们应该知道，历史从来都是由红、白两条线交织组成的，无白即无所谓红，没有反面何来正面？人物入志是有难度的，但只要确定入选具体标准，并真正做到，不唯上、不唯书，只唯实，把对每一位入志人物的褒贬融于记述之中；与此同时，作者一定要坚守史德、秉笔直书，做到不夸饰，不攀附，力戒个人感情色彩，言必有据。这样写成的《人物志》就一定能经得起群众和历史的考验。

回过头来，看看民国时期宁夏地区的这些县的大老爷们，他们虽然不能代表人民大众和那个时期历史的主流，但是这些人的言、行及个人作为，却对于当时历史的运行和人民革命事业的发展、走向，能在一定程度与范围内达到某种或推动、或阻碍的影响。同样对于民国历史的研究，也可以提供事例、补充和侧面的视角。不管它是正面的还是反面的，都是历史的一面镜子。至于这人是好人，还是坏人，他做过多少好事或是坏事，可以让历史去做证明，由后人评述。总之，以正面人物为主，全面记述一方人物——乡贤人物、中间人物或反面人物，目的就是要激千秋爱憎，扬浩然之正气，垂训后人，积善诫恶，为家乡及国家建功立业。

刘国君多年来一直是盐池文联不驻会的副主席，他勤学善思，写过许多宁夏史学方面的文章，编纂出版了地方史书，是一位很有作为的年轻人。我和他多次在盐池有关史学方面的研讨会上谋面，对他能潜心研究地方史很敬佩。张明鹏和我是一个单位的同事，自然就更熟悉了。刘国君、张明鹏先生编纂的《民国宁夏县长录》一书即将出版，因为我事前参与了该书的审稿工作，有幸先睹为快，并应邀写了一点感想，以答作者求序之请。

2014 年 7 月于银川家中

说明：原书中将《序》误为《概述》。

《西北开发与"西北史地学"研究》序[①]

　　《西北开发与"西北史地学"研究》课题组的成员，几乎都不是宁夏籍人，大多数也不是西北籍人。他们的父辈是新中国成立后支援边疆建设的新时代移民。因此，宁夏就是他们的第二故乡，大西北也就是大故里了。既然生于斯、长于斯，生活和工作在宁夏、在西北，就应该了解它、热爱它、建设好它。这大概是这群人不约而同关注西北史地问题的原因吧。

　　当然还有一个原因，因为我们都是从事史志研究工作的，结合自己的专业，瞄准了"西北史地学"（简称"西北学"）作为集体攻关的研究课题，这一选择是有其深层次原因的。

　　其一，践行爱国主义理想。所谓"西北学"是清代中后期诞生的爱国主义文化产物，堪称"显学"。当时中国遭受西方列强的侵略，处于国家被瓜分和亡国灭种的危亡时刻，而英、俄、日等帝国主义将黑手伸进了西北地区，华夏的发祥地、祖国山水的"上游"，同样也危在旦夕。这时一批爱国知识分子，如魏源、何秋涛、夏燮等人，在前辈爱国学者祁韵士、徐松爱国精神的指引下，决心通过学术救国的行动，来唤起民众，了解西北、关注西北、挽救西北。爱国主义是永恒的主题，是我们的传家宝，是中国知识分子的立身之本。儒家主张的"修齐治平"

---

①吴忠礼主编：《西北开发与"西北史地学"研究》，宁夏人民出版社，2015年。

的伦理政治哲学体系——"修身、齐家、治国、平天下"，就是要把爱国与学习本领和勇于实践结合起来。不树立爱国的标杆，就会迷失方向，一事无成。

其二，为重振西北雄风出力。西北是中华大地江河总源，万山总根，"三皇五帝"大故里，农耕文化与草原文化的共生地，中华民族多元一体文明的发祥地主源。西北地处黄河中上游，境内又有黄土高原、内蒙古高原、青藏高原和帕米尔高原等，享有居高临下、高屋建瓴、雄视九州、得王气之先的形胜，所以中国历史上周秦汉唐等强盛王朝都将国都建在西北的关中地区，古代战略家有"得关中者得天下"之说。又因为西北的民族众多，所以后又有"西北安则天下安"的结论。西北也是古往今来中西交往的"丝绸之路"大道，又是中西文明交汇带。总之，正如汉代伟大史学家司马迁所言"东方物所始生，西方物之成熟"，"收功实者常于西北"。故古人把西方比为"金方"，代表收获和成功之方位也。但是，自从宋代迁都汴京以后，西北落伍了。今天，到了重振西北雄风的时代了，而且只有西北的复兴，振兴中华民族的中国梦才可以真正实现。

其三，在西北大开发的伟大实践中创立"新西北学"。"西北学"的诞生是为了救国，"新西北学"的创建是为了兴国。学术研究只有服务于国家的中心工作，才能体现自身的价值，才能在实践的检验下新生、发展、前进。现在，十几亿人民为全面建成小康社会，全面深化改革、全面依法治国、全面从严治党，为共创民族复兴的伟大中国梦，万马奔腾，开始新的征程。这正是知识为社会服务千载难逢的机会，也是推动"新西北学"产生、成长和完善的良机。

我们有这些好的想法，但不一定有这种能力，本课题的研究成果推向社会，只是一种试探和呼吁，诚望得到学界的重视、指导、批评和参与，以期共襄玉成。是为序。

2015 年 4 月 8 日

《徐氏家谱》序 ①

    中国是治史大国。国家有史、郡县有志、宗姓有谱，构成了完整的历史文化体系。家谱与史志一样，源远流长，谱文化至少可以追溯到西周时期。儒家经典之一的《周礼》记载，时中央设有"小史"官，职责为"掌邦国之志，奠系世，辨昭穆"，此乃管理地方志和谱牒的职官。

    家谱为什么会受到重视？因为家庭是社会的细胞，家谱当然成为存史的最原始资料。故国人历来鄙视数典忘祖，而坚持"盛世修谱"的优良传统。修谱遂渐渐成为一姓、一宗和一个家庭共襄的盛举。谱牒的功能是广泛的，诸如叶落归根、认祖寻宗、敦亲睦族、传承家风、学习先贤、团聚乡亲、共建乡邦等作用。

    我有幸拜读了由徐梦麟、徐毅仁父子编修的《徐氏家谱》（稿本），才了解到我敬爱的师长徐梦老的家族身世。银川一枝徐氏家族的渊源可以追溯到明朝开国功臣徐达大将军，系徐将军平定大西北后，留防于甘肃环县的安徽凤阳籍官兵成员。清末，有徐凌月者从环县来到宁夏发展，繁衍了今银川一门徐氏大家族，经过一百五十多年的艰苦创业，传世六七代，计有百余口人，从而成为银川地区的名门望族，银川也就成为这支徐姓的新桑梓。据不完全统计，徐氏家族之中，至少有一半以上成员为大专以上知识分子，其中不乏乡贤名流、教育家、社会科学家、医学大家和优秀干部以及先进工作者、劳动英雄等一批社会精英人物，对家乡与国家作出了卓越贡献。

---

① 徐梦麟、徐毅仁：《徐氏家谱》，内部编印，2015 年。

读《徐氏家谱》，特别是其中的《家规》《家训》，受益匪浅。应邀写几句感言，以略表敬意。是为序。

2015 年 8 月 25 日于银川家中

《宁夏万氏宗谱》序 ^①

　　日前，万文、杨学林二位先生来访，带来新修《宁夏万氏宗谱》清样，请我浏览并要求给新谱作序。受人之托，忠人之事，便抽空拜读了该谱全文。对其门类设计、修谱宗旨、万姓溯源、万氏家训和孝贤名人以及艺文选录等内容十分感兴趣。读后大有收益，也有一点心得，愿与同仁共享。

　　修谱，是中国传统的文化工程。中华民族五千年的历史与源远流长的华夏文化，正是有赖于代代续修的国史、方志和族谱等文化载体承传于世的。国史乃宏观（国家级）的历史文化，方志为中观（地方层面）的历史文化，族谱则是微观（社会基层）的历史文化。三者的整合，起到 1+1+1>3 的放大式效应，中华民族的历史大系、文化脉络得以保存、传信、弘扬。修谱，其功之大，意义之深远不言自明。

　　敬读《宁夏万氏宗谱》后得知，万姓为国之大姓，宁夏之望族，俊才辈出，其先祖落籍中宁县一带已有六百余年，与当地各族姓氏共同为开发建设西北边陲创造过辉煌。只可惜族谱告佚，先族遗慧家风淹没于无形。为求图步芳躅，勉绳祖德，宗亲共商重修族谱。在无片纸只字的情况下，经过近三年时间，跨越宁、甘两省十余市县，四十余村庄，往返访寻，终于数易其稿，理清了世系，集腋成裘洋洋十余万言宗谱得以面世，使宁夏中宁一枝万氏谱系由纷乱回归明晰，可喜可贺，举族同庆。这是所有参与修谱的贤达族人，为万姓宗亲做了一

---

① 万文、杨学林：《宁夏万氏宗谱》，内部编印，2015 年。

件功在当代、利在千秋的大好事，历史会记住他们。其中万廷芳、万文父子二人，还有万学诚先生当居首功，他们的芳名将与新谱同传。

《宁夏万氏宗谱》是我近年经眼的一部优秀谱牒。谱中以大量之篇幅记载了万氏宗亲中英烈英模、政坛名人、优秀学子、企业精英们的杰出贡献和善行大德，为万氏宗族留下了一份不可多得的精神财富。

综观《宁夏万氏宗谱》，尤其是其中的《家训》《家规》《家道》《家风》等精髓，立意深邃，气势宏伟，上可法先祖之遗志，下可启子孙之德业。堪称泽被后昆、功在社会、利国利民之举。

修谱乃盛世盛举，宗族百年伟绩。当《宁夏万氏宗谱》行将梨枣之际，万文君登门求序，自愧不才，敢不勷赞，以玉成全功？遂不揣谫陋，僭弁数语，权充为序。

吴忠礼敬识
甲午孟冬于银川

《灵武历史纪年》序[①]

灵武市历史悠久，地域文化厚重。先秦时代，这里是北方诸多草原部落"行国"的游牧区域，境内有古西戎族建立的胸衍方国。战国秦惠文王更元五年（前 320 年），秦王曾巡视至"北河"（今银川平原黄河段），旋设胸衍县（治今盐池县境内），这里初入秦疆。秦昭襄王三十五年（前 272 年），胸衍县隶属于北地郡（治今甘肃庆阳市境内），今银川平原黄河以东地区正式纳入中原大国秦国的版图。

秦朝建立以后，秦始皇三十三年（前 214 年），命蒙恬将军率部"略取河南地"（约今大河套地区），"斥逐匈奴"，"城河上为塞"，于沿河筑障（军城）、设县、徙谪[②]，从而揭开塞上黄河两岸农业经济和屯垦开发的序幕。在这种背景下，今宁夏沿黄第一县——富平县应运而生，其上隶北地郡，下辖今青铜峡河东灌区大部。宁夏引黄灌溉的第一批古渠在其间诞生。

秦亡汉兴，朝廷仍向"河南地"持续大移民，大规模兴修水利，农业经济得到空前大发展，"河南地"成为"冠盖相望"的富饶之乡，被史书称之为"新秦中"，即再造一个"八百里秦川新关中"之喻。伴随着人口的增加，经济的发展，地方行政管理也相应跟进，于是有汉一代，宁夏黄河两岸除原东岸仅富平一县外，新的县级政权犹如雨后春笋般先后出现，举凡灵州县（东岸）、灵武县（西岸）、廉县（西

---

① 灵武市地方志办公室：《灵武历史纪年》，宁夏人民出版社，2016 年。
② 见《史记·秦始皇本纪》。

岸）和晌卷县（南岸）等，塞上沿黄城市群初步形成。

汉灵州县与灵武县，初同为北地郡下辖的平等地位二县，分别位于黄河东西两岸、隔河相望，仅数十里之遥。因灵州县治城建在黄河洲岛之上，依"水中可居曰州"和"随水高下，未尝沦没"视为"灵"之意取名"灵州"[1]，而同时代新设的灵武县，亦因治地近贺兰山口"灵武谷"，故而得名灵武[2]。古灵州县的诞生时间是西汉惠帝四年（前191年），距今已经2200余年。

东汉至南北朝间，因时局不靖，塞上沿黄诸县，或迁、或废、或改名称，直至隋唐间，方恢复灵州、灵武郡名称。唐至德元载（756年），安史之乱中，太子李亨在灵武郡继承皇位，改灵武郡为灵州，升为大都督府，是为陪都。宋季，党项贵族建立西夏地方割据政权以后，称灵州为西平府，设翔庆军，尊为西京。

朱明王朝建立，宁夏地区位当残元蒙古各部内犯的主要战区，故以镇、卫、所军事管理体制代替府、州、县建置。时古灵州地区先后设立灵州河口守御千户所、灵州守御千户所和灵州千户所，此"灵州"仅系地名而无行政建置的内涵。

明代以后，古灵州城一直位于黄河洲岛之上，后因河水主流的变化，至明初灵州千户所所城，已改临黄河南岸，因屡被河水威逼，于洪武、永乐、宣德间的四五十年，城凡三徙。今天的灵武市古城遗址，是明朝宣德三年（1428年）所筑的新城[3]。另外，汉代古灵武县也因地处河西，临近贺兰山战区，城毁县废，其地分属宁夏镇辖之宁夏左屯卫、宁夏右屯卫垦区。清代以两卫改设宁夏县、宁朔县，至此存在2000多年的河西古灵武县退出历史舞台，至是灵州与灵武行政与地域名称完全重合。民国二年（1913年），改灵州为灵武县。

1949年9月，宁夏省解放之初，曾一度设立灵武县辖的吴忠堡

---

① 见《汉书·地理志》。

② 见《后汉书·段颎转》。

③ 见朱栴著《宣德宁夏志》和《明宣宗章皇帝实录》。

市。[①]1954 年，宁夏省河东回族自治区（后改吴忠回族自治州）成立，灵武县为自治州属县。1972 年，设立银南地区，行署驻吴忠县，吴忠、灵武二县同为地区属县。1996 年，撤改灵武县为灵武市（县级），仍隶属于银南地区。1998 年，银南地区撤改为地级吴忠市，灵武县为属县之一。2002 年 10 月，灵武市转由银川市代管。

纵观历史，从沿革渊源来看，灵武与古灵州域名交替使用，隶属关系稳定，或你领导我，或我领导你；再从舆地方域来看，更是你中有我，我中有你。所以两地应视为古灵州（灵武郡）传留下的同胞兄弟，均为古灵州历史文化的合法继承者，在当今的发展建设和宣传地方历史文化中，共同打"古灵州"这张"名片"，均为合情合理的事情。因此，我认为如果两家共取协同保护、联手研究、抱团开发、文化共享的科学发展观举措，定能收到 1+1>2 的效果。

今天的灵武市位列全国"千年古县"行列，也是"中国科学发展百强县（市）"前百位大县，还是"全国民族团结进步模范集体"等，这些成绩的取得，其中与继承和发扬"古灵州"悠久的历史文化有着密不可分的关系。现在灵武市地方志办正在编著一部名为《灵武历史纪年》的地情资料书，我读后觉得是一部很好的爱国主义乡土教材。因为爱国家的基础是爱故乡，而爱乡邦的前提首先就要了解她，如果数典忘祖、茫然桑梓、不敬乡贤，就是历史虚无主义，爱国爱乡也无从谈起。

日前，于该书行将梨枣之际，灵武市志办主任黄向泰先生登门邀序，仓促间草成这篇读后心得，以求同仁方家斧正。是为序。

丁酉鸡年仲春

---

① 见冯茂著《宁夏现代行政区变迁沿革》。

《汪家塬村志》序[①]

我国有两千多年编史修志的优良传统，方志文化是华夏文化的特产，独树一帜，为世界文化宝库中的瑰宝。据不完全统计，我国现有存世古方志约一万种、十万卷之巨，其品种可分为综合志与专业志两大类，级次则有国家一统志、大区总志，行省通志和省以下的各级方志，诸如府志、州志、县志，乃至基层的乡镇志和最底层的村志，堪称博大精深、灿若繁星、无与伦比。方志的价值在于有存史、资治、教化三大功能，而其中的村志更是一朵奇葩，因为村落是社会的最基本单位，村落文化是全社会各种文化的聚焦点和微型复合体，是中国大文化源泉之渊薮，可见通过编修乡村志来重塑乡村文化，实乃留住了乡音、乡思、乡风和乡愁，承续了家乡的文脉。显然这是一本极好的乡土教科书，是培养子孙后代由爱乡至爱国的启蒙"导师"。

宁夏同心县张家塬乡境内有一个汪家塬行政村，面积不大，人户不多，可谓蕞尔之地，但是却地灵人杰，历史悠久，具有光荣的革命传统。1936 年 6 月，西征红军左路军，在左权、聂荣臻指挥下，解放了汪家塬村所在的豫旺地区，西征总指挥彭德怀将军率红军总部曾驻防过该村。新中国成立以后，这个村一直是全区、全县的老先进单位，数十年来红旗飘飘，先后荣获过同心县第一批"文明村"、"全国妇联基层组织建设示范村"、"全国文明村镇"等荣誉。村中也走出一大批乡贤人物，其中副处（团）以上干部 18 名，厅（师）级领导干部

---

① 汪家塬村志编纂委员会：《汪家塬村志》，宁夏人民出版社，2016 年。

5 名。他们之中不乏中国科学院和国家名牌大学的教授、研究员、博士生导师以及专业作家等各方面优秀人才。

　　《汪家塬村志》的编修，承传了乡史，保留了乡土文化的记忆，给探索中国特色新型城镇化和美丽农村建设提供有益的借鉴，是一件有意义的善事盛举。《汪家塬村志》也走在自治区村志编写的前列，可喜可贺。

　　该志是老友王克林先生主编完成。他持稿邀序，承蒙抬爱，盛情难却，勉为数语，是为序。

丙申猴年元宵节

《乾隆·银川小志（文白对照本）》序①

　　银川市，是宁夏回族自治区首府，也是国务院颁布的全国"历史文化名城"，有悠久的历史、丰厚的文化积淀和光荣的革命传统。清代编修的《银川小志》正是展示这座塞上古城历史文化的小型百科全书。银川市地方志办公室的同仁们，对这本"小志"进行研究、整理、再版，是一件有意义的事情。不仅因为此书为银川市仅有的一部古方志，而且又系幸存孤本，史料新鲜，弥足珍贵。"小志"的出版，无疑对于宁夏地方史志的研究将有重要的参考价值。同时，对于宣传银川，增强人们的首府意识，教育青少年一代热爱家乡，立志建设新银川，从而带动宁夏的腾飞，都能起到特殊的作用。

　　银川市，孤悬河外，西峙贺兰，东枕黄河，形胜扼要，屏障西北，藩篱关陇，自古以来因为其独特的战略地位而为兵家必争之地和耀武之区；她虽然地近"荒服"，西南为腾格里沙漠，北部有乌兰布和沙漠，东部逾河连毛乌素沙地。然而，由于位于河套沃区，得天独厚，尤擅黄河之利，古往今来被誉为"塞北江南"，堪称大西北的一颗璀璨明珠；她又是边陲大邑，三代前后，就是各少数民族大出大进的大舞台。秦汉以还，中央王朝曾多次从内地徙民戍边，开渠屯垦，因而汉族和

---

① 汪绎辰：《乾隆·银川小志（文白对照本）》，银川市地方志编纂委员会整理，方志出版社，2017 年。

少数民族共同开发和保卫了这片热土，并渐渐形成了中原汉儒文化与周边游牧民族边疆草原文化色彩；她的开发与行政建置亦称久远，早在旧石器时代，已有先民活动的遗迹，而见诸史册记载，当始于东晋十六国间，大夏国时称饮汗城，后大夏国王赫连勃勃在此城大建行宫和御花园，遂改名曰"丽子园"。后魏改立怀远县，后周升为怀远郡，隋因之。唐仪凤二年（677年），城为河水泛损。次年，择西偏高地更筑新城，是为今银川市老城区的前身，距今已有1300多年了。宋夏间，党项首领李德明，于天圣元年（1023年），"城怀远镇为兴州居之"。李元昊于景祐五年（1038年）称帝时，国号大夏（史称西夏），改兴州为兴庆府，定为国都。后又改称中兴府。蒙古灭亡西夏以后，于中统二年（1261年），在原西夏故地首置行省，遂为省治。明为宁夏镇城，位列"九边重镇"之一。清降为府，隶甘肃省，称府城。民国十八年（1929年），宁夏再次设省，时称省城。其间曾议改贺兰市和宁夏市，均未果。直至民国三十六年（1947年），省城被南京国民政府行政院批准设市，命名为银川市。

省会取名"银川"，典出或寓意何在呢？"银川"一词之使用，本为明清文人以怀古雅趣而射西夏和李王的故事。查阅古史，往往泛指今宁夏和陕北地区为"灵夏"或"银夏"。"夏"即夏州，"银"即银州（银川郡），"灵"即灵州（灵武）。因自唐代起，党项先祖已历镇银、夏，世官银州，且其李继迁更是出生于银川。虽然后来西迁建立了西夏国，但人们渐渐又将西夏发祥地地名亦西移借用，便出现了史志图籍中把宁夏与古夏州，宁城（银川）与古银州并提互代，后又渐渐被混淆。元代以后，文人们在其诗文作品中已运用了用宁夏喻古夏州，和以省城比古银州的怀古雅文笔法，这应该是银川得名的真正缘由。至于以四郊盐碱广布，河渠、湖泊纵横，举目茫茫，银光闪烁；或以"塞北江南"，富庶之乡，金银之区特点而取名等种种说法，皆后人附会之说矣。

《银川小志》仅系稿本，草成于清乾隆二十年（1755年），作者是时任宁夏府知府赵本植（字竹堂）家庭塾师的浙江籍文人汪绎辰。稿本珍藏于南京市图书馆，20世纪80年代初被高树榆先生首次发现，并制油印本收藏于宁夏图书馆，开始在学术界小范围内借阅，发挥了很好的作用。我是这本志书油印稿本的早期读者之一，又因目前滥竽于方志行列，所以该志再版付梓之前，市志办杨秀兰主任约我撰写序文。而这本志书是由宁夏人民出版社著名出版家张钟和先生主笔整理的，全书考证精博，拾遗补缺，纠误正讹颇多，具有很高的研究水平，所以我不敢班门弄斧、妄加评论，只想在志书之前，把银川这座新兴古城的历史渊源和志书来历叨于简末，以飨读者。是为序。

1999 年 10 月 10 日于银川

《利通区志》序 ①

　　编修地方志是中华民族的优秀文化传统，至今已有两千多年的历史。地方志也是中国的文化特产，它是人类文化宝库中的瑰宝和独特的贡献。所以修志也就成为历代地方各级官员的一种官责、使命，从而形成一地志书代代续修、绵延不绝、繁荣昌盛这一特有的文化现象，被后人誉为"地方百科全书"。方志还有资政功能，为各级领导科学决策提供依据，因此又被视为地方官员的《资治通鉴》。一志在手，一方地情尽在指掌之间，故而地方志乃治地方不可或缺的宝典。

　　吴忠市利通区的行政建置变更频繁，原为吴忠县（市），汉唐间的古灵州城遗址也在该区境内，历史悠久，文化厚重，更有编纂地方志的光荣传统。单就当代而言，早在1959年，原吴忠市委就曾成立市志编委会。开始征集资料，并编成《吴忠简志》（初稿），后来由于一些客观的原因，半途而废。1964年，县委干部石作玺，勇作私人修志的探索，曾个人整理出5万多字的《吴忠县志资料》，又因"文革"而作罢。改革开放以后，全国掀起大修社会主义新方志热潮，这再一次激发了石作玺先生的修志热情，1981年由他主编，许成、李仲三、白述礼、张乃兴、李万杰等参与的《吴忠县志》（第一卷）杀青，开创了宁夏编修社会主义新方志的先河，惜未能定稿和正式出版发行。1986年，重新设立市地方志编纂委员会，市长马金虎任编委会主任，高广俊任市志办主任。高主任带领市志办这支能打硬仗的精干修志小

① 利通区志编纂委员会：《利通区志》，方志出版社，2019年。

分队，精诚团结，攻坚克难，经过十年艰苦奋战，五拟篇目，三易其稿，功夫不负有心人，十年磨一剑，终于在 1999 年完成了洋洋 150 万字的鸿篇巨制——《吴忠市志》稿，并按程序通过三审定稿制，报请自治区地方志编审委员会审批，由我签发同意正式出版。但是，在这关键时刻，由于自治区和利通区方志办的人事变更，利通区决定"重新修订"《吴忠市志》，并于 2000 年 5 月出版了一本《吴忠市志》。

2011 年 11 月，吴忠市利通区委责成组织部牵头，再次启动区志续修工作。2019 年 6 月，总纂完成百余万字的《利通区志》送审稿，是为以利通区冠名的第一部区志，意义非同一般。

《利通区志》是一部多快好省的志稿，究其成功的原因，主要表现在以下三个方面：其一，依法修志。志办坚决贯彻国务院《地方志工作条例》和自治区《〈地方志工作条例〉实施办法》。其二，领导重视。地方志是"官修政书"，没有党政主要领导的亲力亲为是不可能办成的。利通区委书记周涛、区长李玉山、区委副书记冯茂璋等同志领导到位，指导得力，政治政策把关严格，确保了修志指导思想正确，始终把政治质量贯彻到修志的全过程与各个环节之中，加上主持修志工作的区委组织部常务副部长牛旭升组织协调周密，解决问题及时，使修志人员有了一个坚强的后盾。其三，用人得当，利通区志办负责人和志办全体同仁堪当重任，有事业心，有谋划能力，有专业水平，并善于团结利通区内外专家共襄玉成志稿。

我们之所以要接力续修一方的志书，并不是为了修志而修志。修志的目的是为了承传家乡的信史，接通地方的文脉，留住乡愁，给后人留存一份宝贵的精神财富。所以从这个意义上来说，一部志书的问世，仅仅是修志事业的成果之一，而更重要的果实是在修志过程中所积累的大量系统地情资料，它是一座金山、银山和巨大的宝库。我们更应该在修志、读志、用志的基础上，对于这些宝贵的来之不易的资料进行有针对性的深加工和专项学术研究，推出更多和系列性的高端文化产品，为全域旅游事业服务，为深入学习习近平新时代中国特色社会主义思想、实现中华民族伟大复兴的中国梦服务。

　　《利通区志》付梓之前，志办几位领导来到我家中，希望我能给该志写一篇序文。我确实有些为难，虽然自己是一名修志战线的老兵，但自觉知识老化，学识滞后，深恐达不到锦上添花的目的，反而还有可能点金成铁，更怕泼污佛顶，失敬和有伤大雅。但又碍于盛情难却，恭敬不如从命，斗胆草拟数言，聊应抬爱和问序之请。是为序。

2019 年季夏

《新修青铜峡市志》序^①

青铜峡市因青铜峡大峡谷而得名。史前神话传说，大峡谷是大禹治水的遗迹。虽然神话传说不是信史，不足为凭，但青铜峡作为银川平原各大引黄干渠的渠首区位，应是不争的事实。早在两汉、南北朝期间，此峡曾名上河峡、青山峡和峡口，历代中央政府持续不断向黄河峡口的河东、河西两大灌区移民，进行农业开发，并取得巨大成功，史书称誉包括这片黄灌区在内的河套大灌区为"新秦中"，即相当于新增加一个"八百里秦川新关中"的含意。为了管理好移民，推进河西灌区农业经济的发展，西汉时期就在境内设立了第一个县级行政建置，取名灵武县，因县治靠近卑移山（后称贺兰山）灵武口而取名。它与河东灌区的灵州县分别先后设置，隔河相望，共同将银川平原建成"塞北江南"的鱼米之乡。继灵武县开埠之后，又设置了南典农城（胡城）、弘静县（保静县）、静州（顺州）、宁夏左右屯卫（部分）和宁朔县等军政机构。

宁朔县设置于清雍正二年（1724年），其得名系同源地名播迁的结果。据唐朝名相李吉甫所撰《元和郡县图志》记载：宁朔县辖区，原为汉代朔方县属地，南北朝北周间以其地设置宁朔县（治今陕西靖边县东）。东晋十六国间匈奴铁弗部首领赫连勃勃在该地修筑统万城并建立大夏国，作为国都。北魏灭赫连夏后，改为岩绿县和夏州。后来党项人又于唐代割据此地，一度改夏州为朔方县、郡。党项势力日

---

① 青铜峡市志编纂委员会：《新修青铜峡市志》，方志出版社，2020年。

益坐大，不断向西扩张，先占领黄河东岸的灵州作为陪都，名曰西平府，后又以西岸的兴州改设兴庆府，作为国都，在此称帝建立大夏国（史称西夏）。史志界前辈对于大夏、西夏以及与其历史有关联的朔方、夏州、岩绿、宁朔，尤其是夏州与宁夏，赫连夏与党项夏等建置，往往是云里雾里混为一谈，于是党项在今宁夏建国之后遂谬将陕北的一些古地名误作宁夏地名的前世，而张冠李戴，错误地播迁到宁夏。清朝新设立的宁朔县取名就是这些错误中的典型一例。

1949年9月24日，宁朔县解放，随后召开全县各族各界人民代表会议，建立各级党的组织和人民政权，从此宁朔县人民得到翻身解放，做了国家的主人。

新中国成立后，宁朔县两度改县设市，均取名青铜峡市。新青铜峡市在中国共产党的正确领导下沿着社会主义的康庄大道，取得了巨大成绩，发生了翻天覆地的变化。1978年，建成青铜峡水利枢纽工程，总装机容量为27.2万千瓦。青铜峡水利枢纽工程建成，结束了宁夏段黄河无坝引水的历史，扩大了农田灌溉面积，为再造一个"塞北江南"创造了条件。正如1963年10月国家副主席董必武在视察青铜峡时所创作的《游青铜峡》诗所云："青铜峡扼黄河喉，约束水从峡里流。导引分渠资灌溉，下游千里保丰收。兴修大坝自需工，发电无妨灌溉功。跃进开头难不倒，任他泥铁笑东风。"董老的诗文充分肯定了青铜峡水利枢纽工程是为宁夏人民造福的民生工程、德政工程，对于带动县域经济的发展起到了极大的助推作用。进入改革开放的伟大新征程中，全市人民坚决贯彻马克思列宁主义、毛泽东思想、邓小平理论、"三个代"表重要思想、科学发展观和习近平新时代中国特色社会主义思想，为实现中华民族伟大复兴的中国梦，取得了一个又一个新成就，先后获得"全国平原绿化先进单位""全国商品粮基地县""全国造林绿化先进单位""全国双拥模范城""全国体育先进市""全国残疾人工作先进市"和"西北地区'百强'县（市）"等荣誉。特别是2017年11月，宁夏引黄古灌区正式列入"世界灌溉工程遗产名录"，弥补了宁夏没有"世界遗产"的缺憾。获此殊荣，青铜峡作为银川平原众多古灌渠渠首的地位，其居功厥伟。展望未来，在以习近平同志为核心的党中央的坚强领导下，青铜峡市的明天将更加美好。

我作为宁夏修志战线上的一名老兵，又应邀担任《新修青铜峡市志》总纂，不胜荣幸，因为古宁朔县是宁夏地区的修志大县，仅有清一代就修成了《（康熙）朔方广武志》和《（乾隆）宁朔县志》，令后人敬仰。

在《新修青铜峡志》鸠工剞劂之时，受青铜峡市党史地方志研究室之邀，草此习作，聊复尔耳。是为序。

2019 年 12 月 7 日

《中宁枸杞志》序①

　　宁夏北部的引黄灌区，是黄河冲积平原和贺兰山洪积平原地带，土壤肥沃，独擅黄河水利，有"举锸为云，决渠为雨"的天然优势，自古以来是黄河上游的一片绿洲和西北地区一颗璀璨的明珠，中宁县就在其中。

　　传说大禹治水成功以后，划分天下为九州。《尚书·禹贡》记载，今宁夏地区属雍州，其地"厥土惟黄壤，厥田惟上上"，但是"厥赋中下"，可谓物丰赋轻，遂成为历代中央政府移民开发的重点区域。秦汉间就被誉为"新秦中"，即"再造一片八百里秦川新关中"的意思；南北朝时，又被称为"塞北江南"，谓江左地区的移民给这片水乡带来了南国的文化；有唐一代则是国家屯兵、备战、营田的战略要地；明代位居"九边重镇"之首，"天下屯田积谷宁夏最多"。历史步入清朝，不仅"宁夏府城，人烟辐辏，商贾并集，四衢分列，阛阓南北蕃夷诸货并有，久称西边一都会矣"。就连小小的"中卫之宁安堡，当孔道，通商贩，其市集之盛，殆与州邑等"（清《乾隆宁夏府志》卷六）。

　　从一定意义上来说，始建立于明代的宁安堡，当为其特产枸杞而兴旺起来的。我国野生枸杞，在西北、华北等地多有分布，最早在甲骨文中就有了"从木""从己"的"杞"字；成书约春秋中期的我国第一部诗歌总集《诗经》中，多处亦有关于枸杞的诗句；大约先后成书在战国至西汉期间的神话传说和地理书《山海经》中，也记录了枸

---

① 中宁县枸杞文化学会：《中宁枸杞志》，待出版。

杞；问世于汉初的我国第一部辞书《尔雅》，在《释木》中已收入枸杞，并对其进行了注释。

对于中宁枸杞野生时代的记述，源于《山海经》。采集流通入药，到人工驯化，应该追溯到唐代。清水河的水发源于六盘山，在中宁汇入黄河，河道贯通了宁夏南部山区和宁夏黄河冲积平原。清水河道也是长安入宁夏边陲的主通道。因为古代中宁黄河北岸的丰安军和燕然羁縻州，太子李亨、诗人王维分别在这里留下了足迹和绝唱。尤其是安史之乱之后，因萧关以西战事影响，丝绸之路改道灵州，除部分商旅和官方使者必经灵州外，相当一部分商旅选择便捷的清水河道，直通鸣沙渡和当时位于中宁清水河口的丰宁渡，然后经石空寺堡汇合东来的灵州行旅，向库车方向西去。这里的渡口连接了长安和西域，至少对枸杞等药材的流通和家种是有帮助的。

枸杞是我国传统的健身、养生、长寿和滋补的食物兼药物。而"中宁枸杞"又是数百年来医家认可的道地药材。它从野生、驯化到栽培，走过了漫长的道路，至今仍然是见仁见智。据《弘治宁夏新志》记载，在明代，已被列为宁夏向朝廷的"土贡"特产之一，并列入物产的药类。这可以证明，中宁枸杞的大面积人工栽培，至迟始于明代。明代以前，枸杞子是以入药为主，药品来源亦应是野生浆果加工的产品，人工栽种当仍处于试种和观赏阶段。中宁属枸杞的原产地，直到民国时期，其主产区是当时的宁安堡。贡果的历史源于明代，但种植历史还远些。已有考证，西夏时，不但在边境与宋榷场交易的药材中有枸杞，而且西夏文字的医书中也有枸杞。

今天，"中宁枸杞"被称为宁夏红宝，已誉满全国，畅销世界。

明天，"中宁枸杞"将随着科学技术的不断发展，种植技术和深加工工艺会不断提升，高端枸杞系列产品将日益增多，"中宁枸杞"将在人类健康长寿服务方面作出更大的贡献。

《中宁枸杞志》理清了枸杞在宁夏及多区域的演传脉络，其史鉴和资治功能，将为今后提供决策依据。其存史和教育功能，将激励人们更加珍惜和建设好这一有益人类健康的红色大业。

　　《中宁枸杞志》行将付梓，这是枸杞之乡的盛世盛举，我首先向编纂本志的同仁表示慰问、祝贺，向为"中宁枸杞"事业作出突出贡献的老一代"土专家"（茨农）和新一代科研人员致谢、致敬。"中宁枸杞"的各种奖牌都浸透了你们的汗水、心血和智慧。你们是人民的功臣和"中宁枸杞"这块闻名遐迩"金字招牌"真正的主人，你们的名字也将与"中宁枸杞"一起传遍全中国、全世界，万古流芳。是为序。

　　　　　　　　　　　　　　　　　　2020 年端午节于银川

碑文篇

兴庆区典农公园修建记 [1]

　　银川市兴庆区兴建的掌镇典农公园，枕山（贺兰山）、面河（黄河）、依渠（汉延渠）。居首府东郊，大河之浒。占地面积五百二十亩，北起孔富路，南至银古高速公路，南北长 1.8 公里，东西宽约 0.2 公里，呈带状。园内茂林修竹，奇花异草，水榭亭阁，曲水流觞，鸟鸣鱼跃，乃乡民休闲、市民踏青、共享幽情的又一处乐园。

　　公园地处银川前身北典农城域内。城成于汉武帝元鼎五年（前 112 年），为管理塞上垦殖官农都尉所筑。东汉改称典农都尉，故后人呼"典农城"。因其南另有典农城，遂有南北典农城之谓。

　　为了再现古地名符号，恢复历史记忆，接通地域文脉，取"典农"之名，古雅涵丰。地以名传，典农公园将永世留芳。

　　典农公园的兴建，是宁夏"黄河金岸"系统工程之小城镇建设的示范，受到兴庆区党委、政府的高度重视，也是为群众办实事的惠民工程。功在当代，泽被子孙。人心如鉴，德政善举，民必怀之。心碑、口碑、隐形无字碑，将立在家乡父老的心中。

　　兹述建园端末，彰扬共襄有功人员，谨勒后镌文，以志不忘。

---

①2011 年 11 月，银川市兴庆区人民政府对其进行立碑标识。

明长城银川三关口段
维修加固工程记 [1]

　　宁夏回族自治区首府银川市，历史上为中原王朝的战略巨防，明代曾是北国"九边重镇"之一的宁夏镇镇城。城西约 30 公里即贺兰山天然屏障。山之东麓有古长城一道，与山体相伴，蜿蜒于南北一线。

　　经考证，此段长城为宁夏明代西长城防线之中段，控通往山后的最大隘口，故建有关门，名为赤木关，俗呼三关口。西长城始筑于明代成化、嘉靖和天启年间，进行过多次维修，遂成雄关。

　　俱往矣，历史已翻开了新的一页。而今适逢盛世，国泰民安，各民族大团结，新时代的贺兰山、西长城和赤木关，虽然仍屹立在塞上黄河之滨，但它已成为一本厚重的乡土教科书，不倦地向后人诉说着古往今来农耕文化与草原文化，汉族人民与少数民族兄弟，相互交流、友好合作，共同开发和携手保卫祖国这片热土的动人故事。

---

①2015 年，银川市文物管理局对其进行立碑标识。

钟鼓楼革命遗址碑文 [1]

1926 年 9 月 17 日，冯玉祥将军率部举行"五原誓师"，宣布参加"北伐"，并接受中共北方区委负责人李大钊"固甘援陕、联晋图豫"的建议，于同年 11 月移总部于宁夏城（今银川）。为了适应革命新形势，在中共陕西省委和冯玉祥军内部党组织负责人刘伯坚的指导下，建立了宁夏第一个地方组织——中共宁夏特别支部。李临铭任书记。办公地址设在钟鼓楼。在"特支"的领导下，陆续成立了工农商学等群众组织，于城乡开展了一系列反帝反封建活动，使宁夏地区出现了革命高潮。1927 年 9 月，宁夏当局追随蒋介石"清党"，"特支"被迫解体。中共宁夏"特支"虽然只存在约一年时间，但在宁夏传播了马列主义，撒下了革命火种，拉开了中国共产党领导宁夏各族人民进行革命斗争的序幕。

---

① 钟鼓楼是 1926 年宁夏第一个中国共产党的组织——中共宁夏特别支部成立及办公地址所在地，2016 年 10 月 1 日，银川市委、市政府对其进行立碑标识。

玉皇阁革命遗址碑文 ①

  1926 年 9 月，冯玉祥部"五原誓师"后，改西北军为国民革命联军，军报亦由《西北日报》更名为《中山日报》，并由包头迁至宁夏城（今银川）。中共党员贾午任社长，贾一中（李子光）任报社党支部书记，骨干编辑和记者多为中共党员。该报是宁夏最早发行的报纸。《中山日报》不仅是中共在国民军联军中的喉舌，也是党组织设在宁夏的重要秘密机关。1927 年春，邓希贤（邓小平）等同志途经宁夏赴陕时，就是由报社的刘贯一护送，安全到达西安。1927 年大革命失败，《中山日报》在宁夏仅存在 10 个月即被迫停刊。但是对于宣传马列主义、促进宁夏和西北地区的工农运动起到了重要作用。

---

① 玉皇阁是 1926 年国民军联军中的中共地下党组织在银川出版发行《中山日报》所在地，2016 年 10 月 1 日，银川市委、市政府对其进行立碑标识。

银川市实验小学革命遗址碑文 ①

    1937年，日本军国主义发动全面侵华战争，中华民族处于危亡之际，银川实验小学进步教师杨文海（侯亦人）、薛云亭（薛嵩山）、涂春林等在校长贺自正、高立天（高尚信）的支持下，在中共宁夏工委的领导下，成立了以抗日救亡为宗旨的"西北少年抗日战地服务团"（后更名"宁夏少年抗日战地服务团"）。制定了《团章》《团员守则》和《团歌》，发布了《告西北同胞书》，团员达100多人。"少战团"先后组成宣传队、歌咏队、剧团，在省城和一些县、乡通过唱抗日歌曲、演街剧、演讲、贴漫画等形式，开展宣传活动，激发了城乡青年和民众的抗日情怀，为黑暗中的宁夏点亮希望之光。"少战团"还为宁夏培养了一批年轻的有文化的优秀的革命后备干部。

---

① 银川市实验小学是1937年中共宁夏工委组织领导宁夏少年抗日战地服务团开展抗日爱国宣传活动发源地，2016年10月1日，银川市委、市政府对其进行立碑标识。

原银川一中北院 [1]——余鼎铭公馆
旧址碑文

　　1926年9月，冯玉祥部"五原誓师"后，于11月28日至12月20日，将国民军联军总部移驻宁夏城（今银川），总司令冯玉祥和总政治部负责人刘伯坚等主要将领，均下榻余鼎铭公馆。其间，刘伯坚还在余公馆举办了一期马列主义学习班，并以《共产党宣言》《社会主义概论》《劳工神圣》《共产主义ABC》《国家与革命》等马列主义著作和孙中山的《三民主义概论》为教材。这是马列主义首次在宁夏公开传播，意义重大，影响深远。

---

① 原银川一中旧址是宁夏第一个马列主义训练班旧址，2016年10月1日，银川市委、市政府对其进行立碑标识。

仁存渡口革命遗址碑文^①

1949年9月23日，中国人民解放军第一野战军十九兵团司令员杨得志、政治委员李志民等首长与国民党宁夏省当局代表卢忠良、马光天、马廷秀在中宁县城达成《和平解决宁夏问题之协议》并正式签字。不料当日，宁夏马家军纷纷自行溃散，形势骤变。起义将领马鸿宾急电一野司令员彭德怀，请求解放军提前进驻银川，以稳定局势、安定人心。19兵团64军191师572团奉命组织先遣队，由副师长孙树峰、团长张怀瑞指挥，连夜从仁存渡口码头（灵武—永宁）渡过黄河，冒雨接防银川，标志着宁夏省宣告解放，全省回汉各族人民得到新生。

---

① 仁存渡口是1949年9月23日中国人民解放军第十九兵团先头部队进军银川渡河遗址，2016年10月1日，银川市委、市政府对其进行立碑标识。

清代宁夏"八旗将军"
花园别墅迁史记①

　　清代满洲八旗兵营称"满城"，统领称将军。宁夏新满城于乾隆六年（1741年）建成。不知何时，在城西郊建造花园别墅一处，供在任将军与家人休闲享用。民间称"西花园"，以与府城的"东花园"对称。该园占地十余亩，居中修建京式四合院一所，均系砖土木结构之平房建筑。因正房建在三米高的土台上，门廊又悬挂"一览楼"的匾额，后人误以"将军楼"等名呼之。

　　这所清代银川残存的唯一园林建筑虽为市级文物保护单位，但因诸多原因，经多方论证，不得不移迁至其西南毗邻的留芳园内复原重建，并作为宁夏满族历史文化展示场所，扩大了建筑面积和功能，不失一种补救。迁建工程于丙申年端月告竣。兹简述颠末，以志存史。

---

① 八旗将军花园原位于银川市西夏区西花园，新址位于银川市北京西路流芳园。

青铜峡市各界人民首次祭拜黄河赋 ①

　　黄河乃中华民族母亲河，发源于青海省，汇聚"星宿海"的汩汩细流，壮大为与日月比肩的天河，遂义无反顾地迎着太阳，昂首向东，浩浩荡荡，斩山辟谷，无坚不摧，冲破重重险阻，高歌猛进，流经宁夏等九省（区），由山东省投入大海的怀抱。总行程5464公里，流域面积75.24万平方公里。

　　黄河初无定名，先秦间曾以河、大河、河水呼之。② 至秦朝，始皇帝首冠以"德水"之名。③ "黄河"之名，肇于汉朝。《汉书》曰："使黄河如带，泰山若厉。"④ 何谓黄河？因河水泥沙含量大，"斗水泥三升"并呈黄色故名。

　　黄河穿行宁夏北部中卫、吴忠、银川、石嘴山4市及所辖8个县（区），流长397公里。黄河从宁夏青铜峡大峡谷流出，至内蒙古托克托县之间的"几"字形大湾，称为"河套"，为独得黄河水利的膏腴之地，其中宁夏平原更是得天独厚，素有"天下黄河富宁夏"赞誉。故从秦汉起，先后有"新秦中""塞北江南""新天府"等褒扬。宁夏引黄灌区，自古以来是汉族和少数民族共同开发、保卫的一片热土，农耕

---

①2017年4—5月，青铜峡市在中华黄河楼举办黄河拜水盛典大型实景演出活动，助力宁夏引黄古灌区"申遗"。

②黄河正式得名前，各区段分别取名。见《史记·六国年表》卷十五、《汉书·地理志》卷二十八下、《史记·匈奴列传》卷一百十。

③黄河之名首见《史记·六国年表》卷十五。

④《汉书·高惠高后文功臣表》卷十六。

文化与草原文化相互交汇、学习，衍生出丰富多彩的地域文化，从而为中华民族文化宝库增添了一枝奇葩。忆往昔，荣誉归功于伟大的黄河。宁夏各族人民将永远纪念黄河母亲，亘古不忘，祭而颂之，用告子孙。

敬献颂辞曰：

伟哉黄河，华夏母亲。慈爱无疆，九州安邦。
禹王治水，圣迹"河上"①。青铜神斧，"北河"②畅流。
黄河九省，唯富河套。"陆海"膏腴③，引黄筑渠。
举锸行云，决渠化雨④。塞北江南，冠盖相望。
丝路要径，商贾云集。辉煌历史，源远流长。
宁夏形胜，国之岩疆。黄河天堑，兰山屏峙。
长城环卫，烽举燧燔。地灵人杰，才俊辈出。
重文尚武，保家卫国。番汉友好，各族一家。
辛亥革命，结束帝制。民国肇造，五族共和。
多元一体，百花齐放。携手奋斗，振兴宁夏。

九月廿三⑤，宁夏解放。党的领导，康庄大道。
改革开放，新的长征。两个"百年"，全面小康。
不忘初心，重圆新梦。不到"长城"，妄称"好汉"。
黄河精神，永放光芒。人民公祭，世代传承。
大河有灵，尚克祐乡。永赐福祉，国泰民安。

---

① ② 黄河得名之前，分段取名，宁夏段曾名"河上""上河""北河"等，见《史记·秦本纪》卷五。
③《汉书·地理志》卷二十八下。
④《汉书·沟洫志》卷二十九。
⑤1949年9月23日，解放军19兵团解放银川，标志宁夏省解放。

附载

史志专家——吴忠礼

宁夏地方志编审委员会副主任、宁夏社会科学院地方志编纂处处长吴忠礼副研究员，是宁夏有名的史志专家。他卓越的组织才能和锲而不舍的治学精神，深受人们的钦佩和赞誉。长期以来，他搞行政而不放弃做学问，搞科研而又担负着组织管理工作。在宁夏史志研究和编纂宁夏第一代社会主义新方志的组织工作中，做出了显著成绩。

吴忠礼，安徽合肥市人，生于1941年1月。幼年在原籍读书，1959年随家迁居银川，就读于银川市第二中学，1961年考入宁夏大学历史系。

从小学时起，吴忠礼就喜欢文史，大学期间是班里的高材生，很受老师们器重。当时他就立志将来在史学领域有所作为。然而，1965年大学毕业不久，"文革"风暴即将来临，他未能从事理想的专业工作，而被分配到国营渠口农场搞行政工作。在那里他度过了整整10个春秋，曾任农场办公室副主任，并于1972年光荣地加入了中国共产党。农场10年并未虚度，在这里，他不仅了解了农业，更了解了人生艰难，从最底层了解社会，也磨炼了他的意志，坚定了从事史学研究的决心。1975年，他被调到自治区轻纺厅任秘书。

在长期的行政工作期间，他始终没有放弃自己的专业爱好，经常利用业余时间广泛学习、浏览历史典籍，尤其注重宁夏地方历史文献和历代方志的搜集、阅读和研究。还在轻纺厅工作时，他就已着手收集资料编写《宁夏近代历史纪年》，同时也比较系统地收集西北回民起义史料。

1979 年，宁夏哲学社会科学研究所（宁夏社会科学院前身）恢复建制。次年，吴忠礼带着正在编写中的书稿，从轻纺厅调入，专门从事地方史志的研究工作。

从行政部门转到科研单位，是吴忠礼人生的一大转折，也实现了他多年的夙愿。然而，15 年的行政工作，毕竟使他的青春年华消逝了，进入研究所时，已近不惑之年，业务也荒废了不少。但是怨天尤人无济于事，只会更使岁月蹉跎。他决心"板凳甘坐十年冷，文章不写半句空"。他正视现实，遵循史学研究的特点，决不幻想什么奇迹，也不贪求捷径，而是踏踏实实从头做起，把前 3 年科研工作的重点放在基础理论研究和资料准备方面，不急于发文章出书。

实际上，从事专职研究以来，吴忠礼并没有也不可能一门心思只做科研工作，而是依然肩负着大量的行政工作。1984 年起，他先任历史研究所副所长，地方志编纂处成立后，改任处长。这时，我国传统的文化建设工程——编纂新方志的工作开始在全国全面展开。吴忠礼意识到，自己作为一名史志研究工作者，对宁夏新方志的编纂，有着义不容辞的责任。从此，他便投身于宁夏地方志编纂事业之中。1985 年宁夏地方志编审委员会成立，他担任办公室主任，1987 年任编审委员会副主任兼办公室主任。

自治区地方志编审委员会是宁夏地方志最高领导机构，对全区各级地方志机构的筹建、专业人员的调配和编纂业务的指导等工作，都需要吴忠礼付出大量的时间和精力。对此，他不计较个人得失，唯一的愿望是早日高质量地修好宁夏新一代志书。他亲自主持、参与地方志专业人员各种培训班、短训班、研究会；亲自备课上讲台，全区大部分市县和区直机关他都去讲过课，为地方志专业队伍的成长做出了重大贡献。由于他有扎实的专业基础知识，勤奋好学而成果丰厚，为人正派，又具备很强的组织能力，因此受到各方面的好评与尊重，在全区有较高的知名度。他还与区志办的同志们一道创办了《宁夏史志研究》刊物，既为地方史志资料的征集、研究、考辨和编纂方法的研讨提供了园地，还团结、联络了一批史志研究的专家学者。

近年来，吴忠礼把自己的科研工作与新一代方志编纂紧密结合起来。他发挥自己的专业优势，致力于宁夏地方史和历代旧方志的研究，并取得了丰硕成果。1985年到1988年，他编著的《宁夏近代历史纪年》和与他人合作的《明实录宁夏资料辑录》《清实录宁夏资料辑录》《宁夏史话》相继出版问世，总字数有200多万。自1982年以来，他先后发表文章40余篇，30多万字。其中的《西北顽固派在辛亥革命中的反动》和《甘宁青回族军阀述略》，分别获宁夏第二次社会科学优秀成果二、三等奖，《马仲英与"河湟事变"述评》获宁夏第三次社会科学优秀成果二等奖。一些学术论文曾被全国有影响的刊物转载或摘登。他还应宁夏人民出版社之邀，担任了《马仲英逃亡记》《解放宁夏》和《解放宁夏历史图集》等书的特邀编辑。

他已完稿即将出版的《宁夏志笺证》和《朔方道志校注》，是更具学术价值的研究成果。

《宁夏志》是宁夏历史上最早的一部志书，原本早在明代后期已失传，后经他努力查找，发现流落在日本，经过多方联系，现已复制回来。吴忠礼花费巨大精力，历时两年对该书进行了深入细致的研究。他旁征博引，详加笺释，使本书字数由原来的4万字左右增至30万字，不仅解决了本志书本身的许多难点、疑点，还为研究其后各代志书扫除了障碍，具有"正本清源"的作用。

《朔方道志》是宁夏区级旧志中成书最晚的一部，它成书于民国十五年（1926年），是宁夏历代方志集大成者。不仅时间跨度大而且门目齐备、内容丰富，研究起来难度也很大。吴忠礼知难而进，和另一名青年科研人员通力合作，完成了这部大型志书的校注工作。它与《宁夏志笺证》前后相为呼应，对于促进宁夏史志研究，必将起到积极的促进作用。

吴忠礼还和宁夏少数民族古籍整理办公室的同志合作，担任主编，精选出 19 种宁夏历代旧方志，编成《宁夏历代地方志萃编》，已由天津古籍出版社影印出版，为地方史志研究和新方志编纂提供了方便。

另外，他的力著——《西北回族军阀史》（简称《西北五马》），已被列入国家社会科学重点课题，被编入《中华民国史丛书》。该书在宁夏史学界同仁的合作和支持下，即将完稿，现已决定由河南人民出版社出版。

"做人、做学问、做工作"是吴忠礼的座右铭。所谓"做人"，就是首先要想到自己是一名中国共产党党员，要做光明磊落的人，做有意义的人，做合格的共产党员；所谓"做学问"，即无论有多少行政事务缠身，也不放松自己的科研工作，不当外行，不虚度年华，要拿出丰硕的科研成果，对人民有所贡献；所谓"做工作"，即不能因为自己是科研人员，而置行政、社会工作于不顾，只要行政、社会工作需要自己，就应该乐意去干，热心为大家服务，并努力干好。多年来，吴忠礼正是以他的"三做"自勉。他平时严于律己，诚恳待人，团结同志，关心和提携后进，很受人们的尊敬。由于他对工作勤勤恳恳，不折不扣，又在科研中做出了突出的成绩，所以自 1985 年以来，连年被评为宁夏社会科学院先进工作者。1986 年被评为自治区直属机关模范党员，1988 年被评为宁夏社会科学学会联合学会活动积极分子。

吴忠礼还热衷于社会活动。他现是中国地方志协会理事、中国民族志指导组成员、宁夏历史学会常务理事、宁夏中共党史研究会常务理事、宁夏社会科学院学术委员会委员。

吴忠礼肩负着繁重的行政管理和社会服务工作重担，又始终不放松自己的科研工作，被人们誉为"双肩挑"的人才。无论是在体力还是精力方面，都付出了巨大的代价。但他却认为，作为新中国培养起来的科研工作者，作为一名中国共产党党员和中年科研骨干，就应当忘我地为党和人民多做工作，为社会多服务，其他别无选择。他常说："一个人只要有远大的理想和正确的态度，就会产生坚强的毅力。人活着就要奉献，有奉献人生才有意义。"

如今，宁夏新方志编纂工作已由组织发动阶段进入具体编写阶段。随着这项工作的深入，吴忠礼肩上的担子越来越重。但他仍雄心勃勃，决心一如既往努力拼搏。既要组织好方志专业队伍，保质保量完成宁夏第一代新方志的编纂，争取走在全国前列，使其早日为社会主义物质文明、精神文明建设服务；又不能在成绩之前故步自封，而要更进一步抓紧自己的科研工作，为宁夏史志研究做出更大的贡献。

（作者：云史〔景永时笔名〕，北方民族大学研究员。原载于《宁夏社会科学》1989 年第 3 期）

明刊本《宁夏志》"回娘家"

作为海内外孤本的明刊本《宁夏志》在失传400年后在日本被我国学者发现，如今，凝聚着现代学者最新研究成果的《宁夏志笺证》在宁夏人民出版社出版。失散的"游子""回娘家"，成为史志界一大喜事。

明朝建国初期，明太祖朱元璋封他的第16子朱㮵为庆王镇守宁夏一带。"问学宏深、好古博雅"的朱㮵身历洪武、建文、永乐、洪熙、宣德、正统六朝，曾在宁夏生活48年。在此期间，他曾亲自动手撰写了一部约4万字的宁夏简史。但令人遗憾的是，这部宁夏第一部方志在明朝后期即告失传，其内容也鲜为人知，少数馆藏书目中虽偶有提及，但著录多有讹误。20世纪80年代，宁夏社科院副院长、宁夏著名地方志专家吴忠礼研究员在全国地方志一次会议上意外听到宁夏有一部方志在日本的消息，随后，他便请人去查询，得知原本现藏于日本国会图书馆。他又委托日本京都大学图书馆馆长、语言文学部主任、著名西夏学者西田龙雄翻拍了影印件。之后，吴忠礼进行了长达5年的深入研究。发现这部现存3.8万字，成书于明朝宣德年间的宁夏方志，确实出自朱㮵之手。书中着重记载了元末明初60多年间宁夏地区的史实。其中许多是朱㮵亲见、亲闻或亲历的资料。吴忠礼的《笺证》对《宁夏志》的作者、编撰时间、重刊者身份等相关问题都进行了考证，纠正了以往著录中的一些讹误，与其他史实进行了对照分析，对书中记载的人物和事件都寻根溯源，研究考证，指出出处，订正谬误。为此，他查阅了大量的原始资料，依据不到 4 万字的原书写出 30 万字的《笺证》，并将原书与笺证结成一书，从而将这部有很高的史料价值和学术价值的方志以完整、准确、实用的面貌面世。

（作者：庄电一，《光明日报》驻宁夏记者站站长。原载于《光明日报》1997 年 1 月 4 日）

一部研究宁夏史地的力作

——评吴忠礼《宁夏志笺证》

　　吴忠礼所著《宁夏志笺证》（以下简称《笺证》），已由宁夏人民出版社出版。著作在整理旧方志，即明朱栴所编《（宣德）宁夏志》时，不仅进行了一般的标点、注解，还把作者对宁夏史地研究的成果，通过笺证这部志书，反映了出来。所以，可以说这是一部研究宁夏史地的力作。其特点主要表现在以下几个方面：

　　一、《笺证》对这部志书的作者、编撰时间、重刊者的身份等，进行了考证，纠正了过去著录上的一些讹误。

　　朱栴编撰的这部《宁夏志》，是宁夏历史上现存的第一部方志，其价值自不待言。但因此志在明代后期即告失传，永斋万历年间的重刊本也是昙花一现，即再告佚，现在更是仅存孤本（藏日本国会图书馆）。所以，历代书目大多未载此书，有著录者亦有讹误。如张维1934年编撰的《陇右方志录》著录为《（永乐）宁夏志》，1985年出版的《中国地方志联合目录》则将此志重刊时间误为著作时间，著录为《（万历）宁夏志》。有的文章把万历重刊本说成是"孙永齐"主持刊行，更是未弄清永斋其人身份。《笺证》作者通过对日本国会图书馆所藏《宁夏志》内容、行文笔法以及朱栴被藩封至宁夏后生活经历的研究，提出此《宁夏志》应为朱栴个人在宣德年间编撰的，还未全部完成的稿本，也即《（弘治）宁夏志》序中所载"宣德中，藩府庆靖王……创编宁夏一志"的这本志书。并提出志中虽有正统一、二年的数条内容，但这一时期的重要史实遗漏很多。作者分析，朱栴病逝于正统三年，此时或已在病中，只是随笔写了几条，亦或命长史续作。因此，这部志书应为宣德年间稿本，称《（宣德）宁夏志》较为合适。作者这一分析是有道理的。更重要的是，《笺证》考证清楚了永斋即朱栴九世孙、十代庆王朱帅锌，而重刊本上自称八世孙，可能与五世孙、六代庆王朱台浤被废有关。通过以上考证，《笺证》确认日本国会图书馆所藏《宁夏志》孤本，即朱栴九世孙、十代庆王朱帅锌（号永斋）在万历二十九年重刊的朱栴编撰的《（宣德）宁夏志》。纠正了多种目录在著录上的讹误。

二、《（宣德）宁夏志》着重记载了元末明初 60 多年间宁夏地区的史事。

这一时期正史对地处西北边陲宁夏地区的记载较少，而这本志书的有些记载为朱栴亲见亲闻或亲历的资料，不少可以正史之讹或补史之缺。《笺证》通过将此志与其他方志及史料进行对照、分析，对其补史、纠讹之处一一作了研究性的注释，指出了此志的存史价值。例如：《宁夏志》中有宁夏地区"元末复置行省"的记载，而在其他史书中都只记载了元初宁夏曾设行省。《笺证》征引了本志及《元史》《明实录》资料，论证元末宁夏的行政长官均由参政、平章政事等行省以上的高级官员担任。宁夏如只是一府，则不可能有这样的安排。且朱栴至宁夏离元亡不过20多年，他对前朝在本地的建置应该是比较清楚的。据此，《笺证》考证"元末复置行省"这条资料是可信的。再如《宁夏志》记载，宁夏设置军卫时间为洪武九年，而《明史》记载却为洪武二十六年，《笺证》引用了多种史料证明《明史》记载有误，而《宁夏志》的记载可纠正明史之误。以上只是举例说明，《笺证》指出此志的存史价值还有多处，这里就不一一列举了。

三、《笺证》对这本志书涉及的各个方面进行了考证。

诸如沿革、地名、山川、古迹、风俗、人物、职官、史事等等，均征引大量资料，对其来龙去脉作了详细的考证，对志书少数误记之处也一一指出。反映了《笺证》作者对宁夏历史、地理，特别是明代宁夏史地研究的功底。例如志书误将唐代党项首领拓跋思恭所据之夏州，列入宁夏沿革之中，这一错误也导致其他章节如土产等节中的记载错讹。此后的明清志书也有据此而产生同样的错误。《笺证》征引《元和郡县图志》等书对唐代宁夏地区的建置及夏州的辖地、治所、今在何处作了详细的考证，指出了夏州实与宁夏地理无关。再如志书在沿革一节中，有"兴庆府后改中兴府"的记载，但过于简略。《笺证》征引了黑水城出土的文献资料，西夏王陵出土的文物资料及其他史料，论证了西夏兴庆府改为中兴府不在《西夏书事》所称之天庆十二年（1205年），而可能在此前的西夏惠宗秉常时期，这一考证是有说服力的。又如志书在风俗一节中，谓宁夏土居人"性勇，锐于战斗"，《笺证》考证其出处为《辽史·西夏外纪》对党项族民众的介绍，志书以此来作为宁夏土居人的风俗"实属欠妥"，这一分析是正确的。另，各种史书、志书对明代宁夏设置各屯卫、军卫的时间，记载混乱不一。此志的记载，如前所说，有的可纠史之讹，但有的也比较简略。《笺证》通过征引《明实录》等史料，对设置卫、所的来龙去脉作了详细考证，基本上廓清了讹误，对研究明代宁夏史地有重要价值。以上只是举数例说明《笺证》20多万字的笺注、考证中，除有一部分属于对难解的名词、一般史地知识的注解外，大都属于此类考证，可知我们评介此书为一部研究宁夏史地的力作，是不谓过誉的。

当然，此书亦有一些不足之处，一是作者采取一句一笺证的注释方法，详备是其优点，但却造成了把同一内容分散在多条注释中。虽有时用参见来解决，但还是存在重复与不完整的问题。二是也有少数的注释不够准确。如汉渠、唐徕渠之名，实始于西夏，《宋史·夏国传》有载。而《笺证》注其各始于元代。三是对一些一般性的史地知识，如历代皇帝年号、一些书名等等，都一一注释，似嫌烦琐。

（作者：徐庄，宁夏人民出版社副社长兼副总编，资深编辑家。原载于《宁夏社会科学》1997年第2期）

明刊孤本《宁夏志》
结束"游子"生涯

　　已失传 400 多年的明刊孤本《宁夏志》在日本被我国学者发现，并引回国内由宁夏回族自治区社会科学院研究员吴忠礼整理成《宁夏志笺证》，近日由宁夏人民出版社出版。

　　明刊孤本《宁夏志》系明朝开国皇帝朱元璋第十六皇子朱栴撰写，修成于明宣德年间。明朝建国初期，朱栴曾被朱元璋封为庆王，镇守宁夏一带，并在宁夏生活了 48 年。其间，"学问宏深、好古博雅"的朱栴亲自撰写了约 4 万字的《宁夏志》。这是明代西北地区和"九边重镇"所涉北方诸省现存的第一部方志，也是全国目前仅存明初 16 种方志之一。

　　吴忠礼经过长达 5 年的研究后，确认这部志书系朱栴亲撰。

　　（作者：孙波、秦凤桐，新华社宁夏分社记者。原载于《新华每日电讯》1998 年 1 月 22 日第 5 版）

宁夏找回散失历代地方志

新华社银川2月5日电（记者秦凤桐）一批散失的历代宁夏地方志，经宁夏回族自治区史志人员的多年探访寻求，陆续在国外、民间发现，被一一找回，现已全部整理出版。

据史学专家考证，记录宁夏历代兴衰、社会变迁、天文地理、人文景观的宁夏地方史志，最早建志始于明代，历代延续直至民国。但由于宁夏地处边远，加之这里战乱烦繁、多发地震、黄河泛滥，使这里一大批历代地方志失散。八十年代初，宁夏成立了史志收集整理的专门机构，史志人员首先从当地各个部门的故纸堆里寻找到了大量有价值的各种历史文献档案，又从国家图书馆、档案馆择抄复制了有关宁夏的史志记载，同时他们到宁夏隶属、辖地区划变迁的甘肃等毗邻省区文档中找回了部分宁夏史志，并深入民间探访查寻，先后找到了《（民国）固原县志》、清《化平县志》，并从国外找回了明刊孤本《宁夏志》。目前，全宁夏除隆德一县旧志未找到外，其余失散的被全部找齐。现已整理、铅印再版的宁夏历代府、州、厅、县志有十五部；整理、校注、影印再版的有十九部，约五百万字。

散失四百多年的海内外孤本明刊本《宁夏志》，经宁夏史志学者吴忠礼多方查找，后在日本发现，在日本学者的帮助下被引回国内。吴对其整理研究并出版了《宁夏志笺证》。经考证，明刊本《宁夏志》编修于明初1426—1435年间，全书约四万字，系明朝开国皇帝朱元璋的第十六皇子朱栴亲撰。当时他被封为庆王镇守宁夏。"学问宏深、好古博雅"的朱栴曾在宁夏生活了四十八年，他将自己在塞外所历所闻的明初宁夏地区史实，在《宁夏志》中作了比较全面的反映。《宁夏志》约四万字，内容包括沿革、风俗、城垣、街坊、土产、学教、人物等四大类三十八个部分。朱栴别具一格的写史方式，使当代人从这部宁夏简史中获得了大量正史不载、鲜为人知的珍贵史料。

（作者：秦凤桐，新华社宁夏分社记者。新华社银川 1998 年 2 月 5 日电）

宁夏地方志的拓荒者：吴忠礼

在宁夏史志界，人们都公认宁夏社科院吴忠礼研究员对宁夏地方史、地方志的突出贡献，称他是这一领域辛勤的拓荒者，大家还称他是宁夏的"活字典"。

其实吴忠礼也不是地道的宁夏人，1941年1月他出生在安徽省肥东县湖滨乡，在家乡念的中学。1953年他父亲支边来到大西北，1959年他们全家从兰州迁到银川，参加宁夏回族自治区的大建设。他们乘坐的是包兰铁路通车时的第一趟火车，全家人对此印象极为深刻。1961—1965年，他在宁夏大学政史系学习。毕业后，在当地国营农场和自治区轻纺厅工作了14年。这期间，既有基层艰苦的磨炼，又经历了"文革"的风浪。1974年，宁夏军区为战备组织军地人员编写《兵要地志》，吴忠礼第一次接触宁夏地方史志，但在进一步学习和研究中，深感资料的不足，此后，他借着出差等机会四处搜集有关宁夏地方史的资料。1979年底，宁夏哲学社会科学研究所恢复建制，吴忠礼因著有《宁夏近代历史纪年》的专著而免考入所。

1984年，吴忠礼担任历史研究所副所长，1985年又担任自治区地方志编研处处长，可以一心一意地研究西北和宁夏地方史和地方志了，多年心愿得以实现，使他焕发出了极大的研究热情。但十年"文革"的破坏与中断，有关地方志的资料建设是一片空白，一切都要白手起家。偏于西北一隅的宁夏，当时经济文化较为落后，推动地方志建设遇到资金、人才等多重困难。吴忠礼感到，路是人走出来的，不管困难多大，自己得带头去闯这条崎岖艰难之路。为了搜集资料，吴忠礼跑遍了兰州、北京、南京等大城市的专业图书馆。为了节约经费，他不辞辛苦，专门在寒暑假时出差，因为寒暑假时能够住进不需多少费用的大学生宿舍里。中国史籍汗牛充栋，要从中找出所有有关宁夏的史料确实要花费极大的气力。80 年代初期，许多图书馆既没有复印设备，又没有检索系统，只能靠阅读和抄写等原始手工作业来完成资料搜集工作。整天坐在图书馆查书、抄书，吴忠礼手指都结出了厚厚的老茧，老是坐着不动，屁股都生了疮。图书馆开馆时间有限，为了每天多抄一些，吴忠礼舍不得中午吃饭那点儿时间，他执着的精神曾感动过甘肃图书馆的管理员，每到中午吃饭闭馆时间，图书馆管理员柴孝述就会把吴忠礼反锁在图书馆里，让他尽情地抄写。下午开馆时，柴孝述带来了开水，老人看着吴忠礼满脸的汗水，深情地说："你这样有毅力，将来一定会出成果的。"在甘肃档案馆，吴忠礼的敬业精神又感动了馆内一位叫张小民的管理员，张小民见吴忠礼每天要城里城外地赶路，就主动对吴忠礼说："我看你这么跑，太辛苦了。如果你不嫌弃，可以住在我们这儿。"吴忠礼正求之不得，住进档案馆的单身宿舍后，张小民每天都提出一些吴忠礼需要的案卷，供吴忠礼加夜班查阅抄写。当吴忠礼一再感谢时，张小民说："你不用谢，我们就是为真正做学问的人服务的。"经吴忠礼几年时间的不懈努力，他把有关宁夏的史料系统地整理出来，汇编整理成《廿六史宁夏资料辑录》《明实录宁夏资料辑录》《清实录宁夏资料辑录》和《宁夏历代方志萃编》等书籍，供所有宁夏同行共同使用。吴忠礼以自己的无私奉献为宁夏地方史志事业的较快发展铺就了道路，而他却甘做那平凡的铺路石。

吴忠礼听人说，在日本国会图书馆收藏了一本我国明朝最早的北方方志古书。此书名为《宁夏志》，是明太祖朱元璋第十六子朱栴所著，记述了元末明初西北的许多在正史中看不到的史料，对研究地方史志的人来说，属于新发现的珍贵资料。吴忠礼先通过宁夏社会科学院向日本国会图书馆发正式公函，后又通过宁夏回族自治区人民政府发函，对方一直置之不理。恰巧，日本著名西夏学专家西田龙雄教授于 1984 年 4 月到宁夏考察，在接待过程中，吴忠礼试探着问西田教授能否帮忙，没想到西田回国后，通过自己在学术上的威望，不久就把这本明代志书从国会图书馆复印了出来并寄到了吴忠礼手中。这本古志共 38500 字，吴忠礼结合中国国内的史料研究了 5 年，纠正了书中多处差错，对书中各种研究成果和新的发现予以注释共计 30 万字，出版了《宁夏志笺证》。此书与《清实录宁夏资料辑录》都获得了自治区社科和修志成果评选专著一等奖。新华社于 1998 年 1 月 22 日以通稿的形式向全世界报道。中央电视台亦在次日晚的《新闻联播》节目中予以破格报道。

1987 年，吴忠礼担任宁夏地方志编委会副主任兼地方志办公室主任。1994—2001 年，他担任宁夏社科院副院长。2001 年，《宁夏通志》启动，吴忠礼担任编委会常务副主任兼总撰。这是一个规模浩大的文化工程，吴忠礼为此花费了许多心血。除了自己的科研工作之外，吴忠礼肩负着宁夏全区范围内区、市、县三级新方志和年鉴的学术指导；同时，他先后被选为中国史学会理事、中国地方志协会常务理事、民革中央孙中山研究会常务理事、宁夏地方志协会会长、宁夏历史学会常务副会长、宁夏易学研究会名誉会长、宁夏中共党史研究会常务副会长、宁夏出版工作者协会副主席、银川古都学会常务理事和自治区人民政府学位委员会委员等。这些社会工作也要牵扯吴忠礼不少精力，但他都是热心为之，积极参与。由于他热心公益事业，写过绿色生态城市方面的论文，银川市许多新建的街道建成后也请他命名，因此，他又成了银川市地名专家组组长。

吴忠礼每天要考虑那么多的事，做极其繁重的脑力劳动，其实他是有着 30 多年乙肝病史、七八年糖尿病史，同时患有前列腺增生、胆囊炎等多种疾病的老病号。冬天犯病住院时不能写作，他就带着书在病床上读，或是在病床上剪报，整理资料。他常说："我的时间是拿分秒计算的。"

由于吴忠礼的不懈努力，他在西北和宁夏地方史志研究领域做出了开拓性的贡献，他连续 3 年被评为宁夏社会科学院的先进工作者，两次被评为自治区直属单位模范共产党员，并享受国务院颁发的政府特殊津贴。

（作者：呆文川，中国社会科学院老专家协会秘书长。原载于《中国社会科学院院报》2004 年 4 月 27 日第 4 版。《人民日报（海外版）》转载于 2004 年 5 月 31 日第 8 版，并将题目更为《吴忠礼与宁夏地方志》，内容亦略有改动）

书藏宁夏千秋史　品德文章皆吾师

——评《宁夏历史图经》

　　盛世的繁华淡化了历史的烽火烟尘，现代的文明湮没了远去的火种刀耕。在 2009 年元旦期间，有幸阅读我区史志界著名学者吴忠礼编著的《宁夏历史图经》（以下简称《图经》）。该书由宁夏人民出版社出版发行，作为从事宁夏军事史志编研工作的我读后感到十分兴奋。《图经》一书的出版，是宁夏第一部时间跨度起至远古、先秦，止于中华民国（1949 年 9 月）的通史性彩图版地方史鸿篇巨著，这在全国范围内也属罕见。不但为宁夏留下一笔宝贵的历史财富，而且对研究历代宁夏社会史也将发挥重要作用。其存史、学术和欣赏价值，将随着岁月之河的流淌而愈加珍贵。拜读后为之一振，全书资料鲜活、地域特色鲜明、语言朴实通畅、图照文章并茂，可称得上是史志苑中的一朵瑰丽奇葩。我对图经没有研究，只看过一些史书和兵要地志。通读全书之后，深为《图经》编者坚韧不拔、广征博引的精神所感动。在读书赏图之后，深感"书藏宁夏千秋史，品德文章皆吾师"。老实说，《图经》作者也是我步入史志领域的引路人，为《图经》作书评那是班门弄斧，只想写一篇读后感。

别树一帜　谋篇布局巧梳理

　　史志大体同源，记述方法有别。《图经》的书名别树一帜，大体当属志书范畴，当然也是"一方之全史"。《图经》在体裁上既尊重传统，又别具特点，经过对重大历史事件的梳理，巧以图照为主，妙以分述、注记和少量表格等形式进行记述,与书名恰如其分。《图经》在谋篇布局上形成自己的特点,既注意处理图照与政治、经济、军事、民族等相互之间的关系,又注意到宁夏历史文化本身的渊源和发展过程,坚持做到章节有帽(小序)、纲举目张,编者独具匠心,使读者叹为观止。

首先,展现了宁夏历史舞台。《图经》书首由图照、序言、凡例等部分组成,下设章、节、目等层次。《图经》从"引子"说起,用言简意赅的语言高度地概述了宁夏地理环境,展现出人类在宁夏活动的平台。正文上限一改以往史学类传统写法,第一章先从地质时期写起,然后一连设置远古时代、石器时代、传说时代、农牧文明开创时代和贺兰山岩画。例如,第一章第一节地质时期——宁夏大地之"山地隆起"中,论述了贺兰山形成于"晚期燕山运动和喜马拉雅山地壳运动"、六盘山形成年代基本与贺兰山"同期而稍晚";第二章第二节远古时代——人类起源区域之一的"灵武龙和恐龙蛋化石";第一章第五节农牧文明开创时代——第一批郡县设立,其中隆德县出土的新石器时代的彩陶壶、固原市原州区出土的西周铜像,等等。这些图照,把宁夏的历史极大地向前推进了上百万年乃至数亿年,无疑也矫正了过去许多学者对宁夏历史地位认识上的差距,可算是一位史志学家对宁夏的一种特殊贡献。紧接着,从第二章开始,按照时间顺序以历史朝代分章设节,一直写到宁夏省人民政府建立(1949 年)。书末设附注、后记,等等。给人以"纵看成史、横看成志""粗看成史、细看成志"的感观。这也是对图经的一种具体"诠释"。

其次,理清了宁夏历史脉络。《图经》从第二章秦朝开始,采取纪实文体和纪事本末体相结合,根据历朝历代的历史更替设置,一直到中华民国三十八年(1949 年)宁夏省解放。所设 9 章,没有断代,把收集的宁夏历史图照分别放在各朝代中记述,归属得十分得当、合理,使宁夏的历史有踪迹可循,给人以整体、连贯之感。书中第二章至第十章,每章都有大量的要图、示意图和行政略图,记述了当时宁夏的重要活动情况。例如，第二章秦朝所设3节，虽然秦朝仅有16个年头（前221—前206年），资料较少，且难收集，全章还是收集了图照26幅（张）。其中，"秦统一形势图"、固原市原州区头营乡出土的"秦错金铜镦"等，明确告诉读者：早在秦始皇统一中国的时候，宁夏全境已经纳入秦国版图；而秦朝大将蒙恬屯军"河南地"，首次拉开了开发今宁夏地区的序幕。再如，第六章宋、西夏和辽、金之第九节"蒙古大军灭西夏"，在记述成吉思汗六次发动对西夏战争的同时，专题收录了"成吉思汗率蒙古大军灭西夏之战要图"，还配发了"西夏王陵6号陵及陪葬墓"，图照结合、古今对照，不但对西夏王国增添了几分神秘色彩，也给读者增加了历史沧桑之感。又如，随着资料收集的增多，作者在第九章清朝中，先后列出10节进行记述。其中，人物画像、图画就达40余幅，上至王公大臣，下至黎民百姓，给人以贴近历史、贴近宁夏之感。与此同时，还收录了历史照片30余张，这些历史照片十分珍贵，尤其"清代农村一户人家""清代驿站驿卒驿马""老牛车"，使读者大开眼界，阅后对宁夏历史有了形象直观的感受。总之，这些看似繁杂、具体的资料照片，在编者笔下几经梳理，通过精心谋篇布局，达到了脉络清晰、突出主题的效果。

　　其三，反映了宁夏的历史全貌。《图经》确为"一方之信史"，举如政治、文化、军事、经济、民生等应有尽有，就连工业、农业、商业、水利、交通等，也无不囊括其中，凸显编者知识之渊博和兴趣之宽广，也是其一生苦心经营的结果。仅以第十章中华民国为例，从辛亥革命开始，到宁夏解放，共列出11节，属于地理地形图片达20多幅，属于地貌、地物、遗址达30多幅，属于人物照片120张，属于金石碑帖、文献影印、纸币票据等40余张（贴）。就马家军来讲，从马福祥率昭武军绥靖宁夏始，至马鸿逵逃离宁夏止，先后涉及马家军将领者照片有22张之多。其中，清末民国初的马福祥、马鸿逵与胡宗南及白崇禧合影，1942年蒋介石在宁夏与军政官员合影等照片存史价值极高，八十一军官兵参加绥西抗战、狙击日军的照片显得十分珍贵。再如，1936年的红军西征，仅有 6 个月左右的时间，书中有照片近 20 张，有彭德怀、邓小平、徐海东等红军将领 20 余人均收入书中，其中"抗日之声"（西征红军小号手在豫旺堡城墙上）、马上的美国记者斯诺在同心采访、红军三大主力会师等，成为红色经典。《图经》中历代古长城遗址、唐代始建牛首山寺全景、明代宁夏镇城书院、清代宁夏府城图长卷等，上至天文下至地理几乎都有体现。

《图经》将地域特色、民族特点与宁夏历史有机结合，融思想性、时代性和资料性为一体，基本覆盖了宁夏的历史。总而言之，由于编者的精心安排和设计，使得全书浑然一体，宁夏历史脉络清晰可见，读后使人爱不释手。

图照鲜活　经世致用流芳远

图纬和图经，都是我国方志的书名。《说文解字》中解释："经，凡织纵曰经，横曰纬。"图纬在《辞海》中有解释，而图经则没有具体解释，古代"经""志"二字常有互用现象。学者们对图经解释也不尽一致，大多数学者认为图经即图志，"图经是以图为主并加以文字说明"。有的学者认为，"图经也是史"。据文献记载，在东汉时期有《巴郡图经》《广陵郡图经》，唐代李吉甫著《元和郡县图志》，这些我都只是听说而从来没有看过一部"图经"。过去，曾经在编著《宁夏战史》时，绘制了一些作战要图和示意图，前一段时间我参与《当代宁夏史图鉴》审查并提供军事方面的图片，现在正在绘制《宁夏通志·行政建置卷》历代行政建置图，仅仅对图经有一些初步了解。古代图像为无言之史，好学深思之士，读史而不见其图，未免遗憾。稍微仔细阅读《图经》，会感到其最大特点就是图照鲜活、经世致用，有许多图照鲜为人知。

翻开《图经》，宛如一幅宁夏历史长卷，尽收眼底。首先映入眼帘的是灵武市水洞沟、青铜峡市鸽子山和彭阳县菜岭儿、刘河等处大量的旧石器文化遗址、遗物以及海原县西安乡菜园村、隆德县神林乡周家嘴等处的新石器时代文化遗存，读者实实在在地感受到了宁夏的

"悠久历史"。当翻阅到"湫渊出龙的传说"后，看到一幅美丽的照片，即"古湫渊——宁夏固原市彭阳县'东湖（海）子'"。昔日，我任固原军分区司令员时曾经到过此地，大家给我介绍时我还以为是传说。作者引经据典说明"龙之所处"的湫渊，伏羲后世子孙视为"圣湖"，是其祭祀先祖的地方，能否想到以"龙"为图腾的华夏始祖竟在这里活动？读后感到十分信服，宁夏的确是"中华民族远古文化的发祥地"。当看到分布在贺兰山南北那一组组神奇的岩画时，不自觉地联想到古人类就在宁夏大地上劳作、生息和繁衍，似乎隐约地看到早现的文明之火。这类鲜为人知的图照，看后给人以新鲜之感。当翻阅到"灵武龙""灵武恐龙复原图"和"恐龙蛋化石"照片后，好像立刻到了"灵武恐龙博物馆"，那1.6亿年以前身躯高大的恐龙，仿佛活灵活现地出现在面前。当看到那一幅幅"大唇犀头骨化石""大象上下颌骨化石""羚羊头颅""灵武海鱼"等化石图片后，在肯定、赞叹考古专家业绩的同时，那些羚羊、野马、猎豹也浮现在脑海之中。当看到在中卫市境内出土的11亿年前的藻类化石照片和石嘴山市境内被誉为植物活化石——四合木照片时，不禁使人发出对"生命起源"的许多感慨，立即遐想到远古时期的地质地貌和生态环境。综观《图经》全书10章99节，我粗略地数了一数，大约共选用图、照、画1400余幅（张）。其中，图190余幅（有的图已列入画统计），照片（含碑刻、岩画）700多张，画（含画像）310余张，其余近200幅（张），有宁夏历史上重大事件近百件，还有名不见经传且十分有意义的图照数十幅，这些图照很快在脑海中动起来、活起来。

在欣赏图照的同时，我也深感《图经》编者不但通晓宁夏历史，而且了解宁夏地理，且对图经见解十分成熟。可以说，宁夏自古以来为兵家必争之地，六盘山"陇干锁钥""贺兰山下战如云"。《图经》涉及兵事、战事较多，无不做到穷源尽尾。历史上，许多著名的人物都到过宁夏，黄帝"问道广成子"、秦始皇西巡、汉武帝挥鞭、唐太宗赋诗、唐肃宗登基、西夏元昊建国、成吉思汗六征西夏、康熙大帝御驾亲征，毛泽东率中国工农红军长征翻越六盘山、中央红军三大主力会师、十九兵团解放宁夏等。编者用大量的略图、要图、示意图等190余幅图，其中有汉武帝御击匈奴之战要图、刘秀灭隗嚣之战示意图、东汉末年起义军与官军交战图（画）、成吉思汗灭西夏之战要图、西征红军在宁夏要图和解放宁夏经过要图等；还有从秦代蒙恬到现代十九兵团司令员杨得志等历代名将的画像和照片，大部都有收集。特别应提到的是，对宁夏有重大影响的汉代名将卫青、霍去病、李广均收录入志，还有东汉固原名门望族梁氏家族、灵州傅氏家族两组画像及明代驻宁夏镇叶盛堡（今青铜峡市叶盛镇）、固原镇沐家营（今西吉县城）的叶盛、沐英等将领也收入志中，还有民国时期的国民革命军将领冯玉祥、刘伯坚（共产党员）、宣侠父（共产党员）、吉鸿昌（共产党员），红军西征时彭德怀、聂荣臻、邓小平、徐海东等一批红军名将，以及解放宁夏时期的彭德怀和杨得志、李志民等西北野战军和十九兵团的将领，这些十分珍贵的画像和照片，形象直观地反映了曾影响西北乃至全国的惊天动地的历代战争风云，千古名将风貌跃然纸上，读后仿佛历历在目，全书的历史价值倍增。

可以说，一本《图经》在手，犹如看到宁夏地区的千军万马、千家万户，真是博览约取千百事，不尽波涛书中来。

看文似山　书蕴才气文有骨

清代方志学家章学诚在《史德》一书中，认为著书立说者应有纯正的心术。他说："才、学、识三者，得一不易，而兼三尤难。……史所贵者义也，而所具者事也，所凭者文也。"在章学诚看来，只有编纂者具有德、才、学、识，才能面对大量的史料，去粗取精、去伪存真、分析综合，不为势力所趋。《图经》按照纵述历史、详略适当的原则，略写共性，突出个性，图照与记述相得益彰，避免了与其他史书"千篇一律"的缺点。编者始终不离开宁夏历史上主要事件和重要历史人物这个主题，这是《图经》的第三大特点。

　　看文似山，由于独特的地理位置，宁夏自古以来为兵家必争之地。看到《图经》就好像看到六盘山麓、贺兰山下和黄河及宁夏平原。虽然不能与《清明上河图》相比，但的确像一位历史长者漫游在宁夏山川之间。全书有80余处谈到六盘山（陇山、龙山的转音），编者从第一章起就写到，六盘山"中国祖龙——最早以龙为图腾部落联盟首领、华夏人文共同始祖伏羲、女娲等古圣贤们活动的范围和故里"；第二章第一节的标题，就是"大牧主、大商人乌氏倮对发展六盘山经济的贡献"；第三章之第五节，直接记述在六盘山地区"汉光武帝刘秀灭隗嚣之战示意图"和"汉光武帝涉水图"等等，直到第十章全书接近结束时，还专门记述了解放军第十九兵团一部"经4小时激战，占领（六盘山）三关口"。再如，全书从引子开始，有60余处谈到贺兰山，不但写其地质、地貌、矿产、特产，而且还写其人文、历史和战争。其中，"贺兰山岩画——先民凿刻在石头上的史书"，作为第一章的第六节专门予以记述；在第八章之第七节塞上诗坛与方志，还把"贺兰晴雪"作为古代"宁夏八景"来介绍。《图经》还收录牛首山、香山、罗山等大量图照，记述了与其相关的大量历史典故，等等。又如，对母亲河——黄河及宁夏平原的记述，从其形成、发育开始，到"天下黄河富宁夏"，从引黄自流灌溉到现代的青铜峡、沙坡头水利工程建设，从古代浑脱（羊皮筏子）、渡口到现代化公路、铁路大桥，凸显其历史沧桑和巨变，加深了"塞北江南旧有名"的理解和热爱。"文似看山不喜平"，从《图经》中可以看到宁夏的山水、名胜、古迹、民族、风俗、祥瑞等等，这里自然无须一一列举。显然，《图经》编者笔墨中饱蘸深情，运用点睛之笔，可称书蕴才气、连贯历史，存一方之掌故，示千秋之鉴戒。"文章不是无情物""于细微处见精神"，《图经》从大处着眼、落笔惊人，拜读后使读者深受教益、对编者肃然起敬。

　　在欣赏图照的同时阅读章、节前小序和图照说明时，先是各章、节、目标题成为全书的骨架，特别是节的标题很有说服力。例如，"秦始皇巡边至六盘""享有民族自治的安定属国""汉武帝巡边六出萧关""刁雍重新开发宁夏黄灌区""威震中外的朔方节度使""李元昊称帝建立大夏国""郭守敬宁夏治水",等等。这样醒目的标题,显然是下了一番功夫的。再如,第七章蒙元时期之第三节的节前小序,现将其摘引如下:"西夏亡国后,对这个曾是西部军事强国,又具有'万里之国'疆域的大国故土如何进行有效统治、管理和建设,就摆在蒙古汗国最高统治者的面前。根据蒙古汗国治国的基本政策,建立行省是蒙古贵族当时的首选。"这一段简要的节前概述,确实提纲挈领、点到为止,字里行间蕴藏着股才气、大气。书中每段文字,坚持做到简洁文雅,考信核实无虚,通过编者自身之才气,用图照彰显历史上宁夏的地位和作用。编者通晓宁夏历史、驾驭文字的能力,堪称"修志行家"和"大手笔"。

形式、内容、价值,决定史书的生命力。《图经》以图领文,遵循详大略小,以重大事件的记述展示、再现宁夏历史。编者对先秦、秦汉时期,黄帝"登鸡头"、武丁西征之战、秦穆公征战今宁夏地区,灭西戎;秦大将蒙恬北伐匈奴,夺取河南地;汉武帝大败匈奴等,记述较为简单,文字也十分精练。唐代以后的历史以及一些重大事件记载比较详细。例如,在第五章第二节"唐太宗灵州会'百王'"中,无论记述和图照都比较详细,读者对这段历史有了完整深刻的印象。再如,对地震的记述也很值得一提,这是对宁夏负面的记述。书中用两节分别列举"乾隆三年大地震与府城重建"(第九章第六节)、"海固大地震"(第十章第三节)。在"海固大地震"一节中,作者详细地转引民国《重修隆德县志》记述,大约用了 3000 字。配置的"1920 年海原大地震震害状况""尸骸露野"两幅照片,阅后让读者对海原大地震至今还心有余悸,那现今保留的"堰塞湖——西吉县党家岔水堰""大地震劈开的天都山古柳",使人难以忘怀。《图经》编者精雕细刻,不忘细节描述,其"存史、资治、教化"作用毋庸置疑。

《图经》的编纂粗中有细,粗细结合,评述生动,语言中肯,使浩瀚的历史长河在宁夏历史中连绵呈现,如波涛烟云、滚滚不绝。纵观《图经》，文笔流畅、力求完美，可谓"书蕴才气文有骨"。编者在无先例可循的情况下，知难而进、敢为人先。赫赫"图经"华章，使宁夏声誉卓著。

可读可藏　丹青不渝史志情

"史笔点窜涂改，全贵陶铸群言，不可私矜一家机巧也。"就是说，史家编写历史，必须有所凭借，所写之书才能取信于后世。《图经》编者像蜜蜂采摘花蜜一样，在编纂过程中结合自己多年积累的资料，同时参考了大量的史书、志书、资料，内容真实，可读可藏，文字十分精练，有些评论"入木三分"，恰到好处，这是该书的又一大特点。惟其如此，始可记一事之始末、考事之得失，积数十年，笔削以成书，从而成为珍品。

《图经》内容十分丰富，每一史实、每一事件、每一人物，都很注意行文简洁、修饰文辞。这里仅举三例。第一例，"马鸿逵入主宁夏"（第十章第六节）。全节用3000余字、19幅图照，记述了马鸿逵入主宁夏近20年的历史。书中从马鸿逵入主宁夏开始，到逃离宁夏结束，读者看到了四个"点"。其一是"起点"，1930年10月，蒋介石宣布马鸿宾为代理甘肃省主席、宁夏省主席。其二是"拐点"（转折点），因"雷马事变"，马鸿逵于1933年3月1日正式为宁夏省主席。其三是"终点"，写马鸿逵于1949年9月逃离宁夏，最后"流亡国外、客死他乡"（第十六节马家军参加蒋介石集团打内战）。读者还看到了马鸿逵一个"亮点"，马家军参加对日作战（第十三节马家军参加绥西抗战）。当然，像东汉布衣名士皇甫谧、唐朝宁夏少数民族将领群、西夏地方割据政权的奠基者——李继迁李德明父子、明庆王朱栴藩封宁夏、清赵良栋率宁夏子弟兵平定吴三桂叛乱等，都有各自的"亮点"。至于重大事件的记述，十分注意来龙去脉，也很注意"亮点"中的细枝末节。可以想象，冰冻三尺，非一日之寒。《图经》的编纂成功，是编者数十年心血的结果，也是一位老人对西部大开发的另一种贡献。

《图经》涉及宁夏的风光多处，因此也是人们游览山水名胜的最佳伴侣。唐代韩愈在《将至韶州先寄张端公使君借图经》中云："曲江山水闻来久，恐不知名访倍难。愿借图经将入界，每逢佳节便开看。"难怪大诗人未到韶州前，就给著名诗人张籍寄诗借阅"图经"，欲求每逢佳节时，先打开"图经"了解韶州风土人情，以备参观游览。《图经》编者巧妙地将宁夏各类艺文志中的有关内容融入书中。全书收录从汉代至当代诗、词、赋40余首，不但为宁夏地域地貌特点增色增辉，也为重大事件、人物丰满了血肉。举如，蔡文姬的《胡笳十八拍》（之一）的那段诗文，诗中提到的"陇水""长城"，使人联想到宁夏南部地区的萧关古道（回中道、萧关道），说不定蔡文姬路过汉萧关时就"有所思"呢！当读到《上之回》和《饮马长城窟》几首诗时，也可以想象汉武帝六次驱马击剑出萧关的壮举；当读到"雪耻酬百王、除凶报千古"的诗句时，会感到唐太宗灵州会"百王"、主持民族团结大会盟的历史意义的深远。当读到杜甫、王维、白居易描述歌咏宁夏的唐诗时，不但了解古代诗人在宁夏历史上曾经留下了光辉的诗篇，而且这些诗文具有史料价值，更有欣赏价值，那王维的"大漠孤烟直，长河落日圆"，给到宁夏观光旅游的人们带来多么大的感受呀？

吴忠礼先生为人沉静儒雅，深深地眷恋他的第二故乡，感情朴素而真诚，字里行间流露出对宁夏的热爱，做学问的严谨态度令我感动，真是丹青不渝史志情。他是宁夏学术界公认的史志界的领军人物，曾获"全国修志先进工作者"和特别嘉奖，书中既有学术界的最新研究成果，也有许多自己独到的研究成果，可圈可点之处甚多，无疑增加了知识性和可读性。这里，我不再多写了。

任何书籍都没有十全十美的地方，《图经》也有不尽如人意之处。举如，校对不细致，目录缺"第二章秦朝"标题；"古湫渊——宁夏固原市彭阳县'东湖子'"，其"湖"字当改为"海"字，当地称"东海子"，而固原县（今原州区）川口乡甘海村，当地称"西海子"。这些虽为小疵，未能避免也是小小憾事。但白璧微瑕，瑕不掩瑜，《图经》

仍为上乘珍品。"老骥伏枥，志在千里。"吴先生皓首穷经、年近古稀，仍负责《宁夏通志》的总纂，埋头于青灯古卷之中，孜孜不倦地耕耘在宁夏"史、志、鉴"这块热土上，祝愿他早日再有新作、大作奉献。

（作者：孙生玉，宁夏军区原副参谋长，宁夏军事史志专家。原载于《宁夏史志》2009 年第 1 期）

宁夏第一部图文并举大型彩图版史书

——评吴忠礼主编《宁夏历史图经》

　　2009 年元月，由宁夏著名史志专家吴忠礼研究员推出的新作——《宁夏历史图经》（上、下两册，以下简称《图经》），由宁夏人民出版社正式出版。作者盛意赠书，我有幸先睹为快并撰写本文，试对《图经》的成就和出版本书的重大意义以及书中存在的某些不足作粗浅的评价，不妥之处，还望本书作者和专家学者指正。

　　初读《图经》，我认为这部宁夏历史的大型著作，具有以下几个特点，也应该是本书在宁夏史研究方面取得的几项可喜成就：

一、图文并举，宁夏第一部水平较高的大型彩图版史书

　　《图经》是自治区政府指令性重点课题、宁夏回族自治区成立 50 周年大庆献礼图书。由吴忠礼研究员主笔并担任主编、总策划，该书得到了自治区两届领导的高度重视和支持。全国人大常委会委员、全国人大民族委员会主任委员、宁夏回族自治区人民政府原主席马启智 2006 年在宁夏工作时，特别给本书的撰写批准课题立项，解决课题费，指明由吴忠礼全权主持课题，并于 2008 年秋亲自为本书作序。2007 年，时任自治区主席王正伟，又再次批准将本书列入自治区 50 周年大庆献礼项目，并给予解决出版经费。王正伟主席担任本书编委会名誉主任，中共宁夏区委常委、宣传部部长杨春光担任编委会主任。

　　吴忠礼研究员的新作取名《图经》在宁夏尚属首次。何为"图经"？

图经是中国古代方志的一种编写体裁，舆图和说明文字相结合，称为图经、图记。宋王应麟指出："图则作绘之名，经则载言之训。"图经是图结合文字说明的中国方志。其特点是以图为主，或者图文并重，而以经为辅。其中，大约图占三分之二，文占三分之一。中国图经历史源远流长，现知以东汉《巴郡图经》为最早。盛行于隋唐和北宋时期。隋有《诸郡物产土俗记》《区宇图志》《隋州郡图经》，唐有《沙州都督府图经》和《西州图经》以及《括地志》《元和郡县图志》。图是指一个行政区划的疆域图、沿革图、山川图、名胜图、寺观图、宫衙图、关隘图、海防图等；经是对图的文字说明，包括境界、道里、户口、出产、风俗、职官等情况。图经是中国方志发展形态"地记"（东汉至南北朝）、"图经"（主要是隋、唐到北宋）、"方志"（南宋至今）发展的三个阶段之一。图经由地记发展而来，内容比地记完备。

《图经》最大的特点是宁夏第一部图文并举、水平较高的大型彩图版史书。本书作者历时两年辛勤笔耕，采用古代图经的写作方法，从多年来搜集的 3000 多幅图照中，精选出图照 1430 幅入书，撰写文稿约 25 万字，全书总折合字数约 80 万，其中图占 3，文占 1。以图为主，图文并茂，改变了以往史学著作枯燥、可读性不足的缺陷。书的内容则仍按历史朝代顺序编写，记述了各朝代宁夏的重大历史事件和重要历史人物。图照参考了 70 多部资料，精选出 1430 幅图照，有各朝代宁夏历史地图 160 多幅，历史人物画像、照片近 400 幅，以及宁夏各时期的大量历史事件图片、照片等等，也都按照各朝代先后顺序编排。

从远古一直到民国，1400 多幅全部配彩图，使读者耳目一新，雅俗共赏，具有一定的观赏性和艺术性。其中有许多珍贵历史图片和照片，如每个朝代都有历史地理图，帮助读者了解当时的历史。而古湫渊——宁夏彭阳县"东海子"彩照，似为第一次看到。本书有大量各朝代宁夏考古出土文物和古遗址照片。再如贺兰县发现的西夏大字号木雕印版照片、明清时期宁夏文庙、镇城书院照片、1920 年宁夏海原大地震照片、马鸿逵家族照片、共产党和红军在宁夏以及宁夏解放等图照都十分珍贵。本书还有模拟画如西夏王宫图、朱栴像、豫海县回民自治政府主席马和福像等。本书图照几乎全部都是彩色图片和照片，这在宁夏历史类图书出版尚属首次，是一部"创新型宁夏历史著作"。

二、通俗易懂，面向广大读者的普及性读本

《图经》是一部图文并茂、通俗易懂，面向广大读者的普及性历史作品，这是《图经》的第二个特点。既然取名《图经》，本书就不是一般意义上的图经，它只是采用了图经写作方法上"以图为主"的特点，而实际上就是一部简明扼要的宁夏历史读本。

重视历史知识的普及、作品的通俗化，是吴忠礼研究员做学问的一个特点。因为他懂得历史研究与普及工作的关系，他认为历史学家必须研究中国历史若干重大课题并做出成绩，但同时也应该走出经院研究的金字塔，走向群众，因为我们一切工作的出发点和落脚点及历史研究工作的目的，都是"以民为本"。近年来，他在撰写或出版史志研究论著的同时，更多的是在报刊发表大量普及性通俗性的宣传弘扬宁夏历史的文章。

虽然是一部大型历史图书，但是，他为了让更多读者感兴趣、能够读懂，在宁夏群众中普及自己家乡的历史，这部作品用25万字在对宁夏历史的叙述中，无论是重大历史事件还是重要历史人物，都是面向广大读者，采取了通俗性的写法，使之成为一部通俗化的普及性大部头史志作品。这一特点突出表现在历史叙述的文字表述上几乎全文采用散文化现代白话文的笔法，把较为深奥的历史学术问题、难以理解的背景史料尽可能通俗化、形象化、故事化，文中几乎不引用古文献的古文，绝大多数都将引文译为通俗的现代语体文表述。如班彪的《北征赋》，是古文体文学作品——汉赋，原文比较难懂，为了便于读者了解而将其释为近千字的白话文；再如唐太宗灵州（今宁夏吴忠市境内）会"百王"一节中，引了唐太宗的诗句"雪耻酬百王，除凶报千古"。随即对其中比较难懂的两个词语也作出解释："诗中的'雪耻'和'除凶'，

显然是指唐军大败突厥奴隶主贵族，消灭了代表奴隶主复辟势力的薛延陀汗国对边疆各弱小民族、部落残酷的奴隶统治。"这样，让读者易于了解唐太宗重要诗句的历史意义。著名文学家舒乙先生主张："学术研究一定要走出象牙塔。所谓象牙塔就是把自己圈在塔内，主观上并不追求让外人看懂，更不需要让老百姓看明白。这是要反对的。"本书作者撰写本书能走出象牙塔，正如马启智在序中所要求和期盼的，把《图经》写成为一部向全区广大人民群众和青少年"普及历史知识"的"通俗易懂、简明扼要的宁夏史读本"。

三、与时俱进，反映宁夏史研究最新学术成果的著作

本书按图经写法，虽然以图为主，以文为辅，却尽量吸取了近期宁夏历史、考古学界，包括作者本人在内的专家学者的重要学术研究新成果，因此，这部书也成为反映宁夏历史研究最新学术成果的著作。

（一）探索全书上限从地质时期写起

本书一改史学著作习惯起于远古先秦的写法，大胆探索从地质时期写起的尝试。开篇第一章列出"地质时期——宁夏大地""远古时代——人类起源区域之一""石器时代——中华文明源头之一""传说时代——华夏始祖故里""农牧文明开创时代——第一批郡县设立"五节，以提升宁夏历史在祖国历史上的地位。其中，吸收了宁夏古代历史发现最新成果，例如：

（1）灵武恐龙：书中"远古时代——人类起源区域之一"一节书中采用最新图照 15 幅，推出宁夏灵武恐龙的发现和研究，指出最初发现恐龙化石的灵武农民马云并配图。2005 年，灵武文管所刘宏安所长联系中国古脊椎动物研究所联合进行发掘，出土 5 个恐龙化石个体，属距今 1.3 亿年至 1.4 亿年的大型蜥脚类恐龙，是亚洲最大恐龙化石个体之一。灵武恐龙，在国内外意义重大，影响深远。

（2）水洞沟文化遗址：本书第一章第三节"石器时代——中华文明源头之一"一节，分别叙述宁夏发现旧石器——水洞沟、细（中）石

器——鸽子山、新石器——菜园等，三个石器时代文化遗址。采用图片12幅，反映出宁夏银川市黄河东岸水洞沟文化遗存的发现和研究，这是距今3万年旧石器晚期文化遗址，是中国最早的旧石器文化遗址之一。早在1988年水洞沟遗址就已经被国务院列入全国重点文物保护单位，水洞沟文化遗址对研究中华民族古老文化的起源有着重要的科学价值。

（3）贺兰山岩画：贺兰山岩画是宁夏历史文化遗产的重量级瑰宝。1965年毕业于宁夏大学中文系的宁夏人李祥石是发现贺兰山岩画第一人，又是宁夏岩画研究成果和影响均属领先地位的岩画专家。多年来，宁夏已形成了一支不小的研究岩画的专业队伍，取得了多方面的可喜成就。《图经》指出，贺兰山岩画1996年被国务院列为全国重点文物保护单位，1997年被联合国列入非正式文化遗产名录。2004年宁夏正式启动申报贺兰山岩画为世界文化遗产。2006年，建设部正式将"贺兰山——西夏王陵风景区"列入首批《中国国家自然与文化双遗产预备名录》。《图经》与时俱进，及时将贺兰山岩画收入书中，开专节"贺兰山岩画——先民凿刻在石头上的史书"，收入岩画图片、黑白和彩色照片25幅，介绍宁夏岩画发现、分布情况和重大意义。让读者对贺兰山岩画有一个初步的认识。

（二）采用古灵州城址在吴忠市境内的新观点

灵州是宁夏古代政治、经济、军事、文化中心，灵州的历史，唐朝尤为辉煌。古灵州城址之谜是历史学家长期探索的重要课题，过去一般书中称灵州在今灵武或灵武西南，后来许多专家学者包括我本人，提出古灵州城址在今宁夏吴忠市境内的新观点，逐渐被学术界广泛认可。2003年5月8日，吴忠市发现《大唐故东平郡吕氏夫人墓志铭》，成为古灵州在今宁夏吴忠市境内新观点的确证。《图经》走在时代前面，在文字表述中及时反映历史、考古学者这一新观点，直到明朝灵州城淹没以前，作者一直坚持古灵州城在今吴忠市境内的观点。

（三）"塞北江南"名称的由来

宁夏引黄灌区素称"塞北江南"，习称"塞上江南"，但古书上一直采用"塞北江南"。头几年，吴忠礼研究员已经发表了《"塞上江南"名称的由来》一文。作者在本书第三章第七节，专节论述"塞北江南"，继续阐述作者的观点，并推出他本人集多年研究详细考证"塞北江南"的心得。分析了"塞北江南"由最初特指灵州及其黄河东岸地区，如何扩展到包括今银川在内的黄河西岸全部宁夏灌区。尽管关于"塞北江南"的考证研究，史学界还在继续进行，当有不少新论。本书所述，无论论点正确与否，无疑都应该是属于作者个人研究的见解。

（四）西夏文字和西夏艺术的研究

西夏是指中国历史上由党项人于公元 1038—1227 年在中国西部建立的一个封建政权。今银川市曾被西夏王国定为国都（兴庆府），是西夏统治的中心。因此，西夏学研究在宁夏有着特殊意义。《图经》用一整章大量篇幅和图照，在一定程度上反映了宁夏西夏学研究，特别是西夏文字和艺术的研究成果。第六章"宋、西夏和辽、金"，其全部九节标题都讲西夏，存在 189 年的西夏兴起、发展、消亡的历史，几乎再现于该章之中。这就反映了宁夏历史的一个不同于其他地方的特点。

（五）着力宣传宁夏历代重大历史事件和重要历史人物

本书尽量采纳宁夏历史研究最新成果，在各章节的各朝代，突出反映、比较全面地宣传宁夏历史上有影响的历史事件和历史人物。从第一章"传说时代——华夏始祖故里"开始，通过许多传说，说明宁夏也是华夏人文始祖创始地之一，并且是中国龙的故乡。接下来，秦朝大商人乌氏倮、秦始皇巡边至六盘、汉朝安定属国、汉武帝巡边六出萧关、东汉灵州傅氏、刁雍开发宁夏、布衣名士皇甫谧、原州李贤家族、唐太宗灵州会百王、朔方节度使、李亨灵武即位、成吉思汗与六盘山、明庆靖王朱栴、康熙访宁夏、马福祥绥靖宁夏、马鸿逵在宁夏、红军会师宁夏、陕甘宁省豫海县回民自治政府、蒋介石巡视宁夏、马家军抗战和参加蒋介石打内战、宁夏解放等等，其中不少是作者多年研究的珍贵成果。作者通过对几千年历史长河中，宁夏地区一系列重大事件和重要人物的叙述和评价，说明宁夏在祖国历史上的重要地位，彰显了宁夏历史的辉煌，定能鼓舞和激励宁夏人民进一步努力，建设自己更加美好的家园。

四、版本装帧，体现宁夏出版业发展成就的彩图版

《图经》又一个特点是，作者与宁夏人民出版社力图把《图经》打造成为宁夏回族自治区成立50年献礼精品图书，使之成为体现宁夏出版业发展成就的彩图版图书，这在宁夏人民出版社也算是首创。特别值得提出的是，图照彩色印刷除极个别一两张之外，全书上下两册1400多幅图照，几乎可以说是近百分之百地印刷美观，色泽鲜亮、清晰，让读者看了赏心悦目，是一种享受。

五、史志专家，宁夏史志研究学界的领军人物

《图经》第五个特点是本书作者、主编吴忠礼研究员，是宁夏本土培育成长的宁夏著名史志专家。他1941年出生在安徽肥东县，17岁跟随父母到宁夏定居，1965年毕业于宁夏大学政史系。曾任宁夏社会科学院副院长、宁夏社会科学界联合会常务副主席、宁夏地方志编审委员会常务副主任。长期从事西北和宁夏地方史、地方志研究工作。享受国务院政府特殊津贴，任自治区政府学位委员会委员。30年来，吴忠礼在史志学领域，硕果累累，成就斐然。他先后出版了著作24部（含合作和主编），发表论文约100万字。科研成果获省部级以上社会科学优秀成果一等奖11次；获自治区政府奖2次；获自治区自然科学科技进步奖1次（合作）。部分论文入选国内外学术会议。其中《宁夏志笺证》一书出版，影响特别大，受到中央和地方媒体广泛关注、报道。

由于吴忠礼的长期努力，他被认为是宁夏史志界的领军人物、拓荒者和探路者之一。他长期担任宁夏地方志领导工作。2001年起获自治区人事厅批准延退，担任《宁夏通志》《宁夏年鉴》总纂及指导全区修志工作。2007年正式退休后又被宁夏社科院返聘担任宁夏地方历

史文化学科带头人。现正在主持国家社科基金项目，并担任《宁夏通志》《宁夏年鉴》总纂。2006年被评为"全国修志先进工作者"和其中"二十一佳"的特别嘉奖。2008年，在纪念宁夏回族自治区成立50周年的大庆活动中，被宁夏宣传和新闻界评为"宁夏50年影响力人物"。同时，被自治区党委、人民政府授予"宁夏回族自治区有突出贡献专业技术优秀人才奖"。

无可讳言，世界上难得有十全十美的著作，作为宁夏首创的《图经》，也不可避免地存在一些不足，下面我举出几点也不一定都正确，提出来试作宁夏历史研究学术上的探讨和商榷：

（1）吴忠考古重大发现——出土古灵州唐墓葬群。故址位于今宁夏吴忠市境内的西汉设置的古灵州，曾经是中国古代宁夏的中心城市，早在隋唐以前就被誉为"塞北江南"。本书中也如此表述。而2003—2006年，吴忠市先后出土200多座古灵州唐墓葬群，包括北魏墓葬。其中，2003年5月8日，吴忠市利通区古城镇境内出土《大唐故东平郡吕氏夫人墓志铭》，这是宁夏历史、考古学者研究"由昨日之灵州，到今日之吴忠"的重大发现。本书有固原、银川等地墓志铭图照十余幅，未见有吴忠市出土的唐灵州吕氏夫人墓志铭的图照。

（2）谁是"首见其名的"灵州都督。本书"威震中外的朔方节度使"一节中写道："唐初因袭隋制，于武德元年（618年），改设灵州军事总管府，武德七年（624年），改称灵州都督府……首见其名的都督为李君球，接下来有唐璿、契苾明等人。"对这段表述，我提出一些商榷。唐武德七年改设灵州都督府。据《资治通鉴》记载：武德八年（625年）八月，"庚辰，突厥寇灵武。甲申，灵州都督任城王（李）道宗击破之。"[1]据此，我认为唐初名将、任城王李道宗似应为"首见其名的"首任灵州都督。而据《旧唐书》记载，"龙朔三年（663年）高宗将伐高丽，（李）君球上疏谏……寻迁蔚州刺史，未行，改为兴州刺史。

[1] 司马光编著，胡三省音注：《资治通鉴·唐纪七》，中华书局，1956年，第5997页。

累迁扬州大都督府长史……高宗频降书劳勉。时有吐谷浑犯塞，以（李）君球素有威重，转为灵州都督。寻卒官。"[1]据此，李君球是在唐高宗时才出任灵州都督的，他不应该是"首见其名的"灵州都督。在他之前唐武德年间和贞观年间，已经有李道宗、薛万彻、尉迟敬德、李孝节、李正明、崔敦礼、王立行、郑仁泰等人出任过灵州都督。

（3）明代黄河水灾与灵州"城凡三徙"。我认为，黄河在宁夏历史上曾经给宁夏人民带来极大好处，最早开发的河东灵州地区，就是因为秦汉渠引黄灌溉，才经济发达。但是，黄河有利也有害。例如，黄河在明朝就曾经因为闹大水灾，淹没曾经是宁夏古代中心城市的古灵州（今宁夏吴忠市境内），逼其"城凡三徙"（明张九德语），迁到今灵武市。拙著《大明庆靖王朱栴》一书，对此问题已有专论。本书对宁夏历史上因黄河水灾迫使古城灵州城迁徙的重大事件，疏漏未记。

（4）是谁最早在何时提出灵州"塞北江南"名称的？本书写道："塞北江南"这个概念的提出，出自北宋著名文学家、地理学家乐史撰写的宋代地理总志《太平寰宇记》一书。这也是作者2007年《"塞上江南"名称的由来》一文中灵州"塞北江南"由来的北宋乐史说。对此，北京师范大学历史学院王培华教授在2008年提出异议，她在论文中引《太平御览》记载："《太平御览》：'《图经》：周宣政二年，破陈将吴明彻，迁其人于灵州。其江左之人，崇礼好学，习俗相化，因谓之塞北江南。'""《隋州郡图经》是隋炀帝大业四年（608年）左右郎茂修撰的一部地理书。"经过对郎茂论述的考证，她得出结论："郎茂提出灵州为塞北江南之说，也是可信的。况且，郎茂也不过是总结了当时人们对灵州的比喻。"我以为，王教授的7世纪初隋郎茂《隋州郡图经》提出灵州为"塞北江南"的观点，引证有据，是对从灵州开始到整个宁夏引黄灌区誉称"塞北江南"历史研究的重大突破。

---

① 刘昫等撰：《旧唐书·李君球传》，中华书局，1975年，第4789—4790页。

因为，北宋乐史（930—1007）的《太平寰宇记》成书于 10 世纪后期，隋郎茂撰《隋州郡图经》成书于 7 世纪初，王培华教授把最早提出灵州为塞北江南的时间，从北宋的 10 世纪后期提前到隋朝的 7 世纪初整整提早了近 380 年。这就更加让宁夏人值得自豪，因为，从灵州开始的宁夏引黄灌区"塞北江南"誉称的提出，历史悠久，源远流长，至今已经有约 1400 年的历史了，这对宁夏引黄灌区"塞北江南"历史研究，是很大的贡献。2004 年卢德明著《话说宁夏水利》一书，也提出过与王培华教授相同的观点，他写道："据隋图经记载，北周……由此得知塞北江南这一称呼出现于北周以后的隋朝。"

　　尽管如此，我认为《图经》是宁夏第一部水平较高的大型彩图版史书，宁夏人民出版社的精品图书，很大程度上反映了宁夏史学术研究的新成果，在一定程度上又填补了宁夏史研究的某些空白。因此，必然会推动宁夏史学术研究的新发展，并推动宁夏历史的进一步推广、普及。作者吴忠礼研究员怀着对宁夏人民的深厚情感，长期笔耕不辍，付出了巨大的辛劳。本书不但对宁夏史学研究发展起到重要的推动作用，而且对宁夏文化建设发展，特别是在宁夏群众中普及自己家乡的历史，作出重要贡献，同时，也将推动宁夏出版业的发展。所以说，本书的面世，具有一定的重大而深远的意义。因此，我向广大读者推荐著名史志专家吴忠礼研究员的新书——宁夏第一部图文并举的大型彩图版历史著作《宁夏历史图经》。

　　（作者：白述礼，宁夏大学政史系教授，宁夏史学专家。原载于《宁夏史志》2009 年第 1 期）

七旬回首

　　2011 年将要过去，日月如梭，不知不觉间已经虚度 70 载。然而辜负曦光，徒增马齿，辱承隆仪，殊觉汗颜矣。孔子曰："七十而从心所欲，不逾矩。"《礼记》也说："七十曰老"，"人生七十古来稀"。我想所谓"从心所欲"，并不是胡思乱想，胆大妄为，而仅是可以"不逾矩"了，即能按规矩行事，不做违背自然法则和客观规律的事情。也就是说，人活到 70 岁，凭着自己学习的积累和实践活动的总结，一般已能够达到正确认识人生的本质，把持社会运行的轨迹和自然界的"天道"，所以说话、做事、想问题、判断是非，大体上是会自觉地"从心所欲"，不会"逾矩"，而进入到"自由王国"的境界。

　　我是 1959 年春，因家庭支边而由安徽合肥二中转学插班到宁夏银川二中读高中。光阴荏苒，52 年过去啦。我于 1961 年考入宁夏大学政史系学习，开始与历史学科打交道，弹指一挥，今年已整整 50 年了。大学毕业先后在农业、工业部门工作 15 年。1979 年调入筹建中的宁夏社会科学院，专门从事宁夏地方历史文化研究和负责指导全区各级各类地方志编纂业务工作，转眼间又是 32 年。

　　回顾 50 年以来，在学习、科研和工作中，曲曲折折，喜怒哀乐，往事如烟，"逝者如斯夫"。

　　对于我辈这等小人物来说，在大千世界中，如同沧海一粟，不足挂齿，是无所谓功过评价的，但是毕竟也有些浪花般的记忆与感悟难以忘怀，就个人来说，似乎值得自己存留。

第一，有一个自定的座右铭——"三做"

"三做"是指把做人、做学问、做工作，三者合起来。自古以来评价一个文化人，往往用"道德文章"来概括，德在文前，做人重于为文。我没有先哲的高尚懿范和修身、齐家、治国、平天下的远大抱负，通俗来说就是要做一个好人，有觉悟的人，对我来说就是做一个合格的共产党员。我曾两次获得自治区直属机关"优秀共产党员"的光荣称号，多次被评为社科院先进工作者、荣誉职工，证明做人方面一直在努力，得到一定的认可。

至于谈到做学问，因为我是一名研究人员，这是本职工作，当然不能尸位素餐，滥竽其间。我当时走进社科院已是 40 岁的人了，仍然下决心先打基础，不急功近利。我不断告诫自己，既然选择了吃历史研究这碗饭，就得有"板凳要坐十年冷，文章不写半句空"的思想准备，我把它比喻为"在家出家，带发修行"，一辈子在青灯黄卷中游走。决心 10 年面壁，10 年磨一剑，耐得住寂寞，守得了清贫，淡定无为，争取做一点前人尚未做的事或没有系统研究过的问题。功夫不负人，截至目前，我已出版专著 20 余部（含主编、合作），发表文章 200 余篇，独自完成的工作量约 400 万字。所以有幸被《人民日报》和《中国社会科学院院报》称为宁夏史志界的"拓荒者"，"宁夏的'活字典'"。但是我认为，这些都是先行一步的雕虫小技而已，真正有所作为者当寄厚望于后学一代。

对于做工作问题的提出，是有针对性的，因为但凡进入社科院做研究工作的同行们，许多人都打算专心治学，不想去过问其他的事情。那么，作为一个偌大的科研机关，有许多管理岗位的工作谁来做呢？特别是还有不少专业性很强的事务，最好要有科研人员来担当，以便于沟通，这就产生了矛盾。因此从全局出发，要求有一些科研人员要牺牲一定的时间，分出一部分精力，甚至要影响自己的前进步伐和个人利益，也就是说有可能对一些同事的职称评定、成果评奖和工资报酬等都会产生负面作用。所以说，科研人员中要有一些人作出奉献，参加管理工作，为大家服务。在这些参加服务的科研人员中，有些人荒芜了专业，影响了职称评定，但也有些人，咬紧牙关，挤占休息时间，用健康换时间，以时间变成果，艰难做到管理与科研两不误，他们被誉为"双肩挑"型的科研人才。我也勉强做到了"双肩挑"，先后担任过历史研究所副所长、地方志处处长、宁夏地方志编审委员会常务副主任、宁夏社科院副院长、宁夏社科联常务副主席等行政管理职务，事务性负担是沉重的，也是值得的，因为它锻炼了我的综合能力。

第二，治史感悟

历史，是对人类社会发展过程和自然顺序的排列，是往事的逻辑运动过程。但史学则是讨论历史的意义、目的、价值以及历史著述的原则、理论、方法、技术等方面的一门学科。当辩证唯物主义和历史唯物主义出现后，历史才第一次成为历史科学。我在问学治史中感悟良多，概括起来，大约有四点：

其一，人人都要学习历史。因为历史是一个民族的集体记忆，文化之根，精神源泉，经验与智慧的总结，取之不尽的宝贵资源。以史为鉴知兴替，帮助今人掌握事物运行的规律，透过现象看到本质，扬长避短，科学决策，取得胜利。如果我们割断历史或数典忘祖，成为"史盲"，则事业难以成就，民族何以振兴呢？

其二，历史研究要坚持马克思主义的唯物史观。因为唯物史观是把辩证唯物主义的原理运用于研究社会，使得对于社会和人类历史的研究成为一门真正的科学，并第一次揭示了人类社会发展的规律性和最终实现社会主义、共产主义的必然性，从而指明了历史研究就是要认识这种规律，揭示它的运行轨迹，秉笔直书，传信于后人，以避免犯航向迷茫和选择性失明的错误，或搞一些庸俗的浅薄的"戏说历史"，甚至是强暴历史而贻误后人。这是一种历史的犯罪，一定要留骂名于子孙的。

其三，史学工作要有服务社会的责任感。因为人民群众创造了历史，是历史的主人，社会就是历史的大舞台。所以史学工作者，要主动从书斋走向社会，有责任把历史还给人民群众，将真实的历史通过史料和思辨的复杂加工，凝结成为马克思主义的历史观，让人民群众看到历史的真面貌，并观照现实，从而达到服务社会的目的。其方式是用通俗易懂的文字，图文并茂的形式，翔实生动的资料，发掘历史学的独特魅力，打造出人民群众喜闻乐见的各种历史文化产品，奉献于社会，丰富广大人民的精神生活，让史著也成为大众热烈追捧的对象，尤应成为青少年一代思想品德与爱国主义教育的大教材，充分发挥历史文化不可替代的积极作用，这是多么有意义的事啊！

其四，新一代历史学家有把史学研究推向纵深的使命。因为我们有辩证唯物主义和历史唯物主义的科学理论作为指导，有前辈学长积累的学术成果与治史经验，有当代编史修志和考古新证作为参考，更有全社会重视历史文化的氛围，剩下的问题就要看史家们的作为了。治史是一项光荣而又艰辛的工作，首先只能通过苦读、探索、发微，打牢功底，舍此别无捷径；其次要有高尚的人文修养和学术良知，对历史负责，对后代负责，不唯书，不唯上，不为尊者讳，不为亲者隐，忍辱负重，服从真理，为社会承传信史；再次要能放下身段，把基础研究与田野调查结合起来，既推出"阳春白雪"的高端研究性作品，也要会生产具有现代概念和流行语言的能让一般民众耳目一新的通俗普及性产品，并努力在成果形式上不断有所创新。

此时，我想将屈原的名句——"路漫漫其修远兮，吾将上下而求索"，赠给尊贵的朋友们。还有一首无名氏诗留给自己——"块块荒田水和泥，深耕细作走东西。老牛亦解韶光贵，不待扬鞭自奋蹄"。我，仍然愿跟随在大家的后面，于夕阳中姗姗前行。

以上一点感悟，奉献给同仁，诚望各位多多指教，并对今天赠给各位的这本"小集"不吝赐教。最后，衷心感谢领导为我操办这个活动，谢谢各位光临，预祝大家在新的一年里身体健康、事业进步、阖家幸福、万事如意。

七秩赋

吴忠礼

生于皖江，莺迁塞上。万里同芗，桑梓一方。

驾日羲皇，白驹如翔。问文治史，五秩如晌。

斗转星移，年根岁底。同仁勉励，赏光加惠。

荣幸无媲，汗颜惧惴。拜领盛情，恭肃鸣谢。

（2011 年 12 月 26 日，作者在宁夏社会科学院举行"吴忠礼先生七秩致禧暨治史 50 周年座谈会"上的发言）

吴忠礼先生七秩致禧暨
治史 50 周年座谈会综记

　　2011 年 12 月 26 日上午，"吴忠礼先生七秩致禧暨治史 50 周年座谈会"在宁夏社科院行政楼四楼会议室隆重举行。来自宁夏大学、北方民族大学、宁夏文史研究馆、宁夏交通厅志办、全区各市县志办等专家学者，社科院副处级、副研究员以上人员以及区内相关媒体记者参加了座谈会。

　　座谈会上，青年科研人员代表向吴忠礼先生献花。宁夏社科院副院长刘天明回顾了吴忠礼先生的治学历程，介绍了吴忠礼先生的学术成就。宁夏社科院党组书记李耀松宣读了自治区党委常委、宣传部部长杨春光的贺信以及祝贺单位名单。宁夏文史研究馆副馆长胡迅雷，宁夏历史学会会长、博士生导师霍维洮，中卫市志办主任李福祥分别宣读贺信。宁夏交通厅原副巡视员鲁人勇、永宁县志办原主任姜自力、北方民族大学教授景永时、宁夏社科院历史文化学科研究人员霍丽娜分别发言，从各个方面介绍了吴忠礼先生的学术成就和高尚品格。

　　自治区党委宣传部副部长李克强作了重要讲话。李耀松书记代表社科院向吴忠礼先生赠送了贺兰石纪念品，宁夏文史研究馆副馆长胡迅雷向吴忠礼先生赠送了字画。

　　（作者：杨云，宁夏社会科学院副编审。原载于《宁夏史志》2012年第 1 期）

吴忠礼先生学术成就介绍

　　吴忠礼先生是宁夏社科界的著名学者，长期从事西北和宁夏地方史、地方志研究工作，既是宁夏地方史研究的开拓者，也是宁夏新方志编纂事业的主要创始人。吴先生1941年出生于安徽省肥东县湖滨乡，1959年初，随父母支边来到宁夏。1961年从银川二中高中毕业，考入宁夏大学政史系，开始了他的学习、研究历史的历程。大学毕业后在国营农场和宁夏轻纺厅工作，1979年调入宁夏社会科学院工作。

　　吴先生曾任宁夏社会科学院副院长、宁夏社会科学界联合会常务副主席，宁夏地方志编审委员会常务副主任，兼任《宁夏通志》《宁夏年鉴》副主编、总纂。1993年享受国务院政府特殊津贴，任自治区人民政府学位委员会委员。先后撰写、主编和参编《宁夏近代历史纪年》《明实录宁夏资料辑录》《清实录宁夏资料辑录》《宁夏史话》《宁夏历代方志萃编》《宁夏通史·近现代史》《宁夏历史地理考》《西北五马》《宁夏当代著名人物传略》《宁夏志笺证》《宁夏经济地图集》《宁夏历史图经》《宁夏历史地理变迁》《百年宁夏》和《朔方集》等著作20余部，涉及宁夏地方志研究、宁夏地方史研究等多方面。其中，《宁夏志笺证》《宁夏通史·近现代史》和《清实录宁夏资料辑录》等荣获省级社科和修志成果评选专著一等奖；《宁夏近代历史纪年》《宁夏历史地理考》《西北五马》等荣获省级社科评奖专著二等奖。《宁夏志笺证》一书出版后，新华社向全球发了电讯消息，中央电视台在"晚间新闻"中也进行了报道。《光明日报》《深圳特区报》《宁夏日报》

等多家国内报刊和国外华文媒体纷纷进行了介绍和报道。他先后发表文章 200 余篇，多篇荣获省级各种评选论文一、二、三等奖。吴先生是学术界公认的宁夏史志研究方面的首席专家与宁夏地方历史的"活字典"。2006 年 4 月，他被评为全国修志先进工作者并获特别嘉奖。中央电视台和《人民日报（海外版）》《光明日报》《中国社会科学院院报》以及英国剑桥《国际名人录》等书刊报纸，均对吴先生的学术研究做过收录、专访和报道。同时，吴先生多次应邀赴美国和港澳台地区参加学术考察活动。

吴先生不仅业务精熟，而且政治思想觉悟高，在工作与科研中认真践行马列主义、毛泽东思想、邓小平理论和"三个代表"重要思想，所写的文著和所作的报告都力求指导思想明确，理论联系实际。在史志研究方面产出多、质量高。同时，热心各种社会学术群团工作。多次获评社科院和自治区直属机关优秀共产党员，多次获评自治区先进工作者，并获得中共宁夏区委、人民政府授予荣誉证书和奖章，表彰其"在宁夏革命和建设事业中所作的突出贡献"。宁夏 50 大庆时被新闻界评为"影响宁夏 50 人"之一，新中国成立 60 周年时被评为"100位英模"之一。

吴先生始终相信，只有走出经院与象牙塔，才能实现历史研究为社会服务。所以，他积极投身地方历史文化研究与史志工作，兢兢业业、勤勤恳恳，在取得骄人业绩的同时不忘服务他人，造福社会。

第一，他怀揣对修志工作的无限热爱，始终坚持书本知识与实地考察相结合，在史志工作中无私奉献自己的力量。多年来，吴先生走遍了宁夏的山川大地，对全区各市县（区）和自治区直属单位的军、地修志工作进行精心业务指导，积极开展培训、讲课和主持评审志稿等工作。同时，不但担任许多修志单位顾问，还为新志书作序和撰写评论文章，担任总纂。

第二，吴先生充分发挥自己在史志方面的优势，积极宣传宁夏地方历史文化，为宁夏社会经济发展服务。一是为《新消息报》"大话宁夏"

专栏供稿，向广大读者介绍宁夏历史掌故、轶文轶事、历史大事与乡贤名人，产生较大社会影响，成为人人爱读的品牌栏目，是进行热爱家乡和爱国主义教育的有益探索。二是为《共产党人》刊物提供理论文章，大力宣传宁夏红色文化。另外，吴先生还积极配合自治区的"大银川建设"与发展规划，应邀担任银川地区地名委员会首席专家，为整顿规范自治区首府，中国历史文化名城，大银川的巷、街、路和广场，园林绿地以及全市总体规划进行研究、论证，做了大量具体工作。

第三，吴先生在史志领域的辛勤耕耘，为宁夏史志体系的建立与完善奠定了坚实基础，大量优秀志书因其筚路蓝缕之功如雨后春笋般涌现。1999 年，宁夏圆满完成了全区首轮修志任务，其中《固原县志》《中卫县志》和《宁夏水利志》荣获全国志书评比一等奖。

2001 年，宁夏正式启动了二轮修志工作及《宁夏通志》《宁夏年鉴》的编纂，《宁夏年鉴》已连续出版 10 部，在全国年鉴评奖中多次获奖。宁夏方志工作能够取得这些辉煌业绩，与吴先生的辛勤开拓与不懈奋斗密不可分。

第四，在长期学术研究过程中，吴先生始终坚持"咬定青山不放松"的坚毅精神，通过自己的辛勤劳动和默默奉献为宁夏史志研究打下了坚实的基础。吴先生是地方历史资料收集方面的权威专家，为宁夏地方史志研究工作呕心沥血，依托雄厚的资料积累和扎实的学术功底为学术界奉献了众多佳作名篇。在此过程中，贯穿着吴先生对事业和工作的无限热爱和无私奉献的高尚品质，实现了做人、做事与做学问三者的有机统一。在严谨治学的同时，积极策划和组织宁夏地方历史文化重点学科的建设与发展，使其成为宣传宁夏的重要渠道与窗口。同时，吴先生言传身教，奖掖后进，为宁夏地方历史文化学科建设和人才培养倾注了大量心血。

"老骥伏枥，志在千里；烈士暮年，壮心不已。"今年是吴忠礼先生的七秩之喜与治学五十载之庆，又是汇集他多年史志研究成果《朔方集》的发行之时，三喜临门，锦上添花，预祝吴先生继续发挥余热，再接再厉，为宁夏地方历史文化研究与史志工作不断作出新的更大的贡献！

　　（作者：刘天明，宁夏社会科学院副院长、研究员，宁夏史志专家。原载于《宁夏史志》2012年第2期）

朔方巨著绘画卷　宁夏文化彰新篇

——吴忠礼学术思想初探兼《宁夏历史图经》《朔方集》

　　"日出江花红胜火，春来江水绿如蓝。"宁夏史志专家吴忠礼先生近年先后出版了两部宁夏历史、地方志文化方面的精品力作《宁夏历史图经》《朔方集》，足以显示他的研究创作激情和深厚的功力。

　　吴忠礼先生是宁夏社科界的著名学者，长期从事西北地方史、地方志文化、民族文化方面的研究工作，是宁夏地方史志研究的开拓者和宁夏新方志编纂事业的主要创始人。长期担任国家、宁夏多个学术团体的重要职务。他治史50多年来，勤于学习，苦于钻研，坚于创作，奋于实践，因此成绩卓著，硕果累累，贡献突出，殊荣多多，影响深远。虽已年过七旬，仍老当益壮，领衔重大研究项目，俨然成为我国史志界一位常青树、不老松，实为可敬可佩，是学习之楷模。

朔方巨著　宁夏风采

　　《宁夏历史图经》于2009年4月由宁夏人民出版社出版发行。该作的政治与文化意义，正如时任宁夏回族自治区主席马启智序中指出，是"一部图文并茂、通俗易懂、简明扼要的宁夏史读本，作为向全区广大人民群众和青少年普及地方历史知识，向国内外介绍宁夏的一项有意义的文化建设基础工程，当然也是向自治区成立50周年大庆的一份献礼。"全书精选图插1400多幅附于文中，文图折合字数约80万字规模。

758

　　该著作上限一改史学类书籍习惯起于远古、先秦时代的写法，而是在第一章中设置第一节"地质时期——宁夏大地"，从地质时期写起，以帮助读者简单了解宁夏历史的舞台，了解人们所立足、生活、工作的宁夏是如何形成的。接着再通过"远古时代""石器时代""传说时代""农牧文明开创时代"和"贺兰山岩画"，充分证明宁夏地区是祖国大地人类起源的区域之一，也是华夏始祖的故里，从而改变以往人们对于宁夏历史的认识差距。从第二章起到第十章止，基本上按朝代兴替排列，收笔于国民党政权在大陆的垮台，宁夏解放、宁夏省人民政府成立。每一章中选择若干重大历史事件或重要人物反映这一朝代的历史。

　　《朔方集》于 2011 年 11 月由宁夏人民出版社出版发行。该著作的政治与文化意义，正如时任宁夏回族自治区党委常委、宣传部部长杨春光在序中所言："吴忠礼先生将自己 30 年来研究宁夏历史、地方志和在指导自治区各级各类新方志编修工作中所形成的一些文章，重新进行整理，集束成册，公开出版，以飨读者，是一件很有意义的事情。"全书约 100 万字，共 122 篇文章，其中历史 76 篇，地方志 36 篇。

　　从该著作中可以看出宁夏是一个有着悠久历史的多民族聚居地区，黄河由北部横穿全境，素有"塞北江南"之美誉。自距今三万多年前有人类活动以来，就有先民在这块土地上繁衍生息，开发建设。从商周的西戎到秦汉及其以后的匈奴，魏晋南北朝时期的鲜卑、氐、羯、羌，隋唐时期的突厥、吐蕃、吐谷浑、昭武九姓胡人，宋代的党项、女真，元代的蒙古、回族及后来清代的满族，他们和先后汇聚在这块土地上的华夏—汉族一起，共同汇织了一幅多民族活动交往的画卷，各民族对宁夏的开发作出了贡献。其中，草原文化和农耕文化及西来的佛教、伊斯兰教在这里交会融合，形成了具有鲜明特色的多元文化结构，留下了丰富的历史文化遗迹和历史积淀。

　　该著作还重点记述了宁夏各族人民百年革命斗争历程，宁夏各族人民的新生，新中国成立初期宁夏各族人民政权的建立，改革开放宁夏地区的辉煌成就等。其中，著名的历史人物、历史事件与人民群众共同推动着历史长河的发展。

该著作还对源远流长的中国地方志、社会主义新方志事业的发展、宁夏地区编修地方志文化的历史和现状等进行了研究，并为一些志书作序点评，论文内容丰富、资料翔实、理论深邃、论述严谨、实践力强，充分展现了吴忠礼的地方史志学术思想。

方志理论　指导修志

吴忠礼先生曾任宁夏社会科学院副院长、宁夏社科联常务副主席、宁夏地方志编审委员会常务副主任兼宁夏地方志办公室主任，并任《宁夏通志》《宁夏年鉴》副主编、总纂。他在编史修志工作中，注重坚持正确的指导思想，始终严把志书年鉴的质量关。他刻苦钻研方志理论，撰写了多篇方志学术文章，总结出很多有见地的理论研究成果，促进了宁夏志书质量的提高，有力地推动了宁夏修志工作。

他在《浅谈年鉴与地方志的关系》一文中阐述：年鉴和方志在记载的空间范围和内容编纂形式、功能作用、史实数据的权威性等方面都有许多相同和近似之处。年鉴和方志的差异有：著作性质、编辑周期、编纂体例、体裁和表现手法等。年鉴编辑工作是地方志工作的重要组成部分，二者关系密切。他在《编撰〈宁夏通志·人物卷〉的抛砖之见》一文中阐述：人物卷最难编写，困难与矛盾较多。人物志中要收录哪些人物，如何评述这些人物，往往都是一方官民乃至全社会最为关心的问题，它不可避免地涉及政策理论、重大是非等敏感性问题。所以，作者从编撰方志"人物志"的意义、立传人物的基本原则、怎样撰写好方志人物传、确立人物传的范围与标准等方面进行了深入浅出的论述。在《省级军事志"大事记"位置之我见》中对"大事记"的渊源、"大事记"的作用、"大事记"的收录标准与内容、"大事记"的体例进行了论述。他在《〈宁夏通志·艺文卷〉编纂思考》中阐述：中指组《关于地方志编纂工作的规定》没有明确设置"艺文志"，但宁夏非常重视并设置了《宁夏通志·艺文卷》，并对设置的背景资料作了交代，又对正史"艺文志"的来历、方志"艺文志"的产生、编辑"艺文志"的意义、"艺文志"的内容和编纂方法进行了论述。他在《百期千文百卉千葩——〈宁夏史志〉创刊百期回眸》中指出：《宁夏史志》是宁夏方志界的一所大学校，是宁夏史志资料征研与旧志评介的重要载体，也是宁夏史志研究的学术园地，有了这部宁夏编修社会主义新方志工作的"实录"，对推动方志事业发展，发挥方志为现实社会服务起了重要作用。他在《继承史志文化传统贯彻"方志条例"精神　推动修志事业前进》一文中从认真学习、全面贯彻《地方志工作条例》精神入手，阐述了新修方志工作的意义，指明编修方志工作的目的以及将年鉴编辑纳入地方志工作的要求，强调了依法修志对方志事业的重要性。

玉也有暇，不容讳言。例如：其一，观点歧见。《朔方集》（下册）第 300 页指出：志书"不具备现代工具书的性质"。笔者认为，因志书已由《地方志书质量规定》规定设置"索引"体例，且首轮志书众多已设"索引"，索引是一种便于读者从书中快速查找所需内容的检索工具，故应认为志书具备工具书性质，当然主要性质应为"资料性文献"。为此，陆奇曾撰文《论述方志与年鉴的工具书性质》（《黑龙江史志》2012 年第 16 期）。其二，《朔方集》也应设插图。设置随文插图很必要，会达到图文并茂的效果，例如宁夏"八景"如有照片就一目了然，否则只有文字显得枯燥，可读性差。其三，大标题有误。《朔方集》（下册）第 356 页，大标题"二、方志'大事记'事关志体"，其中的"二"应为"三"，因为在 352 页已有"一"标题，在 354 页已有"二"标题。当然这是属于出版校对之误了。以上是笔者对吴忠礼先生著作的初步学习与研究。在研究中笔者感到由于学术水平与研究能力有限，对吴先生的学术认识还远远不够，有待今后再学习、再认识。

吴忠礼先生出生于安徽，少年随父母支边来到宁夏，他满怀豪情长期在这片沃土生活、学习、创作，30 多年先后撰写、主编和参编 20 多部著作，发表论文 200 余篇。这些丰硕成果，是吴先生对第二故乡——宁夏贡献的一座思想文化宝库，亦为建设中国优秀传统历史地方志文化大厦锦上添花。

篇末，特此谨呈一联：

才华横溢已酬千秋史志

银发稀疏尤修二轮新书

（作者：邵长兴，辽宁省鞍山市地方志办公室原主任，当代著名方志学家；陆奇，北京市社科联原副主席，当代著名方志学家。原载于《宁夏史志》2013 年第 1 期）

肥东人物·吴忠礼

吴忠礼，1941年1月生。长临河镇洼地吴村人。中共党员，方志学家。

吴忠礼1959年随父母支边到宁夏，1965年毕业于宁夏大学政史系。先在农业、工业部门工作，1979年调入宁夏哲学社会科学研究所（今宁夏社会科学院）从事研究工作。先后担任历史研究所副所长、地方志编研处处长、宁夏社会科学院副院长、研究员、宁夏社会科学联合会常务副主席、自治区地方志编审委员会常务副主任兼区方志办主任。兼任中国史学会理事、中国地方志协会常务理事、宁夏历史学会常务副会长、宁夏地方志学会会长、宁夏地名学会会长。

吴忠礼是宁夏学术界公认的全区史志领域领军人物之一。《中国社会科学院院报》说他是宁夏地方史研究和地方志编纂的"拓荒者"。《人民日报》署名文章称他是研究宁夏历史的"活字典"。《光明日报》和中央电视台《新闻联播》报道他的科研成果。他虽身负管理工作，有大量社会活动，但仍能坚持科研，且成果颇丰。先后出版专著24本（含主编和与人合作），发表论文200篇，个人完成总字数约400万字，为研究宁夏的历史文化做出奠基性贡献。其中《宁夏近代历史纪年》《西北五马》《宁夏历史地理考》《宁夏志鉴证》《走进宁夏》等著作和若干篇论文获省部级奖。

吴忠礼2006年被中国地方志办公室评为"全国修志先进工作者"，并获其中21人"特别嘉奖"；在纪念宁夏回族自治区成立50周年大庆活动中，被宁夏宣传与新闻界评为"宁夏50年影响力人物"，被自治区党委、人民政府授予"宁夏回族自治区有突出贡献专业技术优秀人才奖"。后被自治区党委、人民政府评为"100位为宁夏做出突出贡献英雄模范人物",并在银川文化广场"名人纪念碑"勒石纪念。他还被英国剑桥国际名人中心出版的《国际名人录》和国内许多人物辞书收录介绍。2005年退休后,仍发挥余热担任《宁夏通志》《宁夏年鉴》总纂和宁夏社科院历史与文化重点学科首席专家。终身享受国务院特殊津贴。

（原载于李继海、王培垠：《肥东人物》，中国文史出版社，2013年）

吴忠礼：宁夏地方史志的探路人

从孔子编纂的《春秋》、司马迁撰的《史记》，到今天的省（自治区、直辖市）志、市（盟）志、县（市、旗、区）志，乃至多（镇）志、村志、山志、水志、人物志、部门志……在中国浩瀚的史籍文献中，一部部厚重的地方志，犹如一颗颗璀璨的明珠，辉耀在华夏大地上，令国人骄傲、世人瞩目。

清明撰史，盛世修志。沐浴着改革开放的春风，一支支修志大军踏上了空旷的地方志处女地。一群群修志"拓荒牛"，在茫茫的岁月里、熙攘的人海中，静居一隅，耐住寂寞，守着清贫，思索历史的纵横、百业的兴废。经过多年的含辛茹苦，辛勤笔耕，"地方志"这个陌生的名词，已被社会和人们所了解。一部部散发着浓郁墨香的新方志，登上了各大图书馆和各级机关的书架、案头，进入了寻常百姓家，进入海内外文化市场。

在宁夏回族自治区首府银川市金凤区境内一座居民小区里，晨曦里、夕阳下，一位中等身材的长者顶着一头白发，都会习惯地出来散步，标志性的学者形象总会引起邻里的小声揣测：这老爷子肯定是个有大学问的人，肯定是个大教授吧！

是的，人们的揣测八九不离十，这位老爷子正是大家在电视中经常见到的宁夏史志大家吴忠礼先生。

投下人文韵致，记述地方风物，路漫漫其修远兮，今年 72 岁的吴忠礼先生依旧精神抖擞，坚持研究史志，坚持每天写作。《中国社会科学院院报》（2004 年 4 月 27 日）介绍他是宁夏地方史研究和地方志编纂的"拓荒者"，《人民日报》（2004 年 5 月 31 日）称他是研究宁夏历史的"活字典"。

50 年来，吴忠礼在史志尤其在明史、清史、近代史以及宁夏历代地方志等史志书籍中孜孜以求，像蜜蜂一样到处采蜜，追寻宁夏的历史足迹，梳理宁夏的历史面貌。

他曾任宁夏社会科学院副院长、宁夏社会科学界联合会常务副主席和宁夏地方志编审委员会常务副主任，兼任自治区方志办主任和《宁夏通志》《宁夏年鉴》副主编、总撰。还任宁夏社会科学院地方历史文化重点学科首席专家、自治区人民政府学位委员会委员。2010 年 10 月，宁夏回族自治区人民政府主席王正伟为吴忠礼等人颁发聘书，聘他们为宁夏文史研究馆馆员，并代表自治区党委、人民政府送上对新老馆员的关心和问候，勉励他们关注时事，服务社会，为宁夏经济社会建设做贡献。

修了一辈子地方史书、志书的吴忠礼没有想到，当自己的满头黑发逐渐变成一色银白，自己在区内外的知名度也越来越高，上讲坛、上荧屏、编书、著书，甚至应邀赴美国和台湾、香港、澳门等地区参加学术考察活动。70 多岁的他更忙碌了。

十年辛苦不寻常

1941 年 1 月，吴忠礼出生在东望南京、南临巢湖的皖中腹地——肥东县长临河镇洼地吴村。或许是这片崇文尚武、人杰地灵的礼仪之邦的熏陶，让他骨子里早早浸染着浓郁的文人气息，他此后一生都与史书、志书结下缘分，与读书、著书密不可分。

1958 年，吴忠礼的父母响应党和政府的号召支援大西北建设，从山清水秀的江淮大地来到黄河之滨的塞上宁夏。次年，吴忠礼也来到父母身边，就读于银川市第二中学高中班，1961 年，以优异成绩考入宁夏大学政史系。

1965 年，大学毕业后，他被分到国营渠口农场场党委当干事。在这里，一干就是十年。吴忠礼总结自己这十年为：终生难忘的十年，也是终生无悔的十年。

这是个有 8000 多人的大农场，白天人们忙忙碌碌，晚上各自离去时，只有吴忠礼一人住在场部。孤独的黑夜陪伴了他三年多，这三年多里，青灯孤影，钩沉古今，每个晚上他都发了疯似地读书，沉浸在知识的海洋里。1968 年，他的妻子刘仲芳从石嘴山市二中调到农场中学，吴忠礼不再像往常那么孤独了。但每天回到只有十平方米大小的陋室，在土屋里唯一的土炕上，吴忠礼还是像过去一样苦读不止。

从 24 岁到 34 岁，吴忠礼生命中最宝贵的青春时光留在了渠口农场，虽然那个时候的清苦让他难忘，却也让他打下了极其坚实的理论知识基础，使他得以在今后的学术研究中从容穿梭。

1974 年，为适应战备的形势需要，宁夏军区组织军地人员编写《兵要地志》，吴忠礼第一次接触到宁夏地方史志。但在进一步学习和研究中，他深感资料不足。此后，借出差等机会，他四处搜集有关宁夏地方史的资料。1979 年底，宁夏哲学社会科学研究所（1981 年改为宁夏社会科学院）恢复。这时的吴忠礼因为有此前的深厚积淀，加之掌握了一些地方史资料，写出了近 30 万字专著《宁夏近代历史纪年》。这本专著成为改变他命运的敲门砖，令他得以在宁夏哲学社会科学研究所招考研究人员时免考入职，专门从事地方史研究。

史志部门被人们称作是"艰苦、辛苦、清苦"的"三苦"部门，与其他许多部门相比，是个冷部门。而要编纂出一部无愧于这个伟大时代的地方史志，没有"板凳需坐十年冷，文章不写半句空"的精神是不行的。

在收集、整理宁夏地方史志的过程中，吴忠礼渐渐爱上了塞上江南——宁夏。他发觉，宁夏是一片神奇的土地，既有大漠孤烟、雄浑壮丽、秋风骏马的边塞风光，又有小桥流水、唯美妩媚、杏花春雨的江南景致，无愧于"天下黄河富宁夏"的美誉。宁夏浩繁的古文献记载了这片土地的沧桑变迁，印记了当地各民族的发展轨迹，凝聚着生于斯、长于斯的先民们的无尽智慧，是地方进步和民族团结发展的见证，是中华民族文化遗产的有机组成部分，其丰富深广的历史内涵是中华各民族共同的精神和文化财富。保护好、传承好这批珍贵文献，并对其文化价值深入研究和科学利用，有着深远的历史和现实意义。作为一名学者，应勇于担当，且责无旁贷。

拓荒宁夏地方志

1984 年，吴忠礼担任宁夏社科院历史研究所副所长，1985 年又担任自治区地方志编审委员会办公室主任兼社科院地方志编研处处长，他多年心愿终于得以实现：可以一心一意地研究西北和宁夏的地方史、地方志了。有了适合自己发展的空间，吴忠礼每天都像是充足了电，研究热情空前高涨。然而，在偏居西北一隅的宁夏，经济文化的相对滞后成了制约地方史和地方志研究发展的瓶颈，资金、人才等多重困难一一挡在了他的眼前。

没有路也得蹚出条路来！吴忠礼暗暗给自己鼓劲，他下定决心，无论困难多大，自己都要带头去闯这条崎岖艰难之路。

吴忠礼觉得，古文献整理与研究，要力求无征不信，因而须心细如发，从地方与民族文献整理研究起步，最大的挑战在于原始资料的获取。地方史和地方志的建设首重资料，但当时的宁夏这方面的资料少得可怜。为了全面而详实地掌握关于宁夏的各类记载，吴忠礼跑遍了北京、南京、兰州等地图书馆和档案馆。资金短缺，为了节约经费，他专门选择在学校寒暑假时出差，因为寒暑假时能够住进不需多少费用的大学生宿舍里。

中国史籍汗牛充栋，在一座座图书馆里，面对浩瀚的中国史籍，在那个没有电脑等现代科技手段的时代，想从浩如烟海的史料典籍中搜寻关于一个偏僻省区的史料，其难度远远超出人的想象。不仅费时费力费神，更重要的是要有极其顽强的毅力。许多图书馆既没有复印设备，也没有检索系统，资料搜集全凭手工劳动。吴忠礼抱着一种披荆斩棘的精神，凭着一股坚韧不拔的毅力，整天坐在图书馆查书、抄书，手指上都磨出了厚厚的老茧，屁股坐出了褥疮。为了加快抄录的进度，吴忠礼连中午吃饭的那点儿时间都不放过。他的精神感动了甘肃图书馆、甘肃档案馆的管理员，他们主动灵活破规为他提供了不少方便。

一晃几年过去了，吴忠礼的一番努力结出了累累硕果。他把有关宁夏的史料系统地整理出来，汇编成《廿六史宁夏资料辑录》《明实录宁夏资料辑录》《清实录宁夏资料辑录》和《宁夏历代方志萃编》等珍贵的地方资料书籍。包括前已出版的《宁夏近代历史纪年》，他凭一人之力，为宁夏学术界搭建了一架攀登高峰的云梯，这些宝贵的历史资料，不仅是一座宁夏的史料库，而且给后来的研究者提供了最基础的共享平台。

在常人眼中，修志是件几无乐趣可言的工作，但吴忠礼却数十年如一日地钟爱于此。

1987年，吴忠礼担任宁夏地方志编审委员会副主任兼地方志办公室主任。1994年，他担任宁夏社科院副院长。2001年，《宁夏通志》启动，吴忠礼担任编委常务副主任兼总纂。这是一个规模浩大的文化工程，吴忠礼为此花费了许多心血。

除了自己的科研工作之外，吴忠礼跑遍了宁夏山川大地。自治区各市、县（区）和自治区直属单位的写史修志工作他都亲自去作动员报告、培训讲课和主持评审志校等工作，并给许多修志单位担任顾问，进行个别辅导，甚至为部分新志书作序，担任编辑。还经常应邀为兄弟省市的志书写评论文章，曾受聘担任华夏地方志研究所（武汉市）特邀研究员。由他担任顾问兼编辑的《固原县志》《中卫县志》和《宁夏水利志》等多部志书，都获得了全国大奖。

他还热心各种社会活动和学术群团工作。先后被推选担任中国史学会理事、中国地方志协会常务理事、民革中央孙中山研究会常务理事、全国民族志指导小组成员和宁夏地方志协会会长、宁夏历史学会常务副会长、中共宁夏党史学会常务副会长、宁夏出版工作者协会副主席、宁夏地名学会会长、宁夏易学研究会名誉会长、宁夏国史学会副会长等职务。

尽管他在行政管理上和业务指导方面的工作任务十分繁重，但却显示了"双肩挑"复合型人才的能力，仍然在史志研究方面成果突出，学术水平较高。

吴忠礼先生先后出版（含合作、主编）的研究成果有《宁夏近代历史纪年》《清实录宁夏资料辑录》《明实录宁夏资料辑录》《宁夏史话》《宁夏历代方志萃编》《宁夏通史·近现代史卷》《宁夏历史地理考》《西北五马》《宁夏当代著名人物传略》《宁夏志笺证》《宁夏经济地图集》和《百年宁夏》等，总计近千万字。

为褒扬他的劳动成果和治学精神，全国人大常委会委员、宁夏回族自治区人民政府原主席马启智为吴忠礼的皇皇巨著《宁夏历史图经》作序，自治区党委常委、宣传部部长杨春光为他的论文集《朔方集》作序。

在这些专著中，《宁夏志笺证》《宁夏通史·近现代史卷》《清实录宁夏资料辑录》荣获省级社科和修志成果评选专著一等奖。《宁夏近代历史纪年》《宁夏历史地理考》和《西北五马》等荣获省级社科和修志成果评选专著二等奖。发表论文 100 余篇、50 多万字，并有多篇荣获省级各种评选论文一、二、三等奖。还有部分论文入选国内外的国际学术会议。

国内外出版的《当代中青年社会科学家辞典》《中国当代历史学学者辞典》《中国当代方志学者辞典》《当代中国志坛群星集》《光明日报》《中国社会科学院院报》《人民日报（海外版）》和中央电视台等，均先后对吴忠礼作过介绍、专访和报道。世界有影响的英国剑桥传记中心出版的《国际名人录》（1978—1990 年英文第十三版）也将他收录介绍。

吴忠礼先生虽年老多病，但仍然坚持上班，超负荷工作。他除了完成《宁夏通志》《宁夏年鉴》和《宁夏全史》的总纂工作之外，还正在主持国家社科项目一项（《西北舆地学研究》）、区内协作项目一项（《唐徕古渠研究》）和《宁夏通志·卷首》《宁夏通志·人物篇》《宁夏通志·文艺卷》的主编、撰写任务，并为宁夏最大的都市报《新消息报》创办的《大话宁夏》专栏每周提供一篇三四千字、配以图片的稿件，同时还经常给中央电视台、宁夏和银川市电视台主持并制作有关专题节目，向广大读者、观众介绍宁夏历史掌故、逸闻轶事、历史大事和乡贤名人。这些栏目已在宁夏产生较大的社会反响，成为妇孺皆知的"品牌栏目"，被认为是进行热爱家乡和爱国主义教育的一种好形式。因此他在大街上经常会遇到一些未曾交往过的人热情招呼和行"注目礼"。

另外，他还积极配合自治区首府的"大银川建设"与首府的发展规划，应邀担任银川地区地名委员会的首席专家，为整顿规范自治区首府、中国历史文化名城大银川的巷、街、路和广场、园林绿地以及全市总体规划进行研究论证，并为首府的历史文化演变做了大量具体工作。

笺证古《宁夏志》

除了那几年在各个图书馆搜寻关于宁夏的历史记载外，吴忠礼平时也不放过任何此方面的消息。有一次，他无意中听说日本国会图书馆收藏有一本我国明朝最早的北方方志孤本——《宁夏志》，该书为明太祖朱元璋第十六子朱栴所著，记述了元末明初西北地区许多在其他史料中未曾记载的事情。

这个线索令吴忠礼颇为激动，对研究地方史志的人来说，能发现未曾见过的珍贵资料可是件天大的喜事。然而毕竟书在异国，怎么得到它？吴忠礼先通过宁夏社会科学院向日本国会图书馆发正式公函，接着又通过宁夏回族自治区政府发函，但都杳无音信。

1984年4月，恰逢日本著名西夏学专家、京都大学教授西田龙雄先生到宁夏进行访学，吴忠礼在陪同中试探着问西田教授能否帮忙找到中国明代志书《宁夏志》。没想到西田教授回国后，通过自己在学术上的威望，不久就把这本明代志书从国会图书馆复印出来，并寄到吴忠礼手中。拿到这本 38500 字的古志，吴忠礼如获至宝，一头就扎了进去开展研究，结合中国国内的史料，这项工作进行了 5 年。他对该志进行断句、标点和仿北魏郦道元作《水经注》式的综合研究，完成了计 30 万字的研究成果，于 1996 年 1 月在宁夏人民出版社以《宁夏志笺证》为书名正式出版。

《宁夏志笺证》一书出版后，新华通讯社于 1998 年 1 月 21 日向全球发了电讯消息。第三日（23 日），中央电视台在《新闻联播》作了报道，《光明日报》等国内报刊和国外华文媒体纷纷作了介绍和报道，一时在学术界、出版界和新闻界引起了一场小小的轰动。

在自治区社科和修志成果评选中，《宁夏志笺证》获得自治区社科研究优秀专著一等奖（1998 年 11 月）和自治区人民政府奖（2005 年 12 月）。

忙碌的晚年

更喜夕阳无限好，人生难得老来忙。

晚年的吴忠礼名气越来越大，这不仅是因为他著作等身，更因为他做了许多地方历史文化的普及工作。2004 年起，他在繁忙工作和科研之余，坚持先后在自治区党委机关刊物《共产党人》和《新消息报》开辟《宁夏纵横》《大话宁夏》专栏，向广大读者介绍宁夏的历史掌故、轶闻大事与历史名人，让更多的宁夏人了解自己脚下这片神奇的土地。许多宁夏人看了这个专栏连载，才得以窥见宁夏的过去，了解宁夏的历史。

在吴忠礼看来，退休并不意味着停止工作，现在他的工作强度和任务的艰巨性甚至远远胜过他退休之前。每年春节期间，吴忠礼都没有按下工作的"暂停键"。他说，要做的工作很多，不挤时间万万不行。但是，他的科研成果实际上都是用时光和心血置换而来的呀！

在吴忠礼的书房案头，放着厚厚 3 本待印的书稿，分别是《中国文化通史·宁夏卷》《西北舆地学研究》和《朔方集》（论文集）。由吴忠礼负责编撰的献礼图书有 4 种，除了上述 3 种之外，作为自治区中小学爱国主义教育辅助读本的《宁夏古今名人故事》已经出版。

2011 年 12 月，"吴忠礼先生七秩志禧暨治史 50 周年座谈会"在宁夏社会科学院举行，来自宁夏大学、北方民族大学、宁夏文博系统等高校和社会科学研究机构的专家学者共聚一堂，共话吴忠礼先生在宁夏史志领域取得的突出成就。

自治区党委常委、宣传部部长杨春光在贺词中说："吴忠礼先生的治学精神和为学态度，是社科界学习的榜样。"他说："吴忠礼是宁夏社科界的著名学者，是我区学术界公认的宁夏史志研究方面的首席专家与宁夏地方历史的'活字典'，长期从事西北和宁夏地方史、地方志研究工作，既是宁夏地方史研究的开拓者，也是宁夏新方志编研事业的主要创始人。"

吴忠礼笑着告诉笔者，自己的成就与老伴密不可分，她是宁夏著名回族世家出身，是他的大学同班同学，现在的"学术助手"。因为吴忠礼不会操作电脑写作，所以在他的工作流程里，自己手写初稿是第一道工序，此后老伴则要负责全部抄录、校对和注释补写等工作，退休后的这几年，这个民族团结家庭的"学问夫妻"始终保持着这样的工作状态。他们自己则戏称是"手工学术作坊"。

由于吴忠礼的不懈努力，使他在西北和宁夏地方史志研究领域做出了开拓性的贡献。他曾连续三年被评为宁夏社会科学院的先进工作者，连续两年被评为自治区直属单位模范共产党员。

1993 年，享受国务院政府特殊津贴。

2006 年 4 月，他被中国地方志领导小组评为"全国修志先进工作者"，并成为其中的"二十一佳"，受到特别嘉奖。

2008 年 11 月，在庆祝宁夏回族自治区成立 50 周年活动中，被宣传和新闻媒体评为"宁夏 50 年有影响力人物"，并被自治区党委、人民政府授予"自治区有突出贡献专业技术人才"荣誉称号和奖励。

2009年9月，由自治区党委宣传部、组织部、统战部、党史研究室、民政厅、人力资源和社会保障厅、总工会、团区委、妇联、宁夏军区和武警宁夏总队政治部等11个部门联合开展的"100位为宁夏建设做出突出贡献英雄模范人物和60位新中国成立以来感动宁夏人物"揭晓，吴忠礼榜上有名，他和著名作家张贤亮一起，被列入为宁夏建设做出突出贡献的英雄模范人物。为弘扬英雄模范人物的精神，自治区党委、政府研究决定，在首府银川市中心的文化广场树立"名人纪念碑"，碑上镌刻他们亲笔签字的姓名并在主要大街两侧悬挂大幅彩照，让英模的精神代代相传。

古人云："治天下者以史为鉴，治郡国者以志为鉴。"地方志的功能，历来被概括为"资治、存史、教化"。修志事业是功在当代、利在千秋的盛举，许多有识之士认识到了这一点。随着时间的推移，编史修志的作用将逐渐展现出来，得到社会普遍的承认。

歌德说过，在这个躁动的时代，每一个能躲在灵魂深处的人都是幸福的。吴忠礼先生就是这样的人，他潜心研究史志，编撰成书，造福社会，他是幸福的。然而，更幸福的应该是宁夏人民。千百年后，当今编纂的地方史志，将是一笔财富交到后人手里。

吴忠礼先生多年来身患乙肝、糖尿病，近又查出心脑血管疾病，在心脏放了支架。希望他更加关注健康、珍爱生命，用健康置换时间，以时间置换更多的学术成果，这是一笔大账，也要算好了。

（作者：王培垠，《肥东县志》主编。原载于安徽省肥东县政协编《肥东现代人物》，安徽文艺出版社，2013年）

人物篇·吴忠礼

　　吴忠礼，1941年1月生。长临河镇洼地吴村人。中共党员，方志学家。吴忠礼1959年随父母支边到宁夏，1965年毕业于宁夏大学政史系。先在农业、工业部门工作，1979年宁夏哲学社会科学研究所恢复，被调入从事研究工作。先后担任历史研究所副所长、地方志编研处处长、宁夏社科院副院长、研究员、宁夏社会科学联合会常务副主席、自治区地方志编审委员会常务副主任兼区方志办主任。兼任中国史学会理事、中国地方志协会常务理事、宁夏历史学会常务副会长、宁夏地方志学会会长、宁夏地名学会会长。

　　吴忠礼是宁夏学术界公认的全区史志领域领军人物之一。《中国社会科学院院报》说他是宁夏地方史研究和地方志编纂的"拓荒者"。《人民日报》署名文章称他是研究宁夏历史的"活字典"。《光明日报》和中央电视台《新闻联播》报道他的科研成果。他虽身负管理工作，有大量社会活动，但仍能坚持科研且成果颇丰。先后出版专著24本（含主编和与人合作），发表论文200篇，个人完成总字数约400万字，为研究宁夏的历史文化做出奠基性贡献。其中《宁夏近代历史纪年》《西北五马》《宁夏历史地理考》《宁夏志鉴证》《走进宁夏》等著作和若干篇论文获省部级奖。

　　吴忠礼于2006年被中国地方志办公室评为"全国修志先进工作者"，并获其中21人"特别嘉奖"；在纪念宁夏回族自治区成立50周年大庆活动中，被宁夏宣传与新闻界评为"宁夏50年影响力人物"，被自治区党委、人民政府授予"宁夏回族自治区有突出贡献专业技术优秀人才奖"。后被自治区党委、人民政府评为"100位为宁夏做出突出贡献英雄模范人物",并在银川文化广场名人纪念碑勒石纪念。他还被英国剑桥国际名人中心出版的《国际名人录》和国内许多人物辞书收录介绍。2005年退休后,仍发挥余热担任《宁夏通志》《宁夏年鉴》总纂和社科院历史与文化重点学科首席专家。终身享受国务院特殊津贴。

（原载于肥东县志编纂委员会：《肥东县志》，方志出版社，2014年）

后　记

　　2011 年，我七十周岁时，在自治区党委宣传部和宁夏社科院领导的关怀和帮助下，出版过名为《朔方集》的百万字个人文集，也算是给自己古稀之年的一份纪念。近十年以来，我又陆续撰写了一些习作，加之《朔方集》未收入的部分文章，加起来又积累了七八十万字文稿。在宁夏社科院领导的格外关怀下，破格资助出版这本名曰《未名斋存稿》的新文集。今年又适逢我八十周岁，所以此文集的出版，则成为我耄耋老翁的又一份纪念。

　　《未名斋存稿》的出版受到宁夏文史研究馆的特别重视和宁夏地方志编审委员会办公室的具体指导，同时宁夏地名学会、宁夏人民出版社也给了我许多支持，在此我向他们和所有帮助过我的单位、个人表示谢忱。

　　如果把这部《未名斋存稿》比作一座楼房建筑项目，它的主体和框架工程是我完成的，但室内外的管道工程和装修，一如既往还是我老伴刘仲芳和两个女儿吴晓红、吴晓雯利用业余时间帮我完成的，我也向她们表示深深的感谢。

　　由于《未名斋存稿》所收的文章，时间跨度长，有些文章不仅显得稚嫩，甚至存在不少错误，因此希望读者诸君给予批评、指教和鄞政。

吴忠礼

2020 年元旦